Fritz Mommendey

Unternehmensrecht der Schweiz

Handbuch für Lehre und Praxis

1. Auflage 2009

© 2009   Copyright by
Tobler Verlag AG
Trogenerstrasse 80, 9450 Altstätten
Telefon   +41 (0)71 755 60 60
Telefax   +41 (0)71 755 12 54
E-Mail   books@tobler-verlag.ch
Internet www.tobler-verlag.ch

ISBN 978-3-85612-170-9

Layout: Andrea Kuhn

Alle Rechte vorbehalten. Nachdruck sowie optische, akustische oder elektronische Aufzeichnungen, Speicherungen und Wiedergaben, auch auszugsweise, nur mit ausdrücklicher, schriftlicher Genehmigung durch den Verlag gestattet.

Vorwort

Als Unternehmensrecht werden alle, das kaufmännische Unternehmen betreffenden Normen bezeichnet. Für dieses Rechtsgebiet besteht in der schweizerischen Rechtsordnung keine spezielle, umfassende und abschliessende Kodifikation. Vielmehr sind die relevanten Vorschriften in verschiedenen Erlassen des privaten und des öffentlichen Rechts zu suchen.

Im Zentrum steht die mit «Die Handelsgesellschaften und die Genossenschaft» überschriebene dritte Abteilung des Schweizerischen Obligationenrechts. Unternehmensrecht geht aber darüber hinaus. In den unmittelbaren Zusammenhang zum Gesellschaftsrecht gehören weitere Bereiche wie das Handelsregister-, Firmen- und Buchführungsrecht, sodann die Vorschriften, welche die Anpassung der rechtlichen Strukturen von Gesellschaften betreffen (Fusionsrecht), im Weiteren Bestimmungen aus dem Sozialversicherungsrecht und schliesslich, um nur die wesentlichsten zu bezeichnen, die auf Unternehmen bezogenen Vorschriften in den einzelnen Steuerrechtserlassen.

Die vorliegende Schrift stellt das Unternehmensrecht systematisch dar. Das Schwergewicht liegt erstens auf dem Gesellschaftsrecht, so werden alle Gesellschaftsformen des OR wie auch das Einzelunternehmen beschrieben, zweitens auf den für alle Rechtseinheiten geltenden Grundlagen, nämlich dem Handelsregister-, Firmen- und Buchführungsrecht sowie dem Fusionsrecht. Daneben enthält das Werk Hinweise auf einzelne, unmittelbar damit zusammenhängende Sachverhalte.

Die Darstellung basiert auf der Gesetzeslage Ende 2008 und enthält damit insbesondere die neuen Vorschriften über die GmbH sowie über die gesellschaftsrechtliche Revisionspflicht sowie die Zulassung und Beaufsichtigung der Revisoren. Adressaten dieses Fachbuchs sind einerseits Praktiker wie Unternehmensinhaber und -leiter, Gründer, Treuhänder, Wirtschaftsberater und andererseits Studierende an Universitäten und Fachhochschulen sowie in Lehrgängen zur Vorbereitung von Abschlüssen im Bereich der höheren Berufsbildung.

Ausgehend von den Bedürfnissen dieser Zielgruppen stellt das Buch die Rechtslage dar und arbeitet die rechtlichen Zusammenhänge in einer auch für Laien verständlichen Sprache auf. Zudem werden dem Benutzer viele Handlungsanleitungen in Form von Checklisten sowie konkrete Tipps für die Unternehmens- und Rechtspraxis gegeben. Jedem Thema ist eine Liste mit weiterführender Literatur beigefügt und ein Anhang enthält ein Verzeichnis nützlicher Internetadressen sowie Hinweise auf Publikationen von Vertragsmustern und anderen rechtlich relevanten Dokumenten. Zur besseren Orientierung dienen ein Stichwort- und ein Abkürzungsverzeichnis.

Schmerikon, im Februar 2009   Fritz Mommendey

Inhaltsverzeichnis

Vorwort 3
Abkürzungsverzeichnis... 29

1. Thema
Das Unternehmen und seine Rechtsformen

1. Der Unternehmensbegriff im Allgemeinen 33
   1.1. Wirtschaftliche Sichtweise..33
   1.2 Gesetzliche Begriffsbestimmungen................................34
   1.3 Das Wesen des kaufmännischen Unternehmens 35
      1.3.1 Merkmale gewerblicher Tätigkeit 35
      1.3.2 Beispiele kaufmännischer Gewerbe......................36

2. Die auf Unternehmen bezogenen Rechtsvorschriften 37

3. Die Rechtsformen in der Übersicht 39
   3.1 Gruppierung der Rechtsformen.....................................39
   3.2 Wahl der richtigen Rechtsform......................................40

4. Das Gesellschaftsrecht im Allgemeinen 42
   4.1 Einzelunternehmen und Gesellschaft............................42
   4.2 Formenzwang im Gesellschaftsrecht 42
   4.3 Der Gesellschaftsbegriff 44
      4.3.1 Vertragsmässige Personenverbindung................... 44
      4.3.2 Verbindung von zwei oder mehreren Personen 45
      4.3.3 Personenverbindung mit gemeinsamem Zweck........ 46
      *4.3.4 Personenverbindung mit gemeinsamen
             Kräften oder Mitteln 46*

    4.4   Körperschaftlich versus rechtsgemeinschaftlich organisierte Gesellschaften 47
           4.4.1 Vorbemerkung: Rechtssubjekte und deren Handlungsfähigkeit 47
           4.4.2 Körperschaft und Rechtsgemeinschaft im Vergleich . 50
           4.4.3 Gesetzesquellen für Körperschaften und Rechtsgemeinschaften 51
           4.4.4 Rechtliche Bedeutung der Unterscheidung 53
           4.4.5 Abgrenzung der Körperschaft zur Stiftung 55
    4.5   Personenbezogene und kapitalbezogene Gesellschaften . 57
    4.6   Wirtschaftlicher und nichtwirtschaftlicher Zweck von Gesellschaften 58
    4.7   Kaufmännisches Unternehmen in Verbindung mit dem wirtschaftlichen bzw. nichtwirtschaftlichen Gesellschaftszweck 59
    4.8   Zusammenfassung 60

5. Literaturhinweise 62

2. Thema
Die für alle Rechtseinheiten massgebenden Grundlagen

1. Die Gründung eines Unternehmens 63
    1.1   Erfolgsfaktoren neuer Unternehmen 63
    1.2   Persönliche Voraussetzungen in rechtlicher Hinsicht 65
           1.2.1 Zivilrechtliche Voraussetzung: Handlungsfähigkeit. 65
           1.2.2 Öffentlich-rechtliche Voraussetzungen: Ausnahmen von der Wirtschaftsfreiheit 65
           1.2.3 Fremdenpolizeiliche Vorschriften: Unternehmensgründung durch ausländische Staatsangehörige 67

1.3	Ausarbeiten des Business Plans	70
1.4	Rechtliche Schritte der Unternehmensgründung	71
1.5	Unterstützung auf dem Weg zur Unternehmensgründung	72

2. Das Handelsregister 73
- 2.1 Begriff und Funktionen 74
- 2.2 Recht und Pflicht zur Eintragung 75
- 2.3. Im Handelsregister eingetragene Rechtseinheiten ... 77
- 2.4 Organisation 79
  - *2.4.1 Handelsregisterbehörden* 79
  - *2.4.2 Aufbau des Handelsregisters* 79
- 2.5 Eintragungsprozess 80
  - *2.5.1 Inhalt der Eintragungen* 80
  - *2.5.2 Eintragungen aufgrund einer privaten Anmeldung: Ordentliches Eintragungsverfahren* ... 80
  - *2.5.3 Eintragungen von Amtes wegen: Ausserordentliches Eintragungsverfahren* 82
  - *2.5.4 Rechtsschutz* 83
- 2.6 Öffentlichkeit 85
- 2.7 Das Recht der kaufmännischen Stellvertretung 88
  - *2.7.1 Gewöhnliche und kaufmännische Stellvertretung* ... 88
  - *2.7.2 Geschäftsführung und Vertretung* 88
  - *2.7.3 Verschiedener Umfang der Vertretungsberechtigung* 89
  - *2.7.4 Einschränkungen der Vertretungsmacht durch interne Unternehmensregelungen* 92
  - *2.7.5 Zusammenfassung* 94
- 2.8 Rechtswirkungen der Eintragung 95
  - *2.8.1 Publizitätswirkung* 95
  - *2.8.2 Konstitutivwirkung* 96

2.8.3 Nebenwirkungen 96

3. Die Geschäftsfirmen 98
3.1 Begriff und Zweck 98
3.2 Gestaltung der Firma 99
3.3 Allgemeine Grundsätze der Firmenbildung 101
    3.3.1 Einhaltung der zwingenden Bestimmungen 101
    3.3.2 Firmenwahrheit und Firmenklarheit 101
    3.3.3 Firmenausschliesslichkeit 102
    3.3.4 Firmenunübertragbarkeit 105
    3.3.5 Grundsätzliche Freiheit für die Firmenbildung ... 105
    3.3.6 Praktisches Vorgehen bei der Firmenbildung: Firmenrecherche 107
3.4 Rechtsschutz 108
    3.4.1 Firmenrecht 108
    3.4.2 Namensrecht 109
    3.4.3 Wettbewerbsrecht 109
    3.4.4 Strafrecht 110
3.5 Enseignes, Marken und Domain Namen 110
    3.5.1 Enseigne 111
    3.5.2 Marke 111
    3.5.3 Internet Domain Name 116

4. Die kaufmännische Buchführung 118
4.1. Inhalt und Bedeutung 118
4.2 Pflicht und Umfang 119
4.3 Inventar, Bilanz und Erfolgsrechnung 120
    4.3.1 Bilanz und Inventar 120
    4.3.2 Erfolgsrechnung 121
4.4 Die Buchführungsvorschriften des OR 122

   4.4.1 Allgemeine und besondere Vorschriften............. *122*
   4.4.2 Materielle Buchführungsvorschriften *123*
   4.4.3 Formelle Buchführungsvorschriften *126*
   4.4.4 Strafrechtliche Verantwortlichkeit..................... *132*
  4.5 Private Rechnungslegungsbestimmungen.................. 132
   4.5.1 Zweck *132*
   4.5.2 FER: Regeln der Fachkommission
      für Empfehlungen zur Rechnungslegung............. *133*
   4.5.3 Internationale Regelwerke *134*
   4.5.4 Bedeutung privater Regelwerke *136*

5. Die Mehrwertsteuer.. 137
 5.1 Einordnung in das Steuersystem 137
 5.2 Prinzip der Mehrwertsteuer.. 138
 5.3 Steuerpflicht und Steuerverfahren.............................. 139
   5.3.1 Grundsatz und Ausnahmen von der Steuerpflicht 139
   5.3.2 Freiwillige Unterstellung................................. *140*
   5.3.3 Anmeldung bei der Eidg. Steuerverwaltung......... *141*
   5.3.4 Formelle Erfordernisse für die Rechnungsstellung. *142*
   5.3.5 Abrechnung der Mehrwertsteuer *143*
   5.3.6 Überprüfung durch die Eidg. Steuerverwaltung... *146*
   5.3.7 Strafbestimmungen.. *147*

6. Unternehmerische Risiken und deren Absicherung 148
 6.1 Risikomanagement als unternehmerische Aufgabe...... 148
   6.1.1 Bedeutung des Risk Management *148*
   6.1.2 Methodik des Risk Management *149*
 6.2 Insbesondere: Risikoüberwälzung auf Versicherungen 150
   6.2.1 Bedeutung für das Unternehmen....................... *150*
   6.2.2 Begriff und Arten von Versicherungen................. *150*

    6.3 Versicherungen für die Mitarbeitenden und
die Unternehmerpersonen 152
        6.3.1 Recht des Unternehmens zur Personalanstellung .. 152
        6.3.2 Sozialversicherungen 152
        6.3.3 Sozialversicherungen für die
              Unternehmerpersonen 158
        6.3.4 Administrative Pflichten des Unternehmens 159
    6.4 Versicherungen für das Unternehmen selbst 161
        6.4.1 Versicherungsvertrag 161
        6.4.2 Bedeutende Betriebsversicherungen 162

7. Literaturhinweise **164**

3. Thema
Das Umstrukturierungsrecht

1. Einleitung **167**
    1.1. Inhalt des Umstrukturierungsrechts 167
    1.2 Grundprinzipien des Umstrukturierungsrechts 168
    1.3 Vorbehalt des Kartellrechts 170

2. Fusion von Gesellschaften (Art. 3–28 FusG) **171**
    2.1 Begriff und Arten 171
    2.2 Wahrung der Anteils- und Mitgliedschaftsrechte 172
    2.3 Zulässige Fusionen 173
        2.3.1 Übersicht 173
        2.3.2 Besondere Voraussetzungen für Gesellschaften
              in Liquidation und im Falle von Kapitalverlust
              oder Überschuldung 174
    2.4 Abwicklung 175

       2.4.1 Neugründung bei der Kombinationsfusion *175*
       2.4.2 Fusionsverfahren *175*
       *2.4.3 Vereinfachtes Verfahren für kleine und
            mittlere Unternehmen* *178*
       *2.4.4 Erleichterte Fusion von Kapitalgesellschaften
            (Art. 23 und 24 FusG)* *179*
  2.5 Schutz von Gläubigern und Arbeitnehmenden 179

3. Spaltung von Gesellschaften (Art. 29–52 FusG) 181
  3.1 Begriff 181
  3.2 Wahrung der Anteils- und Mitgliedschaftsrechte 182
  3.3 Zulässige Spaltungen 183
  3.4 Abwicklung 184
       3.4.1 Neugründung *184*
       3.4.2 Spaltungsverfahren *184*
       *3.4.3 Erleichterungen für kleine und
            mittlere Unternehmen* *188*
  3.5 Schutz von Gläubigern und Arbeitnehmenden 188

4. Umwandlung von Gesellschaften (Art. 53–68 FusG) 191
  4.1 Begriff und Arten 191
  4.2 Zulässigkeit 191
  4.3 Wahrung der Anteils- und Mitgliedschaftsrechte 192
  4.4 Umwandlungsverfahren 193
       *4.4.1 Grundsatz: Beachtung der
            Gründungsvorschriften* *193*
       4.4.2 Verfahrensschritte *194*
       *4.4.3 Erleichterungen für kleine und
            mittlere Unternehmen* *196*
  4.5 Schutz von Gläubigern und Arbeitnehmenden 196

5. Vermögensübertragung (Art. 69–77 FusG) 197
    5.1 Begriff, Bedeutung und Abgrenzungen 197
    5.2 Zulässigkeit 198
    5.3 Verfahren 199
    5.4 Schutz von Gläubigern und Arbeitnehmenden.......... 201

6. Rechtsschutz und Verantwortlichkeit im Umstrukturierungsrecht 203
    6.1 Schutz der Wahrung der mitgliedschaftlichen Kontinuität 203
    6.2 Schutz der Einhaltung der fusionsrechtlichen Bestimmungen 204
    6.3 Verantwortlichkeit 205

7. Literaturhinweise 206

4. Thema
Das Einzelunternehmen

1. Das Wesen des Einzelunternehmens............................ 207
    1.1. Charakteristische Merkmale 207
    1.2 Vorteile und Nachteile der Rechtsform 208

2. Entstehung des Einzelunternehmens............................ 210
    2.1 Neugründung 210
        2.1.1 Persönliche Voraussetzungen der Gründerperson... 210
        2.1.2 Anerkennung der Selbstständigkeit...................... 211
        2.1.3 Handelsregistereintrag.. 213
    2.2 Übernahme eines bestehenden Geschäftes................. 217
        2.2.1 Übernahme eines nicht im Handelsregister eingetragenen Gewerbes...................................... 218

       *2.2.2 Übernahme eines im Handelsregister
            eingetragenen Gewerbes* 218
  2.3 Weiterführung einer Personengesellschaft 219

3. Finanzielle Belange des Einzelunternehmens 220
  3.1 Kapitaleinlage des Inhabers 220
  3.2 Kapitalbeschaffung durch Darlehen 221
  3.3 Haftung 222
  3.4 Güterrechtliche Aspekte 223
  3.5 Buchführung in der Einzelunternehmung 225

4. Hinweise auf die Sozialversicherungen des Einzelunternehmens 227
  4.1 Grundsätze 227
  4.2 Erste Säule: AHV/IV/EO 228
       4.2.1 Beitragsobjekt 228
       4.2.2 Anmeldung bei der AHV-Ausgleichskasse 228
       4.2.3 Prämienbeiträge 229
  4.3 Zweite Säule: Pensionskasse 229
  4.4 Dritte Säule: Selbstvorsorge 230
  4.5 Weitere Sozialversicherungen 231

5. Hinweise auf steuerliche Aspekte des Einzelunternehmers 232
  5.1 Kurzübersicht über das schweizerische Steuersystem ... 232
       5.1.1 Begriff und Zweck der Steuern 233
       5.1.2 Steuersubjekt und Steuerobjekt 234
       5.1.3 Steuerarten 234
       5.1.4 Die für Unternehmen wichtigsten Steuerarten 236
  5.2 Direkte Bundessteuer sowie Einkommens-
       und Vermögenssteuern der Kantone und Gemeinden . 238

    5.2.1 *Grundsätze*.. *238*
    5.2.2 *Steuerbares Einkommen im Allgemeinen*............ *239*
    5.2.3 *Einkommen aus selbstständiger Erwerbstätigkeit*.. *240*
    5.2.4 *Geschäftsvermögen und Privatvermögen*............... *244*
    5.2.5 *Steuerausscheidung*.. *245*

6. Beendigung des Einzelunternehmens 246
  6.1 Beendigungsgründe 246
  6.2 Umwandlung des Einzelunternehmens
      in eine Gesellschaft 247
    6.2.1 *Allgemeines*... *247*
    6.2.2 *Überführung in eine Rechtsgemeinschaft*............. *248*
    6.2.3 *Überführung in eine Körperschaft*....................... *249*

7. Literaturhinweise 250

5. Thema
Die einfache Gesellschaft

1. Das Wesen der einfachen Gesellschaft 251
  1.1 Charakteristische Merkmale 251
  1.2 Eignung als Rechtsform 252

2. Entstehung... 254
  2.1 Formfreiheit für den Gesellschaftsvertrag................. 254
  2.2 Keine Eintragungspflichten 255

3. Rechtsverhältnis der Gesellschafter unter sich 256
  3.1 Pflicht zur Beitragsleistung.. 256
  3.2 Anteil am Gesellschaftserfolg.................................... 257
  3.3 Gesellschaftsbeschlüsse.. 258

3.4 Geschäftsführung..258
3.5 Einsicht in die Angelegenheiten der Gesellschaft........261
3.6 Sorgfaltspflicht 261
3.7 Konkurrenzverbot..262
3.8 Aufnahme neuer Gesellschafter 263

4. Verhältnis der Gesellschafter gegenüber Dritten 264
4.1 Gemeinschaftliche Berechtigung 264
4.2 Vertretungsverhältnisse 265
4.3 Haftung 268

5. Beendigung der Gesellschaft..269
5.1 Auflösungsgründe 269
5.2 Einfluss der Auflösung auf die Geschäftsführung........271
5.3 Liquidation 272

6. Die stille Gesellschaft als Sonderform
   der einfachen Gesellschaft..273

7. Literaturhinweise 275

6. Thema
Die Kollektivgesellschaft und die Kommanditgesellschaft

1. Die gemeinsamen Aspekte von Kollektivgesellschaft
   und Kommanditgesellschaft..277
   1.1 Das Wesen der Kollektivgesellschaft und
       der Kommanditgesellschaft 277
       1.1.1 Charakteristische Merkmale 278
       1.1.2 Eignung als Rechtsformen...............................280

1.2 Entstehung 282
   1.2.1 Gesellschaftsvertrag 282
   1.2.2 Firma 284
   1.2.3 Handelsregistereintrag 286
1.3 Die Gesellschaft als Gesamthandgemeinschaft 287
1.4 Buchführung in Personengesellschaften 288

2. Die besonderen Aspekte der Kollektivgesellschaft 289
2.1 Rechtsverhältnis der Gesellschafter unter sich 289
   2.1.1 Rechtsquellen für das Innenverhältnis 289
   2.1.2 Geltung von Vorschriften über die
          einfache Gesellschaft 290
   2.1.3 Spezielle Vorschriften für die Kollektivgesellschaft 290
2.2 Rechtsverhältnis der Gesellschafter
     gegenüber Dritten 293
   2.2.1 Vertretungsverhältnisse 293
   2.2.2 Haftung 295
2.3 Auflösung und Ausscheiden 297
   2.3.1 Auflösungsgründe 297
   2.3.2 Ausscheiden von Gesellschaftern 298
2.4 Liquidation 300

3. Die besonderen Aspekte der Kommanditgesellschaft 302
3.1 Rechtsverhältnis der Gesellschafter unter sich 302
   3.1.1 Rechtsquellen für das Innenverhältnis 302
   3.1.2 Geltung von Vorschriften über die Kollektiv-
          gesellschaft und die einfache Gesellschaft 303
   3.1.3 Spezielle Vorschriften über die
          Kommanditgesellschaft 304
3.2 Rechtsverhältnis der Gesellschafter
     gegenüber Dritten 306

   3.2.1 *Vertretungsverhältnisse*..................................*306*
   3.2.2 *Haftung*...*307*
 3.3 Auflösung und Liquidation 308

4. Hinweise zu Steuern und Sozialversicherungen 309

5. Umstrukturierung von Kollektivgesellschaft
und Kommanditgesellschaft...311
 5.1 Fusion...311
   5.1.1 *Zulässigkeit*..*311*
   5.1.2 *Abwicklung der Fusion*....................................*312*
 5.2 Umwandlung...314
   5.2.1 *Zulässigkeit*..*314*
   5.2.2 *Abwicklung der Umwandlung*........................*316*
 5.3 Vermögensübertragung 319

6. Literaturhinweise 320

7. Thema
Die Aktiengesellschaft

1. Das Wesen der Aktiengesellschaft 322
 1.1 Charakteristische Merkmale 322
 1.2 Eignung als Rechtsform 324

2. Die Entstehung der Aktiengesellschaft 326
 2.1 Übersicht 326
 2.2 Statuten der Gesellschaft...328
   2.2.1 *Rechtsnatur, Form und Inhalt* *328*
   2.2.2 *Absolut notwendiger Inhalt (Art. 626 OR)* *330*
   2.2.3 *Bedingt notwendiger Inhalt (Art. 627 OR)*......*333*

  2.2.4 Beschlussfassung *336*
 2.3 Bestellung der Organe 338
 2.4 Aktienzeichnung und Liberierung 338
 2.5 Errichtungsakt 339
 2.6 Entstehungsstadium: Eintrag im Handelsregister 340
 2.7 Qualifizierte Gründung 340
  2.7.1 Sachverhalte qualifizierter Gründung *340*
  2.7.2 Besondere Schutzmassnahmen *341*

3. Das Kapital der Aktiengesellschaft 345
 3.1 Aktienkapital 345
  3.1.1 Höhe und Liberierung *345*
  3.1.2 Merkmale *346*
  3.1.3 Bedeutung *347*
  3.1.4 Aktien als Anteilscheine *348*
 3.2 Genussschein 354
 3.3 Partizipationskapital 354
  3.3.1 Grundsätzliche Gleichstellung mit
    Aktienkapital und Aktien *354*
  3.3.2 Verhältnis zwischen Partizipations- und
    Aktienkapital *356*
 3.4 Reserven als Bestandteil des Eigenkapitals 357
  3.4.1 Gesetzliche Reserven (Art. 671–671 b OR) *358*
  3.4.2 Statutarische Reserven (Art. 672 und 673 OR) ... *360*
  3.4.3 Von der Generalversammlung beschlossene
    Reserven (Art. 674 OR) *361*
  3.4.4 Stille Reserven *362*
 3.5 Unterbilanz: Kapitalverlust und Überschuldung 362
 3.6 Kapitalschutz 364
 3.7 Erhöhung des Aktienkapitals 365

   3.7.1 Übersicht... *365*
   3.7.2 *Verfahren der ordentlichen und der genehmigten*
      Kapitalerhöhung.. *368*
   3.7.3 *Bedingte Kapitalerhöhung*................................. *370*
 3.8 Kapitalherabsetzung... *372*
   3.8.1 *Herabsetzung mit Kapitalrückzahlung* *373*
   3.8.2 *Herabsetzung unter gleichzeitiger Wiedererhöhung*
      des Aktienkapitals *374*

4. Die aktienrechtliche Rechnungslegung **374**
 4.1 Bedeutung.. *374*
 4.2 Dokumente der Rechnungslegung............................. *376*
   4.2.1 *Jahresrechnung*.. *377*
   4.2.2 *Jahresbericht*... *382*
   4.2.3 *Konzernrechnung*.. *383*
   4.2.4 *Offenlegungspflicht*... *383*
 4.3 Bewertungsvorschriften... *384*
   4.3.1 *Im Allgemeinen*... *384*
   4.3.2 *Bewertung einzelner Bilanzpositionen* *385*
 4.4 Stille Reserven *388*
   4.4.1 *Abschreibungen, Wertberichtigungen und*
      Rückstellungen *388*
   4.4.2 *Begriff und Arten stiller Reserven* *389*
   4.4.3 *Zulässigkeit und Schranken der stillen Reserven*... *391*
 4.5 Rechnungslegung im Konzern................................... *393*
   4.5.1 *Konzernbegriff*... *393*
   4.5.2 *Konzernrechnung*.. *395*
   4.5.3 *Pflicht zur Offenlegung im Konzern*................... *398*

5. Die Aktiengesellschaft und ihre Gesellschafter 398
5.1 Allgemeine Merkmale der Mitgliedschaft 398
5.2 Erwerb und Verlust der Mitgliedschaft 400
5.3 Aktionärspflichten 401
5.3.1 Liberierungspflicht 401
5.3.2 Fehlen weiterer gesetzlicher Pflichten 403
5.3.3 Vertraglich vereinbarte Verpflichtungen 403
5.4 Aktionärsrechte 404
5.4.1 Teilnahme an und Einberufung der Generalversammlung 405
5.4.2 Stimmrecht 409
5.4.3 Kontrollrechte 409
5.4.4 Klagerechte 413
5.4.5 Recht auf Übertragung von Aktien 414
5.4.6 Recht auf Dividende 419
5.4.7 Bezugsrecht 421
5.4.8 Weitere vermögensmässige Rechte 423
5.5 Rechtsstellung der Partizipanten 424
5.5.1 Grundsatz der Gleichstellung und seine Ausnahme 424
5.5.2 Vermögensrechte insbesondere 425

6. Die Organisation der Aktiengesellschaft 426
6.1 Organe der AG 427
6.1.1 Organbegriff 427
6.1.2 Gesetzlich vorgeschriebene Organe 428
6.2 Die Generalversammlung 430
6.2.1 Stellung 430
6.2.2 Unübertragbare Befugnisse 430
6.2.3 Einberufung und Durchführung 433

   6.2.4 Beschlussfassung 435
   6.2.5 Mangelhafte Beschlussfassung 437
 6.3 Der Verwaltungsrat 439
   6.3.1 Stellung 439
   6.3.2 Bestellung, Zusammensetzung und Ausscheiden ... 440
   6.3.3 Aufgaben 442
   6.3.4 Organisation 446
   6.3.5 Corporate Governance 448
 6.4 Die Revisionsstelle 451
   6.4.1 Stellung 451
   6.4.2 Arten der Revision 452
   6.4.3 Aufgaben der Revisionsstelle 457
   6.4.4 Anforderungen an die Revisionsstelle 460
 6.5 Die Verantwortlichkeit der Organe 463
   6.5.1 Haftungsfälle 463
   6.5.2 Anspruchsberechtigte Personen 466
   6.5.3 Wirkung des Entlastungsbeschlusses 466
   6.5.4 Haftung mehrerer Personen 467
   6.5.5 Haftungsnormen ausserhalb des Aktienrechts 467
   6.5.6 Verjährung 468

7. Steuerabgaben der Aktiengesellschaft 468
 7.1 Überblick 468
 7.2 Gewinnsteuer 469
   7.2.1 Gegenstand 469
   7.2.2 Verdeckte Gewinnausschüttungen insbesondere 471
   7.2.3 Verlustverrechnung 473
   7.2.4 Steuermass 473
   7.2.5 Besonderer Steuerstatus von Holdinggesellschaften 474
 7.3 Kapitalsteuer 475

7.4	Mehrwertsteuer	475
7.5	Verrechnungssteuer	476
7.6	Stempelabgaben	480

8. Hinweise auf Aspekte der Sozialversicherungen 481

9. Auflösung und Liquidation der Aktiengesellschaft 482
    9.1 Auflösungsgründe 483
    9.2 Liquidationsverfahren 484

10. Literaturhinweise 486

8. Thema
Die Gesellschaft mit beschränkter Haftung

1. Das Wesen der Gesellschaft mit beschränkter Haftung 487
    1.1 Charakteristische Merkmale 488
    1.2 Eignung als Rechtsform 489
    1.3 Gesetzesrevision von 2008 491
        1.3.1 Wesentlichste Neuerungen *491*
        1.3.2 Angleichung an das Aktienrecht *492*
        1.3.3 Übergangsbestimmungen:
             Anpassung von altrechtlichen GmbH
             an die neuen Bestimmungen *493*

2. Die Entstehung der GmbH 495
    2.1 Statuten 496
        2.1.1 Inhalt *496*
        2.1.2 Form und Beschlussfassung *500*
    2.2 Bestellung der Organe 501
    2.3 Zeichnung und Liberierung der Stammanteile 501
    2.4 Errichtungsakt 502

   2.5   Eintragung im Handelsregister 503

3. Kapital und Rechnungslegung **508**
   3.1   Stammkapital 509
          3.1.1 Begriff und Bedeutung.................................. 509
          3.1.2 Stammanteile... 510
          3.1.3 Kapitalerhöhung... 511
          3.1.4 Kapitalherabsetzung..................................... 512
   3.2   Reserven.. 513
   3.3   Kapitalverlust und Überschuldung 513
   3.4   Rechnungslegung... 514

4. Rechte und Pflichten der Gesellschafter **514**
   4.1   Mitgliedschaft in der GmbH...................................... 514
          4.1.1 Erwerb und Verlust der Mitgliedschaft............. 514
          4.1.2 Personalistische Gesellschaftsstruktur 515
          4.1.3 Gleichbehandlung der Gesellschafter................ 516
   4.2   Rechte der Gesellschafter 517
          4.2.1 Recht auf Dividende und auf Anteil am
                 Liquidationsergebnis.. 517
          4.2.2 Bezugsrecht... 517
          4.2.3 Stimmrecht... 518
          4.2.4 Recht zur Geschäftsführung............................. 519
          4.2.5 Vetorecht 519
          4.2.6 Klagerechte... 520
          4.2.7 Auskunfts- und Einsichtsrecht......................... 521
          4.2.8 Recht auf Übertragung von Stammanteilen........ 522
          4.2.9 Austrittsrecht 525
   4.3   Pflichten der Gesellschafter 526
          4.3.1 Liberierungspflicht 526
          4.3.2 Treuepflicht und Konkurrenzverbot.................. 526

  4.3.3 *Statutarische Nachschusspflicht* *527*
  4.3.4 *Statutarische Nebenleistungspflichten* *529*
  4.3.5 *Vertraglich vereinbarte Pflichten* *530*

5. Organisation der Gesellschaft **531**
 5.1 Gesetzlich vorgeschriebene Organe 531
 5.2 Die Gesellschafterversammlung 532
  5.2.1 *Stellung und Befugnisse* *532*
  5.2.2 *Durchführung und Beschlussfassung* *534*
 5.3 Die Geschäftsführung 536
  5.3.1 *Bildung und Organisation des*
     Geschäftsführungsorgans *536*
  5.3.2 *Aufgaben* *538*
  5.3.3 *Vertretung der Gesellschaft* *539*
  5.3.4 *Sorgfalts- und Treuepflicht sowie*
     Konkurrenzverbot (Art. 812 OR) *541*
 5.4 Die Revisionsstelle 542
 5.5 Verantwortlichkeit der Organpersonen 543

6. Steuern und Versicherungen **543**

7. Beendigung der Gesellschaft **545**
 7.1 Auflösung 545
  7.1.1 *Auflösungsgründe* *545*
  7.1.2 *Liquidation als Folge der Auflösung* *546*
 7.2 Ausscheiden von Gesellschaftern 546
  7.2.1 *Austritt und Ausschluss* *546*
  7.2.2 *Abfindung* *547*

8. Literaturhinweise **549**

9. Thema
Die Genossenschaft

1. Das Wesen der Genossenschaft 551
   1.1 Abgrenzung zur Aktiengesellschaft 552
   1.2 Abgrenzung zum Verein 554
   1.3 Eignung als Rechtsform und Bedeutung 555
   1.4 Spezielle Regeln für bestimmte Arten
         von Genossenschaften 556

2. Die Entstehung der Genossenschaft 556
   2.1 Formelle Erfordernisse 556
   2.2 Genossenschaftsstatuten 557
         2.2.1 Absolut notwendiger Inhalt (Art. 832 OR) *558*
         2.2.2 Bedingt notwendiger Inhalt (Art. 833 OR) *559*
         2.2.3 Insbesondere: Das Grundkapital
               der Genossenschaft *560*
   2.3 Konstituierende Versammlung 561
   2.4 Eintragung in das Handelsregister 562

3. Die Mitgliedschaft bei der Genossenschaft 563
   3.1 Erwerb der Mitgliedschaft 563
         3.1.1 Prinzip der offenen Tür *563*
         3.1.2 Formelle Erfordernisse des Mitgliedschaftserwerbs *564*
         3.1.3 Verbriefung der Mitgliedschaft *565*
   3.2 Beendigung der Mitgliedschaft 566
         3.2.1 Austritt *566*
         3.2.2 Ausschluss *567*
         3.2.3 Automatischer Mitgliedschaftsverlust *568*
   3.3 Anmeldung der Mitgliedschaft beim Handelsregister . 568

4. Die Rechtsstellung der Genossenschafter ... 569
4.1 Grundsatz der Rechtsgleichheit ... 569
4.2 Die Rechte des Genossenschafters ... 570
4.2.1 Benützung der genossenschaftlichen Einrichtungen ... 570
4.2.2 Teilnahme an der Generalversammlung und Stimmrecht ... 571
4.2.3 Kontrollrechte ... 571
4.2.4 Recht auf den Reinertrag ... 572
4.2.5 Recht auf Austritt ... 575
4.2.6 Klagerechte ... 575
4.2.7 Statutarische Rechte ... 575
4.3 Die Pflichten des Genossenschafters ... 576
4.3.1 Treuepflicht als gesetzliche Pflicht ... 576
4.3.2 Beitrags- und Leistungspflicht als statutarische Pflicht ... 577
4.3.3 Persönliche Haftung als statutarische Pflicht ... 577

5. Die Organisation der Genossenschaft ... 582
5.1 Gesetzliche Organe ... 582
5.2 Die Generalversammlung ... 583
5.2.1 Befugnisse ... 584
5.2.2 Einberufung ... 585
5.2.3 Stimmrecht und Vertretung ... 586
5.2.4 Beschlussfassung ... 587
5.3 Die Verwaltung ... 589
5.3.1 Bestellung ... 589
5.3.2 Pflichten im Allgemeinen ... 589
5.3.3 Delegation der Geschäftsführung ... 591
5.3.4 Vertretung der Genossenschaft ... 592

5.4 Die Revisionsstelle 593
5.5 Verantwortlichkeit der Organe 594

6. Die Beendigung der Genossenschaft............................. 595

7. Literaturhinweise 596

Anhang
Hinweis auf Musterdokumente 597

Anhang
Informationsquellen und Adressen......................... 599

Stichwortverzeichnis 605

Abkürzungsverzeichnis

AG	Aktiengesellschaft
AHV	Alters- und Hinterlassenenversicherung
AHVG	Bundesgesetz über die Alters- und Hinterlassenenversicherung
altOR	frühere Vorschriften des Schweizerischen Obligationenrechts
ALV	Arbeitslosenversicherung
ATSG	Bundesgesetz über den Allgemeinen Teil des Sozialversicherungsrechts
AuG	Bundesgesetz über die Ausländerinnen und Ausländer
AVIG	Bundesgesetz über die obligatorische Arbeitslosenversicherung und die Insolvenzentschädigung
AVV	Allgemeine Versicherungsbedingungen der Versicherer
BEHG	Bundesgesetz über die Börsen und den Effektenhandel (Börsengesetz)
BGE	Bundesgerichtsentscheid
BSV	Bundesamt für Sozialversicherungen
BVG	Bundesgesetz über die berufliche Alters-, Hinterlassenen- und Invalidenvorsorge
Corp.	Incorporation
DBG	Bundesgesetz über die direkte Bundessteuer
EFTA	Europäische Freihandelsassoziation
EHRA	Eidgenössisches Amt für das Handelsregister
ELG	Bundesgesetz über Ergänzungsleistungen zur Alters-, Hinterlassenen- und Invalidenversicherung
EOG	Bundesgesetz über die Erwerbsersatzordnung für Dienstleistende und bei Mutterschaft
ESTV	Eidgenössische Steuerverwaltung

EU	Europäische Union
FER	Fachkommission für Empfehlungen zur Rechnungslegung
FusG	Bundesgesetz über Fusion, Spaltung, Umwandlung und Vermögensübertragung (Fusionsgesetz)
FZG	Bundesgesetz über die Freizügigkeit in der beruflichen Alters-, Hinterlassenen- und Invalidenvorsorge (Freizügigkeitsgesetz)
GAAP	Generally Accepted Accounting Principles
GeBüV	Verordnung über die Führung und Aufbewahrung der Geschäftsbücher (Geschäftsbücherverordnung)
GmbH	Gesellschaft mit beschränkter Haftung
GV	Generalversammlung
HRegV	Handelsregisterverordnung
IFRS	International Financial Reporting Standards
IGE	Institut für Geistiges Eigentum
Inc.	Incorporation
IV	Invalidenversicherung
IVG	Bundesgesetz über die Invalidenversicherung
KAG	Bundesgesetz über die kollektiven Kapitalanlagen (Kollektivenanlagengesetz)
KMU	Kleine und mittlere Unternehmen
KollG	Kollektivgesellschaft
KommG	Kommanditgesellschaft
KV	Krankenversicherung
KVG	Bundesgesetz über die Krankenversicherung
Ltd liab.	Limited liability company
Ltd.	Limited
MSchG	Bundesgesetz über den Schutz von Marken und Herkunftsangaben

MWST	Mehrwertsteuer
MWSTG	Bundesgesetz über die Mehrwertsteuer (Mehrwertsteuergesetz)
MWSTGB	Verordnung zum Bundesgesetz über die Mehrwertsteuer
MWSTGV	Verordnung zum Bundesgesetz über die Mehrwertsteuer
OR	Schweizerisches Obligationenrecht
PS	Partizipationsschein
RAG	Bundesgesetz über die Zulassung und Beaufsichtigung der Revisorinnen und Revisoren (Revisionsaufsichtsgesetz)
RLCG	Richtlinie betreffend Information zur Corporate Governance
RS	Revisionsstelle
s. a. g. l.	Società a garanzia limitata
S. à. r. l.	Société à responsabilité limitée
SA	Société anonyme bzw. Società anonima
SAGL	Società à garanzia limitata
SARL	Société à responsabilité limitée
SCBP	Swiss Code of Best Practice for Corporate Governance
SchKG	Bundesgesetz über die Schuldbetreibung und Konkurs
seco	Staatssekretariat für Wirtschaft
SHAB	Schweizerisches Handelsamtsblatt
SR	Systematische Sammlung des Bundesrechts (laufend nachgeführt)
StG	Bundesgesetz über die Stempelabgaben
StGB	Schweizerisches Strafgesetzbuch
StHG	Bundesgesetz über die Harmonisierung der direkten Steuer der Kantone und Gemeinden
StV	Verordnung über die Stempelabgaben
ÜBest	Übergangsbestimmungen
UV	Unfallversicherung

UVG	Bundesgesetz über die Unfallversicherung
UWG	Bundesgesetz gegen unlauteren Wettbewerb
VAG	Bundesgesetz betreffend die Aufsicht über die Versicherungsunternehmen (Versicherungsaufsichtsgesetz)
VR	Verwaltungsrat
VSt	Verrechnungssteuer
VStG	Bundesgesetz über die Verrechnungssteuer
VVG	Bundesgesetz über den Versicherungsvertrag (Versicherungsvertragsgesetz)
VZAE	Verordnung über Zulassung, Aufenthalt und Erwerbstätigkeit (von Ausländerinnen und Ausländern)
ZertES	Bundesgesetz über die Zertifizierungsdienste im Bereich der elektronischen Signatur
ZGB	Schweizerisches Zivilgesetzbuch

1. Thema
Das Unternehmen und seine Rechtsformen

> **Informationsziele**
>
> In diesem Thema erfahren Sie
> - was ein kaufmännisches Unternehmen ist und welche Gesetzesquellen dafür im Wesentlichen massgebend sind
> - welche Rechtsfragen durch das Unternehmensrecht geregelt werden
> - welche Rechtsformen das Gesetz für Unternehmen zur Verfügung stellt und wie sich diese in einzelne Gruppen kategorisieren lassen
> - was man unter einer Gesellschaft im Rechtssinne versteht und welche Gesellschaftsformen es gibt
> - wie Körperschaften und Rechtsgemeinschaften sich in ihrem Grundgehalt unterscheiden und welche grundsätzlichen praktischen Auswirkungen die Unterschiede haben

1. Der Unternehmensbegriff im Allgemeinen

1.1 Wirtschaftliche Sichtweise

Etwas unternehmen bedeutet so viel wie « etwas in die Tat umsetzen » oder « Massnahmen ergreifen ». Analog dazu versteht man unter dem Begriff « Unternehmen » (oder Unternehmung) eine Wirtschaftseinheit mit dem Zweck, produktive Leistungen im Dienste ihrer Kunden zu erbringen.

« Unternehmen » ist primär ein Begriff mit wirtschaftlichem Inhalt. In der Managementlehre wird das Unternehmen häufig charakterisiert als « ein offenes, dynamisches, komplexes, autonomes, marktgerichtetes, produktives soziales System » (so Jean-Paul Thommen, Betriebswirtschaftslehre).

Damit wird ausgedrückt, dass das Unternehmen

- dauernd in Interaktion mit seiner gesamten Umwelt steht
- laufend Veränderungen ausgesetzt ist
- viele Teilsysteme und Elemente umfasst, die in Beziehung zueinander stehen
- seine eigenen Zielsetzungen autonom festlegt
- seine Anstrengungen auf die Bedürfnisse des Marktes (insbesondere der Kunden) ausrichtet
- durch den Einsatz von Ressourcen (Kapital, Arbeit, Rohstoffe usw.) produktive Leistungen erbringt
- aus Individuen und Gruppen von Individuen besteht, die innerhalb des Systems zusammenwirken und gleichzeitig das Verhalten des Unternehmens nach aussen bestimmen

Im Wirtschaftsleben sind Unternehmen in unterschiedlichster Ausprägung anzutreffen. Zur besseren Erfassung der wirtschaftlichen Aspekte gruppiert man die Unternehmen nach verschiedenen Kriterien. So unterscheidet man beispielsweise nach dem Kriterium der Tätigkeit (Branche) Unternehmen des primären, des sekundären sowie des tertiären Sektors. Nach dem Kriterium der Grösse werden die kleinen und mittleren Unternehmen KMU von den Grossbetrieben abgegrenzt, obschon es keine offizielle Definition der KMU in der Schweiz gibt.

1.2 Gesetzliche Begriffsbestimmungen

Auch wenn die schweizerischen Gesetzestexte den Ausdruck Unternehmen selten ausdrücklich enthalten, sind in einzelnen Gesetzen Definitionsansätze zu finden, die dem Begriff Unternehmen (synonym oft: Betrieb) auch in rechtlicher Hinsicht jene weit gefasste Bedeutung geben, die vom Standpunkt der oben beschriebenen wirtschaftlichen Betrachtung angemessen ist.

Beispiele:
- Art. 934 OR (SR 220) spricht beim Unternehmen von «Gewerbe» und Art. 2 lit. b Handelsregisterverordnung (SR 221.411) definiert das Gewerbe als eine selbstständige, auf dauernden Erwerb gerichtete wirtschaftliche Tätigkeit.
- In eine ähnliche Richtung zielt Art. 1 Abs. 2 des Arbeitsgesetzes (SR 822.11), wonach ein Unternehmen dann vorliegt, wenn ein Arbeitgeber dauernd oder vorübergehend einen oder mehrere Arbeitnehmer beschäftigt, unabhängig davon, ob bestimmte Einrichtungen oder Anlagen vorhanden sind.
- Gemäss Art. 2 Abs. 1 bis des Kartellgesetzes (SR 251) gelten als Unternehmen sämtliche Nachfrager oder Anbieter von Gütern und Dienstleistungen im Wirtschaftsprozess, unabhängig von ihrer Rechts- oder Organisationsform.
- Art. 102 Abs. 4 Strafgesetzbuch (SR 311.0) hält ausdrücklich fest, dass als Unternehmen die juristischen Personen des Privatrechts, die juristischen Personen des öffentlichen Rechts, die Gesellschaften und die Einzelfirmen gelten.

1.3 Das Wesen des kaufmännischen Unternehmens

1.3.1 Merkmale gewerblicher Tätigkeit

«Im Sinne dieser Verordnung gelten als:
a. ...
b. Gewerbe: eine selbstständige, auf dauernden Erwerb gerichtete wirtschaftliche Tätigkeit;
c. ...»
Art. 2 lit. b HRegV: Begriffe

In rechtlicher Hinsicht sind die Begriffe «Unternehmen» und «Gewerbe» identisch. Für die Umschreibung des kaufmännischen Unternehmens sind gemäss der zitierten Legaldefinition drei Merkmale massgebend:

- **Gewerbe ist eine selbstständige Tätigkeit.**
  Die Selbstständigkeit kann dabei grundsätzlich eine rechtliche und/oder wirtschaftliche sein. Die rechtliche Selbstständigkeit bezieht sich auf die Eigentumsverhältnisse und darauf, dass die gewerbetreibende Person ihre Tätigkeit in eigenem Namen und auf eigenes Risiko (Anspruch auf den Gewinn; Tragung eines allfälligen Verlustes) ausübt. Wirtschaftliche Selbstständigkeit bedeutet hingegen unabhängige Entscheidungsmacht sowie Freiheit bezüglich Arbeitsorganisation und Unternehmenspolitik.

- **Gewerbe ist eine auf Dauer gerichtete Tätigkeit.**
  Damit bedeutet das nur zufällige oder einmalige bzw. vereinzelte Tätigwerden keine unternehmerische Tätigkeit. Dauerhaftigkeit liegt dann vor, wenn die ausgeübte Tätigkeit aufgrund ihres geplanten Vorgehens zu einer Vielzahl von Geschäften führt.

- **Gewerbe ist eine auf Erwerb ausgerichtete Tätigkeit.**
  Um als Gewerbe den relevanten Gesetzesbestimmungen unterstellt zu sein, muss die Tätigkeit auf dauernden Erwerb ausgerichtet sein. Erwerb bedeutet Erzielen von Umsatz, d.h. die gewerbetreibende Person will sich damit Einnahmen verschaffen. Erwerb ist nicht mit Gewinn (Einnahmenüberschuss) gleichzusetzen. Der Gewerbebegriff setzt damit die Gewinnerzielungsabsicht nicht voraus; die Absicht blosser Kostendeckung ist ausreichend.

1.3.2 Beispiele kaufmännischer Gewerbe

Die Gesetzgebung selbst enthält die wesentlichen Arten kaufmännischer Gewerbe. So nennt das Obligationenrecht (Art. 934 Abs. 1 OR) die Handels-, die Fabrikations- und die anderen nach kaufmännischer Art geführten Gewerbe. Kaufmännische Unternehmen können also sein:

- **Handelsgewerbe**
  Darunter fallen vor allem die Betriebe, die unbewegliche und bewegliche Sachen irgendwelcher Art erwerben und dieselben in unveränderter oder veränderter Form wieder veräussern.
- **Fabrikationsgewerbe**
  Dies sind Unternehmen, die durch Bearbeitung von Rohstoffen und anderen Waren mithilfe von Maschinen oder andern technischen Hilfsmitteln neue oder veredelte Erzeugnisse herstellen.
- **Andere nach kaufmännischer Art geführte Gewerbe**
  Gemeint sind damit alle anderen Gewerbe, die einen kaufmännischen Betrieb und eine geordnete Buchführung erfordern. Dazu gehören insbesondere Dienstleistungsbetriebe verschiedener Branchen wie Transport, Beherbergung und Bewirtung, Schule/ Unterricht usw.

Nicht als kaufmännische Unternehmen behandelt werden wissenschaftliche (sogenannte «freie») Berufe wie Ärzte, Zahnärzte, Anwälte, Architekten usw., landwirtschaftliche Betriebe sowie die reinen Handwerksbetriebe (deren Tätigkeit vor allem aus Handarbeit besteht). Zu beachten ist, dass alle diese Betriebe jedoch dann zu den anderen nach kaufmännischer Art geführten Gewerbe gehören, wenn damit beispielsweise eine Handelstätigkeit verbunden ist oder wenn der Betrieb aufgrund seiner wirtschaftlichen Bedeutung einem Handels- oder Fabrikationsunternehmen entspricht.

2. Die auf Unternehmen bezogenen Rechtsvorschriften

Anders als in manchen ausländischen Gesetzgebungen gibt es in der schweizerischen Rechtsordnung keine spezielle Kodifikation, die das Unternehmensrecht in systematischer und umfassender Weise enthält. Vielmehr sind Normen, welche das Handeln von Unternehmen betreffen, in zahlreichen Gesetzen zu finden. Ausgangspunkt des Unternehmensrechts bilden die Vorschriften im Schweizerischen Obligationenrecht (SR 220) über die Rechtsformen. Mit der Wahl der Rechtsform werden nämlich einerseits die rechtlichen Beziehungen des Unternehmens zu seiner Umwelt und anderseits Aspekte der internen Organisation des Unternehmens geregelt.

Das Gesellschaftsrecht des OR, das die verschiedenen Gesellschaften als Träger und Organisationsformen von Unternehmen normiert, wird zusammen mit den im gleichen Gesetz geregelten Bereichen Handelsregister, Firma und kaufmännische Buchführung traditionell als «Handelsrecht» bezeichnet. Mit dieser Bezeichnung soll die Abgrenzung des Rechtsgebietes zum übrigen Privatrecht ausgedrückt werden; in heutiger Terminologie kann dieses Rechtsgebiet durchaus mit «Unternehmensrecht» überschrieben werden.

Das Unternehmensrecht umfasst alle Normen, die das kaufmännische Unternehmen in seiner besonderen Stellung und Bedeutung regeln (so Arthur Meier-Hayoz/Peter Forstmoser, Schweizerisches Gesellschaftsrecht). Auch wenn damit das Obligationenrecht im Zentrum steht, geht Unternehmensrecht darüber hinaus. In den unmittelbaren Zusammenhang mit dem Gesellschafts-, Handelsregister-, Firmen- und Buchführungsrecht des OR gehören auch die Bereiche des Fusionsrechts (geregelt im Fusionsgesetz; SR 221.301), des Börsenrechts (Börsengesetz BEHG; SR 954.1), des Zwangsvollstreckungsrechts (Bundesgesetz über Schuldbetreibung und Konkurs SchKG; SR 281.1) und des Steuerrechts (Steuergesetze). Die in Abschnitt 1.2 aufgeführten gesetzlichen Begriffsbestimmungen fassen alle in der Wirtschaftspraxis vorkommenden Unternehmensarten zusammen; es erfolgt grundsätzlich keine Differenzierung, zum Beispiel nach der Branche oder der Grösse. Für die Rechtsanwendung gilt grundsätzlich: Unternehmen ist Unternehmen. **Von vielen staatlichen Regeln ist die Gesamtheit aller Unternehmen betroffen; einzelne Gesetzesvorschriften haben jedoch nur für bestimmte Arten**

von Unternehmen Geltung. Als Beispiele seien erwähnt: das Arbeitsgesetz, das gewisse Arbeitnehmerschutzbestimmungen ganz speziell für industrielle Betriebe deklariert und dazu ausdrücklich definiert, was unter einem Industriebetrieb zu verstehen ist; das Kartellgesetz, welches die Meldepflicht für Unternehmenszusammenschlüsse von einer bestimmten Betriebsgrösse abhängig macht; das Obligationenrecht, worin für Aktiengesellschaften die Zulässigkeit einer eingeschränkten Revision oder eines Revisionsverzichts nur gilt, wenn die Gesellschaft bezüglich Bilanzsumme, Umsatz bzw. Anzahl Mitarbeitende eine bestimmte Grösse nicht erreicht.

Die vorliegende Schrift legt das Schwergewicht auf die Rechtsformen und enthält darüber hinaus Hinweise auf die oben dargelegten, unmittelbar damit zusammenhängenden Rechtsgebiete. Auf einzelne weitere sich aus der Definition aus der Managementlehre ergebende rechtliche Bereiche, wie beispielsweise das Immaterialgüterrecht, das Wettbewerbsrecht und das Finanzmarktrecht, wird dagegen nur punktuell eingegangen. Auf die Darstellung der Kommanditaktiengesellschaft wird verzichtet, da diese Rechtsform in der Wirtschaftspraxis keine Bedeutung hat.

3. Die Rechtsformen in der Übersicht

3.1 Gruppierung der Rechtsformen

Die Rechtsform ist das juristische Kleid eines Unternehmens; davon hängt deren rechtliche Ordnung ab. Die rechtliche Ordnung regelt sowohl die Rechtsbeziehungen mit der Umwelt als auch einzelne Fragen der internen Unternehmensstruktur. Die folgende Aufstellung zeigt die verschiedenen im Gesetz geregelten Rechtsformen. Diese sind in Art. 2 der Handelsregisterverordnung aufgelistet und mit der Überschrift «Rechtseinheiten» versehen:

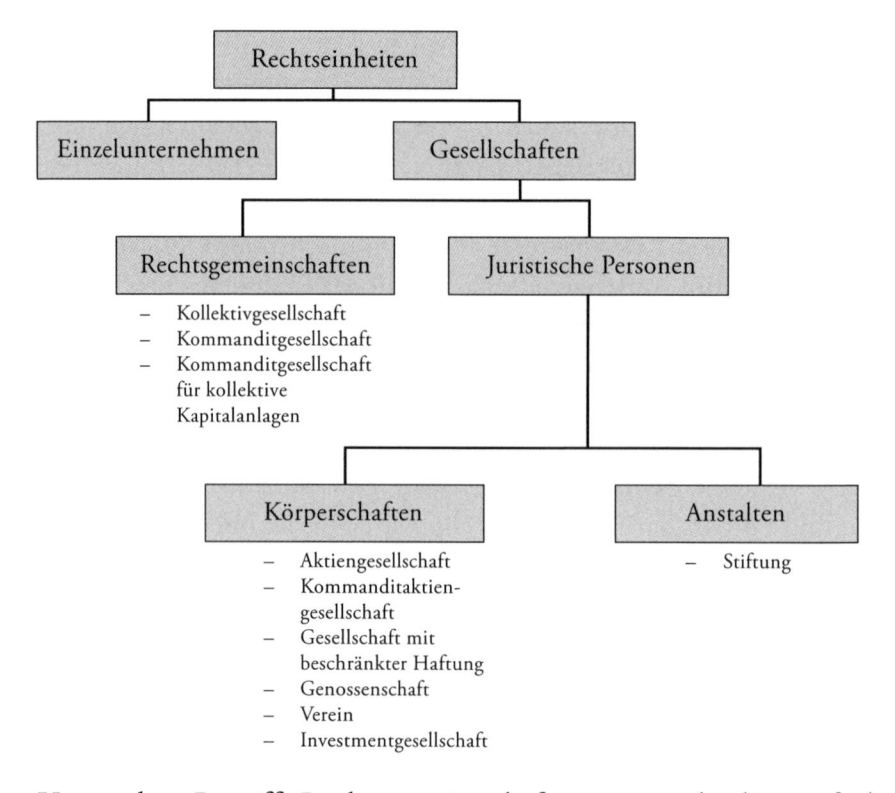

```
                    ┌─────────────────┐
                    │ Rechtseinheiten │
                    └────────┬────────┘
                 ┌───────────┴───────────┐
        ┌────────┴────────┐     ┌────────┴────────┐
        │ Einzelunternehmen│     │  Gesellschaften │
        └─────────────────┘     └────────┬────────┘
                          ┌──────────────┴──────────────┐
                ┌─────────┴──────────┐      ┌───────────┴────────┐
                │ Rechtsgemeinschaften│      │ Juristische Personen│
                └────────────────────┘      └───────────┬────────┘
```

Rechtsgemeinschaften:
- Kollektivgesellschaft
- Kommanditgesellschaft
- Kommanditgesellschaft für kollektive Kapitalanlagen

```
                          ┌─────────────────┴─────────────────┐
                ┌─────────┴────────┐              ┌───────────┴──────┐
                │   Körperschaften │              │     Anstalten    │
                └──────────────────┘              └──────────────────┘
```

Körperschaften:
- Aktiengesellschaft
- Kommanditaktiengesellschaft
- Gesellschaft mit beschränkter Haftung
- Genossenschaft
- Verein
- Investmentgesellschaft

Anstalten:
- Stiftung

Unter den Begriff Rechtsgemeinschaften ist auch die einfache Gesellschaft zu subsumieren. Dabei handelt es sich nicht um eine Rechtsform für Unternehmen. Sie gehört nicht zu den Rechtseinheiten, denn eine Eintragung im Handelsregister findet nicht statt. Vielmehr ist die einfache Gesellschaft im Gesetz bei den einzelnen Vertragsverhältnissen geregelt; sie bildet die Grundform des Gesellschaftsrechts und wird im 5. Thema gesondert behandelt.

3.2 Wahl der richtigen Rechtsform

Auch wenn die einmal gewählte Rechtsform später wieder geändert werden kann, handelt es sich bei deren Wahl um einen wichtigen Entscheid, denn jede Änderung ist mit Kosten und allenfalls steuerlichen Problemen verbunden.

Eine der zentralen Fragen von Unternehmensgründern ist die Frage nach der Haftung, d.h. der Entscheid, ob die Unternehmerpersonen für Forderungen gegen das Unternehmen mit ihrem Privatvermögen zu haften bereit sind oder ob sie die Haftung beschränken möchten. Für jene Gründer, die bereit sind, das Risiko in vollem Umfang auch mit dem Privatvermögen zu tragen, stehen das Einzelunternehmen, die Kollektivgesellschaft sowie die Kommanditgesellschaft als Rechtsformen zur Verfügung. Wer finanziell kein volles Risiko tragen möchte, wählt eine Rechtsform, die eine Beschränkung der Haftung auf das Geschäftsvermögen vorsieht, beispielsweise eine Aktiengesellschaft (AG) oder eine Gesellschaft mit beschränkter Haftung (GmbH).

Etwas darf aber nicht übersehen werden: **Die ideale Rechtsform, welche in jeder Beziehung nur Vorteile aufweist, gibt es nicht.** Und es gibt auch keine allgemein gültige Antwort auf die Frage, welches denn die beste aller Rechtsformen ist. Dies ist immer auf den Einzelfall bezogen zu untersuchen, wofür die persönlichen und geschäftlichen Zielsetzungen der Gründerperson/en sowie die konkreten Gegebenheiten zu berücksichtigen sind. Massgebende Kriterien können etwa sein:

- Der Bedarf an Eigenkapital und die Gründungskosten (sowie auch das Gründungsverfahren) sind je nach Rechtsform verschieden.
- Bezüglich finanzieller Haftung für die Verbindlichkeiten des Unternehmens bestehen teilweise erhebliche Unterschiede zwischen den einzelnen Rechtsformen.
- Je nach Rechtsform sind die Unabhängigkeit sowie die Handlungsfreiheit des Unternehmers bzw. der Unternehmer begrenzt.
- Die einzelnen Rechtsformen haben unterschiedlichen Anforderungen bezüglich Buchführung und Rechnungslegung zu genügen.

- Von der Rechtsform abhängig sind auch die Regeln über die Beendigung des Unternehmens (Liquidation, Ausscheiden von Mitgliedern, Auflösung).
- Die verschiedenen Rechtsformen bringen teilweise unterschiedliche Steuerbelastungen mit sich.
- Einzelne Sozialversicherungen sind je nach Rechtsform obligatorisch, freiwillig oder existieren gar nicht.

4. Das Gesellschaftsrecht im Allgemeinen

4.1 Einzelunternehmen und Gesellschaft

Bei den Rechtsformen wird zunächst das Einzelunternehmen von den Gesellschaften unterschieden: Das Einzelunternehmen ist dadurch charakterisiert, dass eine einzelne natürliche Person dem Unternehmen das Kapital zur Verfügung stellt sowie das Geschäft verantwortlich leitet und folglich Alleineigentümerin ist (Näheres dazu hinten im 4. Thema). Demgegenüber handelt es sich bei einer Gesellschaft grundsätzlich um eine Verbindung mehrerer Personen, die gemeinsam ein Geschäft betreiben.

4.2 Formenzwang im Gesellschaftsrecht

- Während im Vertragsrecht grundsätzlich Freiheit sowohl bezüglich Vertragsinhalt als auch Vertragsform besteht, **enthält das Gesellschaftsrecht einen Numerus clausus: Es gilt ein Formenzwang.** Das schweizerische Recht kennt zehn Gesellschaftsformen. Wer eine Gesellschaft gründet, hat nur genau diese 10 Formen zur Verfügung. Es handelt sich bei den Gesellschaften entweder um körperschaftlich organisierte oder um rechtsgemeinschaftlich organisierte Personenverbindungen.

- **Die gesetzliche Regelung der einzelnen Gesellschaftsformen geht jeweils nicht von einem zwingend vorgegebenen Unternehmenstypus aus.** So eignet sich die Rechtsform der AG beispielsweise für Unternehmen jeder Branche und Grösse. Insofern bietet das Gesellschaftsrecht der Wirtschaftspraxis die gewünschten vielseitigen, grundsätzlichen Anwendungsmöglichkeiten.

- **In der Freiheit der inhaltlichen Ausgestaltung der einzelnen Gesellschaftsformen bestehen mehr oder weniger ausgeprägte Einschränkungen.** Wieder im Gegensatz zum Vertragsrecht sind im Gesellschaftsrecht häufiger zwingende Gesetzesanordnungen anzutreffen. Zwei Beispiele dazu: (1) Die im Gesetz normierten Haftungsregeln können durch Verfügung der beteiligten Gesellschafter zuungunsten der Gläubiger nicht wegbedungen werden. (2) Die interne Organisation der einzelnen Körperschaften ist durch das Gesetz durchwegs zwingend geordnet.

- Neben dem allgemeinen Verkehrsschutz dienen die zwingenden Vorschriften des Gesellschaftsrechts dem Schutz von aussen stehenden Dritten, die sich auf die Gesetzesregelung verlassen müssen (z.B. Gläubigerschutz). Zudem macht insbesondere bei den Körperschaften, die aus einer Vielzahl von Gesellschaftern bestehen können, der Schutz der Beteiligten eine Einschränkung der inhaltlichen Gestaltungsfreiheit erforderlich.

Im nächsten Abschnitt 4.3 wird zunächst der Gesellschaftsbegriff dargelegt, während in den sich daran anschliessenden Abschnitten 4.4 bis 4.7 die einzelnen Gruppen von Gesellschaften erläutert werden, nämlich

- Rechtsgemeinschaften und Körperschaften
- personenbezogene und kapitalbezogene Gesellschaften
- wirtschaftlicher und nichtwirtschaftlicher Zweck von Gesellschaften
- Gesellschaften mit und ohne kaufmännisches Unternehmen

4.3 Der Gesellschaftsbegriff

§ «¹Gesellschaft ist die vertragsmässige Verbindung von zwei oder mehreren Personen zur Erreichung eines gemeinsamen Zweckes mit gemeinsamen Kräften oder Mitteln.
²Sie ist eine einfache Gesellschaft in Sinne dieses Titels, sofern dabei nicht die Voraussetzungen einer andern durch das Gesetz geordneten Gesellschaft zutreffen.»
Art. 530 OR: Begriff der Gesellschaft

Das Obligationenrecht definiert die Gesellschaft als vertragliche Verbindung von mehreren Personen, um mit gemeinsamen Kräften oder Mitteln einen gemeinsamen Zweck zu erreichen. Der Gesellschaftsbegriff besteht damit aus vier Elementen.

4.3.1 Vertragsmässige Personenverbindung

Die Gesellschaft ist eine vertragsmässige Personenverbindung, d.h. sie besteht aus mehreren (natürlichen oder juristischen) Personen.

Durch das Merkmal der personellen Verbindung unterscheidet sich die Gesellschaft von anderen Rechtsgebilden wie der Stiftung, deren Basis eine Vermögenswidmung darstellt. **Entstehungsgrundlage der Gesellschaft ist ein Vertrag, also eine übereinstimmende gegenseitige Willenserklärung der Parteien, die auf der privatrechtlichen freiwilligen Einigung der Beteiligten basiert** (Art. 1 OR).

Personenverbindungen ohne Vertrag gelten folglich nicht als Gesellschaften im Rechtssinn. Dies ist beispielsweise der Fall bei

- Personenverbindungen, die auf öffentlichem Recht beruhen, wie dies beispielsweise bei Korporationen, kirchlichen Körperschaften, aber auch bei der Schweizerischen Nationalbank SNB der Fall ist.

- Verbindungen, die von Gesetzes wegen entstehen, wie die Erbengemeinschaft (Art. 602 ZGB) und die Gläubigergemeinschaft im Konkurs (Art. 235 ff. und Art. 252 ff. SchKG).
- Verbindungen ohne rechtlichen Bindungswillen, wie zum Beispiel der Verabredung unter Kollegen, sich regelmässig zur gemeinsamen Sportausübung zu treffen.

4.3.2 Verbindung von zwei oder mehreren Personen

Analog zu einer Regel im römischen Recht verlangt das Obligationenrecht, dass eine Gesellschaft aus mehreren Personen besteht. Bei den meisten Gesellschaftsformen ist es dabei unerheblich, ob es sich um natürliche oder juristische Personen handelt. **Das schweizerische Recht geht vom Grundsatz aus, dass mindestens zwei Personen für die Bildung einer Gesellschaft nötig sind** (so beispielsweise Art. 552 Abs.1 OR für die Kollektivgesellschaft). Eine höhere Mitgliederzahl, nämlich sieben, verlangt das Gesetz lediglich für die Genossenschaft (Art. 831 Abs.1 OR).

Im Jahr 2008 wurde die «Mindestens-2-Personen-Regel» aufgeweicht; nun ist die Gründung einer Aktiengesellschaft als auch einer Gesellschaft mit beschränkter Haftung durch nur eine Person zulässig (Art. 625 OR sowie Art. 775 OR). Diese Neuerung ist einerseits durch die Angleichung der schweizerischen Vorschriften an das Recht in der EU und anderseits durch praktische Überlegungen begründet: So war bei der Aktiengesellschaft in der Praxis häufig der Fall anzutreffen, dass zwar für die Gesellschaftsgründung die von altOR verlangten mindestens drei Gründerpersonen mitwirkten, die Zahl der Mitglieder in der Folge aber (beispielsweise durch Übertragung der Aktien untereinander) unter diese Mindestzahl sank. Das Gesetz hat diese Tatsache denn in der früheren Fassung von Art. 625 Abs. 2 OR auch ausdrücklich toleriert.

Auf den ersten Blick widerspricht die Möglichkeit der Einpersonengesellschaft der Definition des Gesellschaftsbegriffs von Art. 530 Abs.1 OR. Der Widerspruch ist jedoch nur scheinbar. Einerseits ist die Gesellschaftsgründung durch nur eine Person lediglich für bestimmte Rechtsformen zulässig. Anderseits hält Art. 530 Abs. 2 OR ausdrücklich fest, dass die allgemeine Vorschrift nur dann gilt, sofern nicht die Voraussetzungen einer anderen durch das Gesetz geordneten Gesellschaft zutreffen. Die Begriffsdefinition wird damit relativiert, denn abweichende Bestimmungen über die einzelnen Gesellschaftsformen (Spezialvorschriften) gehen der allgemeinen Bestimmung von Art. 530 Abs. 1 OR vor.

4.3.3 Personenverbindung mit gemeinsamem Zweck

Basis der vertraglichen Verbindung bildet ein gemeinsames Ziel, ein angestrebter gemeinsamer Erfolg. Beispiele für den anvisierten Zweck können so vielfältig sein wie das Leben: Herstellung von Gütern; Erbringen von Dienstleistungen zum Verkauf; Realisieren eines bestimmten Projekts (zum Beispiel Erstellung eines grösseren Bauwerks); die Unterstützung Bedürftiger; Senkung der eigenen Lebenshaltungskosten durch gemeinsames Wohnen usw.

4.3.4 Personenverbindung mit gemeinsamen Kräften oder Mitteln

Zur Erreichung des gemeinsamen Zwecks wirken die Beteiligten mit gemeinsamen Kräften oder Mitteln zusammen. **Jeder Gesellschafter hat das angestrebte Ziel in irgendeiner Weise bzw. durch irgendeinen Beitrag zu fördern, sei es durch finanzielle Mittel oder durch persönliches Engagement** (beispielsweise durch zur Verfügung stellen seiner Arbeitskraft). Durch den gemeinsamen Zweck und das gemeinschaftliche Zusammenwirken sind alle Gesellschafter am realisierten Erfolg der Aktivitäten beteiligt, wobei «Erfolg» ein neutraler Begriff ist und ein positives Ergebnis (Gewinn) oder ein negatives Ergebnis (Verlust) gemeint sein kann. Das Gesetz verlangt nicht zwingend, dass jeder Beteiligte den gleichen Beitrag erbringt und gleichen Anteil am Erfolg hat. In dieser Beziehung besteht zwischen den Gesellschaftern Vertragsfreiheit.

4.4 Körperschaftlich versus rechtsgemeinschaftlich organisierte Gesellschaften

Aus der Übersicht in Abschnitt 3.1 geht hervor, dass bei den Gesellschaften zwei Gruppen zu unterscheiden sind: Rechtsgemeinschaften und Körperschaften.

4.4.1 Vorbemerkung: Rechtssubjekte und deren Handlungsfähigkeit

§
« ¹Rechtsfähig ist jedermann.
²Für alle Menschen besteht demgemäss in den Schranken der Rechtsordnung die gleiche Fähigkeit, Rechte und Pflichten zu haben. »
Art. 11 ZGB: Rechtsfähigkeit natürlicher Personen

« Die Handlungsfähigkeit besitzt, wer mündig und urteilsfähig ist. »
ZGB 13: Handlungsfähigkeit natürlicher Personen

« Die juristischen Personen sind aller Rechte und Pflichten fähig, die nicht die natürlichen Eigenschaften des Menschen, wie das Geschlecht, das Alter oder die Verwandtschaft zur notwendigen Voraussetzung haben. »
Art. 53 ZGB: Rechtsfähigkeit juristischer Personen

« Die juristischen Personen sind handlungsfähig, sobald die nach Gesetz und Statuten hiefür unentbehrlichen Organe bestellt sind. »
Art. 54 ZGB: Handlungsfähigkeit juristischer Personen

« ¹Die Organe sind berufen, dem Willen der juristischen Person Ausdruck zu geben.
²Sie verpflichten die juristische Person sowohl durch den Abschluss von Rechtsgeschäften als durch ihr sonstiges Verhalten.
³Für ihr Verschulden sind die handelnden Personen persönlich verantwortlich. »
Art. 55 ZGB: Bedeutung der Organe juristischer Personen

Rechtssubjekte sind die Adressaten von Rechtsnormen, d.h. die Träger von Rechten und Pflichten. Die schweizerische Rechtsordnung kennt zwei Rechtssubjekte, nämlich die natürlichen und die juristischen Personen: Natürliche Personen sind die Menschen, juristische Personen (wozu die Körperschaften gehören) hingegen die vom Recht geschaffenen Gebilde, welchen die Stellung als Rechtssubjekte zuerkannt wird. Das Innehaben von Rechten und Pflichten bezeichnet man in der Fachsprache als Rechtsfähigkeit; den Rechtssubjekten kommt die sogenannte **Rechtspersönlichkeit** zu.

Von der Rechtsfähigkeit ist die **Handlungsfähigkeit** zu unterscheiden. Handlungsfähigkeit bedeutet die Möglichkeit eines Rechtssubjekts, selbstständig zu handeln und dadurch Rechte und Pflichten zu begründen bzw. auszuüben. Die Handlungsfähigkeit zeigt sich beispielsweise durch die Fähigkeit zum Abschluss von Verträgen und zum Eingehen von Verpflichtungen. Beide Rechtssubjekte, natürliche und juristische Personen, sind handlungsfähig. Die Voraussetzungen für die Erlangung dieser Fähigkeit sind jedoch unterschiedlich:

- Da der Mensch seine Handlungen in der Regel selber tätigt, stellt das Gesetz in Art. 13 ZGB für ihn eine altersmässige sowie eine geistige Voraussetzung zur Erlangung der Handlungsfähigkeit auf.
- Die juristische Person benötigt nach Art. 54 ZGB zur Handlungsfähigkeit ihre **Organe**. Der Begriff «Organe» bedeutet zweierlei: Einmal bezeichnet man als Organe diejenigen Menschen, welche in der juristischen Person die wesentlichsten Aufgaben wie Willensbildung, Geschäftsführung und Kontrolle übernehmen (Beispiel: Verwaltungsrat als Geschäftsführungsorgan der Aktiengesellschaft). Sodann sind Organe jene Menschen, welche die juristische Person nach aussen vertreten. Handlungen dieser sogenannten Exekutiv-Organe in Ausübung ihrer geschäftlichen Verrichtungen werden als Handlungen der juristischen Person betrachtet.

- Aufgrund der Gesetzeskonzeption sind die an der Körperschaft beteiligten Personen nicht automatisch berechtigt, Rechtshandlungen für die juristische Person auszuüben. Die Mitglieder der Gesellschaft haben jedoch das Recht, die Exekutiv-Organe (z.B. Verwaltungsrat, Vorstand, Geschäftsführung) zu bestimmen. Sobald diese Organe bestimmt sind, erhält die juristische Person ihre Handlungsfähigkeit.

4.4.2 Körperschaft und Rechtsgemeinschaft im Vergleich

Körperschaft	Rechtsgemeinschaft
Dadurch, dass die juristische Person eine eigene Rechtspersönlichkeit hat, besteht sie unabhängig von denjenigen, die an ihr beteiligt sind. Die Körperschaft tritt nach aussen selbstständig auf, und durch eigene Handlungen erwirbt sie beispielsweise Eigentum und geht Verpflichtungen ein. Die juristische Person ist auch alleinige Eigentümerin der ihr gehörenden Vermögenswerte. Die an der Körperschaft beteiligten Personen haben kein direktes Recht an diesem Vermögen, sondern verfügen nur über ein Mitgliedschaftsrecht gegenüber der juristischen Person. Auch wenn wie im Falle von Einpersonengesellschaften faktisch die Interessen der Gesellschaft und des Gesellschafters völlig identisch sind, besteht aufgrund der Gesetzeskonzeption eine in jeder Hinsicht geltende absolute Trennung der juristischen Person von ihren Mitgliedern.	Der Begriff Rechtsgemeinschaft wird vom Gesetz selber nicht verwendet. Häufig bezeichnet man die darunter fallenden Gesellschaftsformen als Personengesellschaften. Man bringt damit zum Ausdruck, dass es sich um Gesellschaften handelt, bei denen nicht die Gesellschaft als solche, sondern die Mitgliederpersonen im Vordergrund stehen. Rechtsgemeinschaften verfügen im Gegensatz zu Körperschaften nicht über eine eigene Rechtspersönlichkeit. Die rechtgemeinschaftliche strukturierte Gesellschaft ist keine juristische Person und übernimmt keine eigenen Rechte und Pflichten. Rechtsträger bleiben vielmehr die Mitglieder der Gesellschaft; die Mitglieder sind auch am Gesellschaftsvermögen gemeinschaftlich direkt beteiligt.

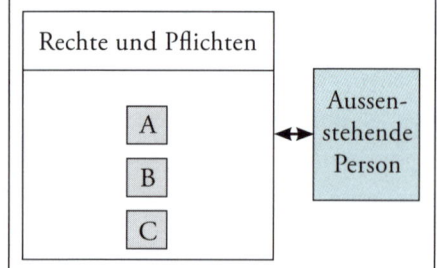

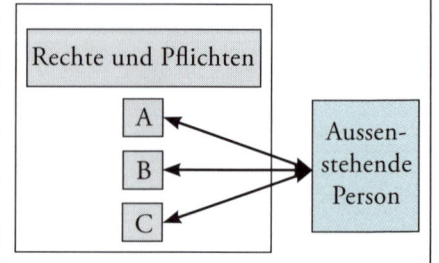

Bezüglich der Rechtsverhältnisse im Gesellschaftsrecht sind zwei Bereiche zu trennen:

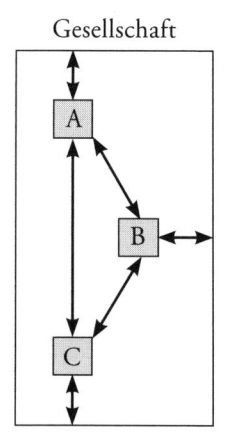

Gesellschaft

Das **Innenverhältnis** betrifft die Rechtsbeziehungen innerhalb der Gesellschaft. Konkret geht es um die Beziehungen der

- Gesellschafter unter sich (bei den Rechtsgemeinschaften). Diesbezüglich besteht unter den Gesellschaftern Vertragsfreiheit; die betreffenden gesetzlichen Vorschriften sind dispositiver Natur.

- Gesellschafter zur Gesellschaft (bei der AG und beim Verein)

- Gesellschafter unter sich sowie zur Gesellschaft (bei Kommandit-AG, GmbH und Genossenschaft)

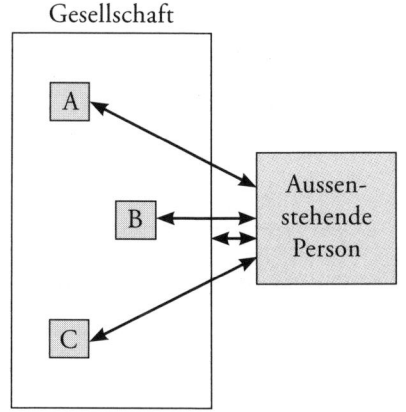

Das **Aussenverhältnis** bezieht sich auf die Rechtsbeziehungen der Gesellschaft (bzw. bei Rechtsgemeinschaften der Gesellschafter) zu aussenstehenden Personen. Zum Schutz von Dritten wird das Aussenverhältnis durch das Gesetz zwingend geordnet.

4.4.3 Gesetzesquellen für Körperschaften und Rechtsgemeinschaften

Wesentlichste Gesetzesquellen sind das Schweizerische Zivilgesetzbuch und das Schweizerische Obligationenrecht. Das OR wird manchmal vereinfachend als Gesetzbuch für geschäftliche Vorgänge qualifiziert; dies vor allem deshalb, weil es die Regelung der juristischen Personen, bei denen es sich um Unternehmen handelt, sowie der Rechtsgemeinschaften enthält. Als weitere Gesetzesquelle für Rechtsgemeinschaften und Körperschaften neben ZGB und OR ist das Bundesgesetz über die kollektiven Kapitalanlagen (Kollektivanlagengesetz KAG; SR 951.31) zu nennen.

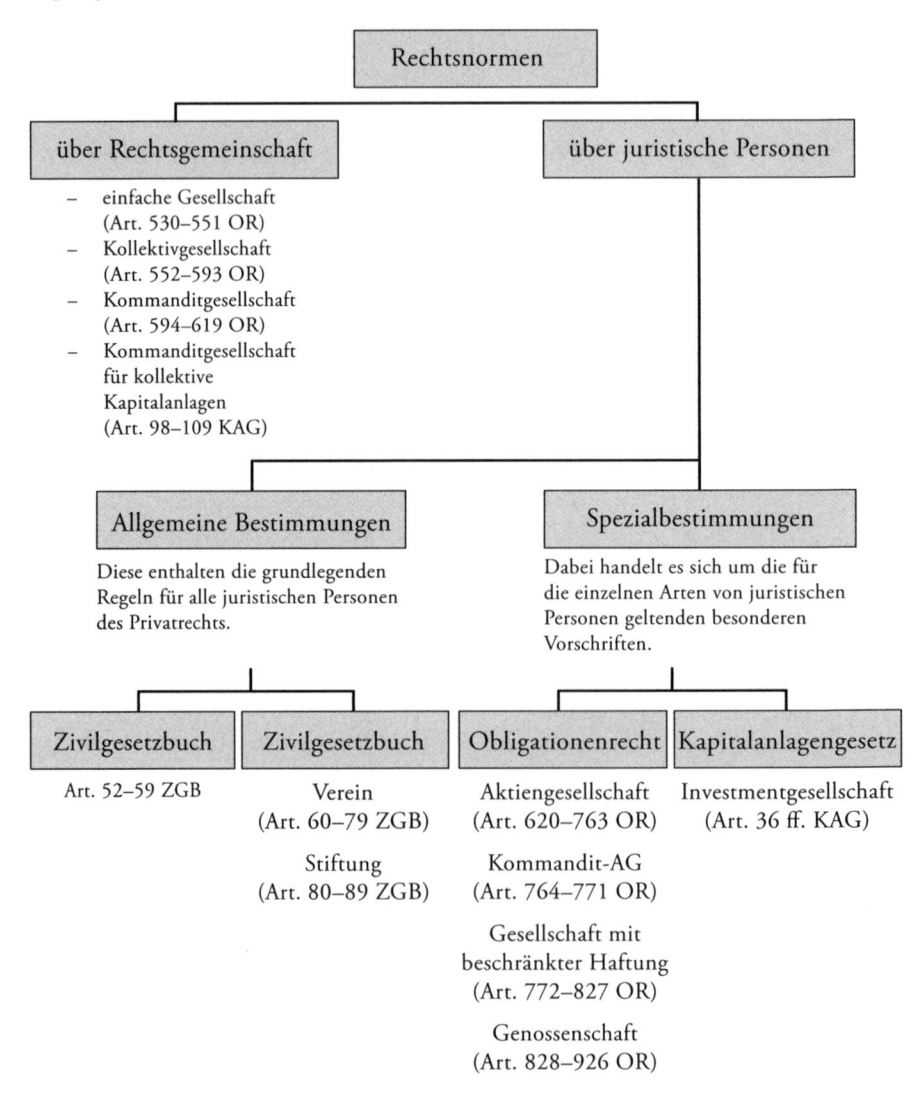

Rechtsnormen

über Rechtsgemeinschaft
- einfache Gesellschaft (Art. 530–551 OR)
- Kollektivgesellschaft (Art. 552–593 OR)
- Kommanditgesellschaft (Art. 594–619 OR)
- Kommanditgesellschaft für kollektive Kapitalanlagen (Art. 98–109 KAG)

über juristische Personen

Allgemeine Bestimmungen
Diese enthalten die grundlegenden Regeln für alle juristischen Personen des Privatrechts.

Spezialbestimmungen
Dabei handelt es sich um die für die einzelnen Arten von juristischen Personen geltenden besonderen Vorschriften.

Zivilgesetzbuch
Art. 52–59 ZGB

Zivilgesetzbuch
Verein (Art. 60–79 ZGB)
Stiftung (Art. 80–89 ZGB)

Obligationenrecht
Aktiengesellschaft (Art. 620–763 OR)
Kommandit-AG (Art. 764–771 OR)
Gesellschaft mit beschränkter Haftung (Art. 772–827 OR)
Genossenschaft (Art. 828–926 OR)

Kapitalanlagengesetz
Investmentgesellschaft (Art. 36 ff. KAG)

4.4.4 Rechtliche Bedeutung der Unterscheidung

Kaum eine im Gesetz geregelte Personenverbindung ist als Rechtsgemeinschaft bzw. als Körperschaft in reiner Form festgeschrieben. So werden Rechtsgemeinschaften in einzelnen Bereichen gleich behandelt wie juristische Personen. Beispielsweise kann eine Kollektivgesellschaft oder eine Kommanditgesellschaft Rechte erwerben und Verbindlichkeiten eingehen sowie vor Gericht klagen und verklagt werden (Art. 562 OR und Art. 602 OR). Und bei grundsätzlich körperschaftlich organisierten Gesellschaften sind in der gesetzlichen Ordnung vereinzelt rechtsgemeinschaftliche Elemente zu finden: Zum Beispiel sind gemäss GmbH-Recht ohne anderslautende Statutenbestimmung die Gesellschafter gemeinsam zugleich Geschäftsführer (Art. 809 Abs.1 OR).

Auch wenn also Rechtsgemeinschaften und Körperschaften kaum in reiner Form anzutreffen sind, gibt die Gruppierung der Gesellschaften in die beiden Kategorien doch einen ersten grundlegenden Überblick über die unterschiedliche Stossrichtung der rechtlichen Regelung. Anhand der Einordnung einer Gesellschaftsform in die beiden Gruppen können grundsätzliche und auch in praktischer Hinsicht bedeutende Unterschiede erkannt werden:

- **Rechtsträgerschaft**

Die Körperschaft ↓	Die Rechtsgemeinschaft ↓
hat als juristische Person eine eigene Rechtspersönlichkeit, tritt nach aussen selbstständig auf und ist alleinige Eigentümerin der ihr gehörenden Vermögenswerte.	verfügt über eine eigene Rechtspersönlichkeit und übernimmt keine eigenen Rechte und Pflichten. Rechtsträger sind die Mitglieder, die auch am Gesellschaftsvermögen direkt beteiligt sind.

- **Bedeutung der Mitglieder für die Gesellschaft**

Die Körperschaft ↓	Die Rechtsgemeinschaft ↓
trennt Gesellschaft und Mitglied als rechtlich voneinander unabhängige Rechtssubjekte je mit eigenen Rechten und Pflichten. Als Mitglieder kommen sowohl natürliche als auch juristische Personen infrage. Die Existenz der Gesellschaft ist nicht von einzelnen Mitgliederpersonen abhängig.	hat keine eigene Rechtsstellung und ist von den einzelnen Mitgliedern direkt abhängig. Teilweise stehen die Rechtsgemeinschaften nur natürlichen Personen offen. Ein Mitgliederwechsel bedeutet eine grundlegende Veränderung der Rechtsverhältnisse der Gesellschaft.

- **Gesellschaftsgründung**

Die Körperschaft ↓	Die Rechtsgemeinschaft ↓
wird durch öffentliche Urkunde gegründet. Der Inhalt der Statuten muss den zwingenden gesetzlichen Vorgaben entsprechen.	kann formfrei gegründet werden. Der Inhalt des Gesellschaftsvertrags kann in weiten Teilen durch die Gesellschafter frei bestimmt werden.

- **Kapital und Haftung**

Die Körperschaft ↓	Die Rechtsgemeinschaft ↓
hat in der Regel ein vom Gesetz zwingend vorgegebenes Mindestkapital. Die Mitglieder haften entweder auf keinen Fall oder nur unter bestimmten Voraussetzungen persönlich mit dem Privatvermögen.	muss keine gesetzlichen Vorschriften betreffend Mindestkapital beachten. Grundsätzlich haften Mitglieder auch mit ihrem Privatvermögen.

- **Organisation und Entscheidungsfindung**

Die Körperschaft ↓	Die Rechtsgemeinschaft ↓
verfügt über eine zwingend geordnete interne Organisation: Es müssen die gesetzlich vorgeschriebenen Organe bestellt werden, die teilweise unentziehbare Aufgaben zu erfüllen haben. Die Geschäftsführung und Vertretung liegt in der Regel in den Händen von dazu bestimmten Drittpersonen (Drittorganschaft). Für Entscheidungen in der Gesellschaft gilt das Mehrheitsprinzip.	hat eine frei bestimmbare, interne Organisation: In der Regel sind die Mitglieder gemeinsam für die Geschäftsführung und Vertretung verantwortlich (Selbstorganschaft). Für Entscheidungen in der Gesellschaft gilt normalerweise das Einstimmigkeitsprinzip.

4.4.5 Abgrenzung der Körperschaft zur Stiftung

Alle Körperschaften sind zwar juristische Personen, doch nicht alle juristischen Personen sind auch Körperschaften. Neben den Körperschaften gehört nämlich auch die Stiftung unter den Oberbegriff der juristischen Personen. Im Gegensatz zur Körperschaft, die eine Personenverbindung darstellt, handelt es sich gemäss Art. 80 ff. ZGB bei der Stiftung (einer sogenannten privatrechtlichen Anstalt) um die **Widmung eines Vermögens für einen bestimmten, üblicherweise ideellen Zweck**. Die Stiftung ist damit zwar eine im Handelsregister einzutragende Rechtseinheit im Sinne der Handelsregisterverordnung, nicht jedoch eine Rechtsform für Unternehmen.

Die Widmung des Vermögens bedeutet, dass dieses aus der Verfügungsmacht des Stifters ausgeschieden und der juristisch von ihm unabhängigen Stiftung übereignet wird. Die Stiftung besteht folglich nicht aus Mitgliedern, sondern aus einem verselbständigten Vermögen. Die Stiftungsorgane haben die Aufgabe, das Vermögen im Sinne des vom Stifter definierten Zwecks zu verwalten und einzusetzen.

In der Praxis besteht eine recht grosse Vielfalt von Stiftungsarten. So gibt es beispielsweise gemeinnützige Stiftungen, kirchliche Stiftungen, Familienstiftungen, Personalvorsorgestiftungen und Unternehmensstiftungen. Auch die Stiftungszwecke können sehr vielfältig sein. Als Beispiele für völlig unterschiedliche Zwecke seien erwähnt

- die Pestalozzi-Stiftung für die Förderung der Ausbildung Jugendlicher aus schweizerischen Berggegenden, deren Zweck es ist, junge Menschen in einer finanziell schwierigen Situation – namentlich aus Berg- und Randgebieten – bei der Aus- und Weiterbildung zu unterstützen. Die Stiftung hat seit ihrer Gründung 1961 bisher über 4600 Stipendiatinnen und Stipendiaten mit einer Gesamtsumme von CHF 28 Millionen unterstützt.
- die Stiftung für unternehmerische Entwicklung. Diese fördert die KMU, mitunter auch Familienunternehmen mit Sitz in der Schweiz, unterstützt fähige Berufsleute in deren Bestreben, ein Unternehmen zu gründen, zu übernehmen, zu übergeben oder ein Unternehmen erfolgreich aus der Krise zu führen, und fördert wissenschaftliche Projekte, welche der Vertiefung des Wissens über die KMU bzw. allgemein über das Unternehmen der Schweiz dienen.

Verwaltung und Einsatz eines Vermögens für den durch den Stifter vorgegebenen Zweck verlangt von den Stiftungsorganen ein hohes Mass an Verantwortungsbewusstsein und bedeutet damit die Ausübung einer ausgesprochenen Vertrauensposition. Deshalb und da sich Stiftungen vielfach einer gemeinnützigen Zwecksetzung verschreiben, unterliegen die privatrechtlichen Stiftungen (Ausnahme: Familienstiftungen und kirchliche Stiftungen) der Aufsicht durch das Gemeinwesen (Bund, Kanton oder Gemeinde). **Die Stiftungsaufsicht hat dafür zu sorgen, dass das Stiftungsvermögen seinem Zweck entsprechend verwendet wird.** Dies insbesondere auch deshalb, weil eine Stiftung nicht aus Mitgliedern besteht, welche am Willensbildungsprozess der juristischen Person beteiligt sind und zudem der Stifter nach seinem Tod keine Einflussmöglichkeiten (mehr) auf die Stiftungstätigkeit hat.

4.5 Personenbezogene und kapitalbezogene Gesellschaften

Wie dargelegt handelt es sich bei jeder Gesellschaft um eine Personenverbindung mit gemeinsamem Zweck, wobei wesentlich ist, dass die Mitglieder der Gesellschaft die Zweckerreichung mit gemeinsamen Kräften oder Mitteln anstreben. **Je nachdem, welche Kraft und Mittel der Mitglieder für den Gesellschaftszweck von zentraler Bedeutung sind, unterscheidet man die personenbezogenen und die kapitalbezogenen Gesellschaften.**

Personenbezogene Gesellschaft	Kapitalbezogene Gesellschaft
Eine personenbezogene Gesellschaft liegt vor, wenn für die Gesellschaft die **Persönlichkeit der Mitglieder im Vordergrund steht**. Dies äussert sich beispielsweise darin, dass es auf die persönlichen Fähigkeiten der Mitglieder ankommt, sie persönlich aktiv mitarbeiten und auch ihre persönliche Kreditwürdigkeit der Gesellschaft zur Verfügung stellen.	Die kapitalbezogene Gesellschaft zeichnet sich dadurch aus, dass der **Beitrag der Mitglieder sich vor allem auf ihre Kapitalbeteiligung bezieht**. Für die Gesellschaft steht das zur Verfügung gestellte Kapital im Vordergrund und nicht so sehr die Person, welche das Kapital beiträgt.

Die Merkmale der Personenbezogenheit bzw. Kapitalbezogenheit sind eng mit der Unterscheidung von Rechtsgemeinschaften und Körperschaften verbunden: Rechtsgemeinschaften sind eher personenbezogene, Körperschaften in der Regel kapitalbezogene Gesellschaften. Diese Übereinstimmung ist jedoch im Gesetz nicht konsequent und ausnahmslos verwirklicht: So gibt es

- personenbezogene Körperschaften (Genossenschaft, Verein)
- kapitalbezogene Elemente bei einzelnen Rechtsgemeinschaften

(zum Beispiel die Stellung des Kommanditärs in der Kommanditgesellschaft)
- die Möglichkeit der Mitglieder, in einzelne Körperschaften personenbezogene Elemente einzubeziehen (zum Beispiel Aktienvinkulierung bei der Aktiengesellschaft)
- Mischformen zwischen personenbezogenen und kapitalbezogenen Gesellschaften (wie die Gesellschaft mit beschränkter Haftung und die Kommandit-AG)

4.6 Wirtschaftlicher und nichtwirtschaftlicher Zweck von Gesellschaften

Der finale Zweck (Endzweck) von Gesellschaften kann entweder wirtschaftlicher oder aber nichtwirtschaftlicher Natur sein. «**Wirtschaftlich» ist der Zweck dann, wenn für die Mitglieder geldmässige Vorteile erreicht werden sollen** (also beispielsweise durch Förderung der wirtschaftlichen Interessen der Mitglieder oder durch die Ausschüttung möglichst hoher Gewinne an die Mitglieder).

Nichtwirtschaftliche Zwecke hingegen sollen Dritten (und nicht den Gesellschaftsmitgliedern) Vorteile verschaffen; es handelt sich dann um gemeinnützige oder ideelle Zwecke. Das Zivilgesetzbuch selbst enthält Hinweise, was unter ideeller Zwecksetzung gemeint ist: So bezeichnet Art. 60 Abs.1 ZGB politische, religiöse, wissenschaftliche, künstlerische und wohltätige Aufgaben als nichtwirtschaftliche Zwecke. Können nun alle Gesellschaftsformen sowohl mit wirtschaftlichem als auch mit nichtwirtschaftlichem Zweck versehen sein? Art. 59 Abs. 2 ZGB enthält eine grundsätzliche Antwort darauf: Danach ist für Personenverbindungen mit ideellem Zweck die Rechtsform des Vereins reserviert, während für die Gesellschaften mit wirtschaftlichem Zweck die Gesellschaftsformen des OR zur Verfügung stehen.

Aus den Gesetzesanordnungen folgt:

- Die Gesellschaften des OR sind vor allem für die Erreichung wirtschaftlicher Zwecke konzipiert.
- Eine nichtwirtschaftliche Zweckbestimmung ist jedoch zulässig, wie dies beispielsweise für die Aktiengesellschaft ausdrücklich aus Art. 620 Abs. 3 OR hervorgeht.
- Demgegenüber besteht für Vereine ein gesetzliches Verbot, wirtschaftliche Ziele zu verfolgen.

4.7 Kaufmännisches Unternehmen in Verbindung mit dem wirtschaftlichen bzw. nichtwirtschaftlichen Gesellschaftszweck

Von der Zweckbestimmung der Gesellschaft ist der Begriff des kaufmännischen Unternehmens zu unterscheiden. Wie oben beschrieben, handelt es sich bei einem kaufmännischen Unternehmen um eine selbstständige, auf dauernden Erwerb gerichtete wirtschaftliche Tätigkeit. **Für das Gesellschaftsrecht stellt die Führung eines kaufmännischen Unternehmens nicht eine Zwecksetzung, sondern ein Mittel dar, mit dem der vorgesehene Zweck erreicht werden soll.** Zweck und Mittel zum Zweck sind nicht dasselbe: Der Zweck kann wirtschaftlicher oder nichtwirtschaftlicher Natur sein. Die Zweckerreichung kann mit oder ohne Führung eines kaufmännischen Unternehmens angestrebt werden.

In der Praxis ist häufig anzutreffen, dass eine wirtschaftliche Zielsetzung mit der Führung eines kaufmännischen Unternehmens erreicht werden soll. **Das kaufmännische Unternehmen gehört damit vielfach zum wirtschaftlichen Zweck.** Diese Konstruktion ist aber nicht zwingend. Denn **auch nichtwirtschaftliche Zwecke lassen sich mit einem kaufmännischen Unternehmen verfolgen.**

Wirtschaftlicher und nichtwirtschaftlicher Zweck mit und ohne kaufmännisches Unternehmen		
	Beispiel	zulässig für
Wirtschaftlicher Zweck **mit** kaufmännischem Unternehmen	Eine Aktiengesellschaft mit wirtschaftlichem Zweck führt einen Fabrikationsbetrieb.	alle Gesellschaftsformen des OR ausser einfache Gesellschaft
Wirtschaftlicher Zweck **ohne** kaufmännisches Unternehmen	Die ARGE «Tunnelbau» (einfache Gesellschaft) bezweckt den Bau eines Tunnels zur Umfahrung einer Gemeinde.	alle Gesellschaftsformen des OR sowie Gesellschaften des KAG
Nichtwirtschaftlicher Zweck **mit** kaufmännischem Unternehmen	Ein Fussballverein führt beim Sportplatz einen Kiosk.	Verein sowie alle Gesellschaftsformen des OR ausser einfache Gesellschaft
Nichtwirtschaftlicher Zweck **ohne** kaufmännisches Unternehmen	Die Musikgesellschaft der Gemeinde X will die kulturelle Vielfalt in der Gemeinde fördern.	Verein sowie alle Gesellschaftsformen des OR

4.8 Zusammenfassung

Die folgende Tabelle gibt als Zusammenfassung der Abschnitte 4.4 bis 4.7 einen Überblick, indem für jede Gesellschaftsform angegeben ist, ob

- es sich um eine Rechtsgemeinschaft oder eine Körperschaft handelt
- eine personenbezogene oder eine kapitalbezogene Gesellschaft vorliegt
- das Anstreben eines wirtschaftlichen oder eines nichtwirtschaftlichen Zwecks zulässig ist
- sie ein kaufmännisches Unternehmen führen darf oder nicht

	Rechtsgemeinschaft	Körperschaft	personenbezogen	kapitalbezogen	Mischform, personen- und kapitalbezogen	für wirtschaftliche Zwecke	für nichtwirtschaftliche Zwecke	mit kaufmännischer Unternehmung	ohne kaufmännische Unternehmung
einfache Gesellschaft	x		x			x	x		x
Kollektivgesellschaft	x		x			x	x	x	x
Kommanditgesellschaft	x		x			x	x	x	x
Kommanditgesellschaft für kollektive Kapitalanlagen	x				x	x			x
Aktiengesellschaft		x		x		x	x	x	x
Kommanditaktiengesellschaft		x		x		x	x	x	x
GmbH		x			x	x	x	x	x
Genossenschaft		x			x	x	x	x	x
Verein		x					x		x
Investmentgesellschaft mit variablem Kapital SICAV		x		x		x			x

5. Literaturhinweise

- *Bosshard C./Kähr M.,* Repetitorium Gesellschaftsrecht (Zürich 2004)
- *Handschin L.,* Gesellschaftsrecht in a nutshell (Basel 2007)
- *Harder-Schuler C.-M./Peyer Patrik R.,* Schweizerisches Gesellschaftsrecht. Fragen und Antworten – Leading Cases (Bern 2007)
- *Honsell H./Vogt N.P./Geiser T. (Herausgeber),* Basler Kommentar zum Schweizerischen Privatrecht, Zivilgesetzbuch I, Art. 1–456 ZGB (Basel/Genf/München 2002)
- *Meier-Hayoz A./Forstmoser P.,* Schweizerisches Gesellschaftsrecht mit neuem Recht der GmbH, der Revision und der kollektiven Kapitalanlagen (Bern 2007)
- *Meier-Hayoz A./Schluep W.R./Ott W.,* Zur Typologie im schweizerischen Gesellschaftsrecht (ZSR 1971)
- *Von Steiger W.,* Gesellschaftsrecht, Allgemeiner Teil und Personengesellschaften, Schweizerisches Privatrecht, Band VIII (Basel 1976)
- *Thommen J.-P.,* Betriebswirtschaftslehre (Zürich 2008)

2. Thema
Die für alle Rechtseinheiten massgebenden Grundlagen

> **Informationsziele**
>
> Dieses Thema stellt die für alle Rechtseinheiten massgebenden gemeinsamen Aspekte dar. Sie erfahren,
> - welches die Voraussetzungen zur Unternehmensgründung sind
> - welche Bedeutung das Handelsregister erfüllt und wie dieses organisiert ist, wer zur Eintragung verpflichtet ist und welche Rechtswirkungen die Eintragung nach sich zieht
> - wie sich die verschiedenen Arten der kaufmännischen Handlungsvollmachten unterscheiden
> - welche Möglichkeiten und Grenzen bei der Firmenbildung zu beachten sind und wie sich andere Bezeichnungen wie Enseigne, Marke und Domain Name von der Firma abgrenzen
> - worin der Umfang der Buchführungspflicht besteht und welches die wichtigsten materiellen und formellen Buchführungsregeln und Rechnungslegungsvorschriften sind
> - welche formellen und materiellen Aspekte im Zusammenhang mit der Mehrwertsteuer beachtet werden müssen
> - was systematisches Risikomanagement beinhaltet und welche Versicherungsbereiche im Rahmen des Unternehmens abzuklären sind

1. Die Gründung eines Unternehmens

1.1 Erfolgsfaktoren neuer Unternehmen

In unserem Land ist die Neugründungsquote (Neugründungen im Verhältnis zu den bestehenden Unternehmen) im internationalen Vergleich eher tief. Trotzdem sind die Zahlen beachtlich: In den Jahren 2000 bis 2007 sind pro Jahr zwischen 30 000 und 36 000 Unternehmensgründungen zu verzeichnen. Die Motive für die Gründung eines eigenen Unternehmens sind vielfältig. Genannt werden beispielsweise Selbstbestätigung, Erreichung eines Lebensziels, Unzufriedenheit mit der beruflichen Situation, Unterforderung, Streben nach Prestige und Anerkennung, Ausnützen einer Marktlücke, Wiedereinstieg bzw. Neuanfang usw.

Festzustellen ist, dass fast die Hälfte der gegründeten Unternehmen innerhalb von fünf Jahren wieder vom Markt verschwindet. Dies dürfte auch damit zusammenhängen, dass nicht alle Unternehmensgründer/innen günstige Voraussetzungen für das neue Unternehmen aufweisen. Die Erfolgschancen neuer Unternehmen hängen von verschiedenen Faktoren ab; besonders wichtig sind:

- **Charakterliche Eigenschaften**
  Für Unternehmensgründer/innen werden die folgenden Veranlagungen als besonders wichtig erachtet: Kontaktfähigkeit und Kommunikationsfreudigkeit, theoretische Intelligenz, Belastbarkeit, Einsatzbereitschaft, Selbstbewusstsein, Begeisterungsfähigkeit, Gewissenhaftigkeit und Aufgeschlossenheit.

- **Fachliche Kompetenzen**
  Diese beziehen sich auf die Aus- und Weiterbildung, Berufserfahrung, Branchenerfahrung sowie allenfalls auf Führungserfahrung.

- **Finanzielle Basis**
  Die finanzielle Basis ist in zweifacher Hinsicht von Bedeutung: einerseits bezüglich des notwendigen Startkapitals, und andererseits zur Überbrückung der Start- und Aufbauphase des Unternehmens, in der meist nur bescheidene Einkommen aus der Geschäftstätigkeit erzielt werden können.

- **Stützung von Familie und Freunden**
  Vor allem die Start- und Aufbauphase eines neuen Unternehmens verlangt Flexibilität und überdurchschnittliche Einsatzbereitschaft. Dafür ist ein entsprechendes privates Umfeld wichtig.

- **Systematisches Vorgehen**
  Grundlage eines neuen Geschäfts kann durchaus auch eine spontane, zündende Idee sein. Diese ist aber systematisch und zielorientiert zu konkretisieren und geplant zu einem Business Plan zu erweitern.

1.2 Persönliche Voraussetzungen in rechtlicher Hinsicht

1.2.1 Zivilrechtliche Voraussetzung: Handlungsfähigkeit

Unternehmensgründer/in kann grundsätzlich jede natürliche Person und auch jede juristische Person sein. Die Unternehmensgründung setzt grundsätzlich die Handlungsfähigkeit der Gründerperson voraus, denn der Gründer muss sich durch eigenes Handeln Dritten gegenüber rechtlich binden können (zur Handlungsfähigkeit siehe 1. Thema, Abschnitt 4.4.1).

1.2.2 Öffentlich-rechtliche Voraussetzungen:
Ausnahmen von der Wirtschaftsfreiheit

Die in der Bundesverfassung gewährleistete **Wirtschaftsfreiheit** umfasst insbesondere die freie Wahl des Berufes sowie den freien Zugang zu einer privatwirtschaftlichen Erwerbstätigkeit und deren freie Ausübung. Die Wirtschaftsfreiheit ist neben dem Privateigentum und der Vertragsfreiheit eine der Voraussetzungen unseres marktwirtschaftlichen Wirtschaftssystems. Die Wirtschaftsfreiheit (auch Wettbewerbsfreiheit) garantiert, dass jedermann ein eigenes Unternehmen gründen und damit in Konkurrenz zu anderen Geschäften derselben Branche treten kann. **Das schweizerische Unternehmensrecht basiert also nicht auf dem Grundsatz, wonach bei der Unternehmensgründung vorgängig eine Bewilligung durch irgendeine staatliche Stelle notwendig ist.**

Neben der Handlungsfähigkeit nennt das Privatrecht keine weiteren Voraussetzungen für die Tätigkeit als Einzelunternehmer. Allerdings sind Bund und Kantone aber befugt, Bestimmungen über die Ausübung gewerblicher Tätigkeiten zu erlassen. So enthalten einzelne verwaltungsrechtliche Erlasse (beispielsweise gesundheits-, umwelt- oder gewerbepolizeiliche Vorschriften) Ausnahmen von der Wirtschaftsfreiheit. **Die Einschränkung besteht darin, dass die Führung bestimmter Gewerbe von gewissen persönlichen Bedingungen des Geschäftsinhabers abhängig ist.** Zwei Beispiele:

1. Derjenige, der ein eigenes Unternehmen gründen möchte mit dem Zweck, regelmässig und gegen Entgelt als privater Arbeitsvermittler tätig zu sein, braucht dafür eine Bewilligung durch das zuständige kantonale Amt sowie, wenn er eine grenzüberschreitende Tätigkeit ausüben will, eine eidgenössische Bewilligung. Die Bewilligung wird nur erteilt, wenn sowohl der Betrieb als auch die verantwortliche Person bestimmte gesetzliche Bedingungen erfüllen.

2. Eine Bewilligung der zuständigen kantonalen Stelle ist notwendig, wenn jemand gegen Entgelt oder berufsmässig Arzneimittel im Gross- oder Kleinhandel vertreiben möchte. Die Bewilligung zum Betrieb einer Apotheke wird nur an Inhaber eines eidgenössischen oder eidgenössisch anerkannten ausländischen Apothekerdiploms erteilt.

Praxistipp
Vor der Unternehmensgründung sollte abgeklärt werden, ob die Gewerbeausübung eine Bewilligung erfordert bzw. ob dafür persönliche Bedingungen zu erfüllen sind. Zuständig sind je nach angestrebter unternehmerischer Tätigkeit verschiedene Ämter und Stellen, die in den einzelnen Kantonen teilweise unterschiedliche Bezeichnungen haben. Anlaufsstellen können sein: die Gemeinde, das Staatssekretariat für Wirtschaft (seco) sowie Berufs- und Branchenverbände. Auf der Webseite des seco sind Informationen über Bewilligungen und

reglementierte Berufe (www.bewilligungen.kmuinfo.ch) sowie Links zu den zuständigen Auskunfts- und Bewilligungsstellen enthalten.

1.2.3 Fremdenpolizeiliche Vorschriften:
  Unternehmensgründung durch ausländische Staatsangehörige

a) Grundsätze

Die Wirtschaftsfreiheit der Bundesverfassung bezieht sich nicht nur auf Schweizer, sondern grundsätzlich auch auf ausländische Staatsangehörige, denn auch Ausländer können in der Schweiz ein Unternehmen gründen und/oder sich an einem Unternehmen beteiligen. Unabhängig von der Staatsangehörigkeit der Unternehmerpersonen ordnet das Gesetz aber an (zum Beispiel in Art. 718 Abs. 3 OR und in Art. 814 Abs. 3 OR), dass jedes Unternehmen durch eine Person vertreten werden muss, die Wohnsitz in der Schweiz hat. Dieses Erfordernis kann – ausser beim Einzelunternehmen – auch durch einen (angestellten) Geschäftsführer oder Direktor erfüllt werden.

Ob für ein eigenes Unternehmen ein Aufenthalt in der Schweiz erforderlich ist oder nicht, hängt insbesondere von der Rechtsform ab. So ist es ohne Weiteres möglich, dass sich eine Person mit ausländischem Wohnsitz an einer Körperschaft mit Sitz in der Schweiz beteiligt. Die früheren Vorschriften für die Aktiengesellschaft und die Gesellschaft mit beschränkter Haftung, wonach einzelne oder mehrere Mitglieder von Verwaltungsrat bzw. Geschäftsführung Wohnsitz in der Schweiz sowie das Schweizer Bürgerrecht haben müssen, sind auf den 1. Januar 2008 aufgehoben werden.

Als Regel gilt: Wer in die Schweiz einreisen will, um einer (selbstständigen oder unselbstständigen) Erwerbstätigkeit nachzugehen, benötigt eine Aufenthaltsbewilligung. Für deren Erteilung sind die kantonalen Behörden zuständig.

b) Duales System für die Zulassung von ausländischen Arbeitskräften

Die Schweiz kennt bei der Zulassung von ausländischen Arbeitskräften ein duales System:

- Erwerbstätige aus den EU-/EFTA-Staaten können vom Personen-Freizügigkeitsabkommen profitieren, das für alle Qualifikationsstufen gilt. Der freie Personenverkehr umfasst das Recht, in die Schweiz einzureisen, sich hier aufzuhalten, Zugang zu einer Beschäftigung zu suchen, sich als selbstständig Erwerbender niederzulassen und gegebenenfalls nach der Ausübung der Erwerbstätigkeit hier zu verbleiben.

- Aus allen anderen Staaten (sogenannten Drittstaaten) werden Personen lediglich in beschränktem Ausmass zugelassen, wenn es sich um gut qualifizierte Arbeitskräfte handelt, da diese erfahrungsgemäss bessere langfristige berufliche und soziale Integrationschancen haben als Personen mit tiefen Qualifikationen. Die Zulassungskriterien sind im Bundesgesetz über die Ausländerinnen und Ausländer (AuG; SR 142.20) sowie in der Verordnung über Zulassung, Aufenthalt und Erwerbstätigkeit (VZAE; SR 142.201) geregelt.

c) Personen aus dem EU-/EFTA-Raum

Alle Bürgerinnen und Bürger aus einem Land der Europäischen Union (EU) oder der Europäischen Freihandelsassoziation (EFTA) haben grundsätzlich das Recht, in der Schweiz ein eigenes Unternehmen zu gründen. Eine natürliche Person aus diesen Staaten (noch mit Ausnahme von Bulgarien und Rumänien) kann auch ohne Niederlassungsbewilligung als selbstständig erwerbende Unternehmerin tätig werden. Neu in die Schweiz einreisende Personen aus EU-/EFTA-Ländern benötigen eine Aufenthaltsbewilligung, die für fünf Jahre erteilt wird. Bei Einreichung des Gesuchs ist ein gültiger Pass oder Identitätsausweis vorzulegen. **Zudem ist die wirtschaftlich selbstständige Tätigkeit nachzuweisen** (beispielsweise durch den Eintrag in das Handelsregister oder mithilfe der Mehrwertsteuernummer oder einer Sozialversicherungsanmeldung).

d) Personen aus Drittstaaten

Personen mit Bürgerrecht von Drittstaaten (also Staaten, die nicht der EU oder EFTA angehören), die in der Schweiz selbstständig sein wollen, müssen den arbeitsmarktlichen Anforderungen in der Ausländergesetzgebung genügen. Rechtsanspruch auf Ausübung einer selbstständigen Tätigkeit im Rahmen eines Einzelunternehmens, einer Kollektivgesellschaft oder Kommanditgesellschaft haben nur die Inhaber eines C-Ausweises (Niederlassungsbewilligung; diese kann nach einem zehnjährigen ordentlichen und ununterbrochenen Aufenthalt in der Schweiz erteilt werden) oder die Ehepartner von C-Ausweisinhabern bzw. von Schweizer Bürgerinnen und Bürgern. **Alle übrigen Personen haben keinen rechtlichen Anspruch auf selbstständige Erwerbstätigkeit.** Sie müssen bei den jeweiligen kantonalen Behörden ein Gesuch stellen. Für eine positive Beurteilung ist glaubhaft zu machen, dass das geplante Unternehmen eine nachhaltige positive Auswirkung auf die schweizerische Wirtschaft haben kann und dass die für das Unternehmen notwendigen finanziellen und betrieblichen Voraussetzungen gegeben sind.

Praxistipp
Ausländische Staatsangehörige mit oder ohne Aufenthalt in der Schweiz sollten sich vor der Unternehmensgründung darüber erkundigen, welche konkreten Voraussetzungen zu erfüllen sind und welches Verfahren zu durchlaufen ist. Informieren kann man sich beim Bundesamt für Migration, Quellenweg 6, 3003 Bern, Telefon 031 325 11 11, Telefax 031 325 81 95, www.bfm.admin.ch, und/oder bei den kantonalen Migrationsbehörden (Kontaktadressen auf der Website des Bundesamtes unter www.bfm.admin.ch).

1.3 Ausarbeiten des Business Plans

Im Rahmen der Unternehmensgründung sind sowohl wirtschaftliche als auch rechtliche Aspekte zu bearbeiten, die häufig ineinander hineinfliessen (Beispiele: Bei der Beurteilung einer Geschäftsidee sind möglicherweise urheberrechtliche Fragen zu beurteilen, oder es ist die Vereinbarkeit der Unternehmensgründung mit einem eventuell bestehenden Konkurrenzverbot im bisherigen Arbeitsvertrag zu klären). Das systematische Vorgehen bei der Unternehmensplanung verlangt, dass zunächst alle diese Aspekte bearbeitet werden; erst dann sollen die rechtlichen Schritte der eigentlichen Unternehmensgründung (Gründungsakt) in Angriff genommen werden.

Für die Unternehmensplanung ist in der Wirtschaftspraxis das Instrument des Business Plans von Bedeutung. Dieser findet bei verschiedenen Gelegenheiten Anwendung, wie zum Beispiel bei Neugründungen und Erweiterungen von Unternehmen, zur Sicherstellung der Finanzierung (Kapitalbeschaffung), für die Suche von Kooperationspartnern, beim Kauf bzw. Verkauf eines Unternehmens (Eigentümerwechsel), für die Rekrutierung und Führung der Personen des Managements und auch im Falle der langfristigen Neuausrichtung des Geschäfts (Restrukturierung).

Der Business Plan hält alle für das Unternehmen wesentlichen Elemente systematisch, vollständig und schriftlich fest und gibt Auskunft über den derzeitigen Zustand des Unternehmens, die bisherige und zukünftige Entwicklung des Unternehmens, die Unternehmensstrategie sowie die Konsequenzen und Massnahmen daraus und den mittelfristigen Finanzbedarf und dessen Deckung.

Der Geschäfts- oder Unternehmensplan kann als eine Art Checkliste aufgefasst werden und enthält in der Regel Ausführungen zu folgenden Bereichen:

- Geschäftsidee (Vision und Leitbild)
Welches Produkt/welche Dienstleistung wird angeboten? Welches ist der Kundennutzen? Welche Kunden sollen angesprochen werden? Auf welchem Markt ist man tätig?
- Produkte und Dienstleistungen
- Marktanalyse (Kunden und Konkurrenz)
- Marketingstrategie (einschliesslich Unternehmensstandort)
- Produktion
- Management und Organisation
- Personal und Kompetenzverteilung
- Administration und IT
- Risikoanalyse
- Investitionen und Finanzplan
- Zeitplanung

Meist wird dem Business Plan ein **Management Summary** vorangestellt, worin die wichtigsten Punkte zusammengefasst dargelegt sind und welches dem Leser bereits ein erstes Bild über das (zu gründende oder bereits bestehende) Unternehmen bietet.

Damit der Business Plan für die oben erwähnten Gelegenheiten erfolgreich eingesetzt werden kann, muss das Dokument sowohl bezüglich Inhalt als auch bezüglich Aufmachung überzeugend sein, nämlich empfängerorientiert, vollständig, nachvollziehbar und messbar.

1.4 Rechtliche Schritte der Unternehmensgründung

Der Inhalt des Business Plans umfasst in erster Linie wirtschaftliche Aspekte (mit dem bereits erfolgten Zusatz, wonach einzelne wirtschaftliche Bereiche durch rechtliche Abklärungen ergänzt oder vorbereitet werden müssen). Die rechtlichen Schritte im Hinblick auf die Unternehmensgründung beziehen sich im Wesentlichen auf

- die Wahl der Rechtsform
- die Bestimmung der Firma
- die Abwicklung des für die gewählte Rechtsform notwendigen Verfahrens
- die Eintragung im Handelsregister
- das Abklärungs- und allenfalls Anmeldeverfahren bezüglich Mehrwertsteuer
- die Klärung versicherungsrechtlicher und -technischer Fragen

Nachfolgend werden die rechtlichen Aspekte behandelt, die unabhängig von der gewählten Rechtsform zu beachten sind, nämlich Handelsregister, Firma, Anforderungen an die Buchführung und Rechnungslegung, Mehrwertsteuer und Versicherungen (insbesondere Sozialversicherungen). Die spezifischen Fragen werden dann in den Themen sowie für jede Rechtsform gesondert dargestellt.

1.5 Unterstützung auf dem Weg zur Unternehmensgründung

Jede Unternehmensgründung ist mit administrativen Umtrieben und Behördenkontakten verbunden. Dabei können die kantonalen Wirtschaftsförderungen und die Handelsregisterämter behilflich sein. Bei der Suche nach Kapital und Geschäftspartnern können regionale Gründerzentren nützliche Dienste leisten. Im Internet gibt es einige ganz besonders interessante Portale. Beispiele:

www.kmuadmin.ch
Für das Ausfüllen der nötigen Formulare zur Unternehmensgründung hat die Bundesverwaltung diesen virtuellen Gründungsschalter geschaffen. Die Website führt in einem praktischen Dialog-System Schritt für Schritt bis zur vollständigen Anmeldung des Unternehmens beim Handelsregister, bei der Mehrwertsteuer, bei der AHV und der Unfallversicherung.

www.kmuinfo.ch
ist das offizielle Gründerportal des Eidgenössischen Volkswirtschaftsdepartements und enthält Informationen über praktisch alle im Zusammenhang mit der Unternehmensgründung wichtigen Themen, die von der Bundesgesetzgebung erfasst werden.

www.gruenden.ch
Dies ist die Gründungsplattform des Kantons Zürich, sie bietet Informationen, Hilfsmittel (Muster und Vorlagen), Literaturtipps sowie Ansprechpartner und richtet sich auch an Personen ausserhalb des Kantons Zürich.

www.eStarter.ch
Dieser Online-Marktplatz für KMU und Jungunternehmen vermittelt Informationen und Know-how rund um das Thema Unternehmensführung. Er unterstützt beispielsweise bei Finanzierungsfragen sowie mit Tools zur Ausarbeitung des Business Plans.

www.venturelab.ch
Venturelab ist eine Initiative der Förderagentur für Innovation und führt in Zusammenarbeit mit ETH, Universitäten und Fachhochschulen Ausbildungen zur Förderung innovativer Jungunternehmen durch.

2. Das Handelsregister

Wichtigste Gesetzesquellen:
• Art. 927–943 OR
• Handelsregisterverordnung (HRegV; SR 221.411)
• Verordnung über die Gebühren für das Handelsregister (SR 221.411.1)
• Verordnung über das Schweizerische Handelsamtsblatt (SR 221.415)

2.1 Begriff und Funktionen

§ «Das Handelsregister dient der Konstituierung und der Identifikation von Rechtseinheiten. Es bezweckt die Erfassung und Offenlegung rechtlich relevanter Tatsachen und gewährleistet Rechtssicherheit sowie den Schutz Dritter im Rahmen zwingender Vorschriften des Zivilrechts.» Art. 1 HRegV: Zweck

Das Handelsregister ist eine öffentliche kantonale Datenbank, welche die wichtigsten Angaben über nach kaufmännischer Art geführte Unternehmen enthält. Diese Datenbank soll namentlich folgende Funktionen erfüllen:

- **Konstituierungsfunktion**
  Einzelne Rechtseinheiten entstehen rechtlich erst durch die Eintragung im Handelsregister (z.B. Aktiengesellschaft).

- **Identifikationsfunktion**
  Jede Rechtseinheit soll klar und unzweideutig identifizierbar sein. Daher erhält jede im Handelsregister eingetragene Rechtseinheit eine Identifikationsnummer, die dauerhaft und unveränderlich ist.

- **Offenlegungsfunktion**
  Im Handelsregister werden über die Rechtseinheiten relevante Tatsachen festgehalten. Um die damit angestrebte Transparenz (Publizität) im Geschäftsleben zu schaffen, ist das Handelsregister öffentlich.

- **Schutzfunktion**
  Das Festhalten der wichtigsten geschäftlichen Informationen über das Unternehmen schafft Klarheit und damit Rechtssicherheit nicht nur für die an der Rechtseinheit beteiligten Mitglieder, sondern auch für die Rechtseinheit selbst sowie für aussenstehende Dritte und für staatliche Stellen. Damit werden insbesondere Drittpersonen (wie beispielsweise Gläubiger und Vertragspartner der Rechtseinheit) in ihren Rechten und deren Durchsetzung geschützt.

2.2 Recht und Pflicht zur Eintragung

« ¹Wer ein Handels-, Fabrikations- oder ein anderes nach kaufmännischer Art geführtes Gewerbe betreibt, ist verpflichtet, dieses am Ort der Hauptniederlassung ins Handelsregister eintragen zu lassen.
²Wer unter einer Firma ein Gewerbe betreibt, das nicht eingetragen werden muss, hat das Recht, dieses am Ort der Hauptniederlassung ins Handelsregister eintragen zu lassen. »
Art. 934 OR: Recht und Pflicht zur Eintragung ins Handelsregister

« Natürliche Personen, die ein nach kaufmännischer Art geführtes Gewerbe betreiben und während eines Jahres Roheinnahmen von mindestens 100 000 Franken (Jahresumsatz) erzielen, sind verpflichtet, ihr Einzelunternehmen ins Handelsregister eintragen zu lassen. Gehören einer Person mehrere Einzelunternehmen, so ist deren Umsatz zusammenzurechnen. »
Art. 36 Abs. 1 HRegV: Eintragungspflicht des Einzelunternehmens

Massgebend dafür, ob eine Pflicht zur Eintragung besteht, ist folglich die Führung eines kaufmännischen Unternehmens. Die Eintragungspflicht des Einzelunternehmens ist vom Vorliegen eines Mindest-Jahresumsatzes abhängig. Jedes nicht eintragungspflichtige Gewerbe hat das Recht, sich freiwillig in das Handelsregister eintragen zu lassen.

Für einzelne Rechtseinheiten ist der Handelsregistereintrag für deren Entstehung massgebend. Man spricht dann von der **konstitutiven (begründenden; rechtserzeugenden) Wirkung des Eintrags**; ohne bzw. vor dem Eintrag ist die Rechtseinheit rechtsgültig nicht entstanden.

Bei anderen Rechtseinheiten ist der Eintrag zwar obligatorisch, hat aber keine unmittelbare Bedeutung für deren Entstehung. In diesem Fall handelt es sich um einen Eintrag mit **deklaratorischer (darlegender, kundgebender, rechtsverkündender) Wirkung**.

Die folgende Übersicht zeigt Pflicht und Recht zur Eintragung sowie die Bedeutung des Eintrags für die einzelnen Rechtseinheiten. Für die zur Gruppe der Rechtsgemeinschaften gehörende einfache Gesellschaft gibt es weder eine Pflicht noch ein Recht zur Eintragung in das Handelsregister.

	Eintragungspflicht mit konstitutiver Wirkung	Eintragungspflicht mit deklaratorischer Wirkung	keine Pflicht, aber Recht zur Eintragung
Einzelunternehmen mit mehr als 100 000 Franken Jahresumsatz		x	
Einzelunternehmen unter 100 000 Franken Jahresumsatz			x
Kaufmännische Kollektivgesellschaft	x		
Nichtkaufmännische Kollektivgesellschaft		x	
Kaufmännische Kommanditgesellschaft	x		
Nichtkaufmännische Kommanditgesellschaft		x	
Kommanditgesellschaft für kollektive Kapitalanlagen	x		
Aktiengesellschaft	x		
Kommanditaktiengesellschaft	x		
Gesellschaft mit beschränkter Haftung	x		
Genossenschaft	x		
Investmentgesellschaft	x		
Verein mit einem nach kaufmännischer Art geführten Gewerbe	x		
Verein ohne ein nach kaufmännischer Art geführtes Gewerbe			x
Stiftung (mit Ausnahme von Familien- und kirchlicher Stiftung)	x		

Praxistipp

Wer sein Unternehmen in das Handelsregister eintragen lässt, wird oft von privaten Anbietern ermuntert, Einträge in weitere Register vornehmen zu lassen. Vielfach liegt dem Angebot gleich eine Rechnung für diese Eintragung bei, wobei die Rechnung so gestaltet ist, dass sie leicht mit einer Faktura einer Amtsstelle verwechselt werden kann. Wichtig zu wissen ist, dass nur der Eintrag in das kantonale Handelsregister obligatorisch ist. Einträge in private, unvollständige Firmenverzeichnisse sind gesetzlich nicht vorgeschrieben und in der Regel weder nützlich noch sinnvoll.

2.3 Im Handelsregister eingetragene Rechtseinheiten

Die folgenden Zahlen zeigen die Anzahl der am Ende der angegebenen Jahre im Handelsregister der Schweiz eingetragenen Unternehmen (Quellen: Bundesamt für Statistik sowie Eidgenössisches Amt für das Handelsregister).

	1970	1980	1990	2000	2005	2007
Einzelunternehmen	84 787	86 911	111 919	142 314	148 982	152 388
Kollektivgesellschaft	11 100	10 854	15 423	16 360	14 524	13 934
Kommanditgesellschaft	3 927	3 495	3 349	3 118	2 632	2 504
Aktiengesellschaft	65 382	107 643	160 541	171 984	173 944	179 761
GmbH	2 776	3 035	2 756	46 035	84 291	101 462
Genossenschaft	13 508	13 491	13 858	13 590	11 860	11 306

Im Vergleich dazu waren im Jahr 2007 insgesamt 6116 Vereine sowie 18 535 Stiftungen im Handelsregister eingetragen.

Aus der Statistik zeigen sich beispielsweise folgende Sachverhalte:

- Die Gesamtzahl der aufgeführten Rechtseinheiten ist in jedem Jahrzehnt zwischen 1970 und 2000 um jeweils 25% bis 37% gestiegen; im Zeitraum der Jahre 2000 bis 2007 beträgt die Steigerung rund 17%.
- Die Anzahl der eingetragenen Einzelunternehmen steigt seit 1970 kontinuierlich.
- Die Zahl der Kollektivgesellschaften hat sich in den letzten vier Jahrzehnten nicht wesentlich verändert: Während zunächst ein leichter Anstieg zu verzeichnen ist, geht die Zahl nun neuerdings zurück.
- Ein deutlicher Rückgang ist bei der Anzahl der Kommanditgesellschaften zu verzeichnen.
- Die Entwicklung der Anzahl Aktiengesellschaften folgt in etwa der Gesamtzahl der in der Tabelle enthaltenen Rechtseinheiten. In den Jahren bis 1990 ist der Anstieg markant, seither ist jeweils nur eine geringe Zunahme festzustellen.
- Die deutlichste Veränderung zeigen die Zahlen der GmbH. Während diese Rechtsform bis etwa zum Jahr 1990 auf einem tiefen Stand stagnierte, gibt es seither eine überdurchschnittliche Zunahme. Diese Tatsache hängt mit der Entwicklung der AG zusammen: Durch die im Jahr 1993 erfolgte grundlegende Revision des Aktienrechts erschien die AG insbesondere für Start-ups von Unternehmen weniger attraktiv, weshalb sich Unternehmensgründer vermehrt der GmbH zuwandten. Interessant zu sehen wird sein, welche Auswirkungen auf die Zahl der Neugründungen die am 1. Januar 2008 in Kraft getretene umfassende GmbH-Revision haben wird.
- Die Anzahl der eingetragenen Genossenschaften hat sind im Laufe der Jahre nicht wesentlich verändert. In den letzen Jahren ist ein stetiger Rückgang festzustellen.

2.4 Organisation

2.4.1 Handelsregisterbehörden

Die Führung des Handelsregisters obliegt den Kantonen. Diese können die Handelsregisterführung bezirksweise oder kantonsübergreifend organisieren.

Der Begriff «Handelsregister» in den Gesetzestexten meint das kantonale Register. Neben den kantonalen Handelsregisterämtern gibt es weitere staatliche Stellen mit Aufgaben im Handelsregisterwesen:

- Die **kantonalen Aufsichtsbehörden** üben die administrative Aufsicht über die Handelsregisterämter aus.

- Das **Eidgenössische Amt für das Handelsregister (EHRA)** erlässt einerseits Weisungen an die kantonalen Handelsregisterbehörden und ist zuständig für die Prüfung der Rechtmässigkeit sowie die Genehmigung der kantonalen Eintragungen. Anderseits führt das EHRA ein Zentralregister aller Rechtseinheiten, die in den Hauptregistern der Kantone eingetragen sind.

2.4.2 Aufbau des Handelsregisters

Das Handelsregister besteht aus dem Tagesregister, dem Hauptregister, den Anmeldungen und den Belegen. Im Tagesregister werden alle Einträge in chronologischer Form erfasst; das Hauptregister enthält alle rechtwirksamen Eintragungen, geordnet nach Rechtseinheit. Die Handelsregisterverordnung verpflichtet die Kantone, Tagesregister und Hauptregister elektronisch zu führen und zu verwalten. Die Führung des Handelsregisters in Papierform ist nicht mehr zulässig. Einige Kantone gehen weiter, indem Anmeldungen und Belege originalgetreu gescannt und elektronisch archiviert sowie die Originale in Papierform parallel dazu aufbewahrt werden.

2.5 Eintragungsprozess

2.5.1 Inhalt der Eintragungen

Die Handelsregisterverordnung listet für jede Rechtseinheit auf, welche Angaben einzutragen sind. Für das Einzelunternehmen beispielsweise sind es die Firma und die Identifikationsnummer, der Sitz und das Rechtsdomizil, die Rechtsform, der Zweck, die Inhaberin bzw. der Inhaber des Unternehmens sowie die zur Vertretung berechtigten Personen. Ausgangspunkt einer Eintragung ist in der Regel eine private Anmeldung. Möglich ist auch die Eintragung aufgrund eines Gerichtsurteils. Zudem sind die Handelsregisterführer verpflichtet, die vorgeschriebenen Eintragungen nötigenfalls von Amtes wegen vorzunehmen.

2.5.2 Eintragung aufgrund einer privaten Anmeldung: Ordentliches Eintragungsverfahren

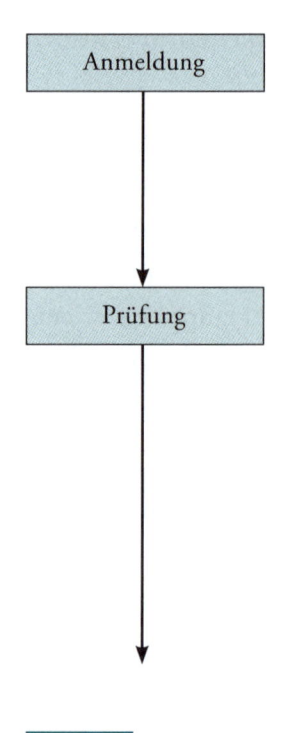

Dem zuständigen Handelsregisteramt sind sämtliche Belege einzureichen, welche die einzutragenden Tatsachen belegen. Die Anmeldung kann auf Papier oder in elektronischer Form erfolgen.

Bevor das Handelsregisteramt eine Eintragung vornimmt, sind die Voraussetzungen von Gesetz und Verordnung zu prüfen. Die Überprüfung bezieht sich auf:

- formelle Aspekte des Registerrechts (z.B. Vollständigkeit der Belege)
- materielle Aspekte; hier jedoch eingeschränkt auf die Einhaltung der zwingenden Vorschriften

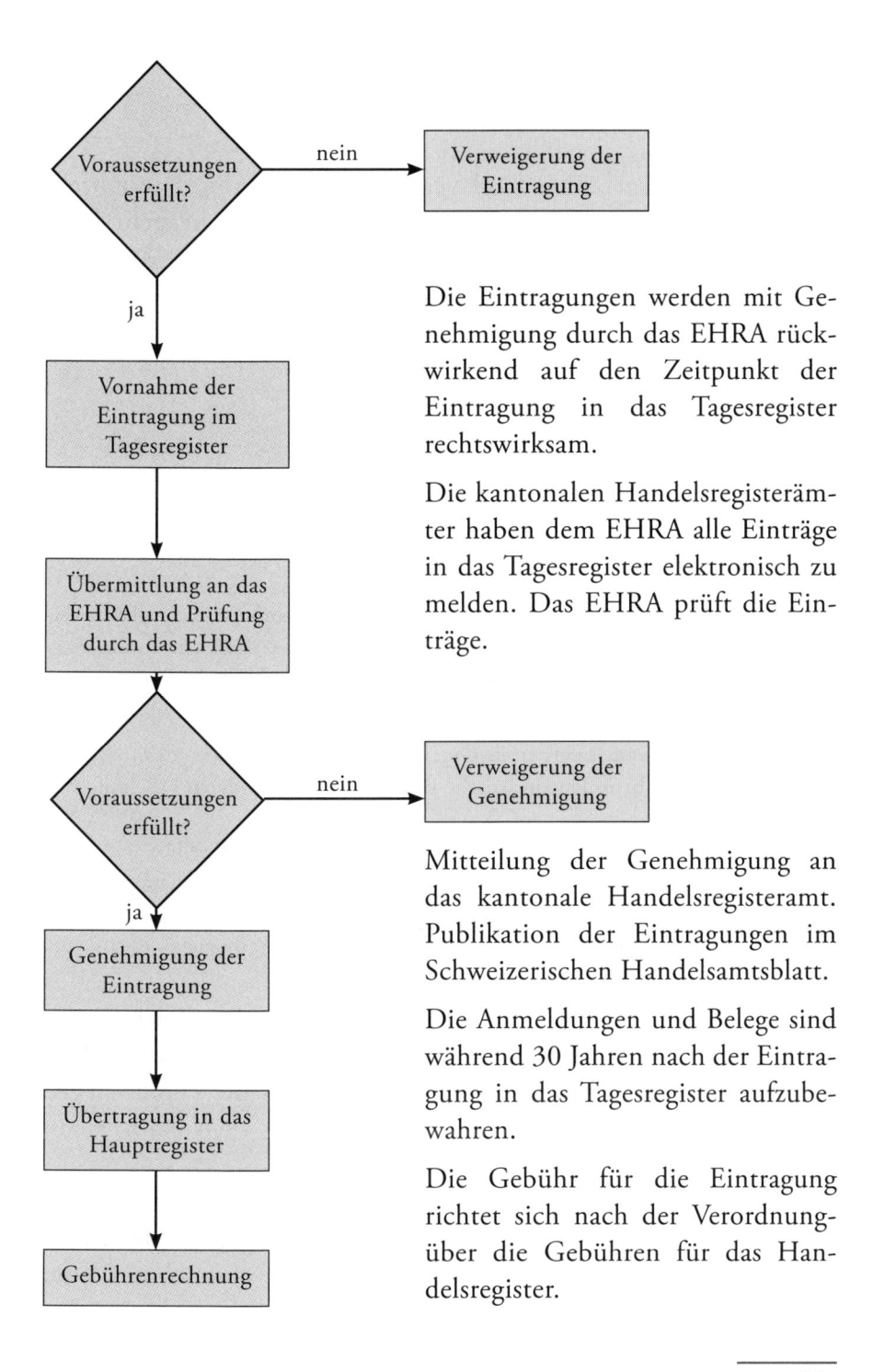

```
┌─────────────────┐          ┌─────────────────┐
│ Voraussetzungen │   nein   │ Verweigerung der│
│    erfüllt?     │─────────▶│    Eintragung   │
└─────────────────┘          └─────────────────┘
         │ ja
         ▼
┌─────────────────┐
│   Vornahme der  │
│  Eintragung im  │
│   Tagesregister │
└─────────────────┘
         │
         ▼
┌─────────────────┐
│ Übermittlung an │
│ das EHRA und    │
│ Prüfung durch   │
│    das EHRA     │
└─────────────────┘
         │
         ▼
┌─────────────────┐          ┌─────────────────┐
│ Voraussetzungen │   nein   │ Verweigerung der│
│    erfüllt?     │─────────▶│   Genehmigung   │
└─────────────────┘          └─────────────────┘
         │ ja
         ▼
┌─────────────────┐
│ Genehmigung der │
│    Eintragung   │
└─────────────────┘
         │
         ▼
┌─────────────────┐
│ Übertragung in  │
│ das Hauptregister│
└─────────────────┘
         │
         ▼
┌─────────────────┐
│ Gebührenrechnung│
└─────────────────┘
```

Die Eintragungen werden mit Genehmigung durch das EHRA rückwirkend auf den Zeitpunkt der Eintragung in das Tagesregister rechtswirksam.

Die kantonalen Handelsregisterämter haben dem EHRA alle Einträge in das Tagesregister elektronisch zu melden. Das EHRA prüft die Einträge.

Mitteilung der Genehmigung an das kantonale Handelsregisteramt. Publikation der Eintragungen im Schweizerischen Handelsamtsblatt.

Die Anmeldungen und Belege sind während 30 Jahren nach der Eintragung in das Tagesregister aufzubewahren.

Die Gebühr für die Eintragung richtet sich nach der Verordnung über die Gebühren für das Handelsregister.

2.5.3 Eintragung von Amtes wegen:
  Ausserordentliches Eintragungsverfahren

Die Handelsregisterämter sind verpflichtet, Gewerbe zu ermitteln sowie Einträge festzustellen, die mit den Tatsachen nicht mehr übereinstimmen, und dann die erforderlichen Eintragungen, Änderungen und Löschungen herbeizuführen. Zwei wichtige Anwendungsfälle für Eintragungen von Amtes sind:

a) Fehlende oder unrichtige Eintragung

§
« Wenn ein im Handelsregister eingetragenes Gewerbe zu bestehen aufhört oder auf eine andere Person übergeht, so sind die bisherigen Inhaber oder deren Erben verpflichtet, die Eintragung löschen zu lassen. »
Art. 938 OR: Pflicht zur Löschung

« Weist eine Gesellschaft keine Geschäftstätigkeit mehr auf und hat sie keine verwertbaren Aktiven mehr, so kann sie der Handelsregisterführer nach dreimaligem ergebnislosem Rechnungsruf im Handelsregister löschen. »
Art. 938 a OR: Löschung von Amtes wegen

« ¹ Scheiden im Handelsregister als Organ eingetragene Personen aus ihrem Amt aus, so muss die betroffene juristische Person unverzüglich deren Löschung verlangen.
² Die ausgeschiedenen Personen können ihre Löschung auch selber anmelden. Der Registerführer teilt der juristischen Person die Löschung unverzüglich mit. »
Art. 938 b Abs. 1 und Abs. 2 OR: Organe und Vertretungsbefugnisse

Wenn eine Rechtseinheit ihrer Pflicht zur Eintragung nicht nachkommt oder wenn eine Eintragung nicht den tatsächlichen oder rechtlichen Gegebenheiten angepasst wird, muss die Handelsregisterbehörde von Amtes wegen handeln. Dies gilt auch dann, wenn ein Unternehmen aufhört zu bestehen.

Das Handelsregisteramt fordert die zur Anmeldung verpflichteten Personen auf, die Anmeldung innert 30 Tagen vorzunehmen oder zu belegen, dass keine Eintragung erforderlich ist. Im Falle des Fehlens einer Geschäftstätigkeit oder verwertbarer Aktiven, fordert das Handelsregisteramt die zur Anmeldung verpflichteten Personen auf, innert 30 Tagen die Löschung anzumelden oder mitzuteilen, dass die Eintragung aufrecht erhalten bleiben soll.

b) Konkurs

> «[1] Ist über eine Handelsgesellschaft oder über eine Genossenschaft der Konkurs eröffnet worden, so hat der Handelsregisterführer nach Empfang der amtlichen Mitteilung des Konkurserkenntnisses die dadurch bewirkte Auflösung der Gesellschaft oder Genossenschaft in das Handelsregister einzutragen.
> [2] ...
> [3] Nach Schluss des Konkursverfahrens ist auf die amtliche Mitteilung des Schlusserkenntnisses hin die Gesellschaft oder Genossenschaft im Handelsregister zu löschen.»
> Art. 939 Abs. 1 und 3 OR: Konkurs von Handelsgesellschaften und Genossenschaften

Die Konkurseröffnung führt zur Auflösung und Liquidation der betroffenen Gesellschaft. Daher muss die Konkurseröffnung über eine Rechtseinheit von Amtes wegen im Handelsregister eingetragen werden. Nach Schluss des Konkursverfahrens ist die Rechtseinheit dann im Handelsregister zu löschen. Für diese Eintragung von Amtes wegen ist keine Aufforderung an die zur Anmeldung verpflichteten Personen nötig. Vielmehr nimmt das Handelsregisteramt die notwendige Registrierung aufgrund von Meldungen des Konkursgerichts oder der Konkursbehörde vor.

2.5.4 Rechtsschutz

- **Personen und Rechtseinheiten, deren Anmeldung abgewiesen wurde bzw. von einer Eintragung von Amtes wegen unmittelbar betroffen sind,** können die entsprechende Verfügung des kantonalen Handelsregisteramtes innert 30 Tagen bei der vom betreffenden Kanton als zuständig bezeichneten Gerichtsinstanz anfechten.

- **Dritte, die durch eine Eintragung im Handelsregister in ihren Rechten verletzt sind,** können beim Handelsregisteramt schriftlich Einsprache erheben.

  - Ist die Eintragung im Tagesregister noch nicht erfolgt, so nimmt das Handelsregisteramt diese vorläufig nicht vor (Registersperre). Voraussetzung ist jedoch, dass der Einsprecher beim Gericht rechtzeitig ein Gesuch um Erlass eines vorsorglichen Eintragungsverbots stellt. Das Gericht entscheidet unverzüglich über die Registersperre, d.h. darüber, ob ein ausreichendes Schutzinteresse für den Erlass eines vorsorglichen Eintragungsverbots besteht. Lehnt das Gericht das Gesuch ab, entfällt die Registersperre.

  - Für die Einsprache Dritter gegen eine Eintragung, die bereits in das Tagesregister aufgenommen wurde, ist nicht das Handelsregisteramt, sondern die Gerichtsinstanz zuständig.

- Die Durchsetzung der Publizitätsfunktion wird durch Bestimmungen in verschiedenen Gesetzen unterstützt: Gemäss Art. 942 OR **haftet derjenige für einen Schaden,** der durch absichtliche oder fahrlässige Unterlassung einer Anmeldung beim Handelsregister verursacht wurde; zudem kann dem Fehlbaren eine Ordnungsbusse auferlegt werden. Nach Art. 153 StGB macht sich **strafbar,** wer einer Handelsregisterbehörde gegenüber eine eintragungspflichtige Tatsache verschweigt oder sie vorsätzlich zu einer unwahren Eintragung veranlasst.

2.6 Öffentlichkeit

§ « Das Handelsregister mit Einschluss aller Anmeldungen und der Belege ist öffentlich. »
Art. 930 OR: Öffentlichkeit

« Die Eintragungen im Handelsregister werden, soweit nicht eine nur teilweise oder auszugsweise Bekanntmachung durch Gesetz oder Verordnung vorgeschrieben ist, ihrem ganze Inhalte nach ohne Verzug durch das Schweizerische Handelsamtsblatt bekannt gemacht. »
Art. 931 Abs. 1 OR: Handelsamtsblatt

Um die Publizitätsfunktion zu erfüllen, müssen die Registereintragungen öffentlich sein. **Die Öffentlichkeit bezieht sich auf die Einträge im Hauptregister, die Anmeldungen und die Belege, nicht jedoch die mit der Eintragung zusammenhängende Korrespondenz.** Angesichts der Offenlegungsfunktion des Handelsregisters und der realen Bedürfnissen der Wirtschaft muss der gesamtschweizerisch kostenlose Zugang zu den Handelsregisterdaten möglich sein:

- Die kantonalen Handelsregisterämter
  - stellen die Einträge des Hauptregisters im Internet kostenlos zur Verfügung. Links auf die eigenen Webseiten der kantonalen Ämter sind unter www.zefix.ch zu finden.
  - gewähren auf Verlangen Einsicht in das Handelsregister. Die Einsichtnahme erfolgt in der Weise, dass gegen Gebühr beglaubigte Auszüge über die Einträge im Hauptregister sowie Kopien von Anmeldungen und Belegen erstellt werden.
- Das Eidgenössische Amt für das Handelsregister
  - führt das Zentralregister im elektronischen Abrufverfahren über die Internetdatenbank Zefix. Diese Datenbank wird täglich aktualisiert und steht für Einzelabfragen unentgeltlich zur Verfügung (www.zefix.ch).
  - sorgt für die Veröffentlichung der Eintragungen im Schweizerischen Handelsamtsblatt (SHAB). Das SHAB wird vom Staatssekretariat für Wirtschaft in Bern herausgegeben, erscheint

ausser an Samstagen sowie Sonn- und Feiertagen täglich und kann abonniert werden. Auch eine kostenlose Einsicht auf elektronischem Weg ist möglich (www.shab.ch).

Daneben gibt es weitere, kostenpflichtige und nicht von amtlichen Stellen herausgegebene Publikationen:

- Die Orell Füssli Wirtschaftsinformationen (www.ofwi.ch) vertreiben die viermal jährlich aktualisierte Schweizer Wirtschafts-CD. Diese informiert über Besitz und Beteiligungen, Firmennamen, Adressen, Unternehmenszwecke, Inhaber, Gesellschafter, Verwaltungsräte, Management, Zeichnungsberechtigungen usw.
- Auf www.ofwi.ch können auch online Unternehmen, Personen und Wirtschaftsbeziehungen überprüft und recherchiert werden.

# Handelsregister des Kantons St. Gallen

Internet-Vollauszug

Bestellung des vollständigen, beglaubigten Handelsregisterauszuges zum Preis von **CHF 25.--** (Versand per Post)

Kurzweg zu:	Zweck	Publikationen	Eingetragene Personen	Ende		
Firmennummer		Rechtsnatur		Eintragung		Übertrag 3.000.011.266/a
CH-320.3.011.266-0/		Aktiengesellschaft		10.04.1970		von: 320.3.011.266-0/a

Ei	Lö	Firma			Ref	Sitz
1		Tobler-Holding AG			1	Altstätten

Ref	Aktienkapital	Liberierung	Aktien-Stückelung		Ref	Adresse der Firma
1	3'000'000.--	3'000'000.--	3'000 Namenaktien zu CHF 1'000.--		~~1~~	~~Enzlerstrasse 29~~ ~~9450 Altstätten~~
					3	Trogenerstrasse 80 9450 Altstätten

Ref	PS-Kapital	Liberierung	Partizipationsscheine
--			

Ei	Lö	Zweck
1		Beteiligung an andern Unternehmen und Verwaltung von solchen Beteiligungen. Die Gesellschaft kann auch Patent- und Lizenzrechte erwerben und auswerten.

Ei	Lö	Bemerkungen		Ref	Statutendatum
				1	08.04.1970
2		Die Mitteilungen der Gesellschaft an die Aktionäre erfolgen durch eingeschriebenen Brief an die Adresse der im Aktienbuch eingetragenen Aktionäre.		1	11.03.1981
2		Die Übertragbarkeit der Namenaktien ist nach Massgabe der Statuten beschränkt.		2	24.04.1995

Ei	Lö	Besondere Tatbestände					Ref	Publikationsorgan
							1	SHAB
~~1~~	~~2~~	~~Die Gesellschaft übernimmt die im Sacheinlagevertrag vom 8. April 1970 näher bezeichneten Beteiligungen und Guthaben im Gesamtbetrag von CHF 3'035'000.-- zum Übernahmepreis von CHF 3'035'000.-- wovon CHF 3'000'000.-- auf das Grundkapital angerechnet werden.~~						
	2	Fusion: Die Gesellschaft übernimmt auf dem Wege der Fusion die Brüg AG, in Altstätten. Aktiven von CHF 0.-- und Passiven von CHF 0.-- gehen gemäss Fusionsvertrag von 24. April 1995 an die Gesellschaft über, welche bereits sämtliche Aktien der zu übernehmenden Gesellschaft besitzt. Dabei erlöschen diese Aktien, und das Aktienkapital der übernehmenden Gesellschaft bleibt unverändert.						

Ei	Lö	Zweigniederlassung

Zei	Ref	TB-Nr	-Datum	SHAB-Nr	-Datum	Seite	Publ.Nr.
SD	0		(Auslassung)		(Auslassung)		
SD	1	740	21.02.1985	54	06.03.1985	868	
MH	2	2906	27.04.1995	85	03.05.1995	2441	
JM	3	3336	26.05.1999	104	02.06.1999	3672	
SZ	4	6927	31.07.2007	150	07.08.2007	10	40570

Ei	Ae	Lö	Personalangaben	Funktion	Zeichnungsart
~~1~~		~~2m~~	~~Tobler, Hansjörg, von Heiden, in Altstätten~~	~~Präsident~~	~~Einzelunterschrift~~
~~1~~		~~2~~	~~Tobler-Ammann, Doris, von Heiden, in Altstätten~~	~~Mitglied~~	~~Einzelunterschrift~~
~~3~~		2	Tobler, Hansjörg, von Heiden, in Altstätten	Mitglied	Einzelunterschrift
~~3~~		~~4m~~	~~Ostschweizerische Treuhand-Gesellschaft, in St. Gallen~~	~~Revisionsstelle~~	
		~~4~~	~~KPMG Fides Peat, in St. Gallen~~	~~Revisionsstelle~~	
4			KPMG AG, in St. Gallen	Revisionsstelle	

den 24.09.2008 um 15:54 [Stand: SHAB-Publikationen bis und mit 24.09.2008]

Die obenstehenden Informationen erfolgen ohne Gewähr und haben keinerlei Rechtswirkung. Verbindlich sind einzig der vom kantonalen Handelsregisteramt ausgestellte, **beglaubigte Handelsregisterauszug** und der Publikationstext im Schweizerischen Handelsamtsblatt (SHAB).

Hinweis: Es ist möglich, dass grafische Elemente (z.B. Durchstreichungen) nicht mit allen Browsern dargestellt werden können.

2.7 Das Recht der kaufmännischen Stellvertretung

2.7.1 Gewöhnliche und kaufmännische Stellvertretung

§ «Wenn jemand, der zur Vertretung eines andern ermächtigt ist, in dessen Namen einen Vertrag abschliesst, so wird der Vertretene und nicht der Vertreter berechtigt und verpflichtet.»
Art. 32 Abs. 1 OR: Stellvertretung im Allgemeinen: Wirkung der Vertretung

Stellvertretung (oder kurz: Vertretung) bedeutet ganz allgemein das rechtsgeschäftliche Handeln einer Person mit Wirkung für eine andere Person. Die sogenannte gewöhnliche Stellvertretung bezieht sich auf Rechtsgeschäfte des täglichen Lebens (Beispiel: Der Sohn schliesst im Auftrag seines Vaters, der Alleineigentümer eines Mehrfamilienhauses ist, mit einem neuen Mieter einen Mietvertrag ab) und richtet sich nach den Vorschriften in Art. 32–40 OR.

Die kaufmännische Stellvertretung betrifft den unternehmerischen Bereich. Für jede Rechtseinheit muss festgelegt werden, wer Vertretungsfunktionen ausübt und in welchem Umfang diese bestehen. Diese Festlegung erfolgt teilweise durch das Gesetz, teilweise durch die am Unternehmen beteiligten Personen. Für die Rechtssicherheit sowie zum Schutz aller Interessen hat die Deklaration der Vertretungsverhältnisse im Handelsregister einen ganz besonderen Stellenwert.

2.7.2 Geschäftsführung und Vertretung

Die beiden Begriffe «Geschäftsführung» und «Vertretung» sind im Gesetz häufig anzutreffen; **sie umschreiben alle Tätigkeiten der dafür bestimmten Menschen zur Erreichung des Zwecks der Rechtseinheit.** Während die Geschäftsführung im engeren Sinne die Ausübung interner Funktionen betrifft, meint die Vertretung das Handeln der Rechtseinheit nach aussen (also zum Beispiel der Abschluss von Verträgen für die Rechtseinheit). In diesem Zusammenhang massgebend sind vor allem die **Vertretungsmacht** (Welche rechtlichen Kompetenzen **kann** der Vertreter gegen aussen ausüben?) und die **Vertretungsbefugnis** (Welche rechtlichen Kompetenzen **darf** der Vertreter gemäss interner Unternehmensregelung wahrnehmen?).

Meist sind in Unternehmen nicht nur der oder die Geschäftsinhaber bzw. die Organe, sondern darüber hinaus weitere Personen vertretungsberechtigt. Bei diesen Personen handelt es sich um Angestellte des Unternehmens, d.h. um Mitarbeitende, die durch einen Arbeitsvertrag mit der Rechtseinheit verbunden sind und dabei Kompetenzen im Bereich Geschäftsführung und Vertretung übernehmen. Die Vertretungsberechtigung dieser Stelleninhaber äussert sich gegen aussen sichtbar vor allem in der Berechtigung, Dokumente im Namen der Rechtseinheit zu unterschreiben (kaufmännische Vertretung).

2.7.3 Verschiedener Umfang der Vertretungsberechtigung

Es gibt verschiedene Stufen der Vertretungsberechtigung, die sich insbesondere im Umfang der Vertretungsmacht unterscheiden. Im Grundsatz ist die jeweilige Vertretungsmacht durch das Gesetz definiert.

a) Geschäftsführende Gesellschafter und Mitglieder des Verwaltungsrats

> «Enthält das Handelsregister keine entgegenstehende Eintragung, so sind gutgläubige Dritte zu der Annahme berechtigt, es sei jeder einzelne Gesellschafter zur Vertretung der Gesellschaft ermächtigt.»
> Art. 563 OR: Vertretung (Kollektivgesellschaft)

> «[1]Der Verwaltungsrat vertritt die Gesellschaft nach aussen. Bestimmen die Statuten oder das Organisationsreglement nichts anderes, so steht die Vertretungsbefugnis jedem Mitglied einzeln zu.
> [2]...»
> Art. 718 Abs. 1 OR: Vertretung im Allgemeinen

« ¹Die zur Vertretung befugten Personen können im Namen der Gesellschaft alle Rechtshandlungen vornehmen, die der Zweck der Gesellschaft mit sich bringen kann.
²Eine Beschränkung dieser Vertretungsbefugnis hat gegenüber Dritten keine Wirkung, ausgenommen sind die im Handelsregister eingetragenen Bestimmungen über die ausschliessliche Vertretung der Hauptniederlassung oder einer Zweigniederlassung oder über die gemeinsame Vertretung der Gesellschaft. »
Art. 718a OR: Umfang und Beschränkung der Vertretung (Aktiengesellschaft)

Geschäftsführende Gesellschafter von Rechtsgemeinschaften verfügen über eine umfassende Vertretungsmacht, d.h. sie sind ermächtigt, im Namen der Gesellschaft alle Rechtshandlungen vorzunehmen, die der Gesellschaftszweck mit sich bringen kann. Dasselbe gilt für den oder die geschäftsführenden Gesellschafter der GmbH und für die vertretungsberechtigten Mitglieder des Verwaltungsrates von AG und Genossenschaft. Alle diese Personen sind im Handelsregister eingetragen, denn es handelt sich bei ihnen um Gesellschafter bzw. Organe.

b) Geschäftsführer, Direktor

« ¹...
²Der Verwaltungsrat kann die Vertretung einem oder mehreren Mitgliedern (Delegierte) oder Dritten (Direktoren) übertragen.
³... »
Art. 718 Abs. 2 OR: Vertretung im Allgemeinen

Geschäftsführer und Direktoren verfügen **grundsätzlich über die gleiche Vertretungsmacht wie geschäftsführende Gesellschafter und Verwaltungsratsmitglieder;** der Handelsregistereintrag ist obligatorisch.

c) Prokurist

> «¹Wer von dem Inhaber eines Handels-, Fabrikations- oder eines anderen nach kaufmännischer Art geführten Gewerbes ausdrücklich oder stillschweigend ermächtigt ist, für ihn das Gewerbe zu betreiben und «per procura» die Firma zu zeichnen, ist Prokurist.
> ²Der Geschäftsherr hat die Erteilung der Prokura zur Eintragung in das Handelsregister anzumelden, wird jedoch schon vor der Eintragung durch die Handlungen des Prokuristen verpflichtet.
> ³…»
>
> Art. 458 Abs. 1 und 2 OR: Prokura: Begriff und Entstehung

> «¹Der Prokurist gilt gutgläubiger Dritten gegenüber als ermächtigt, den Geschäftsherrn durch Wechsel-Zeichnungen zu verpflichten und in dessen Namen alle Arten von Rechtshandlungen vorzunehmen, die der Zweck des Gewerbes oder Geschäftes des Geschäftsherrn mit sich bringen kann.
> ²Zur Veräusserung und Belastung von Grundstücken ist der Prokurist nur ermächtigt, wenn ihm diese Befugnis ausdrücklich erteilt worden ist.»
>
> Art. 459 OR: Umfang der Vollmacht

Die Vertretungsmacht des Prokuristen umfasst nach Gesetz **alle Arten von Rechtshandlungen, die der Zweck des Gewerbes mit sich bringen kann, und bezieht sich auch auf nicht alltägliche Bereiche** wie beispielsweise die Aufnahme von Darlehen und die Prozessführung vor Gericht. Eine gesetzliche Beschränkung besteht in der Veräusserung und Belastung von Grundstücken; dazu ist der Prokurist nur bei ausdrücklicher Befugnis ermächtigt.

Im Schriftverkehr zeichnet der Prokurist häufig mit dem Zusatz p.p. oder ppa. (per procura = in Sorge für), was für die Rechtsgültigkeit der Handlung zwar nicht zwingend ist, jedoch die Transparenz für Aussenstehende erhöht. Die Prokura ist in das Handelsregister einzutragen und wird im SHAB veröffentlicht.

d) Handlungsbevollmächtigter im engeren Sinne

§ «¹Wenn der Inhaber eines Handels-, Fabrikations- oder eines anderen nach kaufmännischer Art geführten Gewerbes jemanden ohne Erteilung der Prokura, sei es zum Betriebe eines ganzen Gewerbes, sei es zu bestimmten Geschäften in seinem Gewerbe, als Vertreter bestellt, so erstreckt sich die Vollmacht auf alle Rechtshandlungen, die der Betrieb eines derartigen Gewerbes oder die Ausführung derartiger Geschäfte gewöhnlich mit sich bringt.
²Jedoch ist der Handlungsbevollmächtigte zum Eingehen von Wechselverbindlichkeiten, zur Aufnahme von Darlehen und zur Prozessführung nur ermächtigt, wenn ihm eine solche Befugnis ausdrücklich erteilt worden ist.»
Art. 462 OR: Andere Handlungsvollmachten

Die gesetzlich umschriebene Vertretungsmacht des Handlungsbevollmächtigten ist im Gegensatz zu jener des Prokuristen weniger umfassend. **Sie bezieht sich auf alle Rechtshandlungen, die der Betrieb des betreffenden Unternehmens oder die Ausführung der damit verbundenen Geschäfte gewöhnlich mit sich bringt.** Man spricht landläufig auch von alltäglichen Handlungen. Der Handlungsbevollmächtigte zeichnet allfällige Dokumente mit dem Zusatz i.V. (in Vollmacht, in Vertretung); er wird weder im Handelsregister eingetragen noch im SHAB veröffentlicht.

2.7.4 Einschränkungen der Vertretungsmacht durch interne Unternehmensregelungen

§ «¹Die Prokura kann auf den Geschäftskreis einer Zweigniederlassung beschränkt werden.
²Sie kann mehreren Personen zu gemeinsamer Unterschrift erteilt werden (Kollektiv-Prokura), mit der Wirkung, dass die Unterschrift des Einzelnen ohne die vorgeschriebene Mitwirkung der übrigen nicht verbindlich ist.
³Andere Beschränkungen der Prokura haben gegenüber gutgläubigen Dritten keine rechtliche Wirkung.»
Art. 460 OR: Beschränkbarkeit

Die Vertretungsmacht der einzelnen dauernd vertretungsberechtigten Personen wird durch das Gesetz festgehalten, damit für die aussenstehenden Dritten eine grösstmögliche Rechtssicherheit besteht. **Unternehmensinterne Regelungen über Einschränkungen der Vertretungsmacht sind jedoch zulässig.** Was Art. 460 OR für die Prokura bestimmt, kann auch für andere kaufmännische Stellvertretungsverhältnisse angewendet werden. So sind in der Praxis folgende gewillkürte Einschränkungen recht häufig anzutreffen:

- **Filialvollmacht:** Die Berechtigung **beschränkt sich auf eine Zweigniederlassung** (Filiale) des Unternehmens.

- **Kollektivvollmacht:** Der Berechtigte ist nicht ermächtigt, allein zu handeln (Alleinvollmacht), sondern **nur zusammen mit einem (oder allenfalls mehreren) anderen Vertretungsberechtigten.** Es gilt dann das Vier-Augen-Prinzip, wonach Schriftstücke durch zwei vertretungsberechtigte Personen zu unterzeichnen sind.

- **Einschränkungen bezogen auf den Inhalt von Rechtsgeschäften:** So ist eine betragsmässige Limitierung (zum Beispiel: Rechtsgeschäfte bis zum Höchstbetrag von CHF 5000) oder die Einschränkung auf bestimmte Arten von Rechtsgeschäften (zum Beispiel: arbeitsvertragliche Vereinbarungen mit Mitarbeitenden des Unternehmens) möglich.

Solche Einschränkungen auf bestimmte Arten von Rechtsgeschäften sind vor allem bei der Handlungsvollmacht im engeren Sinne häufig anzutreffen. Denn viele Angestellte, die zwar nicht über eine allgemeine Vertretungsberechtigung verfügen, haben einzelne, klar umgrenzte Spezialvollmachten. Damit können und dürfen sie das Unternehmen rechtsgültig vertreten. So hat beispielsweise der Detailhandelsangestellte im Laden die Ermächtigung, Waren zu verkaufen, also mit den Kunden Kaufverträge mit Wirkung für das Unternehmen abzuschliessen.

2.7.5 Zusammenfassung

Funktion	HR-Eintrag	Vertretungsmacht	Zeichnung	Entstehung	Beendigung
Geschäftsführer, Direktor	ja	unbegrenzt im Rahmen des Unternehmenszwecks	ohne Zusatz	Ermächtigung (also vor dem HR-Eintrag)	Widerruf durch den Geschäftsherrn (Wirkung nach aussen erst nach HR-Eintrag)
Prokurist	ja	– umfassend, eingeschränkt durch den Unternehmenszweck – gesetzliche Einschränkung für Veräusserung und Belastung von Grundstücken – gewillkürte Einschränkungen möglich	Zusatz ppa. oder p.p.	Ermächtigung (also vor dem HR-Eintrag)	Widerruf durch den Geschäftsherrn (Wirkung nach aussen erst nach HR-Eintrag)
Handlungsbevollmächtigter	nein	– gesetzliche Begrenzung auf gewöhnliche Geschäfte – gewillkürte Einschränkungen möglich	Zusatz i.V.	Ermächtigung	Widerruf durch Geschäftsherrn

2.8 Rechtswirkungen der Eintragung

Damit das Handelsregister seine verschiedenen Funktionen erfüllen kann, müssen die Eintragungen besondere rechtliche Wirkungen nach sich ziehen. Von ganz besonderer Bedeutung sind die Publizitätswirkung sowie die Konstitutivwirkung. Daneben sind an die Eintragung im Handelsregister weitere gesetzliche Wirkungen geknüpft; diese werden in der Fachliteratur oft als Nebenwirkungen bezeichnet.

2.8.1 Publizitätswirkung

> «Öffentliche Register und öffentliche Urkunden erbringen für die durch sie bezeugten Tatsachen vollen Beweis, solange nicht die Unrichtigkeit ihres Inhaltes nachgewiesen ist.»
> Art. 9 Abs. 1 ZGB: Beweis mit öffentlicher Urkunde

> «[1] Die Einwendung, dass jemand eine Dritten gegenüber wirksam gewordene Eintragung nicht gekannt habe, ist ausgeschlossen.
> [2] Wurde eine Tatsache, deren Eintragung vorgeschrieben ist, nicht eingetragen, so kann sie einem Dritten nur entgegengehalten werden, wenn bewiesen wird, dass sie diesem bekannt war.»
> Art. 933 OR: Wirkungen der Eintragungen

Die Publizitätswirkung ergibt sich im Grundsatz aus der aufgeführten Vorschrift in den Einleitungsartikeln des Zivilgesetzbuches und wird durch eine Bestimmung des Obligationenrechts ergänzt: Art. 933 OR enthält zwei Stossrichtungen, die man als positive Publizitätswirkung bzw. negative Publizitätswirkung bezeichnet.

- Die **positive Publizitätswirkung von Absatz 1 wirkt zugunsten des Eingetragenen und zulasten des Publikums:** Ein Dritter kann danach nicht geltend machen, er habe Daten, die öffentlich zugänglich sind, nicht gekannt. Die Gesetzgebung geht also davon aus, es bestehe eine allgemeine Kenntnis des Inhalts des Handelsregisters.

- Die **negative Publizitätswirkung von Absatz 2 wirkt zulasten des Eingetragenen und zugunsten des Publikums**: Ein Dritter darf darauf vertrauen, dass die eingetragenen Angaben den Tatsachen entsprechen. Dies gilt allerdings nur dann, wenn der Dritte nicht bösgläubig ist, also keine Kenntnis davon hat, dass die tatsächlichen Verhältnisse anders sind, als die Eintragungen es kundtun.

2.8.2 Konstitutivwirkung

In der Regel haben Eintragungen ins Handelsregister deklaratorische Wirkung, d.h. sie stellen dar, wie sich eine Tatsache präsentiert (z.B. die Eintragung einer Kommanditgesellschaft). Einzelne Eintragungen haben die Bedeutung, dass sie nicht nur deklarieren, sondern massgebend für die Entstehung von etwas sind. Beispiel: AG, GmbH und Genossenschaft entstehen erst durch den Eintrag ins Handelsregister.

2.8.3 Nebenwirkungen

a) Firmenschutz

Die im Handelsregister eingetragene und im Schweizerischen Handelsamtsblatt veröffentliche Firma steht dem Berechtigten zu ausschliesslichem Gebrauch zu. Wer durch den unbefugten Gebrauch einer Firma beeinträchtigt wird, kann auf Unterlassung der weiteren Führung der Firma und gegebenenfalls auch auf Schadenersatz klagen (vgl. Art. 956 OR sowie sogleich Abschnitt 3).

b) Konkursbetreibung

§ «Die Betreibung wird auf dem Weg des Konkurses, und zwar als Ordentliche Konkursbetreibung (Art. 159–176) oder als Wechselbetreibung (Art. 177–189) fortgesetzt, wenn der Schuldner in einer der folgenden Eigenschaften im Handelsregister eingetragen ist:
1. als Inhaber eines Einzelunternehmens (Art. 934 und 935 OR);
2. als Mitglied einer Kollektivgesellschaft (Art. 554 OR);
3. als unbeschränkt haftendes Mitglied einer Kommanditgesellschaft (Art. 596 OR);
4. als Mitglied der Verwaltung einer Kommanditaktiengesellschaft (Art. 765 OR);
5. … (aufgehoben) …
6. als Kollektivgesellschaft (Art. 552 OR);
7. als Kommanditgesellschaft (Art. 594 OR);
8. als Aktien- oder Kommanditaktiengesellschaft (Art. 620 und 764 OR);
9. als Gesellschaft mit beschränkter Haftung (Art. 772 OR);
10. als Genossenschaft (Art. 828 OR);
11. als Verein (Art. 60 ZGB);
12. als Stiftung (Art. 80 ZGB);
13. als Investmentgesellschaft mit variablem Kapital (Art. 36 KAG);
14. als Kommanditgesellschaft für kollektive Kapitalanlagen (Art. 98 KAG).»
Art. 39 Abs. 1 SchKG: Konkursbetreibung: Anwendungsbereich

Für im Handelsregister eingetragene Schuldner gilt im Rahmen der Zwangsvollstreckung von Geldansprüchen das Verfahren der Betreibung auf Konkurs. Im Vergleich zur Betreibung auf Pfändung ist dieses strenger. Während bei der Pfändungsbetreibung nur so viel schuldnerisches Vermögen angetastet wird, wie zur Deckung der betriebenen Forderung nötig ist (Einzelvollstreckung), wird im Rahmen der Konkursbetreibung das gesamte schuldnerische Vermögen zur gemeinschaftlichen Befriedigung aller Gläubiger herangezogen (Gesamtvollstreckung).

c) Buchführungspflicht

Die zur Eintragung ins Handelsregister verpflichteten Rechtseinheiten sind zur ordnungsgemässen kaufmännischen Buchführung verpflichtet. **Die Buchführungspflicht ist nach dem Gesetzestext keine Wirkung einer erfolgten Eintragung im Handelsregister, sondern sie besteht dann, wenn die Rechtseinheit zur Eintragung verpflichtet ist,** also auch in dem Fall, wenn die vorgeschriebene Eintragung aus irgendwelchen Gründen unterlassen wurde (vgl. Art. 957 ff. OR sowie nachstehend Abschnitt 4).

3. Die Geschäftsfirmen

§

Wichtigste Gesetzesquellen
- Art. 944–956 OR
- Anleitung und Weisung des EHRA an die kantonalen Handelsregisterbehörden betreffend die Prüfung von Firmen und Namen

Die Anleitung und Weisung ist zwar keine Gesetzesquelle im eigentlichen Sinn und richtet sich primär an die kantonalen Handelsregisterämter. Weil darin die Gesetzesbestimmungen konkretisiert werden und zahlreiche praktische Beispiele konkrete Einzelfälle erklären, sollte auch dieses Dokument für die Firmenbildung beachtet werden.

3.1 Begriff und Zweck

Der Ausdruck «Firma», der vom Gesetz selber nicht definiert wird, bedeutet die **Bezeichnung, unter dem ein Einzelkaufmann oder eine Gesellschaft das Gewerbe betreibt.** Im juristischen Sinne ist Firma also kein Synonym für die Ausdrücke Geschäft, Unternehmen oder Gewerbe, sondern meint lediglich den Namen, unter dem das Gewerbe im Handelsregister eingetragen ist.

Zweck der Firma ist es, ein kaufmännisches Unternehmen zu kennzeichnen und von anderen zu unterscheiden. In wirtschaftlicher Hinsicht ist die Firma auch ein wichtiges Marketingelement im Rahmen der Kommunikationspolitik des Unternehmens.

Die Identifikation der Firma soll auch im wirtschaftlichen Verkehr stattfinden. Daher schreibt das Gesetz eine **Firmengebrauchspflicht** vor. Nach Art. 954a OR dürfen zwar Kurzbezeichnungen, Logos, Geschäftsbezeichnungen, Enseignes und ähnliche Angaben verwendet werden. Jedoch muss in der Korrespondenz, auf Bestellscheinen und Rechnungen sowie in Bekanntmachungen die im Handelsregister eingetragene Firma vollständig und unverändert angegeben werden.

3.2 Gestaltung der Firma

« [1] Jede Firma darf, neben dem vom Gesetz vorgeschriebenen wesentlichen Inhalt, Angaben enthalten, die zur näheren Umschreibung der darin erwähnten Personen dienen oder auf die Natur des Unternehmens hinweisen oder eine Phantasiebezeichnung darstellen, vorausgesetzt, dass der Inhalt der Firma der Wahrheit entspricht, keine Täuschungen verursachen kann und keinem öffentlichen Interesse zuwiderläuft.
[2] ... »
Art. 944 Abs. 1 OR: Grundsätze der Firmenbildung:
Allgemeine Bestimmungen

In dieser Vorschrift werden zwei Bestandteile der Firma erwähnt:

- Zunächst muss jede Firma **einen vom Gesetz vorgeschriebenen wesentlichen Inhalt aufweisen.** Dies ist der Kern der Firma. Beispiele: (1) Für die Firma des Einzelunternehmens gilt die zwingende Vorschrift von Art. 945 OR, wonach der wesentliche Inhalt aus dem Familiennamen des Inhabers mit oder ohne Vornamen bestehen muss. (2) In der Firma einer Aktiengesellschaft muss nach Art. 950 OR die Rechtsform (also die Bezeichnung AG) angegeben werden.

- Neben dem obligatorischen Kern kann die Firma sodann Zusätze enthalten. Dies sind (freiwillige) **zusätzliche Angaben** zur näheren Umschreibung der erwähnten Personen oder als Hinweis auf die Natur des Unternehmens oder als Phantasiebezeichnung. Beispiel: Der Einzelunternehmer Daniel Ammann wählt für seinen Computer-Handel die Firma «Ammann, Computer-Shop».

Für die Gestaltung der Firma gibt es aufgrund der zitierten Vorschrift von Art. 944 Abs. 1 OR mehrere Möglichkeiten:

- **Personenfirma**
  Die Geschäftsbezeichnung enthält den Namen einer (natürlichen) Person (Beispiel: Müller AG).

- **Sachfirma**
  Hier bezeichnet die Firma den Gegenstand des Unternehmens (Beispiel: Restaurant Spaghetti Factory AG).

- **Phantasiefirma**
  wie zum Beispiel Cerberus AG oder Mövenpick AG

- **Gemischte Firma**
  die aus persönlichen sowie sachlichen und/oder Phantasieelementen besteht (Beispiel: Möbel-Pfister)

3.3 Allgemeine Grundsätze der Firmenbildung

3.3.1 Einhaltung der zwingenden Bestimmungen

Für jede Rechtsform schreibt das Gesetz vor, welches der wesentliche Inhalt der Firma ist:

Gesetzesvorschrift	Rechtsform
Art. 945 OR	Einzelunternehmen
Art. 947 und 948 OR	Kollektivgesellschaft, Kommanditgesellschaft, Kommanditaktiengesellschaft
Art. 950 OR	Aktiengesellschaft, Gesellschaft mit beschränkter Haftung, Genossenschaft, Investmentgesellschaft (nach Art. 38 KAG), Kommanditgesellschaft für kollektive Kapitalanlagen nach Art. 99 und 101 KAG mit der Pflicht, die Rechtsform in der Firma zu nennen

3.3.2 Firmenwahrheit und Firmenklarheit

Nach Art. 944 Abs. 1 OR muss die Firma der Wahrheit entsprechen und darf keine Täuschungen verursachen sowie keinem öffentlichen Interesse zuwiderlaufen. **Eine Täuschungsgefahr liegt dann vor, wenn in der Firma Begriffe stehen, die sich auf ein Produkt oder eine Tätigkeit beziehen, welche durch die Zweckbestimmung des Unternehmens nicht abgedeckt wird.**

So wurde beispielsweise die Eintragung der Bezeichnung «Schneider Industrie AG» abgelehnt, weil es sich bei der Gesellschaft um ein Handelsgeschäft handelte. Ein anderes Beispiel: In der Stadt Zürich wollte sich eine Verlagsbuchhandlung katholischer Richtung die Firma «Fraumünster Verlagsbuchhandlung A.G.» geben. Dies wurde nicht gestattet, da die Bezeichnung beim Durchschnittspublikum Täuschungen verursachen könnte und zugleich öffentliche Interessen verletzt werden. Eine Verletzung von öffentlichen Interessen liegt auch bei (privaten) Firmen vor, wenn Ausdrücke verwendet werden, die vorgeben, als handle es sich um staatliche Betriebe.

3.3.3 Firmenausschliesslichkeit

« ¹Die im Handelsregister eingetragene und im Schweizerischen Handelsamtsblatt veröffentlichte Firma eines einzelnen Geschäftsinhabers oder einer Handelsgesellschaft oder Genossenschaft steht dem Berechtigten zu ausschliesslichem Gebrauche zu.
² ... »
Art. 956 Abs. 1 OR: Schutz der Firma

« ¹Eine im Handelsregister eingetragene Einzelfirma darf von keinem andern Geschäftsinhaber an demselben Orte verwendet werden, selbst dann nicht, wenn er den gleichen Vor- und Familiennamen hat, mit dem die ältere Firma gebildet worden ist.
²Der neue Geschäftsinhaber hat in einem solchen Falle seinem Namen in der Firma einen Zusatz beizufügen, durch den diese deutlich von der älteren Firma unterschieden wird. »
Art. 946 Abs. 1 und 2 OR: Ausschliesslichkeit der eingetragenen Firma

« ¹Die Vorschriften über die Ausschliesslichkeit der eingetragenen Firma von Einzelunternehmen gelten auch für die Firma der Kollektivgesellschaft, der Kommanditgesellschaft und der Kommanditaktiengesellschaft.
²Die Firma der Aktiengesellschaften, der Gesellschaften mit beschränkter Haftung und der Genossenschaften müssen sich von allen in der Schweiz bereits eingetragenen Firmen von Gesellschaften in einer dieser Rechtsformen deutlich unterscheiden. »
Art. 951 OR: Ausschliesslichkeit der eingetragenen Firma

Um die bezweckte Identifizierung und Individualisierung der Rechtseinheiten zu erreichen, gilt der Grundsatz, wonach eine eingetragene Firma dem Berechtigten zum alleinigen Gebrauch zusteht. **Dies bedeutet, dass sich jede neue Firma von einer bereits im Handelsregister eingetragenen genügend unterscheiden muss.** Der (geografische) Radius der Ausschliesslichkeit ist für die einzelnen Rechtsformen verschieden:

- Die eingetragene Firma eines Einzelunternehmens darf von keinem andern Geschäftsinhaber an demselben Ort verwendet werden, selbst wenn er den gleichen Familiennamen hat, mit dem die ältere Firma gebildet worden ist.
- Gleiches wie für das Einzelunternehmen gilt für die Firma der Kollektivgesellschaft, der Kommanditgesellschaft und der Kommanditaktiengesellschaft.
- Die Firmen der Aktiengesellschaft, der Gesellschaft mit beschränkter Haftung und der Genossenschaft müssen sich von allen in der Schweiz bereits eingetragenen Firmen deutlich unterscheiden.

Der Grundsatz der Ausschliesslichkeit wird dadurch erfüllt, dass sich die jüngere Firma deutlich von einer bereits im Handelsregister eingetragenen älteren Firma unterscheidet. Nach Gesetz ist also das Bestehen zweier ähnlicher Firmen nicht zulässig. Wann aber ist die Unterscheidbarkeit so deutlich, dass sie dem Grundgedanken des Gesetzes entspricht? Wann sind die Bezeichnungen zu ähnlich, sodass eine Verwechslungsgefahr besteht? Dies kann in einzelnen Fällen strittig sein.

Der Entscheid über diese Fragen obliegt der zuständigen Gerichtsinstanz und nicht dem Handelsregisterführer. Dieser hat zwar bei einer Eintragung zu prüfen, ob die gesetzlichen Voraussetzungen erfüllt sind. Seine Prüfungskompetenz umfasst jedoch nur die formellen Aspekte (Sind alle Belege vorhanden? Ist die Anmeldung ordnungsgemäss erfolgt?) sowie die Einhaltung der zwingenden Gesetzesbestimmungen (Ist die Firma der Aktiengesellschaft mit der Bezeichnung AG versehen?). Der Handelsregisterführer darf also nur einschreiten, wenn die fragliche Eintragung offensichtlich und eindeutig das Recht verletzt. Beim Aspekt der genügenden Unterscheidbarkeit von Firmen handelt es sich dagegen oftmals nicht um eindeutig zu entscheidende Fragen, weshalb die Entscheidung dem Gericht zugewiesen ist.

Der Richter hat im konkreten Fall nach Ermessen sowie nach Recht und Billigkeit zu urteilen. Dies verlangt von ihm die Anwendung objektiver Kriterien, die Wertung der Interessenlage im konkreten Einzelfall und die Würdigung aller im konkreten Fall bestehenden Umstände.

Die Rechtspraxis hat Richtlinien für die Beurteilung von Firmenbezeichnungen in konkreten Einzelfällen entwickelt. Danach sind für die Beurteilung der Verwechslungsgefahr der Gesamteindruck der Firmen (sowohl bezüglich Schriftbild als auch Phonetik) massgebend sowie das Unterscheidungsvermögen derjenigen Personen, mit dem die betreffenden Unternehmen verkehren. Firmen, die sich an ein breites Publikum richten, müssen sich deutlicher unterscheiden als jene, die in einem enger begrenzten Personenkreis verkehren. Nicht relevant ist hingegen die Tatsache, ob sich zwei Unternehmen in einem Konkurrenzverhältnis befinden oder nicht. Grundsätzlich ist zu beachten, dass die Praxis strenge Massstäbe für die Beurteilung der Verwechslungsgefahr anlegt.

Beispiele aus der Rechtspraxis:

Ältere, geschützte Firma		Jüngere, nicht zulässige Frima
M Group SA	↔	EMM Group SA
Integra Holding AG	↔	Integra Finanz AG
Omega AG	↔	Omega Management AG
TFT Tropical Fruits Trading SA	↔	Tropicalfruits Import SA
Intershop Holding AG	↔	Interstop AG
Sodip SA	↔	Sodibel
Helena Rubinstein S.A.	↔	Rubinia AG

Ältere, geschützte Firma		Jüngere, als zulässig erklärte Firma
Au Bûcheron SA	↔	Meubles Graber, Au Bûcheron
Prosoft AG	↔	Profisoft Informatik AG
IMZG Management Zentrum SG	↔	SMP Management Programm SG AG
SOS Assistance S.A.	↔	SOS Evasan S.A.

3.3.4 Firmenunübertragbarkeit

« ¹Wer ein Geschäft übernimmt, ist an die Vorschriften gebunden, die für die Bildung und die Führung einer Firma aufgestellt sind.
²Der Übernehmer darf jedoch mit ausdrücklicher oder stillschweigender Zustimmung der früheren Inhaber oder ihrer Erben die bisherige Firma weiterführen, sofern in einem Zusatz das Nachfolgeverhältnis zum Ausdruck gebracht und der neue Inhaber genannt wird. »
Art. 953 OR: Übernahme eines Geschäftes

Die Firma eines bestimmten Unternehmensträgers kann nicht ohne Weiteres auf einen anderen Unternehmensträger übertragen werden. So muss sich der Übernehmer eines Geschäfts an die Vorschriften halten, die für die Bildung einer Firma aufgestellt sind. Wenn das Einzelunternehmen mit der Firma « Peter Keller » von einem neuen Geschäftsinhaber namens Frank Engler übernommen wird, muss Engler eine neue Firma mit seinen eigenen Familiennamen bilden. Art. 953 Abs. 2 OR gibt dem Übernehmer jedoch die Möglichkeit, mit Zustimmung der früheren Inhaber die bisherige Firma weiterzuführen, muss aber in einem Zusatz das Nachfolgeverhältnis zum Ausdruck bringen und den neuen Inhaber nennen. Frank Engler könnte damit sein Einzelunternehmen beispielsweise mit « Peter Keller, Inhaber Frank Engler » oder mit « Frank Engler, vormals Peter Keller » bezeichnen.

3.3.5 Grundsätzliche Freiheit für die Firmenbildung

Obschon bei der Gestaltung der Firma zwingende Bestimmungen zu beachten sind, ist die Freiheit für die Firmenbildung recht gross. So sind denn die Erscheinungsformen der Firmen in der Praxis sehr vielfältig. Folgende Hinweise stammen im Wesentlichen aus der Anleitung und Weisung des EHRA an die kantonalen Handelsregisterbehörden und seien als Beispiele für die Praxis der Gerichte sowie der Handelsregisterbehörden aufgeführt:

- Eine Firma muss nicht in einer der schweizerischen Amtssprachen gebildet werden (zulässig z.B. «Speak for Yourself AG»); zulässig ist auch die Verwendung einer toten Sprache, von Dialekt (wie «Musig-Boggs Akziegsellschaft») oder einer fremden Sprache, wenn diese mit lateinischen Buchstaben oder arabischen Ziffern geschrieben werden kann. Der Einbezug von Ziffern in die Firma ist ebenfalls erlaubt (z.B. «4-love AG» und «Quality 4u GmbH»).
- Grafische Besonderheiten wie Design, Farbe, Kursivschrift usw. sind im Handelsregister nicht eintragungsfähig (Beispiel für eine unzulässige Firma: ⑩ vor ⑩ AG).
- Es dürfen keine Symbole (wie beispielsweise *, @ usw.) verwendet werden.
- Eine Firma darf werbende Elemente enthalten, sofern diese der Wahrheit entsprechen, das Täuschungsverbot nicht verletzen und keine öffentlichen Interessen entgegenstehen (so ist beispielsweise die Bezeichnung «Pub Number One GmbH» zulässig).
- Geografische Bezeichnungen sind für Firmen grundsätzlich frei verwendbar, wenn sie der Wahrheit entsprechen, nicht täuschend sind und keine öffentlichen Interessen verletzen (zulässig ist zum Beispiel die Firma «Pacific Trading Company Ltd»).
- Die Grammatikregeln sind für die Schreibweise von Firmen nicht massgebend.
- Die Begriffe und Abkürzungen der verschiedenen Rechtsformen müssen aus Gründen der Rechtssicherheit einheitlich übersetzt werden. Es sollen ausschliesslich die folgenden Ausdrücke und Abkürzungen verwendet werden:

Deutsch	Französisch	Italienisch	Englisch
Einzelunternehmen	Entreprise individuelle	Ditta individuale	Sole proprietorship
Kollektivgesellschaft	Société en nom collectif	Società in nome collettivo	(General) Partnership
Kommanditgesellschaft	Société en commandite	Società in accomandita	Limited partnership
Aktiengesellschaft	Société anonyme (SA)	Società anonima (SA)	Limited (Ltd.) oder (In-)Corporation (Inc. bzw. corp.)
Gesellschaft mit beschränkter Haftung (GmbH)	Société à responsabilité limitée (SARL, S.à.r.l)	Società a garanzia limitata (SAGL, s.a.g.l.)	Limited liability company (Ltd liab. Co, LLC, lic)
Genossenschaft	Société coopérative	Società cooperativa	Cooperative

3.3.6 Praktisches Vorgehen bei der Firmenbildung: Firmenrecherche

Bei der Gestaltung der Firma sind die verschiedenen Aspekte (einerseits Rechtskonformität, anderseits Erreichung der angestrebten Kommunikationswirkungen) auf einen Nenner zu bringen. Deshalb und weil eine Firma nicht reserviert werden kann, sondern der Firmenschutz erst mit der Publikation im SHAB wirksam wird, stellt die Bildung der Firma im Rahmen der Unternehmensgründung oft eine besondere Herausforderung dar.

Um alle Aspekte zu berücksichtigen und nicht Gefahr zu laufen, die gewählte Firma nachträglich ändern zu müssen (was mit hohen Kosten verbunden sein dürfte), sollte vor der endgültigen Firmenwahl abgeklärt werden, ob die vorgesehene Firma «frei» ist. Das Eidgenössische Amt für das Handelsregister bietet im Internet unter Zefix eine Datenbank der im Handelsregister eingetragenen Firmen juristischer Personen an. Eine erste Prüfung betreffend bereits eingetragener identischer oder ähnlicher Firmen kann hier selber vorgenommen werden.

Praxistipp
Die Handelsregisterbehörden empfehlen, vor jeder Neugründung oder Firmenänderung beim Firmenzentralregister eine Firmenrecherche (Firmennachforschung) in Auftrag zu geben. Diese gibt Auskunft über im Firmenzentralregister eingetragene identische oder ähnliche Firmen bzw. Namen. Der Auftrag an das ERHA ist schriftlich zu erteilen und es sollte nach Möglichkeit das elektronische Formular verwendet werden. Dieses kann beim ERHA (Fax 031 322 44 83) oder ab Internet: www.ofj.admin.ch zefix_/firmennachforschungen.html bezogen werden.

3.4 Rechtsschutz

Der Schutz der Firma ist in Vorschriften verschiedener Rechtsgebiete sichergestellt:

3.4.1 Firmenrecht

«[1]...
[2]Wer durch den unbefugten Gebrauch einer Firma beeinträchtigt ist, kann auf Unterlassung der weiteren Führung der Firma und bei Verschulden auf Schadenersatz klagen.»
Art. 956 Abs. 2 OR: Schutz der Firma

Aufgrund dieser Vorschrift kann sich jede durch eine Firmenanmassung betroffene Person wehren und die im Gesetz genannten zivilrechtlichen Ansprüche (vor allem Unterlassungsklage und/oder Leistungsklage auf Schadenersatz) stellen.

3.4.2 Namensrecht

§ «¹ Wird jemandem die Führung seines Namens bestritten, so kann er auf Feststellung seines Rechtes klagen.
² Wird jemand dadurch beeinträchtigt, dass ein anderer sich seinen Namen anmasst, so kann er auf Unterlassung dieser Anmassung sowie bei Verschulden auf Schadenersatz und, wo die Art der Beeinträchtigung es rechtfertigt, auf Leistung einer Geldsumme als Genugtuung klagen.»
Art. 29 ZGB: Namensschutz

Als subjektives absolutes Persönlichkeitsrecht schützt Art. 29 ZGB natürliche Personen im Recht auf ihren Namen. Der Namensschutz des ZGB ergänzt den Firmenschutz des OR. Der Firmenschutz bezieht sich nur auf die im Handelsregister eingetragenen Geschäftsfirmen, die Gegenstand der Art. 944 bis 956 OR sind. **Firmenrechtlich nicht geschützt sind also Vereine und Stiftungen, selbst wenn diese im Handelsregister eingetragen sind.** Die Namen dieser juristischen Personen sowie Bezeichnungen von einfachen Gesellschaften geniessen aber den Namensschutz des ZGB.

3.4.3 Wettbewerbsrecht

§ «Unlauter handelt insbesondere, wer:
  a. ...
  b. über sich, seine Firma, seine Geschäftsbezeichnung, seine Waren, Werke oder Leistungen, deren Preise, die vorrätige Menge, die Art der Verkaufsveranstaltungen oder über seine Geschäftsverhältnisse unrichtige oder irreführende Angaben macht oder in entsprechender Weise Dritte im Wettbewerb begünstigt;
  c. ...»
Art. 3 lit. b UWG: Widerrechtliches Verhalten

Das Bundesgesetz gegen den unlauteren Wettbewerb (UWG; SR 241) hat den Zweck, den fairen und unverfälschten Wettbewerb im Interesse aller Beteiligten zu gewährleisten. Widerrechtlich ist jedes täuschende oder gegen den Grundsatz von Treu und Glauben verstossende Verhalten, welches das Verhältnis zwischen Mitbewerbern oder zwischen Anbietern und Abnehmern beeinflusst. Die Verwendung einer Firma, die zu Verwechslungen führen kann, fällt unter den zitierten Tatbestand («über sich, seine Firma irreführende Angaben macht»). Das durch unlauteren Wettbewerb verletzte oder bedrohte Unternehmen kann gegen den Verursacher klagen und zivilrechtliche Ansprüche stellen. Diese beziehen sich – ähnlich wie im Firmenrecht – vor allem auf die Unterlassungsklage und/oder die Schadenersatzklage. Daneben kann derjenige, der unlauteren Wettbewerb vorsätzlich begeht, mit Gefängnis oder Busse bis CHF 100 000 bestraft werden.

3.4.4 Strafrecht

> «Wer für ein im Handelsregister eingetragenes Unternehmen eine Bezeichnung verwendet, die mit der im Handelsregister eingetragenen nicht übereinstimmt und die irreführen kann,
> wer für ein im Handelsregister nicht eingetragenes Unternehmen eine irreführende Bezeichnung verwendet,
> wer für ein im Handelsregister nicht eingetragenes ausländisches Unternehmen den Eindruck erweckt, der Sitz des Unternehmens oder eine Geschäftsniederlassung befinde sich in der Schweiz,
> wird mit Busse bestraft.»
> Art. 326ter StGB: Übertretung firmenrechtlicher Bestimmungen

Auch das Strafgesetzbuch enthält eine besondere Bestimmung, welche die Übertretung firmenrechtlicher Bestimmungen unter Strafe stellt.

3.5 Enseignes, Marken und Domain Namen

Die Firma ist zu unterscheiden von anderen Bezeichnungen, die im Zusammenhang mit kaufmännischen Unternehmen verwendet werden, nämlich «Enseigne», «Marke» und «Domain Name».

3.5.1 Enseigne

Enseigne ist die Bezeichnung für ein Geschäftslokal (Beispiel die Bezeichnung «Zum goldenen Löwen» für eine Gaststätte). Solche Bezeichnungen unterstehen nicht dem Firmenrecht. Da diese Bezeichnungen auch nicht als Namen im Sinne von Art. 29 ZGB gelten, ist deren Schutz lediglich durch das Wettbewerbsrecht (UWG; siehe Abschnitt 3.4.3) gewährleistet.

3.5.2 Marke

a) Begriff, Arten und Bedeutung

Eine Marke (englisch: Brand) ist ein Zeichen, das Waren oder Dienstleistungen eines Unternehmens von Waren oder Dienstleistungen anderer Unternehmen unterscheidet. Marken können sein:
- Wortmarken, z.B. Nestlé; SWATCH; OPIUM (für Parfüm); Victorinox
- Buchstabenmarken, z.B. UBS; PKZ; ABB
- Zahlenmarken, z.B. 4711
- Bildmarken, also Zeichen in rein bildlicher Darstellung ohne Wortbestandteile, z.B. das SBB-Logo
- Kombinierte Marken, bestehend aus einem Wortlaut, der mit bildlichen Elementen versehen wird, z.B. «Ferrari» verbunden mit dem sich aufbäumenden Pferd
- Dreidimensionale Marke, z.B. Mercedes-Stern; Toblerone-Verpackung
- Akustische Marke, die grafisch mithilfe von Noten zu umschreiben ist

Marken sind in der heutigen Wirtschaft ausserordentlich wichtige Kommunikationsmittel im Zusammenhang mit einem Produkt oder einer Dienstleistung. Sie stellen für ein Unternehmen einen nicht zu unterschätzenden Wert dar, vor allem dann, wenn es sich um berühmte Markenzeichen handelt wie beispielsweise Coca Cola, Lacoste usw. **Eine starke Marke schafft Identität und Vertrauen, grenzt von der Konkurrenz ab und erleichtert die Kommunikation zwischen Unternehmen und Kunden.**

Wie für die Firma gibt es auch für die Marke rechtliche Grundsätze für deren Gestaltung, und ähnlich wie die Firma kann auch die Marke geschützt werden. Während jedoch die Firma den firmenrechtlichen Bestimmungen des Obligationenrechts unterstellt ist, gilt für die Marke das Bundesgesetz über den Schutz von Marken und Herkunftsangaben (MSchG; SR 232.11). Selbst wenn also Firma und Marke dieselben Bezeichnungen aufweisen, ist die Unterscheidung wegen der verschiedenen Rechtsgrundlagen wichtig.

Praxistipp
Unter Umständen kann sich wettbewerbsrechtlich ein Konflikt zwischen einer geschützten Marke und einer Firma ergeben. Für die Abklärung ähnlicher oder identischer im Markenregister eingetragener Marken ist das Eidgenössische Institut für Geistiges Eigentum (IGE) in Bern zuständig (Fax 031 377 77 78).

b) Schutz der Marke

Das Markenrecht entsteht mit der Registrierung der Marke im Markenschutzregister (Prioritätsrecht). Für das Hinterlegungsverfahren hat der Berechtigte eine Anmeldung beim Eidgenössischen Institut für geistiges Eigentum vorzunehmen. Die Anmeldung erfolgt entweder durch das ausgefüllte Formular oder durch Verwendung des elektronischen Anmeldesystems e-trademark, das Schritt für Schritt durch die Anmeldung führt (www.ige.ch). Das IGE führt nach erfolgter Anmeldung das erforderliche Markenprüfungsverfahren durch. Darin soll festgestellt werden, ob Gründe vorliegen, die einem Schutz entgegenstehen. Wesentliche Schutzausschlussgründe sind:

- Die angemeldete Marke ist ein Zeichen, das der Allgemeinheit offenstehen muss. Dies gilt insbesondere für reine Sachangaben, welche eine Ware lediglich beschreiben oder anpreisen (Gemeingut ist nicht monopolisierbar).

- Täuschende oder gegen die öffentliche Ordnung verstossende Marken werden nicht eingetragen.

Wenn keine Beanstandungen anzubringen sind, trägt das IGE die Marke in das Markenschutzregister ein und publiziert diese im Schweizerischen Handelsamtsblatt. Die Gebühr für die Markenhinterlegung in der Schweiz beträgt CHF 550 bzw. CHF 350 via e-trademark. Bei Hinterlegung einer Marke wird nicht geprüft, ob eine identische oder ähnliche Marke bereits eingetragen ist. **Vielmehr kann der Inhaber einer älteren Marke innert drei Monaten ab Publikation im SHAB gegen die Eintragung der neuen Marke Widerspruch erheben.** Das IGE klärt dann ab, ob die neu eingetragene Marke zu Verwechslungen führen kann bzw. ob sich die Marken genügend unterscheiden. Wer in seinem Recht an der Marke verletzt oder gefährdet wird, kann beim ordentlichen Gericht klagen.

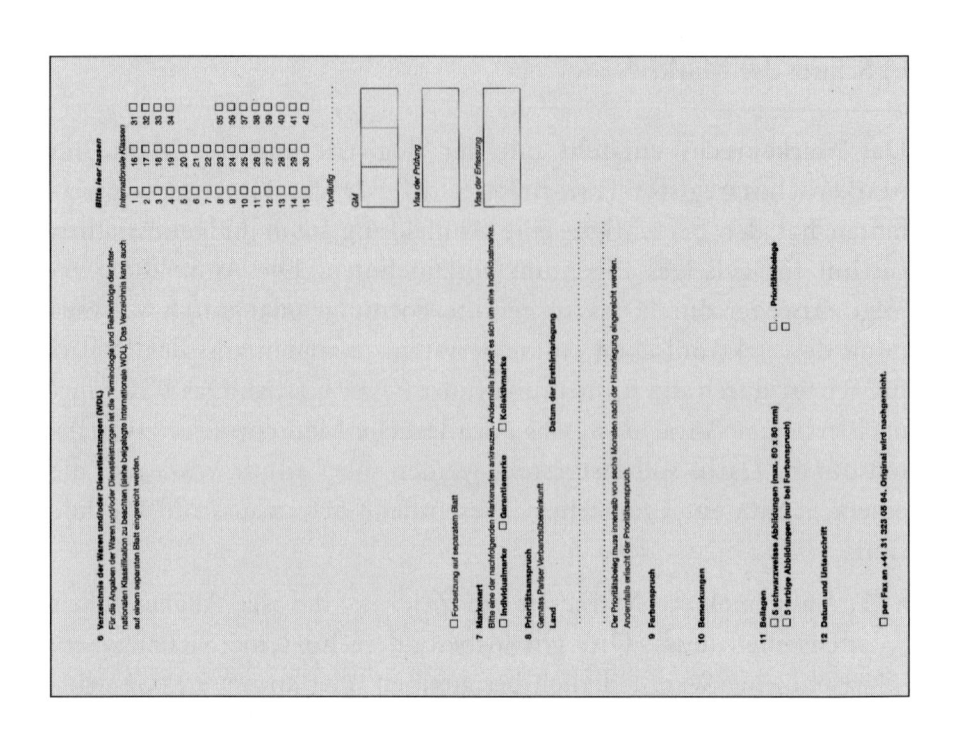

Eidgenössisches Institut für Geistiges Eigentum
Institut Fédéral de la Propriété Intellectuelle
Istituto Federale della Proprietà Intellettuale
Swiss Federal Institute of Intellectual Property
Einsteinstrasse 2 · CH-3003 Bern · Telefon +41 31 325 25 25 · Fax +41 31 325 25 26 · http://www.ige.ch

Eintragung einer schweizerischen Marke   M

Die Broschüre «Markenhinterlegung» gibt Auskunft über die Hinterlegungsformalitäten und das Ausfüllen dieses Formulares. Direktlinie +41 31 323 05 64

1 Markeninhaber/in
Vorname, Name bzw. Firma, Adresse, PLZ/Ort/Land

Bitte leer lassen

Prüfer/in: ....
Gesuch Nr. ....
Hinterlegungsdatum

2 Vertreter/in
Vorname, Name bzw. Firma, Adresse, PLZ/Ort

☐ Vollmacht folgt später

Eintragungsnummer

3a Kontaktperson
Vorname, Name
Telefon, Fax

3b Referenzummer
Ihre Referenz, Dossier

☐ Internationales Gesuch

Markenbezeichnung
Sprache
☐ Dreidimensionale Marke
☐ Akustische Marke

4 Marke
Handelt es sich um eine Wortmarke ohne besondere grafische Gestaltung, ist die Marke in Grossbuchstaben einzutragen. Bei einer Marke mit Grossund Kleinbuchstaben oder einer besonderen Schriftgestaltung sind die Grossbuchstaben und Kleinbuchstaben und eine zusätzliche hervorzuhebende Schriftgestaltung zu verwenden.

Maximale Grösse: 80 x 80 mm
Vorlage mit Glasfolie müssen getrennt (Zehnquadrate 25 oder grösser) oder eingereicht sein.
Für Marken in Farbe (Farbanspruch ZIff. 9) sind zusätzliche farbige Abzüge einzureichen.

Hinterlegungsgebühr
Klassengebühr

Einreichungsdatum

☐ Dreidimensionale Marke
☐ Akustische Marke

5 Gebühren
Hinterlegungsgebühr ☐ CHF .... ist uns in Rechnung zu stellen.
☐ CHF .... ist unserem Kontokorrent Nr. 201 beim Institut zu belasten.

Klassengebühr ☐ CHF .... ist uns in Rechnung zu stellen.
☐ CHF .... ist unserem Kontokorrent Nr. 201 beim Institut zu belasten.

---

6 Verzeichnis der Waren und/oder Dienstleistungen
Für die Angaben der Waren und/oder Dienstleistungen ist die Terminologie und Reihenfolge der internationalen Klassifikation zu beachten (siehe beigelegte internationale WDL). Das Verzeichnis kann auch auf einem separaten Blatt eingereicht werden.

Bitte leer lassen

Internationale Klassen
1 ☐   16 ☐   31 ☐
2 ☐   17 ☐   32 ☐
3 ☐   18 ☐   33 ☐
4 ☐   19 ☐   34 ☐
5 ☐   20 ☐
6 ☐   21 ☐
7 ☐   22 ☐   35 ☐
8 ☐   23 ☐   36 ☐
9 ☐   24 ☐   37 ☐
10 ☐   25 ☐   38 ☐
11 ☐   26 ☐   39 ☐
12 ☐   27 ☐   40 ☐
13 ☐   28 ☐   41 ☐
14 ☐   29 ☐   42 ☐
15 ☐   30 ☐

Mitteilg

Visa der Prüfung

Visa der Erfassung

GM

☐ Fortsetzung auf separatem Blatt

7 Markenart
Bitte eine der nachfolgenden Markenarten ankreuzen. Andernfalls handelt es sich um eine Individualmarke.
☐ Individualmarke ☐ Garantiemarke ☐ Kollektivmarke

8 Prioritätsanspruch
Genfass Pariser Verbandsübereinkunft
Land   Datum der Ersthinterlegung

Der Prioritätsbeleg muss innerhalb von sechs Monaten nach der Hinterlegung eingereicht werden. Andernfalls erlischt die Prioritätsanspruch.

9 Farbenspruch

10 Bemerkungen

11 Beilagen
☐ 5 schwarzweisse Abbildungen (max. 80 x 80 mm)
☐ 5 farbige Abbildungen (nur bei Farbanspruch)

☐ ... Prioritätsbelege

12 Datum und Unterschrift

☐ per Fax an +41 31 323 05 64. Original wird nachgereicht.

c) **Rechte aus dem Markenrecht**

Der Inhaber des Markenrechts hat das ausschliessliche Recht, seine Marke zu gebrauchen und über sie zu verfügen. Dies bedeutet beispielsweise, dass er seine Waren oder Dienstleistungen unter dem geschützten Zeichen anbieten und er sein Zeichen auf Waren und Verpackungen sowie Geschäftspapieren anbringen kann.

Die Verwendung der Symbole ® (für Registered Trademark) und ™ (für Trademark) ist gesetzlich nicht geregelt, aber grundsätzlich zulässig. Das in der Praxis auch im Zusammenhang mit Marken oft gesehene Symbol © hingegen steht für «Copyright» und hat mit dem Markenrecht nichts zu tun, sondern bezieht sich auf das Urheberrecht.

Der Markenschutz gilt aber nur im Zusammenhang mit denjenigen Waren oder Dienstleistungen, für die eine Marke hinterlegt wurde. **Der Hinterleger der Marke muss folglich mit der Anmeldung definieren, für welche Waren und Dienstleistungen er seine Marke beanspruchen will.** Wenn also ein markenrechtlich geschütztes Zeichen im Zusammenhang mit anderen Waren oder Dienstleistungen verwendet wird, kann dies nicht durch Berufung auf das Markenrecht untersagt werden.

Die Schutzdauer beträgt 10 Jahre; sie kann aber beliebig oft um jeweils weitere 10 Jahre verlängert werden.

d) **Territorialer Umfang des Markenschutzes**

Das Markenrecht ist ein territorial begrenztes Recht. Dies bedeutet, dass in der Schweiz eingetragene Marken nur in der Schweiz geschützt sind. Eine Ausdehnung des Schutzes lässt sich also nur durch Hinterlegung der Marke auch in anderen Ländern erreichen. Dazu gibt es folgende Möglichkeiten:

- Die Marke wird im gewünschten Staat direkt bei der zuständigen Stelle angemeldet.
- Beim IGE wird ein Gesuch für eine internationale Registrierung eingereicht. Aufgrund des internationalen Madrider Abkommens ist die internationale Registrierung bei der Weltorganisation für geistiges Eigentum in Genf (WIPO) möglich.
- Wenn der Schutz in allen Mitgliedstaaten der EU erreicht werden soll, kann die Marke beim EU-Harmonisierungsamt für den Binnenmarkt angemeldet werden.

e) **Rechtsschutz**

Bezüglich Rechtsschutz ist zu unterscheiden:

- Beim verwaltungsrechtlichen Schutz geht es um Beschwerden gegen Entscheide des IGE sowie den Widerspruch gegen eine jüngere Marke.
- Zivilrechtlich ist der Berechtigte gegen die Verwendung von Marken bzw. Zeichen geschützt, welche die eigene eingetragene Marke verletzen.
- Auch strafrechtlich (mittels Strafantrag) kann gegen die Verletzung einer geschützten Marke vorgegangen werden, wobei Bussen und/oder Freiheitsstrafen als Sanktionen ausgesprochen werden können.

3.5.3 Internet Domain Name

Ein Domain Name ist eine im Internet (www) registrierte Adresse einer Website. Angesichts der enormen Verbreitung und Bedeutung des Internets kommt auch der Internetadresse ein nicht zu unterschätzender wirtschaftlicher Wert zu. Aus diesem Grunde ist die Registrierung und der Rechtsschutz des Domain-Namens von Bedeutung. Diesbezüglich ist als Grundsatz zu beachten: **Domain-Na-**

men gelten weder als Firma noch als Marke und sind daher weder firmenrechtlich noch markenrechtlich geschützt. Ist die als Internetadresse verwendete Bezeichnung jedoch (gleichzeitig) als Marke oder Firma geschützt, hat der Berechtigte das ausschliessliche Recht auf Verwendung des Domains. Im Übrigen können im Rahmen des Rechtsschutzes für Internet-Domain-Namen lediglich die Rechtsgrundlagen des Namensrechts (Art. 29 ZGB) und des Wettbewerbsrechts (insbesondere UWG) beigezogen werden, denn auch für sie gilt der Grundsatz, dass Verwechslungen zu vermeiden sind.

Praxistipps für Internet Domains

- Im Gegensatz zu Firmen können Domain-Namen vorsorglich registriert (reserviert) werden.

- Für die Registrierung auf nationaler Ebene, also die Vergabe von Domain-Namen mit den Endungen .ch (Schweiz) und .li (Liechtenstein) ist die Stiftung SWITCH zuständig (www.switch.ch). Für die Registrierung gilt wie im Firmenrecht das Prioritätsprinzip; es wird dabei nicht überprüft, ob der gewählte Name allenfalls Rechte anderer Personen oder Rechtseinheiten verletzt.

- Für die Vergabe von Bezeichnungen unter den Endungen .com, .org, .net auf internationaler Ebene ist die Internet Corporation für Assigned Names and Numbers (ICANN) in den USA zuständig (www.icann.org). Diese Organisation sorgt dafür, dass weltweit jeder Domain-Name nur einmal vergeben wird.

- Gemäss einem Entscheid der ICANN-Verwaltung können Internetadressen in Zukunft frei gewählte Endungen haben. Neben den bisher üblichen Domain-Namen wie .de oder .com kann es künftig auch Endungen wie Städte- oder Firmennamen geben (Beispiel .bern).

- Zwischen geschützten Marken und einem Domain-Namen kann es zu Konflikten kommen. Empfehlenswert ist es daher, vor Registrierung eines Domains abzuklären, ob identische oder ähnliche Begriffe als Marken geschützt sind.

4. Die kaufmännische Buchführung

Wichtigste Gesetzesquellen
- Obligationenrecht: Allgemeine Bestimmungen in Art. 957–964 OR sowie Spezialbestimmungen für einzelne Rechtsformen (zum Beispiel Art. 662–674 OR für die Aktiengesellschaft)
- Verordnung über die Führung und Aufbewahrung der Geschäftsbücher (Geschäftsbücherverordnung GeBüV; SR 221.431)

4.1 Inhalt und Bedeutung

Das Rechnungswesen erfüllt in jedem Unternehmen eine zentrale Funktion, denn es erfasst die betriebliche Tätigkeit zahlenmässig und zeigt damit die finanziellen Auswirkungen der Unternehmensaktivitäten. In der betriebswirtschaftlichen Betrachtung besteht das Rechnungswesen aus zwei Bereichen:

- Die **Finanzbuchhaltung** betrifft den laufenden Geschäftsverkehr und hält die wertmässigen Verbindungen des Unternehmens zu den Aussenstehenden (Anspruchsgruppen wie Mitarbeitende, Lieferanten, Kunden, Kapitalgeber, Staat) fest mit dem Ziel, die Vermögenswerte und die Verpflichtungen des Unternehmens sowie den Unternehmenserfolg (Gewinn oder Verlust) zu ermitteln. Es ist eine Vergangenheitsrechnung, welche die Basis für den Jahresabschluss bildet.

- Die **Betriebsbuchhaltung** (auch Kostenrechnung genannt) umfasst dagegen die unternehmensinternen Vorgänge und die mit der betrieblichen Tätigkeit verbundenen Kosten und Erlöse. Sie stellt den Wertverbrauch und Wertzuwachs in den einzelnen Abteilungen und Produktegruppen fest und dient damit der Überwachung der Wirtschaftlichkeit der Betriebstätigkeit.

Durch das Unternehmensrecht wird nur der Bereich der Finanzbuchhaltung erfasst, weshalb sich die folgenden Ausführungen ausschliesslich darauf beziehen. Die Festlegung, ob und in welcher Ausgestaltung eine Betriebsbuchhaltung geführt wird, liegt in der Entscheidungsfreiheit jedes einzelnen Unternehmens.

Die Buchführung erfüllt im Allgemeinen die folgenden wesentlichen Aufgaben:
- Rechenschaftsablegung durch die Unternehmensleitung gegenüber den Eigentümern des Unternehmens
- Kontrolle des Geschäftsgangs und damit Planungs- und Entscheidungsinstrument
- Gläubigerschutz: Informationsmittel für Aussenstehende, zum Beispiel Fremdkapitalgeber
- Beweis bei rechtlichen Streitigkeiten
- Grundlage für das Steuerverfahren

Diese Auflistung zeigt, dass die ordnungsgemässe Buchführung auch im eigenen Interesse des Unternehmens und dessen Inhaber liegt.

4.2 Pflicht und Umfang

«[1] Wer verpflichtet ist, seine Firma in das Handelsregister eintragen zu lassen, ist gehalten, diejenigen Bücher ordnungsmässig zu führen, die nach Art und Umfang seines Geschäftes nötig sind, um die Vermögenslage des Geschäftes und die mit dem Geschäftsbetriebe zusammenhängenden Schuld- und Forderungsverhältnisse sowie die Betriebsergebnisse der einzelnen Geschäftsjahre festzustellen.
[2] ... »
Art. 957 Abs. 1 OR: Pflicht zur Führung der Geschäftsbücher

«[1] Wer zur Führung von Geschäftsbüchern verpflichtet ist, hat bei Eröffnung des Geschäftsbetriebes ein Inventar und eine Bilanz und auf Schluss eines jeden Geschäftsjahres ein Inventar, eine Betriebsrechnung und eine Bilanz aufzustellen.
[2] ... »
Art. 958 Abs. 1 OR: Bilanzpflicht

Die Buchführungspflicht leitet sich von der Pflicht der Unternehmung zur Eintragung in das Handelsregister ab: Wer zur Eintragung verpflichtet ist (nicht: wer eingetragen ist!), muss auch die Geschäftsbücher führen. Da die Verhältnisse und Bedürfnisse in den einzelnen Unternehmen unterschiedlich sind, begnügt sich das Gesetz mit einer allgemeinen Umschreibung des Umfangs der Buchführungspflicht. Die Buchführung soll insbesondere drei Tatsachen unter Verwendung der dafür notwendigen Instrumente feststellen:

Festzustellende Tatsachen	Vom Gesetz vorgeschriebene Instrumente
Vermögenslage	Inventar und Bilanz
Schulden und Forderungen	Bilanz
Betriebsergebnis des Jahres	Betriebsrechnung (meist Erfolgsrechnung genannt)

Für einzelne Gesellschaften schreibt das Gesetz vor, dass der Jahresabschluss von einer unabhängigen Revisionsstelle geprüft werden muss.

4.3 Inventar, Bilanz und Erfolgsrechnung

4.3.1 Bilanz und Inventar

Die Bilanz ist eine summarische Gegenüberstellung von Vermögen (Aktiven) und Schulden (Passiven), die an einem bestimmten Stichtag im Unternehmen vorhanden sind. Im Begriff Bilanz steckt das italienische Wort bilancia (Waage), womit ausgedrückt werden soll, dass die Summe der Aktiven mit der Summe der Passiven im Gleichgewicht steht. Basis für das Aufstellen der Bilanz bildet das Inventar, welches das Vermögen und die Schulden detailliert erfasst.

Aktiven	Bilanz per ... (Stichtag)	Passiven
Investitionsseite zeigt, welches Vermögen in welcher Form vorhanden ist, d.h. wie die verfügbaren Mittel eingesetzt (investiert) wurden.		**Finanzierungsseite** zeigt, wer dem Unternehmen finanzielle Mittel zur Verfügung gestellt hat, d.h. woher die verfügbaren Mittel stammen.
↓		↓
① **Umlaufvermögen** (UV) Kurzfristiges Vermögen (weniger als ein Jahr), das im operativen Kreislauf gebunden ist: – Liquide Mittel – Forderungen – Vorräte		① **Fremdkapital** (FK) Kapital von aussenstehenden Dritten, das kurzfristig oder langfristig zurückbezahlt werden muss: – Kreditoren – Banken – Darlehen – Hypotheken
② **Anlagevermögen** (AV) Vermögen, das langfristig gebunden ist (mehr als ein Jahr bzw. dauernd): – Sachanlagen – Finanzanlagen – Beteiligungen – immaterielle Anlagen		② **Eigenkapital** (EK) Ansprüche der Inhaber an das Unternehmen: Das Eigenkapital trägt das unternehmerische Risiko und ist bei Auflösung zuletzt fällig.

4.3.2 Erfolgsrechnung

Ziel des Unternehmens ist es, Leistungen zu erzeugen und diese zu verkaufen. Diese Tätigkeit verursacht einen Wertverzehr (Verbrauch), der in der Buchhaltung als Aufwand bezeichnet wird. Der Verkauf von Leistungen führt zu einem Wertzuwachs, Ertrag genannt.

Die Erfolgsrechnung stellt Aufwand und Ertrag für eine bestimmte Zeitperiode gegenüber (Zeitraumrechnung). Als Differenz ergibt sich der Erfolg. Dies ist ein neutraler Begriff und kann Gewinn oder Verlust bedeuten. Ist der Ertrag höher als der Aufwand, resultiert ein Gewinn; bei grösserem Aufwand gegenüber dem Ertrag entsteht ein Verlust. Während in der Bilanz der Stand von Vermögen und Schulden an einem bestimmten Stichtag dargestellt wird, zeigt die Erfolgsrechnung die Ursachen (Begründungen), wie es zum dargestellten Vermögens- und Schuldenstand gekommen ist.

Aufwand	Erfolgsrechnung für ... (Periode)	Ertrag
Aufwandseite zeigt, welcher Wertverzehr durch die unternehmerische Tätigkeit verursacht wurde. Beispiele für Aufwand: – Personalaufwand – Materialaufwand – Mietaufwand – Werbung – Zinsaufwand – Abschreibungen – Verwaltung Positiver Erfolg (Gewinn)	**Ertragsseite** zeigt, welcher Wertzuwachs durch die unternehmerische Tätigkeit erreicht werden konnte. Beispiele für Ertrag: – Verkaufserlös – Honorarertrag – Zinsertrag Negativer Erfolg (Verlust)

4.4 Die Buchführungsvorschriften des OR

4.4.1 Allgemeine und besondere Vorschriften

Das OR enthält allgemeine und besondere Buchführungsvorschriften.

Allgemeine Vorschriften	Besondere Vorschriften
Gelten für alle Unternehmen, die verpflichtet sind, sich in das Handelsregister einzutragen.	Gelten **zusätzlich zu den allgemeinen Vorschriften** für bestimmte Rechtsformen wie Aktiengesellschaft, GmbH sowie Genossenschaft und regeln vor allem die Bewertung von Vermögenswerten, die Verwendung des Reingewinns, die Kontrolle der Buchführung durch aussenstehende Revisoren sowie den Umfang und die Gliederung der Jahresrechnung.
↓	↓
Sie sind insbesondere in Art. 957–964 OR sowie in der darauf basierenden Geschäftsbücherverordnung enthalten.	Sie sind in der gesetzlichen Ordnung bei der betreffenden Rechtsform zu finden (z.B. Art. 662–674 OR für die Aktiengesellschaft).

4.4.2 Materielle Buchführungsvorschriften

a) Im Allgemeinen

« Betriebsrechnung und Jahresbilanz sind nach allgemein anerkannten kaufmännischen Grundsätzen vollständig, klar und übersichtlich aufzustellen, damit die Beteiligten einen möglichst sicheren Einblick in die wirtschaftliche Lage des Geschäftes erhalten. »
Art. 959 OR: Bilanzgrundsätze

« [1]...
[2] Bei ihrer Errichtung sind alle Aktiven höchstens nach dem Werte anzusetzen, der ihnen im Zeitpunkt, auf welchen die Bilanz errichtet wird, für das Geschäft zukommt.
[3] Vorbehalten bleiben die abweichenden Bilanzvorschriften, die für Aktiengesellschaften, Kommanditaktiengesellschaften, Gesellschaften mit beschränkter Haftung sowie Versicherungs- und Kreditgenossenschaften aufgestellt sind. »
Art. 960 Abs. 2 und 3 OR: Wertansätze

« [1] Die Jahresrechnung wird nach den Grundsätzen der ordnungsmässigen Rechnungslegung so aufgestellt, dass die Vermögens- und Ertragslage der Gesellschaft

möglichst zuverlässig beurteilt werden kann. Sie enthält auch die Vorjahreszahlen.
[2] Die ordnungsmässige Rechnungslegung erfolgt insbesondere nach den Grundsätzen der:
1. Vollständigkeit der Jahresrechnung;
2. Klarheit und Wesentlichkeit der Angaben;
3. Vorsicht;
4. Fortführung der Unternehmungstätigkeit:
5. Stetigkeit in Darstellung und Bewertung;
6. Unzulässigkeit der Verrechnung von Aktiven und Passiven sowie Aufwand und Ertrag.
[3] ... »
Art. 662a Abs. 1 und 2 OR: (besondere Buchführungsvorschrift für die Aktiengesellschaft)

Die für alle Unternehmen geltenden Bestimmungen von Art. 959 und Art. 960 OR verweisen auf die allgemein anerkannten kaufmännischen Grundsätze. Das Aktienrecht nennt sodann in Art. 662a OR einzelne dieser allgemeinen Grundsätze ausdrücklich. Aus den zitierten Vorschriften lassen sich nachfolgend die wichtigsten materiellen Buchführungsgrundsätze ableiten.

b) Vollständigkeit und Richtigkeit

Dieser Grundsatz wird oft als Bilanzwahrheit bezeichnet und bedeutet, dass die Geschäftsbuchhaltung alle wesentlichen Tatsachen zu enthalten hat und dass die angegebenen Werte den Tatsachen entsprechen müssen. So müssen zum Beispiel

- die in der Bilanz aufgeführten Beträge mit den entsprechenden Kontensaldi übereinstimmen

- die einzelnen Aktiv- und Passivposten lückenlos aufgeführt werden, was bedeutet, dass vollständig abgeschriebene Vermögensteile wenigstens mit einem Erinnerungsposten von CHF 1 aufzuführen sind

c) Klarheit

Die Jahresrechnung muss klar, übersichtlich und verständlich gestaltet sein. Die Bilanzklarheit beinhaltet beispielsweise folgende Erfordernisse:

- Die Bilanz ist in üblicher Weise zu gliedern.
- Die einzelnen Bilanzpositionen sind klar und eindeutig zu bezeichnen, sodass jeder sachkundige Leser sie versteht.
- Verschiedenartige Positionen dürfen nicht zusammengefasst oder miteinander verrechnet werden.
- Es gilt der Grundsatz: Keine Buchung ohne Beleg. Das heisst, dass ein interner (künstlicher) Beleg geschaffen werden muss, wenn bei einem Geschäftsvorgang nicht automatisch ein Originalbeleg (natürlicher Beleg) anfällt, wie dies beispielsweise bei der Vornahme von Wertberichtigungen (Abschreibungen) der Fall ist.

d) Kontinuität

Die Buchführungspraxis hat verschiedene Möglichkeiten der Darstellung geschaffen. Auch lassen sich verschiedene Bewertungsregeln anwenden (zum Beispiel die durch das Unternehmen festgelegte Regel, wonach der Abschreibungsbetrag des Mobiliars linear vom Anschaffungswert berechnet und mit der indirekten Methode verbucht wird). Die Kontinuität verlangt eine Stetigkeit: **Einmal gewählte Darstellungen und Bewertungsregeln sollen beibehalten, und falls davon abgewichen wird, sollen die Abweichungen dargelegt werden.**

e) Vorsicht

Dieser Grundsatz ergibt sich aus der allgemeinen Vorschrift von Art. 960 Abs. 1 OR, wonach alle Aktiven höchstens nach dem Wert anzusetzen sind, der ihnen im Zeitpunkt, auf welchen die Bilanz errichtet wird, zukommt. Gemäss der besonderen Vorschrift von Art. 665 ff. OR dürfen Aktiengesellschaften ihre Anlagen, Rohmaterialien und Wertschriften höchstens zu den Anschaffungs- oder Herstellungskosten unter Abzug der notwendigen Abschreibungen bewerten. War der Anschaffungspreis von Rohmaterialien oder Wertschriften höher als der aktuelle Marktwert, so darf die Bewertung höchstens zum Marktwert erfolgen.

Damit gilt: Im Zweifel sind Aktiven eher zu niedrig und Passiven eher zu hoch einzusetzen. Oder anders ausgedrückt: Bei unsicheren Positionen sind die Chancen zurückhaltend, die Risiken jedoch grosszügig zu berücksichtigen, und für drohende Verluste und ungewisse Verpflichtungen aus schwebenden Geschäften sind angemessene Rückstellungen zu bilden. Der Grundsatz der Vorsicht steht damit in Konkurrenz zum Grundsatz der Richtigkeit. Als Richtlinie kann das Schlagwort gelten: Vorsicht vor Richtigkeit.

4.4.3 Formelle Buchführungsvorschriften

Das Gesetz enthält eine Reihe von formellen Buchführungsvorschriften:

- **Das Gesetz gibt die Buchführungstechnik nicht detailliert vor.**

  «[1]...
  [2]Die Bücher, die Buchungsbelege und die Geschäftskorrespondenz können schriftlich, elektronisch oder in vergleichbarer Weise geführt und aufbewahrt werden, soweit dadurch die Übereinstimmung mit den zu Grunde liegenden Geschäftsvorfällen gewährleistet ist.
  [3]...»
  Art. 957 Abs. 2 OR: Pflicht zur Führung und Aufbewahrung der Geschäftsbücher

  «[1]Wer buchführungspflichtig ist, muss ein Hauptbuch und, je nach Art und Umfang des Geschäfts, auch Hilfsbücher führen.

² Das Hauptbuch besteht aus:
a. den Konten (sachlogische Gliederung aller verbuchten Geschäftsvorfälle), auf deren Basis Betriebsrechnung und Bilanz erstellt werden;
b. dem Journal (chronologische Erfassung aller verbuchten Geschäftsvorfälle).
³ Unter die Hilfsbücher fallen insbesondere die Lohnbuchhaltung, die Debitoren- und Kreditorenbuchhaltung sowie die fortlaufende Führung der Warenbestände bzw. der nicht fakturierten Dienstleistungen.»
Art. 1 GeBüV: zu führende Bücher

Buchführung wird bereits seit dem dritten Jahrtausend vor Christus betrieben. Das noch heute praktizierte System der doppelten Buchhaltung stammt aus dem hohen Mittelalter, als die systematische Handelstätigkeit und die wirtschaftliche Blütezeit begannen. In den letzten Jahrhunderten hat sich die Buchführungspraxis nicht zuletzt wegen des enorm ausgeweiteten Geschäftsverkehrs ständig verfeinert. Während Buchhaltung ursprünglich aus dem manuellen «Führen von Büchern» im eigentlichen Sinne bestand, erfolgt die Buchführung heute mit elektronischen Mitteln und unter Einsatz von Software. Trotz dieser sich drastisch von Schrift und Papier unterscheidenden technischen Mittel hat sich die kaufmännische Buchführung im Kern gegenüber früher nicht verändert. Es ist sinnvoll, dass die Gesetzesvorschriften die Technik der Verbuchung nicht detailliert und zwingend festlegen, sondern vielmehr auf die Regeln und Systeme aus dem Geschäftsalltag verweisen.

Durch die Anordnung in der GeBüV, wonach Konten, Journal und allenfalls Hilfsbücher wie Lohnbuchhaltung sowie Debitoren- und Kreditorenbuchhaltung zu führen sind, wird das, was heute in der Wirtschaftspraxis Standard ist, zur Norm erklärt. Die seit dem 15. Jahrhundert in Europa praktizierte Buchführung wird als doppelte Buchführung bezeichnet. «Doppelt» deshalb, weil jeder Geschäftsvorgang zweimal erfasst wird: Der betragsmässige Wert des Geschäftsfalls wird mit einem sogenannten Buchungssatz in zwei Konten festgehalten (einmal auf der Soll-Seite, einmal auf der Haben-Seite). Duplizität besteht auch darin, dass der Erfolg des Unternehmens zweifach nachgewiesen werden kann, nämlich einerseits durch Feststellung der Differenz von Aktiven und Passiven in der Bilanz und anderseits durch Berechnung der Differenz von Aufwand und Ertrag in der Betriebsrechnung.

Praxistipp
Welche Konten in einer Buchhaltung verwendet werden (Kontenplan), hängt von der Geschäftstätigkeit ab und muss von jedem Unternehmen selber bestimmt werden. Zur Festlegung des Kontenplans können die Kontenrahmen zu Hilfe genommen werden. Kontenrahmen sind die von Branchenverbänden geschaffenen Musterordnungen der Konten. Besonders verbreitet ist der im Jahre 1996 vom Schweizerischen Gewerbeverband veröffentlichte Schweizer Kontenrahmen für kleine und mittlere Unternehmen (Kontenrahmen KMU). Der Kontenrahmen ist beschrieben in Sterchi W., Kontenrahmen KMU, Herausgeber: Schweizerischer Gewerbeverband (Zürich 1996).

- **Die Bücher sind in Landeswährung zu führen.**

Diese Anordnung gilt nach Art. 958 Abs. 2 OR jedenfalls für Inventar, Betriebsrechnung und Bilanz.

- **Die Bücher sind jährlich rechtzeitig abzuschliessen.**

«[1]Inventar, Betriebsrechnung und Bilanz sind innerhalb einer dem ordnungsmässigen Geschäftsgang entsprechenden Frist abzuschliessen.
[2]...»
Art. 960 Abs. 1 OR: Wertansätze

Art. 958 Abs. 1 OR verlangt, dass jährlich einmal auf Ende des Geschäftsjahres das Inventar, die Bilanz und die Erfolgsrechnung zu erstellen sind. Ein Geschäftsjahr umfasst normalerweise 12 Monate und entspricht in der Regel dem Kalenderjahr. Beides aber ist nicht zwingend. In der Praxis gleichen beispielsweise Saisonbetriebe den Beginn und das Ende ihres Geschäftsjahres häufig ihrer Saison an (Beispiel: Geschäftsjahr 1. Juli bis 30. Juni des Folgejahres). Und auch im Gründungsjahr des Unternehmens fällt das Geschäftsjahr oft nicht mit dem Kalenderjahr zusammen, denn es kommt meist zu einem Kurz- oder Langjahr. Fällt das Gründungsdatum beispielsweise auf den 1. Juni, so kann das Unternehmen wählen, ob das erste Geschäftsjahr 7 Monate (bis 31. Dezember des laufenden Jahres) oder 19 Monate (bis 31. Dezember des Folgejahres) umfassen soll.

Der Buchhaltungsabschluss muss innerhalb einer dem ordnungsmässigen Geschäftsgang üblichen Frist zu erfolgen. Diese Frist ist in den allgemeinen Buchführungsvorschriften nicht präzise definiert. Für AG und GmbH beispielsweise konkretisiert aber das Gesetz, der Abschluss habe innert sechs Monaten nach Ende des Geschäftsjahres erledigt zu sein (Art. 699 Abs. 2 OR und Art. 801 OR).

- **Die Bücher sind aufzubewahren.**

§

« [1] Die Geschäftsbücher, die Buchungsbelege und die Geschäftskorrespondenz sind während zehn Jahren aufzubewahren.
[2] Die Aufbewahrungsfrist beginnt mit dem Ablauf des Geschäftsjahres, in dem die letzten Eintragungen vorgenommen wurden, die Buchungsbelege entstanden sind und die Geschäftskorrespondenz ein- oder ausgegangen ist. »
Art. 962 OR: Dauer der Aufbewahrungspflicht

« [1] ...
[2] ...
[3] Betriebsrechnung und Bilanz sind schriftlich und unterzeichnet aufzubewahren. Die übrigen Geschäftsbücher, die Buchungsbelege und die Geschäftskorrespondenz können auch elektronisch oder in vergleichbarer Weise aufbewahrt werden, wenn sie jederzeit lesbar gemacht werden können.
[4] ... »
Art. 957 Abs. 3 OR

« [1] ...
[2] Werden die Geschäftsbücher elektronisch oder auf vergleichbare Weise geführt

und aufbewahrt und die Buchungsbelege sowie die Geschäftskorrespondenz elektronisch oder auf vergleichbare Weise erfasst und aufbewahrt, so sind die Grundsätze der ordnungsgemässen Datenverarbeitung einzuhalten.»
Art. 2 Abs. 2 GeBüV: Grundsätze odnungsgemässer Führung und Aufbewahrung der Bücher

Aus Gründen der Beweissicherung gilt grundsätzlich eine 10-jährige Aufbewahrungsfrist für die Geschäftsbücher, Buchungsbelege und Geschäftskorrespondenz. **Die Dauer der Aufbewahrungsfrist stimmt mit der ordentlichen Verjährungsfrist von Art. 127 OR überein, wonach Forderungen innerhalb von 10 Jahren nach deren Fälligkeit durchgesetzt werden können.**

Mit Ausnahme von Bilanz und Erfolgsrechnung, die unterzeichnet in Papierform vorliegen müssen, kann die Aufbewahrungspflicht auch auf elektronische Weise erfüllt werden. Voraussetzungen sind allerdings, dass alles jederzeit lesbar gemacht werden kann und dass die Grundsätze der ordnungsmässigen Datenverarbeitung eingehalten sind.

- **Es besteht eine Editionspflicht.**

§ «[1] Wer zur Führung von Geschäftsbüchern verpflichtet ist, kann bei Streitigkeiten, die das Geschäft betreffen, angehalten werden, Geschäftsbücher, Buchungsbelege und Geschäftskorrespondenz vorzulegen, wenn ein schutzwürdiges Interesse nachgewiesen wird und das Gericht dies für den Beweis als notwendig erachtet.
[2] ... »
Art. 963 Abs. 1 OR: Editionspflicht

Editionspflicht (oder: Herausgabepflicht) bedeutet, dass die Geschäftsbücher, Buchungsbelege und die Geschäftskorrespondenz im Falle von Rechtsstreitigkeiten und wenn ein schutzwürdiges Interesse besteht, herausgegeben werden müssen.

- Eine allgemeine Pflicht zur Offenlegung der Jahresrechnung besteht nicht

«[1] ...

[2] ...

[3] Die Geschäftsbücher und Korrespondenzen können nur mit ausdrücklicher Ermächtigung der Generalversammlung oder durch Beschluss des Verwaltungsrates und unter Wahrung der Geschäftsgeheimnisse eingesehen werden.

[4] ... »

Art. 697 Abs. 3 OR: Auskunft und Einsicht

«[1] Jahresrechnung und Konzernrechnung sind nach der Abnahme durch die Generalversammlung mit den Revisionsberichten entweder im Schweizerischen Handelsamtsblatt zu veröffentlichen oder jeder Person, die es innerhalb eines Jahres seit Abnahme verlangt, auf deren Kosten in einer Ausfertigung zuzustellen, wenn
1. die Gesellschaft Anleihensobligationen ausstehend hat;
2. die Aktien der Gesellschaft an einer Börse kotiert sind.

[2] Die übrigen Aktiengesellschaften müssen den Gläubigern, die ein schutzwürdiges Interesse nachweisen, Einsicht in die Jahresrechnung, die Konzernrechnung und die Revisionsberichte gewähren. Im Streitfall entscheidet der Richter. »

Art. 697 h OR: Offenlegung von Jahresrechnung und Konzernrechnung

Die zitierten Bestimmungen, die sich auf die Aktiengesellschaft beziehen, machen deutlich, dass grundsätzlich für Unternehmen, abgesehen von der Editionspflicht, keine allgemeine Pflicht besteht, ihre Jahresrechnung aussenstehenden Dritten und der Öffentlichkeit zugänglich zu machen. Zu beachten ist jedoch, dass ein Gläubiger, der ein schutzwürdiges Interesse nachweist, Einsicht in die Jahresrechnung nehmen kann. Ausnahmen vom erwähnten Grundsatz (und damit die Pflicht zur öffentlichen Rechnungslegung) bestehen beispielsweise für Banken sowie für Aktiengesellschaften, deren Aktien an der Börse gehandelt werden.

4.4.4 Strafrechtliche Verantwortlichkeit

Die Erfüllung der mit der Buchführung verbunden Pflichten wird durch das Strafrecht geschützt. Art. 325 StGB bestimmt, dass wer vorsätzlich oder fahrlässig der gesetzlichen Pflicht, Geschäftsbücher ordnungsmässig zu führen, nicht nachkommt, wer vorsätzlich oder fahrlässig der gesetzlichen Pflicht, Geschäftsbücher, Geschäftsbriefe und Geschäftstelegramme aufzubewahren, nicht nachkommt, mit Haft oder mit Busse bestraft wird.

4.5 Private Rechnungslegungsbestimmungen

4.5.1 Zweck

Mindestanforderungen an die Rechnungslegung werden durch das Recht festgelegt. **Zunehmend genügt es aber nicht mehr, lediglich das Gesetzesminimum zu erfüllen.** Oftmals verlangen Kapitalgeber (beispielsweise Minderheitsaktionäre und Banken) weitergehende Informationen, womit die Ansprüche an die Rechnungslegung steigen.

So erhalten private Regeln je länger je mehr Einfluss auf die Praxis der Buchführung und der Rechnungslegung. Diese Regeln wollen sicherstellen, dass der Jahresabschluss ein getreues Bild der wirtschaftlichen Lage des betreffenden Unternehmens vermittelt. Sie stellen eine Art Verhaltenskodex für die Rechnungslegung dar, die zwar wirksam sind, aber nicht mit rechtlichen Sanktionen durchgesetzt werden können. Dafür ist der Begriff des «soft law» gebildet worden. **Bei entsprechender Durchsetzung in der Praxis können die Regelwerke zu allgemein anerkannten kaufmännischen Grundsätzen im Sinne von Art. 959 OR werden.**

4.5.2 FER: Regeln der Fachkommission für Empfehlungen zur Rechnungslegung

1984 wurde auf Initiative der Treuhandkammer die Stiftung für Empfehlungen zur Rechnungslegung errichtet. Diese erlässt durch eine Fachkommission für Empfehlungen zur Rechnungslegung (FER) Regeln zur Gestaltung der Jahresrechnung (www.fer.ch). Die FER-Empfehlungen fokussieren sich auf die Rechnungslegung kleiner und mittelgrosser Unternehmen mit nationaler Ausstrahlung sowie auf Non-Profit-Organisationen sowie Pensionskassen und verfolgen insbesondere folgende Ziele:

- Erhöhung der Aussagekraft der Jahresrechnungen, indem die Rechnungslegung ein den tatsächlichen Verhältnissen entsprechendes Bild der Vermögens-, Finanz- und Ertragslage (true und fair view) vermittelt
- Verbesserung der Vergleichbarkeit der Jahresrechnungen zwischen den Unternehmen sowie über die Zeit
- Annäherung der Rechnungslegung an internationale Normen
- Ergänzung und Konkretisierung der gesetzlichen Bestimmungen
- Förderung der Kommunikation mit Investoren, Banken und anderen interessierten Kreisen

Die Empfehlungen werden heute als Swiss GAAP FER bezeichnet (GAAP steht für Generally Accepted Accounting Principles). Die überarbeiteten (seit 2007 geltenden) Fachempfehlungen sind modular aufgebaut. Kleine Unternehmen haben die Möglichkeit, lediglich ausgewählte zentrale Fachempfehlungen (Kern-FER) zu übernehmen. Für mittelgrosse Unternehmen gelten neben den Kern-FER die weiteren Swiss GAAP FER-Standards.

Die Kern-FER umfassen:

- FER 1: Grundlagen
- FER 2: Regeln der Bewertung von Vermögenswerten: Die Richtlinie stellt die Einheitlichkeit und Stetigkeit der Bewertung sicher und orientiert sich grundsätzlich an historischen Anschaffungs- oder Herstellungkosten (historical costs) beziehungsweise an aktuellen Werten (fair value).
- FER 3: Darstellung und Gliederung der Jahresrechnung: Die Richtlinie bestimmt die Mindestgliederung von Bilanz, Erfolgsrechnung und Eigenkapitalnachweis.
- FER 4: Geldflussrechnung: Geregelt wird die Methode der Darstellung der Veränderungen der flüssigen Mittel bezüglich Ein- und Auszahlungen infolge Betriebstätigkeit, Investitionstätigkeit und Finanzierungstätigkeit.
- FER 5: Ausserbilanzgeschäfte: Diese Fachempfehlung bezieht sich auf die Behandlung von nicht zu bilanzierenden Verpflichtungen wie beispielsweise Eventualverpflichtungen.
- FER 6: Anhang: Geregelt wird die Ausgestaltung des Anhangs. Dieser ist Bestandteil der Jahresrechnung und ergänzt bzw. erläutert insbesondere die Bilanz, die Erfolgsrechnung und die Geldflussrechnung.

4.5.3 Internationale Regelwerke

Von praktischer Bedeutung auch in der Schweiz sind die beiden im Folgenden erwähnten internationalen Regelwerke. Die darin enthaltenen Standards sind in ihren Inhalten unterschiedlich, weshalb der Vergleich von Unternehmen sehr schwierig ist, wenn deren Jahresrechnungen auf diesen unterschiedlichen Regeln basieren.

a) IFRS: International Financial Reporting Standards

Dies ist eine Sammlung von Regeln für die Rechnungslegung erwerbswirtschaftlicher Unternehmen. Geschaffen werden die Regeln von den International Accounting Standards Committee Foundations (IASCF), wo Wirtschaftsprüferverbände vieler Länder vertreten sind. Die IFRS sollen vor allem

- die Vergleichbarkeit der Abschlüsse kapitalmarktorientierter Unternehmen weltweit erleichtern und damit
- den Aufbau eines integrierten Kapitalmarkts gewährleisten, der wirksam und reibungslos funktioniert,
- den Schutz der Anleger verbessern, sowie
- das Vertrauen in die Finanzmärkte und den freien Kapitalverkehr stärken.

Abschlüsse, die nach den IFRS aufgestellt werden, liefern in erster Linie Informationen über die Vermögens-, Finanz- und Ertragslage des Unternehmens. Oberste Grundsätze der IFRS-Rechnungslegung sind der Grundsatz der Periodenabgrenzung und das Fortführungsprinzip. Weitere Anforderungen, denen die Jahresrechnung genügen muss, sind Verständlichkeit, Entscheidungsrelevanz, Wesentlichkeit, Zuverlässigkeit und Vergleichbarkeit. **Während die Rechnungslegungsvorschriften des OR mehr auf den Gläubigerschutz ausgerichtet sind (Vorsichtsprinzip), geht IFRS stärker auf die Bedürfnisse der Aktionäre ein.**

b) US GAAP: Generally Accepted Accounting Principles

Die United States Generally Accepted Accounting Principles umfassen die amerikanischen Vorschriften der Rechnungslegung. Die Standards werden vom Financial Accounting Standards Board (FASB) festgelegt, welches von einer privaten Stiftung getragen wird. Aufgrund des im angelsächsischen Rechtskreis vorherrschenden Case

Law beziehen sich die Vorschriften der US GAAP stark auf spezielle Einzelfälle. Das Hauptziel des Jahresabschlusses nach US GAAP liegt in der Information externer Investoren (Kapitalgeber für Eigen- und Fremdkapital). Der Gläubigerschutz ist kein vordringliches Ziel. Beim Jahresabschluss nach US GAAP gilt das Prinzip der «fair presentation», das heisst, die wirtschaftliche Lage und das Erfolgspotenzial des Unternehmens sollen möglichst realitätsnah dargestellt werden.

4.5.4 Bedeutung privater Regelwerke

Der Geltungsbereich privater Regelwerke in der Schweiz kann wie folgt zusammengefasst werden:

- Für Schweizer Unternehmen, deren Wertpapiere im Hauptsegment der Schweizer Börse SIX gehandelt werden, gelten gemäss Kotierungsreglement (www.six-swiss-exchange.com) der Schweizer Börse zwingend neben den im OR enthaltenen Buchführungsvorschriften die IFRS oder US GAAP. Die Anwendung der US GAAP ist Voraussetzung für eine Notierung der Gesellschaften an den US-Börsen, insbesondere der New York Stock Exchange.

- Die Swiss GAAP FER sind als Mindeststandard für die Jahresberichterstattung von an der SIX Swiss Exchange kotierten Aktien in den Segmenten Local Caps (kleinere Gesellschaften), Immobiliengesellschaften und Investmentgesellschaften verbindlich.

- Die Anwendung der privaten (nationalen oder internationalen) Rechnungslegungsregeln durch nicht kotierte Unternehmen erfolgt freiwillig. Die FER-Fachkommission für Empfehlungen zur Rechnungslegung möchte aber erreichen, dass die Fachempfehlungen in Zukunft vermehrt von Banken als Massstab für die finanzielle Berichterstattung im Rahmen von Kreditvereinbarungen gelten sollen.

5. Die Mehrwertsteuer

Wichtigste Gesetzesquellen
- Bundesgesetz über die Mehrwertsteuer (Mehrwertsteuergesetz MWSTG; SR 641.20)
- Verordnung zum Bundesgesetz über die Mehrwertsteuer (MWSTGV; SR 641.201)
- Verordnungen des Eidgenössischen Finanzdepartements zum Mehrwertsteuergesetz (SR 641.201…). Diese betreffen spezielle Einzelaspekte wie beispielsweise die steuerbefreite Einfuhr von Gegenständen in kleinen Mengen, von unbedeutendem Wert oder mit geringfügigem Steuerbetrag.

5.1 Einordnung in das Steuersystem

Die Mehrwertsteuer (MWST) ist eine allgemeine Verbrauchssteuer des Bundes. Ihr unterliegen grundsätzlich alle durch steuerpflichtige Personen getätigten Umsätze, nämlich

- im Inland gegen Entgelt erbrachte Lieferungen von Gegenständen
- im Inland gegen Entgelt erbrachte Dienstleistungen
- der Eigenverbrauch im Inland
- der Bezug von Dienstleistungen gegen Entgelt von Unternehmen mit Sitz im Ausland

Bei der MWST handelt sich um eine Objektsteuer, **da ein einzelnes Steuerobjekt (die Lieferung von Waren und Dienstleistungen) unabhängig von der wirtschaftlichen Leistungsfähigkeit der Personen besteuert wird.** Die Mehrwertsteuer gehört zur Gruppe der indirekten Steuern, da der Steuerpflichtige diese nicht selber tragen muss, sondern auf einen Dritten überwälzen kann.

5.2 Prinzip der Mehrwertsteuer

Zwischen der Herstellung und dem Konsum einer Ware kann eine Vielzahl von Stationen (und damit Umsätzen) liegen. Das Prinzip der MWST funktioniert in der Weise, dass auf jeder Stufe des Produktions- und Verteilungsprozesses der auf dieser Stufe geschaffene Mehrwert der Steuer unterworfen wird (Allphasensteuer). Bemessungsgrundlage ist jeweils das Gesamtentgelt für die Ware oder Dienstleistung (geschuldete Mehrwertsteuer). Von der auf diese Weise berechneten Steuer können die durch die Lieferanten in Rechnung gestellten Steuerbeträge abgezogen werden (Vorsteuer). **Besteuert wird damit der jeweilige Mehrwert, der den Gütern beigefügt wird (Nettosteuer).**

Es kommen folgende Mehrwertsteuersätze zur Anwendung:
- Der Normalsteuersatz beträgt 7,6% des Umsatzes.
- Für Beherbergungsleistungen werden 3,6% verrechnet.
- Auf Lebensmittel und alkoholfreie Getränke, Bücher, Zeitungen und Zeitschriften, Medikamente sowie Sport und Kultur (Güter des täglichen Bedarfs) beträgt die MWST 2,4%.

Beispiel
Ein Unternehmen kauft Rohmaterial und bezahlt dem Lieferanten dafür einschliesslich MWST CHF 168 932.–. Sie verarbeitet das Rohmaterial und verkauft die hergestellten Produkte an die Händler, die insgesamt CHF 304 077.60 (wiederum inklusive MWST) bezahlen.

<u>Geschuldete Mehrwertsteuer</u>
Verkaufserlös = 107,6% (Nettowarenwert 282 600) MWST. 7,6% CHF 1 477.60

<u>Vorsteuer</u>
Materialkauf = 107,6% (Nettowarenwert 157 000) MWST. 7,6% <u>CHF 11 932.00</u>

<u>Nettosteuer</u>* (Steuerlast) <u>CHF 9 545.60</u>

*Überprüfung: Das Unternehmen hat durch seine Tätigkeit dem Rohmaterial einen Mehrwert von Netto CHF 125 600 verschafft. Darauf ist die Steuer von 7,6% zu bezahlen; diese beträgt CHF 9 545.60.

Händler, welche ihre Güter direkt an die Konsumenten verkaufen, schlagen die MWST zu ihren Verkaufspreisen, weisen diese aber nicht gesondert aus. Anders im Geschäftsleben: Wegen des zulässigen Vorsteuerabzugs sind hier Nettopreise die Regel, das heisst es werden (beispielsweise auf der Rechnung) der Nettowarenwert sowie die MWST gesondert angegeben.

5.3 Steuerpflicht und Steuerverfahren

5.3.1 Grundsatz und Ausnahmen von der Steuerpflicht

Gemäss Art. 21 MWSTG ist **steuerpflichtig, wer eine mit der Erzielung von Einnahmen verbundene gewerbliche oder berufliche Tätigkeit ausübt, auch wenn die Gewinnabsicht fehlt.** Steuerpflichtig sind namentlich Inhaber von Einzelunternehmen, einfache Gesellschaften, die gegen aussen gemeinsam auftreten (Arbeits- und Handwerkergemeinschaften, Konsortien usw.), Personengesellschaften, juristische Personen sowie Veranstaltungen von Publikums- und Festanlässen.

Im Einzelnen gelten folgende Gesetzesanordnungen:
- **Grundsätzlich sind alle Unternehmen unabhängig von ihrer Rechtsform mehrwertsteuerpflichtig.** Weil aber der administrative Aufwand für die Unternehmen und den Staat hoch ist, gibt es eine Umsatzlimite. Sofern die Lieferungen, die Dienstleistungen und der Eigenverbrauch jährlich gesamthaft die Schwelle von CHF 75 000 nicht erreichen, besteht keine Steuerpflicht.
- Unternehmen mit einem Jahresumsatz bis zu CHF 250 000 sind von der Steuerpflicht ausgenommen, sofern die nach Abzug der Vorsteuer verbleibende Steuer regelmässig nicht mehr als CHF 4000 im Jahr betragen würde.

- Für verschiedene Branchen (z.B. Land- und Forstwirtschaft, nicht gewinnorientierte Sportvereine, gemeinnützige Organisationen) gelten besondere Ausnahmebedingungen.
- Von der MWST befreit sind: Gesundheits- und Sozialwesen, Unterricht, Geld- und Kapitalverkehr, Versicherung, Vermietung von Wohnungen, Liegenschaftshandel sowie der Waren- und Dienstleistungsexport ins Ausland.

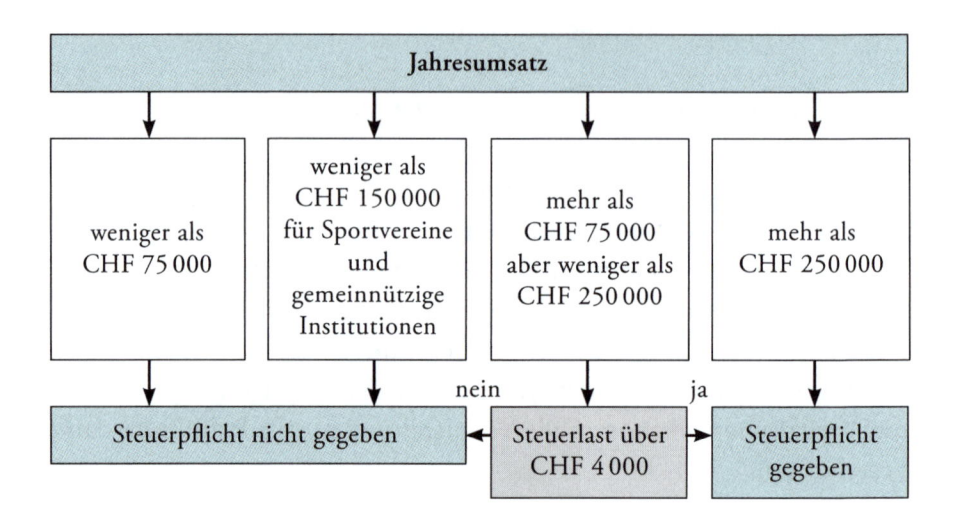

```
                          Jahresumsatz
    ┌─────────────┬──────────────────┬──────────────────┬─────────────┐
    ▼             ▼                  ▼                  ▼
weniger als    weniger als         mehr als           mehr als
CHF 75 000     CHF 150 000         CHF 75 000         CHF 250 000
               für Sportvereine    aber weniger als
               und                 CHF 250 000
               gemeinnützige
               Institutionen
    │             │           nein  │           ja     │
    ▼             ▼                 ▼                  ▼
  Steuerpflicht nicht gegeben  ←  Steuerlast über  →  Steuerpflicht
                                  CHF 4 000            gegeben
```

5.3.2 Freiwillige Unterstellung

Die Befreiung von der Mehrwertsteuer ist zweifellos von Vorteil in administrativer Hinsicht. Es können sich aber nachteilige Auswirkungen ergeben. Erstens kann keine Vorsteuer geltend gemacht werden. Und zweitens sind Nachteile im Wettbewerb möglich: Der Kunde des nicht steuerpflichtigen Unternehmens kann für den ohne Mehrwertsteuerbelastung erfolgten Bezug der Ware oder Dienstleistung keinen Vorsteuerabzug vornehmen. Dies könnte ihn veranlassen, sich einen mehrwertsteuerpflichtigen Lieferanten bzw. Dienstleister zu suchen, falls nämlich die Preise des nicht steuerpflichtigen Lieferanten nicht genügend attraktiv sind.

Zur Wahrung der Wettbewerbsneutralität können sich daher Unternehmen mit einem minimalen Jahresumsatz von CHF 40 000, welche die Voraussetzungen zur Steuerpflicht nicht erfüllen oder von der Steuerpflicht ausgenommen sind, freiwillig der Steuerpflicht unterstellen. Ein einmal getroffener Entscheid der freiwilligen Unterstellung muss für mindestens 5 Jahre beibehalten werden.

5.3.3 Anmeldung bei der Eidgenössischen Steuerverwaltung

Die Mehrwertsteuer ist eine **Selbstveranlagungssteuer.** Wer beispielsweise Handel betreibt, Handwerker, Fabrikant oder Dienstleistungserbringer ist, muss seine Steuerpflicht selber abklären und sich innert 30 Tagen nach Beginn der Steuerpflicht bei der Eidgenössischen Steuerverwaltung (ESTV) schriftlich anmelden, wenn die Voraussetzungen erfüllt sind. Die ESTV teilt dann eine nicht übertragbare Nummer zu, die registriert wird. Juristische Personen können die MWST-Nummer bereits vor dem Eintrag ins Handelsregister betragen; gültig wird sie allerdings erst nach dem Eintrag des Unternehmens im Handelsregister. Wer bei Geschäftsaufnahme unsicher ist, ob er die Schwelle von CHF 75 000 erreicht, hat drei Monate Zeit, um Erfahrungen zu sammeln und sich dann gegebenenfalls bei der Eidgenössischen Steuerverwaltung anzumelden. Die Steuerpflicht beginnt auf jeden Fall mit der Aufnahme der Tätigkeit bzw. mit der Geschäftserweiterung.

Wer die Voraussetzungen nicht mehr erfüllt, meldet sich schriftlich bei der ESTV ab.

Praxistipp
Die Prüfung der Mehrwertsteuerpflicht sollte auf jeden Fall vorgenommen werden, auch wenn die Bedingungen aufgrund der eigenen Berechnungen nicht erfüllt werden. Die Prüfung erfolgt über das Anmeldeformular der ESTV. Dieses kann unter www.estv.admin.ch elektronisch bestellt werden. Kontaktadresse: Eidgenössische Steuer-

verwaltung, Hauptabteilung Mehrwertsteuer, Schwarztorstrasse 50, 3003 Bern, Telefon 031 322 21 11, Telefax 031 325 75 61.

5.3.4 Formelle Erfordernisse für die Rechnungsstellung

Die Rechnung, die der Leistungserbringer für seine Lieferungen und Dienstleistungen ausstellt, hat bei der MWST eine besondere Bedeutung. Sie muss folgende Angaben enthalten:
- Name und Adresse, die sie im Geschäftsverkehr üblicherweise verwendet
- zugeteilte Mehrwertsteuernummer
- Name und Adresse des Empfängers der Lieferung bzw. Dienstleistung
- Art, Gegenstand und Umfang der Lieferung bzw. Dienstleistung
- Entgelt für die Lieferung bzw. Dienstleistung
- Steuersatz und der vom Entgelt geschuldete Steuerbetrag (schliesst das Entgelt die MWST ein, so genügt die Angabe des Steuersatzes)

Praxistipps
- Wer nicht im Register der steuerpflichtigen Personen eingetragen ist, darf auf keinen Fall weder in Preisanschriften, Preislisten und sonstigen Angeboten noch in Rechnungen auf die Steuer hinweisen.
- Erfüllt eine Rechnung die formellen Vorschriften der Eidg. Steuerverwaltung nicht, so ist der Vorsteuerabzug hinfällig. Neben der Nachzahlung der zu Unrecht einbehaltenen Vorsteuer sind auch noch ein Nachzins sowie häufig Strafsteuern fällig. Dies, weil bei genügend sorgfältiger Abklärung des Sachverhaltes Fehler hätten vermieden werden können.

5.3.5 Abrechnung der Mehrwertsteuer

Die Verbuchung sowie die Abrechnung der Mehrwertsteuer stellen zentrale Teile der Buchführung dar und bedeuten einen gewissen administrativen Aufwand. Im Zusammenhang mit der Einrichtung der Buchhaltung gilt es insbesondere zwei Fragen zu klären. Erst wenn diese Aspekte klar sind, können die MWST-Codes für die Umsatz- und die Vorsteuer festgelegt und mit den entsprechenden Konten der Finanzbuchhaltung verknüpft werden.

a) Abrechnung nach vereinbartem oder nach vereinnahmtem Entgelt?

Der Steuerpflichtige kann mit der Eidgenössischen Steuerverwaltung aufgrund der eingegangenen Zahlungen (vereinnahmtes Entgelt) oder aufgrund der Rechnungen an seine Kunden (vereinbartes Entgelt) abrechnen.

- Bei der Abrechnung nach vereinbartem Entgelt werden die Leistungen in derjenigen Abrechnungsperiode versteuert, in welcher die Rechnung erstellt wird. Dies ist die gesetzlich vorgeschriebene Abrechnungsart. Der Steuerpflichtige kann aber auch die Abrechnung nach vereinnahmtem Entgelt beantragen. Voraussetzung für die Bewilligung ist jedoch, dass nur Zahlungsbelege (und nicht auch Rechnungen) erfasst werden. Dies, weil die Leistungen in derjenigen Abrechnungsperiode versteuert werden, in welcher das Entgelt vereinnahmt wird.

- Die Entscheidung über das Abrechnungsverfahren wird von der Art und Grösse des Geschäfts beeinflusst. Die meisten Unternehmen rechnen nach vereinbartem Entgelt ab, weil dieses System auf ihrer Debitoren- und Kreditoren-Buchhaltung basiert. Der Nachteil besteht darin, dass Rücksendungen und Debitorenverluste nachträglich korrigiert werden müssen. Die Abrechnung nach vereinnahmtem Entgelt eignet sich besonders für Kleinstunternehmen ohne besondere Debitoren-Buchhaltung.

b) **Effektive Abrechnung oder Abrechnung zum Saldosteuersatz?**

- **Bei der effektiven Methode muss der Eidgenössischen Steuerverwaltung vierteljährlich und unaufgefordert eine Selbstdeklaration eingereicht werden.** Die Einreichung der MWST-Abrechnung ist heute ausschliesslich mit dem offiziellen und per Post zugestellten Formular der ESTV möglich. In Zukunft soll dem Steuerpflichten aber eine elektronische (papierlose) Möglichkeit angeboten werden.

Auf dem Abrechnungsformular sind die gesamten, der Steuer unterliegenden Umsätze der Abrechnungsperiode zusammenzuzählen und davon die steuerbefreiten Exporte abzuziehen. Vom daraus resultierenden Umsatztotal ist die Steuer zu den gesetzlichen Steuersätzen zu berechnen (Bruttobetrag; geschuldete Mehrwertsteuer). Zur Vermeidung der Steuerkumulation können vom Bruttobetrag alle Vorsteuerbeträge abgezogen werden, die bereits durch Lieferanten oder bei Importen der Eidgenössischen Zollverwaltung bezahlt wurden. Der Vorsteuerabzug beschränkt sich nicht auf den Einkauf von Handelswaren oder Werkstoffen, sondern vielmehr auch auf Investitionen und die Beschaffung von Anlagegütern sowie Betriebsmittel. Durch den Vorsteuerabzug ist, wie bereits erwähnt, nur die Bruttomarge mehrwertsteuerpflichtig. Ist die Vorsteuer höher als die geschuldete Mehrwertsteuer, so zahlt die ESTV den Überschuss zurück.

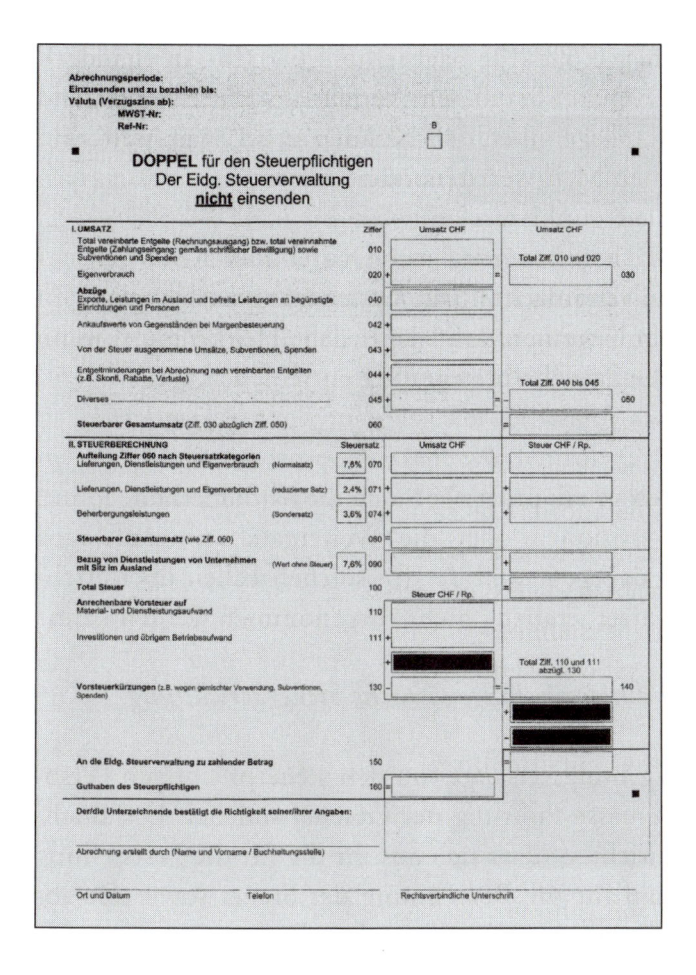

- Zur Vereinfachung der Steuerabrechnung können Unternehmen mit einem Umsatz von maximal CHF 3 Millionen und einer Steuerlast von maximal CHF 60 000 pro Jahr zum Saldosteuersatz abrechnen. Diese sogenannte **Pauschalbesteuerung** erfolgt halbjährlich und basiert auf Erfahrungswerten aus den verschiedenen Branchen; sie ist einfacher und zeitsparender als die effektive Abrechnung. Die Vereinfachung besteht nicht nur in der nur zweimal jährlich stattfindenden Abrechnung, sondern vor allem darin, dass der Umsatz pauschal erfasst wird und nicht mehr jeder einzelne Beleg abgerechnet werden muss. Die Pauschalen schwanken dabei zwischen 0,6% (für Bäcker) und 6% (für Treuhänder). Der Vorsteuerabzug darf bei diesem Verfahren nicht mehr geltend gemacht werden. Gegenüber den Kunden muss man weiterhin die jeweils üblichen Mehrwertsteuersätze ausweisen.

Dem Vernehmen nach haben rund ein Drittel aller KMUs in der Schweiz sich für die vereinfachte Saldobesteuerung entschieden. Zu beachten ist, dass ein Unternehmen 5 Jahre dabeibleiben muss, wenn es sich einmal für die Pauschalbesteuerung entschieden hat.

Praxistipp
Unternehmen sollten genau prüfen, ob sich die Saldomethode lohnt: Grosse Anfangsinvestitionen oder die Weitergabe von Aufträgen an Dritte sprechen dagegen, weil der (in solchen Fällen überdurchschnittlich hohe) Vorsteuerabzug nicht vorgenommen werden kann.

5.3.6 Überprüfung durch die Eidgenössische Steuerverwaltung

Die MWST-Gesetzgebung verlangt von den steuerpflichtigen Personen die ordnungsgemässe Führung der Geschäftsbücher. Die Buchhaltung ist so einzurichten, dass sich aus ihr die für die Feststellung der Steuerpflicht und für die Berechnung der Steuer sowie der abziehbaren Vorsteuer massgebenden Tatsachen leicht und zuverlässig ermitteln lassen.

Die Erfüllung der Pflicht zur Anmeldung als steuerpflichtige Person sowie die Steuerabrechnungen und -zahlungen werden von der ESTV stichprobenweise überprüft. Die steuerpflichtige Person hat der ESTV Zugang zu ihrer Finanz- und Betriebsbuchhaltung sowie zu den dazugehörigen Belegen zu gewähren. Liegen keine oder nur unvollständige Aufzeichnungen vor, oder stimmen die ausgewiesenen Ergebnisse mit dem wirklichen Sachverhalt offensichtlich nicht überein, so nimmt die ESTV eine Einschätzung nach Ermessen vor.

Sowohl die Steuerforderung der ESTV als auch die Forderung des Steuerpflichtigen auf Vorsteuerabzug verjähren innert fünf Jahren nach Ablauf des Kalenderjahres, in dem die Forderungen entstanden sind.

5.3.7 Strafbestimmungen

Die Mehrwertsteuergesetzgebung enthält Strafbestimmungen für Steuerhinterziehung sowie Steuergefährdung; beide Delikte werden mit Bussen in unterschiedlicher Höhe bestraft.

- Steuerhinterziehung begeht, wer sich einen unrechtmässigen Steuervorteil verschafft, indem er für sich eine unrechtmässige Befreiung, Vergütung, Rückerstattung oder einen unrechtmässigen Abzug von Steuern bewirkt.
- Von Steuergefährdung spricht man unter anderem dann, wenn sich jemand gesetzeswidrig nicht als steuerpflichtige Person meldet, wenn man der Pflicht zur Einreichung der Steuerabrechnung nicht nachkommt, wenn man Geschäftsbücher nicht ordnungsgemäss führt und aufbewahrt, wenn in einer Steuerabrechnung unwahre Angaben gemacht werden, wenn man durch Angabe einer Registernummer den Anschein erweckt, man sei im Register der steuerpflichtigen Personen eingetragen und wenn man die ordnungsgemässe Durchführung einer Kontrolle durch die ESTV erschwert oder verunmöglicht.

6. Unternehmerische Risiken und deren Absicherung

6.1 Risikomanagement als unternehmerische Aufgabe

6.1.1 Bedeutung des Risk Management

Unter einem Risiko versteht man eine Gefahr, deren Eintritt mehr oder weniger wahrscheinlich ist. So verstanden sind alle Menschen dauernd irgendwelchen Risiken ausgesetzt. Noch mehr gilt dies für Unternehmer und Unternehmen: Wer erfolgreich Geschäfte tätigen will, geht zwangsläufig besondere Risiken ein. Das Eingehen geschäftlicher Risiken bedeutet aber auch immer die Möglichkeit, eine unternehmerische Chance zu realisieren.

In den letzten Jahren sind die Anforderungen an einen bewussten Umgang mit unternehmerischen Risiken gestiegen. So gründet die verbesserte Risikokultur und die ausführlichere Risikoberichterstattung insbesondere von Grossunternehmen auch auf den gestiegenen Erwartungen der Stakeholder. Die Situation in kleineren und mittleren Unternehmen präsentiert sich zwar etwas anders: Gegenüber Grossbetrieben liegen bei den KMU die strategische sowie die operative Ebene näher beieinander, sind die Entscheidungs- und Kommunikationswege kürzer und sind in die Erfüllung der einzelnen betrieblichen Funktionen weniger Personen involviert.

Unter Berücksichtigung der genannten Erwartungen hinsichtlich Grossunternehmen sowie der unterschiedlichen Gegebenheiten in KMU hat der Gesetzgeber auf den 1. Januar 2008 revidierte Regeln im Gesellschaftsrecht zur Abschlussprüfung geschaffen. So sind Aktiengesellschaften, Gesellschaften mit beschränkter Haftung und Genossenschaften unabhängig von ihrer Grösse verpflichtet, in ihrem Anhang zur Jahresrechnung Angaben über die Durchführung einer Risikobeurteilung vorzunehmen (für die AG: Art. 663 b Ziffer 12 OR). Wirtschaftlich bedeutende Unternehmen müssen darüber hinaus über ein internes Kontrollsystem verfügen. **Damit ist ein systematisches, formalisiertes und dokumentiertes Risikomanagement gemeint.** Als wirtschaftliche bedeutende Unternehmen gelten Gesellschaften, die in zwei aufeinander folgenden Geschäftsjahren zwei der nachstehenden Kriterien erfüllen: (1) Bilanzsumme von 10 Millionen Franken, (2) Umsatz von 20 Millionen Franken, (3) 50 Vollzeitstellen im Jahresdurchschnitt. Auch wenn diese Gesetzesverpflichtungen nicht alle Rechtseinheiten betreffen, macht eine systematische Risikobeurteilung aus betriebswirtschaftlichen Gründen Sinn für alle Unternehmen, unabhängig von deren Grösse und Rechtsform. Ein Beispiel: Der allfällige Ausfall der Informations- und Kommunikationstechnologie kann einen ganzen Betrieb stilllegen und die Produktivität erheblich beeinträchtigen.

6.1.2 Methodik des Risk Management

Das Risikomanagement ist ein systematisches Vorgehen, in der Regel bestehend aus folgenden Schritten:

1. **Risikoerkennung** (Welche Risiken bestehen?)
2. **Risikobewertung** (Wie wahrscheinlich ist der Eintritt und welches ist das Schadenpotenzial?)
3. **Risikovermeidung bzw. -reduzierung** (durch geeignete Massnahmen)
4. **Risikoüberwälzung** (Absicherung durch Versicherung)

Beim Risk Management kommt insbesondere der Risikoerkennung eine grosse Bedeutung zu. Alle möglichen Gefahren sind zu identifizieren und zu beschreiben. Zu denken ist beispielsweise an:

- Marktrisiken (wie Preisänderungen, Wechselkursschwankungen, Rohstoffrisiken)
- Liquiditätsrisiken (z.B. wegen Zahlungsunfähigkeit von Kunden)

- Produktrisiken (beispielsweise bedingt durch den technologischen Fortschritt)
- Produktionsrisiken (wie Ausfall von Produktionsanlagen, Wegfall von Know-how)

Systematisches Risikomanagement bedeutet, dass dieses nicht einmalig sein darf, sondern einen regelmässigen Prozess darstellen muss ,und dass nicht nur Risiken selbst überwacht werden, sondern auch die Umsetzung von Massnahmen zu deren Minderung.

6.2 Insbesondere: Risikoüberwälzung auf Versicherungen

6.2.1 Bedeutung für das Unternehmen

Kein Unternehmen kommt darum herum, sich mit dem Thema Versicherungen und damit dem Versicherungsrecht zu befassen. Erstens wird der Abschluss bzw. die Anmeldung bei einzelnen Versicherungen vom Gesetz für obligatorisch erklärt. Und zweitens setzt sich das Unternehmen mit seiner eigenen Risikosituation auseinander und versichert gegebenenfalls bestimmte Gefahren (Risiken) auf freiwilliger Basis. Im Vordergrund stehen für das Unternehmen zwei Versicherungsbereiche, nämlich:

- die Sozialversicherungen für die Mitarbeitenden (Arbeitnehmer) sowie den oder die Unternehmerpersonen selbst (nachfolgend Abschnitt 6.3)
- die sogenannten Betriebsversicherungen (nachfolgend Abschnitt 6.4)

6.2.2 Begriff und Arten von Versicherungen

Unter einer Versicherung versteht man eine Vereinbarung zwischen dem Versicherer und dem Versicherten: **Der Versicherer verpflichtet** sich zum Erbringen einer Leistung für den Fall, dass eine bestimmte Gefahr eintritt, und der Versicherte verpflichtet sich zur Zahlung eines Entgelts (Prämie). Der Versicherungsgedanke basiert auf dem Prinzip der Solidarität: Eine grössere Anzahl von Personen oder Unternehmen, die denselben Risiken ausgesetzt sind, zahlen Prämien, aus denen die Betroffenen im Schadenfall die vertraglichen Leistungen erhalten.

Die Rechtsbeziehungen zwischen dem Versicherten und dem Versicherer entstehen entweder aufgrund des Gesetzes oder aufgrund eines Vertrags und sie können freiwillig eingegangen werden oder von Gesetzes wegen erzwungen sein. Es existiert praktisch kein Risiko, gegen das man sich heute nicht versichern könnte. Dementsprechend gibt es vielfältige Arten von Versicherungen, die man zur besseren Übersicht gruppiert. Für die Einteilung stehen die folgenden Kriterien im Vordergrund:

Kriterium: Gegenstand der Garantie		
Personenversicherung	Sachversicherung	Vermögensversicherung
Die Personenversicherung umfasst die Gefahren, denen der Versicherte als Person ausgesetzt ist (wie z.B. Alter, Tod, Invalidität, Krankheit).	Sie schützt vor den finanziellen Folgen bei Beschädigung oder Verlust einer körperlichen Sache (z.B. durch Feuer oder Diebstahl).	Geschützt ist das Vermögen des Versicherten vor finanziellen Ansprüchen Dritter (z.B. Haftungsschäden).

Kriterium: Handlungsfreiheit des Versicherten	
Erzwungene Versicherung	Freiwillige Versicherung
Wird eine bestimmte Gefahr als besonders gross betrachtet bzw. sollen grosse Teile der Bevölkerung geschützt werden, erklärt der Staat die Versicherung für obligatorisch.	Die möglichen Gefahren werden individuell beurteilt und jedermann entscheidet selber, ob ein Versicherungsschutz notwendig ist oder nicht.

Kriterium: Organisationsform des Versicherten	
Öffentlich-rechtliche Versicherung	Privatrechtliche Versicherung
Versicherungsträger ist das öffentliche Gemeinwesen (Bund, Kanton, Gemeinde) oder ein staatliches Unternehmen.	Das Versicherungsgeschäft wird durch private Unternehmen (meist in der Rechtsform Aktiengesellschaft, der Genossenschaft, des Vereins oder der Stiftung) betrieben. Diese benötigen eine staatliche Bewilligung und unterliegen einer besonderen staatlichen Beaufsichtigung.

6.3 Versicherungen für die Mitarbeitenden und die Unternehmerpersonen

6.3.1 Recht des Unternehmens zur Personalanstellung

Jedes Unternehmen hat unabhängig von der Rechtsform jederzeit das Recht, eigenes Personal anzustellen, also mit Angestellten Arbeitsverträge abzuschliessen. Eine besondere Bewilligung dafür wird nicht benötigt, auch nicht für die Anstellung von ausländischen Staatsangehörigen mit Niederlassungsbewilligung (Ausweis C). Handelt es sich beim Arbeitnehmer um eine Person mit ausländischer Staatsangehörigkeit ohne Niederlassungsbewilligung, ist vor der Anstellung die Arbeitsbewilligung bei der zuständigen kantonalen Stelle zu klären (vgl. Abschnitt 1.3.3).

6.3.2 Sozialversicherungen

a) Begriff und Gesetzesquellen

Für bestimmte Versicherungen wird der Begriff «Sozialversicherungen» verwendet. Dieser Ausdruck bezeichnet den besonderen Versicherungszweck. Zweck der Sozialversicherungen ist es, einen Beitrag zu den Zielen der staatlichen Sozialpolitik (soziale Sicherheit) zu leisten. Die wichtigsten Gesetzesquellen sind:

- Bundesgesetz über den Allgemeinen Teil des Sozialversicherungsrechts (ATSG; SR 830.1). Dieses Gesetz beinhaltet vorwiegend formelles Recht und regelt insbesondere die Verfahren und die Rechtspflege im Bereich der Sozialversicherungen.
- Bundesgesetz über die Alters- und Hinterlassenversicherung (AHVG; SR 831.10)
- Bundesgesetz über die Invalidenversicherung (IVG; SR 831.20)
- Bundesgesetz über Ergänzungsleistungen zur Alters-, Hinterlassenen- und Invalidenversicherung (ELG; SR 831.30)
- Bundesgesetz über die Erwerbsersatzordnung für Dienstleistende und bei Mutterschaft (EOG; SR 834.1)
- Bundesgesetz über die obligatorische Arbeitslosenversicherung und die Insolvenzentschädigung (Arbeitslosenversicherungsgesetz AVIG; SR 837.0)
- Bundesgesetz über die berufliche Alters-, Hinterlassenen- und Invalidenvorsorge (BVG; SR 831.40)
- Bundesgesetz über die Freizügigkeit in der beruflichen Alters-, Hinterlassenen- und Invalidenvorsorge (Freizügigkeitsgesetz FZG; SR 831.42)
- Bundesgesetz über die Unfallversicherung (UVG; SR 832.20)
- Bundesgesetz über die Krankenversicherung (KVG; SR 832.10)
- Zur Regelung der vielen technischen und Detailfragen sind zu allen diesen Gesetzen verschiedene Verordnungen erlassen worden.

b) Merkmale der Sozialversicherungen

- Die Sozialversicherungen sind Personenversicherungen und Teil der staatlichen sozialen Sicherheit. Sie sollen für Einzelpersonen und Familien allfällige finanzielle Ausfälle auffangen, insbesondere jene im Alter, im Todesfall, bei vorübergehender oder dauernder Erwerbsunfähigkeit infolge von Krankheit oder Unfall, bei

Arbeitslosigkeit sowie bei Erwerbsausfall als Folge von Militär- oder Zivilschutzdienst bzw. Mutterschaft.

- Die Leistungen der Sozialversicherungen werden unabhängig von der finanziellen Situation der Versicherten ausgerichtet. Mit der Bezahlung der Prämie erhält man das Recht auf Leistungsbezug, wenn der Versicherungsfall eintritt.

- Für jeden Zweig der Sozialversicherungen ist ein eigenes Gesetz erlassen worden, das dem öffentlichen Recht zugehört. Jedes Gesetz regelt zwingend und detailliert die Leistungen und die Finanzierung des betreffenden Zweiges.

- Die Sozialversicherungen sind für den im jeweiligen Gesetz umschriebenen Personenkreis **obligatorisch.** Dieser ist nicht für jeden Versicherungszweig identisch.

- Die Finanzierung der Leistungen erfolgt durch die Versicherten, die Arbeitgebenden und die öffentliche Hand.

c) **Das Drei-Säulen-Prinzip**

Das in der Bundesverfassung verankerte Drei-Säulen-System betrifft die Alters-, Hinterlassenen- und Invalidenversicherung. Dieses Vorsorgesystem ist auf den Seiten 156/157 kurz dargestellt.

d) **Weitere Sozialversicherungen**

Zu den Sozialversicherungen gehören neben den im Drei-Säulen-System erwähnten die folgenden:

- Die **Arbeitslosenversicherung** (ALV)
gewährt eine Lohnfortzahlung bei Arbeitslosigkeit und fördert die Wiedereingliederung in den Arbeitsmarkt. Sie ist obligatorisch für Angestellte und wird durch die AHV-Ausgleichskassen abgewickelt. Die Höhe der Arbeitslosenentschädigung hängt vom

bisherigen Lohn ab und der Anspruch ist auf eine bestimmte Rahmenfrist befristet.

- Die **Unfallversicherung (UV)**
sichert Personen gegen die wirtschaftlichen Folgen von Unfällen und Berufskrankheiten. **Als Unfall definiert der Gesetzgeber eine plötzliche, nicht beabsichtigte, schädigende Einwirkung eines ungewöhnlichen äusseren Faktors auf den menschlichen Körper.** Die UV trägt die Behandlungskosten, leistet vorübergehend Taggelder für den Lohnausfall und richtet bei unfallbedingter Invalidität Renten aus bzw. unterstützt die Hinterbliebenen nach unfallbedingtem Tod des Versicherten. Alle in der Schweiz beschäftigten Angestellten müssen obligatorisch gegen Berufsunfälle versichert werden; für Nichtberufsunfälle (Unfälle, die nicht am Arbeitsplatz geschehen) gilt das Obligatorium nur, wenn die wöchentliche Arbeitszeit mehr als 8 Stunden beträgt. Träger der Versicherung sind entweder die Suva (für jene Betriebe, die gemäss UVG bei der Suva zu versichern sind) oder vom Arbeitgeber bestimmte private Versicherer.

- Die **Krankenversicherung (KV)**
im Sinne der Grundversicherung ist bei freier Wahl des Versicherers obligatorisch. Sie umfasst im Wesentlichen Leistungen für Spitalaufenthalt in der allgemeinen Abteilung eines öffentlichen Spitals im Wohnkanton, für die Behandlungen durch Ärzte und Personen, die auf ärztliche Anordnung tätig sind, sowie für Medikamente. Jede Person mit Wohnsitz in der Schweiz muss sich selber versichern oder vom gesetzlichen Vertreter versichern lassen. Darüber hinausgehende, sogenannte Zusatzversicherungen sind freiwillig und unterstehen dem privaten Recht.

Die Sozialhilfe (Fürsorge) ist die letzte Ebene der sozialen Sicherheit. Anders als bei den Sozialversicherungen besteht nur dann Anspruch auf die in Form von Geld, Naturalleistungen oder persönlicher Beratung und Betreuung erfolgenden Leistungen, wenn eine Bedürftigkeit nachgewiesen wird.

	1. Säule Staatliche Vorsorge	2. Säule Berufliche Vorsorge	3. Säule Private Vorsorge
Verantwortlichkeit	Staat	Arbeitgeber	Eigenverantwortung
Zweck	Garantie der Existenzgrundlage (Existenzsicherung) bei Wegfall des Einkommens infolge Alter, Tod und Invalidität	Ergänzung der Grundleistungen der 1. Säule zur Sicherung der gewohnten Lebenshaltung	Individuelle Selbstvorsorge
Obligatorium	für alle in der Schweiz erwerbstätigen Personen sowie alle nicht erwerbstätigen Menschen mit Wohnsitz in der Schweiz	grundsätzlich für alle Arbeitnehmenden ab einem bestimmten Jahres-Mindestlohn Die Gesetzesbestimmungen sind Minimalvorschriften. Jede Vorsorgeeinrichtung kann Regelungen vorsehen, die über das gesetzliche Minimum hinausgehen (überobligatorische Leistungen).	kein Obligatorium; Förderung durch den Staat beispielsweise durch Fiskalmassnahmen wie das steuerlich privilegierte Sparen (Säule 3a)
Inhalt	AHV und IV (Üblicherweise zählt auch die EO zur 1. Säule)	Pensionskasse	freiwilliges Vorsorgesparen

Trägerschaft	kantonale Ausgleichskassen sowie Ausgleichskassen der Branchenverbände	Pensionskassen in der Form von Stiftungen, Genossenschaften oder öffentlich-rechtlichen Einrichtungen	
Prämienbeiträge	Lohnprämien; je zur Hälfte durch Arbeitgeber und Arbeitnehmer getragen	Lohnprämien; getragen durch Arbeitnehmende und mindestens zur Hälfte durch Arbeitgeber	individuelle Selbstfinanzierung
Finanzierung	Umlageverfahren: Die in einer Periode geleisteten Prämienbeiträge werden zur Finanzierung der Ausgaben in derselben Periode verwendet.	Kapital-Deckungsverfahren: Die Beiträge werden individuell für die Rente oder die Kapitalauszahlung angespart.	Kapital-Deckungsverfahren
Leistungen	Alters-, Invaliditäts-, Kinder-, Witwen-, Witwer- und Waisenrenten sowie Eingliederungsmassnahmen der IV	periodische Renten oder einmalige Kapitalauszahlung	individuelle Sparbeiträge
Leistungshöhe	abhängig von der Höhe des bisherigen Einkommens und der Beitragsdauer mit gesetzlich festgelegten Mindest- und Höchstbeträgen	abhängig von den geleisteten Einzahlungen	abhängig von der Intensität der freiwilligen Vorsorge

e) Obligatorische Sozialversicherungen für Arbeitnehmende

Die Angestellten sind gemäss den gesetzlichen Vorgaben obligatorisch im Rahmen der Sozialversicherungen versichert. Für die administrativen Belange der ersten und zweiten Säule, der Arbeitslosenversicherung und der Unfallversicherung ist der Arbeitgeber verantwortlich. **Das Unternehmen hat folglich die folgenden Sozialversicherungen obligatorisch abzuschliessen bzw. die Arbeitnehmer bei den zuständigen Stellen anzumelden:**

- AHV, IV, EO, ALV
- Familienausgleichskasse
- Pensionskasse
- Unfallversicherung

Praxistipp
Das Unternehmen sollte den Abschluss einer Krankentaggeld-Versicherung prüfen. Das Arbeitsvertragsrecht verpflichtet nämlich den Arbeitgeber, einem Angestellten, der ohne sein Verschulden an der Arbeitsleistung verhindert ist, für eine gewisse Zeit lang den Lohn weiterzuzahlen. Durch den Abschluss einer Kollektiv-Krankentaggeld-Versicherung für das Personal kann der Arbeitgeber die Lohnfortzahlungspflicht an die Versicherungsgesellschaft übertragen.

6.3.3 Sozialversicherungen für die Unternehmerpersonen

Die Antwort auf die Frage, welche Sozialversicherungen für den oder die Unternehmerpersonen obligatorisch sind und was freiwillig ist, hängt von der gewählten Rechtsform ab:

a) Einzelunternehmen, Kollektivgesellschaft und Kommanditgesellschaft

Einzelunternehmer sowie Inhaber von Kollektivgesellschaften und Kommanditgesellschaften gelten für die Sozialversicherungen als **selbstständig Erwerbende**. Für ihre Vorsorge ist grundsätzlich nicht das Unternehmen, sondern sind sie selbst verantwortlich. Dies bedeutet:

- Sie selbst müssen sich bei der AHV-Ausgleichskasse (für AHV, IV und EO) anmelden. Der Anschluss an die Familienausgleichskasse ist nur in einigen Kantonen obligatorisch.
- Eine Absicherung von Arbeitslosigkeit ist nicht möglich.
- Sie unterstehen dem BVG-Obligatorium der 2. Säule nicht, müssen also nicht zwingend einer Pensionskasse beitreten.
- Die Unfallversicherung ist für sie gänzlich freiwillig.
- Bezüglich Krankenkasse gibt es keine Unterschiede zwischen selbstständig erwerbenden und angestellten Personen.

b) **Juristische Personen**

Mitglieder von Unternehmen in der Rechtsform von juristischen Personen gelten **nicht als selbstständig Erwerbende**. Einerseits sind sie zwar Mitinhaber des Unternehmens, andererseits gelten sie arbeits- und sozialversicherungsrechtlich als Angestellte ihrer juristischen Person. Für sie sind daher die Sozialversicherungen wie für alle anderen Arbeitnehmenden obligatorisch, und das Unternehmen ist für die administrative Abwicklung verantwortlich.

6.3.4 Administrative Pflichten des Unternehmens

- Neu in das Unternehmen eingetretene Angestellte müssen der zuständigen **AHV-Ausgleichskasse** gemeldet werden. Dort wird die Person registriert und es wird ein individuelles Konto für sie eingerichtet. Die Anmeldung bei der AHV gilt gleichzeitig für die IV, die EO und die ALV.

Der Ausgleichskasse ist eine mutmassliche Lohnsumme zu melden, welche die Basis für die meist monatlichen oder vierteljährlichen Akontozahlungen bildet. Ende Jahr erfolgt die definitive Abrechnung aufgrund der effektiven Lohnbeträge.

Selbstständige Unternehmerpersonen sollten bei der Ausgleichskasse abklären, ob sie im Sinne der Gesetzgebung tatsächlich als selbstständig erwerbend gelten (siehe dazu nachstehend 4. Thema, Abschnitt 2.1.2).

- Angestellte müssen namentlich der **Pensionskasse** gemeldet werden, wenn der Lohn das gesetzlich festgesetzte Minimum pro Jahr übersteigt. Dies bedeutet, dass das Unternehmen eine eigene autonome Pensionskasse errichten oder sich einer Sammelstiftung oder einer Verbandseinrichtung anschliessen muss. Die Versicherung erfolgt aufgrund des bei Stellenantritt bzw. Anfang Jahr gemeldeten voraussichtlichen Lohns des Arbeitnehmers. Erfolgt eine Änderung des Beschäftigungsgrades und/oder des Lohns, ist bei der Pensionskasse abzuklären, ob eine Mutation zu erfolgen hat. Die Vorsorgeeinrichtung hat den Versicherten periodisch über die reglementarische Freizügigkeitsleistung und das BVG-Altersguthaben zu informieren. Meist erfolgt dies mittels Vorsorgeausweis.

- Jedes Unternehmen muss eine **Unfallversicherung** abschliessen und bezahlt dem Versicherer eine provisorische Jahresprämie auf der Basis der geschätzten Jahreslohnsumme für alle Arbeitnehmer. Aufgrund der jährlichen Lohndeklaration erstellt der Versicherer dann die definitive Prämienrechnung für das zurückliegende Jahr. Bei der Unfallversicherung ist also nicht jede neu angestellte Person individuell anzumelden.

- Eine **Abmeldung** des austretenden Angestellten ist nur bei der Pensionskasse, nicht aber bei der AHV und der Unfallversicherung vorzunehmen. Die Pensionskasse berechnet bei Austritt die

Freizügigkeitsleistung und überweist diese an die neue Vorsorgeeinrichtung bzw. auf ein Freizügigkeitskonto.

- **Gegenüber den Versicherern ist das Unternehmen Schuldner der Prämien,** wobei diese teilweise durch den versicherten Arbeitnehmer und durch das Unternehmen finanziert werden. Der Arbeitgeber rechnet vom Bruttolohn die Beiträge des Arbeitnehmers für die erste Säule, die zweite Säule, die Arbeitslosenversicherung und allenfalls die Unfallversicherung (NBU) ab und weist diese Beträge auf der **Lohnabrechnung** aus. Die Überweisung der Arbeitnehmerbeiträge und des Arbeitgeberbeitrages erfolgt dann periodisch gemäss den Bestimmungen bzw. Abmachungen mit den einzelnen Versicherungsträgern.

Praxistipp
Die Errichtung einer eigenen autonomen Pensionskasse ist für kleine Unternehmen nicht zu empfehlen. Bevor sich das Unternehmen aber einer Vorsorgeeinrichtung der 2. Säule anschliesst, sollten unbedingt die Kosten, die Leistungen und der Aufwand für die Administration verglichen werden. Die Unterschiede sind teilweise erheblich. Ausserdem ist bei der Wahl der Vorsorgeeinrichtung darauf zu achten, dass diese keine Deckungslücken aufweist.

6.4 Versicherungen für das Unternehmen selbst

6.4.1 Versicherungsvertrag

Wichtigste Gesetzesquellen
- Bundesgesetz über den Versicherungsvertrag (Versicherungsvertragsgesetz VVG; SR 221.229.1). Dieses regelt als Ergänzungserlass zum OR das Vertragsverhältnis zwischen Versicherungsnehmer und Versicherer.
- Bundesgesetz betreffend die Aufsicht über die Versicherungsunternehmen (Versicherungsaufsichtsgesetz VAG; SR 961.01). Es enthält die Bestimmungen über die Staatsaufsicht über das Privatversicherungswesen.

Für die Betriebsversicherungen spielt die Rechtsform des Unternehmens keine Rolle. **Es handelt sich mit einzelnen Ausnahmen um freiwillige Versicherungen, bei denen das Unternehmen darüber entscheidet, welche Risiken in welchem Umfang es selber zu tragen bereit ist und welche an einen Versicherer überwälzt werden sollen.** Die Betriebsversicherungen unterstehen dem privatrechtlichen Versicherungsvertragsgesetz (VVG). Dieses überlässt es den am Vertrag beteiligten Parteien, die versicherten Leistungen und die zu bezahlenden, in der Regel risikogerechten Prämien sowie weitere Einzelheiten frei zu regeln. Diesbezüglich kommt den Allgemeinen Versicherungsbedingungen der Versicherer (AVV) Bedeutung zu. Der Abschluss des Versicherungsvertrages erfolgt in der Weise, dass der Versicherte (das Unternehmen) meist in Formularform einen entsprechenden Antrag an den Versicherer stellt und der Versicherer den Antrag durch Zustellung der Versicherungspolice (Beweisurkunde für den Versicherungsabschluss) annimmt.

6.4.2 Bedeutende Betriebsversicherungen

Die folgenden Ausführungen enthalten nicht abschliessende Hinweise zu ausgewählten Betriebsversicherungen, die in der Praxis von besonderer Bedeutung sind.

a) Betriebshaftpflicht-Versicherung

Die Betriebshaftpflicht-Versicherung ist mit der privaten Haftpflichtversicherung zu vergleichen. Es handelt sich um eine typische Vermögensversicherung; sie bezieht sich insbesondere auf Haftpflichtschäden aufgrund der Verschuldenshaftung oder der Kausalhaftung oder einer vertraglichen Haftung. Die Betriebshaftpflicht-Versicherung deckt beispielsweise

- Anlagerisiken: Schäden, die aus der Haftpflicht als Eigentümer oder Mieter von Geschäftsimmobilien entstehen (Beispiel: Durch

einen vom Geschäftsgebäude herabstürzenden Dachziegel wird ein Passant verletzt.)
- Betriebsrisiken: Schäden, die aus betrieblichen Abläufen entstehen (Beispiel: Bei der Montage einer neuen Küche beschädigt ein Monteur eine Wasserleitung.)
- Produktrisiken: Schäden durch fehlerhafte Produkte (Beispiel: Ein Konsument erleidet Verletzungen bei Benützung eines fehlerhaft hergestellten Gerätes.)

b) Berufshaftpflicht-Versicherung

Diese Versicherung deckt spezielle Risiken bestimmter Berufsgruppen ab, wie beispielsweise Risiken von Ärzten, Architekten, Rechtsanwälten usw. Gedeckt sind die durch die Tätigkeit verursachten Personen-, Sach- und Vermögensschäden.

c) Motorfahrzeug-Haftpflichtversicherung

Gleich wie private Fahrzeuge gilt auch für Geschäftsautos die gesetzliche Verpflichtung, eine Motorfahrzeug-Haftpflichtversicherung abzuschliessen. Diese deckt Schäden von Dritten, die durch die Benützung eines Fahrzeuges verursacht werden.

d) Sachversicherungen

Sachversicherungen decken Feuer- und Elementarschäden (Hagel, Lawinen, Erdrutsch, Überschwemmung usw.), Einbruchdiebstahl und teilweise Glasbruch. Zu den Sachversicherungen gehören u.a.:
- Gebäudeversicherung: Diese ist Sache des Eigentümers des Gebäudes. Sie ist in den meisten Kantonen obligatorisch und wird von den eigenen kantonalen Gebäudeversicherungsanstalten getragen.

- Versicherung der Fahrhabe, worunter man Waren, Maschinen, Werkzeuge, Computer, Motorfahrzeuge usw. versteht.

e) Betriebsunterbrechungs-Versicherung

Die Betriebsunterbrechungs-Versicherung deckt die finanziellen Folgen von Betriebsunterbrüchen (direkte Kosten sowie entgangener Gewinn). Sie kann für praktisch alle Risiken abgeschlossen werden, wie beispielsweise für Betriebsunterbrüche wegen Feuer- und Elementarereignissen, Wasser, Einbruchdiebstahl, Betriebsstörung bei Fremdbetrieben (Zulieferer, Transportunternehmen usw.), Problemen der Informations- und Kommunikationstechnologie, Vandalismus.

7. Literaturhinweise

Unternehmensgründung
- *Dorizzi F./Stocker P. O.*, Der Businessplan,
  Von der Idee zur Umsetzung (Zürich 2006)
- *Junge Basler Wirtschaftskammer* (Herausgeber), Selbständig,
  Ein Wegweiser für Jungunternehmer und Firmengründer
  (Zürich 2008)
- *Roth E.*, Meine Firma, Gründung, Aufbau und Führung für selbständig Erwerbende – kurz und bündig (Zürich 2008)
- *Winistörfer N.*, Ich mache mich selbständig, Von der Geschäftsidee zur erfolgreichen Umsetzung (Zürich 2008)

Handelsregister und Geschäftsfirmen
- *Gwelessiani M.*, Praxiskommentar zur Handelsregisterverordnung (Zürich 2008)
- *Honsell H./Vogt N.P./Watter R.* (Herausgeber), Basler Kommentar zum Schweizerischen Privatrecht, Obligationenrecht II, Art. 530–1186 OR (Basel/Genf/München 2008)

- *Knecht M./Koch J.,* Handelsregisterliche Eintragungen, Ein Leitfaden zur AG, GmbH, Genossenschaft und Stiftung (Zürich 2008)
- *Meier-Hayoz A./Forstmoser P.,* Schweizerisches Gesellschaftsrecht mit neuem Recht der GmbH, der Revision und der kollektiven Kapitalanlagen (Bern 2007)
- *Rebsamen K.,* Das Handelsregister (Zürich 2008)
- *von Büren R./David L.,* Schweizerisches Immaterial- und Wettbewerbsrecht, Band III/2, Firmenrecht, Schutz nicht registrierter Kennzeichen, Herkunftsangaben und anderer geographischer Bezeichnungen, Domain-Namen (Bern 2005)

Kaufmännische Buchführung
- *Behr G.,* Rechnungslegung (Zürich 2005)
- *Dangerfield A./Lampert B.,* IFRS – Der Überblick (Zürich 2006/2008)
- *Feller Chr.,* Swiss Gaap Fer (Zürich 2008)
- *KPMG* Deutsche Treuhand-Gesellschaft (Herausgeber), International Financial Reporting Standard, Einführung in die Rechnungslegung nach den Grundsätzen des IASB (Stuttgart 2007)
- *Lutz R./Boemle M.,* Der Jahresabschluss (Zürich 2008)
- *Meyer C.,* Swiss Gaap Fer, Lehrbuch mit Erläuterungen, Illustrationen und Beispielen (Zürich 2008)
- *Schellenberger A.C.,* Rechnungswesen: Grundlagen, Zusammenhänge, Interpretationen (Zürich 2000)
- *Sterchi W.,* Buchführung KMU, Herausgeber: Schweizerischer Gewerbeverband (Zürich 2000)

Mehrwertsteuer
- *Bühler H-P./Loosli P./Lüthi E./Pifko C.,* Die Mehrwertsteuer, Eine praxisorientierte Darstellung mit zahlreichen Beispielen (Zürich 2008)
- *Camenzind A./Honauer N./Vallender Klaus A.,* Handbuch zum Mehrwertsteuergesetz (MWSTG), Eine Wegleitung für Unternehmer, Steuerberater und Studierende (Bern 2003)

Unternehmerische Risiken und deren Absicherung
- *Hirt T.*, Personen- und Sozialversicherungen (Zürich 2005)
- *Hirt T.*, Sach- und Vermögensversicherungen (Zürich 2005)
- *Riemer-Kafka G.*, Schweizerisches Sozialversicherungsrecht (Bern 2008)
- *Schaer R.*, Modernes Versicherungsrecht, Das Privatversicherungsrecht und seine Schnittstellen zum Sozialversicherungs- und Haftpflichtrecht (Bern 2007)

3. Thema
Das Umstrukturierungsrecht

> **Informationsziele**
>
> In diesem Thema erfahren Sie
> - die Bedeutung sowie die Grundprinzipien des im Fusionsgesetz geregelten Umstrukturierungsrechts
> - die einzelnen Transaktionsformen, nämlich Fusion, Spaltung, Umwandlung und Vermögensübertragung
> - für jede Transaktionsform: deren Zulässigkeit, Verfahren und Kompetenzordnung
> - die im Fusionsrecht für Gläubiger und Arbeitnehmende enthaltenen Schutzbestimmungen
> - die gesetzlich statuierten Verfahrensvereinfachungen für kleine und mittlere Unternehmen (KMU)
> - die grundlegenden Regeln betreffend den Rechtsschutz und die Verantwortlichkeit im Umstrukturierungsrecht

Gesetzesquelle
Bundesgesetz über Fusion, Spaltung, Umwandlung und Vermögensübertragung (Fusionsgesetz FusG; SR 221.301)

1. Einleitung

1.1 Inhalt des Umstrukturierungsrechts

Ausgehend vom Grundgedanken einer möglichst flexiblen Ausgestaltung des Unternehmensrechts regelt das Umstrukturierungsrecht die Anpassung der rechtlichen Strukturen von Gesellschaften und Einzelunternehmen. Rechtsgrundlage ist ein Sondergesetz, das Bundesgesetz über Fusion, Spaltung, Umwandlung und Vermögensübertragung (Fusionsgesetz; FusG). Dabei handelt es sich um eine Art

Strukturanpassungsgesetz, dessen Hauptzweck darin besteht, Möglichkeiten zu schaffen, um die unternehmensrechtlichen Strukturen eines Rechtsträgers aufgrund wirtschaftlicher Gegebenheiten neu zu organisieren. Als Rechtsträger gelten nach Art. 2 FusG sämtliche Gesellschaftsformen des Obligationenrechts mit Ausnahme der einfachen Gesellschaft, sodann Vereine, Stiftungen, im Handelsregister eingetragene Einzelunternehmen sowie im Handelsregister eingetragene und organisatorisch verselbständigte Einrichtungen des öffentlichen Rechts des Bundes, der Kantone und der Gemeinden.

1.2 Grundprinzipien des Umstrukturierungsrechts

- Geregelt sind vier mögliche Transaktionsformen für Umstrukturierungen, die sich bereits aus dem Titel des Fusionsgesetzes ergeben: nämlich Fusion, Spaltung, Umwandlung und Vermögensübertragung.
- In der Fachliteratur wird das Fusionsgesetz oft als Querschnittserlass des Gesellschaftsrechts bezeichnet, weil es Regelungen enthält, die meist rechtsformunabhängig sind.
- Das Fusionsgesetz legt abschliessend fest, welche Transaktionsformen für welche Rechtsträger zulässig sind.
- Nicht zu den Rechtsträgern im Sinne des Fusionsgesetzes gehört die einfache Gesellschaft. Für sie stehen die Transaktionsformen nicht zur Verfügung.
- Das Fusionsgesetz will insbesondere die Rechtssicherheit und die Transparenz im Zusammenhang mit Umstrukturierungen gewährleisten. Zu diesem Zweck wird einerseits konkret vorgeschrieben, welche Dokumente für die einzelnen Transaktionsformen zu erstellen sind, und anderseits sind die bei den einzelnen Transaktionen zwingend einzuhaltenden Publizitätsanforderungen definiert.

- Jede Umstrukturierung hat nicht nur Folgen für den (die) Rechtsträger selbst, sondern auch direkte Auswirkungen auf die Gesellschafter der beteiligten Rechtsträger. Der diesbezügliche Grundsatz, der nicht absolut gilt, lautet: **Kein Gesellschafter darf ohne seine Zustimmung in seiner Rechtsstellung in wesentlicher Weise beeinträchtigt werden.** Dieser Grundsatz lässt sich in zweierlei Hinsicht konkretisieren:
  - erstens durch die Regel, wonach ein Gesellschafter durch eine Umstrukturierung seine Gesellschafterstellung nicht aufzugeben braucht (Kontinuität der Mitgliedschaft),
  - zweitens durch die Grundregel, wonach dem Gesellschafter keine zusätzlichen Pflichten auferlegt werden dürfen.
- Umstrukturierungen können auch Auswirkungen auf Gläubiger und Arbeitnehmende der beteiligten Rechtsträger haben. Deshalb enthält das Fusionsgesetz für jede Transaktionsform Schutzbestimmungen für diese Personengruppen.
- **Die Abwicklung von Umstrukturierungen kann im Falle von kleinen und mittleren Unternehmen (KMU) vereinfacht erfolgen.** Als KMU bezeichnet Art. 2 lit. e. FusG Gesellschaften, die keine Anleihensobligationen ausstehend haben, deren Anteile nicht an der Börse kotiert sind und die überdies in den letzten zwei Geschäftsjahren zwei der folgenden Grössen nicht überschreiten: 20 Millionen Franken Bilanzsumme, 40 Millionen Franken Umsatzerlös, 200 Vollzeitstellen im Jahresdurchschnitt.

Die vorliegenden Ausführungen beziehen sich auf die Gesellschaftsformen des OR sowie auf im Handelsregister eingetragene Einzelunternehmen. Für das Umstrukturierungsrecht der Vereine, Stiftungen sowie Institute des öffentlichen Rechts wird auf die diesbezügliche Fachliteratur verwiesen.

Praxistipp
Verschiedene Mustertexte zu den für die einzelnen Transaktionsformen auszuarbeitenden Dokumenten sind beispielsweise in der Publikation Knecht M./Koch J., Handelsregisterliche Eintragungen (Zürich/Basel/Genf 2008) zu finden.

1.3 Vorbehalt des Kartellrechts

Art. 1 Abs. 4 FusG enthält einen Vorbehalt zugunsten der Vorschriften des Kartellgesetzes betreffend die Beurteilung von Unternehmenszusammenschlüssen. Damit wird ausgedrückt, dass Umstrukturierungen nicht nur den Bestimmungen des Fusionsgesetzes, sondern zusätzlich auch jenen des Bundesgesetzes über Kartelle und andere Wettbewerbsbeschränkungen (Kartellgesetz KG; SR 251) und der darauf basierenden Verordnungen folgen müssen.

Das Kartellrecht fasst den Begriff des Unternehmenszusammenschlusses weiter als das Fusionsgesetz: Unternehmenszusammenschluss ist nämlich nicht nur die eigentliche Fusion von zwei oder mehr bisher voneinander unabhängiger Unternehmen, sondern darüber hinaus auch jeder Vorgang, durch den

- ein (oder mehrere) Unternehmen beispielsweise durch Beteiligungserwerb oder Vertragsabschluss einen bestimmenden Einfluss auf die Tätigkeit eines oder mehrerer bisher unabhängigen Unternehmen erlangen;
- zwei (oder mehr) Unternehmen gemeinsam die Kontrolle über ein Unternehmen (Gemeinschaftsunternehmen; joint venture) erlangen, das sie bisher nicht gemeinsam kontrollierten.

So gesehen kann nicht nur eine Fusion, sondern auch eine Spaltung oder eine Vermögensübertragung unter die Vorschriften des Kartellrechts fallen.

Nach den Bestimmungen des Kartellrechts sind Vorhaben über Zusammenschlüsse von Unternehmen vor ihrem Vollzug der Wettbewerbskommission zu melden, sofern die beteiligten Unternehmen im letzten Geschäftsjahr vor dem Zusammenschluss in der Schweiz einen Umsatz von insgesamt mindestens 500 Millionen Franken erzielten oder mindestens zwei der beteiligten Unternehmen einen Umsatz in der Schweiz von je mindestens 100 Millionen Franken erzielten.

2. Fusion von Gesellschaften (Art. 3–28 FusG)

2.1 Begriff und Arten

« [1] Gesellschaften können fusionieren, indem:
a. die eine die andere übernimmt (Absorptionsfusion);
b. sie sich zu einer neuen Gesellschaft zusammenschliessen (Kombinationsfusion).
[2] Mit der Fusion wird die übertragende Gesellschaft aufgelöst und im Handelsregister gelöscht. »
Art. 3 FusG: Grundsatz

Unter einer Fusion versteht man die rechtliche Vereinigung von zwei (oder mehreren) Gesellschaften durch Vermögensübernahme ohne Liquidation, wobei die Gesellschafter des übertragenden Rechtsträgers grundsätzlich Anspruch auf Anteils- oder Mitgliedschaftsrechte am übernehmenden Rechtsträger haben. Die Fusion wird mit der Eintragung in das Handelsregister rechtswirksam. Sämtliche Rechte und Pflichten der übertragenden Gesellschaft gehen in diesem Zeitpunkt automatisch an die übernehmende Gesellschaft über (Universalsukzession). Es erübrigt sich also, jedes Aktivum einzeln zu übertragen (Singularsukzession) und für jedes Passivum die Vorschriften des allgemeinen Teils des Obligationenrechts einzuhalten.

Im Gesetz sind zwei Möglichkeiten der Fusion vorgesehen: Entweder übernimmt die eine Gesellschaft die andere (Absorption) oder aber die Gesellschaften schliessen sich zu einer neuen Gesellschaft zusammen (Kombination). Bei der Absorptionsfusion (auch als Annexion bezeichnet) wird die übertragende Gesellschaft, bei der Kombinationsfusion werden beide bisherigen Gesellschaften aufgelöst und im Handelsregister gelöscht.

2.2 Wahrung der Anteils- und Mitgliedschaftsrechte

Im Fusionsrecht gilt der Grundsatz der mitgliedschaftlichen Kontinuität (vgl. Abschnitt 1.2). Dies bedeutet, dass die Gesellschafter ihre Rechte an der übertragenden Gesellschaft zwar verlieren, jedoch Anspruch auf Anteils- oder Mitgliedschaftsrechte an der übernehmenden Gesellschaft haben, die ihren bisherigen Anteils- oder Mitgliedschaftsrechten entsprechen (Art. 7 FusG).

Dieser Grundsatz wird in Art. 9 FusG konkretisiert: Danach muss bei der Absorptionsfusion die übernehmende Gesellschaft das Kapital erhöhen, soweit es zur Wahrung der Rechte der Gesellschafter der übertragenden Gesellschaft erforderlich ist. Dies bedeutet, dass die übernehmende Gesellschaft die notwendigen Anteile schaffen muss, um diese den Gesellschaftern der übertragenden Gesellschaft zuzuweisen. Aufgrund des gesetzlich geregelten besonderen Fusionsverfahrens finden für die Kapitalerhöhung die Vorschriften des OR über die Sacheinlagen keine Anwendung.

Wie bereits erwähnt, gilt die Kontinuität der Mitgliedschaft nicht ausnahmslos. Art. 8 FusG erlaubt die Aufnahme einer Regelung in den Fusionsvertrag, wonach die Gesellschafter entweder zwischen Anteils- oder Mitgliedschaftsrechten und einer Abfindung wählen können, oder aber dass nur eine Abfindung ausgerichtet wird. Sieht der Fusionsvertrag nur eine Abfindung vor, schützt Art. 18 Abs. 5

FusG die Rechte der Gesellschafter dadurch, dass der Fusionsbeschluss durch eine qualifizierte Mehrheit von mindestens 90% der stimmberechtigten Gesellschafter der übertragenden Gesellschaft zu fällen ist.

2.3 Zulässige Fusionen

2.3.1 Übersicht

Die Fusion ist zulässig für alle Handelsgesellschaften, also für die Kollektivgesellschaft, die Kommanditgesellschaft, die Aktiengesellschaft, die Kommanditaktiengesellschaft und die Gesellschaft mit beschränkter Haftung, sodann für die Genossenschaft und den Verein. Dabei können Gesellschaften gleicher Rechtsform ohne Einschränkung miteinander fusionieren. Von der Fusion ausgeschlossen sind dagegen Einzelunternehmen, auch wenn diese im Handelsregister eingetragen sind. Denn es ist nicht möglich, die grundlegend verschiedenen Strukturen von Einzelunternehmen und von Gesellschaften durch Fusion ineinander überzuführen.

Für die Rechtseinheiten des Obligationenrechts listet Art. 4 FusG die zulässigen rechtsformübergreifenden Fusionen wie folgt abschliessend auf:

übertragend \ übernehmend	Einzelunternehmen	Kollektivgesellschaft	Kommanditgesellschaft	Aktiengesellschaft	Kommanditaktiengesellschaft	Gesellschaft mit beschränkter Haftung	Genossenschaft
Einzelunternehmen							
Kollektivgesellschaft		x	x	x	x	x	x
Kommanditgesellschaft		x	x	x	x	x	x
Aktiengesellschaft				x	x	x	x
Kommanditaktiengesellschaft				x	x	x	x
Gesellschaft mit beschränkter Haftung				x	x	x	x
Genossenschaft				x	x	x	x

2.3.2 Besondere Voraussetzungen für Gesellschaften in Liquidation und im Falle von Kapitalverlust oder Überschuldung

An besondere Voraussetzungen gebunden sind die Fusion von Gesellschaften in Liquidation sowie im Falle von Kapitalverlust oder Überschuldung:

- Eine **Gesellschaft in Liquidation** kann sich nach Art. 5 FusG als übertragende Gesellschaft an einer Fusion nur dann beteiligen, wenn mit der Vermögensverteilung noch nicht begonnen wurde.
- Art. 6 FusG regelt die **Sanierungsfusion**: Eine Gesellschaft, deren Aktien-, Stamm- oder Genossenschaftskapital und deren gesetzliche Reserven zur Hälfte nicht mehr gedeckt sind (Kapitalver-

lust, Unterdeckung) oder deren Aktiven das Fremdkapital nicht mehr vollständig decken und sie ihren Verpflichtungen gegenüber Dritten nicht mehr nachkommen kann (Überschuldung), kann nur dann fusionieren, wenn die andere an der Fusion beteiligte Gesellschaft über frei verwendbares Eigenkapital im Umfang der Unterdeckung bzw. der Überschuldung verfügt.

2.4 Abwicklung

2.4.1 Neugründung bei der Kombinationsfusion

Die Neugründung einer Gesellschaft richtet sich auch im Falle eines fusionsrechtlichen Tatbestandes nach den zwingenden gesellschaftsrechtlichen Gründungsvorschriften. Art. 10 FusG hält fest, dass für die Neugründung einer Gesellschaft im Rahmen einer Kombinationsfusion die Bestimmungen des Zivilgesetzbuches und des Obligationenrechts über die Gründung einer Gesellschaft gelten. Einzig die Vorschriften über die Sacheinlagen finden keine Anwendung.

Die Neugründung kann erst dann vorgenommen werden, wenn alle Fusionsbeschlüsse gefällt und wenn allenfalls notwendige Bewilligungen seitens der Wettbewerbskommission vorliegen.

2.4.2 Fusionsverfahren

Das Fusionsverfahren ist ein mehrstufiges: Es sind zunächst verschiedene Dokumente zu erstellen, sodann Prüfungs- und Offenlegungspflichten zu erfüllen und schliesslich die notwendigen Beschlüsse zu fassen sowie diese im Handelsregister eintragen zu lassen.

| 1. Schritt Dokumente

Art. 11–14 FusG | ① **Die Fusionsbilanz** bildet die Basis für die Bewertung der an der Transaktion beteiligten Gesellschaften und für die Festlegung des Umtauschverhältnisses der Anteils- oder Mitgliedschaftsrechte. Die Fusionsbilanz ist in der Regel die am Schluss des letzten Geschäftsjahres vor der Fusion erstellte handelsrechtliche Bilanz. Liegt der Bilanzstichtag mehr als sechs Monate zurück oder sind seit der letzten Bilanz wichtige Vermögensveränderungen eingetreten, so muss eine Zwischenbilanz erstellt werden.

② **Der Fusionsvertrag**
- beinhaltet die verbindliche Einigung, gemäss den Vorschriften des Gesetzes zu fusionieren.
- ist in schriftlicher Form durch die obersten Leitungs- oder Verwaltungsorgane der an der Fusion beteiligten Gesellschaften abzuschliessen (also geschäftsführende Gesellschafter der Kollektiv- bzw. Kommanditgesellschaft, Verwaltungsrat der AG, Geschäftsführer der GmbH, Verwaltung der Genossenschaft).
- muss einen vom Gesetz definierten Inhalt aufweisen (wozu beispielsweise gehören: Umtauschverhältnis für Anteile bzw. Angaben über die Mitgliedschaft der Gesellschaft der übertragenden Gesellschaft bei der übernehmenden Gesellschaft; Zeitpunkt, ab dem die Anteils- oder Mitgliedschaftsrechte Anspruch auf einen Gewinnteil gewähren; Zeitpunkt, ab dem die Handlung der übertragenden Gesellschaft als für Rechnung der übernehmenden Gesellschaft vorgenommen gelten).
- bedarf zu seiner Rechtswirksamkeit der Zustimmung durch die Generalversammlung bzw. der Gesellschafter der beteiligten Gesellschaften. |

	③ **Der Fusionsbericht** • enthält eine Erläuterung des Vorhabens in rechtlicher und wirtschaftlicher Hinsicht durch die obersten Leitungs- oder Verwaltungsorgane der Gesellschaften (es sind beispielsweise anzugeben: der Zweck und die Folgen der Fusion, der Inhalt des Fusionsvertrages, die Auswirkungen der Fusion auf die Arbeitnehmenden der beteiligten Gesellschaften usw.). • muss in schriftlicher Form von den zuständigen Organen für ihre Gesellschaften einzeln und getrennt oder aber für alle beteiligten Gesellschaften gemeinsam verfasst werden. • liefert den Gesellschaften alle notwendigen Informationen, damit diese über die Fusion sachgerecht entscheiden können (Gesellschafterschutz).
2. Schritt **Prüfungspflichten** Art. 15 FusG	Der Fusionsvertrag, der Fusionsbericht sowie die der Transaktion zugrunde liegende Bilanz müssen durch einen zugelassenen Revisonsexperten einer Prüfung unterzogen werden, falls die übernehmende Gesellschaft eine Kapitalgesellschaft oder eine Genossenschaft mit Anteilscheinen ist. Die Prüfung kann einzeln und getrennt für jede beteiligte Gesellschaft erfolgen; die Gesellschaften können jedoch auch eine gemeinsame Revision bestimmen. Der Revisonsexperte legt die Erkenntnisse aus der Überprüfung in einem schriftlichen Prüfungsbericht vor. Zweck der Prüfung ist der Schutz von Minderheitsgesellschaftern. Daher bezieht sich die Überprüfung insbesondere auf die Vertretbarkeit des Umtauschverhältnisses für Anteile sowie die Angemessenheit der Methode zur Bestimmung des Umtauschverhältnisses.
3. Schritt **Offenlegung** Art. 16/17 FusG	Jede an der Fusion beteiligte Gesellschaft muss an ihrem Sitz den Gesellschaftern Einsicht gewähren in den Fusionsvertrag, den Fusionsbericht, den Prüfungsbericht sowie die Jahresrechnungen und Jahresberichte der letzten drei Geschäftsjahre und gegebenenfalls die Zwischenbilanz. Treten zwischen dem Abschluss des Fusionsvertrages und der Beschlussfassung durch die Generalversammlung wesentliche Änderungen bei den Aktiven oder Passiven ein, so muss das oberste Leitungs- oder Verwaltungsorgan darüber informieren.

4. Schritt Beschlussfassung Art. 18–20 FusG	Der Fusionsbeschluss • bezieht sich auf die Genehmigung des abgeschlossenen Fusionsvertrages und ist öffentlich zu beurkunden. • wird bei Kapitalgesellschaften und bei der Genossenschaft durch die Generalversammlung, bei Kollektiv- und Kommanditgesellschaften durch die Gesellschafter gefasst. • muss bestimmte Zustimmungs- und Mehrheitserfordernisse erfüllen, welche für die einzelnen Fusionen sowie die verschiedenen Gesellschaftsformen detailliert festgelegt sind.
5. Schritt Registereintrag Art. 21/22 FusG	Sobald der Fusionsbeschluss aller an der Fusion beteiligten Gesellschaften vorliegt, muss die Fusion dem Handelsregisteramt zur Eintragung angemeldet werden. Die Fusion wird mit der Eintragung in das Handelsregister rechtswirksam; in diesem Zeitpunkt gehen alle Aktiven und Passiven der übertragenden Gesellschaft von Gesetzes wegen auf die übernehmende Gesellschaft über. Die übertragende Gesellschaft wird mit der Eintragung der Fusion im Handelsregister gelöscht.

2.4.3 *Vereinfachtes Verfahren für kleine und mittlere Unternehmen*

Die gesetzlichen Erleichterungen für KMU (vgl. Abschnitt 1.2) bestehen darin, dass diese gemäss Art. 14 Abs. 2 FusG auf den Fusionsbericht, gemäss Art. 15 Abs. 2 FusG auf die Prüfung von Fusionsvertrag und Fusionsbericht und gemäss Art. 16 Abs. 2 FusG auf die Offenlegung der für den Transaktionsvorgang erarbeiteten Dokumente am Gesellschaftssitz verzichten können. Voraussetzung ist allerdings, dass alle Gesellschafter diesem Vorgehen zustimmen.

*2.4.4 Erleichterte Fusion von Kapitalgesellschaften
 (Art. 23 und 24 FusG)*

Das Gesetz sieht Verfahrenserleichterungen für Kapitalgesellschaften in dem Fall vor, wenn aufgrund der Mehrheitsverhältnisse der Schutz der Gesellschafter als weniger bedeutend erscheint. So können Kapitalgesellschaften unter erleichterten Voraussetzungen fusionieren, wenn

- entweder die übernehmende Kapitalgesellschaft alle Anteile der übertragenden Kapitalgesellschaft besitzt
- oder ein Rechtsträger, eine natürliche Person oder eine gesetzlich oder vertraglich verbundene Personengruppe alle Anteile der an der Fusion beteiligten Kapitalgesellschaften besitzt.

Die Erleichterungen bestehen darin, dass der vom Gesetz geforderte Mindestinhalt des Fusionsvertrags weniger umfangreich ist und dass auf einen Fusionsbericht, auf die Prüfung des Fusionsvertrags, auf die Offenlegung der Dokumente am Gesellschaftssitz sowie auf die Unterbreitung des Fusionsvertrags an die Generalversammlung zur Beschlussfassung verzichtet werden kann.

2.5 Schutz von Gläubigern und Arbeitnehmenden

Gläubiger und Arbeitnehmende der beteiligten Gesellschaften können durch eine Fusion direkt tangiert sein. Das Gesetz enthält daher verschiedene Bestimmungen, die dem Schutz dieser Personengruppen dienen:

- **Besondere Fusionsvoraussetzungen bei Kapitalverlust und Überschuldung** (Art. 6 FusG). Es soll verhindert werden, dass aus einer Fusion eine Gesellschaft mit Unterdeckung oder mit Überschuldung entsteht (vgl. Abschnitt 2.3.2).

- **Fusionsbericht und Fusionsprüfung** (Art. 14 und 15 FusG). Die an der Fusion beteiligten Gesellschaften sind verpflichtet, sich mit den Auswirkungen der Transaktion sowohl auf ihre Arbeitnehmenden als auch auf ihre Gläubiger auseinanderzusetzen und diese zwingend im Fusionsbericht zu erläutern. Da sich die Fusionsprüfung auf den gesamten Inhalt des Fusionsberichts bezieht, ist der Revisor verpflichtet, auch die Ausführungen bezüglich der Auswirkungen auf Gläubiger und Arbeitnehmende zu beurteilen.
- **Sicherstellung der Forderungen** (Art. 25 und 27 FusG). Die übernehmende Gesellschaft muss die bestehenden Forderungen der Gläubiger der an der Fusion beteiligten Gesellschaften sicherstellen, wenn die Gläubiger dies innerhalb von drei Monaten nach der Rechtswirksamkeit der Fusion verlangen. Die Pflicht zur Sicherstellung entfällt, wenn die Gesellschaft nachweist, dass die Erfüllung der Forderung durch die Fusion nicht gefährdet wird. Anstatt Sicherheit zu leisten, kann die Gesellschaft die Forderung erfüllen, sofern die anderen Gläubiger dadurch nicht geschädigt werden.

Auch die Arbeitnehmenden der an der Fusion beteiligten Gesellschaften können die Sicherstellung ihrer Forderungen aus Arbeitsvertrag verlangen, die bis zum Zeitpunkt entstehen, auf den das Arbeitsverhältnis ordentlicherweise beendet werden könnte.

- **Persönliche Haftung der Gesellschafter** (Art. 26 und 27 FusG). Gesellschafter der übertragenden Gesellschaft, die vor der Fusion für deren Verbindlichkeiten haften (zum Beispiel Kollektivgesellschafter, GmbH-Gesellschafter mit Nachschusspflicht), bleiben haftbar für jene Verbindlichkeiten, die vor der Veröffentlichung des Fusionsbeschlusses begründet wurden oder entstanden sind. Die Ansprüche aus persönlicher Haftung der Gesellschafter verjähren spätestens drei Jahre nach Eintritt der Rechtswirksamkeit der Fusion. Gegenüber Arbeitnehmenden der an der Fusion beteiligten Gesellschaften haften die persönlich haftenden Gesellschafter für alle Verbindlichkeiten aus Arbeitsvertrag, die bis zum

Zeitpunkt entstehen, auf den das Arbeitsverhältnis ordentlicherweise beendigt werden könnte.

- **Übergang der Arbeitsverhältnisse** (Art. 27 FusG). Das Fusionsgesetz verweist auf das private Arbeitsvertragsrecht (Art. 333 OR). Danach gehen Arbeitsverhältnisse mit allen Rechten und Pflichten auf die übernehmende Gesellschaft über, sofern der Arbeitnehmer den Übergang nicht ablehnt. Bei Ablehnung wird das Arbeitsverhältnis auf den Ablauf der gesetzlichen Kündigungsfrist aufgelöst. Der bisherige Arbeitgeber sowie die übernehmende Gesellschaft haften solidarisch für die Forderungen des Arbeitnehmenden, die bis zu dem Zeitpunkt entstanden sind, auf den das Arbeitsverhältnis ordentlicherweise beendigt werden könnte.

- **Konsultation der Arbeitnehmenden** (Art. 28 FusG). Auch dafür erfolgt ein Verweis auf die entsprechende Bestimmung des Obligationenrechts (Art. 330 a OR). Die übertragende Gesellschaft ist verpflichtet, ihre Arbeitnehmervertretung oder, falls keine solche besteht, alle Arbeitnehmenden rechtzeitig vor der Fassung des Fusionsbeschlusses über den Grund der Fusion sowie deren rechtliche, wirtschaftliche und soziale Folgen für sie zu informieren. Das oberste Leitungs- oder Verwaltungsorgan muss die Generalversammlung anlässlich der Fusionsbeschlussfassung über das Ergebnis der Konsultation unterrichten.

3. Spaltung von Gesellschaften (Art. 29–52 FusG)

3.1 Begriff

«Eine Gesellschaft kann sich spalten, indem sie:
 a. ihr ganzes Vermögen aufteilt und auf andere Gesellschaften überträgt. Ihre Gesellschafterinnen und Gesellschafter erhalten Anteils- oder Mitgliedschaftsrechte der übernehmenden Gesellschaften. Die übertragende Gesellschaft wird

aufgelöst und im Handelsregister gelöscht (Aufspaltung); oder

b. einen oder mehrere Teile ihres Vermögens auf andere Gesellschaften überträgt. Ihre Gesellschafterinnen und Gesellschafter erhalten dafür Anteils- oder Mitgliedschaftsrechte der übernehmenden Gesellschaften (Abspaltung).»

Art. 29 FusG: Grundsatz

Unter einer Spaltung versteht man die Übertragung des ganzen oder eines Teils des Vermögens einer übertragenden Gesellschaft auf eine (oder mehrere) bereits bestehende oder neu gegründete übernehmende Gesellschaft, wobei die Gesellschafter des übertragenden Rechtsträgers Anteils- oder Mitgliedschaftsrechte des übernehmenden Rechtsträgers erhalten.

Bei Übertragung des gesamten Vermögens spricht das Gesetz von Aufspaltung. Wird nur ein Teil des Vermögens übertragen und verbleibt ein Teil bei der übertragenden Gesellschaft, nennt man dies Abspaltung.

Bei der Aufspaltung wird die übertragende Gesellschaft aufgelöst und im Handelsregister gelöscht, bei der Abspaltung bleibt die übertragende Gesellschaft in ihrem rechtlichen Bestand unangetastet.

Die Spaltung wird mit der Eintragung im Handelsregister rechtswirksam. Auf diesen Zeitpunkt gehen die übertragenen Aktiven und Passiven automatisch an die übernehmende Gesellschaft über (Universalsukzession).

3.2 Wahrung der Anteils- und Mitgliedschaftsrechte

Nach dem Grundsatz der mitgliedschaftlichen Kontinuität müssen auch bei der Spaltung die Anteils- und Mitgliedschaftsrechte der Gesellschafter gewahrt werden. Art. 7 FusG gilt auch für die Spaltung.

Zwei Ausgestaltungen sind vorgesehen:

- **Symmetrische Auf- oder Abspaltung** (Art. 31 Abs. 2 lit. a FusG). Den Gesellschaftern der übertragenden Gesellschaft werden Anteils- oder Mitgliedschaftsrechte **an allen an der Spaltung beteiligten Gesellschaften im Verhältnis ihrer bisherigen Beteiligung zugewiesen.**
- **Asymmetrische Auf- oder Abspaltung** (Art. 31 Abs. 2 lit. b FusG): Den Gesellschaftern der übertragenden Gesellschaft werden Anteils- und Mitgliedschaftsrechte **an einzelnen oder allen an der Spaltung beteiligten Gesellschaften unter Abänderung der Beteiligungsverhältnisse zugewiesen.** Für diesen Fall verlangt Art. 43 Abs. 3 FusG zum Schutz der Gesellschafter einen Spaltungsbeschluss, der eine qualifizierte Mehrheit von mindestens 90% aller stimmberechtigten Gesellschafter vereinigt.

Der Grundsatz der mitgliedschaftlichen Kontinuität wird auch für die Spaltung konkretisiert. Art. 33 FusG bestimmt – gleich wie Art. 9 FusG für die Absorptionsfusion –, dass die übernehmende Gesellschaft das Kapital erhöhen muss, soweit es zur Wahrung der Rechte der Gesellschafter der übertragenden Gesellschaft erforderlich ist (vgl. Abschnitt 2.2). Dies bedeutet auch hier, dass die übernehmende Gesellschaft die notwendigen Anteile schaffen muss, um diese den Gesellschaftern der übertragenden Gesellschaft zuzuweisen. Aufgrund des gesetzlich geregelten besonderen Verfahrens der Spaltung gelangen bei einer Kapitalerhöhung die Vorschriften des OR über die Sacheinlagen nicht zur Anwendung.

3.3 Zulässige Spaltungen

Nach Art. 30 FusG ist die Spaltung für die Aktiengesellschaft, die Kommanditaktiengesellschaft, die Gesellschaft mit beschränkter

Haftung sowie die Genossenschaft uneingeschränkt zulässig. Alle diese Gesellschaften kommen sowohl als übertragende als auch als übernehmende Gesellschaft infrage. **Allen anderen Rechtsträgern steht die Spaltung als Transformationsform nicht zur Verfügung.**

3.4 Abwicklung

3.4.1 Neugründung

Im Rahmen einer Spaltung kann die Vermögensübertragung entweder auf eine bereits bestehende oder aber auf eine neu gegründete Gesellschaft vorgenommen werden. Im Falle der Neugründung der übernehmenden Gesellschaft gelten die zwingenden gesellschaftsrechtlichen Gründungsvorschriften, mit Ausnahme der Vorschriften über die Sacheinlagen (Art. 34 FusG).

Die Neugründung kann erst stattfinden, wenn alle Spaltungsbeschlüsse gefällt und wenn allenfalls notwendige Bewilligungen seitens der Wettbewerbskommission vorliegen.

3.4.2 Spaltungsverfahren

Für die Abwicklung der Auf- oder Abspaltung ist gleich wie bei der Fusion ein mehrstufiges Verfahren zu durchlaufen: Es sind verschiedene Dokumente zu erstellen, sodann Prüfungs- und Offenlegungspflichten zu erfüllen und schliesslich sind die Beschlüsse zu fassen und ist für die Eintragung im Handelsregister zu sorgen.

**1. Schritt
Dokumente**

Art. 35–39 FusG

① **Spaltungsbilanz**

Die der Spaltung zugrunde liegende Bilanz bildet die Basis für die Bewertung der an der Transaktion beteiligten Gesellschaften und für die Festlegung des Umtauschverhältnisses der Anteils- oder Mitgliedschaftsrechte. Massgebend ist in der Regel die am Schluss des letzten Geschäftsjahres vor der Spaltung erstellte handelsrechtliche Bilanz. Liegt der Bilanzstichtag mehr als sechs Monate zurück oder sind seit der letzten Bilanz wichtige Vermögensveränderungen eingetreten, so muss eine Zwischenbilanz erstellt werden.

② **Spaltungsvertrag bzw. Spaltungsplan**
- Wenn eine Gesellschaft Vermögensteile auf eine (oder mehrere) bestehende Gesellschaft(en) überträgt, haben die beteiligten Gesellschaften einen Spaltungsvertrag abzuschliessen. Erfolgt die Spaltung durch Übertragung von Vermögensteilen auf eine (oder mehrere) neu zu gründende Gesellschaft(en), so ist ein Spaltungsplan zu erstellen.
- Der Spaltungsvertrag ist die verbindliche Einigung der Parteien, gemäss den Vorschriften des Gesetzes eine Spaltung des Vermögens durchzuführen. Beim Spaltungsplan dagegen handelt es sich um ein einseitiges Rechtsgeschäft der betreffenden Gesellschaft.
- Der Abschluss des Spaltungsvertrages bzw. die Ausarbeitung des Spaltungsplans ist Sache der obersten Leitungs- oder Verwaltungsorgane der beteiligten Gesellschaften (also Verwaltungsrat der AG, Geschäftsführung der GmbH, Verwaltung der Genossenschaft).
- Spaltungsvertrag bzw. Spaltungsplan müssen in schriftlicher Form und mit einem vom Gesetz bestimmten Inhalt abgefasst sien. So müssen beispielsweise enthalten sein: Inventar mit den einzeln aufgeführten Gegenständen, der Aufteilung und der Zuordnung der Aktiven und Passiven; Umtauschverhältnis für Anteile bzw. Angaben über die Mitgliedschaft der Gesellschafter der übertragenden Gesellschaft bei der übernehmenden Gesell-

schaft; Zeitpunkt, ab dem die Anteils- oder Mitgliedschaftsrechte Anspruch auf einen Gewinnanteil gewähren; Zeitpunkt, ab dem die Handlungen der übertragenden Gesellschaft als für Rechnung der übernehmenden Gesellschaft vorgenommen gelten; Liste der Arbeitsverhältnisse, die mit der Spaltung übergehen.
- Die Dokumente bedürfen für das Erlangen der Rechtswirksamkeit der Zustimmung durch die Generalversammlung der beteiligten Gesellschaften.

③ **Spaltungsbericht**
- Zweck des Spaltungsberichts ist es, den Gesellschaftern alle notwendigen Informationen vorzulegen, damit diese über die Spaltung sachgerecht entscheiden können (Gesellschafterschutz).
- In diesem schriftlichen Bericht erläutern und begründen die obersten Leitungs- oder Verwaltungsorgane der Gesellschaften das Vorhaben in rechtlicher und wirtschaftlicher Hinsicht. So sind beispielsweise Ausführungen zu machen über: den Zweck und die Folgen der Spaltung, den Inhalt des Spaltungsvertrags bzw. Spaltungsplans, die Auswirkungen der Spaltung auf die Arbeitnehmenden und auf die Gläubiger der beteiligten Gesellschaften usw. Bei der Neugründung einer Gesellschaft ist zudem der Statutenentwurf beizufügen.
- Der Bericht kann von den zuständigen Organen für ihre Gesellschaften einzeln und getrennt oder aber für alle beteiligten Gesellschaften gemeinsam verfasst werden.

2. Schritt **Prüfungspflichten** Art. 40 FusG	Gleich wie bei der Fusion sind auch bei der Spaltung die erstellten Dokumente (Spaltungsvertrag bzw. Spaltungsplan, Spaltungsbericht, die der Transaktion zugrunde liegende Bilanz) durch einen zugelassenen Revisonsexperten zu prüfen. Der Revisionsexperte stellt seine Erkenntnisse in einem schriftlichen Bericht dar.

3. Schritt **Offenlegung** Art. 41 FusG	Jede an der Spaltung beteiligte Gesellschaft muss an ihrem Sitz den Gesellschaftern Einsicht gewähren in: den Spaltungsvertrag bzw. den Spaltungsplan, den Spaltungsbericht, den Prüfungsbericht sowie die Jahresrechnungen und Jahresberichte der letzten drei Geschäftsjahre. Treten zwischen dem Abschluss des Fusionsvertrages und der Beschlussfassung durch die Generalversammlung wesentliche Änderungen bei den Aktiven oder Passiven ein, so muss das oberste Leitungs- oder Verwaltungsorgan darüber informieren.
4. Schritt **Beschlussfassung** Art. 43/44 FusG	Der Spaltungsbeschluss • ist öffentlich zu beurkunden und bezieht sich auf die Genehmigung des abgeschlossenen Spaltungsvertrages bzw. des aufgestellten Spaltungsplans. • muss von allen an der Spaltung beteiligten Gesellschaften gefasst werden und liegt in der Zuständigkeit der jeweiligen Generalversammlung. • hat wie der Fusionsbeschluss bestimmte Zustimmungs- und Mehrheitserfordernisse zu erfüllen. • darf erst dann gefällt werden, wenn die Sicherstellung der Gläubigerforderungen der an der Spaltung beteiligten Gesellschaften erfolgt ist, sofern die Gläubiger die Sicherstellung rechtzeitig verlangen.
5. Schritt **Registereintrag** Art. 51/52 FusG	Sobald der Spaltungsbeschluss der Generalversammlung vorliegt, muss die Transaktion durch das oberste Leitungs- oder Verwaltungsorgan dem Handelsregisteramt zur Eintragung angemeldet werden. Im Falle einer Aufspaltung wird die übertragende Gesellschaft mit der Eintragung der Spaltung im Handelsregister gelöscht. Die Spaltung wird mit der Eintragung in das Handelsregister rechtswirksam. In diesem Zeitpunkt gehen alle im Inventar aufgeführten Aktiven und Passiven von Gesetzes wegen auf die übernehmende Gesellschaft über. Ein Gegenstand des Aktivvermögens, der sich aufgrund des Spaltungsvertrags bzw. Spaltungsplans nicht zuordnen lässt, gehört nach Art. 38 Abs. 1 FusG bei der Aufspaltung allen übernehmenden Gesellschaften zu Miteigentum bzw. verbleibt bei der Abspaltung bei der übertragenden Gesellschaft.

3.4.3 Erleichterungen für kleine und mittlere Unternehmen

Für KMU (vgl. Abschnitt 1.2) gelten ähnliche gesetzliche Verfahrensvereinfachungen wie bei der Fusion. So können kleine und mittlere Unternehmen auf den schriftlichen Spaltungsbericht, die Prüfung von Spaltungsvertrag bzw. Spaltungsplan und Spaltungsbericht sowie auf die Offenlegung der ausgearbeiteten Dokumente am Gesellschaftssitz verzichten. Bedingung ist auch hier, dass alle Gesellschafter diesem Vorgehen zustimmen (Art. 39 Abs. 2, Art. 40 in Verbindung mit Art. 15 Abs. 2 sowie Art. 41 Abs. 2 FusG).

3.5 Schutz von Gläubigern und Arbeitnehmenden

Gläubiger und Arbeitnehmende der beteiligten Gesellschaften können durch eine Spaltung unmittelbar betroffen sein. Das Gesetz enthält daher verschiedene Bestimmungen, die dem Schutz dieser Personengruppen dienen.

- **Spaltungsbericht und Spaltungsprüfung** (Art. 39 und 40 FusG). Die an der Spaltung beteiligten Gesellschaften sind verpflichtet, sich mit den Auswirkungen der Transaktion sowohl auf ihre Arbeitnehmenden als auch auf ihre Gläubiger auseinanderzusetzen und diese zwingend im Spaltungsbericht zu erläutern. Da sich die Spaltungsprüfung auf den gesamten Inhalt des Spaltungsberichts bezieht, ist der Revisor verpflichtet, auch die Ausführungen bezüglich der Auswirkungen auf Gläubiger und Arbeitnehmende zu beurteilen.

- **Sicherstellung der Gläubigerforderungen** (Art. 45 und 46 FusG). Die Gläubiger aller an der Spaltung beteiligten Gesellschaften müssen im Schweizerischen Handelsamtsblatt dreimal darauf hingewiesen werden, dass sie unter Anmeldung ihrer Forderungen deren Sicherstellung verlangen können. Diese ist zu leisten, wenn die Gläubiger dies innerhalb von zwei Monaten nach der

Publikation im SHAB verlangen. Die Pflicht zur Sicherstellung entfällt, wenn die Gesellschaft nachweist, dass die Erfüllung der Forderung durch die Spaltung nicht gefährdet wird. Anstelle einer Sicherheitsleistung kann die Gesellschaft die Forderung erfüllen, sofern dadurch die anderen Gläubiger nicht geschädigt werden.

- **Zeitpunkt des Spaltungsbeschlusses** (Art. 43 Abs. 1 FusG). Der Spaltungsbeschluss darf erst gefasst werden, wenn die Sicherstellung der Gläubigerforderungen nach Art. 46 FusG erfolgt ist.
- **Subsidiäre Haftung der an der Spaltung beteiligten Gesellschaften** (Art. 47 FusG). Die Spaltung führt aus der Sicht der Gläubiger zu einer Änderung des Haftungssubstrats. Dieser Tatsache trägt das Fusionsgesetz Rechnung, indem eine subsidiäre Haftung statuiert wird: Den Gläubigern gegenüber haftet primär diejenige Gesellschaft, der die Verbindlichkeiten durch den Spaltungsvertrag bzw. Spaltungsplan zugeordnet werden. Werden die Forderungen durch die primär haftende Gesellschaft nicht befriedigt, so haften die übrigen an der Spaltung beteiligten Gesellschaften subsidiär.

  Die beteiligten Gesellschaften haften gemäss Art. 38 Abs. 2 FusG im Falle einer Aufspaltung solidarisch für Verbindlichkeiten, die sich aufgrund des Spaltungsvertrags oder des Spaltungsplans nicht zuordnen lassen.

- **Persönliche Haftung der Gesellschafter** (Art. 48 FusG). Da sich bei einer Spaltung möglicherweise unterschiedliche Haftungsregelungen bezüglich der übertragenden und der übernehmenden Gesellschaft(en) ergeben, bleiben Gesellschafter der übertragenden Gesellschaft, die vor der Spaltung haften, für Verbindlichkeiten haftbar, die vor der Veröffentlichung des Spaltungsbeschlusses begründet wurden oder entstanden sind.

  Die Ansprüche aus persönlicher Haftung der Gesellschafter verjähren spätestens drei Jahre nach Eintritt der Rechtswirksamkeit der Spaltung. Gegenüber Arbeitnehmenden der an der Fusion beteiligten Gesellschaften haften die persönlich haftenden Gesellschafter für alle Verbindlichkeiten aus Arbeitsvertrag, die bis zum Zeitpunkt entstehen, auf den das Arbeitsverhältnis ordentlicherweise beendigt werden könnte.

- **Übergang der Arbeitsverhältnisse und Haftung für Forderungen aus Arbeitsvertrag** (Art. 49 FusG). Arbeitsverhältnisse gehen mit allen Rechten und Pflichten auf die übernehmende Gesellschaft über, sofern zwei Voraussetzungen erfüllt sind: Erstens müssen die Arbeitsverhältnisse in der Liste aufgeführt sein, die gemäss Art. 37 lit. i FusG zwingenden Inhalt von Spaltungsvertrag bzw. Spaltungsplan darstellt. Zweitens erfolgt der Übergang nur dann, wenn der Arbeitnehmende diesen nicht ablehnt. Arbeitsverhältnisse, die nicht in der erwähnten Liste aufgeführt sind, verbleiben bei der Abspaltung beim bisherigen Arbeitgeber. Die Arbeitnehmenden der an der Spaltung beteiligten Gesellschaften haben ein Recht auf Sicherstellung ihrer Forderungen aus Arbeitsvertrag.

- **Konsultation der Arbeitnehmenden** (Art. 50 FusG). Alle beteiligten Gesellschaften müssen gleich wie bei der Fusion ihre Arbeitnehmervertretungen oder, falls keine solchen bestehen, alle Arbeitnehmenden rechtzeitig vor dem Spaltungsbeschluss über den Grund der Spaltung sowie deren rechtliche, wirtschaftliche und soziale Folgen für sie informieren. Das oberste Leitungs- oder Verwaltungsorgan muss die Generalversammlung anlässlich der Fusionsbeschlussfassung über das Ergebnis der Konsultation unterrichten.

4. Umwandlung von Gesellschaften (Art. 53–68 FusG)

4.1 Begriff und Arten

«Eine Gesellschaft kann ihre Rechtsform ändern (Umwandlung). Ihre Rechtsverhältnisse werden dadurch nicht verändert.»
Art. 53 FusG: Grundsatz

Ausgehend vom Grundgedanken der Freiheit bei der Wahl der Rechtsform eines Unternehmens regelt das Umstrukturierungsrecht die Umwandlung, das heisst **die Änderung der Rechtsform, ohne dass der Rechtsträger aufgelöst und liquidiert sowie ein neuer Rechtsträger gegründet wird.**

Im Gegensatz zu Fusion, Spaltung und Vermögensübertragung ist an der Umwandlung **immer lediglich eine einzige Rechtseinheit beteiligt.** Der Rechtsträger bleibt trotz Änderung der Rechtsform in seiner rechtlichen und wirtschaftlichen Identität unangetastet, was sich beispielsweise darin äussert, dass sie ihre Identifikationsnummer behält.

4.2 Zulässigkeit

Aus Art. 54 FusG ergibt sich, dass **die Umwandlung dann zulässig ist, wenn die rechtlichen Strukturen der bisherigen Rechtsform und der angestrebten neuen Rechtsform kompatibel sind.** Das Gesetz enthält eine abschliessende Auflistung der zulässigen Umwandlungen.

Für die Rechtseinheiten des Obligationenrechts ergibt sich folgende Übersicht. Daraus wird ersichtlich, dass sich juristische Personen nicht in eine Kollektiv- oder Kommanditgesellschaft umwandeln dürfen und dass eine Umwandlung im Sinne des Fusionsgesetzes für Einzelunternehmen nicht möglich ist.

übertragend \ übernehmend	Einzelunternehmen	Kollektivgesellschaft	Kommanditgesellschaft	Aktiengesellschaft	Kommanditaktiengesellschaft	Gesellschaft mit beschränkter Haftung	Genossenschaft
Einzelunternehmen							
Kollektivgesellschaft			x	x	x	x	x
Kommanditgesellschaft		x		x	x	x	x
Aktiengesellschaft					x	x	x
Kommanditaktiengesellschaft				x		x	x
Gesellschaft mit beschränkter Haftung				x	x		x
Genossenschaft				x	x	x	

Für die Umwandlung von Kollektiv- und Kommanditgesellschaften enthält Art. 55 FusG eine Sonderregelung (vgl. 6. Thema, Abschnitt 5.2).

4.3 Wahrung der Anteils- und Mitgliedschaftsrechte

Art. 56 Abs. 1 FusG verlangt die Wahrung der Anteils- und Mitgliedschaftsrechte der Gesellschafter. Damit gilt auch beim Rechtsformwechsel der Grundsatz der mitgliedschaftlichen Kontinuität.

Dies bedeutet, dass die Gesellschafter der bisherigen Gesellschaft Vermögens- und Mitgliedschaftsrechte an der neuen (umgewandelten) Gesellschaft erhalten, die ihrer bisherigen Beteiligung entsprechen. Möglicherweise lässt sich dies in absoluten Grössen dann nicht erreichen, wenn die Wertquoten und die Stimmrechtsverteilung aufgrund der unterschiedlichen zwingenden Strukturen der bisherigen und der neuen Gesellschaft nicht identisch sind. Die Gesellschafterrechte gelten als gewahrt, wenn in der neuen Gesellschaft die relative Vermögensquote und die relative Stimmkraft mit derjenigen der umgewandelten Gesellschaft übereinstimmen.

4.4 Umwandlungsverfahren

4.4.1 Grundsatz: Beachtung der Gründungsvorschriften

Bei der Umwandlung finden die Bestimmungen des Zivilgesetzbuches und des Obligationenrechts über die Gründung der entsprechenden (anvisierten) Gesellschaft Anwendung, mit Ausnahme der Vorschriften über die Sacheinlagen (Art. 57 FusG). Dies bedeutet, dass beispielsweise die Bestimmungen über die Firma, das Mindestkapital, die Liberierung und die Organe einzuhalten sind. Dagegen gilt nicht das Gründungsverfahren nach OR, sondern die Umstrukturierung erfolgt nach dem im Fusionsgesetz geregelten Umwandlungsverfahren.

4.4.2 Verfahrensschritte

1. Schritt Dokumente Art. 58–61 FusG	① **Umwandlungsbilanz** Die der Umwandlung zugrunde liegende Bilanz bildet die Basis für die Bewertung der an der Transaktion beteiligten Gesellschaften und für die Festlegung der Anteils- oder Mitgliedschaftsrechte. Massgebend ist in der Regel die am Schluss des letzten Geschäftsjahres vor der Umwandlung erstellte handelsrechtliche Bilanz. Liegt der Bilanzstichtag mehr als sechs Monate zurück oder sind seit der letzten Bilanz wichtige Vermögensveränderungen eingetreten, so muss eine Zwischenbilanz erstellt werden. ② **Umwandlungsplan** Das oberste Leitungs- oder Verwaltungsorgan hat in schriftlicher Form einen Umwandlungsplan zu erstellen. Dies ist im Gegensatz zum Fusionsvertrag und zum Spaltungsvertrag und in Übereinstimmung mit dem Spaltungsplan ein einseitiges Rechtsgeschäft. Der Umwandlungsplan richtet sich an die Gesellschafter und hat folgenden gesetzlichen Inhalt: • Name oder Firma, Sitz und Rechtsform vor und nach der Umwandlung • die neuen Statuten • Zahl, Art und Höhe der Anteile, welche die Gesellschafter nach der Umwandlung erhalten oder Angaben über die Mitgliedschaft der Gesellschafter nach der Umwandlung ③ **Umwandlungsbericht** Wie bei der Fusion und der Spaltung muss das oberste Leitungs- oder Verwaltungsorgan auch bei der Umwandlung einen schriftlichen Bericht zuhanden der Gesellschafter zu erstellen. Darin sind folgende Aspekte in rechtlicher und wirtschaftlicher Hinsicht zu erläutern und zu begründen: • Zweck und Folgen der Umwandlung • Erfüllung der Gründungsvorschriften für die neue Rechtsform • die neuen Statuten

	• Umtauschverhältnis für Anteile bzw. Mitgliedschaft der Gesellschaft nach der Umwandlung • gegebenenfalls Nachschusspflicht, andere persönliche Leitungspflichten und die persönliche Haftung, die sich für die Gesellschaft aus der Umwandlung ergeben • Pflichten, die den Gesellschaftern in der neuen Rechtsform auferlegt werden können
2. Schritt Prüfungspflichten Art. 62 FusG	Auch bei der Umwandlung sind der Umwandlungsplan, der Umwandlungsbericht und die der Umwandlung zugrunde liegende Bilanz durch einen zugelassenen Revisionsexperten zu prüfen und die Ergebnisse der Überprüfung in einem schriftlichen Prüfungsbericht festzuhalten. Der Revisionsexperte hat zu prüfen, ob die Voraussetzungen für die Umwandlung erfüllt sind, insbesondere ob die Rechtsstellung der Gesellschafter nach der Umwandlung gewahrt bleibt.
3. Schritt Offenlegung Art. 63 FusG	Gleich wie bei Fusion und Spaltung sind die erstellten Dokumente sowie die Jahresrechnungen und Jahresberichte der letzten drei Geschäftsjahre und allenfalls die Zwischenbilanz am Sitz der Gesellschaft den Gesellschaftern zur Einsicht offenzulegen.
4. Schritt Beschlussfassung Art. 64/65 FusG	Der öffentlich zu beurkundende Umwandlungsbeschluss bezieht sich auf die Genehmigung des Umwandlungsplans; dafür ist die Generalversammlung zuständig. Art. 64 FusG enthält – differenziert für die verschiedenen Rechtsformen sowie die verschiedenen Umwandlungstatbestände – die Regelung, welcher Personenkreis mit welchen Mehrheiten über den Umwandlungsplan beschliessen muss.
5. Schritt Registereintrag Art. 66/67 FusG	Die Umwandlung ist durch das oberste Leitungs- oder Verwaltungsorgan beim Handelsregister anzumelden und wird mit der Eintragung rechtswirksam.

4.4.3 Erleichterungen für kleine und mittlere Unternehmen

Für KMU (vgl. Abschnitt 1.2) gelten ähnliche gesetzliche Verfahrensvereinfachungen wie bei der Fusion und der Spaltung. So können kleine und mittlere Unternehmen auf den schriftlichen Umwandlungsbericht, die Revisionsprüfung der Dokumente sowie auf deren Offenlegung verzichten. Die Erleichterungen sind an die Bedingung geknüpft, dass alle Gesellschafter diesem Vorgehen zustimmen (vgl. Art. 61 Abs. 2, Art. 62 Abs. 2 sowie Art. 63 Abs. 2 FusG).

4.5 Schutz von Gläubigern und Arbeitnehmenden

Bei einer Umwandlung findet lediglich ein **Rechtskleidwechsel** statt. **Dies bedeutet, dass die Rechtsverhältnisse der Gesellschaft unverändert bleiben, also weder Aktiven und Passiven noch Arbeitsverhältnisse übertragen werden.** Aus diesem Grund kommt den Schutzbestimmungen für Gläubiger und Arbeitnehmende weniger grosse Bedeutung zu als bei einer Fusion oder Spaltung.

Das Fusionsgesetz verweist in Art. 68 FusG bezüglich des Schutzes von Gläubigern und Arbeitnehmenden einzig auf Art. 26 und Art. 27 FusG. Danach bleiben die Gesellschafter der bisherigen Gesellschaft, die vor der Umwandlung für deren Verbindlichkeiten haften, für alle Verbindlichkeiten haftbar, die vor der Umwandlung begründet wurden oder entstanden sind. Dies gilt auch für Verbindlichkeiten aus Arbeitsvertrag (vgl. Abschnitt 2.5).

5. Vermögensübertragung (Art. 69–77 FusG)

5.1 Begriff, Bedeutung und Abgrenzungen

«[1]Im Handelsregister eingetragene Gesellschaften und im Handelsregister eingetragene Einzelunternehmen können ihr Vermögen oder Teile davon mit Aktiven und Passiven auf andere Rechtsträger des Privatrechts übertragen. Wenn die Gesellschafterinnen und Gesellschafter der übertragenden Gesellschaft Anteils- oder Mitgliedschaftsrechte der übernehmenden Gesellschaft erhalten, gilt Kapitel 3.
[2]Vorbehalten bleiben die gesetzlichen und statutarischen Bestimmungen über den Kapitalschutz und die Liquidation.»
Art. 69 FusG

Jedes im Handelsregister eingetragene Gesellschafts- und Einzelunternehmen kann sein Vermögen oder Teile davon mit Aktiven und Passiven auf andere Rechtsträger übertragen. Die Vermögensübertragung tangiert die Stellung der Gesellschafter der übertragenden Gesellschaft nicht: Diese behalten ihre Gesellschafterstellung in vollem Umfange und werden an der übernehmenden Gesellschaft nicht beteiligt. Die Vermögensübertragung bewirkt auch nicht die Auflösung mindestens einer beteiligten Partei, wie dies bei der Fusion und der Aufspaltung der Fall ist.

Begriffsnotwendig für die Vermögensübertragung ist der Umstand, dass der übernehmende Rechtsträger den übertragenden nicht durch Anteils- oder Mitgliedschaftsrechte entschädigt. Art. 69 Abs. 1 FusG unterstellt den Fall, wonach Anteils- oder Mitgliedschaftsrechte gewährt werden, ausdrücklich unter die Vorschriften über die Spaltung von Gesellschaften (Abschnitt 3 des Fusionsgesetzes).

Die Entschädigung für die Vermögensübertragung erfolgt regelmässig durch Geld oder Sachwerte. Der Anspruch auf diese Gegenleistung liegt beim übertragenden Rechtsträger und nicht bei dessen

Gesellschaftern. Darin unterscheidet sich die Vermögensübertragung wie erwähnt von der Spaltung, und daher handelt es sich bei der Vermögensübertragung nicht um einen gesellschaftsrechtlichen, sondern einen schuldrechtlichen Sachverhalt (in der Regel Kaufvertrag).

Mit der Vermögensübertragung hat das Fusionsgesetz ein neues Rechtsinstitut geschaffen. Durch diese fusionsrechtliche Transaktionsform wird die Übertragung von Aktiven und Passiven für Gesellschaften und im Handelsregister eingetragene Einzelunternehmen vereinfacht, indem die Vermögensübertragung auf dem Weg der Universalsukzession erfolgen kann. Vor dem Inkrafttreten des Sondergesetzes am 1. Juli 2004 war eine Vermögensübertragung zwar auch möglich, war jedoch ausschliesslich nach den obligationenrechtlichen Bestimmungen abzuwickeln. Art. 181 OR regelt die Übertragung eines Vermögens auf dem Weg der Singularsukzession, was bedeutet, dass jedes Aktivum einzeln und unter Beachtung der dafür notwendigen Form- und Verfahrensvorschriften übertragen werden muss (vgl. 4. Thema, Abschnitt 2.2.2).

5.2 Zulässigkeit

Die Vermögensübertragung ist unabhängig von der Rechtsform für alle Rechtsträger zulässig. Übertragend können alle im Handelsregister eingetragenen Gesellschaften sowie die Einzelunternehmen sein, die im Handelsregister eingetragen sind. Als übernehmende Rechtsträger kommen wiederum alle Gesellschaften infrage und auch das Einzelunternehmen kann Vermögensübernehmerin sein, unabhängig davon, ob ein Handelsregistereintrag vorliegt oder nicht.

Will ein Einzelunternehmen, das nicht im Handelsregister eingetragen ist, Vermögen übertragen, stehen die Erleichterungen des Fusionsgesetzes nicht zur Verfügung; die Vermögensübertragung hat in diesem Fall nach den Vorschriften des Obligationenrechts über die Singularsukzession zu erfolgen.

5.3 Verfahren

Das Verfahren zur Vermögensübertragung ist im Vergleich zu jenem bei Fusion, Spaltung und Umwandlung recht einfach:

- Zunächst ist von den obersten Leitungs- oder Verwaltungsorganen der an der Vermögensübertragung beteiligten Rechtsträger ein **Übertragungsvertrag** abzuschliessen. Oberste Leitungs- oder Verwaltungsorgane sind der Geschäftsinhaber des Einzelunternehmens, die zur Geschäftsführung berechtigten Gesellschafter der Kollektiv- und Kommanditgesellschaft, der Verwaltungsrat der AG, die Geschäftsführung der GmbH und die Verwaltung der Genossenschaft.
- Der Übertragungsvertrag bedarf der schriftlichen Form; werden Grundstücke übertragen, so sind die entsprechenden Vertragsteile öffentlich zu beurkunden (Art. 70 FusG).
- Das Gesetz sieht nicht vor, dass die Gesellschafter materiell dazu Stellung nehmen; ein Gesellschafterbeschluss zur Genehmigung des Übertragungsvertrages ist also nicht erforderlich. **Die Vermögensübertragung liegt damit in der alleinigen Zuständigkeit des obersten Leitungs- oder Verwaltungsorgans.** Die Begründung für diese Tatsache liegt darin, dass durch die Vermögensübertragung der Rechtsträger in seinem grundsätzlichen Bestand nicht tangiert wird und gemäss obligationenrechtlicher Kompetenzordnung die Oberleitung der Gesellschaft zur unübertragbaren Aufgabe des obersten Leitungs- oder Verwaltungsorgans gehört (so beispielsweise Art. 716 a für die Aktiengesellschaft).
- Der Übertragungsvertrag hat nach Art. 71 FusG zwingend folgenden Inhalt aufzuweisen:

- Firma oder Name, Sitz und Rechtsform der beteiligten Rechtsträger
- Inventar mit der eindeutigen Bezeichnung der zu übertragenden Gegenstände des Aktiv- und Passivvermögens, wobei Grundstücke, Wertpapiere und immaterielle Werte einzeln aufzuführen sind. Eine Vermögensübertragung ist nur dann zulässig, wenn das Inventar einen nach den allgemeinen handelsrechtlichen Bewertungsregeln berechneten Aktivenüberschuss ausweist.
- gesamter Wert der zu übertragenden Aktiven und Passiven
- allfällige Gegenleistung. Der Wortlaut des Gesetzes macht klar, dass eine Vermögensübertragung entgeltlich oder unentgeltlich erfolgen kann.
- Liste der Arbeitsverhältnisse, die mit der Vermögensübertragung übergehen

- Der übertragende Rechtsträger muss die Vermögensübertragung **dem Handelsregister zur Eintragung anmelden**. Die Anmeldung ist vorzunehmen:
  - beim Einzelunternehmen: vom Inhaber
  - bei Kollektiv- und Kommanditgesellschaften: von allen Gesellschaftern
  - bei juristischen Personen: von zwei Mitgliedern des obersten Leitungs- oder Verwaltungsorgans oder einem Mitglied mit Einzelzeichnungsberechtigung

- Nach Art. 73 Abs. 2 FusG wird die Vermögensübertragung mit der Eintragung ins Handelsregister rechtswirksam; der Eintrag wirkt also konstitutiv. In diesem Zeitpunkt gehen alle im Inventar aufgeführten Aktiven und Passiven von Gesetzes wegen auf den übernehmenden Rechtsträger über (Universalsukzession). Gegenstände des Aktivvermögens sowie Forderungen und immaterielle Rechte, die sich aufgrund des Inventars nicht zuordnen lassen, verbleiben beim übertragenden Rechtsträger.

- Im Gegensatz zu Fusion, Spaltung und Umwandlung sieht das Umstrukturierungsrecht bei der Vermögensübertragung lediglich eine **nachträgliche Information der Gesellschafter** vor. Die Gesellschafter sind entweder im Anhang zur Jahresrechnung oder (wenn keine Jahresrechnung zu erstellen ist) an der nächsten Generalversammlung über die Vermögensübertragung zu informieren. Darin hat das oberste Leitungs- oder Verwaltungsorgan der übertragenden Gesellschaft die Gesellschafter über den Zweck, die Folgen und den Inhalt des Übertragungsvertrages sowie über die Gegenleistung für die Übertragung und allfällige Folgen für die Arbeitnehmenden zu orientieren. Die Information kann unterbleiben, wenn die übertragenen Aktiven weniger als 5 Prozent der Bilanzsumme der übertragenden Gesellschaft ausmachen.

5.4 Schutz von Gläubigern und Arbeitnehmenden

Entgegen der allgemeinen Bestimmung von Art. 176 Abs. 1 OR, der für eine rechtsgültige Schuldübernahme den Abschluss eines Vertrags zwischen dem Übernehmer und dem Gläubiger verlangt, findet bei der Vermögensübertragung nach Fusionsgesetz ein Schuldnerwechsel statt, ohne dass das Einverständnis des Gläubigers dazu notwendig ist. Dem damit notwendigen Gläubigerschutz tragen die Vorschriften von Art. 75–77 FusG Rechnung.

- **Solidarische Haftung** (Art. 75 Abs. 1 und 2 FusG). Der bisherige Schuldner (also der übertragende Rechtsträger) haftet für die vor der Vermögensübertragung begründeten Schulden während dreier Jahre solidarisch mit dem neuen Schuldner (dem übernehmenden Rechtsträger). Die Ansprüche gegen den übertragenden Rechtsträger verjähren spätestens drei Jahre nach Veröffentlichung der Vermögensübertragung.

- **Sicherstellung der Forderungen** (Art. 75 Abs. 3 und 4 FusG). Die an der Vermögensübertragung beteiligten Rechtsträger müssen die Forderungen sicherstellen, wenn die solidarische Haftung vor Ablauf der Frist von drei Jahren entfällt oder wenn die Gläubiger glaubhaft machen, dass die solidarische Haftung keinen ausreichenden Schutz bietet. Anstatt eine Sicherheit zu leisten, können an der Vermögensübertragung beteiligte Rechtsträger die Forderung erfüllen, sofern die anderen Gläubiger dadurch nicht geschädigt werden.

- **Übergang der Arbeitsverhältnisse** (Art. 76 FusG). Arbeitsverhältnisse gehen mit allen Rechten und Pflichten auf den übernehmenden Rechtsträger über, sofern der Arbeitnehmende den Übergang nicht ablehnt und sofern diese aufgrund der aufgestellten Liste gemäss Art. 71 Abs. 1 lit. e Inhalt des Übertragungsvertrages bilden. Die solidarische Haftung gemäss Art. 75 FusG gilt auch für Forderungen aus Arbeitsvertrag, die bis zum Zeitpunkt entstehen, auf den das Arbeitsverhältnis ordentlicherweise beendet werden könnte bzw. beendet wird.

- **Konsultation der Arbeitnehmenden** (Art. 77 FusG). Sowohl der übertragende als auch der übernehmende Rechtsträger muss seine Arbeitnehmervertretung oder, falls keine solche besteht, alle Arbeitnehmenden über den Grund sowie die rechtlichen, wirtschaftlichen und sozialen Folgen der Vermögensübertragung informieren. Die Information hat spätestens nach Abschluss des Übertragungsvertrages zu erfolgen, auf jeden Fall so rechtzeitig, dass die Arbeitnehmenden genügend Zeit haben, die Umstrukturierung zu analysieren und deren Auswirkungen auf sie zu überprüfen.

6. Rechtsschutz und Verantwortlichkeit im Umstrukturierungsrecht

6.1 Schutz der Wahrung der mitgliedschaftlichen Kontinuität

Wenn bei einer Fusion, einer Spaltung oder einer Umwandlung die Anteils- oder Mitgliedschaftsrechte nicht angemessen gewahrt sind oder wenn die Abfindung nicht angemessen ist, kann jeder Gesellschafter innerhalb von zwei Monaten nach der Veröffentlichung des Fusions-, des Spaltungs- oder des Umwandlungsbeschlusses verlangen, dass das Gericht eine angemessene Ausgleichszahlung festsetzt (Art. 105 Abs. 1 FusG). Aktiv legitimiert zur Klage sind alle Gesellschafter, die von der Fusion, Spaltung oder Umwandlung betroffen bzw. in ihrer Gesellschafterstellung beeinträchtigt sind. Die Klage richtet sich gegen die Gesellschaft; der beklagte Rechtsträger hat nach Art. 105 Abs. 3 FusG in aller Regel auch die Kosten des Verfahrens zu tragen.

Eine allfällige Klage richtet sich nicht gegen den Fusions-, Spaltungs- oder Umwandlungsbeschluss als Ganzes und hindert die Rechtswirksamkeit des betreffenden Umstrukturierungsbeschlusses nicht. Vielmehr soll durch die Klage einzig (aber immerhin) beurteilt werden, ob das Umtausch- bzw. Zuteilungsverhältnis oder die Abfindung angemessen und damit das Prinzip der mitgliedschaftlichen Kontinuität eingehalten ist. Selbst wenn auf Unangemessenheit erkannt würde, bliebe der Umstrukturierungsbeschluss als solcher unangetastet. Eine Gutheissung der Klage würde bedeuten, dass der betreffende Beschluss bezüglich der Zuteilung von Anteils- oder Mitgliedschaftsrechten bzw. der Höhe der Abfindung abgeändert wird. Eine solche Abänderung hat Auswirkung für alle Gesellschafter des beteiligten Rechtsträgers, sofern sie sich in der gleichen Stellung wie der Kläger befinden.

6.2 Schutz der Einhaltung der fusionsrechtlichen Bestimmungen

Werden die Vorschriften des Fusionsgesetzes verletzt, so können die Gesellschafter der beteiligten Rechtsträger, die dem Beschluss über die Fusion, die Spaltung oder die Umwandlung nicht zugestimmt haben, den Beschluss innerhalb von zwei Monaten nach dessen Veröffentlichung im Schweizerischen Handelsamtsblatt anfechten.

Mit der Anfechtung nach Art. 106 FusG soll die Einhaltung der Umstrukturierungsbestimmungen im Fusionsgesetz durchgesetzt werden. Obschon der Wortlaut von Art. 106 FusG den Beschluss über die Vermögensübertragung nicht enthält, zeigt sich aus der Entstehungsgeschichte der Vorschrift, dass auch dieser Beschluss unter die Bestimmung fällt, allerdings mit einem Unterschied: Für die Vermögensübertragung ist kein Beschluss der Gesellschafter nötig; es genügt ein entsprechender Beschluss des obersten Leitungs- oder Verwaltungsorgans der Gesellschaft. Folglich hat sich eine allfällige Anfechtung gegen diesen Beschluss zu richten, was Art. 106 Abs. 2 FusG ausdrücklich bestätigt.

Die Aktivlegitimation der Anfechtungsklage liegt bei jedem Gesellschafter, der dem Fusions-, Spaltungs- bzw. Umwandlungsbeschluss nicht zugestimmt, die Passivlegitimation bei der Gesellschaft, welche die angefochtene Umstrukturierung beschlossen hat. **Die Anfechtung richtet sich gegen den Beschluss auf Fusion, Spaltung oder Umwandlung, somit gegen den Vorgang der Umstrukturierung als solchen.**

Erfolgreich angefochten werden können namentlich Verfahrensmängel sowie Verletzungen von Fusionsgesetzesbestimmungen, die den Schutz der Gesellschafter bezwecken (Beispiele: Mängel am Zustandekommen des Beschlusses; nicht gesetzeskonformer Fusions- oder Spaltungsbericht).

6.3 Verantwortlichkeit

Angesichts der Tatsache, dass Umstrukturierungen sowohl für die beteiligten Rechtsträger als auch die Gesellschafter bedeutende Auswirkungen haben können, kommt der Verantwortung der mit der Umstrukturierung befassten Personen eine grosse Bedeutung zu. Zu vergleichen ist die Verantwortlichkeit mit jener der Verwaltungs- und Revisionsorgane bei der Aktiengesellschaft, weshalb Art. 108 Abs. 3 FusG ausdrücklich einzelne Bestimmungen aus dem Aktienrecht als anwendbar erklärt.

In der Fachliteratur wird im Zusammenhang mit dem Fusionsgesetz von einer **Umstrukturierungshaftung** und einer **Prüfungshaftung** gesprochen: So sind nach Art. 108 Abs. 1 und 2 FusG alle mit der Fusion, der Spaltung, der Umwandlung oder der Vermögensübertragung befassten Personen sowie alle mit der Prüfung der Fusion, der Spaltung oder der Umwandlung befassten Personen sowohl den Rechtsträgern als auch den einzelnen Gesellschaftern sowie den Gläubigern für den Schaden verantwortlich, den sie durch absichtliche oder fahrlässige Verletzung ihrer Pflichten verursachen.

Neben der Gesellschaft sind auch die einzelnen Gesellschafter berechtigt, den der Gesellschaft entstandenen Schaden einzuklagen. Sind für einen Schaden mehrere Personen ersatzpflichtig, so ist jede von ihnen insoweit mit den andern solidarisch haftbar, als ihr der Schaden aufgrund ihres eigenen Verschuldens und der Umstände persönlich zurechenbar ist. Der Anspruch auf Schadenersatz gegen die verantwortlichen Personen verjährt in fünf Jahren von dem Tage an, an dem der Geschädigte Kenntnis vom Schaden und von der Person des Ersatzpflichtigen erlangt hat, jedenfalls aber mit dem Ablauf von zehn Jahren vom Tage der schädigenden Handlung an gerechnet.

7. Literaturhinweise

- *von der Crone H.C./Gersbach A./Kessler F./Dietrich M./Berlinger K.*, www.fusg.ch – Die Internetplattform zum Transaktionsrecht
- *Gwelessiani M.*, Praxiskommentar zur Handelsregisterverordnung (Zürich 2008)
- *Kläy H.*, Das Fusionsgesetz – ein Überblick (Zürich 2004)
- *Knecht M./Koch J.*, Handelsregisterliche Eintragungen, Ein Leitfaden zur AG, GmbH, Genossenschaft und Stiftung (Zürich 2008)
- *Meier-Schatz Ch.*, Das neue Fusionsgesetz (Zürich 2000)
- *von Salis U.*, Fusionsgesetz (Zürich 2004), www.fusionsgesetz.ch
- *Watter R./Vogt N.P./Tschäni R./Däniker D.*, Fusionsgesetz, Basler Kommentar (Basel/Genf/München 2005)

4. Thema
Das Einzelunternehmen

Informationsziele

In diesem Thema erfahren Sie,
- welche Aspekte bei der Neugründung eines Einzelunternehmens zu beachten sind
- auf welche andere Art und Weise (neben der Neugründung) ein Einzelunternehmen entstehen kann
- welche Merkmale für die Anerkennung der selbstständigen Erwerbstätigkeit wesentlich sind
- welche Regeln betreffend Kapital und Haftung beim Einzelunternehmen gelten
- worauf bei der Buchführung im Einzelunternehmen besonders zu achten ist
- welche Besonderheiten sich betreffend Sozialversicherungen für eine selbstständig tätige Person ergeben
- welchen Grundregeln die direkten Steuern für den Einzelunternehmer folgen

1. Das Wesen des Einzelunternehmens

1.1 Charakteristische Merkmale

Das Einzelunternehmen ist nach der Aktiengesellschaft nach wie vor die beliebteste Rechtsform, auch wenn gemäss Statistik (2. Thema, Abschnitt 2.3) der relative Anteil in den letzten Jahren etwas zurückgegangen ist.

Das Einzelunternehmen zeichnet sich dadurch aus, dass eine einzelne natürliche Person Inhaber/in des Geschäftes ist. Diese Person

- stellt dem Unternehmen das nötige Eigenkapital zur Verfügung,
- ist massgebende/r Geschäftsführer/in und trifft die unternehmerischen Entscheide,
- tritt in der Regel gegen aussen selber auf, vertritt also selber das Geschäft,
- trägt das unternehmerische Risiko allein, das heisst, sie hat nicht nur Anspruch auf den gesamten Gewinn, sondern auch einen allfälligen Verlust allein zu tragen,
- haftet für die Schulden aus der Unternehmenstätigkeit mit ihrem gesamten Vermögen.

Zahlreiche Normen regeln zwar Sachverhalte, die sich insbesondere oder ausschliesslich auf Personen mit selbstständiger Tätigkeit beziehen. Unabhängig davon aber, ob jemand Inhaber eines Einzelunternehmens ist oder nicht, gelten für alle Menschen grundsätzlich dieselben Rechtsvorschriften. **So sind denn die das Einzelunternehmen betreffenden Rechtsnormen nicht in einer einheitlichen, systematischen und konzentrierten Kodifikation zu finden.**

1.2 Vorteile und Nachteile der Rechtsform

Wie bereits dargelegt (1. Thema, Abschnitt 3.2), gibt es die ideale Rechtsform nicht, welche für den Geschäftsinhaber ausschliesslich Vorteile bringt. Für den Übergang von einer unselbstständigen Erwerbstätigkeit (also der Anstellung bei einem Arbeitgeber) zu einer selbstständigen Tätigkeit wird häufig die Rechtsform des Einzelunternehmens gewählt.

Diese ist für den Inhaber (nicht nur, jedoch vor allem für die Startphase der Selbstständigkeit) in wesentlichen Belangen **vorteilhaft:**

- Das Gründungsverfahren ist einfach, kostengünstig und unbürokratisch.
- Der Verwaltungsaufwand für die Führung des Unternehmens ist relativ gering.
- Die Unternehmerperson kann dank alleiniger Entscheidungsgewalt flexibel agieren und reagieren.
- Der Einzelunternehmer hat weniger zwingende Rechtsvorschriften zu beachten, als wenn eine juristische Person gegründet würde. So gelten für die Buchführung lediglich die allgemeinen Bestimmungen und es bestehen keine gesetzlichen Kapitalvorschriften.
- Bezüglich der 2. Säule im Rahmen der Sozialversicherungen hat die Unternehmerperson die Freiheit, aus verschiedenen Modellen das für sie geeignete auszuwählen.
- Der Einzelunternehmer unterliegt nicht der Doppelbesteuerung.

Nicht übersehen werden dürfen aber auch verschiedene **Nachteile**, die sich aus der Sicht der Unternehmerperson ergeben:

- Der Einzelunternehmer trägt das unbeschränkte persönliche Risiko seiner Tätigkeit, und zwar mit dem Geschäfts- sowie dem Privatvermögen.
- Dadurch, dass nur eine einzige Person Geschäftsinhaber/in ist, sind der Kapitalbeschaffung häufig Grenzen gesetzt.
- Ein allfälliger Verkauf des Unternehmens sowie die Regelung der Nachfolge auch im Erbfall sind schwieriger zu bewerkstelligen als bei gewissen anderen Rechtsformen.
- In steuerlicher Hinsicht wird bei einem allfälligen Verkauf des Unternehmens die Liquidationsgewinnsteuer fällig.
- Der Einzelunternehmer hat AHV-Beiträge nicht nur für seine als Lohn deklarierten Bezüge, sondern auch für den Gewinn aus seiner Unternehmertätigkeit zu entrichten.

2. Entstehung des Einzelunternehmens

Drei Sachverhalte können zur Entstehung eines Einzelunternehmens führen: (2.1) die Neugründung, (2.2) die Übernahme eines bereits bestehenden Geschäfts sowie (2.3) die Weiterführung einer Personengesellschaft.

2.1 Neugründung

Es ist recht einfach, in der Schweiz ein Unternehmen zu gründen. So gibt es beim Einzelunternehmen **keinen formellen Gründungsakt**. Das Unternehmen entsteht dann, wenn der Unternehmer seine Geschäftstätigkeit aufnimmt. Dabei sind die folgenden Aspekte zu beachten.

2.1.1 Persönliche Voraussetzungen der Gründerperson

Einzelunternehmer kann grundsätzlich jede natürliche Person sein. Die Unternehmensgründung setzt in privatrechtlicher Hinsicht grundsätzlich die **Handlungsfähigkeit** der Gründerperson voraus, denn der Geschäftsinhaber muss sich durch eigenes Handeln Dritten gegenüber rechtlich binden können. Hinzuweisen ist auf die im Gesetz enthaltene grundsätzliche Möglichkeit, wonach auch **ein urteilsfähiger, jedoch unmündiger (und damit nicht handlungsfähiger) Mensch als Einzelunternehmer tätig sein kann**: So sind nach Art. 323 ZGB die Eltern befugt, einer unmündigen, unter elterlicher Gewalt stehenden Person die Zustimmung zur Ausübung eines eigenen Gewerbes zu erteilen. Und die Vormundschaftsbehörde kann einem Bevormundeten gestatten, ein Gewerbe selbstständig zu betreiben. Art. 412 ZGB hält dazu fest, dass der Bevormundete in diesem Fall alle Geschäfte vornehmen kann, die zum regelmässigen Geschäftsbetrieb gehören, und dafür mit seinem ganzen Vermögen haftet.

Betreffend die allenfalls bestehenden **öffentlich-rechtlichen Voraussetzungen für die Unternehmensgründung** sowie die **Unternehmungsgründung durch ausländische Staatsangehörige** siehe 2. Thema, Abschnitte 1.2.2 und 1.2.3.

2.1.2 Anerkennung der Selbstständigkeit

Der Inhaber eines Einzelunternehmens muss sich wegen seiner als selbstständig geltenden Erwerbstätigkeit selbst um die Sozialversicherungen kümmern und die Prämienbeiträge in ganzer Höhe selbst bezahlen. Daher ist bei der Gründung eines Einzelunternehmens die **Anerkennung der Selbstständigkeit durch die zuständige AHV-Ausgleichskasse** erforderlich. In der AHV-Gesetzgebung sind die Begriffe der Selbstständigkeit und der Unselbstständigkeit nicht definiert. Enthalten sind jedoch einzelne Tatbestandsmerkmale, durch deren Auslegung sich die Begriffe bestimmen lassen. So gilt gemäss Sozialversicherungsrechtsprechung als selbstständige Erwerbstätigkeit der Sachverhalt, **wenn die Person durch Einsatz von Arbeit und Kapital in frei bestimmter Selbstorganisation und nach aussen sichtbar am wirtschaftlichen Verkehr teilnimmt mit dem Ziel, Dienstleistungen zu erbringen oder Produkte zu schaffen und diese durch geldwerte Gegenleistungen auf dem Markt zu verkaufen** (so zum Beispiel BGE 125 V 383).

Die zuständige Ausgleichskasse beurteilt im Einzelfall, ob eine Person diese Voraussetzungen erfüllt, also im Sinne der AHV als unselbstständig oder selbstständig erwerbend gilt. Für die Beurteilung werden in der Regel folgende Kriterien herangezogen:

- Auftritt nach aussen mit eigener Firma, beispielsweise durch Eintrag im Handelsregister und/oder im Adress- und Telefonbuch, durch eigenes Brief- und Werbematerial oder durch eine Bewilligung zur Berufsausübung

- Direkte Rechnungsstellung in eigenem Namen (und nicht über Dritte) mit Tragung des Inkassorisikos sowie mit Abrechnung der Mehrwertsteuer
- Tätigung von Investitionen mit langfristigem Charakter auf eigene Rechnung
- Unabhängigkeit in der Auswahl der übernommenen Arbeiten
- Freiheit in der Wahl der betrieblichen Organisation, zum Beispiel durch selbstständige Festsetzung der eigenen Präsenzzeit, durch Bestimmung der Räumlichkeiten und Infrastruktur sowie der Organisation der Arbeit
- Selbstständige Beschaffung von Aufträgen
- Tätigwerden für mehrere Auftraggeber; die Tätigkeit für lediglich einen Auftraggeber gilt im Normalfall nicht als selbstständige Erwerbstätigkeit
- Beschäftigung von Personal

Nicht erforderlich ist, dass alle diese Kriterien im Einzelfall kumulativ erfüllt sind. Falls jemand beispielsweise kein eigenes Personal beschäftigt und nicht im Handelsregister eingetragen ist, kann er trotzdem als selbstständig erwerbend gelten, wenn andere Voraussetzungen vorliegen. Es kann auch sein, dass die gleiche Person für die eine Tätigkeit als selbstständig, für eine andere Tätigkeit aber als unselbstständig erwerbend eingestuft wird.

Wird ein Antrag auf Anerkennung der Selbstständigkeit abgelehnt, so ist die Person als (unselbstständig erwerbende) Arbeitnehmerin zu betrachten; für sie hat ihr Arbeitgeber die AHV-Beiträge abzurechnen.

Praxistipp
Verschiedene Merkblätter geben ausführlich Auskunft über alle möglichen Fragen im Zusammenhang mit der AHV. Diese werden von der Informationsstelle AHV/IV in Zusammenarbeit mit dem Bundesamt für Sozialversicherungen BSV herausgegeben und sind unter

www.ahv-iv.info verfügbar. Für die Gesuchstellung zu Anerkennung der Selbstständigkeit haben einzelne kantonale Ausgleichskassen Formulare geschaffen.

2.1.3 Handelsregistereintrag

a) Pflicht zur Eintragung

Natürliche Personen, die ein nach kaufmännischer Art geführtes Gewerbe betreiben, haben ihr Einzelunternehmen in das Handelsregister einzutragen, wenn der Jahresumsatz mindestens 100 000 Franken beträgt. Massgebend für die Eintragungspflicht ist also die Tatsache, dass ein kaufmännisches Gewerbe betrieben und ein Mindestumsatz erreicht wird. Die Pflicht zur Eintragung entsteht, sobald verlässliche Zahlen über den Jahresumsatz vorliegen. Gehören einer Person mehrere Einzelunternehmen, so ist deren Umsatz zusammenzurechnen. Wenn die Mindestumsatzhöhe nicht erreicht wird, hat der Unternehmer das Recht, sein Geschäft freiwillig eintragen lassen.

Der Handelsregistereintrag (die Gebühr dafür beträgt 120 Franken) ist für die Entstehung des Unternehmens nicht konstitutiv, sondern rein deklaratorisch. Die Eintragung hat durch den Inhaber persönlich (Stellvertretung ist nicht zulässig) beim kantonalen Handelsregisteramt am Ort der Hauptniederlassung zu erfolgen. Für die Anmeldung hat der Geschäftsinhaber folgende zwei Möglichkeiten; eine Anmeldung in mündlicher Form oder durch blosse E-Mail-Mitteilung genügt nicht.

- **Ausfüllen und persönliche Unterzeichnung eines Anmeldeformulars.** Die Unterschrift ist zu beglaubigen. Beglaubigung allgemein bedeutet die amtliche Bestätigung der Echtheit von Unterschriften, Kopien, Dokumenten, Protokollauszügen usw. **Die Beglaubigung einer Unterschrift konkret besteht in der Bescheinigung der Amtsstelle, dass die unterzeichnende Person die Un-**

terschrift in ihrer Anwesenheit angebracht oder ihr gegenüber als die eigene anerkannt hat. Für die Vornahme der Beglaubigung sind die jeweils von der kantonalen Gesetzgebung bezeichneten Amtsstellen (z.B. Notariat) zuständig. Die Handelsregisterämter stellen auf ihren Websites Formulare zur Verfügung.

- **Elektronische Anmeldung**
Damit diese gültig ist, muss entweder das elektronische Formular des zuständigen kantonalen Handelsregisteramtes oder eine andere vom Kanton anerkannte Eingabe verwendet werden. Die Anmeldung muss mit einem qualifizierten Zertifikat im Sinne des Bundesgesetzes über die Zertifizierungsdienste im Bereich der elektronischen Signatur (ZertES; SR 943.03) unterzeichnet sein. Das ZertES schafft die gesetzlichen Rahmenbedingungen für elektronische Signaturen. Es kennt fortgeschrittene und qualifizierte elektronische Signaturen; beide können dem Inhaber ausschliesslich zugeordnet werden. Im Gegensatz zu fortgeschrittenen elektronischen Signaturen müssen **qualifizierte Signaturen** mit qualifizierten Zertifikaten eines anerkannten Anbieters von Zertifizierungsdiensten verifiziert werden können. **Nur solche Signaturen sind der handschriftlichen Unterschrift gleichgestellt.** In der Schweiz sind zurzeit drei anerkannte Anbieter von Zertifizierungsdiensten auf dem Markt: die Swisscom Solutions AG, die QuoVadis Trustlink Schweiz AG sowie die SwissSign AG, eine Tochtergesellschaft der schweizerischen Post.

b) Inhalt der Eintragungen

Der Handelsregistereintrag bezieht sich auf folgenden Inhalt:

- **Firma und Identifikationsnummer**
  Das Einzelunternehmen ist nach Art. 945 OR zwingend eine Personenfirma mit dem Familiennamen des Inhabers. Es darf keine Bezeichnung gebraucht werden, die ein Gesellschaftsverhältnis andeutet. Zulässig ist hingegen das Anfügen weiterer Zusätze, zum Beispiel die Umschreibung der Geschäftstätigkeit, der Sitz des Unternehmens oder Phantasiebezeichnungen. Verheiratete Geschäftsinhaberinnen, die ihren bisherigen Familiennamen beibehalten und demjenigen ihres Ehemannes voranstellen, müssen beide Namen in die Firmenbezeichnung aufnehmen. Die Schreibweise der Familiennamen darf nicht abgeändert oder verfremdet werden (unzulässig wäre also Garage Hausi anstelle von Garage Hauser oder Mueller anstelle von Müller). Gemäss Art. 946 Abs. 1 OR bezieht sich der Grundsatz der Firmenausschliesslichkeit auf denselben Ort (siehe 2. Thema, Abschnitt 3.3.3).
- **Sitz und Rechtsdomizil**
  Sitz ist die (in der Schweiz liegende) Politische Gemeinde, in der sich der Geschäftsbetrieb befindet. Unter Rechtsdomizil versteht man die genaue Adresse, unter der die Rechtseinheit an ihrem Sitz erreicht werden kann, das heisst die Angabe von Strasse, Hausnummer, Postfach und Ortsnamen.
- **Rechtsform**
- **Zweck**
  Es ist sachlich sowie in kurzen und allgemein verständlichen Worten zu umschreiben, welche Geschäftstätigkeit ausgeübt wird. Beispiel: Betrieb eines Malergeschäftes oder Übernahme von Malerarbeiten aller Art oder Ausführung von Malerarbeiten usw.

- **Inhaber**
  Einträge zu natürlichen Personen umfassen den Familiennamen, mindestens einen ausgeschriebenen Vornamen, den Heimatort (oder bei ausländischen Staatsangehörigen: die Staatsangehörigkeit), den Wohnsitz (der auch im Ausland sein kann), die Funktion in der Rechtseinheit sowie die Art der Zeichnungsberechtigung.
- **Vertretungsberechtigte Personen**
  Grundsätzlich werden die Rechtshandlungen durch die Unternehmerperson selbst ausgeübt. Auch der Einzelunternehmer kann sich jedoch die Regeln über die kaufmännische Stellvertretung zunutze machen und Personen bestimmen, welche für ihn handeln und ihn bzw. sein Unternehmen gegen aussen rechtsgültig vertreten (siehe 2. Thema, Abschnitt 2.7).

Praxistipps
Als Zweck ist die Geschäftstätigkeit abschliessend, kurz und allgemein verständlich zu umschreiben. Formulierungen wie «Erbringen von Dienstleistungen aller Art» sind zu unterlassen. Die Formulierung sollte sorgfältig überlegt sein, denn die klare Zweckumschreibung ist von rechtlicher Bedeutung; beispielsweise für die Firmenbezeichnung und für die Vertretungsmacht und -befugnis der unterschriftsberechtigten Personen sowie für die Beurteilung von Verantwortlichkeiten für Handlungen, die über den Geschäftszweck hinausgehen.

c) **Eintragungswirkungen**

Für den Einzelunternehmer ergeben sich durch die Eintragung bzw. die Eintragungspflicht die vorne (2. Thema, Abschnitt 2.8) beschriebenen Rechtswirkungen, nämlich:

- Publizität
- Firmenschutz
- Buchführungspflicht
- Konkursbetreibung

> **Checkliste für das Vorgehen bei der Bewältigung der rechtlichen Aspekte der Neugründung eines Einzelunternehmens**
>
> - Gesuch um Anerkennung der Selbstständigkeit bei der zuständigen AHV-Ausgleichskasse (Adressen unter www.ahv.ch)
> - Einholen der allenfalls notwendigen öffentlich-rechtlichen Bewilligungen (Hinweise 2. Thema, Abschnitt 1.2.2)
> - Abklärung der Versicherungspflichten (beispielsweise für allfällige Angestellte) und der eigenen Versicherungsbedürfnisse sowie Abschluss bzw. Anmeldung der Versicherungen
> - Abklärung und Anmeldung bei der Mehrwertsteuer (www.estv.admin.ch)
> - Bestimmung und Abklärung der Firmenbezeichnung (Firmenrecherche; siehe 2. Thema, Abschnitt 3.3.6)
> - Abklärung und Anmeldung beim Handelsregister. Informationen und Formulare sind auf den Websites der kantonalen Handelsregisterämter abrufbar; zum Beispiel www.hrazh.ch).
> - Einrichten der ordnungsgemässen Buchführung
> - Meldung der Unternehmensgründung an die zuständige Steuerbehörde der Gemeinde

2.2 Übernahme eines bestehenden Geschäftes

Neben der Neugründung eines Unternehmens kann eine natürliche Person durch die Übernahme eines bereits bestehenden Geschäftes Einzelunternehmer/in werden. Für die Firmenbildung in diesem Fall ist Art. 953 OR zu beachten (vgl. 2. Thema, Abschnitt 3.3.4).

2.2.1 Übernahme eines nicht im Handelsregister eingetragenen Gewerbes

Betrifft die Übernahme ein nicht im Handelsregister eingetragenes Unternehmen, erfolgt sie auf dem Weg der **Singularsukzession. Singularsukzession bedeutet, dass jedes Aktivum einzeln (unter Beachtung der dafür notwendigen Form- und Verfahrensvorschriften) übertragen wird und für die Passiven die Vorschriften im allgemeinen Teil des Obligationenrechts,** insbesondere die Regeln von Art. 175 ff. OR, zur Anwendung gelangen. Zu beachten ist insbesondere Art. 181 Abs. 1 OR: Danach wird, wer ein Geschäft mit Aktiven und Passiven übernimmt, den Gläubigern aus den damit verbundenen Schulden ohne Weiteres verpflichtet, sobald die Übernahme den Gläubigern mitgeteilt oder in öffentlichen Blättern ausgekündigt worden ist.

2.2.2 Übernahme eines im Handelsregister eingetragenen Gewerbes

Die Geschäftsübernahme auf dem Weg der Singularsukzession ist vor allem für grössere Transaktionen schwerfällig. Aus diesem Grund verweist Art. 181 Abs. 4 OR für die Übernahme des Vermögens oder des Geschäftes einer im Handelsregister eingetragenen Rechtseinheit auf die Vorschriften des Fusionsgesetzes (FusG; SR 221.301). **Gemäss diesem Gesetz kann jede im Handelsregister eingetragene Gesellschaft und jedes im Handelsregister eingetragene Einzelunternehmen das Vermögen oder Teile davon mit Aktiven und Passiven auf andere Rechtsträger des Privatrechts übertragen.** Für die Übernahme eines im Handelsregister eingetragenen Unternehmens stellen Art. 69 ff. FusG Vorschriften auf, die das Verfahren im Vergleich zur Singularsukzession praktikabler gestalten (vgl. 3. Thema, Abschnitt 5). Diese Vorschriften tragen die Überschrift «Vermögensübertragung»; sie gelten also nicht nur dann, wenn ein bestehendes Unternehmen erworben (gekauft) wird, sondern auch für den Fall einer Schenkung oder eines Erbvorbezugs. Aus den Regeln des FusG für die Geschäftsübernahme seien folgende wiederholt:

- Der Übertragungsvertrag bedarf der schriftlichen Form. Werden Grundstücke übertragen, so müssen die entsprechenden Teile des Übertragungsvertrages öffentlich beurkundet sein.
- Der Übertragungsvertrag muss einen gesetzlich vorgeschriebenen Mindestinhalt aufweisen.
- Die Vermögensübertragung ist nur zulässig, wenn das Inventar einen Aktivenüberschuss ausweist.
- Die Übertragung wird mit der Eintragung ins Handelsregister wirksam. In diesem Zeitpunkt gehen alle im Inventar aufgeführten Aktiven und Passiven von Gesetzes wegen auf den übernehmenden Rechtsträger über.
- Allfällige Arbeitsverhältnisse zwischen dem bisherigen Inhaber gehen mit allen Rechten und Pflichten auf den Übernehmer über, sofern der Arbeitnehmer den Übergang nicht ablehnt.
- Der bisherige Geschäftsinhaber haftet für die vor der Übertragung entstandenen Schulden, einschliesslich jene aus Arbeitsverhältnissen, während drei Jahren solidarisch mit dem neuen Schuldner.

2.3 Weiterführung einer Personengesellschaft

Wenn alle weiteren Gesellschafter infolge von Vereinbarung oder Tod aus einer Kollektivgesellschaft oder Kommanditgesellschaft ausscheiden, hat der verbleibende Gesellschafter die Möglichkeit, das Geschäft als Einzelunternehmen weiterzuführen. Für diesen Sachverhalt kommen die Vorschriften des Fusionsgesetzes nicht zur Anwendung. Dies bedeutet, dass die Aktiven und Passiven der bisherigen Personengesellschaft ohne Liquidation auf das Einzelunternehmen übergehen und der Einzelunternehmer dem/den bisherigen Mitgesellschafter/n den Anteil am Gesellschaftsvermögen ausrichten muss. Das Ausscheiden der Gesellschafter sowie die Fortsetzung des Geschäfts durch den Einzelunternehmer sind in das Handelsregister eintragen zu lassen.

3. Finanzielle Belange des Einzelunternehmens

3.1 Kapitaleinlage des Inhabers

Es gibt keine gesetzlichen Vorschriften über die Mindesthöhe des Geschäftskapitals. Aus rechtlicher Sicht kann ein Einzelunternehmen grundsätzlich also auch ohne Kapital gegründet werden. Aufgrund der wirtschaftlichen Gegebenheiten ist diese Möglichkeit aber nur theoretischer Natur. Jedes Unternehmen benötigt ein Kapital, dessen Höhe vom Zweck abhängig ist, der durch den Geschäftsbetrieb erreicht werden soll. Ein Einzelunternehmer kommt nicht darum herum, eigene finanzielle Mittel (Eigenkapital) aus seinem Privatvermögen für die Geschäftstätigkeit zur Verfügung zu stellen.

Das Eigenkapital als Basis des Unternehmensvermögens trägt das unternehmerische Risiko und erhöht die Kreditfähigkeit. Bei dem von der Unternehmerperson zur Verfügung gestellten Eigenkapital handelt es sich um Vermögenswerte aus dem Privatvermögen, beispielsweise in Form von flüssigen Mitteln, Sachgütern wie Maschinen, Fahrzeuge oder Liegenschaften usw., Wertschriften und Versicherungspolicen. Denkbar ist auch der Einsatz von Kapital aus der beruflichen und/oder privaten Vorsorge des Unternehmers. Personen, die von der AHV-Ausgleichskasse als selbstständig anerkannt werden, können ihr vorhandenes Alterskapital aus der 2. Säule und/oder Gelder aus der Säule 3a bar beziehen.

Praxistipp
Der Bezug von Vorsorgegeldern wird besteuert. Wenn Gelder aus der Pensionskasse sowie der Selbstvorsorge für das Unternehmen eingesetzt werden, ist unbedingt darauf zu achten, dass trotzdem genügend Kapital für die Zeit der Pensionierung zur Verfügung bleibt.

3.2 Kapitalbeschaffung durch Darlehen

Dadurch, dass nur eine einzige Person Geschäftsinhaber/in ist, sind der Kapitalbeschaffung durch eigene Mittel häufig Grenzen gesetzt. Oft engagieren sich daher neben dem Geschäftsinhaber eine oder mehrere weitere Personen mit Kapital. Dann stellt sich die Frage nach der rechtlichen Qualifikation der Kapitaleinlagen.

- Wenn die Kapitalgeber kein Mitwirkungsrecht erhalten (also nicht die Absicht besteht, sich zu einer Gesellschaft zusammenzutun), handelt es sich bei ihnen um Darlehensgeber (Gläubiger). Das als **Fremdkapital** geleistete Kapital steht dann unter den Bestimmungen über das Darlehen (Art. 312 ff. OR). Sinnvollerweise sollte zwischen dem Einzelunternehmer und dem Darlehensgeber ein schriftlicher Vertrag abgeschlossen werden, worin insbesondere die Darlehenshöhe, die Verzinsung sowie die Rückzahlungsmodalitäten vereinbart werden. Ohne besondere Abmachungen gelten die dispositiven Vorschriften des OR.

- An dieser rechtlichen Qualifikation ändert nichts, wenn ein **partiarisches Darlehen** besteht: **Partiarisches Darlehen bedeutet, dass sich der Darlehensgeber neben dem Zins auch eine Beteiligung am Gewinn zusichern lässt und/oder sich verpflichtet, einen allfälligen Verlust mitzutragen.**

- Anders verhält es sich in dem Fall, wenn der Kapitalgeber ein Mitwirkungsrecht an unternehmerischen Entscheiden hat, selbst wenn er gegen aussen nicht in Erscheinung tritt. Bei dieser Konstruktion handelt es sich um eine sogenannte **stille Gesellschaft** und damit um eine Sonderform der einfachen Gesellschaft (siehe 5. Thema, Abschnitt 6).

3.3 Haftung

Die Haftungsregelung ist ein wichtiges Kriterium bei der Frage, welche Rechtsform sich für eine bestimmte unternehmerische Tätigkeit eignet. Haftung bedeutet Einstehen für die Schulden (Verbindlichkeiten) des Unternehmens und ist zum Schutz der Gläubiger durch zwingende gesetzliche Anordnung geregelt. Beim Einzelunternehmen gilt dieselbe Regelung wie für alle natürlichen Personen: Man haftet für alle seine Schulden mit seinem gesamten Vermögen. **Für den Einzelunternehmer heisst dies, dass er sowohl mit dem Geschäftsvermögen als auch mit seinem Privatvermögen für alle seine Verbindlichkeiten einstehen muss,** unabhängig davon, ob diese aus der Geschäftstätigkeit oder im Privatbereich entstanden sind. Es erfolgt also kein Unterschied zwischen dem buchhalterisch zwar getrennt erfassten Geschäftsvermögen und dem Privatvermögen. Man spricht von der **unbeschränkten Haftung.**

Kommt der Einzelunternehmer seinen finanziellen Verpflichtungen nicht nach, so droht die Betreibung. Betreibungen sind am Wohnsitz der natürlichen Person (und nicht am Sitz des Unternehmens) einzuleiten und richten sich gegen den Unternehmer persönlich und nicht gegen seine Firma. Ist der Einzelunternehmer im Handelsregister eingetragen, so unterliegt er für alle seine geschäftlichen sowie privaten Schulden der Betreibung auf Konkurs (vgl. 2. Thema, Abschnitt 2.8.3). Ausnahmen bestehen lediglich für Schulden öffentlich-rechtlicher Natur (z.B. Steuern, AHV-Beiträge) sowie für periodische Unterhaltsbeiträge (z.B. Alimente); diese Verpflichtungen werden immer auf dem Weg der Betreibung auf Pfändung durchgesetzt. Gleiches gilt für Einzelunternehmer, die nicht eintragungspflichtig sind und sich auch nicht freiwillig eintragen; auch in diesen Fällen kommt die Pfändungsbetreibung zur Anwendung.

Wird über den Einzelunternehmer der Konkurs eröffnet, verliert er das Verfügungsrecht über sein Vermögen und das Konkursamt entscheidet, ob und in welchem Umfang das Unternehmen während des Konkursverfahrens weitergeführt wird.

Obschon die Betreibung auf Konkurs zur Totalliquidation führt und damit nachteilig ist, kann diese Betreibungsart für einen stark überschuldeten Einzelunternehmer auch mit einem Vorteil verbunden sein: Denn für eine nicht gedeckte Forderung wird ein Verlustschein aus Konkurs ausgestellt. Dieser kann vom Gläubiger erst dann wieder mit Erfolg geltend gemacht werden, wenn der Schuldner später zu neuem Vermögen gekommen ist. Damit ist es dem Gläubiger nicht wie bei der Pfändungsbetreibung möglich, beispielsweise auf das Einkommen des Schuldners zu greifen und eine Lohnpfändung zu erreichen.

3.4 Güterrechtliche Aspekte

Obschon ein Ehegatte grundsätzlich nicht für Geschäftsschulden des andern Ehegatten haftet, kann die unbeschränkte Haftung bei verheirateten Einzelunternehmern dazu führen, dass im schlechten Fall auch der Ehepartner bzw. die Ehepartnerin betroffen wird. Denn je nach Güterstand der Eheleute ist nämlich das Haftungssubstrat nicht dasselbe.

- **Gütertrennung**
  Die eheliche Gemeinschaft hat auf die Eigentumsverhältnisse am Vermögen, auf die Vermögensverwaltung und auf die Haftung keinerlei Einfluss. Dies bedeutet, dass jeder Ehegatte für seine Schulden nur mit seinem eigenen gesamten Vermögen haftet (Art. 249 ZGB). Das Vermögen des Ehepartners wird also im Haftungsfall nicht herangezogen.

- **Gütergemeinschaft**
  Haftungssubstrat für Schulden, die ein Ehegatte **in Ausübung seines Berufes oder Gewerbes** eingeht, ist grundsätzlich das Ge-

samtgut, also auch jene Vermögensteile, die der andere Ehepartner in die Ehe gebracht hat (Art. 233 und 234 ZGB). **Aus dem Gesichtspunkt der Haftung für Verbindlichkeiten aus geschäftlicher Tätigkeit des einen Ehegatten erweist sich der Güterstand der Gütergemeinschaft als ungünstig.**

- **Errungenschaftsbeteiligung**
Rund 95% der Eheleute schliessen keinen Ehevertrag ab. Für sie gilt der ordentliche Güterstand der Errungenschaftsbeteiligung. Jeder Ehegatte haftet hier für seine Schulden mit seinem eigenen Vermögen (Eigengut und Errungenschaft). Ist also ein Ehepartner Inhaber eines Einzelunternehmens, so wird im Haftungsfall nur sein Vermögen tangiert (Art. 202 ZGB).

Nicht selten trägt der Ehegatte zur Kapitalbeschaffung des Einzelunternehmers durch Gewährung eines Darlehens oder eines partiarischen Darlehens oder einer stillen Teilhaberschaft bei. Die Stellung des Ehegatten im Konkursfall des Einzelunternehmers hängt von der rechtlichen Qualifikation der Einlage ab:

– Ist der Kapitalbetrag im Geschäft als Fremdkapital verbucht und ausgewiesen, so ist der Ehegatte mit anderen Gläubigern gleichgestellt.
– Ist die Kapitaleinlage als Eigenkapital verbucht, so hat der Ehegatte hinter die Gläubiger von Fremdkapital zu treten. Wenn nicht bewiesen werden kann, dass die Kapitaleinlage des Ehegatten als Fremdkapital gelten soll, wird eine stille Teilhaberschaft angenommen (siehe 5. Thema, Abschnitt 6), weshalb grundsätzlich keine Forderung geltend gemacht werden kann.

Praxistipp
Ist eine selbstständig erwerbende Person verheiratet, empfiehlt es sich, die güterrechtlichen Belange möglichst vor der Unternehmensgründung zu überlegen. Insbesondere sollte überprüft werden, welcher Güterstand der geeignetste ist, denn der Güterstand hat nicht nur Einfluss auf das Haftungssubstrat, sondern auch Auswirkungen

auf die finanzielle Teilung im Scheidungs- oder Todesfall. Zudem sollten die Eigentumsverhältnisse an den vorhandenen Vermögenswerten im Idealfall mittels Inventar geklärt werden, damit leicht feststellbar ist, welche Vermögenswerte im Haftungsfall herangezogen werden können und welche nicht.

3.5 Buchführung im Einzelunternehmen

Buchführungspflichtig ist, wer sein Unternehmen in das Handelsregister eintragen lassen muss; wer sich im Handelsregister eintragen lässt, ohne dazu verpflichtet zu sein, unterliegt der Buchführungspflicht nicht. Für das Einzelunternehmen gelten die allgemeinen Buchführungsvorschriften von Art. 957 bis 964 OR (für die Grundlagen der Buchführungspflicht und der Buchführungsregeln siehe 2. Thema, Abschnitt 4).

Unabhängig vom Handelsregistereintrag haben selbstständig Erwerbende (einschliesslich die freien Berufe und die Landwirte) die steuerrechtlichen Aufzeichnungs- und Aufbewahrungspflichten einzuhalten. Dies ergibt sich beispielsweise aus dem Bundesgesetz über die direkte Bundessteuer (DBG; SR 642.11). Darin werden natürliche Personen mit Einkommen aus selbstständiger Erwerbstätigkeit verpflichtet, ihrer Steuererklärung die unterzeichneten Jahresrechnungen (Bilanz, Erfolgsrechnung) der Steuerperiode oder, wenn eine kaufmännische Buchführung fehlt, Aufstellungen über Aktiven und Passiven, Einnahmen und Ausgaben sowie Privatentnahmen und Privateinlagen beizulegen.

Zweck der Buchführung ist es, dass der Einzelunternehmer sowie allenfalls weitere an der Tätigkeit Beteiligte einen möglichst zuverlässigen Einblick in die Vermögens- und Ertragslage des Unternehmens erhalten. Um diesem Erfordernis gerecht zu werden, ist gerade beim Einzelunternehmen, wo eine tatsächliche sowie juristische Einheit zwischen dem Unternehmen und der Person des Inhabers besteht, im Rahmen der Buchführung die klare und konsequente Trennung der geschäftlichen und privaten Finanzen besonders wichtig.

Der finanzielle Verkehr zwischen dem Unternehmen und dem Geschäftsinhaber wird über das Privatkonto und das Kapitalkonto abgewickelt. Das Kapitalkonto enthält den Kapitalbestand und die langfristig ausgelegten Kapitaleinlagen und Kapitalrückzüge des Inhabers. Im Privatkonto werden die laufenden Bezüge (und allenfalls Gutschriften) des Geschäftsinhabers festgehalten; das Privatkonto zeigt also den Privataufwand des Inhabers und seiner Familie, der über das Geschäft abgerechnet wurde. In Anlehnung an den Kontenrahmen KMU (vgl. Sterchi W., Kontenrahmen KMU, Herausgeber: Schweizerischer Gewerbeverband, Zürich 1996, oder Lanz A. R., Die Finanzbuchhaltung, Zürich 2002) könnte der Kontenplan für ein Einzelunternehmen bezüglich Kapital- und Privatkonto wie folgt ausgestaltet sein:

28   Eigenkapital

280   Kapital
2800   Kapital Geschäftsinhaber

282   Privat
2820   Barbezüge
2821   Naturalbezüge
2822   Privatanteil an betrieblichem Aufwand
        (Räume, Fahrzeuge, Kommunikationsmittel usw.)
2823   Mietwert Privatwohnung
2824   Private Versicherungsprämien
2825   Private Vorsorgebeiträge
2826   Private Steuern

Das Privatkonto wird als Unterkonto zum Konto Eigenkapital geführt, da der Saldo am Ende des Geschäftsjahres (als Kapitalerhöhung bzw. als Kapitalverminderung) auf das Eigenkapitalkonto übertragen wird.

Praxistipp
Während das Gesetz für juristische Personen zwingende Vorschriften über die Organe der Rechtseinheit und deren Aufgaben und damit über die interne Organisation des Unternehmens enthält, sind für das Einzelunternehmen keine solchen Normen zu finden. Der Einzelunternehmer bestimmt seine Unternehmensorganisation selber, insbesondere die Art der Geschäftsführung und der Vertretung sowie die Handhabung der Buchführung.

4. Hinweise auf die Sozialversicherungen des Einzelunternehmens

Vorbemerkungen
- Die allgemeinen Grundlagen der Sozialversicherungen, wie diese grundsätzlich für alle Rechtsformen gelten, sind im 2. Thema, Abschnitt 6.3.2, beschrieben. Nachfolgend werden die spezifischen Aspekte für das Einzelunternehmen dargelegt.
- Das 2. Thema, Abschnitt 6.4, befasst sich mit den Betriebsversicherungen. Die dort zu findenden Ausführungen gelten vollumfänglich auch für das Einzelunternehmen.

4.1 Grundsätze

Bezüglich Sozialversicherungen besteht ein grundlegender Unterschied zwischen selbstständiger und nicht selbstständiger Erwerbstätigkeit. Daran muss vor allem in dem Fall gedacht werden, wenn jemand von einer Anstellung in eine eigene Geschäftstätigkeit wechselt.
- Für Selbstständige ist nur eine einzige Sozialversicherung obligatorisch: die AHV/IV/EO; alles andere ist freiwillig.

- Alle Arbeitnehmer sind automatisch versichert. Die Verantwortung für die ordnungsgemässe Abrechnung trägt ihr Arbeitgeber, der für die obligatorischen Versicherungen auch einen Teil der Beiträge zu tragen hat. Selbstständig Erwerbende dagegen haben die Pflicht, sich selber um sämtliche Belange der Sozialversicherungen für sich selbst sowie als Arbeitgeber auch für ihre Angestellten zu kümmern.

4.2 Erste Säule: AHV/IV/EO

4.2.1 Beitragsobjekt

Beitragsobjekt ist das aus selbstständiger Erwerbstätigkeit resultierende Einkommen. Im Sinne der AHV-Gesetzgebung sind dies: alle in selbstständiger Stellung aus einem Handels-, Industrie-, Gewerbe-, Land- und Forstwirtschaftsbetrieb, aus einem freien Beruf sowie aus jeder anderen selbstständigen Erwerbstätigkeit erzielten Einkünfte. Auf Einkommen aus nebenberuflicher selbstständiger Erwerbstätigkeit, die den Betrag von 2000 Franken pro Jahr nicht übersteigen, werden die Beiträge nur auf Verlangen des Versicherten erhoben. Nach AHV-Gesetz sind die Steuerbehörden verpflichtet, das Einkommen aus selbstständiger Erwerbstätigkeit auf der Grundlage der Vorschriften über die direkte Bundessteuer zu ermitteln und dieses an die AHV-Ausgleichskassen zu melden. Die Basis bildet das gesamte Geschäftseinkommen, also Lohn, Zins und Gewinn. Davon werden die sogenannten Gewinnungskosten sowie der Zins des im Betrieb eingesetzten Kapitals abgerechnet.

4.2.2 Anmeldung bei der AHV-Ausgleichskasse

Eine selbstständig erwerbende Person benötigt eine Anerkennung ihrer Selbstständigkeit durch die zuständige AHV-Ausgleichskasse (siehe Abschnitt 3.2). Zuständig ist die kantonale Ausgleichskasse oder die Ausgleichskasse des Branchenverbandes bzw. des Berufsverbandes, falls die selbstständig erwerbende Person einem solchen angehört. Hat der selbstständig Erwerbende eigene Angestellte, muss er sich zudem auch für die Abrechnung der Beiträge der Arbeitnehmer bei der AHV anmelden.

4.2.3 Prämienbeiträge

Die Beiträge werden auf der Basis des aktuellen Einkommens des Beitragsjahres berechnet. Selbstständige tragen ihre eigenen Prämienbeiträge gesamthaft selber. Der Prämienbeitrag für AHV, IV und EO macht (Stand 2009) insgesamt 9,5% des jährlichen Erwerbseinkommens aus; für Einkommen unter 53 100 Franken gelten tiefere Sätze.

4.3 Zweite Säule: Pensionskasse

Selbstständig Erwerbende können berufliche Vorsorge betreiben, müssen dies aber nicht. Sie haben zudem mehrere Möglichkeiten, sich innerhalb der 2. Säule zu versichern.

```
┌─────────────────────────────────────────────┐
│ Selbstständige Erwerbstätigkeit und Pensionskasse │
└─────────────────────────────────────────────┘
         │                          │
         ▼                          ▼
┌──────────────────────┐   ┌──────────────────────────┐
│ Verzicht auf 2. Säule│   │ Unterstellung unter 2. Säule│
└──────────────────────┘   └──────────────────────────┘
```

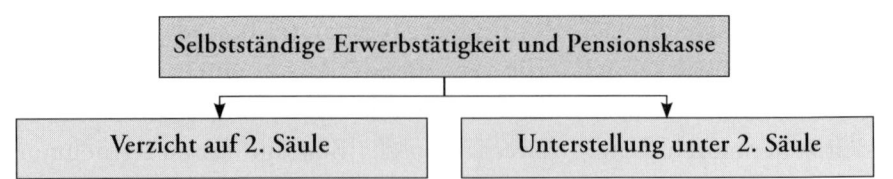

In diesem Fall lässt sich der Einzelunternehmer beim Übergang vom Angestelltenverhältnis in die Selbstständigkeit das angesammelte Pensionskassenkapital auszahlen. Möglicherweise wird das Kapital benötigt, um das Geschäft aufzubauen. Der Kapitalbezug ist steuerpflichtig, allerdings separat vom übrigen Einkommen.	Sollte man sich beim Übergang in die Selbstständigkeit entschliessen, sich freiwillig der Pensionskasse zu unterstellen, wird das angesammelte BVG-Kapital auf ein Freizügigkeitskonto übertragen. Es besteht die Möglichkeit, sich innerhalb der 2. Säule zu versichern:

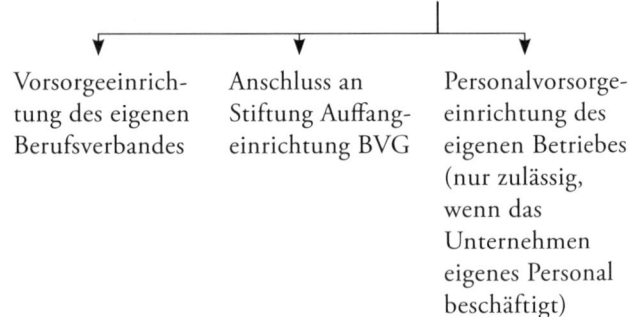

Vorsorgeeinrichtung des eigenen Berufsverbandes	Anschluss an Stiftung Auffangeinrichtung BVG	Personalvorsorgeeinrichtung des eigenen Betriebes (nur zulässig, wenn das Unternehmen eigenes Personal beschäftigt)

4.4 Dritte Säule: Selbstvorsorge

Die 3. Säule ist die Selbstvorsorge; gemeint sind die gebundene Vorsorge (Säule 3a) und die freie Vorsorge (Säule 3b). Die für jedermann freiwillige Selbstvorsorge kann bei Banken und Versicherungen abgeschlossen werden. Bei der Bank steht der Sparaspekt im Vordergrund, bei der Versicherung hingegen oft der Risikoaspekt. Die Finanzierung der Selbstvorsorge gehört auch bei selbstständig Erwerbenden vollumfänglich in den Bereich des Privatvermögens.

Im Rahmen der Säule 3a unterstützt der Staat die Selbstvorsorge mit Steuererleichterungen. Die in die gebundene Vorsorge einbezahlten

Beträge können bis zu einem bestimmten Maximum vom Einkommen abgezogen werden:

- Für Arbeitnehmer, welche über eine Pensionskasse verfügen, beträgt der steuerlich zulässige Höchstbetrag CHF 6566 (Stand 2009) pro Jahr. Der gleiche Betrag gilt für Einzelunternehmer, die sich freiwillig einer Pensionskasse angeschlossen haben.
- Für selbstständig Erwerbende ohne Pensionskasse gilt ein grösserer jährlicher Höchstbetrag: Es dürfen 20% des Reingewinns, maximal aber 32 832 Franken (Stand 2009) einbezahlt werden; wird kein Reingewinn erzielt, entfällt die steuerprivilegierte Selbstvorsorge.

4.5 Weitere Sozialversicherungen

- **Unfallversicherung**
  Selbstständig erwerbende Personen sind nicht obligatorisch dem UVG unterstellt. Einzelunternehmer, die in der Schweiz wohnen, dürfen aber bis zu einem Maximallohn eine Unfallversicherung auf freiwilliger Basis abschliessen. Als Versicherungsträger kommen sowohl die Schweizerische Unfallversicherungsanstalt (Suva) als auch die meisten privaten Unfallversicherer infrage.

- **Kollektiv-Taggeldversicherung**
  Selbstständig Erwerbende können sich freiwillig einer Kollektiv-Taggeldversicherung anschliessen, unabhängig davon, ob sie eigenes Personal beschäftigen oder nicht.

- **Arbeitslosenversicherung**
  Inhaber von Einzelunternehmen sind nicht gegen Arbeitslosigkeit versichert und zahlen daher keine Prämienbeiträge dafür; auch eine freiwillige Unterstellung ist nicht möglich. Selbstständige erhalten folglich keine Kurzarbeits- oder Schlechtwetterentschä-

digungen sowie bei Scheitern ihres Gewerbes keine Arbeitslosenentschädigung.

Praxistipps
Natürliche Personen, die sich selbstständig machen, sollten bezüglich Sozialversicherungen insbesondere darauf achten, dass eine genügende Deckung bei Erwerbsunfähigkeit und im Todesfall (zum Schutz der Familie) vorhanden ist.

- Konkret sollten die Unfallversicherung in die Krankenkasse eingeschlossen und in einer Kollektiv-Taggeldversicherung ein Unfalltaggeld enthalten sein.
- Sinnvoll ist auch die Planung einer angemessenen Altersvorsorge: So sollte der Anschluss an eine BVG-Lösung geprüft und die Selbstvorsorge im Rahmen der 3. Säule (Säulen 3a und 3b) mit Banken und/oder Versicherungen besprochen werden.
- Vor allem für Selbstständige ohne Pensionskasse lohnt es sich, mehrere Vorsorgekonti zu eröffnen. Damit können im Pensionierungsalter die Konten über verschiedene Jahre gestaffelt bezogen werden, was steuerliche Vorteile bringt.

5. Hinweise auf steuerliche Aspekte des Einzelunternehmers

5.1 Kurzübersicht über das schweizerische Steuersystem

Wichtige Gesetzesquellen
- Bundesgesetz über die direkte Bundessteuer (DBG; SR 642.11) sowie verschiedene Verordnungen dazu
- Bundesgesetz über die Harmonisierung der direkten Steuern der Kantone und Gemeinden (StHG; SR 642.14)

- Bundesgesetz über die Verrechnungssteuer (VStG; SR 642.21) sowie Vollziehungsverordnung zum Bundesgesetz über die Verrechnungssteuer (Verrechnungssteuerverordnung VstV; SR 642.211)
- Bundesgesetz über die Stempelabgaben (StG; SR 641.10) sowie Verordnung über die Stempelabgaben (StV; SR 641.101)
- Bundesgesetz über die Mehrwertsteuer (Mehrwertsteuergesetz MWSTG; SR 641.20) sowie Verordnung zum Bundesgesetz über die Mehrwertsteuer (MWSTGV; SR 641.201)
- kantonale Steuergesetze und -verordnungen sowie Gemeindereglemente (für kantonale und kommunale Steuern)

5.1.1 Begriff und Zweck der Steuern

Steuern sind öffentliche Abgaben; nämlich **Zwangsabgaben, die vom Staat ohne direkte, besondere Gegenleistung erhoben werden** und im Wesentlichen drei Zwecke erfüllen: Fiskalpolitisch verschaffen sie Einnahmen zur Deckung der Staatsausgaben, sozialpolitisch tragen sie zum Ausgleich von Einkommens- und Vermögensunterschieden in der Bevölkerung bei und wirtschaftspolitisch können damit Wirtschaftszweige unterstützt werden.

Aufgrund der föderalistischen Struktur der Schweiz liegt die Steuerhoheit auf allen drei Ebenen des Gemeinwesens: nämlich beim Bund, bei jedem der 26 Kantone sowie bei den rund 2700 Gemeinden.

Mit etwa 73% aller Einnahmen stellen die Steuern die Haupteinnahmequellen des Staates dar. Neben den Steuern hat das Gemeinwesen als weitere Einnahmequelle die Kausalabgaben. Darunter versteht man Entgelte an den Staat dafür, dass dieser dem Individuum besondere Dienste oder Vorteile gewährt. Zu den Kausalabgaben gehören die Gebühren im Sinne von Verwaltungsgebühren oder Benützungsgebühren (zum Beispiel die Entsorgungsgebühr, die Ausweisgebühr usw.).

5.1.2 Steuersubjekt und Steuerobjekt

- Als **Steuersubjekt** bezeichnet man die Person, die zur Leistung der Steuer verpflichtet ist (Beispiel: Bei der Mehrwertsteuer ist Steuersubjekt, wer eine mit der Erzielung von Einnahmen verbundene gewerbliche oder berufliche Tätigkeit selbstständig ausübt). Das Steuersubjekt darf nicht mit dem Steuerträger verwechselt werden. Träger der Steuer ist jene Person, welche die Steuer effektiv zu tragen hat (Beispiel: Bei der Mehrwertsteuer ist der Konsument Steuerträger, da diese auf ihn überwälzt wird).

  Steuersubjekte sind rechtsfähige Personen (also natürliche und juristische Personen) und zwar dann, wenn sie dem Träger der Steuerhoheit zugehören (beispielsweise durch Wohnsitz oder Geschäftssitz) und wenn sie eine besondere Beziehung zum Steuerobjekt haben (zum Beispiel Einkommensempfänger sind).

- Das **Steuerobjekt** bezeichnet die steuerbaren Sachverhalte. Steuerobjekt ist entweder ein Zustand (z.B. das Eigentum an Liegenschaften) oder ein bestimmtes Ereignis (z.B. Wertzufluss in Form von Einkommen oder Verkehrsvorgänge wie die Lieferung von Gegenständen).

5.1.3 Steuerarten

Die Arten von Steuern sind aufgrund der verschiedenartigen steuerbaren Sachverhalte und der unterschiedlichen Zahlungsabwicklungen zahlreich. So können zunächst unterschieden werden:

- **Periodische und einmalige Steuern**
  Periodische Steuern werden in regelmässigen Abständen (Beispiel: Einkommens- und Vermögenssteuern), **einmalige Steuern** hingegen auf unregelmässigen Ereignissen (Beispiel: Grundstückgewinnsteuer) erhoben.

- **Subjektsteuern und Objektsteuern**
  Subjektsteuern berücksichtigen die wirtschaftliche Leistungsfähigkeit (z.B. Einkommenssteuer). Im Gegensatz dazu belasten **Objektsteuern** ein einzelnes Steuerobjekt (zum Beispiel eine Warenlieferung) unabhängig der wirtschaftlichen Leistungsfähigkeit des Steuersubjekts (Beispiel: Mehrwertsteuer).

- **Direkte und indirekte Steuern**
  Von **direkten Steuern** spricht man, wenn der Steuerpflichtige die Steuer selber tragen muss, sie also nicht auf andere überwälzen kann (Beispiel: Einkommens- und Vermögenssteuern). **Indirekte Steuern** dagegen können vom Steuerpflichtigen als Steuersubjekt auf einen Dritten überwälzt werden (Beispiel: Mehrwertsteuer).

Vereinfacht kann folgender zusammenfassender Überblick über die wichtigsten Arten von Steuern gegeben werden:

	Steuerhoheit Bund	Steuerhoheit Kantone	Steuerhoheit Gemeinden
Einkommens- und Vermögenssteuern (natürliche Personen)	Einkommenssteuer	• Einkommenssteuer • Vermögenssteuer	• Einkommenssteuer • Vermögenssteuer
Gewinn- und Kapitalsteuern (juristische Personen)	Gewinnsteuer	• Gewinnsteuer • Kapitalsteuer	• Gewinnsteuer • Kapitalsteuer
Besondere Einkommens- und Vermögenssteuern	Verrechnungssteuer	Grundstückgewinnsteuer	• Grundstückgewinnsteuer • Grundsteuer auf Liegenschaften
Verkehrssteuern	• Mehrwertsteuer • Stempelabgabe • Mineralölsteuer	• Erbschaftssteuer • Schenkungssteuer • Handänderungssteuer	• Erbschaftssteuer • Schenkungssteuer • Handänderungssteuer
Besitz- und Aufwandsteuern	• Schwerverkehrsabgabe • Autobahnvignette	Motorfahrzeugsteuer	• Vergnügungssteuer • Beherbergungssteuer

5.1.4 Die für Unternehmen wichtigsten Steuerarten

Für die selbstständige unternehmerische Tätigkeit sind vor allem die folgenden Steuerarten von besonderer Bedeutung:

- **Einkommenssteuer und Vermögenssteuer natürlicher Personen** siehe nachfolgend Abschnitt 5.2

- **Gewinnsteuer und Kapitalsteuer juristischer Personen**
  siehe 7. Thema, Abschnitte 7.2 und 7.3

- **Mehrwertsteuer**
  Es handelt sich bei der MWST um eine indirekte Bundessteuer; eine Objektsteuer, die unabhängig von Rechtsform und wirtschaftlicher Leistungsfähigkeit auf der Lieferung von Waren und Dienstleistungen erhoben werden. Rund ein Drittel aller Steuereinnahmen des Bundes stammen aus der Mehrwertsteuer (siehe dazu 2. Thema, Abschnitt 5).

- **Stempelabgabe**
  Stempelabgaben sind Verkehrssteuern des Bundes, die auf dem Rechtsverkehr mit Wertpapieren erhoben wird. Gegenstand der Besteuerung sind die Kapitalbeschaffung sowie der Umsatz von Urkunden. Stempelabgaben werden erhoben
    - als **Emissionsabgabe** auf der Ausgabe inländischer Urkunden (nämlich Beteiligungspapiere wie Aktien usw., Obligationen sowie Geldmarktpapiere)
    - als **Umsatzabgabe** auf dem Umsatz inländischer und ausländischer Urkunden (nämlich Beteiligungspapiere, Obligationen sowie Fondsanteile)
    - auf der **Zahlung von Versicherungsprämien**

  Steuerpflichtig ist bei der Emissionsabgabe die Gesellschaft bzw. der Schuldner, bei der Umsatzabgabe der Wertpapierhändler und bei Versicherungsprämien grundsätzlich der Versicherer.

- **Verrechnungssteuer**
  Die Verrechnungssteuer ist eine Objektsteuer von generell 35% auf dem Bruttobetrag von Erträgen aus beweglichem Vermögen (insbesondere Zinsen und Gewinnanteile), Lotteriegewinnen und Versicherungsleistungen. Steuerpflichtig ist der Schuldner der steuerbaren Leistung, also beispielsweise die Gewinn ausschüttende Gesellschaft oder die Zins zahlende Bank. Es handelt sich um eine Sicherungssteuer für inländische Steuerpflichtige. Deklariert

der Eigentümer das betreffende bewegliche Vermögen sowie seinen Ertrag daraus in der Steuererklärung, so kommt es zur ordentlichen Vermögens- und Einkommensbesteuerung. In diesem Fall wird die bezahlte Verrechnungssteuer angerechnet, d.h. mit der Steuerschuld verrechnet (vgl. dazu 7. Thema, Abschnitt 7.5).

5.2 Direkte Bundessteuer sowie Einkommens- und Vermögenssteuern der Kantone und Gemeinden

5.2.1 Grundsätze

- Natürliche Personen mit steuerrechtlichem Wohnsitz oder Aufenthalt in der Schweiz unterliegen der jährlich erhobenen **direkten Bundessteuer** für ihr gesamtes Einkommen, unabhängig davon, ob dieses aus unselbstständiger oder selbstständiger Erwerbstätigkeit stammt.

- Die **Kantone und Gemeinden** besteuern das Einkommen **und** das Vermögen. Die Einkommenssteuer ist ähnlich aufgebaut wie bei der direkten Bundessteuer. Gegenstand der Vermögenssteuer ist das Reinvermögen, also das bewegliche und unbewegliche Bruttovermögen abzüglich der Schulden.

- Das Einzelunternehmen selbst ist kein Steuersubjekt, da es nicht über eine eigene Rechtspersönlichkeit verfügt; das Unternehmen als solches ist also nicht steuerpflichtig. Der Steuerpflicht unterliegt der Einzelunternehmer als natürliche Person. Er muss sein Privat- und sein Geschäftseinkommen sowie sein Privat- und sein Geschäftsvermögen als Ganzes versteuern. Dadurch, dass nur der Geschäftsinhaber, nicht aber das Einzelunternehmen steuerlich belastet wird, entfällt die bei juristischen Personen bestehende Doppelbesteuerung, was der Rechtsform des Einzelunternehmens in steuerlicher Hinsicht zum Vorteil gereicht.

5.2.2 Steuerbares Einkommen im Allgemeinen

Steuerbares Einkommen ganz allgemein ist die **Summe der wirtschaftlichen Güter, die einer Person während einer bestimmten Periode zufliessen und die sie ohne Schmälerung ihres Vermögens zu ihrem Unterhalt oder zu anderen Zwecken verwenden kann.** Zum Einkommensbegriff gehören

(1) Einkünfte aus unselbstständiger Erwerbstätigkeit
(2) Einkünfte aus selbstständiger Erwerbstätigkeit
(3) Einkünfte aus beweglichem Vermögen (z.B. Kapitalerträge)
(4) Einkünfte aus unbeweglichem Vermögen
(5) Einkünfte aus Vorsorge (z.B. Renten, Kapitalleistungen)
(6) Kapitalgewinne auf beweglichem und unbeweglichem Geschäftsvermögen
(7) Übrige Einkünfte (z.B. Unterhaltsleistungen, Lotteriegewinne)

Das steuerbare Einkommen entspricht nicht dem Bruttobetrag aller Einkünfte, denn es werden Abzüge deklariert. Das steuerbare Einkommen wird in der Regel nach folgendem Stufensystem berechnet:

Bruttoeinkünfte
./. Gewinnungskosten (Berufsauslagen zur Erzielung von Erwerbseinkommen)
= Nettoeinkünfte
./. **Allgemeine Abzüge,** vor allem: Schuldzinsen, Vorsorge- und Versicherungsbeiträge, Unterhaltsbeiträge, Krankheitskosten
= Reineinkommen
./. **Sozialabzüge** (Abzug für Kinder, Abzug für unterstützte Personen)
= Steuerbares Einkommen

5.2.3 Einkommen aus selbstständiger Erwerbstätigkeit

a) Beginn und Ende der Steuerpflicht

Die selbstständige Erwerbstätigkeit beginnt nach bundesgerichtlicher Rechtsprechung nicht erst dann, wenn die ersten Einkünfte anfallen, sondern bereits dann, wenn die selbstständige Tätigkeit im Wirtschaftsleben erkennbar wird. Die Selbstständigkeit endet grundsätzlich mit der letzten Liquidationshandlung und nicht bereits bei Beendigung der aktiven Geschäftstätigkeit.

Praxistipp
Die Aufnahme der selbstständigen Erwerbstätigkeit (und auch einer selbstständigen Nebenerwerbstätigkeit) sollte der Steuerbehörde rechtzeitig mitgeteilt werden. Um den Steuerpflichtigen einschätzen zu können, verlangt die Behörde eine provisorische Schätzung der Einnahmen und Ausgaben.

b) Einkommensermittlung

«[1] Steuerbar sind alle Einkünfte aus einem Handels-, Industrie-, Gewerbe-, Land- und Forstwirtschaftsbetrieb, aus freien Berufen sowie aus jeder anderen selbstständigen Erwerbstätigkeit.
[2] Zu den Einkünften aus selbstständiger Erwerbstätigkeit zählen auch alle Kapitalgewinne aus Veräusserung, Verwertung oder buchmässiger Aufwertung von Geschäftsvermögen. Der Veräusserung gleichgestellt ist die Überführung von Geschäftsvermögen in das Privatvermögen oder in ausländische Betriebe oder Betriebsstätten. Als Geschäftsvermögen gelten alle Vermögenswerte, die ganz oder vorwiegend der selbstständigen Erwerbstätigkeit dienen. ...
[3] ... »
Art. 18 Abs. 1 und 2 DBG: Selbstständige Erwerbstätigkeit: Grundsatz

«[1] Als geschäfts- oder berufsmässig begründete Kosten werden namentlich abgezogen:
a. die ausgewiesenen Abschreibungen des Geschäftsvermögens;
b. die Rückstellungen für Verpflichtungen, deren Höhe noch unbestimmt ist, oder für unmittelbar drohende Verlustrisiken;

c. die eingetretenen und verbuchten Verluste auf dem Geschäftsvermögen;
d. die Zuwendungen an Vorsorgeeinrichtungen zugunsten des eigenen Personals, sofern jede zweckwidrige Verwendung ausgeschlossen ist;
e. Zinsen auf Geschäftsschulden ...
...
[2]Vom durchschnittlichen Einkommen der Bemessungsperiode werden Verlustüberschüsse aus den drei vorangegangenen Bemessungsperioden abgezogen, soweit sie bei der Berechnung des steuerbaren Einkommens der Vorjahre nicht berücksichtigt werden konnten.
[3]...»
Art. 10 Abs. 1 und 2 StHG: Selbstständige Erwerbstätigkeit

Liegt eine kaufmännische Buchführung vor, so bildet der Reingewinn aus der handelsrechtlichen Erfolgsrechnung die Basis für die Berechnung des steuerbaren Geschäftseinkommens aus selbstständiger Tätigkeit. Der Reingewinn ergibt sich aus dem gesamten Ertrag abzüglich der gesamten Aufwendungen. Der durch die Unternehmenstätigkeit erwirtschaftete Gewinn stellt eine Abgeltung des zur Erreichung des unternehmerischen Erfolges geleisteten Arbeits- und Kapitaleinsatzes dar. Dabei wird nicht darauf abgestellt, ob die Einkünfte des Einzelunternehmers auf seinen Arbeitseinsatz oder auf einen Kapitalgewinn zurückzuführen sind; es erfolgt eine einheitliche Besteuerung des Unternehmensgewinns.

Die Grundsätze für die Buchführung ergeben sich aus dem Handelsrecht. Da das Handelsrecht und das Steuerrecht aber nicht dieselben Zwecke verfolgen, werden bei dem in der Erfolgsrechnung ausgewiesenen Reingewinn steuerrechtliche Korrekturen vorgenommen. So wird der Betrag des Reingewinns aufgewertet: einerseits um all jenen verbuchten Aufwand, der steuerrechtlich nicht zu den Gewinnungskosten gehört, und anderseits um nicht verbuchte Naturalbezüge. Vereinfacht kann für die Ermittlung des steuerbaren Einkommens aus selbstständiger Erwerbstätigkeit folgende Aufstellung gemacht werden:

> Reingewinn gemäss Erfolgsrechnung des Unternehmens
>
> + Barbezüge für Eigenlohn des Betriebsinhabers und dessen Ehepartner
> + Privatbezüge für Ausgaben für den privaten Haushalt und private Anschaffungen
> + Prämien für private und persönliche Versicherungen
> + Steuerbeträge
> + Zinsen für das eigene Kapital
> + persönliche AHV-Beiträge des Geschäftsinhabers
> + Prämien und Beiträge für die 2. und 3. Säule sowie für Lebens-, Unfall- und Krankenversicherungen
> + andere steuerlich nicht zulässige Belastungen (wie Privatanteile an den Unkosten, Autospesen, Telefonkosten usw.)
> + Mietwert der zu privaten Zwecken benützten Teile der eigenen oder gemieteten Betriebsliegenschaft
> + Naturalbezüge für den Geschäftsinhaber und Familienangehörige
>
> = **Einkünfte aus selbstständiger Erwerbstätigkeit**

c) Abgrenzung von Geschäftsaufwand und Privataufwand

Bei der Ermittlung des Einkommens aus selbstständiger Erwerbstätigkeit darf gemäss Art. 18 StHG und Art. 27 DBG nur der Geschäftsaufwand berücksichtigt werden. Steuerlich abzugsfähig ist alles (aber nur das), was geschäftsmässig begründet ist.

- Dazu gehören beispielsweise: Personalaufwand (einschliesslich Sozialversicherungsbeiträge für das eigene Personal), Materialkäufe, Mietkosten, Zinsaufwand, Spesen für Verwaltung, Büro, Strom und Reinigung, Unterhalt von Geschäftsfahrzeugen, Leasinggebühren, Rückstellungen für stark gefährdete Forderungen usw.
- Abzugsfähig sind auch die AHV-Beiträge des selbstständig Erwerbenden für sich selbst.

- Die Beiträge des selbstständig Erwerbenden für seine eigene berufliche Vorsorge (BVG) bilden insoweit Geschäftsaufwand, als sie dem «Arbeitgeberanteil» entsprechen, d.h. demjenigen Anteil, den der Arbeitgebende für sein Personal leistet. Der «Arbeitnehmerbeitrag» hingegen gilt als aus privaten Mitteln erbracht; er ist im Rahmen der allgemeinen Abzüge geltend zu machen, darf jedoch die Erfolgsrechnung des Unternehmens nicht belasten. Hat der selbstständig Erwerbende keine Angestellten, so gelten 50% der eigenen Beiträge als «Arbeitgeberbeitrag».

- Investitionen (Anschaffungen mit längerfristigem Charakter; Anlagevermögen) können als Abschreibungen auf einige Jahre verteilt als Aufwand belastet werden. Besondere Merkblätter der Steuerverwaltungen halten fest, welche Prozentsätze für die Abschreibungen angewendet werden dürfen (Beispiel: Merkblatt der Eidgenössischen Steuerverwaltung für Abschreibungen auf dem Anlagevermögen geschäftlicher Betriebe aufgrund des Bundesgesetzes über die direkte Bundessteuer; www.estv.admin.ch).

- Ausgaben, die mit der Unternehmensgründung verbunden sind, können als Aufwand verbucht werden und reduzieren damit den Gewinn. Darunter fallen beispielsweise Reise- und Bewirtungsspesen, Ausgaben im Zusammenhang mit der Suche nach Geschäftsräumlichkeiten, Lieferanten, Kunden, Kapitalgebern sowie Inserate und zum Teil auch Gründungskosten.

Praxistipp
Geschäftsaufwand und Privataufwand sind sauber zu trennen. Diese Trennung erfolgt mit Vorteil bereits bei der laufenden Führung der Buchhaltung, indem die Beträge den betreffenden Konten zugewiesen werden (siehe Abschnitt 3.5). Die genaue, korrekte Abgrenzung zwischen Privat- und Geschäftsaufwand ist in der Praxis vor allem erforderlich bei Auslagen für Reisen, Geschäftswagen, der auch privat benützt wird, Hotel- und Restaurantspesen, Mietanteile, wenn der Inhaber auch in der Geschäftsliegenschaft wohnt oder das Ge-

schäft von Privaträumen aus betrieben wird, Berufskleider, Weiterbildung, Telefongebühren. Generell gilt: Sämtliche abzugsfähigen Kosten müssen mit Belegen nachgewiesen werden können.

d) Verrechnung des Verlustes

Verluste aus selbstständiger Erwerbstätigkeit dürfen verrechnet werden. Die Verrechnung kann entweder mit dem übrigen Einkommens des Einzelunternehmers in derselben Steuerperiode oder mit dem Einkommen in den nachfolgenden Steuerperioden erfolgen.

5.2.4 Geschäftsvermögen und Privatvermögen

Beim Geschäftsvermögen beeinflussen Wertveränderungen das steuerbare Einkommen; dies im Gegensatz zum Privatvermögen. Daher ist auch bezüglich des Vermögens zwischen dem geschäftlichen und dem privaten Bereich zu unterscheiden. Als Geschäftsvermögen gelten alle Vermögenswerte, die ganz oder vorwiegend der selbstständigen Erwerbstätigkeit dienen, und zwar unabhängig von der Herkunft der Mittel für deren Anschaffung. Dient der Vermögenswert nicht in erster Linie geschäftlichen Zwecken, so ist er dem Privatvermögen zuzuordnen.

Der Abgrenzung von Geschäfts- und Privatvermögen kommt bei den direkten Steuern von Einzelunternehmern Bedeutung zu. Denn das Einkommen aus selbstständiger Erwerbstätigkeit wird als **Vermögensstandsgewinn** ermittelt. Dies bedeutet, dass beim Geschäftsvermögen sowohl Wertverminderungen mittels Abschreibungen und drohende unternehmerische Risiken mittels Rückstellungen als auch Wertsteigerungen bei deren Realisierung steuerlich berücksichtigt werden. Anders verhält es sich beim Privatvermögen: Hier bleiben Wertveränderungen unberücksichtigt, Kapitalgewinne sind steuerfrei und Wertverminderungen sowie Kapitalverluste zeigen keinen Einfluss auf das steuerbare Einkommen.

Bei der Übertragung eines Vermögenswertes aus dem Geschäftsvermögen in das Privatvermögen ändert sich zwar zivilrechtlich (am Eigentumsrecht) nichts. In steuerrechtlicher Hinsicht sind aber die stillen Reserven auf dem Vermögenswert abzurechnen. Denn die Übertragung hat zu dem Wert zu erfolgen, der auch für eine Veräusserung an Dritte gelten würde. Damit realisiert die selbstständig erwerbende Person in ihrem Unternehmen regelmässig einen steuerbaren Gewinn.

5.2.5 Steuerausscheidung

Unterliegt ein und derselbe Steuerpflichtige mehr als einer Steuerhoheit, muss eine Steuerausscheidung vorgenommen werden, da die Bundesverfassung die Doppelbesteuerung untersagt. Dies ist beispielsweise der Fall, wenn sich der Wohnort des Einzelunternehmers und der Geschäftssitz seines Unternehmens an verschiedenen Orten befinden. Steuerausscheidung bedeutet, dass das Einkommen und/oder das Vermögen einer steuerpflichtigen Person auf verschiedene (kantonale bzw. kommunale) Steuerdomizile aufgeteilt werden (müssen).

Zur Vornahme der Ausscheidung wird zunächst das gesamte Einkommen und Vermögen ermittelt; sodann können die einzelnen Anteile den verschiedenen Kantonen bzw. Gemeinden zugewiesen werden: Privates Einkommen und bewegliches Privatvermögen (z.B. Wertschriften, Sparhefte) werden am Wohnsitz, Liegenschaften und Liegenschaftserträge am Ort der gelegenen Sache und Einkommen aus selbstständiger Tätigkeit sowie Geschäftsvermögen am Geschäftsort besteuert. Im interkantonalen Verhältnis erfolgt die Aufteilung nach Quoten. Dies bedeutet, dass ein prozentualer Schlüssel festgelegt wird, der die Anteile des Vermögens, des Gewinns und der Gewinnungskosten den einzelnen Steuerdomizilen zuordnet.

6. Beendigung des Einzelunternehmens

6.1 Beendigungsgründe

Bei den folgenden Sachverhalten handelt es sich um Beendigungsgründe des Einzelunternehmens:

- **Beendigung der Geschäftstätigkeit**
  Gibt der Inhaber seine Geschäftstätigkeit auf, so muss er die Löschung des Einzelunternehmens beim Handelsregisteramt anmelden. Der Einzelunternehmer unterliegt auch nach Löschung seines Gewerbes noch während sechs Monaten der Konkursbetreibung.

- **Tod des Einzelunternehmers**
  In diesem Fall gehen Aktiven und Passiven in das Gesamteigentum der Erben des Einzelunternehmers über. Diese haben zu entscheiden, ob die Geschäftstätigkeit beendet oder das Geschäft verkauft oder von einem oder allen Erben weitergeführt wird.

  Ist der Inhaber verstorben, so müssen die Erben die Löschung zur Eintragung im Handelsregister anmelden. Wird die Geschäftstätigkeit weitergeführt, so ist die neue Inhaberin bzw. der neue Inhaber zur Anmeldung des Unternehmens verpflichtet. Das Einzelunternehmen erhält eine neue Identifikationsnummer.

- **Abschluss des Konkursverfahrens über den Einzelunternehmer**
  Das Einzelunternehmen wird von Amtes wegen im Handelsregister gelöscht, wenn bei der Einstellung des Konkursverfahrens mangels Aktiven der Geschäftsbetrieb aufgehört hat bzw. das Konkursverfahren durch Entscheid des Gerichtes abgeschlossen ist.

- **Verkauf des Unternehmens**
  vgl. Abschnitt 2.2

Wird das Einzelunternehmen entgeltlich zum Verkehrswert übertragen, erzielt der Einzelunternehmer in aller Regel einen Kapitalgewinn. Dieser besteht in der Differenz zwischen dem Verkaufserlös und dem steuerrechtlich massgebenden Eigenkapital und bezieht sich normalerweise auf die realisierten stillen Reserven sowie einen bezahlten Goodwill. Der Kapitalgewinn bedeutet Einkommen aus selbstständiger Erwerbstätigkeit und wird vom Bund und den Kantonen besteuert; ausserdem sind dafür die Sozialversicherungsabgaben zu leisten.

- **Umwandlung des Unternehmens in eine Gesellschaft**
vgl. nachstehend Abschnitt 6.2

6.2 Umwandlung des Einzelunternehmens in eine Gesellschaft

6.2.1 Allgemeines

Ein Ausfluss der freiheitlichen Ordnung des Unternehmensrechts bildet auch die Tatsache, dass jedes Unternehmen seine Rechtsform ohne Liquidation ändern kann, falls die ursprünglich gewählte Ordnung sich im Laufe der Zeit als nicht mehr angemessen erweist.

Von Umwandlung spricht man dann, wenn ein Unternehmen in eine andere Rechtseinheit überführt wird. Für die Änderung der Rechtsform eines im Handelsregister eingetragenen Einzelunternehmens in eine Gesellschaft (Rechtsgemeinschaft oder Körperschaft) sind zunächst grundsätzlich die Vorschriften des Fusionsgesetzes über die Vermögensübertragung (Art. 69 ff. FusG) massgebend. **Die Umwandlung erfolgt also auf dem Weg der Universalsukzession; der Inhaber muss die Löschung seines (bisherigen) Einzelunternehmens beim Handelsregister anmelden** (vgl. 3. Thema, Abschnitt 5).

Neben den fusionsrechtlichen Vorschriften sind bei der Umwandlung zudem die obligationenrechtlichen Bestimmungen über jene Gesellschaftsform zu beachten, in welche die Überführung stattfinden soll.

6.2.2 Überführung in eine Rechtsgemeinschaft

Die Gründung einer **neuen Rechtsgemeinschaft** durch den (bisherigen) Einzelunternehmer zusammen mit einem oder mehreren weiteren Beteiligten hat nach den Bestimmungen über die Gründung der betreffenden Rechtseinheit zu erfolgen. Die Beteiligten haben also insbesondere einen Gesellschaftsvertrag abzuschliessen.

Falls der (bisherige) Einzelunternehmer in eine **bestehende Rechtsgemeinschaft** eintritt, so ist namentlich zu beachten:

- Ohne die Einwilligung aller Gesellschafter der Rechtsgemeinschaft ist ein Eintritt des (bisherigen) Einzelunternehmers nicht möglich. Der Beitritt macht eine Abänderung des Gesellschaftsvertrages erforderlich (Art. 557 OR bzw. Art. 598 OR).
- Der in die Rechtsgemeinschaft eintretende Einzelunternehmer haftet auch für die vor seinem Beitritt entstandenen Verbindlichkeiten der Gesellschaft (Art. 569 OR bzw. Art. 612 OR).
- Der Beitritt eines weiteren Gesellschafters zieht die Änderung des Handelsregistereintrages der Kollektivgesellschaft bzw. Kommanditgesellschaft nach sich.

Bei der Überführung in eine Kollektivgesellschaft oder Kommanditgesellschaft verkauft der bisherige Einzelunternehmer einen Teil seines Unternehmens. Er gibt sein bisheriges Alleineigentum auf und wird Gesamteigentümer zusammen mit anderen Gesellschaftern. Die Überführung kann grundsätzlich steuerneutral durchgeführt werden. Voraussetzung ist allerdings, dass der bisherige Einzelunternehmer keine entgeltliche Entschädigung für die stillen Reserven erhält.

Eine allfällige Zahlung zur Abgeltung von stillen Reserven hingegen bedeutet für den Empfänger in steuerrechtlicher Hinsicht Einkommen aus selbstständiger Erwerbstätigkeit, welches der Einkommenssteuer sowie den Sozialversicherungsbeiträgen unterliegt.

6.2.3 Überführung in eine Körperschaft

Die Überführung eines Einzelunternehmens in eine Aktiengesellschaft oder Gesellschaft mit beschränkter Haftung bedeutet eine sogenannte qualifizierte Gründung für die betreffende Körperschaft (vgl. zur qualifizierten Gründung 7. Thema, Abschnitt 2.7). Die Übertragung von Vermögenswerten des bisherigen Einzelunternehmens bedeutet für die Körperschaft eine Sacheinlage (wenn der Einzelunternehmer als Gegenleistung Anteile erhält) bzw. eine Sachübernahme (wenn der Einzelunternehmer die Zahlung eines bestimmten Betrages als Gegenleistung bekommt). Der Einzelunternehmer hat zu diesem Zweck eine Bilanz (häufig als Übernahmebilanz bezeichnet) aufzustellen (vgl. dazu auch 3. Thema, Abschnitt 6). Für die qualifizierte Gründung einer Körperschaft enthält das Gesellschaftsrecht besondere Bestimmungen. Hervorgehoben sind folgende gesetzliche Anordnungen:

- Sacheinlagen und Sachübernahmen müssen in den Gesellschaftsstatuten aufgeführt sein.
- Ein schriftlicher oder (bei Grundstücken) öffentlich beurkundeter besonderer Vertrag muss die Sacheinlagen und Sachübernahmen enthalten. Der bisherige Einzelunternehmer unterzeichnet diesen Vertrag in doppelter Funktion (Doppelvertretung), nämlich als Vertreter der übernehmenden Körperschaft sowie als übertragender Inhaber des Einzelunternehmens.
- Es muss ein schriftlicher Gründungsbericht vorliegen; dieser muss durch einen zugelassenen Revisor geprüft und als vollständig und richtig bestätigt werden.

- Der Gegenstand von Sacheinlagen und Sachübernahmen müssen in das Handelsregister eingetragen werden.

Die Überführung eines Einzelunternehmens in eine juristische Person kann steuerneutral dann durchgeführt werden, wenn der Betrieb als wirtschaftliche Einheit übergeben und weitergeführt wird. Zudem wird die Einhaltung einer Sperrfrist von fünf Jahren verlangt. Das heisst, dass die stillen Reserven nachträglich aufgerechnet werden, wenn die Anteile an der Gesellschaft während dieser Sperrfrist veräussert werden.

7. Literaturhinweise

- *Cagianut F./Höhn E.*, Unternehmungssteuerrecht (Bern/Stuttgart/Wien 1993)
- *Duss M./Greter M./von Ah J.*, Die Besteuerung Selbstständigerwerbender (Zürich/Basel/Genf 2004)
- *Forster P.*, AHV-Beitragspflicht: Materiell- und verfahrensrechtliche Grundlagen; Abgrenzung zwischen selbstständig und unselbstständig erwerbstätigen Personen (Zürich/Basel/Bern 2007)
- *Girsberger/Schmid* (Herausgeber), Rechtsfragen rund um die KMU (Zürich 2003)
- *Höhne E./Waldburger R.*, Steuerrecht, 2 Bände (Bern/Stuttgart/Wien 2002)
- *Honsell H./Vogt N.P./Watter R.* (Herausgeber), Basler Kommentar zum Schweizerischen Privatrecht, Obligationenrecht II, Art. 530–1186 OR (Basel/Genf/München 2008)
- *Meier-Hayoz A./Forstmoser P.*, Schweizerisches Gesellschaftsrecht mit neuem Recht der GmbH, der Revision und der kollektiven Kapitalanlagen (Bern 2007)
- *Rihar P.*, Das Einzelunternehmen im Schweizer Privatrecht (Zürich/Basel/Genf 2007)

5. Thema
Die einfache Gesellschaft

> **Informationsziele**
>
> In diesem Thema erfahren Sie
> - die charakteristischen Merkmale der einfachen Gesellschaft sowie deren Bedeutung in der Praxis
> - die Voraussetzungen für das Entstehen der einfachen Gesellschaft
> - die dispositive Ordnung des Gesetzes für die Regelung der Rechte und Pflichten der Gesellschafter unter sich, insbesondere für die Beitragspflicht sowie die Geschäftsführung und Vertretung
> - die gesetzliche Regelung für das Aussenverhältnis, namentlich die Vertretungs- und die Haftungsverhältnisse
> - die Auflösungsgründe der einfachen Gesellschaft sowie das Verfahren der Liquidation
> - die Besonderheiten der stillen Gesellschaft als Sonderform der einfachen Gesellschaft

Gesetzesquelle
– Art. 530 bis 551 OR

1. Das Wesen der einfachen Gesellschaft

1.1 Charakteristische Merkmale

Die einfache Gesellschaft ist die Grundform des Gesellschaftsrechts mit folgenden charakteristischen Merkmalen:

- Es handelt sich um die Verbindung von zwei oder mehr natürlichen und/oder juristischen Personen.
- Die Personen äussern ihren Verbindungswillen durch Abschluss eines Gesellschaftsvertrages.

- Die beteiligten Gesellschafter verfolgen einen gemeinsamen Zweck. Darin unterscheidet sich der Gesellschaftsvertrag von den Austauschverträgen (worin der eine Vertragspartner eine Leistung erbringt, um eine Gegenleistung des anderen Vertragspartners zu erhalten).
- Der angestrebte Zweck kann wirtschaftlicher oder nichtwirtschaftlicher Natur sein. Als Mittel für die Zweckerreichung darf kein kaufmännisches Unternehmen geführt werden.
- Die Verbindung der Beteiligten erfolgt mit gemeinsamen Kräften und Mitteln.
- Die einfache Gesellschaft gehört in die Gruppe der Rechtsgemeinschaften.
- Es handelt sich somit um eine Personengesellschaft, bei der die Persönlichkeit der Gesellschafter für die Erreichung des Gesellschaftszwecks im Vordergrund steht.

1.2 Eignung als Rechtsform

Als Grundform des Gesellschaftsrechts umfasst die einfache Gesellschaft alle Sachverhalte, in denen sich natürliche und /oder juristische Personen für die Erreichung eines gemeinsamen Zweckes zusammentun (vgl. dafür Art. 530 Abs. 2 OR). Die Vorschriften der einfachen Gesellschaft gelangen immer dann zur Anwendung, wenn nicht die Voraussetzungen einer anderen gesetzlich geregelten Gesellschaftsform vorliegen. Das Recht der einfachen Gesellschaft ist überwiegend dispositiver Natur und gibt den beteiligten Personen ein sehr flexibles Instrument in die Hand, um eine für sie möglichst optimale rechtliche Grundlage zu schaffen.

Zuverlässiges Zahlenmaterial über die Verbreitung der einfachen Gesellschaft gibt es nicht. Fest steht jedoch, dass diese Gesellschaftsform in praktischen allen Bereichen des privaten und wirtschaftlichen Lebens anzutreffen ist. Als einfache Gesellschaft gelten beispielsweise

folgende Personenverbindungen:
- Zusammenschluss von Vereinen zur gemeinsamen Durchführung eines Dorfanlasses
- Büro- bzw. Praxisgemeinschaft mehrerer selbstständiger Anwälte bzw. Ärzte
- Verbindung mehrerer Baugeschäfte zur gemeinsamen Realisierung eines Bauprojektes (in der Praxis häufig als ARGE = Arbeitgemeinschaft bezeichnet und in der Wirtschaftssprache Konsortium genannt)
- Verbindung mehrerer Banken zur Durchführung einer Anleihensemission
- Gemeinsame Erledigung der Vorbereitungsarbeiten mehrerer Personen im Hinblick auf die Gründung einer Körperschaft
- Wohngemeinschaft mehrerer Studierender
- Zusammenschluss von zwei Kollegen zu gemeinsamem Kauf und gemeinsamer Nutzung eines Motorbootes
- Lebensgemeinschaft eines unverheirateten Paares

Einzelne der erwähnten Beispiele machen deutlich, dass es sich bei der einfachen Gesellschaft auch um eine Gelegenheitsgesellschaft oder eine Gesellschaft mit begrenzter Dauer (vorübergehende Gesellschaft) handelt, auch wenn diese Merkmale nicht zwingend sind. **Zwingend ist jedoch, dass die einfache Gesellschaft kein nach kaufmännischer Art geführtes Gewerbe betreiben darf. Für Zusammenschlüsse mit einem derartigen Zweck steht diese Gesellschaftsform nicht zur Verfügung.**

2. Entstehung

2.1 Formfreiheit für den Gesellschaftsvertrag

Die einfache Gesellschaft entsteht, sobald die Beteiligten ihren Willen kundtun, sich zu verbinden und einen gemeinsamen Zweck mit gemeinsamen Kräften und Mitteln anzustreben. Vertragspartei kann jede handlungsfähige natürliche und juristische Person sein. Die Willensäusserung kann nach Art. 1 Abs. 1 OR ausdrücklich oder stillschweigend erfolgen. Eine besondere gesetzliche Form ist nicht einzuhalten, womit der Abschluss eines Gesellschaftsvertrags auch mündlich gültig ist.

Aus diesem Grund gibt es zahlreiche praktische Sachverhalte, in denen sich die Beteiligten über den erfolgten Vertragsabschluss und damit das Vorliegen einer einfachen Gesellschaft gar nicht bewusst sind. Es braucht kaum begründet zu werden, weshalb vor allem für die Gründung einer einfachen Gesellschaft mit wirtschaftlicher Zwecksetzung der Abschluss eines schriftlich abgefassten Gesellschaftsvertrags zu empfehlen ist.

> **Checkliste für den Inhalt des Gesellschaftsvertrages**
>
> - Vertragsparteien: klare Identifikation durch Angabe der genauen Bezeichnung (Name/Vorname bzw. Firma) und der Adresse
> - Zweck des Zusammenschlusses (Beispiel: Erstellung des Gebäudes XY)
> - Beitragsleistung jedes Gesellschafters (Sachleistung, finanzielle Leistung, Arbeitsleistung)
> - Gesellschaftsbeschlüsse, falls nicht das dispositive Einstimmigkeitsprinzip gelten soll
> - Geschäftsführungsbefugnisse: Zuweisung der Geschäftsführung allgemein oder einzelner Verantwortlichkeiten an einen oder einzelne Gesellschafter sowie Bestimmung der dafür allenfalls geleisteten Vergütung
> - Vertretungsverhältnisse: Festlegung, welche/r Gesellschafter in welchem Umfang zur Vertretung berechtigt sind/ist
> - Verteilung des Gesellschaftserfolgs sowie Zeitpunkt der Verteilung
> - Auflösungsgründe und Kündigungsmöglichkeiten, sofern von der gesetzlichen Regelung abgewichen werden soll
> - Ort und Datum des Vertragsabschlusses

2.2 Keine Eintragungspflicht

Die einfache Gesellschaft ist nicht auf den Betrieb eines kaufmännischen Gewerbes gerichtet. Daher muss sie nicht in das Handelsregister eingetragen werden und auch ein freiwilliger Eintrag ist nicht möglich. Die einfache Gesellschaft hat keine Firma (eine für den Auftritt nach aussen allenfalls gewählte Bezeichnung geniesst folglich keinen Firmenschutz) und untersteht den Buchführungsvorschriften nicht.

3. Rechtsverhältnis der Gesellschafter unter sich

Die im Obligationenrecht enthaltenen Vorschriften, die das Verhältnis der Gesellschafter unter sich betreffen, sind **dispositives Recht**. Dies bedeutet, dass die Beteiligten im Rahmen der Rechtsordnung die für sie zugeschnittene Regelung vertraglich frei vereinbaren können.

3.1 Pflicht zur Beitragsleistung

§ «[1] Jeder Gesellschafter hat einen Beitrag zu leisten, sei es in Geld, Sachen, Forderungen oder Arbeit.
[2] Ist nicht etwas anderes vereinbart, so haben die Gesellschafter gleiche Beiträge, und zwar in der Art und dem Umfange, zu leisten, wie der vereinbarte Zweck es erheischt.
[3] In Bezug auf die Tragung der Gefahr und die Gewährspflicht finden, sofern der einzelne Gesellschafter den Gebrauch einer Sache zu überlassen hat, die Grundsätze des Mietvertrages und, sofern er Eigentum zu übertragen hat, die Grundsätze des Kaufvertrages entsprechende Anwendung.»
Art. 531 OR: Verhältnis der Gesellschafter unter sich: Beiträge

Zum Gesellschaftsbegriff gehört das Merkmal, wonach alle Gesellschafter mit gemeinsamen Kräften oder Mitteln zusammenwirken. Damit ist die gesetzliche Anordnung zwingend, dass die beteiligten Gesellschafter einen Beitrag zur Erreichung des von ihnen vereinbarten Gesellschaftszwecks erbringen. Nicht zwingend geregelt ist die Art des Beitrages. **Alles, was den Gesellschaftszweck fördert, kann Beitrag sein: einmalige oder periodisch zu leistende finanzielle Mittel, Gegenstände, Forderungen, Immaterialgüterrechte und Arbeit.** Über die Art und den Umfang ihres jeweiligen Beitrages haben sich die Gesellschafter zu einigen. Mangels Vereinbarung ordnet das Gesetz an, dass **die Gesellschafter gleiche Beiträge leisten** müssen. Bezüglich allfälliger Sachleistungen lassen sich aufgrund von Art. 531 Abs. 3 OR namentlich zwei verschiedene rechtliche

Sachverhalte unterscheiden: (1) Die Sache wird zu Eigentum in die Gesellschaft eingebracht. (2) Die Sache wird der Gesellschaft zum Gebrauch überlassen. Im ersten Fall erfolgt der Eigentumsübergang nach den Vorschriften des Sachenrechts (Art. 656 ZGB für das Grundeigentum; Art. 714 ff. ZGB für Fahrnis); für die Gefahrtragung sowie für die Gewährleistung gelten die Regeln des Kaufrechts (Art. 185 OR sowie Art. 192 ff. OR). Im zweiten Fall sind für die Gefahrtragung sowie Gewährleistung die Vorschriften des Mietrechts anwendbar (Art. 258 ff. OR).

3.2 Anteil am Gesellschaftserfolg

> «Jeder Gesellschafter ist verpflichtet, einen Gewinn, der seiner Natur nach der Gesellschaft zukommt, mit den andern Gesellschaftern zu teilen.»
> Art. 532 OR: Gewinnteilung
>
> «[1] Wird es nicht anders vereinbart, so hat jeder Gesellschafter, ohne Rücksicht auf die Art und Grösse seines Beitrages, gleichen Anteil an Gewinn und Verlust.
> [2] Ist nur der Anteil am Gewinn oder nur der Anteil am Verlust vereinbart, so gilt diese Vereinbarung für beides.
> [3] Die Verabredung, dass ein Gesellschafter, der zu dem gemeinsamen Zwecke Arbeit beizutragen hat, Anteil am Gewinn, nicht aber am Verlust haben soll, ist zulässig.»
> Art. 533 OR: Gewinn- und Verlustbeteiligung

Erfolg kann Gewinn oder Verlust bedeuten. Die Erfolgsbeteiligung ist regelmässig vertraglich vereinbart; für deren Regelung haben die Gesellschafter grundsätzlich völlige Freiheit. Das dispositive Gesetzesrecht geht vom **Kopfprinzip** aus: Wenn nichts anderes abgemacht ist, trägt jeder Gesellschafter gleichen Anteil an Gewinn oder Verlust, unabhängig davon, in welcher Form und in welchem Umfang er Beiträge zur Erreichung des Gesellschaftszwecks geleistet hat. Bei Gesellschaften mit kontinuierlicher, fortlaufender Tätigkeit und insbesondere wenn Jahresrechnungen nach kaufmännischen Grundsätzen erstellt werden, erfolgt die Gewinn- bzw. Verlustverteilung in der Regel periodisch, meist jährlich. Ansonsten ist ohne anderslautende vertragliche Regelung die Teilung von Gewinn (Überschuss) oder Verlust (Fehlbetrag) erst bei der Liquidation der Gesellschaft vorgesehen (vgl. Art. 549 OR).

3.3 Gesellschaftsbeschlüsse

«¹Gesellschaftsbeschlüsse werden mit Zustimmung aller Gesellschafter gefasst.
²Genügt nach dem Vertrage Stimmenmehrheit, so ist die Mehrheit nach der Personenzahl zu berechnen.»
Art. 534 OR: Gesellschaftsbeschlüsse

Die Vorschrift von Art. 534 OR bezieht sich nur auf Beschlüsse, welche zu einer Abänderung des Gesellschaftsvertrages führen, nicht jedoch auf Rechtshandlungen, die den gewöhnlichen Geschäftsverlauf betreffen. Letztere Rechtshandlungen gehören in den Bereich der Geschäftsführung, welcher von Art. 535 OR erfasst wird (siehe nachfolgend Abschnitt 3.4).

Grundsätzlich sind die Gesellschafter frei, die Zustimmungserfordernisse für Gesellschaftsbeschlüsse vertraglich festzulegen. Ohne vertragliche Regelung gilt das **Einstimmigkeitsprinzip.** Ein Beschluss ist nur dann rechtsgültig zustande gekommen, wenn ihm alle Gesellschafter zustimmen. Falls vertraglich die Stimmenmehrheit genügt, ist – wie bei der Gewinn- und Verlustteilung – das Kopfprinzip massgebend: Jeder Gesellschafter hat eine Stimme, unabhängig von der Art und Höhe seines Beitrages.

3.4 Geschäftsführung

«¹Die Geschäftsführung steht allen Gesellschaftern zu, soweit sie nicht durch Vertrag oder Beschluss einem oder mehreren Gesellschaftern oder Dritten übertragen ist.

² Steht die Geschäftsführung entweder allen oder mehreren Gesellschaftern zu, so kann jeder von ihnen ohne Mitwirkung der übrigen handeln, es hat aber jeder andere zur Geschäftsführung befugte Gesellschafter das Recht, durch seinen Widerspruch die Handlung zu verhindern, bevor sie vollendet ist.
³ Zur Bestellung eines Generalbevollmächtigten und zur Vornahme von Rechtshandlungen, die über den gewöhnlichen Betrieb der gemeinschaftlichen Geschäfte hinausgehen, ist, sofern nicht Gefahr im Verzuge liegt, die Einwilligung sämtlicher Gesellschafter erforderlich.»
Art. 535 OR: Geschäftsführung

«¹ Die im Gesellschaftsvertrag eingeräumte Befugnis zur Geschäftsführung darf von den übrigen Gesellschaftern ohne wichtige Gründe weder entzogen noch beschränkt werden.
² Liegen wichtige Gründe vor, so kann sie von jedem der übrigen Gesellschafter selbst dann entzogen werden, wenn der Gesellschaftsvertrag etwas anderes bestimmt.
³ Ein wichtiger Grund liegt namentlich vor, wenn der Geschäftsführer sich einer groben Pflichtverletzung schuldig macht oder die Fähigkeit zu einer guten Geschäftsführung verloren hat.»
Art. 539 OR: Entzug und Beschränkung der Geschäftsführung

- **Die Vorschrift von Art. 535 OR betrifft die Geschäftsführung im engeren Sinn, also diejenigen Rechtshandlungen, die der gewöhnliche Betrieb der Geschäftstätigkeit mit sich bringt.**
- Zunächst gilt die Grundregel, wonach der Gesellschaftsvertrag die Geschäftsführung einem oder mehreren Gesellschaftern oder auch Dritten übertragen kann. Sodann besteht ohne andere vertragliche Regelung **Einzelgeschäftsführung.** Dies bedeutet, dass jeder Gesellschafter zur Geschäftsführung befugt und verpflichtet ist. Ausnahmen vom Grundsatz der Einzelgeschäftsführungsbefugnis bilden die Bestimmung eines Generalbevollmächtigen für die Gesellschaft sowie Rechtshandlungen, die über den gewöhnlichen Betrieb hinausgehen. Für wichtige Beschlüsse gilt grundsätzlich das Einstimmigkeitsprinzip, sofern nicht Gefahr im Verzug ist.
- Jeder zur Geschäftsführung befugte Gesellschafter hat das Recht, durch Widerspruch die Handlung eines anderen Gesellschafters

zu verhindern, bevor diese Handlung vollendet ist. Gesellschaftern, die keine Geschäftsführungsbefugnis haben, steht dieses Vetorecht nicht zu.

- Die Geschäftsführungsbefugnis des Gesellschafters darf durch die anderen Gesellschafter nur beim Vorliegen wichtiger Gründe entzogen werden. Wann und ob ein wichtiger Grund vorliegt, ist jeweils im Einzelfall zu prüfen. Das Gesetz nennt als Beispiele für wichtige Gründe die grobe Pflichtverletzung und den Verlust der Fähigkeit zur guten Geschäftsführung. Zu beachten ist, dass diese Regelung für den Entzug der Geschäftsführungsbefugnis nur gegenüber Gesellschaftern gilt: Die einem Dritten erteilte Befugnis zur Geschäftsführung kann auch ohne Vorliegen eines wichtigen Grundes jederzeit durch Gesellschafterbeschluss entzogen werden.

- Der Gesellschaftsvertrag kann festlegen, welche Bestimmungen für das Verhältnis der geschäftsführenden zu den nicht geschäftsführenden Gesellschaftern gelten sollen. Häufig enthalten die Vereinbarungen den Verweis auf das Arbeitsvertragsrecht (Art. 319 ff. OR) oder auf das Auftragsrecht (Art. 394 ff. OR). Wenn im Gesellschaftsvertrag darüber nichts geregelt ist, erklärt Art. 540 OR für dieses Rechtsverhältnis die Vorschriften über den Auftrag als anwendbar. In diesem Fall richten sich beispielsweise (1) der Umfang der Geschäftsführungsbefugnisse nach Art. 396 OR (der Umfang richtet sich nach der Natur des zu besorgenden Geschäftes) sowie (2) die Pflicht zur persönlichen und zur vorschriftsgemässen Ausführung der Geschäftsführung nach Art. 397 und Art. 398 Abs. 3 OR (persönliche Geschäftsbesorgung, wenn nicht eine Ermächtigung zur Übertragung an einen Dritten vorliegt).

- Wenn ein Gesellschafter, der nicht zur Geschäftsführung befugt ist, Gesellschaftsangelegenheiten besorgt, oder wenn ein zur Geschäftsführung befugter Gesellschafter seine Befugnis überschreitet, richtet sich sein Handeln nach den Vorschriften über die Geschäftsführung ohne Auftrag (Art. 419 ff. OR).

- Für Auslagen oder Verbindlichkeiten, die ein Gesellschafter in den Angelegenheiten der Gesellschaft macht oder eingeht, sowie für Verluste, die er unmittelbar durch seine Geschäftsführung erleidet, sind ihm die übrigen Gesellschafter haftbar.

3.5 Einsicht in die Angelegenheiten der Gesellschaft

«[1] Der von der Geschäftsführung ausgeschlossene Gesellschafter hat das Recht, sich persönlich von dem Gange der Gesellschaftsangelegenheiten zu unterrichten, von den Geschäftsbüchern und Papieren der Gesellschaft Einsicht zu nehmen und für sich eine Übersicht über den Stand des gemeinschaftlichen Vermögens anzufertigen.
[2] Eine entgegenstehende Vereinbarung ist nichtig.»
Art. 541 OR: Einsicht in die Gesellschaftsangelegenheiten

Jeder Gesellschafter, der keine Geschäftsführungsbefugnis hat, verfügt über das unentziehbare umfassende Kontrollrecht. Dieses umfasst die **persönliche, direkte Einsichtsmöglichkeit in alle für den Gesellschaftszweck relevanten Geschäftsunterlagen.**

3.6 Sorgfaltspflicht

«[1] Jeder Gesellschafter ist verpflichtet, in den Angelegenheiten der Gesellschaft den Fleiss und die Sorgfalt anzuwenden, die er in seinen eigenen anzuwenden pflegt.
[2] Er haftet den übrigen Gesellschaftern für den durch sein Verschulden entstandenen Schaden, ohne dass er damit die Vorteile verrechnen könnte, die er der Gesellschaft in anderen Fällen verschafft hat.
[3] Der geschäftsführende Gesellschafter, der für seine Tätigkeit eine Vergütung bezieht, haftet nach den Bestimmungen über den Auftrag.»
Art. 538 OR: Mass der Sorgfalt

Die (geschäftsführenden) Gesellschafter sind verpflichtet, die Gesellschaftsangelegenheiten sorgfältig zu besorgen. Art. 538 Abs. 1 OR verlangt jedoch nicht die Erfüllung der im Vertragsrecht üblichen **objektiven Sorgfaltspflicht** (wie diese beispielsweise für den Arbeitsvertrag in Art. 321 a und Art. 321 e OR vorgeschrieben ist), **sondern begnügt sich mit dem Fleiss und der Sorgfalt, welche der betreffende Gesellschafter in seinen eigenen Angelegenheiten pflegt.** Damit kann sich zwar ein Gesellschafter, der seinen Aufgaben schlecht nachkommt, nicht herausreden; jedoch sind die zu berücksichtigenden subjektiven Entschuldigungsgründe (z.B. Zeitmangel) zahlreicher.

Bezieht der geschäftsführende Gesellschafter für seine Tätigkeit jedoch eine Vergütung, so ist der Sorgfaltsmassstab strenger: Er haftet dann nach den Bestimmungen über den Auftrag. Verwiesen wird damit auf Art. 398 OR, der bezüglich Haftung des Beauftragten auf die (objektive) Sorgfalt verweist, die eine zweckgerichtete, in zeitlicher Hinsicht angemessene, erfolgsbezogene und zuverlässige Handlungsweise verlangt.

3.7 Konkurrenzverbot

§ «Kein Gesellschafter darf zu seinem besonderen Vorteile Geschäfte betreiben, durch die der Zweck der Gesellschaft vereitelt oder beeinträchtigt würde.»
Art. 536 OR: Konkurrenzverbot

Die Personenbezogenheit ist eines der charakteristischen Merkmale der einfachen Gesellschaft. Das Konkurrenzverbot als Ausfluss aus der Personenbezogenheit verbietet es allen (den geschäftsführenden und den nicht geschäftsführenden) Gesellschaftern, für eigene Rechnung Geschäfte zu machen, die zum Zweck der einfachen Gesellschaft gehören, sowie alle Handlungen zu unterlassen, welche die Verwirklichung des Gesellschaftszwecks verunmöglichen oder erschweren.

Bei Verletzung des Konkurrenzverbots durch einen Gesellschafter kommt die Vorschrift von Art. 464 Abs. 2 OR (betreffend Konkurrenzverbot von Prokurist und Handlungsbevollmächtigtem) analog zur Anwendung. Danach kommen als Rechtsfolge der Ersatz des verursachten Schadens sowie die Übernahme der betreffenden Geschäfte durch die einfache Gesellschaft infrage.

3.8 Aufnahme neuer Gesellschafter

«¹ Ein Gesellschafter kann ohne die Einwilligung der übrigen Gesellschafter keinen Dritten in die Gesellschaft aufnehmen.
² Wenn ein Gesellschafter einseitig einen Dritten an seinem Anteile beteiligt oder seinen Anteil an ihn abtritt, so wird dieser Dritte dadurch nicht zum Gesellschafter der übrigen und erhält insbesondere nicht das Recht, von den Gesellschaftsangelegenheiten Einsicht zu nehmen.»
Art. 542 OR: Aufnahme neuer Gesellschafter und Unterbeteiligung

Ausfluss aus der personenbezogenen Konzeption der einfachen Gesellschaft ist auch die dispositive Vorschrift von Art. 542 OR. Wenn neue Gesellschafter aufgenommen werden sollen, so bedarf dies ohne anderslautende vertragliche Regelung der Zustimmung aller Gesellschafter. Absatz 2 dieser Vorschrift betrifft die **Unterbeteiligung,** wenn ein Gesellschafter mit einem Dritten eine neue (eigene) einfache Gesellschaft bildet. **Zweck der neuen Gesellschaft ist dann die gemeinsame Ausübung der Mitgliedschaft an der ursprünglichen einfachen Gesellschaft.** Die Unterbeteiligung ist ohne Weiteres und ohne Zustimmung durch die Gesellschafter der ursprünglichen Gesellschaft zulässig; sie verschafft dem Dritten jedoch keine Rechte gegenüber der ursprünglichen Gesellschaft.

4. Verhältnis der Gesellschafter gegenüber Dritten

Die einfache Gesellschaft ist eine Rechtsgemeinschaft, verfügt also nicht über eine eigene Rechtspersönlichkeit und ist auch nicht prozess- und betreibungsfähig. Zudem ist die einfache Gesellschaft kein Steuersubjekt. Steuerpflichtig sind stets die Gesellschafter persönlich für ihre Anteile am Gewinn der Gesellschaft. Einkommen aus selbstständiger Erwerbstätigkeit liegt für den einzelnen Gesellschafter unabhängig von seiner Teilnahme an der Geschäftsführung der Gesellschaft vor.

Das Wesen der Rechtsgemeinschaft drückt sich auch in der Regelung des Verhältnisses der Gesellschafter gegenüber Dritten aus.

4.1 Gemeinschaftliche Berechtigung

«[1] Sachen, dingliche Rechte oder Forderungen, die an die Gesellschaft übertragen oder für sie erworben sind, gehören den Gesellschaftern gemeinschaftlich nach Massgabe des Gesellschaftsvertrages.
[2] ...»
Art. 544 Abs. 1 OR: Wirkung der Vertretung

«Haben mehrere Personen, die durch Gesetzesvorschrift oder Vertrag zu einer Gemeinschaft verbunden sind, eine Sache kraft ihrer Gemeinschaft zu Eigentum, so sind sie Gesamteigentümer, und es geht das Recht eines jeden auf die ganze Sache.»
Art. 652 ZGB: Gesamteigentum: Voraussetzung

«[1] Die Rechte und Pflichten der Gesamteigentümer richten sich nach den Regeln, unter denen ihre gesetzliche oder vertragsmässige Gemeinschaft steht.
[2] Besteht keine andere Vorschrift, so bedarf es zur Ausübung des Eigentums und insbesondere zur Verfügung über die Sache des einstimmigen Beschlusses aller Gesamteigentümer.
[3] ...»
Art. 653 Abs. 1 und 2 ZGB: Gesamteigentum: Wirkung

Als rechtsgemeinschaftlich organisierte Gesellschaft übernimmt die einfache Gesellschaft keine eigenen Rechte und Pflichten. Rechtsträger sind die Mitglieder der Gesellschaft; sie sind auch am Gesellschaftsvermögen gemeinschaftlich direkt beteiligt. Zum Gesellschaftsvermögen gehören das Eigentum an Sachen, beschränkte dingliche Rechte (wie Pfandrecht usw.), Forderungen und andere Rechte (zum Beispiel Immaterialgüterrechte, Rechte auf Gebrauch einer Sache). Gemeinschaftliche Berechtigung am Gesellschaftsvermögen bedeutet, dass die Sachen im Gesamteigentum der Gesellschafter stehen.

Durch vertragliche Vereinbarung können die Gesellschafter anstelle der gemeinschaftlichen Berechtigung auch die anteilsmässige Berechtigung vorsehen; es handelt sich dann um Miteigentum (nach Art. 646 ff. ZGB). Wesentlicher Unterschied: Während beim Gesamteigentum jeder Gesellschafter insgesamt an der Sache beteiligt ist und nicht allein darüber verfügen kann, hat der Miteigentümer eine Wertquote an der Sache, worüber er grundsätzlich frei verfügen kann.

4.2 Vertretungsverhältnisse

« [1] Wenn ein Gesellschafter zwar für Rechnung der Gesellschaft, aber in eigenem Namen mit einem Dritten Geschäfte abschliesst, so wird er allein dem Dritten gegenüber berechtigt und verpflichtet.
[2] Wenn ein Gesellschafter im Namen der Gesellschaft oder sämtlicher Gesellschafter mit einem Dritten Geschäfte abschliesst, so werden die übrigen Gesellschafter dem Dritten gegenüber nur insoweit berechtigt und verpflichtet, als es die Bestimmungen über die Stellvertretung mit sich bringen.
[3] Eine Ermächtigung des einzelnen Gesellschafters, die Gesellschaft oder sämtliche Gesellschafter Dritten gegenüber zu vertreten, wird vermutet, sobald ihm die Geschäftsführung überlassen ist. »
Art. 543 OR: Vertretung

«¹ Wenn jemand, der zur Vertretung eines andern ermächtigt ist, in dessen Namen einen Vertrag abschliesst, so wird der Vertretene und nicht der Vertreter berechtigt und verpflichtet.
² Hat der Vertreter bei dem Vertragsabschlusse sich nicht als solcher zu erkennen gegeben, so wird der Vertretene nur dann unmittelbar berechtigt oder verpflichtet, wenn der andere aus den Umständen auf das Vertretungsverhältnis schliessen musste, oder wenn es ihm gleichgültig war, mit wem er den Vertrag schliesse.
³ ... »
Art. 32 Abs. 1 und 2 OR: Wirkung der Vertretung

«¹ ...
² Ist die Ermächtigung durch Rechtsgeschäft eingeräumt, so beurteilt sich ihr Umfang nach dessen Inhalt.
³ Wird die Ermächtigung vom Vollmachtgeber einem Dritten mitgeteilt, so beurteilt sich ihr Umfang diesem gegenüber nach Massgabe der erfolgten Kundgebung.»
Art. 33 Abs. 2 und 3 OR: Umfang der Ermächtigung

«¹ Hat jemand, ohne dazu ermächtigt zu sein, als Stellvertreter einen Vertrag abgeschlossen, so wird der Vertretene nur dann Gläubiger oder Schuldner, wenn er den Vertrag genehmigt.
² ... »
Art. 38 Abs. 1 OR: Ohne Ermächtigung

Im Rahmen der Regeln über die Vertretungsverhältnisse geht es insbesondere um die Frage, wer unter welchen Bedingungen aus den Handlungen des Vertreters berechtigt und verpflichtet wird. Ist es der handelnde Gesellschafter oder sind es sämtliche Gesellschafter? **Die Antwort auf diese Frage hängt insbesondere davon ab, ob der Handelnde zur Vertretung ermächtigt ist und ob er sich als Vertreter der Gesellschaft bzw. der Gesellschafter zu erkennen gegeben hat.**

- Die **gesetzliche Vermutung** geht dahin, als dass ein mit der Geschäftsführung betrauter Gesellschafter berechtigt ist, die Gesellschaft bzw. sämtliche Gesellschafter gegenüber Dritten zu vertreten. In diesem Grundsatz kommt der Schutz des guten Glaubens zum Tragen: Wenn die Gesellschafter das Gesellschaftsverhältnis nach aussen kundtun, soll ein Dritter geschützt sein, wenn er gutgläubig davon ausgeht bzw. davon ausgehen darf, der handelnde Gesellschafter sei mit der Geschäftsführung der Gesellschaft betraut.

- In der Regel wird sich der Geschäftsführer, der seine Vertretungsbefugnisse ausübt, einem Dritten gegenüber als solcher zu erkennen geben, indem er im Namen der Gesellschaft oder sämtlicher Gesellschafter handelt. Für diesen Fall verweist das Gesetz (Art. 543 Abs. 2 OR) auf die allgemeinen Bestimmungen über die Stellvertretung (Art. 32 ff. OR).

  – Danach **werden alle vertretenen Personen berechtigt und verpflichtet, wenn der handelnde Gesellschafter vertretungsberechtigt ist** (Art. 32 Abs. 1 OR). Die Vertretungsberechtigung und deren Umfang ergeben sich durch eine Regelung im Gesellschaftsvertrag oder durch Beschluss der Gesellschafter oder durch konkludentes Handeln der Gesellschafter. Art. 32 Abs. 2 OR und Art. 33 Abs. 3 OR enthalten bezüglich der Vertretungsbefugnis sowie des Umfangs der Vertretungsermächtigung einen ähnlichen Gutglaubensschutz wie Art. 543 Abs. 3 OR.

  – **Wenn der Gesellschafter ohne Ermächtigung tätig wird, so entfaltet er durch seine Handlungen keine Rechtswirkung für die übrigen Gesellschafter,** falls diese das Rechtsgeschäft nicht nachträglich genehmigen (Art. 38 Abs. 1 OR). Ohne Genehmigung wird also lediglich der handelnde Gesellschafter berechtigt und verpflichtet.

4.3 Haftung

§
> « ...
> ³ Haben die Gesellschafter gemeinschaftlich oder durch Stellvertretung einem Dritten gegenüber Verpflichtungen eingegangen, so haften sie ihm solidarisch, unter Vorbehalt anderer Vereinbarungen. »
> Art. 544 Abs. 3 OR: Wirkung der Vertretung

> « ¹ Solidarität unter mehreren Schuldnern entsteht, wenn sie erklären, dass dem Gläubiger gegenüber jeder einzeln für die Erfüllung der ganzen Schuld haften wolle.
> ² Ohne solche Willenserklärung entsteht Solidarität nur in den vom Gesetz bestimmten Fällen. »
> Art. 143 OR: Solidarschuld

Als Rechtsgemeinschaft hat die Gesellschaft als solche keine Schuldner und keine Gläubiger. Daher haftet für die Verbindlichkeiten nicht die Gesellschaft. Vielmehr **haften die einzelnen Gesellschafter**

- **unbeschränkt**, das heisst mit ihrem gesamten Vermögen;
- **primär**, was bedeutet, dass nicht zuerst die Gesellschaft haftet;
- **solidarisch**, womit gemäss Art. 143 Abs. 1 OR jeder Gesellschafter einzeln für die gesamten Verpflichtungen einstehen muss und der Gläubiger nach seiner Wahl von allen Solidarschuldnern je nur einen Teil oder aber das Ganze fordern kann. Der Ausschluss der solidarischen Haftung ist nur durch eine Vereinbarung zwischen dem Gläubiger und den Gesellschaftern möglich. Bezahlt ein Gesellschafter mehr als seinen Teil, so kann er für den Mehrbetrag Regress (Rückgriff) auf die übrigen Gesellschafter nehmen.

Diese Haftungsregeln gelten für die **Schulden, die im Namen aller Gesellschafter entstanden sind**. Damit hängt die Haftungsregelung stark mit den Vertretungsverhältnissen zusammen. **Handelt ein Gesellschafter in eigenem Namen oder ohne Ermächtigung durch die übrigen Gesellschafter, so ist einzig der handelnde Gesellschafter haftbar.**

5. Beendigung der Gesellschaft

5.1 Auflösungsgründe

«¹ Die Gesellschaft wird aufgelöst:
1. wenn der Zweck, zu welchem sie abgeschlossen wurde, erreicht oder wenn dessen Erreichung unmöglich geworden ist;
2. wenn ein Gesellschafter stirbt und für diesen Fall nicht schon vorher vereinbart worden ist, dass die Gesellschaft mit den Erben fortbestehen soll;
3. wenn der Liquidationsanteil eines Gesellschafters zur Zwangsverwertung gelangt oder ein Gesellschafter in Konkurs fällt oder bevormundet wird;
4. durch gegenseitige Übereinkunft;
5. durch Ablauf der Zeit, auf deren Dauer die Gesellschaft eingegangen worden ist;
6. durch Kündigung von Seiten eines Gesellschafters, wenn eine solche im Gesellschaftsvertrag vorbehalten oder wenn die Gesellschaft auf unbestimmte Dauer oder auf Lebenszeit eines Gesellschafters eingegangen worden ist;
7. durch Urteil des Richters im Falle der Auflösung aus einem wichtigen Grund.
² Aus wichtigen Gründen kann die Auflösung der Gesellschaft vor Ablauf der Vertragsdauer oder, wenn sie auf unbestimmte Zeit abgeschlossen worden ist, ohne vorherige Ankündigung verlangt werden.»
Art. 545 OR: Auflösungsgründe

«¹ Ist die Gesellschaft auf unbestimmte Dauer oder auf Lebenszeit eines Gesellschafters geschlossen worden, so kann jeder Gesellschafter den Vertrag auf sechs Monate kündigen.
² Die Kündigung soll jedoch in guten Treuen und nicht zur Unzeit geschehen und darf, wenn jährliche Rechnungsabschlüsse vorgesehen sind, nur auf das Ende eines Geschäftsjahres erfolgen.
³ Wird eine Gesellschaft nach Ablauf der Zeit, für die sie eingegangen ist, stillschweigend fortgesetzt, so gilt sie als auf unbestimmte Zeit erneuert.»
Art. 546 OR: Gesellschaft auf unbestimmte Dauer

Die Auflösung der einfachen Gesellschaft erfolgt dann, wenn ein Auflösungsgrund eintritt. Als solche nennt Art. 545 OR die folgenden:

- Der Zweck, zu welchem die Gesellschaft abgeschlossen wurde, ist erreicht oder dessen Erreichung nicht mehr möglich. Dieser Auflösungsgrund ist praktisch dann von Bedeutung, wenn die einfache Gesellschaft beispielsweise für die Abwicklung eines zeitlich befristeten Projekts eingegangen wurde. Die Projektbeendigung bedeutet auch die Beendigung der Gesellschaft.
- Ein Gesellschafter stirbt und es ist für diesen Fall nicht schon vorher vereinbart worden, die Gesellschaft solle mit den Erben fortbestehen. Die Vereinbarung einer Nachfolgeklausel bedeutet, dass die Erben in die Rechte und Pflichten des verstorbenen Gesellschafters eintreten.
- Der Liquidationsanteil eines Gesellschafters gelangt zur Zwangsverwertung, oder ein Gesellschafter fällt in Konkurs oder wird bevormundet. Die Gläubiger eines Gesellschafters können nach Art. 544 Abs. 2 OR nur seinen Liquidationsanteil in Anspruch nehmen. Zur Auflösung der Gesellschaft kommt es, wenn im Rahmen der Betreibung auf Pfändung der Liquidationsanteil des Gesellschafters verwertet bzw. wenn – falls er im Handelsregister eingetragen ist und damit der Konkursbetreibung unterliegt – über den Gesellschafter der Konkurs eröffnet wird.
- Die Auflösung wird durch gegenseitige Übereinkunft der Gesellschafter beschlossen. Ein solcher Auflösungsbeschluss erfordert die Zustimmung sämtlicher Gesellschafter, auch wenn im Übrigen gemäss Gesellschaftsvertrag die Beschlussfassung mit Stimmenmehrheit vorgesehen ist.
- Die Zeit ist abgelaufen, auf deren Dauer die Gesellschaft eingegangen worden ist.
- Ein Gesellschafter kündigt den Vertrag. Bei einer auf unbestimmte Zeit eingegangenen Gesellschaft handelt es sich um einen Dauervertrag, vergleichbar mit dem Mietvertrag und dem Arbeitsvertrag. **Wie jeder Dauervertrag kann auch der Gesellschaftsvertrag durch einseitige, ordentliche Kündigung beendet werden.** Die

Kündigung kann formlos erfolgen; eine Begründung ist nicht notwendig, eingehalten werden muss aber nach Art. 546 OR eine Frist von sechs Monaten. Grundsätzlich kann die Kündigung auf jeden beliebigen Zeitpunkt hin erfolgen, ausser wenn jährliche Rechnungsabschlüsse vorgesehen sind. Dann ist die Kündigung nur auf das Ende eines Geschäftsjahres möglich. Die Kündigung soll zudem nicht zur Unzeit vorgenommen werden.

- Der Richter spricht die Auflösung aus wichtigem Grund aus. Es ist das unentziehbare und unverzichtbare Recht jedes Gesellschafters, beim Richter die Auflösung der Gesellschaft aus wichtigen Gründen zu verlangen. Ein wichtiger Grund ist im Einzelfall zu belegen. Er liegt dann vor, wenn die Erreichung des vereinbarten Gesellschaftszwecks aus persönlichen oder sachlichen Gründen nicht mehr möglich ist und dem Gesellschafter die Fortsetzung der Gesellschaft nicht mehr zugemutet werden kann (Beispiel: dauernde Unrentabilität der Gesellschaftstätigkeit).

5.2 Einfluss der Auflösung auf die Geschäftsführung

Die Auflösung bedeutet nicht, dass die Gesellschaft nach Eintritt eines der genannten Gründe sofort beendet wird. Vielmehr bedeutet der Eintritt eines Auflösungsgrundes eine Zweckänderung der Gesellschaft: **Der Zweck besteht darin, die allenfalls noch laufenden Geschäfte abzuschliessen und das Nettovermögen bzw. den Verlust unter den Gesellschaftern zu verteilen.** Insofern beeinträchtigt eine Auflösung auch die Befugnisse zur Geschäftsführung und Vertretung, denn diese umfassen lediglich noch Handlungen, welche zur Liquidation der Gesellschaft erforderlich sind.

5.3 Liquidation

§ «¹ Bei der Auseinandersetzung, die nach der Auflösung die Gesellschafter unter sich vorzunehmen haben, fallen die Sachen, die ein Gesellschafter zu Eigentum eingebracht hat, nicht an ihn zurück.
² Er hat jedoch Anspruch auf den Wert, für den sie übernommen worden sind.
³ Fehlt es an einer solchen Wertbestimmung, so geht sein Anspruch auf den Wert, den die Sachen zur Zeit des Einbringens hatten.»
Art. 548 OR: Liquidation: Behandlung der Einlagen

«¹ Verbleibt nach Abzug der gemeinschaftlichen Schulden, nach Ersatz der Auslagen und Verwendungen an einzelne Gesellschafter und nach Rückerstattung der Vermögensbeiträge ein Überschuss, so ist er unter die Gesellschafter als Gewinn zu verteilen.
² Ist nach Tilgung der Schulden und Ersatz der Auslagen und Verwendungen das gemeinschaftliche Vermögen nicht ausreichend, um die geleisteten Vermögensbeiträge zurückzuerstatten, so haben die Gesellschafter das Fehlende als Verlust zu tragen.»
Art. 549 OR: Liquidation: Verteilung von Überschuss und Fehlbetrag

Auflösung und Liquidation sind nicht dasselbe. **Die Liquidation durch die Gesellschafter erfolgt nach der Auflösung und umfasst die Abwicklung sämtlicher eingegangener Rechtsverhältnisse mit Dritten (äussere Liquidation) sowie die Verteilung aller Aktiven und Passiven auf die einzelnen Gesellschafter (innere Liquidation).**

Für die Durchführung der Liquidation stellt das Gesetz in Art. 549 OR die folgenden Regeln auf:

- Ohne andere vertragliche Vereinbarung ist die Liquidation durch alle Gesellschafter gemeinsam vorzunehmen unter Einbezug auch derjenigen Gesellschafter, die nicht Geschäftsführer sind (Art. 550 Abs. 1 OR).

- Zunächst werden die gemeinschaftlichen Schulden beglichen und allenfalls noch ausstehende Beiträge eingefordert.

- Nach Begleichung der Schulden haben die einzelnen Gesellschafter Anspruch auf den Ersatz ihrer Auslagen im Sinne von Art. 537 Abs. 1 OR.
- Danach werden die geleisteten Einlagen an die einzelnen Gesellschafter zurückerstattet. Sachen, die ein Gesellschafter der Gesellschaft zu Eigentum überlassen hat, fallen nicht an ihn zurück; der betreffende Gesellschafter hat aber Anspruch auf den bei der Überlassung vereinbarten Wert (Art. 548 OR). Sachen, die ein Gesellschafter der Gesellschaft zum Gebrauch überlassen hat, fallen hingegen an ihn zurück.
- Ein nach Begleichung der Schulden, nach Ersatz der Auslagen und nach Rückerstattung der Einlagen verbleibender Überschuss ist unter die Gesellschafter zu verteilen. Die Verteilung erfolgt gemäss der vertraglich vereinbarten Gewinnbeteiligung, allenfalls nach Art. 533 OR. Gleich ist zu verfahren, wenn ein Fehlbetrag resultiert.
- Das Gesetz hält in Art. 551 OR fest, dass sich an den Verbindlichkeiten gegenüber Dritten durch die Auflösung der Gesellschaft nichts ändert. Dies bedeutet: Die Gesellschafter haften auch nach Durchführung der Liquidation persönlich und solidarisch für Verpflichtungen, die sie im Rahmen der einfachen Gesellschaft gegenüber Dritten eingegangen sind. Es gilt dafür die ordentliche Verjährungsfrist von zehn Jahren gemäss Art. 127 OR.

6. Die stille Gesellschaft als Sonderform der einfachen Gesellschaft

Die stille Gesellschaft (verborgene Gesellschaft) ist eine Gesellschaftsform, die nach aussen nicht in Erscheinung tritt; es handelt sich um eine **Innengesellschaft**. Der stille Gesellschafter beteiligt sich finanziell an den geschäftlichen Aktivitäten des Hauptgesellschafters.

Nach aussen bleibt der stille Gesellschafter aber verborgen; es tritt nur der Hauptgesellschafter auf, der auch alle Rechte und Pflichten aus der Geschäftstätigkeit übernimmt.

Eine stille Gesellschaft
- entsteht häufig zur Regelung der Finanzierung eines Unternehmens, wenn sich neben dem Geschäftsinhaber eine oder allenfalls mehrere weitere Personen mit Kapital oder anderen Vermögenswerten wie Sachgegenständen engagieren (siehe 4. Thema, Abschnitt 3.2) und dafür ein Mitwirkungsrecht an unternehmerischen Entscheiden erhalten.
- kann auch eine Gelegenheitsgesellschaft sein. Beispiel: Zwei Bekannte erwerben gemeinsam ein Motorboot und beteiligen sich am Kaufpreis; gegen aussen tritt aber nur einer der Beteiligten als Käufer auf.

Die stille Gesellschaft ist im Gesetz nicht besonders geregelt, fällt diese doch grundsätzlich unter den Begriff der einfachen Gesellschaft: Zwei oder mehrere Personen tun sich vertragsmässig zur Erreichung eines gemeinsamen Zweckes mit gemeinsamen Kräften und Mitteln zusammen; sie treten aber nach aussen nicht einer gemeinsamen Firma auf. **Gegenüber der einfachen Gesellschaft sind jedoch folgende Besonderheiten** als ganz wesentlich hervorzuheben:

- Im Gegensatz zur einfachen Gesellschaft darf die stille Gesellschaft ein nach kaufmännischer Art geführtes Gewerbe betreiben, denn nach aussen tritt nur der Hauptgesellschafter, beispielsweise in seiner Eigenschaft als Einzelunternehmer, auf.
- Einlagen des stillen Gesellschafters (Kapital sowie allenfalls Sachen) gehen in das Eigentum des Hauptgesellschafters über; der stille Gesellschafter ist am Vermögen nicht beteiligt.
- Verfügungsberechtigt am Vermögen der Gesellschaft ist einzig der Hauptgesellschafter.

- Die Haftung liegt ausschliesslich beim Hauptgesellschafter; Gläubiger haben keine Ansprüche gegenüber dem stillen Gesellschafter.
- Gegen aussen tritt lediglich der Hauptgesellschafter auf; im internen Bereich können aber dem stillen Gesellschafter vertraglich ebenfalls Geschäftsführungsbefugnisse eingeräumt werden. Wenn der stille Gesellschafter keine Geschäftsführungsfunktionen ausübt, steht ihm das Einsichtsrecht gemäss der gesetzlichen Regelung bei der einfachen Gesellschaft zu.
- Die Auflösung der stillen Gesellschaft erfolgt nicht mittels Liquidation, denn der nach aussen auftretende Gesellschafter kann das Geschäft weiterführen. Der stille Gesellschafter hat das Recht auf eine Abfindung, bestehend aus seiner Einlage und seinem Anteil an nicht ausgeschütteten Gewinnen (offene und stille Reserven).

7. Literaturhinweise

- *Fellmann W.*, Grundfragen im Recht der einfachen Gesellschaft, Zeitschrift des Bernischen Juristenvereins
  (ZBJV 1997, S. 285 ff.)
- *Hohl I.*, Gesellschaften unter Ehegatten (Diss. Basel 1996)
- *Honsell H./Vogt N.P./Watter R.* (Herausgeber), Basler Kommentar zum Schweizerischen Privatrecht, Obligationenrecht II, Art. 530–1186 OR (Basel/Genf/München 2008)
- *Meier-Hayoz A./Forstmoser P.*, Schweizerisches Gesellschaftsrecht mit neuem Recht der GmbH, der Revision und der kollektiven Kapitalanlagen (Bern 2007)
- *Pfammatter A.*, Vertretung und Haftung der einfachen Gesellschaft (Diss. St.Gallen 2002)

6. Thema
Die Kollektivgesellschaft und die Kommanditgesellschaft

> **Informationsziele**
>
> Dieses Thema informiert über
> - die charakteristischen Merkmale der als Personengesellschaften bezeichneten Kollektivgesellschaft und Kommanditgesellschaft sowie deren wesentliche Vor- und Nachteile als Rechtsformen
> - das Vorgehen bei der Neugründung, insbesondere den Inhalt des Gesellschaftsvertrags sowie die Vorschriften betreffend Firmenbildung
> - die Rechte und Pflichten der Gesellschafter im Innenverhältnis, vor allem bezüglich Geschäftsführung sowie Ansprüche auf Zinsen, Honorar und Gewinn
> - die Rechte und Pflichten der Gesellschafter im Verhältnis zu aussenstehenden Dritten, vor allem bezogen auf die Haftung
> - die Gründe und das Verfahren für die Auflösung und Liquidation der Gesellschaft
> - Wichtiges zu Steuer- und Sozialversicherungsfragen
> - zulässige Möglichkeiten, Vorgehen und rechtliche Folgen der Umstrukturierung der Personengesellschaften

Gesetzesquellen
- Kollektivgesellschaft: Art. 552 bis 593 OR
- Kommanditgesellschaft: Art. 594 bis 619 OR

1. Die gemeinsamen Aspekte von Kollektivgesellschaft und Kommanditgesellschaft

1.1 Das Wesen der Kollektivgesellschaft und der Kommanditgesellschaft

«[1] Die Kollektivgesellschaft ist eine Gesellschaft, in der zwei oder mehrere natürliche Personen, ohne Beschränkung ihrer Haftung gegenüber den Gesellschaftsgläubigern, sich zum Zwecke vereinigen, unter einer gemeinsamen Firma ein Handels-, Fabrikations- oder ein anderes nach kaufmännischer Art geführtes Gewerbe zu betreiben.

[2] ... »

Art. 552 Abs. 1 OR: Kaufmännische Gesellschaft

«[1] Die Kommanditgesellschaft ist eine Gesellschaft, in der zwei oder mehrere Personen sich zum Zwecke vereinigen, ein Handels-, Fabrikations- oder ein anderes nach kaufmännischer Art geführtes Gewerbe unter einer gemeinsamen Firma in der Weise zu betreiben, dass wenigstens ein Mitglied unbeschränkt, eines oder mehrere aber als Kommanditäre nur bis zum Betrag einer bestimmten Vermögenseinlage, der Kommanditsumme, haften.

[2] Unbeschränkt haftende Gesellschafter können nur natürliche Personen, Kommanditäre jedoch auch juristische Personen und Handelsgesellschaften sein.

[3] ... »

Art. 594 Abs. 1 und 2 OR: Kaufmännische Gesellschaft

1.1.1 Charakteristische Merkmale

a) Gemeinsame Merkmale

Kollektivgesellschaft (KollG) und Kommanditgesellschaft (KommG) haben die folgenden grundlegenden gemeinsamen Merkmale:

- Es handelt sich um **Gesellschaften**. Damit zeichnen sie sich durch das Vorliegen der vier Elemente des Gesellschaftsbegriffs aus (siehe 1. Thema, Abschnitt 4.3).
- **Gesellschaftszweck** kann **ein wirtschaftlicher oder ein nichtwirtschaftlicher** sein; Letzteres bildet in der Praxis aber die Ausnahme.
- Für die Erreichung des Gesellschaftszwecks steht die Persönlichkeit der Gesellschafter im Vordergrund; es handelt sich um **Personengesellschaften**. Ein Mitgliederwechsel ist daher nur bei entsprechender vertraglicher Vereinbarung oder bei Zustimmung aller Gesellschafter möglich.
- Die Gesellschaftsformen gehören in die Gruppe der **Rechtsgemeinschaften**; KollG und KommG haben keine eigene Rechtsper-

sönlichkeit. Träger der Rechte und Pflichten sind die Gesellschafter; diese bilden eine Gesamthandgemeinschaft (vgl. nachstehend Abschnitt 1.3).
- Gegen aussen werden KollG und KommG gemäss Art. 562 OR sowie Art. 602 OR und Art. 39 Abs. 1 SchKG in einzelnen Bereichen gleich behandelt wie juristische Personen. So kann die Gesellschaft Rechte erwerben und Verbindlichkeiten eingehen (ist also quasi handlungsfähig), vor Gericht klagen und verklagt werden (Prozessfähigkeit) und kann betrieben werden.
- Die Zweckerreichung wird durch die Führung eines **kaufmännischen Gewerbes** verfolgt. Aus den praktisch wörtlich gleichen Vorschriften von Art. 553 OR und Art. 595 OR geht aber hervor, dass KollG und KommG auch ohne kaufmännisches Gewerbe zulässig sind.
- Die Gesellschafter treten nach aussen unter einer **gemeinsamen Firma** auf.

b) Grundlegende Unterschiede

Aus den Legaldefinitionen ergeben sich die folgenden wesentlichen unterschiedlichen Merkmale:

	Kollektivgesellschaft	Kommanditgesellschaft
Mitglieder	Mitglieder können nur (handlungsfähige) natürliche Personen sein. Alle Gesellschafter haben grundsätzlich dieselbe Rechtsstellung.	Begriffswesentlich ist das Vorliegen von zwei Kategorien von Gesellschaftern mit unterschiedlicher Rechtsstellung: mindestens ein Komplementär (zwingend eine natürliche Person) und ein Kommanditär (natürliche oder juristische Person oder Handelsgesellschaft).
Haftung	Alle Gesellschafter haften mit ihrem gesamten Geschäfts- und Privatvermögen (unbeschränkte Haftung).	Der Komplementär haftet unbeschränkt, der Kommanditär nur in beschränkter Höhe (mit seiner Kommanditsumme).

Betreffend Voraussetzungen für die **Unternehmensgründung durch ausländische Staatsangehörige** sowie die allenfalls bestehenden **öffentlich-rechtlichen Voraussetzungen** siehe 2. Thema, Abschnitte 1.2.2 und 1.2.3.

1.1.2 Eignung als Rechtsformen

Im Vergleich zum Einzelunternehmen und zur Aktiengesellschaft ist die Bedeutung von KollG und KommG in der Wirtschaftspraxis eher gering. In den letzten Jahren ist deren Anzahl sogar leicht zurückgegangen. Aus der Sicht der Gesellschafter zeigen sich bei den Personengesellschaften

- wesentliche **Vorteile**

  - Das Gründungsverfahren ist einfach, kostengünstig und gegenüber juristischen Personen recht unbürokratisch.
  - Im Vergleich zu Körperschaften sind weniger zwingende Rechtsvorschriften zu beachten: Der Verwaltungsaufwand ist kleiner, für die Buchführung gelten lediglich die allgemeinen Bestimmungen, und die interne Organisation kann flexibel auf die betrieblichen Gegebenheiten angepasst werden.
  - In der KollG gibt es keine gesetzliche Über- und Unterordnung: Alle Gesellschafter haben grundsätzlich dieselben Rechte und Pflichten. Die Verbindung der Mitglieder ist sehr eng, weshalb ein Vertrauensverhältnis notwendig ist.
  - Gerade die KommG ist eine sehr flexible Gesellschaft: Es müssen zwar zwingend Gesellschafter mit unterschiedlicher Rechtsstellung beteiligt sein. Unterschiedliche Geschäftsführungs- und Vertretungsbefugnisse sowie Haftungsverpflichtungen ermöglichen es den Beteiligten, ihre jeweilige Stellung innerhalb der Gesellschaft auf ihre persönlichen Bedürfnisse abzustimmen. Eventuell möchte nämlich ein Gesellschafter aktiver Geschäftsführer sein und nimmt dafür die unbeschränkte

Haftung in Kauf, während ein anderer Gesellschafter lieber im Hintergrund bleibt und sein Risiko beschränkt.
- Es bestehen keine gesetzlichen Kapitalvorschriften.
- Dadurch, dass mehrere Personen am Geschäft beteiligt sind, ist die Kapitalbeschaffung in der Regel leichter als beim Einzelunternehmen.
- Die unbeschränkte Haftung gibt den Gesellschaften im Vergleich zu AG und GmbH in der Regel eine erhöhte Kreditwürdigkeit.
- Die Unternehmerpersonen gelten als selbstständig erwerbend. Bezüglich der 2. Säule im Rahmen der Sozialversicherungen besteht für sie die Freiheit, aus verschiedenen Modellen auszuwählen.
- Die Gesellschafter unterliegen nicht der Doppelbesteuerung, wie dies bei einer juristischen Person der Fall wäre.

- wesentliche **Nachteile**

    - Die Gesellschafter der KollG sowie der Komplementär der KommG tragen das unbeschränkte persönliche Risiko ihrer Tätigkeit und haften mit dem Geschäfts- sowie dem Privatvermögen.
    - Aufgrund der gesetzlichen Regelung eignen sich die Rechtsformen nicht für eine grosse Anzahl von Mitgliedern.
    - Als Mitglieder von personenbezogenen Gesellschaften wird von den Beteiligten (Ausnahme: Kommanditär) eine aktive, dauernde Mitwirkung an der Geschäftsführung und Vertretung der Gesellschaft erwartet.
    - Eine allfällig auftretende Störung des Vertrauensverhältnisses zwischen den Gesellschaftern kann die Zusammenarbeit in der Geschäftsführung beeinträchtigen.
    - Ein Verkauf des Unternehmens sowie die Regelung der Nachfolge auch im Erbfall sind schwieriger als bei anderen Rechtsformen.

- In steuerlicher Hinsicht wird bei einem allfälligen Verkauf des Unternehmens die Liquidationsgewinnsteuer fällig.
- Die Gesellschafter gelten als selbstständig erwerbend; sie haben AHV-Beiträge nicht nur für ihre als Lohn deklarierten Bezüge, sondern auch für den Gewinn aus der Unternehmertätigkeit zu entrichten.

1.2 Entstehung

1.2.1 Gesellschaftsvertrag

Eine Personengesellschaft entsteht, sobald die Beteiligten ihren Willen kundtun, sich zu verbinden und einen gemeinsamen Zweck mit gemeinsamen Kräften und Mitteln anzustreben. Zwingende Voraussetzung für die Gesellschaftsentstehung ist also der Gesellschaftsvertrag. Die Willensäusserung kann nach Art. 1 Abs. 1 OR ausdrücklich oder stillschweigend erfolgen; eine gesetzliche Formvorschrift besteht nicht.

Für den rechtsgültigen Vertragsabschluss müssen sich die beteiligten Gesellschafter über die wesentlichen Punkte (essentialia) geeinigt haben. **Begriffsnotwendige Elemente sind: der Gesellschaftszweck; die gemeinsame Firma; im Falle der KommG zusätzlich die Kommanditsumme des Kommanditärs.**

Checkliste für den Inhalt des Gesellschaftsvertrags

- Gesellschafter:
  Name und Vorname; Adresse; Heimatort oder Staatsangehörigkeit; bei einer KommG: Stellung jedes Gesellschafters (Komplementär oder Kommanditär)
- Firma und Sitz der Gesellschaft
- Zweck der Gesellschaft (siehe 4. Thema, Abschnitt 2.1.3)
- Kapitaleinlagen jedes Gesellschafters:
  Betragshöhe; Art der Leistung (Bareinlage oder Sachwerte); Fälligkeit der Einlage
- Verzinsung der Kapitaleinlagen:
  Zinssatz; Auszahlung des Zinses (z.B. jährlich am Ende des Geschäftsjahres)
- Geschäftsführung und Vertretung:
  Bezeichnung der geschäftsführenden Gesellschafter; Art der Zeichnungsberechtigung (einzeln, kollektiv)
- Honorar:
  Monats- oder Jahresbetrag; Auszahlungstermin/e (z.B. Ende jedes Monats); Ferien des/der geschäftsführenden Gesellschafter/s; wöchentliche Arbeitzeit des/der geschäftsführenden Gesellschafter/s
- Gesellschaftsbeschlüsse
- Beteiligung am Gewinn und Verlust sowie Festlegung des Geschäftsjahres bzw. des Zeitpunktes, auf den der Jahresabschluss erstellt wird
- Auflösung der Gesellschaft (z.B. Kündigungsfrist und -termin)
- Ort und Datum des Vertragsabschlusses

1.2.2 Firma

§ «¹ Die Firma einer Kollektivgesellschaft muss, sofern nicht sämtliche Gesellschafter namentlich aufgeführt werden, den Familiennamen wenigstens eines der Gesellschafter mit einem das Gesellschaftsverhältnis andeutenden Zusatz enthalten.
² Bei Aufnahme weiterer Gesellschafter kann die Kollektivgesellschaft ihre Firma unverändert beibehalten.
³ Die Firma einer Kommanditgesellschaft oder Kommanditaktiengesellschaft muss den Familiennamen wenigstens eines unbeschränkt haftenden Gesellschafters mit einem das Gesellschaftsverhältnis andeutenden Zusatz enthalten.
⁴ Die Namen anderer Personen als der unbeschränkt haftenden Gesellschafter dürfen in der Firma einer Kollektivgesellschaft, Kommanditgesellschaft oder Kommanditaktiengesellschaft nicht enthalten sein.»
Art. 947 OR: Kollektiv-, Kommandit- und Kommanditaktiengesellschaft: Bildung der Firma

«¹ Wenn eine Person, deren Familienname in der Firma einer Kollektivgesellschaft, Kommanditgesellschaft oder Kommanditaktiengesellschaft enthalten ist, aus der Gesellschaft ausscheidet, so darf auch mit Einwilligung dieser Person oder ihrer Erben ihr Name in der Gesellschaftsfirma nicht beibehalten werden.
² Ausnahmen können bewilligt werden, wenn das Gesellschaftsverhältnis durch eine verwandtschaftliche Beziehung ausgedrückt ist, solange wenigstens unter zwei unbeschränkt haftenden Gesellschaftern noch eine Verwandtschaft oder Schwägerschaft besteht und einer von ihnen den in der Firma enthaltenen Familiennamen trägt.»
Art. 948 OR: Änderung der Firma

- Das Gesetz verlangt die Bildung einer **Personenfirma** mit der Angabe des Familiennamens mindestens eines unbeschränkt haftenden Gesellschafters. Insbesondere für die KommG ist von Bedeutung, dass Namen von nicht unbeschränkt haftenden Gesellschaftern in der Firma nicht vorkommen dürfen. Gemäss Art. 607 OR haftet der Kommanditär den Gesellschaftsgläubigern gegenüber wie ein unbeschränkt haftender Gesellschafter, sollte sein Name in der Firma enthalten sein.

- Die Firma muss einen das **Gesellschaftsverhältnis andeutenden Zusatz** aufweisen. Dies gilt bei der KommG auf jeden Fall. Bei der KollG ist der Gesellschaftszusatz jedenfalls dann erforderlich, wenn nicht alle Gesellschafter namentlich aufgeführt werden. Häufig anzutreffende Gesellschaftszusätze sind: + Co. (+ Cie.) für «und Kompanie» sowie + Partner.

    Möglicher wesentlicher Inhalt im folgenden Beispiel:
    - KollG mit den Gesellschaftern Ammann und Berger: Ammann + Berger, Berger + Ammann, Ammann + Partner (oder anderer Gesellschaftszusatz), Berger + Partner (oder anderer Gesellschaftszusatz)
    - KommG mit den Gesellschaftern Ammann (Komplementär) und Berger (Kommanditär): Ammann + Partner (oder anderer Gesellschaftszusatz)

- Die Rechtsform muss in der Firma nicht direkt und konkret angegeben sein; so ist beispielsweise die in Deutschland anzutreffende Abkürzung «KG» in der Schweiz nicht üblich.

- Neben dem obligatorischen Kern kann auch die Firma der KollG und der KommG zusätzliche Angaben enthalten, die zur näheren Umschreibung der darin erwähnten Personen dienen oder auf die Natur des Unternehmens hinweisen oder eine Phantasiebezeichnung darstellen.

- Für die Firmenbildung sind die allgemeinen Grundsätze zu beachten, nämlich die Firmenwahrheit und -klarheit und insbesondere die Firmenausschliesslichkeit (siehe 2. Thema, Abschnitt 3.3). Letztere verlangt, dass sich die Firma von jeder anderen am selben Ort bereits bestehenden Firma deutlich unterscheidet.

1.2.3 Handelsregistereintrag

a) Eintragungspflicht und -inhalt

Die Gesellschaft muss in das kantonale Handelsregister des Ortes eingetragen werden, an dem sie ihren Sitz hat; die Eintragungsgebühr beträgt 240 Franken. Für die Anmeldung beim Handelsregister stellen die meisten Kantone Formulare zur Verfügung; die Anmeldung muss von allen Gesellschaftern unterzeichnet eingereicht werden, wobei die Unterschriften amtlich zu beglaubigen sind (siehe dazu 4. Thema, Abschnitt 2.1.3).

Die Eintragung bezieht sich auf folgende Sachverhalte:
- Firma und Identifikationsnummer
- Sitz und Rechtsdomizil
  Der Sitz ist beispielsweise massgebend als Gerichtsstand sowie als Betreibungsort bei Forderungen gegen die Gesellschaft.
- Rechtsform
- Zeitpunkt des Beginns der Gesellschaft
- Zweck
- Gesellschafterinnen und Gesellschafter (bei der KommG unter Angabe deren Stellung sowie bei Kommanditären des jeweiligen Betrages der Kommanditsumme)
- die zur Vertretung berechtigten Personen

Der Eintrag in das Handelsregister hat keine rechtsbegründende, sondern **deklaratorische Wirkung.** Ausnahme gemäss Art. 553 OR sowie Art. 595 OR: Betreibt die Gesellschaft kein nach kaufmännischer Art geführtes Gewerbe, so entsteht sie erst, wenn sie sich in das Handelsregister eintragen lässt; für diese Gesellschaften ist der Handelsregistereintrag konstitutiv. Für die Eintragung haben die Handelsregisterämter Formulare auf ihren Websites.

b) Eintragungswirkungen

Für die Gesellschaft ergeben sich durch die Eintragung bzw. die Eintragungspflicht die im 2. Thema, Abschnitt 2.8, beschriebenen Rechtswirkungen:

- Firmenschutz
- Publizitätswirkung
  siehe dazu auch nachfolgend Abschnitte 2.2.1 und 3.2.1
- Buchführungspflicht
  Die nichtkaufmännische KollG und KommG unterliegen trotz der konstitutiven Wirkung ihres Handelsregistereintrags nicht der Buchführungspflicht, da sie ja eben kein nach kaufmännischer Art geführtes Gewerbe betreiben.
- Konkursbetreibung
  Nach Art. 39 Abs.[1] SchKG unterliegen der Betreibung auf Konkurs einerseits die KollG und die KommG selbst, anderseits alle Mitglieder der KollG sowie die unbeschränkt haftenden Mitglieder der KommG.

1.3 Die Gesellschaft als Gesamthandgemeinschaft

> «Die Gesellschaft kann unter ihrer Firma Rechte erwerben und Verbindlichkeiten eingehen, vor Gericht klagen und verklagt werden.»
> Art. 562 OR sowie Art. 602 OR

Als Rechtsgemeinschaft verfügen KollG und KommG nicht über eine eigene Rechtspersönlichkeit, obschon sie vom Gesetz als handlungsfähig, prozessfähig und betreibungsfähig erklärt werden. Rechtsträger sind die Mitglieder der Gesellschaft. Zwar besteht ein Sondervermögen, das von den Privatvermögen der Gesellschafter zu trennen ist. **An diesem Sondervermögen besteht jedoch eine gemeinschaftliche, direkte Beteiligung der Gesellschafter (Gesamteigentumsrecht).**

Eine vertragliche Vereinbarung, wonach die Gesellschafter anstelle der gemeinschaftlichen Berechtigung eine anteilsmässige Berechtigung haben (Miteigentum), ist im Gegensatz zur einfachen Gesellschaft nicht zulässig.

1.4 Buchführung in Personengesellschaften

Betreffend Buchführung in der Personengesellschaft kann zunächst auf die allgemeinen Ausführungen im 2. Thema, Abschnitt 4, sowie auf jene beim Einzelunternehmen (4. Thema, Abschnitt 3.5) verwiesen werden. Auch in der KollG und KommG ist der finanzielle Verkehr zwischen dem Unternehmen und den einzelnen Gesellschaftern so zu erfassen, dass eine **Trennung von geschäftsnotwendigen und privaten Transaktionen besteht**. In Personengesellschaften kennt die Finanzbuchhaltung üblicherweise Privatkonten und Kapitalkonten, wobei für jeden Gesellschafter ein Privatkonto sowie ein Kapitalkonto geführt werden:

- Die Kapitalkonten zeigen Gründungskapital, Kapitaleinlagen und Kapitalrückzüge gemäss vertraglicher Vereinbarung. Die Salden der Kapitalkonten gehören zum Eigenkapital des Unternehmens.
- In den Privatkonten wird der laufende Verkehr zwischen der Gesellschaft und dem betreffenden Gesellschafter festgehalten. Ausserdem enthalten die Konten allfällige Gewinnanteile. Anders als beim Einzelunternehmen werden die Privatkonten am Ende des Geschäftsjahres nicht über die Kapitalkonten abgeschlossen. Ein Sollsaldo bedeutet eine Forderung der Gesellschaft gegenüber dem Teilhaber und damit einen kurzfristigen Aktivposten. Ein Habensaldo dagegen ist eine Schuld der Gesellschaft gegenüber dem betreffenden Teilhaber, also kurzfristiges Fremdkapital.

2. Die besonderen Aspekte der Kollektivgesellschaft

2.1 Rechtsverhältnis der Gesellschafter unter sich

2.1.1 Rechtsquellen für das Innenverhältnis

§ «[1] Das Rechtsverhältnis der Gesellschafter untereinander richtet sich zunächst nach dem Gesellschaftsvertrag.
[2] Soweit keine Vereinbarung getroffen ist, kommen die Vorschriften über die einfache Gesellschaft zur Anwendung, jedoch mit den Abweichungen, die sich aus den nachfolgenden Bestimmungen ergeben.»
Art. 557 OR: Vertragsfreiheit, Verweisung auf die einfache Gesellschaft

Für das Innenverhältnis gelten damit folgende Quellen:

1. Gesellschaftsvertrag: Die vertraglichen Abmachungen gehen der gesetzlichen Regelung vor.
2. Gesetz: Soweit keine Vereinbarungen getroffen sind, gelangen die Gesetzesvorschriften zur Anwendung, und zwar die besonderen Vorschriften über die Kollektivgesellschaft sowie die Vorschriften über die einfache Gesellschaft (Art. 530 ff. OR).

2.1.2 Geltung von Vorschriften über die einfache Gesellschaft

Folgende Vorschriften über die einfache Gesellschaft finden auf das Innenverhältnis bei der KollG Anwendung:

	Massgebende Gesetzesvorschrift
Pflicht zur Beitragsleistung	Art. 531 OR
Anteil am Gesellschaftserfolg	Art. 532 und Art. 533 OR
Gesellschaftsbeschlüsse	Art. 534 OR
Geschäftsführung und Einsicht in die Geschäftsführung	Art. 535 und Art. 539 OR
Ansprüche aus der Tätigkeit für die Gesellschaft	Art. 537 OR
Sorgfaltspflicht	Art. 538 OR
Verhältnis von geschäftsführenden und nicht geschäftsführenden Gesellschaftern	Art. 540 und Art. 541 OR
Aufnahme neuer Gesellschafter	Art. 542 OR

2.1.3 Spezielle Vorschriften für die Kollektivgesellschaft

a) Zinsen, Honorare, Gewinn und Verlust

§ «[1] Für jedes Geschäftsjahr sind augrund der Gewinn- und Verlustrechnung sowie der Bilanz der Gewinn oder Verlust zu ermitteln und der Anteil jedes Gesellschafters zu berechnen.
[2] Jedem Gesellschafter dürfen für seinen Kapitalanteil Zinse gemäss Vertrag gutgeschrieben werden, auch wenn durch den Verlust des Geschäftsjahres der Kapitalanteil vermindert ist. Mangels vertraglicher Abrede beträgt der Zinssatz vier vom Hundert.
[3] Ein vertraglich festgesetztes Honorar für die Arbeit eines Gesellschafters wird bei der Ermittlung von Gewinn und Verlust als Gesellschaftsschuld behandelt.»
Art. 558 OR: Gewinn- und Verlustrechnung

«¹ Jeder Gesellschafter hat das Recht, aus der Gesellschaftskasse Gewinn, Zinse und Honorar des abgelaufenen Geschäftsjahres zu entnehmen.
² Zinse und Honorare dürfen, soweit dies der Vertrag vorsieht, schon während des Geschäftsjahres, Gewinne dagegen erst nach Feststellung der Bilanz bezogen werden.
³ Soweit ein Gesellschafter Gewinne, Zinse und Honorare nicht bezieht, werden sie nach Feststellung der Bilanz seinem Kapitalanteil zugeschrieben, sofern nicht ein anderer Gesellschafter dagegen Einwendungen erhebt.»
Art. 559 OR: Anspruch auf Gewinn, Zinse und Honorar

«¹ Ist der Kapitalanteil durch Verluste vermindert worden, so behält der Gesellschafter seinen Anspruch auf Ausrichtung des Honorars und der vom verminderten Kapitalanteil zu berechnenden Zinse; ein Gewinnanteil darf erst dann wieder ausbezahlt werden, wenn die durch den Verlust entstandene Verminderung ausgeglichen ist.
² Die Gesellschafter sind weder verpflichtet, höhere Einlagen zu leisten, als dies im Vertrag vorgeschrieben ist, noch ihre durch Verlust verminderten Einlagen zu ergänzen.»
Art. 560 OR: Verluste

Die besonderen Vorschriften von Art. 558 bis Art. 560 OR betreffen die Gewinn- und Verlustrechnung, den Anspruch der Gesellschafter auf Gewinn, Zinsen und Honorar sowie die Regelung bei Verlust.

- Die kaufmännische Kollektivgesellschaft hat die Pflicht zur Buchführung nach den Regeln von Art. 957 ff. OR. Art. 558 OR ordnet zusätzlich an, dass für jedes Geschäftsjahr nicht nur der Gewinn oder Verlust, sondern auch der Kapitalanteil jedes Gesellschafters zu ermitteln ist. Beim Kapitalanteil handelt es sich um eine rechnerische Grösse, einen Passivposten der Bilanz. Dieser Betrag drückt damit nicht den realen Anteil der einzelnen Gesellschafter am Gesamtvermögen der Gesellschaft aus.
- Jeder Gesellschafter hat gemäss Gesetz **Anspruch auf 4% Verzinsung seines Kapitalanteils** (Eigenzins).
- Ein Gesellschafter hat nur dann **Anspruch auf ein Honorar, wenn dies vertraglich vereinbart wurde**. Ist dies der Fall, wird das Honorar – gleich wie der Eigenzins – buchhalterisch als Aufwand

bzw. als Gesellschaftsschuld behandelt, was Auswirkungen auf den Unternehmenserfolg hat.
- Das Recht auf Zins und Honorar besteht auch dann, wenn die Gesellschaft einen Verlust erleidet. Gewinnanteile dürfen durch die Gesellschafter dagegen erst nach Feststellung der Bilanz bezogen werden, wenn also die Höhe des Unternehmenserfolgs feststeht.
- Bezieht ein Gesellschafter seinen Gewinnanteil, seine Zinsen oder sein Honorar nicht, so erhöht sich damit sein Kapitalanteil um die betreffenden Beträge, sofern alle Gesellschafter damit einverstanden sind.
- Ein **Verlust der Gesellschaft** hat zwei mögliche Konsequenzen: Entweder schiessen die Gesellschafter ihren jeweiligen Anteil in das Geschäft ein (Nachschüsse). Eine Verpflichtung dazu besteht aber nur, wenn diese vertraglich vereinbart oder nachträglich einstimmig beschlossen wird. Oder der Verlust vermindert die (rechnerischen) Kapitalanteile der Gesellschafter. In diesem Fall darf ein (späterer) Gewinnanteil erst dann wieder ausbezahlt werden, wenn die durch den Verlust entstandene Verminderung ausgeglichen ist.

b) Konkurrenzverbot

§
«Ohne Zustimmung der übrigen Gesellschafter darf ein Gesellschafter in einem Geschäftszweig der Gesellschaft weder für eigene noch für fremde Rechnung Geschäfte machen, noch an einer anderen Unternehmung als unbeschränkt haftender Gesellschafter, als Kommanditär oder als Mitglied einer Gesellschaft mit beschränkter Haftung teilnehmen.»
Art. 561 OR: Konkurrenzverbot

Ein grundsätzliches Konkurrenzverbot, das auch für die Mitglieder der KollG gilt, ist bereits in Art. 536 OR (Regelung der einfachen Gesellschaft) enthalten. Art. 561 OR verstärkt das Konkurrenzverbot von Kollektivgesellschaftern. Danach ist es den Gesellschaftern (nicht nur den geschäftsführenden!) verboten, im Geschäftszweig der Gesellschaft

- Geschäfte auf eigene Rechnung zu machen,
- Geschäfte für fremde Rechnung zu machen, beispielsweise als Mitarbeiter eines anderen Unternehmens,
- als Gesellschafter an einem anderen Unternehmen in der Rechtsform einer Kollektivgesellschaft, einer Kommanditgesellschaft oder einer Gesellschaft mit beschränkter Haftung teilzunehmen.

Nicht unter das Konkurrenzverbot fallen die Mitgliedschaft in einer AG oder einer Genossenschaft sowie alle wirtschaftlichen Tätigkeiten, die sich ausserhalb des Geschäftszweigs der KollG abspielen.

2.2 Rechtsverhältnis der Gesellschafter gegenüber Dritten

2.2.1 Vertretungsverhältnisse

> «Enthält das Handelsregister keine entgegenstehenden Eintragungen, so sind gutgläubige Dritte zu der Annahme berechtigt, es sei jeder einzelne Gesellschafter zur Vertretung der Gesellschaft ermächtigt.»
> Art. 563 OR: Vertretung: Grundsatz
>
> «¹ Die zur Vertretung befugten Gesellschafter sind ermächtigt, im Namen der Gesellschaft alle Rechtshandlungen vorzunehmen, die der Zweck der Gesellschaft mit sich bringen kann.
> ² Eine Beschränkung des Umfangs der Vertretungsbefugnis hat gegenüber gutgläubigen Dritten keine Wirkung.»
> Art. 564 OR: Vertretung: Umfang
>
> «¹ Die Gesellschaft wird durch die Rechtsgeschäfte, die ein zu ihrer Vertretung befugter Gesellschafter in ihrem Namen schliesst, berechtigt und verpflichtet.
> ² Diese Wirkung tritt auch dann ein, wenn die Absicht, für die Gesellschaft zu handeln, aus den Umständen hervorgeht.
> ³ Die Gesellschaft haftet für den Schaden aus unerlaubten Handlungen, die ein Gesellschafter in Ausübung seiner geschäftlichen Verrichtungen begeht.»
> Art. 567 OR: Rechtsgeschäfte und Haftung aus unerlaubten Handlungen

- Für die Kollektivgesellschaft handeln nicht irgendwelche bestellten Organe, sondern die Gesellschafter selbst (Selbstorganschaft).
- Im Handelsregister sind alle Gesellschafter eingetragen. **Grundsätzlich hat jeder eingetragene Gesellschafter die Befugnis zur Alleinvertretung.** Darauf können sich aussenstehende Dritte verlassen, falls sie gutgläubig sind und falls keine entgegenstehende Handelsregistereintragung vorliegen.
- Das Gesetz erklärt in Art. 555 OR nur zwei Tatbestände bezüglich der Vertretungsbefugnisse als im Handelsregister eintragungsfähig: nämlich einerseits den Ausschluss eines Gesellschafters von der Vertretungsbefugnis sowie die Kollektivvertretung (Vertretung eines Gesellschafters nur zusammen mit anderen Gesellschaftern oder mit Prokuristen).
- Der Umfang der Vertretungsbefugnis, die Vertretungsmacht, bezieht sich auf **alle Rechtshandlungen, die im Zweckbereich der Gesellschaft liegen.** Die bundesgerichtliche Rechtsprechung folgt einer weiten Auslegung: Danach liegen alle Rechtshandlungen innerhalb der Vertretungsmacht, die durch den Gesellschaftszweck nicht geradezu ausgeschlossen werden.
- In der Praxis sind Beschränkungen der Vertretungsmacht, bezogen auf den Inhalt von Rechtsgeschäften, anzutreffen (beispielsweise betragsmässige Limitierung, Einschränkung auf bestimmte Rechtshandlungen). Derartige Beschränkungen haben sehr wohl interne, nicht aber Wirkungen gegenüber gutgläubigen Dritten. Gutgläubig ist nach Art. 3 ZGB jemand, der bei Anwendung der den Umständen entsprechenden Aufmerksamkeit von einer allfälligen Einschränkung der Vertretungsmacht nicht wusste.
- Die Vertretungsbefugnis kann einem Gesellschafter aus wichtigen Gründen entzogen werden. Ein wichtiger Grund liegt beispielsweise dann vor, wenn sich der Gesellschafter in grober Weise pflichtwidrig verhält.

- **Die KollG kann nicht nur durch Gesellschafter, sondern auch durch Prokuristen und Handlungsbevollmächtigte vertreten werden.** Nach OR 566 OR bedarf es zur Bestellung von Nicht-Gesellschaftern zur Vertretung der Einwilligung aller zur Vertretung befugten Gesellschafter.
- Die Gesellschaft wird durch rechtsgeschäftliches Handeln ihrer Gesellschafter gebunden, jedenfalls dann, wenn die Gesellschafter über die Vertretungsbefugnis verfügen.
- **Im Unterschied zur einfachen Gesellschaft haftet die KollG auch für unerlaubte Handlungen ihrer Gesellschafter.** Diese Regelung nähert die KollG den juristischen Personen an, für die Art. 55 Abs. 2 ZGB bestimmt, dass die bestellten Organe die juristische Person sowohl durch den Abschluss von Rechtsgeschäften als auch durch ihr sonstiges Verhalten verpflichten. Neben der Gesellschaft haftet aber auch der schädigende Gesellschafter für die von ihm begangene unerlaubte Handlung.

2.2.2 Haftung

« [1] Die Gesellschafter haften für alle Verbindlichkeiten der Gesellschaft solidarisch und mit ihrem ganzen Vermögen.
[2] Eine entgegenstehende Verabredung unter den Gesellschaftern hat Dritten gegenüber keine Wirkung.
[3] Der einzelne Gesellschafter kann jedoch, auch nach seinem Ausscheiden, für Gesellschaftsschulden erst dann persönlich belangt werden, wenn er selbst in Konkurs geraten oder wenn die Gesellschaft aufgelöst oder erfolglos betrieben worden ist. Die Haftung des Gesellschafters aus einer zugunsten der Gesellschaft eingegangenen Solidarbürgschaft bleibt vorbehalten. »
Art. 568 OR: Haftung der Gesellschafter

« [1] Wer einer Kollektivgesellschaft beitritt, haftet solidarisch mit den übrigen Gesellschaftern und mit seinem ganzen Vermögen auch für die vor seinem Beitritt entstandenen Verbindlichkeiten der Gesellschaft.
[2] Eine entgegenstehende Verabredung unter den Gesellschaftern hat Dritten gegenüber keine Wirkung. »
Art. 569 OR: Haftung neu eintretender Gesellschafter

Das Gesetz regelt die Haftung bei der KollG wie folgt:

- **Zunächst haftet das Gesellschaftsvermögen.** Dieses bildet das primäre Haftungssubstrat, obschon die KollG als Rechtsgemeinschaft keine eigene Rechtspersönlichkeit hat. Die **Gesellschaftsgläubiger** halten sich also zuerst immer an die Gesellschaft. Für die **Befriedigung von Privatgläubigern** der Gesellschafter steht hingegen nach Art. 572 OR sowie Art. 570 Abs.1 OR das Gesellschaftsvermögen grundsätzlich nicht zur Verfügung.

- **In zweiter Linie haften alle Gesellschafter.** Die subsidiäre persönliche Haftung ergibt sich aus Art. 568 Abs. 3 OR, wonach die Gesellschafter **erst dann persönlich belangt werden können, wenn die Gesellschaft aufgelöst oder erfolglos betrieben oder selbst in Konkurs geraten ist.**

- Die Gesellschafter haften **unbeschränkt** (mit ihrem ganzen Vermögen) und **solidarisch** (einzeln für jede einzelne Verbindlichkeit in vollem Umfang; vgl. zur Solidarität Art. 143 ff. OR sowie 5. Thema, Abschnitt 4.3).

- Alle Personen, die zum Zeitpunkt der Entstehung der Schulden Mitglieder der Gesellschaft waren, unterliegen den gesetzlichen Haftungsregeln. Dies betrifft auch Gesellschafter, die später ausgeschieden sind. Für diese gilt gemäss Art. 591 Abs. 1 OR eine besondere Verjährungsfrist: Die Forderungen von Gesellschaftsgläubigern für Verbindlichkeiten der Gesellschaft verjähren in fünf Jahren nach der Veröffentlichung des Ausscheidens der Gesellschafter.

- Die subsidiäre, unbeschränkte und solidarische Haftung umfasst nach Art. 569 OR auch Gesellschafter, die nicht als Gründer, sondern erst später der Gesellschaft beigetreten sind.

- **Die Haftungsordnung stellt zwingendes Recht dar.** Vom Gesetz abweichende vertragliche Vereinbarungen unter den Gesellschaftern haben gegenüber Dritten keine Wirkung. Im Innenverhältnis können solche Vereinbarungen jedoch Bedeutung haben, indem sie beispielsweise den Umfang der Rückgriffsansprüche der Gesellschafter bestimmen.

2.3 Auflösung und Ausscheiden

2.3.1 Auflösungsgründe

«¹ Die Gesellschaft wird aufgelöst durch die Eröffnung des Konkurses. Im Übrigen gelten für die Auflösung die Bestimmungen über die einfache Gesellschaft, soweit sich aus den Vorschriften dieses Titels nicht etwas anderes ergibt.
² ... »
Art. 574 Abs. 1 OR: Auflösung im Allgemeinen

Für die Auflösungsgründe verweist das OR grundsätzlich auf die Bestimmungen über die einfache Gesellschaft. Als Auflösungsgründe gelten namentlich:

- Der Zweck, zu welchem die Gesellschaft abgeschlossen wurde, ist nicht mehr möglich.
- Ein Gesellschafter stirbt und es ist für diesen Fall nicht schon vorher vereinbart worden, die Gesellschaft solle mit den Erben fortbestehen.
- Die Auflösung wird durch gegenseitige Übereinkunft der Gesellschafter beschlossen.
- Die Zeit ist abgelaufen, auf deren Dauer die Gesellschaft eingegangen worden ist.
- Der Richter spricht die Auflösung aus wichtigem Grund aus.

Zusätzlich nennt das Gesetz den Konkurs der Gesellschaft als Auflösungsgrund – dies im Gegensatz zum Recht der einfachen Gesellschaft, wo ein Konkurs der Gesellschaft nicht möglich ist. Der

Konkurs eines Gesellschafters ist hingegen, ebenfalls im Unterschied zur einfachen Gesellschaft, kein Auflösungsgrund und bedeutet auch nicht den Konkurs der Gesellschaft. Die Privatgläubiger eines Gesellschafters können nicht auf das Gesellschaftsvermögen greifen. Daher ordnet Art. 575 OR an, dass die Konkursverwaltung mit einer mindestens 6-monatigen Kündigungsfrist die Auflösung der KollG verlangen kann, wenn ein Gesellschafter in Konkurs geraten ist.

Die Gesellschafter haben die Auflösung beim Handelsregisteramt anzumelden. Die Firma wird dann mit dem Zusatz «in Liquidation» eingetragen.

2.3.2 Ausscheiden von Gesellschaftern

Das Gesetz unterscheidet drei Fälle: (1) das Ausscheiden von Gesellschaftern aufgrund einer Übereinkunft (Art. 576 OR), (2) den Ausschluss eines Gesellschafters durch den Richter (Art. 577 OR) sowie (3) den Ausschluss eines Gesellschafters durch die übrigen Gesellschafter (Art. 578 OR).

a) Ausscheiden aufgrund einer Übereinkunft

Für das Ausscheiden eines Gesellschafters mit Fortführung der Gesellschaft durch die verbleibenden Gesellschafter ist grundsätzlich ein einstimmiger Beschluss der Gesellschafter nötig. Für den Ausgeschiedenen bedeutet das Ausscheiden, dass seine Geschäftsführungs- und Vertretungsrechte mit dem Zeitpunkt des Ausscheidens beendet werden. Seine subsidiäre persönliche Haftung für alle bis zu seinem Ausscheiden entstandenen Schulden der Gesellschaft bleibt hingegen während fünf Jahren bestehen (Art. 568 Abs. 3 OR sowie Art. 591 Abs. 1 OR). Der Ausgeschiedene hat Anspruch auf seinen Anteil am Gesellschaftsvermögen. Dieser Betrag, oft als Abfindung bezeichnet, wird nach Art. 580 OR durch Übereinkunft aller Gesellschafter oder – falls diese sich nicht einigen – durch den Richter festgesetzt.

Ein Fortsetzungsbeschluss der Gesellschafter bedeutet für die Gesellschaft deren Weiterbestand ohne Auflösung und Liquidation. Es müssen jedoch der Handelsregistereintrag angepasst (Art. 581 OR) und die Firma geändert werden, falls der Name des ausscheidenden Gesellschafters in ihr enthalten ist.

b) Ausschluss durch den Richter

Aus wichtigen Gründen kann die Auflösung der Gesellschaft verlangt werden. Liegen die wichtigen Gründe vorwiegend in der Person eines oder mehrerer Gesellschafter, so kann der Richter den Ausschluss beschliessen, sofern alle übrigen Gesellschafter dies beantragen. Der richterliche Ausschluss hat grundsätzlich dieselben Folgen wie das Ausscheiden durch Übereinkunft. Der Ausschluss bedeutet für den oder die betroffenen Gesellschafter den Verlust aller Mitgliedschaftsrechte. Bei der Festsetzung des Abfindungsanspruchs hat der Richter die Vermögenslage der Gesellschaft im Zeitpunkt des Ausscheidens sowie ein allfälliges Verschulden des ausscheidenden Gesellschafters zu berücksichtigen.

c) Ausschluss durch die übrigen Gesellschafter

Die übrigen Gesellschafter können einen Gesellschafter ausschliessen und ihm seinen Anteil am Gesellschaftsvermögen ausrichten, wenn ein Gesellschafter in Konkurs fällt oder einer seiner Gläubiger, der dessen Liquidationsanteil gepfändet hat, die Auflösung der Gesellschaft verlangt. Es besteht nämlich auch eine andere Möglichkeit: Anstatt den zahlungsunfähigen Gesellschafter auszuschliessen, können die übrigen Gesellschafter nach Art. 575 Abs. 3 die Gesellschaftsgläubiger befriedigen und damit seinen Konkurs bzw. die Pfändung seines Liquidationsanteils abwenden. Wie sich die übrigen Gesellschafter verhalten, wird sich aufgrund ihrer Interessenlage ergeben.

d) Sonderregelung für Zweimanngesellschaften

Art. 579 OR enthält eine spezielle Regelung im Zusammenhang mit dem Ausscheiden oder dem Ausschluss eines Gesellschafters für den Fall, dass nur zwei Gesellschafter beteiligt sind. **Die Vorschrift ist aber auch anwendbar auf den Fall, dass bei mehr als zwei Gesellschaftern die Gesellschaft aufgelöst und das Geschäft von einem der bisherigen Gesellschafter weitergeführt wird.**

Sind nämlich nur zwei Gesellschafter vorhanden, so kann derjenige, der keine Veranlassung zur Auflösung gegeben hat, das Geschäft fortsetzen und dem anderen Gesellschafter seinen Anteil am Gesellschaftsvermögen ausbezahlen. Gleiches kann der Richter verfügen, wenn die Auflösung wegen eines vorwiegend in der Person des einen Gesellschafters liegenden wichtigen Grundes gefordert wird.

Die Fortsetzung des Unternehmens bedeutet, dass der verbleibende Gesellschafter das Gesellschaftsvermögen zu Alleineigentum erhält und er für die Gesellschaftsschulden primär und unbeschränkt haftet. Der ausgeschiedene Gesellschafter erhält einen Anspruch auf seine Abfindung und haftet subsidiär für die Dauer der Verjährungsfrist weiter, wie wenn die Gesellschaft weiterbestehen würde. Durch das Ausscheiden eines von zwei Gesellschaftern liegt keine Gesellschaft mehr vor; der Handelsregistereintrag sowie die Firma müssen daher geändert werden.

2.4 Liquidation

Die Liquidation durch die Gesellschafter erfolgt nach der Auflösung und umfasst die Abwicklung sämtlicher eingegangener Rechtsverhältnisse mit Dritten (äussere Liquidation) sowie die Verteilung aller Aktiven und Passiven auf die einzelnen Gesellschafter (innere Liquidation).

Wenn über die Gesellschaft der Konkurs eröffnet wurde, gelten für die Konkursabwicklung die Vorschriften des SchKG. In den übrigen Fällen sind für die Liquidation vor allem die folgenden Grundsätze und Gesetzesanordnungen (Art. 582 ff.) von Bedeutung:

- Ohne andere Abmachung wird die Liquidation durch die zur Vertretung befugten Gesellschafter besorgt. Die Liquidatoren sind in das Handelsregister einzutragen, auch wenn dadurch die bisherige Vertretung der Gesellschaft nicht geändert wird.
- Die Liquidatoren beendigen die laufenden Geschäfte, erfüllen die Verpflichtungen der aufgelösten Gesellschaft, ziehen die Forderungen ein und verflüssigen das Vermögen der Gesellschaft.
- Die Liquidatoren haben zu Beginn der Liquidation eine Bilanz aufzustellen; bei länger dauernder Liquidation sind jährliche Zwischenbilanzen zu errichten.
- Übersteigen die Mittel die Schulden, so können auch während der Liquidation auf Rechnung des endgültigen Anteils Abschlagszahlungen an die Gesellschafter geleistet werden.
- Das nach Tilgung aller Schulden verbleibende Vermögen wird zunächst zur Rückzahlung des Kapitals sowie zur Bezahlung von Zinsen für die Liquidationszeit an die Gesellschafter verwendet.
- Ein Überschuss ist danach gemäss den Vorschriften über die Gewinnbeteiligung unter die Gesellschafter zu verteilen.
- Nach Beendigung der Liquidation haben die Liquidatoren die Löschung der Firma im Handelsregister zu veranlassen.
- Die Bücher und Papiere der aufgelösten Gesellschaft müssen während zehn Jahren nach der Löschung im Handelsregister an einem von den Gesellschaftern oder vom Handelsregisteramt bezeichneten Ort aufbewahrt werden.

3. Die besonderen Aspekte der Kommanditgesellschaft

3.1 Rechtsverhältnis der Gesellschafter unter sich

3.1.1 Rechtsquellen für das Innenverhältnis

> «[1] Das Rechtsverhältnis der Gesellschafter untereinander richtet sich zunächst nach dem Gesellschaftsvertrag.
> [2] Soweit keine Vereinbarung getroffen ist, kommen die Vorschriften über die Kollektivgesellschaft zu Anwendung, jedoch mit den Abweichungen, die sich aus den nachfolgenden Bestimmungen ergeben.»
> Art. 598 OR: Vertragsfreiheit, Verweisung auf die Kollektivgesellschaft

Die Regelung des Innenverhältnisses ergibt sich damit aus folgenden Quellen:

1. Gesellschaftsvertrag: Die vertraglichen Abmachungen gehen der gesetzlichen Regelung vor.
2. Gesetz: Soweit keine Vereinbarungen getroffen sind, gelangen die Gesetzesvorschriften zur Anwendung, und zwar in erster Linie die besonderen Vorschriften über die KommG, in zweiter Linie die Vorschriften über die KollG und in dritter Linie (aufgrund des Verweises in Art. 558 OR) die Vorschriften über die einfache Gesellschaft.

3.1.2 Geltung von Vorschriften über die Kollektivgesellschaft und die einfache Gesellschaft

Folgende Vorschriften über die KollG und die einfache Gesellschaft finden auf das Innenverhältnis bei der KommG Anwendung:

a) Komplementär

Die Stellung des Komplementärs ist mit jener des KollG identisch. Damit ist dafür das Recht der Kollektivgesellschaft massgebend (siehe Abschnitt 2).

b) Komplementär und Kommanditär

	Massgebende Gesetzesvorschriften
Anteil am Gesellschaftserfolg	Art. 532 und Art. 533 OR
Gesellschaftsbeschlüsse	Art. 534 OR
Ansprüche aus der Tätigkeit für die Gesellschaft	Art. 537 OR
Konkurrenzverbot	Art. 536 OR
Aufnahme neuer Gesellschafter	Art. 542 OR
Konkurrenzverbot	Art. 561 OR

3.1.3 Spezielle Vorschriften über die Kommanditgesellschaft

a) Geschäftsführung

§ «Die Geschäftsführung der Gesellschaft wird durch den oder die unbeschränkt haftenden Gesellschafter besorgt.»
Art. 599 OR: Geschäftsführung

Das OR hebt hervor, dass **die Geschäftsführung durch den oder die Komplementäre** besorgt wird. Es gelten dafür wie erwähnt die Regeln für die KollG.

b) Stellung des Kommanditärs

§ «[1] Der Kommanditär ist als solcher zur Führung der Geschäfte der Gesellschaft weder berechtigt noch verpflichtet.
[2] Er ist auch nicht befugt, gegen die Vornahme einer Handlung der Geschäftsführung Widerspruch zu erheben, wenn diese Handlung zum gewöhnlichen Geschäftsbetrieb der Gesellschaft gehört.
[3] Er ist berechtigt, eine Abschrift der Gewinn- und Verlustrechnung und der Bilanz zu verlangen und deren Richtigkeit unter Einsichtnahme in die Bücher und Papiere zu prüfen oder durch einen unbeteiligten Sachverständigen prüfen zu lassen; im Streitfall bezeichnet der Richter den Sachverständigen.»
Art. 600 OR: Stellung des Kommanditärs

«[1] Am Verlust nimmt der Kommanditär höchstens bis zum Betrag seiner Kommanditsumme teil.
[2] Fehlt es an Vereinbarungen über die Beteiligung des Kommanditärs am Gewinn und am Verlust, so entscheidet darüber der Richter nach freiem Ermessen.
[3] Ist die Kommanditsumme nicht voll einbezahlt oder ist sie nach erfolgter Einzahlung vermindert worden, so dürfen ihr Zinsen, Gewinne und allfällige Honorare nur so weit zugeschrieben werden, bis sie ihren vollen Betrag wieder erreicht hat.»
Art. 601 OR: Gewinn- und Verlustbeteiligung

- Zunächst ist festzuhalten, dass der Kommanditär als vollberechtigter Gesellschafter **an den Vermögenswerten der Gesellschaft gesamthandberechtigt** ist. Er ist jedoch zur Geschäftsführung der Gesellschaft weder berechtigt noch verpflichtet.
- Der Kommanditär hat nach Art. 600 Abs. 2 auch nicht das Recht, Widerspruch zu erheben gegen Geschäftsführungshandlungen, die zum gewöhnlichen Geschäftsbetrieb gehören. Bezüglich Handlungen, die über den gewöhnlichen Geschäftsbetrieb hinausgehen, verfügt er über ein Einspruchsrecht.
- Darüber hinaus besitzt der Kommanditär ein **Kontrollrecht.** Er ist berechtigt, die Gewinn- und Verlustrechnung sowie die Bilanz zu prüfen und dazu Einsicht in die Bücher und Papiere der Gesellschaft zu nehmen.
- Am Verlust der Gesellschaft nimmt der Kommanditär höchstens bis zum Betrage seiner Vermögenseinlage (Kommanditeinlage) teil (Art. 601 Abs. 1 OR).
- Die Begriffe **Kommanditsumme** und **Kommanditeinlage** sind zu unterscheiden: Bei der Kommanditsumme (Kommandite) handelt es sich um eine rechnerische Grösse, nämlich die nach aussen bekannt gegebene Haftungssumme; sie betrifft damit einzig das Aussenverhältnis. Dagegen bezieht sich die Kommanditeinlage auf das Innenverhältnis. Kommanditeinlage ist die gemäss vertraglicher Vereinbarung vom Kommanditär an die Gesellschaft zu leistende Vermögenseinlage. Kommanditsumme und Vermögenseinlage können sich in ihrem Wert decken, müssen dies aber nicht.
- Enthält der Gesellschaftsvertrag keine Vereinbarungen über die Beteiligung des Kommanditärs am Gewinn und am Verlust, so gilt nicht die Regel von Art. 533 OR, wonach jeder Gesellschafter gleichen Anteil hat. Vielmehr entscheidet der Richter nach Ermessen über die Beteiligung des Kommanditärs (Art. 601 Abs. 2).

- **Die KommG ist von der stillen Gesellschaft abzugrenzen:** In beiden Fällen beteiligt sich zwar ein Rechtssubjekt mittels Kapital und übernimmt damit gesellschaftsinterne Mitwirkungsrechte. Bei der stillen Gesellschaft handelt es sich jedoch um eine reine Innengesellschaft; nach aussen tritt der Einzelunternehmer als Inhaber seines Einzelunternehmens auf. Demgegenüber tritt die KommG als solche nach aussen in Erscheinung; die Beteiligung des Kommanditärs ist durch den Handelsregistereintrag transparent. Die stille Gesellschaft folgt den Regeln über die einfache Gesellschaft (siehe 5. Thema, Abschnitt 6.).

3.2 Rechtsverhältnis der Gesellschafter gegenüber Dritten

3.2.1 Vertretungsverhältnisse

§ «Die Gesellschaft wird nach den für die Kollektivgesellschaft geltenden Vorschriften durch den oder die unbeschränkt haftenden Gesellschafter vertreten.» Art. 603 OR: Vertretung

Da die Stellung des Komplementärs identisch ist mit der Stellung der Kollektivgesellschafter, verweist das Gesetz für die rechtsgeschäftliche Berechtigung und Verpflichtung der KommG sowie für unerlaubte Handlungen auf die Vorschriften von Art. 563 bis Art. 567 OR (siehe Abschnitt 2.2.1).

Der Kommanditär verfügt nicht über eine gesetzliche Vertretungsbefugnis. Zulässig ist es jedoch, dem Kommanditär eine vertragliche Vertretungsbefugnis zu übertragen, sei es als Stellvertreter im Sinne von Art. 32 ff. OR, sei es als kaufmännischer Stellvertreter (Prokurist, Handlungsbevollmächtigter nach Art. 458 ff. OR). Für die Bestellung gilt Art. 566 OR, wonach die Einwilligung aller zur Vertretung berechtigten Gesellschafter (Komplementäre) erforderlich ist.

3.2.2 Haftung

> « Der unbeschränkt haftende Gesellschafter kann für eine Gesellschaftsschuld erst dann persönlich belangt werden, wenn die Gesellschaft aufgelöst oder erfolglos betrieben worden ist. »
> Art. 604 OR: Haftung des unbeschränkt haftenden Gesellschafters

> «[1] Der Kommanditär haftet Dritten gegenüber mit der im Handelsregister eingetragenen Kommanditsumme.
> [2] Hat er selbst oder hat die Gesellschaft mit seinem Wissen gegenüber Dritten eine höhere Kommanditsumme kundgegeben, so haftet er bis zu diesem Betrage.
> [3] ... »
> Art. 608 Abs. 1 und 2 OR: Umfang der Haftung

Das Gesetz regelt die Haftung bei der KommG wie folgt:

- Nach der Legaldefinition der Kommanditgesellschaft in Art. 594 Abs. 1 OR werden unbeschränkt haftende Gesellschafter (Komplementäre) und beschränkt haftende Gesellschafter (Kommanditäre) unterschieden.

- **Zunächst haftet das Gesellschaftsvermögen.** Dieses bildet das primäre Haftungssubstrat, obschon die KommG als Rechtsgemeinschaft keine eigene Rechtspersönlichkeit hat. Die Gesellschaftsgläubiger haben sich zuerst an die Gesellschaft zu halten. Für die Befriedigung von Privatgläubigern der Gesellschafter steht nach Art. 613 OR das Gesellschaftsvermögen grundsätzlich nicht zur Verfügung.

- **In zweiter Linie (subsidiär) haften die Gesellschafter.** Nach Art. 604 OR können die unbeschränkt haftenden Gesellschafter erst dann persönlich belangt werden, wenn die Gesellschaft aufgelöst oder wenn sie erfolglos betrieben oder wenn über sie der Konkurs eröffnet worden ist.

- **Die Komplementäre haften unbeschränkt** (mit ihrem ganzen Vermögen) und **solidarisch** (einzeln für jede einzelne Verbindlichkeit in vollem Umfang; vgl. zur Solidarität Art. 143 ff. OR sowie 5. Thema, Abschnitt 4.3).
- Die **Kommanditäre haften grundsätzlich nur mit der im Handelsregister eingetragenen Kommanditsumme** (Art. 608 OR). Diese Haftungsbeschränkung gilt jedoch nicht,
  - wenn der Kommanditär gegen aussen wie ein Komplementär auftritt, also Geschäfte abschliesst, ohne zu erklären, dass er nur als Stellvertreter handelt (Art. 605 OR),
  - gutgläubigen Dritten gegenüber für Verbindlichkeiten, die von der Gesellschaft vor ihrer Eintragung in das Handelsregister eingegangen worden sind (Art. 606 OR),
  - falls der Name des Kommanditärs in die Firma der Gesellschaft aufgenommen worden ist (Art. 607 OR).
- Die Haftungsregeln gelten nach Art. 612 OR auch für Gesellschafter, die nicht als Gründer, sondern erst später der Gesellschaft beigetreten sind. Dies bezieht sich sowohl auf Komplementäre als auch auf Kommanditäre.

3.3 Auflösung und Liquidation

§ «¹ Für die Auflösung und Liquidation der Gesellschaft und für die Verjährung der Forderungen gegen die Gesellschaft gelten die gleichen Bestimmungen wie bei der Kollektivgesellschaft.
² Fällt ein Kommanditär in Konkurs oder wird sein Liquidationsanteil gepfändet, so sind die für den Kollektivgesellschafter geltenden Bestimmungen entsprechend anwendbar. Dagegen haben der Tod und die Entmündigung des Kommanditärs die Auflösung der Gesellschaft nicht zur Folge.»
Art. 619 OR

Für die Beendigung und Liquidation der KommG verweist Art. 619 OR auf das Recht der Kollektivgesellschaft. Die Ausnahme bezieht sich darauf, dass der Tod und die Entmündigung des Kommanditärs nicht die Auflösung der Gesellschaft nach sich ziehen.

Abgesehen von dieser Ausnahme gelten auch für das Ausscheiden von Gesellschaftern (von Komplementären und Kommanditären) die Regeln über die KollG (siehe Abschnitte 2.3 und 2.4).

4. Hinweise zu Steuern und Sozialversicherungen

- Die allgemeinen Grundlagen der Sozialversicherungen, wie diese für alle Rechtsformen gelten, sind im 2. Thema, Abschnitt 6.3.2, beschrieben. Das 2. Thema, Abschnitt 6.4, befasst sich mit den Betriebsversicherungen. Die dort zu findenden Ausführungen gelten vollumfänglich auch für die Personengesellschaften. Gleiches gilt für die Belange der Mehrwertsteuer (vgl. 2. Thema, Abschnitt 5).
- Als selbstständig erwerbend gelten neben dem Einzelunternehmer auch die Gesellschafter einer kaufmännischen Kollektivgesellschaft sowie die Komplementäre der kaufmännischen Kommanditgesellschaft. Daher gelten die Ausführungen bezüglich Steuern und Sozialversicherungen zum Einzelunternehmen (siehe 4. Thema, Abschnitte 4 und 5) auch für die KollG und KommG, insbesondere bezüglich der Einkommensermittlung sowie der Abgrenzung von Geschäftsaufwand und Privataufwand.
- Falls dem Teilhaber einer Kollektivgesellschaft jede Einflussnahme auf den Geschäftsbetrieb verwehrt ist und die ihm ausgerichtete Entschädigung lediglich eine Art Lohn darstellt, so ist dieser Gesellschafter AHV-rechtlich ausnahmsweise als unselbstständig erwerbend zu erfassen.
- Der Kommanditär gilt bezüglich der Verzinsung des Kommanditkapitals als selbstständig erwerbend. Bezüge eines Kommanditärs,

der einzig als reiner Kapitalgeber auftritt, stellen Kapitalertrag dar und unterliegen damit nicht der AHV-Beitragspflicht. Ein Kommanditär kann aufgrund seiner ihm eingeräumten Dispositionsbefugnis und der ihm zugestandenen Kontrollrechte ausnahmsweise als selbstständig erwerbende Person gelten. Dies ist beispielsweise dann der Fall, wenn der Komplementär vertraglich verpflichtet ist, den Kommanditär vor allen wichtigen Entscheidungen zu befragen.

- Der Kommanditär ist gemäss Gesetz von der Geschäftsführung der Gesellschaft ausgeschlossen; wenn er Arbeitsleistungen für die KommG erbringt, tut er dies als (angestellter) Mitarbeiter. Daher wird eine allfällige Lohnzahlung an ihn als Entgelt aus unselbstständiger Erwerbstätigkeit qualifiziert.

- Wie das Einzelunternehmen sind auch die Personengesellschaften keine Steuersubjekte; die Einkommen und Vermögen werden den einzelnen Gesellschaftern aufgrund ihrer Anteile gemäss Gesellschaftsvertrag zugerechnet.

- Im Gegensatz zum Einzelunternehmen können Kollektivgesellschaft und Kommanditgesellschaft unter ihrer Firma Eigentum an Vermögenswerten erwerben. Damit ergeben sich bezüglich Abgrenzung zwischen Privatvermögen und Geschäftsvermögen in aller Regel weniger Schwierigkeiten als im Einzelunternehmen, denn was im Eigentumsrecht der Gesellschaft steht, ist dem Geschäftsvermögen zuzuordnen. Ein Indiz für das Eigentumsrecht der Gesellschaft bildet die Tatsache, dass ein Gegenstand in der Gesellschaftsbilanz als Aktivum geführt wird.

- Das Geschäftsvermögen und der Gesellschaftsertrag werden aufgrund der wirtschaftlichen Zugehörigkeit grundsätzlich am Geschäftssitz besteuert.

5. Umstrukturierung von Kollektivgesellschaft und Kommanditgesellschaft

Von den im Fusionsgesetz vorgesehenen Transaktionsformen im Rahmen von Umstrukturierungen (vgl. 3. Thema) kommen für die KollG und die KommG die Fusion, die Umwandlung sowie die Vermögensübertragung infrage. Von der Spaltung hingegen sind die Personengesellschaften ausgeschlossen.

Bei Kollektiv- und Kommanditgesellschaften handelt es sich regelmässig um KMU, auf welche die Kriterien von Art. 2 lit. e FusG zutreffen (siehe 3. Thema, Abschnitte 1.2 und 2.4.3). Daher kommen in der Regel die Erleichterungen für kleine und mittlere Unternehmen zur Anwendung. Dies bedeutet, dass bei Zustimmung aller Gesellschafter auf den schriftlichen Transaktionsbericht, die Prüfung des Transaktionsvertrags sowie auf die Offenlegung der ausgearbeiteten Dokumente am Gesellschaftssitz verzichtet werden kann.

5.1 Fusion

5.1.1 Zulässigkeit

«[1] Kapitalgesellschaften können fusionieren:
a. mit Kapitalgesellschaften;
b. mit Genossenschaften;
c. als übernehmende Gesellschaften mit Kollektiv- und Kommanditgesellschaften;
d. als übernehmende Gesellschaften mit Vereinen, die im Handelsregister eingetragen sind.
[2] Kollektiv- und Kommanditgesellschaften können fusionieren:
a. mit Kollektiv- und Kommanditgesellschaften;
b. als übertragende Gesellschaften mit Kapitalgesellschaften;
c. als übertragende Gesellschaften mit Genossenschaften.
[3] Genossenschaften können fusionieren:

a. mit Genossenschaften;
b. mit Kapitalgesellschaften;
c. als übernehmende Gesellschaften mit Kollektiv- und Kommanditgesellschaften;
d. als übernehmende Gesellschaften mit Vereinen, die im Handelsregister eingetragen sind; falls keine Anteilscheine bestehen, als übertragende Gesellschaft mit Vereinen, die im Handelsregister eingetragen sind.
[4]...»
Art. 4 Abs. 1 bis 3 FusG: Zulässige Fusionen

Ausgehend vom Grundsatz, wonach die Fusion von Gesellschaften gleicher Rechtsform uneingeschränkt zulässig ist, können Kollektivgesellschaften und Kommanditgesellschaften mit anderen Kollektivgesellschaften und Kommanditgesellschaften fusionieren.

Hingegen können Kollektiv- und Kommanditgesellschaften mit Kapitalgesellschaften und mit Genossenschaften nur dann fusionieren, wenn sie als übertragende Gesellschaften teilnehmen. **Nicht zulässig ist wegen ihrer grundlegend unterschiedlichen Strukturen und Haftungsbestimmungen dagegen, dass eine Kollektiv- oder Kommanditgesellschaft eine Kapitalgesellschaft übernimmt.**

5.1.2 Abwicklung der Fusion

- **Grundsatz**
  Die Durchführung der Fusion richtet sich nach den allgemeinen Fusionsregeln (siehe 3. Thema, Abschnitt 2.4).

- **Fusionsvertrag**
  - Die Kompetenz zum Vertragsabschluss liegt bei den Gesellschaftern, die gemäss Gesellschaftsvertrag bzw. Gesetz zur Geschäftsführung berechtigt sind (Art. 577 OR bzw. Art. 599 in Verbindung mit Art. 535 OR).
  - Für die an der übernehmenden Gesellschaft beteiligten unbeschränkt haftenden Gesellschafter (Kollektivgesellschafter

bzw. Komplementäre bei der KommG) bedeutet die Fusion eine Ausweitung ihrer Haftung, denn sie werden auch für die Verpflichtungen der übertragenden Gesellschaft mit ihrem Geschäfts- und Privatvermögen verantwortlich. Aus diesem Grund verlangt Art. 13 Abs. 1 lit. i FusG die Bezeichnung der Gesellschafter mit unbeschränkter Haftung im Fusionsvertrag.

- **Fusionsbericht**
  Die Kompetenz zur Erstellung des Fusionsberichts liegt bei den zur Geschäftsführung berechtigten Gesellschaftern der KollG bzw. KommG.

- **Fusionsprüfung**
  Eine Fusionsprüfung ist nach dem Wortlaut von Art. 15 FusG nur erforderlich, fass es sich bei der übernehmenden Gesellschaft um eine Kapitalgesellschaft oder eine Genossenschaft mit Anteilscheinen handelt.

- **Fusionsbeschluss**
  Für Personengesellschaften gilt die Regel, wonach Gesellschaftsbeschlüsse nur mit Zustimmung aller Gesellschafter gefällt werden dürfen, ausser der Gesellschaftsvertrag enthalte etwas anderes. Dies gilt nach Art. 18 FusG auch für den Fusionsvertrag. Dieser kann sowohl bei übertragenden als auch bei übernehmenden Kollektiv- und Kommanditgesellschaften nur durch Zustimmung aller Gesellschafter rechtsgültig genehmigt werden. Das Fusionsgesetz stellt es jedoch anheim, im Gesellschaftsvertrag vorzusehen, dass für den Fusionsbeschluss die Zustimmung von mindestens drei Vierteln der Gesellschafter genügt.

5.2 Umwandlung

5.2.1 Zulässigkeit

a) Grundsatz

> §
>
> «¹ Eine Kapitalgesellschaft kann sich umwandeln:
> a. in eine Kapitalgesellschaft mit einer anderen Rechtsform;
> b. in eine Genossenschaft.
> ² Eine Kollektivgesellschaft kann sich umwandeln:
> a. in eine Kapitalgesellschaft;
> b. in eine Genossenschaft;
> c. in eine Kommanditgesellschaft.
> ³ Eine Kommanditgesellschaft kann sich umwandeln:
> a. in eine Kapitalgesellschaft;
> b. in eine Genossenschaft;
> c. in eine Kollektivgesellschaft.
> ⁴ ...»
> Art. 54 Abs. 1 bis 3 FusG: Zulässige Umwandlungen

Ohne Weiteres zulässig ist die Umwandlung einer Kollektivgesellschaft in eine Kommanditgesellschaft oder in eine Kapitalgesellschaft oder Genossenschaft bzw. die Umwandlung einer Kommanditgesellschaft in eine Kollektivgesellschaft oder in eine Kapitalgesellschaft oder Genossenschaft. Das Gesetz **verbietet hingegen die Umwandlung einer juristischen Person in eine Kollektiv- oder Kommanditgesellschaft.**

b) Umwandlung einer Kollektivgesellschaft in eine Kommanditgesellschaft und umgekehrt

> §
>
> «¹ Eine Kollektivgesellschaft kann sich in eine Kommanditgesellschaft umwandeln, indem:
> a. eine Kommanditärin oder ein Kommanditär in die Kollektivgesellschaft eintritt;
> b. eine Gesellschafterin oder ein Gesellschafter zur Kommanditärin oder zum Kommanditär wird.

² Eine Kommanditgesellschaft kann sich in eine Kollektivgesellschaft umwandeln, indem:
a. alle Kommanditärinnen und Kommanditäre austreten;
b. alle Kommanditärinnen und Kommanditäre zu unbeschränkt haftenden Gesellschafterinnen und Gesellschaftern werden.
³ Die Fortführung einer Kollektiv- oder Kommanditgesellschaft als Einzelunternehmen nach Artikel 579 des Obligationenrechts bleibt vorbehalten.
⁴ Auf die Umwandlung gemäss diesem Artikel finden die Bestimmungen dieses Kapitels keine Anwendung.»
Art. 55 FusG: Sonderregelung für die Umwandlung von Kollektiv- und Kommanditgesellschaften

Die Umwandlung einer KollG in eine KommG bzw. einer KommG in eine KollG kann also wie folgt bewerkstelligt werden:

Kollektivgesellschaft in Kommanditgesellschaft	Kommanditgesellschaft in Kollektivgesellschaft
• Ein Kommanditär tritt in die Gesellschaft ein • Ein bisheriger Kollektivgesellschafter wird zum Kommanditär	• Alle Kommanditäre treten aus der Gesellschaft aus • Alle bisherigen Kommanditäre werden zu Komplementären

Art. 55 FusG Abs. 4 bestimmt, dass für diese Umwandlungen die Bestimmungen des Fusionsgesetzes nicht gelten, und verweist damit auf die Vorschriften des Obligationenrechts. Das Gleiche gilt für die Fortführung einer Kollektiv- oder Kommanditgesellschaft als Einzelfirma; Art. 55 Abs. 3 FusG macht dafür ausdrücklich einen Verweis auf Art. 579 OR.

5.2.2 Abwicklung der Umwandlung

a) **Umwandlung in eine Kapitalgesellschaft oder Genossenschaft**

- Bei der Umwandlung einer Personengesellschaft in eine Kapitalgesellschaft
    - liberieren die Gesellschafter ihre Anteilsrechte an der Kapitalgesellschaft durch die Einlage von Aktiven und Passiven der Personengesellschaft
    - geben die bisherigen Gesellschafter ihre unmittelbare, gesamthandschaftliche Berechtigung am Geschäftsvermögen auf und erhalten dafür in Form von Anteils- und Mitgliedschaftsrechten eine mittelbare Berechtigung am Vermögen der Kapitalgesellschaft
    - ändern sich die Haftungsverhältnisse, indem anstelle der Gesellschafter nun die Kapitalgesellschaft haftet
    - wird auch die Besteuerung verändert: Während Gewinne aus Personengesellschaften und Anteile am Vermögen von Personengesellschaften nur einmal beim Gesellschafter privat besteuert werden, kommt es für ausgeschüttete Gewinne sowie für die Vermögensanteile bei Kapitalgesellschaften zur Doppelbesteuerung.
- Die Durchführung dieser Umwandlung richtet sich grundsätzlich nach den Bestimmungen des Fusionsgesetzes über die Umwandlung (siehe 3. Thema, Abschnitt 4.4).
- Die Ausarbeitung von Umwandlungsplan und Umwandlungsbericht liegt in der Zuständigkeit der unbeschränkt haftenden Gesellschafter, ausser wenn der Gesellschaftsvertrag etwas anderes bestimmt (Art. 535, 557 und 599 OR).
- Das Umstrukturierungsrecht enthält den Grundsatz der mitgliedschaftlichen Kontinuität, was nach Art. 56 FusG bedeutet, dass die Anteils- und Mitgliedschaftsrechte der Gesellschafter zu wahren sind. Nun führt aber der Wechsel von einer Personengesell-

schaft in eine Kapitalgesellschaft zwingend zu einer anderen Ausgestaltung der Gesellschafterrechte, namentlich bezüglich zweier Aspekte: (1) In der Kapitalgesellschaft richten sich die Vermögensrechte nach der Kapitalbeteiligung jedes Gesellschafters. Die Vornahme der Gewinnverteilung und die Einräumung von Mitspracherechten nach dem Kopfprinzip – wie dies bei Personengesellschaften denkbar ist – kommen aufgrund der gesetzlichen Regelung bei Kapitalgesellschaften nicht infrage. (2) Während in Personengesellschaften von der Selbstorganschaft auszugehen ist, sieht das Gesetz für die Kapitalgesellschaften Drittorganschaft vor.

Diese Tatsachen führen nicht zu einer Verletzung des Grundsatzes der mitgliedschaftlichen Kontinuität. Dies gilt jedenfalls, solange die Umwandlung durch Zustimmung aller Gesellschafter beschlossen wird und nicht eine andere vertragliche Regelung im Sinne von Art. 64 Abs. 2 FusG vorliegt.

- Eine Umwandlung bedeutet die Änderung des Gesellschaftsvertrages. Für Personengesellschaften gilt die Regel, wonach Beschlüsse nur mit Zustimmung aller Gesellschafter gefällt werden dürfen, ausser der Gesellschaftsvertrag enthalte etwas anderes. Daher bedarf nach Art. 64 Abs. 2 FusG der Umwandlungsplan grundsätzlich der Zustimmung durch alle Gesellschafter, wenn nach dem Gesellschaftsvertrag nicht die Zustimmung von mindestens drei Vierteln der Gesellschafter genügt.

b) Umwandlung in eine Kollektiv- oder Kommanditgesellschaft

Wie erwähnt unterstellt das Umstrukturierungsrecht diese Umwandlung nicht den besonderen Vorschriften des Fusionsgesetzes. Vielmehr richtet sich das Vorgehen nach dem Obligationenrecht, welches keine ausdrücklichen Bestimmungen darüber enthält. Als Folge ergibt sich, dass die Umwandlung einer bereits bestehenden KollG in eine KommG bzw. einer bereits bestehenden KommG in eine

KollG durch Vertrag der Gesellschafter zu regeln ist. Da das Obligationenrecht für gesellschaftsrechtliche Vereinbarungen im Bereich der Personengesellschaften keine Formvorschriften aufstellt, ist auch die Umwandlung formfrei möglich. Die Eintragung der Umwandlung in das Handelsregister ist zwingend vorgeschrieben, jedoch aufgrund der diesbezüglichen obligationenrechtlichen Bestimmungen für die Rechtswirksamkeit der Umwandlung grundsätzlich nicht konstitutiv. Ausnahmen davon beziehen sich auf die nicht-kaufmännische Kollektiv- und Kommanditgesellschaft sowie auf die Haftung des Kommanditärs: Ein (neuer) Kommanditär kann sich nach Art. 606 und 608 OR auf seine Haftungsbeschränkung nur dann berufen, wenn die KommG im Handelsregister eingetragen ist oder die Haftungsbeschränkung Dritten bekannt war.

Die Umwandlung einer Personengesellschaft in eine andere Personengesellschaft ändert in aller Regel an den Werten der Beteiligungsverhältnisse nichts. Da in diesem Fall keine Realisation von stillen Reserven verbunden ist, kann diese Umwandlung steuerneutral durchgeführt werden.

c) Umwandlung einer Kollektiv- oder Kommanditgesellschaft in ein Einzelunternehmen

Eine KollG oder KommG kann vom verbleibenden Gesellschafter als Einzelunternehmen weitergeführt werden, wenn alle weiteren Gesellschafter ausscheiden. Auf diesen Sachverhalt finden nicht die Vorschriften des Fusionsgesetzes, sondern die betreffenden Bestimmungen des Obligationenrechts Anwendung (vgl. Abschnitt 2.3.2).

Bei der Fortsetzung einer Personengesellschaft als Einzelunternehmen handelt es sich nicht um eine Umwandlung im eigentlichen Sinne. Vielmehr wird die bisherige Personengesellschaft aufgelöst, das Geschäft jedoch nicht liquidiert, sondern weitergeführt. Der ausscheidende bzw. die ausscheidenden Gesellschafter haben einen gesetzlichen Anspruch auf Abfindung, das heisst auf eine Abgeltung des Kapitalkontos sowie des Anteils an den stillen Reserven. Der in der Abfindung enthaltene Anteil der stillen Reserven ist als Einkommen aus selbstständiger Erwerbstätigkeit zu qualifizieren, weshalb darauf die Einkommenssteuer sowie die Sozialversicherungsbeiträge fällig werden.

5.3 Vermögensübertragung

Das Rechtsinstitut der Vermögensübertragung gemäss Art. 69 ff. FusG steht auch der KollG und der KommG zur Verfügung, und zwar sowohl als übertragende als auch als übernehmende Gesellschaft. Es kommt darauf das vorne dargestellte Verfahren zur Anwendung (vgl. 3. Thema, Abschnitt 5).

Es steht den Beteiligten auch frei, die Regeln der Vermögensübertragung nach Fusionsrecht anzuwenden (und nicht nach Art. 579 OR zu verfahren) im Fall, dass ein Gesellschafter das Geschäft nach Auflösung der KollG oder KommG als Einzelunternehmen weiterführt.

6. Literaturhinweise

- *Buxbaum Caroni M.*, Die vermögensrechtliche Stellung des Kommanditärs (Diss. Zürich 1987)
- *Duss M./Greter M./von Ah J.*, Die Besteuerung Selbstständigerwerbender (Zürich/Basel/Genf 2004)
- *Forster P.*, AHV-Beitragspflicht: Materiell- und verfahrensrechtliche Grundlagen; Abgrenzung zwischen selbstständig und unselbstständig erwerbstätigen Personen (Zürich/Basel/Bern 2007)
- *Gwelessiani M.*, Praxiskommentar zur Handelsregisterverordnung (Zürich 2008)
- *Honsell H./Vogt N.P./Watter R.* (Herausgeber), Basler Kommentar zum Schweizerischen Privatrecht, Obligationenrecht II, Art. 530–1186 OR (Basel/Genf/München 2008)
- *Meier-Hayoz A./Forstmoser P.*, Schweizerisches Gesellschaftsrecht mit neuem Recht der GmbH, der Revision und der kollektiven Kapitalanlagen (Bern 2007)
- *Plattner S.*, Die Haftung des Kollektivgesellschafters (Diss. Basel 2003)
- *Vonzun R.*, Rechtsnatur und Haftung der Personengesellschaften (Diss. Basel 2000)

7. Thema
Die Aktiengesellschaft

> **Informationsziele**
>
> Dieses Thema informiert über
> - die charakteristischen Merkmale sowie die Vor- und Nachteile der Aktiengesellschaft als statistisch bedeutendste Rechtsform des schweizerischen Rechts
> - die Phasen der Gesellschaftsgründung, insbesondere Inhalt und Bedeutung der Statuten
> - die rechtliche Bedeutung und den Schutz des Aktienkapitals sowie das Vorgehen bei der Kapitalerhöhung
> - die verschiedenen zulässigen Arten und Kategorien von Aktien sowie Partizipationsscheine als Bestandteil des Eigenkapitals
> - die Besonderheiten der aktienrechtlichen Rechnungslegung, vor allem den Anhang zur Jahresrechnung, die Bewertungsvorschriften und die rechtlichen Vorschriften betreffend offener und stiller Reserven
> - die Rechtsstellung der Aktionäre und ihre Mitwirkungs- und Schutzrechte sowie ihre vermögensmässigen Rechte gegenüber der Gesellschaft
> - die durch das Gesetz zwingend vorgeschriebene Organisation der Gesellschaft, namentlich die gesetzlichen Organe Generalversammlung, Verwaltungsrat und Revisionsstelle sowie deren Verantwortlichkeit
> - Wichtiges zu Steuer- und Sozialversicherungsfragen
> - die Gründe und das Verfahren für die Auflösung und Liquidation der Gesellschaft

Wichtigste Gesetzesquellen
- Art. 620–763 OR
- Bundesgesetz über die Zulassung und Beaufsichtigung der Revisorinnen und Revisoren (Revisionsaufsichtsgesetz RAG; SR 221.302) und darauf beruhende Verordnung
- Bundesgesetz über die Börsen und den Effektenhandel (Börsengesetz BEHG; SR 954.1) Das BEHG regelt die Voraussetzungen für die Errichtung und den Betrieb von Börsen sowie für den gewerbsmässigen Effektenhandel. Es hat das Ziel, Transparenz und Gleichbehandlung für die Anleger zu schaffen sowie die

Funktionsweise der Effektenmärkte zu gewährleisten. Das öffentlich-rechtliche Börsengesetz ergänzt das privatrechtliche Aktienrecht und schafft in einzelnen Bereichen Sonderregelungen für börsenkotierte Gesellschaften. Dies betrifft beispielsweise die Rechnungslegungsvorschriften (nach Swiss GAAP FER), eine Offenlegungspflicht für Beteiligungen sowie öffentliche Kaufangebote (ein solches hat ein Investor für alle kotierten Beteiligungspapiere vorzulegen, wenn er den Gegenwert von 33 ⅓% der Stimmrechte einer Gesellschaft überschreitet).

– Sondergesetze für Aktiengesellschaften mit besonderer wirtschaftlicher Zielsetzung, wie zum Beispiel das Bundesgesetz über die Banken und Sparkassen (SR 952.0), das Bundesgesetz über die Luftfahrt (SR 748.0), das Bundesgesetz betreffend Aufsicht über die privaten Versicherungseinrichtungen (SR 961.01) usw.

1. Das Wesen der Aktiengesellschaft

§ «¹ Die Aktiengesellschaft ist eine Gesellschaft mit eigener Firma, deren zum Voraus bestimmtes Kapital (Aktienkapital) in Teilsummen (Aktien) zerlegt ist und für deren Verbindlichkeiten nur das Gesellschaftsvermögen haftet.
² Die Aktionäre sind nur zu den statutarischen Leistungen verpflichtet und haften für die Verbindlichkeiten der Gesellschaft nicht persönlich.
³ Die Aktiengesellschaft kann auch für andere als wirtschaftliche Zwecke gegründet werden.»
Art. 620 OR: Begriff

1.1 Charakteristische Merkmale

- Die Aktiengesellschaft ist dem allgemeinen **Gesellschaftsbegriff** von Art. 530 Abs. 1 OR untergeordnet ist (siehe 1. Thema, Abschnitt 4.3). Sie verfügt über eine **eigene Firma,** unter der sie im Rechtsverkehr auftritt und die sie individualisiert.

- Als **juristische Person** verfügt die AG über die Rechtsfähigkeit und ist auch handlungs-, prozess-, betreibungs- und deliktsfähig. Die AG ist aller Rechte und Pflichten fähig, die nicht die Eigen-

schaften einer natürlichen Person zur notwendigen Voraussetzung haben (Art. 53 ZGB).
- Aufgrund ihrer **körperschaftlichen Struktur** ist die AG von ihren Mitgliederpersonen unabhängig. Sie verfügt über eine Drittorganschaft (eine von den Gesellschaftern unabhängige Organisation), die in ihrem Grundgesetz, den Statuten, festgelegt sein muss.
- Die Aktiengesellschaft ist die reinste **kapitalbezogene Rechtsform:**
  - Sie hat ein im Voraus bestimmtes Aktienkapital. Dies ist jener Betrag, der von den Mitgliedern (Aktionären) geleistet werden muss. Die Gesellschafter erhalten dafür Aktien, das sind Wertpapiere, die sie als Mitinhaber der Gesellschaft ausweisen und die das Eigentumsrecht an der Gesellschaft verselbständigen.
  - Für die Gesellschaft steht das geleistete Kapital im Vordergrund, und nicht die Person, welche dieses beiträgt. So verstanden ist für die Aktiengesellschaft unerheblich, wer ihre Aktionärspersonen sind, denn es kommt nicht auf deren persönlichen Fähigkeiten an. Die Beteiligten stehen nicht nur rechtlich, sondern häufig auch faktisch im Hintergrund.
  - Für die Verbindlichkeiten der AG haftet nur das Gesellschaftsvermögen. Der Aktionär trägt für die Gesellschaftsschulden keine persönliche Haftung und kann (über die Bezahlung des Aktienbetrages hinaus) auch durch die Gesellschaftsstatuten zu keinen weiteren Leistungen verpflichtet werden kann.
  - In der Regel will die AG für ihre Mitglieder geldwerte Vorteile erreichen (zum Beispiel in Form der Ausschüttung möglichst hoher Gewinne). Das Gesetz lässt die Rechtsform aber auch für nichtwirtschaftliche, also für ideale (gemeinnützige, kulturelle, politische usw.) Zwecke zu, was in der Praxis jedoch selten anzutreffen ist.

1.2 Eignung als Rechtsform

Die Aktiengesellschaft ist die mit Abstand beliebteste Rechtsform. Anders als in anderen Ländern, wo die AG in der Regel die Rechtsform für börsenkotierte, also grössere Gesellschaften ist, eignet sich die gesetzliche Regelung in der Schweiz ohne Weiteres für sehr unterschiedliche Unternehmen: So gibt es in der Rechtsform der AG sowohl kotierte Publikumsgesellschaften (mit sehr grossem Aktionärskreis) als auch geschlossene Gesellschaften (mit beschränkter Anzahl Gesellschafter wie z.B. Familiengesellschaften) sowie Einpersonengesellschaften. Als AG existieren sodann sowohl operativ tätige Gesellschaften (Betriebsgesellschaften) als auch Holdinggesellschaften (mit dem hauptsächlichen Zweck der Beteiligung an anderen Gesellschaften).

Aus der Sicht der Gesellschafter ergeben sich, insbesondere im Vergleich zu den Personengesellschaften, folgende

- **wesentliche Vorteile:**
- Beschränkung der Haftung auf das Gesellschaftsvermögen: Die Aktionäre haften nicht persönlich für Verbindlichkeiten der Gesellschaft, und sie unterliegen auch nicht der strengen Konkursbetreibung.
- Anonymität der Eigentumsverhältnisse: Die Namen der Aktionäre werden weder in einem öffentlichen Register eingetragen noch sind sie öffentlich zugänglich (AG als société anonyme).
- Anteile in Form von Wertpapieren: Durch deren Verbriefung ist die Übertragung der Mitgliedschaft rechtlich sehr einfach zu bewerkstelligen, was sich nicht nur bei einer Veräusserung, sondern auch bei der erbrechtlichen Nachfolge vorteilhaft auswirkt.
- Kapitalbezogenheit: Das Gesetz enthält keine Verpflichtung der Aktionäre, sich aktiv an der Geschäftsführung zu beteiligen. Ne-

ben der Zahlung des Aktienbetrags können dem Gesellschafter keine weiteren Pflichten überbunden werden. Ein Wechsel in der Mitgliedschaft hat keine direkten Auswirkungen auf die Gesellschaft.

- Steuerlicher Vorteil: Befinden sich die Aktien im Privatvermögen des Aktionärs, so ist ein anlässlich des Verkaufs realisierter Kapitalgewinn grundsätzlich steuerfrei.

- **wesentliche Nachteile:**

- Mindestkapital und Mindesteinzahlung: Das Kapital muss im Minimum 100 000 Franken betragen und mit 50 000 Franken einbezahlt sein.

- Gläubigerschutz: Vor allem wegen der beschränkten Haftung sind beispielsweise die Vorschriften über die Buchführung (insbesondere die Bilanzierung) strenger.

- Kapitalbezogenheit: Das Mitspracherecht der Aktionäre bestimmt sich nach der Höhe der Kapitalbeteiligung (und nicht nach Köpfen), was zu einer Benachteiligung von Minderheitsaktionären führen kann.

- Gründung und Verwaltung: Das Gründungsverfahren ist aufwendiger, die Gründungskosten sind höher und der Verwaltungsaufwand ist grösser.

- Vorgeschriebene Organisationsstruktur: Das Gesetz enthält mehr oder weniger starre Regeln für die Organisation der Gesellschaft.

- Statuten: Der Statuteninhalt wird zwingend vom Gesetz vorgegeben. Der Möglichkeit, auf konkrete individuelle Bedürfnisse der einzelnen Gesellschafter einzugehen, sind damit Grenzen gesetzt.

- Steuerlicher Nachteil: Aufgrund der Doppelbesteuerung von Gewinn und Kapital (bei der Gesellschaft) bzw. Einkommen und Vermögen (beim Aktionär) ist die steuerliche Belastung in einzelnen Fällen höher.

2. Die Entstehung der Aktiengesellschaft

2.1 Übersicht

a) Gründerpersonen

§
> « Eine Aktiengesellschaft kann durch eine oder mehrere natürliche Personen oder andere Handelsgesellschaften gegründet werden. »
> Art. 625 OR: Aktionäre

Der allgemeine Gesellschaftsbegriff verlangt eine Mehrzahl von Personen. Während im früheren Recht mindestens drei Personen zur Entstehung erforderlich waren, kann nach dem nun geltenden Art. 625 OR die Aktiengesellschaft durch eine einzige Person gegründet werden. Dies bedeutet die Möglichkeit der Schaffung einer Art « Einzelunternehmung mit beschränkter Haftung ». Als Gründer kommen sowohl natürliche als auch juristische Personen und Handelsgesellschaften infrage. Es besteht dadurch die Möglichkeit, dass eine Aktiengesellschaft ihrerseits Gründerin einer neuen Gesellschaft ist oder dass eine Kollektivgesellschaft (welche über keine eigene Rechtspersönlichkeit verfügt) als Gründerin einer Aktiengesellschaft fungiert.

Obligationenrechtlich unerheblich sind die Nationalität sowie der Wohnsitz der Gründerpersonen. Zu beachten ist einzig die Bestimmung, wonach die Vertretung der Gesellschaft durch eine Person mit Wohnsitz in der Schweiz erfolgen muss. Dieses Erfordernis kann durch irgendeine zur Vertretung ermächtigte Person, muss also nicht zwingend durch einen Gesellschafter (Aktionär) erfüllt werden.

b) Gründungsvorgang

Das Verfahren für die Gründung der Aktiengesellschaft kann in zwei Phasen unterteilt werden:

- Phase 1: Vorbereitungsstadium

Im Vorbereitungsstadium haben die Gründer sicherzustellen, dass alle für die Gesellschaftserrichtung notwendigen Voraussetzungen erfüllt werden, nämlich
- Festlegung der Statuten (nachstehend Abschnitt 2.2)
- Bestellung der Organe (nachstehend Abschnitt 2.3)
- Aktienzeichnung und Liberierung (nachstehend Abschnitt 2.4)
- Vornahme des Errichtungsakts (nachstehend Abschnitt 2.5)

Aufgrund der gemeinsamen Absicht, eine AG entstehen zu lassen, richten sich in dieser Phase die Rechtsverhältnisse unter den zukünftigen Gesellschaftern sowie gegenüber Aussenstehenden nach den Bestimmungen über die einfache Gesellschaft (vgl. 5. Thema zur einfachen Gesellschaft). Das Aktienrecht enthält in Art. 645 OR eine besondere Bestimmung: Ist vor der Eintragung in das Handelsregister im Namen der zukünftigen Gesellschaft gehandelt worden, so haften die Handelnden persönlich und solidarisch. Eine Befreiung dieser persönlichen Haftung tritt ein, wenn die Verpflichtungen innerhalb von drei Monaten nach der Eintragung der AG in das Handelsregister von der Gesellschaft übernommen werden.

- Phase 2: Entstehungsstadium

Das Entstehungsstadium stellt sicher, dass die Gesellschaft ihre Rechtsfähigkeit erlangt. Als Zeitpunkt für den Erwerb der Rechtspersönlichkeit bestimmt das Gesetz die Eintragung in das Handelsregister (Art. 643 Abs. 1 OR): Der konstitutiv wirkende Eintrag schafft Rechtssicherheit, denn er bewirkt die Existenz der Gesellschaft mit von den Beteiligten selbstständigen Rechten und Pflichten (nachstehend Abschnitt 2.6).

- Erfolgt die Liberierung nicht in bar, sondern durch Sacheinlagen, Sachübernahmen oder durch Verrechnung oder werden bestimmten Personen besondere Vorteile eingeräumt, so kommt es zu einer sogenannten qualifizierten Gründung, wofür das Gesetz zusätzliche besondere Verfahrensschritte vorsieht (nachstehend Abschnitt 2.7).

2.2 Statuten der Gesellschaft

2.2.1 Rechtsnatur, Form und Inhalt

Der Gesellschaftsvertrag als begriffsnotwendiges Element einer jeden Gesellschaft ist nicht nur rechtliche Entstehungsvoraussetzung, sondern hat darüber hinaus weitere Bedeutungen: So bildet er die Basis für die Organisation der Personenverbindung, hält die Rechtsbeziehungen der Beteiligten untereinander fest und kann auch Auswirkungen auf die Rechtsbeziehungen der Gesellschaft zu Dritten haben.

- Die Statuten sind insofern als **Vertrag** zu qualifizieren, als dass diese im Rahmen der Gesellschaftsgründung dem übereinstimmenden Willen aller Gründeraktionäre entsprechen müssen. Werden die Statuten zu einem späteren Zeitpunkt abgeändert, ist die übereinstimmende Willensäusserung aller Beteiligten nicht mehr erforderlich, denn es genügt in der Regel ein Mehrheitsbeschluss. Die Statuten sind für alle Mitglieder verbindlich, unabhängig davon, ob es sich um Gründungs- oder erst später eintretende Aktionäre handelt, weshalb das Recht die Möglichkeit einschränkt, den Statuteninhalt völlig frei zu bestimmen.
- Die Statuten bilden das **Grundgesetz der Gesellschaft**, welches die Regelungen über die Organisation der Gesellschaft enthält. An die damit geschaffene Grundordnung sind sowohl die Organe als auch alle Gesellschaftsmitglieder gebunden. Im Gegensatz

zur staatlichen Rechtsordnung, welche generell eine Ordnung für sämtliche Körperschaften erlässt, schaffen die Statuten diese Ordnung individuell für eine ganz bestimmte Körperschaft.

Während bei den Rechtsgemeinschaften einzige inhaltliche Bedingung für den Vertrag ist, dass sich die Parteien über den mit gemeinsamen Kräften und Mitteln zu verfolgenden Zweck und die Firma einigen, schreibt das Gesetz bei Körperschaften den Mindestinhalt der Statuten zwingend vor. Die Statuten sind **schriftlich** abzufassen. Zudem müssen sowohl die Gründungsstatuten als auch jede spätere Statutenänderung **öffentlich beurkundet** (Art. 629 Abs. 1 OR und Art. 647 OR) und **in das Handelsregister eingetragen** werden. Durch den Registereintrag wird der Statuteninhalt gegenüber Dritten unmittelbar wirksam.

Notwendiger und fakultativer Statuteninhalt			
Absolut notwendiger Inhalt	Bedingt notwendiger Inhalt		Absolut fakultativer Inhalt
Art. 626 OR listet den gesetzlich vorgeschriebenen Statuteninhalt abschliessend auf. Diese Elemente gehören zwingend in die Statuten (nachstehend Abschnitt 2.2.2).	Was in Art. 627 OR enthalten ist, gehört zum notwendigen Statuteninhalt unter der Bedingung, dass darüber eine von der dispositiven Gesetzesordnung abweichende Regelung getroffen werden soll (nachstehend Abschnitt 2.2.3).	Art. 628 OR betrifft das, was im Falle einer qualifizierten Gründung zusätzlich zwingend in die Statuten aufgenommen werden muss (nachstehend Abschnitt 2.7).	Über den gesetzlich vorgeschriebenen Inhalt und die weiteren Bestimmungen hinaus dürfen die Statuten auch zusätzliche Anordnungen enthalten, soweit diese nicht gegen zwingendes Recht verstossen. Zu denken ist beispielsweise an Regelungen, welche die gesetzliche Ordnung wiederholen.

2.2.2 Absolut notwendiger Inhalt (Art. 626 OR)

a) Firma und Sitz

> «Aktiengesellschaften, Gesellschaften mit beschränkter Haftung und Genossenschaften können unter Wahrung der allgemeinen Grundsätze der Firmenbildung ihre Firma frei wählen. In der Firma muss die Rechtsform angegeben sein.»
> Art. 950 OR: Aktiengesellschaft, Gesellschaft mit beschränkter Haftung und Genossenschaft

Zulässig ist eine Personenfirma, Sachfirma oder Phantasiefirma. Auf jeden Fall ist die Rechtsform zu nennen; dieser Anordnung wird üblicherweise durch Beifügung der Abkürzung «AG» Folge geleistet. Für die Firmenbildung sind die allgemeinen Grundsätze zu beachten: einerseits Firmenwahrheit und -klarheit und andererseits Firmenausschliesslichkeit. Nach Letzterem muss sich die Firma von allen in der Schweiz bereits eingetragenen Firmen deutlich unterscheiden (vgl. 2. Thema, Abschnitt 3 zur Firmenbildung).

Die Aktiengesellschaft hat den Zwang zu einem festen örtlichen Bezugspunkt; ein bei Vereinen häufig vorkommender wechselnder Sitz (beispielsweise abhängig vom Wohnsitz des jeweiligen Präsidenten) ist nicht zulässig. Die politische Gemeinde ist der Gesellschaftssitz, der beispielsweise als Eintragungsort im Handelsregister (Art. 640 OR), als Erfüllungsort für Verbindlichkeiten (Art. 74 OR), als allgemeiner Gerichtsstand sowie als Betreibungsort (Art. 46 Abs. 2 SchKG) von Bedeutung ist. Eine Sitzverlegung ist nur mit einer Statutenänderung möglich. Nicht zwingend ist allerdings, dass der statutarische Sitz mit dem effektiven Ort der Geschäftstätigkeit übereinstimmt. In das Handelsregister ist auch das Rechtsdomizil einzutragen, ohne dass dieses in die Statuten aufgenommen werden muss. Rechtsdomizil ist die genaue Adressanschrift, unter der eine Rechtseinheit erreicht werden kann. Verfügt die Rechtseinheit über kein Rechtsdomizil an ihrem Sitz, so muss im Eintrag angegeben werden, bei wem sich das Rechtsdomizil befindet (c/o-Adresse, sog. Domizilhalter).

b) Gesellschaftszweck

Die Statuten müssen das Tätigkeitsgebiet der Gesellschaft angeben, also das, was die Gesellschaft tun und erreichen will. Es genügt dafür eine kurze Umschreibung; diese darf aber nicht zu allgemein sein: «Geschäfte aller Art». Eine detaillierte Nennung der Mittel zur Zweckerreichung muss nicht erfolgen. Die statutarische Zweckfestlegung ist von Bedeutung für den Umfang der Vertretungsmacht der Organe (vgl. beispielsweise Art. 718 a OR), die Rechte und Pflichten der Gesellschaftsorgane (vgl. Art. 698/704 OR, Art. 716 a OR) und die Frage, ob ein Beschluss der Generalversammlung anfechtbar ist (vgl. Art. 706 Abs. 2 OR).

c) Aktienkapital und darauf geleistete Einlagen

Es ist nicht nur die Höhe des Aktienkapitals, sondern auch der Betrag der darauf geleisteten Einlagen anzugeben. Der Ausdruck «Einlagen» bezieht sich nicht nur auf Bar-, sondern ebenso auf Sacheinlagen und Sachübernahmen. Werden Einlagen auf nicht voll liberierten Aktien nachträglich geleistet (Art. 634 a OR), so erfordert dies eine entsprechende Abänderung der Statuten.

d) Anzahl, Nennwert und Art der Aktien

Gemäss der Legaldefinition von Art. 620 Abs. 1 OR ist das Aktienkapital in Teilsummen (Aktien) zerlegt, welche des Aktionärs Rechte verbriefen. Die Statuten müssen angeben, welche Art von Aktien geschaffen werden; infrage kommen nach Art. 622 Abs. 1 OR Inhaberaktien und Namenaktien (nachstehend Abschnitt 3.1.4 c).

Im Aktienrecht gilt das Nennwertsystem: Jede Aktie muss die beinhaltete Teilsumme betragsmässig angeben (in der Praxis auch als **Nominalwert** bezeichnet). Die Statuten der Gesellschaft haben sowohl die Anzahl der Aktien als auch deren Nennwert anzugeben. Vorausgesetzt dass jede Aktie den gleichen Nennwert aufweist, gilt vereinfacht die Formel: Anzahl Aktien mal Nennwert pro Aktie ergibt das Aktienkapital. Ein Beispiel: Das Aktienkapital von 100 000 Franken ist eingeteilt in 1000 Aktien zum Nennwert von 100 Franken. In diesem Fall kann die Gesellschaft maximal 1000 Aktionäre haben. Wenn die Gesellschaft in den Statuten bestimmt, das Aktienkapital von 100 000 Franken sei eingeteilt in 100 Aktien zum Nominalwert von 1000 Franken, reduziert sich der mögliche Aktionärskreis auf maximal 100 Personen. Als Beispiel für eine Publikumsgesellschaft sei Nestlé erwähnt: Dieses Unternehmen verfügt über 3 830 000 000 Aktien zu einem Nennwert von 10 Rappen.

e) Einberufung der Generalversammlung und Stimmrecht der Aktionäre

Die Generalversammlung (GV) ist die Zusammenkunft aller Aktionäre, die jährlich mindestens einmal stattfinden muss. In der Regel erfolgt deren Einberufung durch den Verwaltungsrat. Gemäss Art. 700 Abs. 1 OR gilt eine mindestens 20-tägige Einberufungsfrist, die durch Statutenbestimmung verlängert (nicht aber verkürzt!) werden darf. Die Form der Einberufung ist in den Statuten festzulegen. Infrage kommen zum Beispiel die Veröffentlichung der Einladung im Schweizerischen Handelsamtsblatt oder die Einladung in Briefform, sofern die Adressen der Aktionäre bekannt sind.

Für die Bestimmung des Stimmrechts der Aktionäre gibt es zwei Möglichkeiten: (1) Das Gesetz erklärt die gesamte Kapitalbeteiligung des Aktionärs, also den totalen Nennwert seiner Aktien, zum grundsätzlichen Massstab. (2) Die Gesellschaft hat kann jedoch das Ausmass der Mitwirkung von der Anzahl der einem Aktionär gehörenden Aktien abhängig machen und damit sogenannte Stimmrechtsaktien schaffen (vgl. nachstehend Abschnitt 3.1.4 c).

f) Organe für die Verwaltung und für die Revision

Die Statuten müssen Bestimmungen enthalten über den Verwaltungsrat und die Revisionsstelle. An sich genügt dafür ein Verweis auf die entsprechenden Gesetzesbestimmungen (Art. 707 ff. OR sowie Art. 727 ff. OR); nur wenn dispositive Vorschriften abgeändert werden sollen, ist eine anderslautende Statutenbestimmung zwingend erforderlich.

g) Form der von der Gesellschaft ausgehenden Bekanntmachungen

Alle vom Gesetz vorgeschriebenen Veröffentlichungen müssen nach Art. 931 OR zwingend im Schweizerischen Handelsamtsblatt vorgenommen werden. Einzelne Gesetzesvorschriften (beispielsweise Art. 700 Abs. 1 OR betreffend Einberufung der GV) verlangen zudem eine Bekanntmachung an die Aktionäre oder an die Gläubiger in der statutarisch vorgeschriebenen Form, weshalb sich die Statuten zwingend über diese aussprechen müssen.

2.2.3 Bedingt notwendiger Inhalt (Art. 627 OR)

Bedingt notwendig bedeutet, dass die Rechtswirksamkeit solcher Festlegungen von deren Verankerung in den Statuten abhängig ist.

Abschliessender Katalog des bedingt notwendigen Statuteninhalts (Art. 627 OR)	
von den gesetzlichen Bestimmungen abweichende Statutenänderungen	Gemeint ist damit beispielsweise eine Erhöhung des gesetzlichen Quorums für die Fassung wichtiger Beschlüsse gemäss Art. 704 OR.
Ausrichtung von Tantiemen	Tantiemen sind Entschädigungen an Mitglieder des Verwaltungsrats, die ohne statutarische Grundlage nicht ausgerichtet werden dürfen.
Zusicherung von Bauzinsen	Als Bauzinsen bezeichnet man allfällige Ausschüttungen an Aktionäre im Rahmen der Vorbereitungsphase der Gesellschaft. Deren Zulässigkeit hängt von einer entsprechenden Statutenbestimmung ab.
Begrenzung der Dauer der Gesellschaft	Derartige Statutenbestimmungen sind in der Praxis kaum anzutreffen. Denkbar sind beispielsweise eine zeitliche Beschränkung der Gesellschaft oder eine Auflösung beim Tod eines Gesellschafters.
Konventionalstrafen bei nicht rechtzeitiger Leistung der Einlagen	Nach Art. 681 Abs. 3 OR können die Statuten jene Aktionäre, die ihrer Liberierungspflicht nicht rechtzeitig nachkommen, zur Entrichtung einer Konventionalstrafe verpflichten.
genehmigte und bedingte Kapitalerhöhungen	Diese beiden Arten von Kapitalerhöhungen setzen eine statutarische Grundlage voraus.
Umwandlung von Namenaktien in Inhaberaktien und umgekehrt	Die in Art. 622 Abs. 3 OR vorgesehene Möglichkeit, Namenaktien später in Inhaberaktien oder Inhaberaktien in Namenaktien umzuwandeln, gilt nur mit einer entsprechenden Statutenbestimmung.
Beschränkung der Übertragbarkeit von Namenaktien	Grundsätzlich sind Inhaberaktien und Namenaktien frei übertragbar; eine gesetzliche Ausnahme gilt nach Art. 685 Abs. 1 OR für nicht voll liberierte Namenaktien. Durch Statutenbestimmung sind Einschränkungen der Übertragbarkeit von Namenaktien zulässig.

Vorrechte einzelner Aktienkategorien, Partizipationsscheine, Genussscheine und besondere Vorteile	Will die Gesellschaft einzelne Kategorien von Aktien privilegieren (Vorzugsaktien nach Art. 654 OR), soll die Ausgabe von Partizipationsscheinen (Art. 656a OR) oder Genussscheinen (Art. 657 OR) erfolgen, oder werden einzelnen Aktionären besondere Vorteile gewährt, so ist eine entsprechende Statutenbestimmung erforderlich.
Beschränkung des Stimmrechts und des Vertretungsrechts der Aktionäre	Das Stimmrecht bemisst sich nach dem gesamten Nennwert, allenfalls nach der Anzahl ihrer Aktien. Grundsätzlich kann jeder Aktionär seine Aktien in der Generalversammlung auch durch einen Dritten, der nicht Aktionär sein muss, vertreten lassen. Art. 692 Abs. 2 OR gibt die Möglichkeit, die Stimmenzahl der Besitzer mehrerer Aktien durch Statutenanordnung zu beschränken. Ebenso ist eine Bestimmung zulässig, die das Recht des Aktionärs beschränkt, sich gegenüber der Gesellschaft vertreten zu lassen.
im Gesetz nicht vorgesehene Fälle, in denen die GV nur mit qualifizierter Mehrheit Beschluss fassen kann	Es geht um die Festlegung von Quorumsbestimmungen für die Beschlussfassung, soweit diese nicht bereits im Gesetz statuiert sind (vgl. Art. 704 OR sowie verschiedene Bestimmungen im Fusionsgesetz). Zum Beispiel kann in den Statuten eine bestimmte Mindestpräsenz an der GV verlangt werden.
Ermächtigung zur Übertragung der Geschäftsführung auf einzelne Mitglieder des Verwaltungsrats oder Dritte	Nach Art. 716 Abs. 2 OR ist die Geschäftsführung grundsätzlich Aufgabe des Verwaltungsrats. Die Statuten können diese auf einzelne Mitglieder des Verwaltungsrats oder auf Dritte übertragen.
Organisation und Aufgaben der Revisionsstelle, sofern dabei über die gesetzlichen Vorschriften hinausgegangen wird	Die Statuten können die Organisation der Revisionsstelle eingehender regeln und deren Aufgaben erweitern. Sie dürfen jedoch der Revisionsstelle weder Aufgaben des Verwaltungsrats zuweisen noch solche, die ihre Unabhängigkeit beeinträchtigen (Art. 731 OR). Da weitergehend Regelungen betreffend Organisation und Aufgaben der Revisionsstelle auch durch einfachen Beschluss der Generalversammlung erfolgen können, ist eine diesbezügliche Statutenbestimmungen an sich unnötig.

Gegenstand von bedingt notwendigen Statutenbestimmungen sind nach Art. 628 OR auch die Sacheinlagen, die Sachübernahmen und die besonderen Vorteile an Gründer und Dritte (vgl. dazu nachstehend Abschnitt 2.7).

Checkliste: Mindestinhalt der Statuten

- Firma
- Sitz (politische Gemeinde)
- Zweck der Gesellschaft
  (allgemein verständlich und bestimmt formuliert)
- Aktienkapital (Betragshöhe in Schweizer Franken)
- Liberierung (auf das Aktienkapital einbezahlter Betrag)
- Anzahl, Nennwert und Art der Aktien
- Einberufung der Generalversammlung (Form der Einberufung)
- Stimmrecht der Aktionäre (Nennwert oder Anzahl Aktien)
- Verwaltungsrat (Anzahl der Mitglieder; im Übrigen genügt Verweis auf die gesetzliche Regelung)
- Revisionsstelle (sinnvoll ist eine offene Formulierung; vgl. nachstehend Abschnitt 6.4.2 b)
- Bekanntmachungen (Bestimmung eines öffentlichen Blattes)

2.2.4 Beschlussfassung über die Statuten

a) Gründungsstatuten

Aufgrund des Vertragscharakters der Gründungsstatuten bedarf es der Zustimmung durch sämtliche Gründergesellschafter.

b) Statutenänderungen

- Dafür sieht das Gesetz als **Grundsatz** einen Beschluss der Generalversammlung vor, der gemäss Art. 703 OR mit der absoluten Mehrheit der an der Versammlung vertretenen Aktienstimmen gefasst werden muss.
- Dieser Grundsatz erfährt **Ausnahmen:**
  - Art. 704 OR bezeichnet wichtige Beschlüsse, für welche die Zustimmung von mindestens zwei Dritteln der vertretenen Stimmen sowie der absoluten Mehrheit der Aktiennennwerte erforderlich ist. Dieses erhöhte Quorum gilt beispielsweise für die Änderung des Gesellschaftszwecks, die Einführung von Stimmrechtsaktien, die Beschränkung der Übertragbarkeit von Namenaktien und die Verlegung des Gesellschaftssitzes.
  - Art. 627 Ziffer 11 gestattet es, in den Statuten eine besondere Anordnung bezüglich einer qualifizierten Beschlussmehrheit vorzusehen (vgl. Abschnitt 2.2.3).
  - Art. 647 OR legt einzelne Beschlüsse über Statutenänderungen in die Kompetenz des Verwaltungsrates. Dies ist beispielsweise der Fall für den Beschluss bezüglich der nachträglichen Leistung von Einlagen auf nicht voll liberierten Namenaktien (Art. 634 a Abs. 1 OR) sowie bezüglich Vollzug einer genehmigten oder bedingten Kapitalerhöhung (Art. 652 g OR und Art. 653 g OR).
- Jeder Beschluss ist gemäss Art. 647 OR **öffentlich zu beurkunden** und wird Dritten gegenüber unmittelbar (aber erst) mit der **Eintragung in das Handelsregister** wirksam.

2.3 Bestellung der Organe

Um der zukünftigen Gesellschaft die Handlungsfähigkeit zu verleihen, sind die nach Gesetz und Statuten unentbehrlichen Organe zu bestellen (allgemein Art. 54 ZGB). Zu bestimmen sind für die Aktiengesellschaft der Verwaltungsrat und die Revisionsstelle. Für den Verwaltungsrat sind weder Wohnsitz- noch Nationalitätsvorschriften zu beachten; für die Revisionsstelle gelten Unabhängigkeits- und Fähigkeitserfordernisse. Die gesetzliche Formulierung, wonach die Organe «bestellt» sein müssen, sagt aus, dass die als Organe bestimmten Personen ihre Mandate angenommen haben. Sollten die Organpersonen nicht an der Gründungsversammlung teilnehmen, haben sie die Annahme durch eine entsprechende schriftliche Erklärung zu bestätigen (vgl. zu den gesetzlichen Organen nachstehend Abschnitt 6).

2.4 Aktienzeichnung und Liberierung

- Nach dem Gesetz müssen sämtliche Aktien gezeichnet sein. Durch die Zeichnung erklärt sich der Zeichner (der zukünftige Aktionär) bereit, eine bestimmte Anzahl Aktien zu einem festgelegten Ausgabebetrag zu übernehmen. Inhalt der Zeichnung ist die **bedingungslose Verpflichtung, den Ausgabebetrag der gezeichneten Aktien zu erbringen** und eine entsprechende Einlage auf das Aktienkapital zu leisten (Art. 629 Abs. 2 OR und Art. 630 OR).
- Von der Übernahmeverpflichtung zu unterscheiden ist die Liberierung, das heisst die **Erfüllung der übernommenen Einlageverpflichtung.** Aktien dürfen nach Art. 624 OR nur zum Nennwert (zu pari) oder zu einem diesen übersteigenden Betrag (über pari) ausgegeben werden. Die Liberierung muss jedoch nicht den gesamten Nennwert umfassen. Um der Gesellschaft ein Mindest-

mass an verfügbaren Mitteln zu verschaffen, schreibt Art. 632 OR die Leistung von mindestens 20% des Aktiennennwerts, in allen Fällen aber 50 000 Franken vor. Bareinlagen sind gemäss Art. 633 OR bei einem dem Bankengesetz (SR 952.0) unterstellten Institut zur ausschliesslichen Verfügung der Gesellschaft zu hinterlegen und dürfen erst freigegeben werden, wenn die Gesellschaft in das Handelsregister eingetragen ist.

2.5 Errichtungsakt

«[1] Die Gesellschaft wird errichtet, indem die Gründer in öffentlicher Urkunde erklären, eine Aktiengesellschaft zu gründen, darin die Statuten festlegen und die Organe bestellen.
[2] In diesem Errichtungsakt zeichnen die Gründer die Aktien und stellen fest:
1. dass sämtliche Aktien gezeichnet sind;
2. dass die versprochenen Einlagen dem gesamten Ausgabebetrag entsprechen;
3. dass die gesetzlichen und statutarischen Anforderungen an die Leistung der Einlagen erfüllt sind.»
Art. 629 OR: Gründung: Errichtungsakt

Abgeschlossen wird das Vorbereitungsstadium der Gesellschaftsentstehung durch die Gründungsversammlung (Errichtungsakt). Damit **bestätigen die Gründer ausdrücklich, eine Gesellschaft gründen zu wollen** und alle für die Entstehung der Gesellschaft notwendigen Voraussetzungen zu erfüllen. Im Errichtungsakt, der **durch eine Urkundsperson öffentlich zu beurkunden** ist, werden die Belege über die Gründung einzeln aufgeführt. Beilagen des Errichtungsakts bilden nach Art. 631 OR die Statuten der Gesellschaft und die Bestätigung über die Hinterlegung von Einlagen in Geld sowie gegebenenfalls (bei einer qualifizierten Gründung) der Gründungsbericht, die Prüfungsbestätigung, die Sacheinlageverträge und die bereits vorliegenden Sachübernahmeverträge.

2.6 Entstehungsstadium: Eintrag im Handelsregister

Die Erfüllung der Gründungsvoraussetzungen genügt zur rechtsgültigen Entstehung der Aktiengesellschaft nicht. Vielmehr ist ergänzend dazu ein staatlicher Akt notwendig: der Eintrag in das Handelsregister. Aus diesem Grund spricht man vom «System des Registerzwangs».

Nach der Verordnung über die Gebühren für das Handelsregister (SR 221.411.1) beträgt die Gebühr für die Eintragung einer Aktiengesellschaft 600 Franken; bei einem Aktienkapital von mehr als 200 000 Franken wird ein Zuschlag erhoben.

Für die Gesellschaft ergeben sich durch die Eintragung bzw. die Eintragungspflicht im Wesentlichen die folgenden Rechtswirkungen: Publizitätswirkung, Firmenschutz, Buchführungspflicht und Konkursbetreibung (vgl. 2. Thema, Abschnitt 2.8).

2.7 Qualifizierte Gründung

2.7.1 Sachverhalte qualifizierter Gründung

Art. 628 OR und Art. 634 a Abs. 2 OR bezeichnen die folgenden Sachverhalte als qualifizierte Gründung:

- **Sacheinlagen**
  Der Aktienzeichner liberiert seine Verpflichtung nicht durch Barmittel, sondern dadurch, dass er Vermögenswerte in die Gesellschaft einbringt und ihr das Eigentum daran überträgt. Als Sacheinlage kommt jedes bilanzfähige Vermögensobjekt (Immobilien, Mobilien, Anlagen, Forderungen usw.) infrage; Arbeitsleistungen sind nicht einlagefähig.

- **Sachübernahmen**
  Die zukünftige Gesellschaft übernimmt von Aktionären oder einer diesen nahestehenden Person Vermögenswerte gegen Bezahlung. Als Sachübernahmen kommen dieselben Vermögenswerte in Betracht wie als Sacheinlagen. Während der Aktionär bei der Sacheinlage durch Aktien für den eingebrachten Vermögenswert entschädigt wird, besteht die Gegenleistung bei der Sachübernahme in der Zahlung eines bestimmten Betrags.

- **Gründervorteile**
  Dieser Sachverhalt umfasst die Gewährung von besonderen Vorteilen für Gründer oder andere Personen. Regelmässig geht es dabei um Entschädigungen für besonderen Einsatz bei der Gesellschaftsgründung wie zum Beispiel die Bevorzugung bei Aktienbezugsrechten oder bei der Gewinnverteilung.

- **Verrechnung**
  Der Aktionär leistet seine Einlage durch Verrechnung mit einer ihm gegenüber der Gesellschaft bestehenden Forderung.

2.7.2 Besondere Schutzmassnahmen

Bei der qualifizierten Gesellschaftsgründung besteht die Gefahr, dass die zukünftige Gesellschaft oder einzelne Aktionäre beispielsweise durch die Überbewertung von Sacheinlagen und Sachübernahmen benachteiligt werden. Aus diesem Grund hat der Gesetzgeber besondere Schutzbestimmungen erlassen. Diese sollen einerseits verhindern, dass durch die Einbringung von wertlosen Vermögenswerten das Aktienkapital nur teilweise oder sogar nur fiktiv liberiert wird. Anderseits soll damit den Aktionären und den Gläubigern der qualifizierte Vorgang bekannt gemacht werden, damit sie sich der potenziellen Gefahr der Überbewertung bewusst sind.

Die aktienrechtlichen Bestimmungen verlangen bei Vorliegen eines qualifizierten Sachverhaltes eine **Gründungsprüfung**. Die Gründer haben die Sacheinlage bzw. Sachübernahme bzw. Gründervorteile transparent zu machen und die Angemessenheit ihrer Bewertung darzulegen. Die Angaben müssen durch einen Revisor auf Vollständigkeit und Richtigkeit geprüft werden. Nur wenn der Prüfende eine Bestätigung ohne Einschränkung abgibt, kann die Eintragung im Handelsregister erfolgen. Die Gründungsprüfung ist damit eine Voraussetzung für die Entstehung der Gesellschaft.

Im Einzelnen verlangt das Gesetz:

- Sacheinlagen, Sachübernahmen und besondere Vorteile müssen in den Statuten der Gesellschaft aufgeführt sein (Art. 628 OR).
- Ein schriftlicher (im Falle von Grundstücken öffentlich beurkundeter) besonderer Vertrag muss die Sacheinlagen enthalten (Art. 634 Ziffer 1 OR).
- Es muss ein schriftlicher Gründungsbericht vorliegen, der Rechenschaft gibt über die Art und den Zustand von Sacheinlagen oder Sachübernahmen und die Angemessenheit der Bewertung bzw. über die Begründung und die Angemessenheit besonderer Vorteilte zugunsten von Gründern oder anderer Personen (Art. 635 OR).
- Der Gründungsbericht ist durch einen zugelassenen Revisor zu prüfen; dieser hat schriftlich zu bestätigen, dass der Bericht vollständig und richtig ist (Art. 635 a OR).
- Sacheinlagevertrag, Sachübernahmevertrag, Gründungsbericht und Prüfungsbestätigung müssen dem Errichtungsakt beigelegt werden (Art. 631 OR); die Sachverhalte qualifizierter Gründung werden in das Handelsregister aufgenommen (Art. 45 Abs. 2 HRegV).
- Die Gründer müssen bei der Anmeldung der Gesellschaftsgründung dem Handelsregisteramt eine Erklärung abgeben, dass keine anderen Sacheinlagen, Sachübernahmen, Verrechnungstatbestände oder besondere Vorteile bestehen, als die in den Belegen ge-

nannten. Diese sogenannte **Stampa-Erklärung** wird in jedem Fall verlangt – auch wenn kein Sachverhalt der qualifizierten Gründung vorliegt – und stellt eine Urkunde im strafrechtlichen Sinne dar; dies bedeutet, dass Falschangaben zu einer Strafanzeige führen können.

Handelsregisteramt Kanton Zürich

Stampa-Erklärung

Die Gründerinnen und Gründer bzw. die Anmeldenden haben dem Handelsregisteramt zu erklären, dass bei der Gründung, der Kapitalerhöhung oder der nachträglichen Liberierung keine anderen Sachwerte im Sinne von Art. 628 Abs. 1 und 2 oder 777c Abs. 2 oder 833 Ziff. 2 und 3 OR übernommen worden sind oder unmittelbar nach der Gründung, der Kapitalerhöhung oder der nachträglichen Liberierung übernommen werden sollen, dass keine anderen Verrechnungstatbestände bestehen und dass keine anderen besonderen Vorteile im Sinne von Art. 628 Abs. 3 OR ausbedungen worden sind als die in den Handelsregisterbelegen genannten (Art. 43 Abs. 1 lit. h, 46 Abs. 2 lit. g, 50 Abs. 1, 54 Abs. 1 lit. f, 57 Abs. 1 lit. b, 66 Abs. 1 lit. g, 71 Abs. 1 lit. i, 74 Abs. 2 lit. f, 79 Abs. 1 lit. b, 84 Abs. 1 lit. g, 101 Abs. 2 HRegV).

Alle Eintragungen in das Handelsregister müssen wahr sein (Art. 26 HRegV). Wer eine Handelsregisterbehörde zu einer unwahren Eintragung veranlasst oder ihr eine eintragungspflichtige Tatsache verschweigt, kann bestraft werden (insbesondere Art. 153 StGB).

Im Hinblick auf die genannten Bestimmungen erklären die Unterzeichnenden bezüglich der nachgenannten Aktiengesellschaft, Gesellschaft mit beschränkter Haftung, Genossenschaft, Kommanditaktiengesellschaft oder Investmentgesellschaft mit festem Kapital (SICAF)

| Firma und Sitz |

Folgendes zur Gründung, Kapitalerhöhung, nachträglichen Liberierung, Schaffung eines Genossenschaftskapitals durch Genossenschaftsanteile (Anteilscheine), Nennwerterhöhung von Anteilscheinen, Erhöhung der Mindestanzahl der von den Genossenschaftern zu übernehmenden Anteilscheine:

1. Sacheinlagen und Sachübernahmen

Die Gesellschaft hat weder von Beteiligten noch von einer diesen nahe stehenden Person irgendwelche Vermögenswerte (z. B. Grundstücke, Mobilien, Wertpapiere, Patente, Forderungen, Geschäfte oder Vermögen mit Aktiven und Passiven) übernommen oder zu übernehmen sich verpflichtet mit Ausnahme solcher Werte, die in den Statuten aufgeführt sind.

2. Beabsichtigte Sachübernahme

Die Gesellschaft hat nicht die Absicht, von Beteiligten oder von einer diesen nahe stehenden Person bestimmte Vermögenswerte von einer gewissen Bedeutung zu übernehmen mit Ausnahme solcher Werte, die in den Statuten aufgeführt sind. Eine beabsichtigte Sachübernahme liegt vor, wenn wegen der Umstände die sichere oder fast sichere Aussicht auf Verwirklichung der Absicht besteht.

3. Verrechnung

Es bestehen keine anderen Verrechnungstatbestände als die aus den Handelsregisterbelegen ersichtlichen.

4. Gründervorteile und Sonderrechte (betrifft nur Aktiengesellschaft)

Die Gesellschaft hat weder Beteiligten noch anderen Personen besondere Vorteile gewährt oder zugesichert (z. B. Beteiligungen am Bilanzgewinn oder Liquidationsüberschuss über die Anteile hinaus, die den Aktionären als solchen zukommen, oder Begünstigungen hinsichtlich des Geschäftsverkehrs mit der Gesellschaft), die nicht in den Statuten aufgeführt sind.

Persönliche Unterschriften der Gründerinnen und Gründer bzw. derjenigen Personen, welche die Handelsregisteranmeldung unterzeichnen:

Datum:

Praxistipp

Im Rahmen des Vorbereitungsstadiums der Unternehmensgründung sollte möglichst frühzeitig mit dem Notar Kontakt aufgenommen werden, um sich nach den einzureichenden Unterlagen und deren formalen Anforderungen zu erkundigen. Die notwendigen Dokumente können selber oder mithilfe eines Anwalts oder Treuhänders erstellt werden. Sinnvoll ist es, die Dokumente, insbesondere den Statutenentwurf, vor dem Errichtungsakt dem Handelsregisteramt einzureichen, welches eine Prüfung auf Übereinstimmung mit dem Gesetz vornimmt (Vorprüfung).

Checkliste für das Vorgehen bei der Neugründung einer AG

- Einholen der allenfalls notwendigen öffentlich-rechtlichen Bewilligungen (Hinweise 2. Thema, Abschnitt 1.2.2)
- Abklärung und Anmeldung bei der Mehrwertsteuer (www.estv.admin.ch; vgl. 2. Thema, Abschnitt 4)
- Bestimmung und Abklärung der Firmenbezeichnung (Firmenrecherche; siehe 2. Thema, Abschnitt 3.3.6)
- Festlegung der Höhe des Aktienkapitals und der Liberierung
- Bestimmung des Verwaltungsrats
- Bestimmung der Revisionsstelle bzw. Entscheidung über den Verzicht auf die Revision
- Einzahlung des Gründungskapitals bei Bargründung
- Ausarbeitung der notwendigen Dokumente bei einer qualifizierten Gründung
- Formulierung der Statuten
- Einreichung der Dokumente an den Notar zur Vornahme der Gründungsbeurkundung:
  - Personalien der Gründer
  - Personalien der Mitglieder des Verwaltungsrats
  - Wahlannahmeerklärung der Mitglieder des Verwaltungsrats
  - Personalen der mit der Vertretung der Gesellschaft betrauten Personen
  - Revisionsstelle bzw. Erklärung für Revisionsverzicht

- Nachweis, dass die Revisionsstelle ihr Mandat angenommen hat
- Statuten
- bei Bareinlagen: Bankbescheinigung über die Einlage der Barmittel
- bei qualifizierter Gründung: Sacheinlage- bzw. Sachübernahmeverträge mit den Inventarlisten bzw. Bilanzen; von allen Gründern unterzeichneter Gründungbericht; Prüfungsbestätigung durch den Revisor

- Notarielle Beurkundung der Gründungsunterlagen
Beim Beurkundungsakt müssen die Gründungsmitglieder persönlich anwesend oder rechtmässig vertreten sein und die Dokumente vor dem Notar unterzeichnen. Alle anwesenden Personen haben sich mit einem amtlichen Dokument auszuweisen; Stellvertreter müssen über eine amtlich beglaubigte Vollmacht verfügen.

- Anmeldung beim Handelsregisteramt; versehen mit
  - den Unterschriften von zwei Mitgliedern des Verwaltungsrats oder von einem Mitglied mit Einzelzeichnungsberechtigung
  - den Unterschriften aller zeichnungsberechtigten Personen
  - der amtlichen Beglaubigung aller Unterschriften

- Beginn der Buchführungspflicht mit dem Handelsregistereintrag

- Abklärung der geschäftlichen Risiken sowie der Versicherungsbedürfnisse und -pflichten für die Gesellschaft sowie die Arbeitnehmenden (Hinweise 2. Thema, Abschnitt 6)

- Anmeldung als Arbeitgebender bei der zuständigen Sozialversicherungsanstalt (Adressen der Ausgleichskassen unter www.ahv.ch

3. Das Kapital der Aktiengesellschaft

3.1 Aktienkapital

3.1.1 Höhe und Liberierung

Begriffsnotwendig muss die Gesellschaft über ein zum Voraus bestimmtes Kapital verfügen. Art. 621 OR schreibt als Mindestbetrag 100 000 Franken vor. Dieser Betrag darf sowohl bei der Gründung als auch bei einer allfälligen Kapitalherabsetzung (vgl. nachstehend Abschnitt 3.8) nicht unterschritten werden. Allerdings muss nicht das gesamte Aktienkapital (AK) bei der Gründung durch Bar- oder Sacheinlagen geleistet werden. Das Gesetz enthält folgende Liberierungsbestimmungen:

- Die Einlage muss mindestens 20% des Nennwerts jeder Aktie betragen (Art. 632 Abs. 1 OR). Diese Regelung gilt für Namenaktien.
- Inhaberaktien dürfen erst nach der Einzahlung des vollen Nennwerts ausgegeben werden (Art. 681 Abs. 1 OR).
- Die geleisteten Einlagen müssen mindestens 50 000 Franken ausmachen (Art. 632 Abs. 2 OR).

3.1.2 Merkmale

Das Aktienkapital zeigt an, zu welchen Einlagen sich die beteiligten Aktionäre insgesamt verpflichtet haben. Es ist keine reale, sondern eine rechnerische Grösse, ein Passivposten der Bilanz. Die Höhe sagt daher nichts aus über das tatsächliche Vermögen der Gesellschaft. Wertschwankungen des Vermögens (zum Beispiel durch Wertverluste von Anlagen) haben somit keinen Einfluss auf die Höhe des Aktienkapitals.

Zentrales Merkmal des Aktienkapitals ist dessen konstante Höhe, die sich dadurch zeigt, dass

- die rechtsgültige Gesellschaftsgründung nur dann erfolgen kann, wenn sämtliche Aktien übernommen (gezeichnet) sind und die versprochenen Einlagen dem gesamten Ausgabebetrag entsprechen (Art. 629 OR). Weil es sich nicht um einen realen Vermögenswert handelt, wird die vollständige Einzahlung des Kapitals nicht vorausgesetzt.

- die Höhe in den Statuten fixiert werden muss (Art. 626 Ziffer 3 OR) und damit eine Abänderung des Kapitals die Revision der Statuten notwendig macht.
- die Erwirtschaftung eines Gewinns das Aktienkapital nicht verändert. Auch die in der Gesellschaft belassenen Gewinnteile führen nicht zur Erhöhung des Aktienkapitals, wohl aber zu einer Zunahme des Reinvermögens.

3.1.3 Bedeutung

Das Aktienkapital erfüllt im Wesentlichen zwei wichtige Funktionen, nämlich als

- **Haftungsbasis für die Verbindlichkeiten der Gesellschaft**
  Weil die Aktionäre nicht persönlich haften, soll die Gesellschaft zu jeder Zeit über ein Reinvermögen in der Höhe des Aktienkapitals verfügen.
- **Kreditbasis für die Gesellschaft**
  Je höher das Eigenkapital ist, desto mehr Mittel stehen dem Unternehmen für die Geschäftstätigkeit zur Verfügung und desto günstiger sind das Rating und damit die Möglichkeiten der Gesellschaft zur Fremdfinanzierung.

Die beiden Begriffe Aktienkapital und Gesellschaftsvermögen bedeuten nicht dasselbe. Die Bilanzsumme zeigt das Bruttovermögen; dieses ergibt sich aus dem Wert aller Aktiven. Durch die Subtraktion des Fremdkapitals von den Aktiven errechnet sich das Nettovermögen, auch Reinvermögen genannt und in der Bilanz als Eigenkapital bezeichnet. Es gliedert sich in das Aktienkapital sowie die (offenen und stillen) Reserven.

Haftungssubstrat für die Verbindlichkeiten der AG bildet nach Art. 620 Abs. 1 OR ihr **Vermögen,** welches in der Regel bedeutend höher ist als das Aktienkapital. Für das Verhältnis von Aktienkapital und Gesellschaftsvermögen bestehen keine gesetzlichen Bestimmungen. Damit ist es möglich, dass auch wirtschaftlich bedeutende Unternehmen mit grosser Bilanzsumme nur mit einem minimalen Aktienkapital ausgestattet sind.

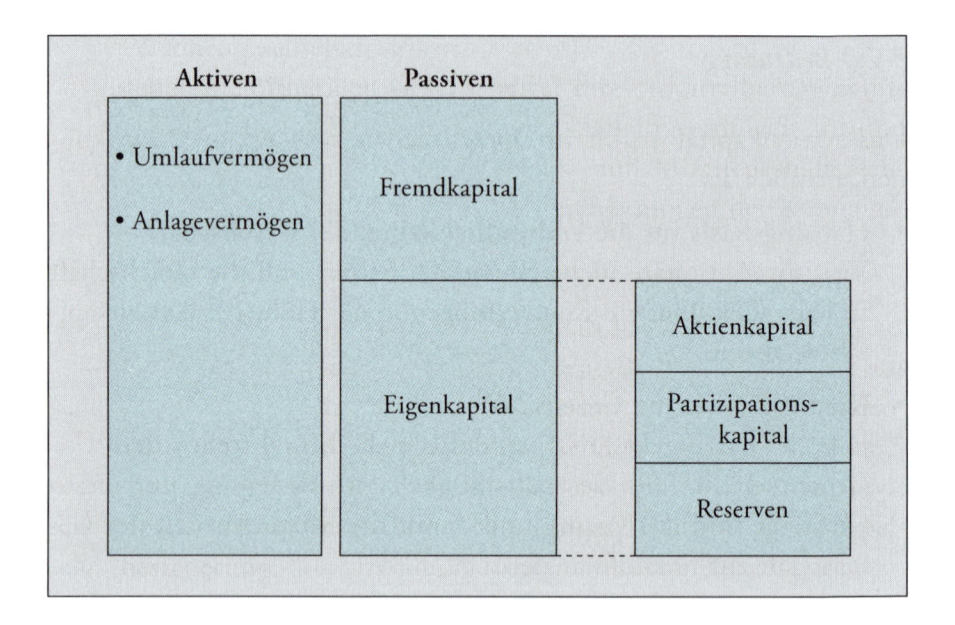

Aktiven	Passiven	
• Umlaufvermögen • Anlagevermögen	Fremdkapital	
	Eigenkapital	Aktienkapital
		Partizipations- kapital
		Reserven

3.1.4 Aktien als Anteilscheine

a) Wesen und Bedeutung

Das Aktienkapital ist in Teilsummen, Aktien, zerlegt. Die Teilsummen haben einen Nennwert, der nach Art. 622 Abs. 1 OR mindestens 1 Rappen betragen muss. Hat eine KMU mit einem Aktienkapital von 150 000 Franken 150 Aktien zum Nennwert von 1000 Franken ausgegeben, verfügt der Eigentümer von 15 Aktien über einen Anteil von 10% an der Gesellschaft.

Aktientitel verbriefen Rechte, welche sich aus dem Gesetz und/oder den Statuten der Gesellschaft ergeben und Wertpapiercharakter im Sinne von Art. 965 OR haben. Dies bedeutet, dass die Eigentümerrechte an der Gesellschaft versachlicht (quasi verselbstständigt) werden, womit die Zirkulationsfähigkeit (Handelbarkeit) erhöht wird: Durch Übertragung der Titel kann der Aktionär seine Teilhaberschaft an eine andere Person übergeben, was in finanzieller Hinsicht für die Gesellschaft nichts ändert, denn das AK bleibt davon unberührt.

b) Nennwert und andere Aktienwerte

Der Nennwert der Aktie sagt nichts über den effektiven Wert einer Beteiligung aus, denn dieser bestimmt sich nicht nach der Höhe des Aktienkapitals, sondern nach dem Gesellschaftsvermögen. Zur Bestimmung des effektiven Werts sind die Begriffe Substanzwert, innerer Wert und Verkehrswert heranzuziehen.

Vor allem Publikumsgesellschaften setzen oft tiefe Nennwertbeträge für ihre Anteilpapiere fest. Je tiefer der Nennwert einer Aktie ist, desto tiefer sind deren Substanzwert, deren innerer Wert und auch deren Verkehrswert. Ein eher tiefer Verkehrswert macht die Aktie leichter und trägt dazu bei, dass der Aktienbesitz im Publikum breiter gestreut wird, da auch ein Kleinsparer sich an Unternehmen und damit am Wirtschaftswachstum beteiligen kann. Bei kleineren Gesellschaften mit beschränktem Aktionärskreis tritt dieser Gedanke in den Hintergrund, weshalb hier der Aktiennennwert meist 10, 100 oder 1000 Franken beträgt.

Aktiven	Passiven	
CHF 450 000.–	Fremdkapital CHF 150 000.–	Der **Nennwert** pro Aktie beträgt CHF 1000.– (AK dividiert durch Anzahl Aktien).
	Eigenkapital CHF 300 000.– davon AK CHF 150 000.– (150 Aktien zum gleichen Nennwert)	Der **Substanzwert** beträgt CHF 2000.– (Nettovermögen dividiert durch Anzahl Aktien).

Der **innere Wert** geht vom Substanzwert aus und berücksichtigt zudem den Ertragswert, also die Höhe des Reingewinns der Gesellschaft. Je höher dieser ausfällt und je grösser damit die Dividendenausschüttung ist, desto höher ist der innere Wert. Je nach Zielsetzung wird ein Aktienerwerber bei hohen Gesellschaftsgewinnen sowie Dividendenausschüttungen bereit sein, weit mehr für Aktien zu zahlen als den Substanzwert.

Der **Verkehrswert,** bei kotierten Papieren der Kurswert, das heisst der sich an der Börse bildende Marktpreis, beinhaltet neben dem inneren Wert auch eine Abschätzung der zukünftigen Aussichten des Unternehmens. Bei dem in Art. 685 b OR mehrfach erwähnten **wirklichen Wert** (es gibt keine Legaldefinition dafür) handelt es sich um den Verkehrswert, der bei nicht kotierten Titeln auf der Basis des inneren Werts festgelegt wird.

c) Aktienarten

Aktien lassen sich nach dem Vorgehen bei der Übertragung sowie nach den darin verbrieften Rechten unterscheiden.

- Übertragungsvorgang

    Art. 622 OR nennt die Inhaberaktien und die Namenaktien. Beide Arten können in einem durch die Statuten bestimmten Verhältnis nebeneinander bestehen. Die Statuten können die Bestimmung enthalten, dass Namenaktien später in Inhaberaktien und Inhaberaktien in Namenaktien umgewandelt werden können.

    - **Inhaberaktien**
    sind Inhaberpapiere (vgl. die Legaldefinition in Art. 978 OR), deren Kennzeichen die leichte Übertragbarkeit ist, da die Übergabe des Besitzes des Aktienpapiers genügt. Mangels Nennung des Berechtigten hat die Gesellschaft keine Möglichkeit, die Legitimation des Aktieninhabers zu überprüfen. Auf den Inhaber lautende Aktien dürfen daher erst nach der Einzahlung des vollen Nennwerts ausgegeben werden.

    - **Namenaktien**
    sind auf den Namen des Berechtigten ausgestellt. Damit kann nur die namentlich aufgeführte Person die mit der Aktie verbundenen Rechte geltend machen. Auch Namenaktien sind grundsätzlich übertragbar; da diese in die Kategorie der Orderpapiere gehören, ist dafür neben der Übergabe des Aktienbesitzes ein Indossament erforderlich (das heisst ein schriftlicher Übertragungsvermerk; vgl. dazu Art. 1001 ff. OR). Gibt die Gesellschaft Namenaktien heraus, ist nach Art. 686 OR ein Aktienbuch zu führen, in welches die Eigentümer der Aktien mit Name und Adresse eingetragen werden.

- **Verbriefte Aktionärsrechte**

  Üblicherweise handelt es sich bei den Aktien um (gewöhnliche) Stammaktien, welche allen Aktionären dieselben Rechte zugestehen. Die Statuten können jedoch besondere Aktienkategorien schaffen, welche den Eigentümern bessere Rechte verleihen.

  - **Stimmrechtsaktien**
    setzen unterschiedliche Aktiennennwerte voraus und geben den betreffenden Aktionären eine **Vorzugsstellung bezüglich der Stimmkraft**. Beispiel: Die Gesellschaft hat ein Aktienkapital von 200 000 Franken, eingeteilt in 1000 Namenaktien zum Nennwert von 100 Franken und in 100 Inhaberaktien zum Nennwert von 1000 Franken. Bemisst sich das Stimmrecht nach Massgabe von Art. 692 OR, verfügt jede Namenaktie über eine Stimme und jede Inhaberaktie (mit dem zehnmal höheren Nennwert) über zehn Stimmen. Gilt jedoch ein Stimmrecht nach Art. 693 OR, haben jede Namenaktie und jede Inhaberaktie jeweils eine Stimme. Damit handelt es sich bei den Namenaktien um Stimmrechtsaktien, weil sie mit einem zehnmal tieferen Nennwert dieselbe Stimmkraft haben wie die Inhaberaktien. Das Gesetz schränkt die Privilegierung der Stimmkraft ein: Einerseits enthält Art. 693 OR Schranken betreffend die maximale Differenz der verschiedenen Nennwerte und nennt Sachgeschäfte, für welche das Stimmenprivileg nicht gilt. Anderseits verlangt Art. 704 OR für namentlich aufgezählte wichtige Beschlüsse eine doppelte Mehrheit, nämlich eine solche nach der Stimmkraft und eine solche nach Nennwerten.

  - **Vorzugsaktien**
    verschaffen nach Art. 654 ff. OR dem Aktionär eine **privilegierte Stellung im Hinblick auf seine Vermögensrechte**, die sich bei Stammaktien nach dem Umfang der Aktienliberierung richten. Die Privilegierung bei Vorzugsaktien kann sich

nach Art. 656 Abs. 2 OR namentlich auf die Dividende mit oder ohne Nachbezugsrecht, auf den Liquidationsanteil und/oder auf das Bezugsrecht bei der Ausgabe neuer Aktien erstrecken. So können die Statuten beispielsweise vorsehen, dass die Vorzugsaktien eine erhöhte Dividende oder eine Mindestdividende erhalten, bevor die Stammaktionäre bedient werden. Regelmässig gehen solche gewährten Vorteile auf Sanierungen zurück, bei denen die damaligen Aktionäre (Alt-Aktionäre) im Rahmen einer Kapitalherabsetzung auf ihre Einlagen verzichtet haben.

d) Verbriefe und unverbriefte Aktien

Unter einer Aktie hat man sich eine (physische) Urkunde vorzustellen (vgl. dazu die Wertpapierdefinition in Art. 965 OR). Das Vorhandensein eines physischen Titels ist jedoch keine Voraussetzung für die Begründung und Geltendmachung der Aktionärsrechte, denn die Aktie ist bloss ein deklaratorisches Wertpapier. Während früher die Ausgabe von Urkunden die Regel war, verzichten heute gerade Klein- und Kleinstgesellschaften sehr häufig (auch aus praktischen Gründen) darauf. Und auch bei Publikumsgesellschaften sind heute Aktientitel in Papierform kaum mehr anzutreffen. Durch die allgemeine Dematerialisierung des Börsenhandels wickelt sich der Aktienhandel nicht mehr durch physische Papierübertragung, sondern durch elektronische Buchungen bei der schweizerischen Clearingstelle SIS SegaInterSettle AG ab.

Praxistipp
In kleinen Gesellschaften mit überblickbarem und allenfalls persönlich untereinander verbundenem Aktionärskreis kann ohne Weiteres auf die Ausgabe physischer Aktientitel verzichtet werden, da klar ist, wer Aktionär ist. Zur Übertragung der Mitgliedschaft ist dann eine schriftliche Zession im Sinne von Art. 164 ff. erforderlich.

3.2 Genussschein

Von der Aktie ist der Genussschein zu unterscheiden. Der Genussschein hat keinen Nennwert und repräsentiert keinen Anteil am Gesellschaftskapital. Genussscheine können in den Statuten vorgesehen sein und geben Rechte an Personen, die mit der Gesellschaft durch frühere Kapitalbeteiligung oder als Aktionär, Gläubiger, Arbeitnehmer oder in ähnlicher Weise verbunden sind. Nach Art. 657 Abs. 2 OR können den Berechtigten nur vermögensmässige Rechte, das heisst Ansprüche auf einen Anteil am Bilanzgewinn oder am Liquidationsergebnis oder auf den Bezug neuer Aktien verliehen werden, nicht jedoch persönliche Mitwirkungsrechte.

3.3 Partizipationskapital

«[1] Die Statuten können ein Partizipationskapital vorsehen, das in Teilsummen (Partizipationsscheine) zerlegt ist. Diese Partizipationsscheine werden gegen Einlage ausgegeben, haben einen Nennwert und gewähren kein Stimmrecht.
[2] Die Bestimmungen über das Aktienkapital, die Aktie und den Aktionär gelten, soweit das Gesetz nichts anderes vorsieht, auch für das Partizipationskapital, den Partizipationsschein und den Partizipanten.
[3] Die Partizipationsscheine sind als solche zu bezeichnen.»
Art. 656 a OR: Partizipationsschein: Begriff, anwendbare Vorschriften

3.3.1 Grundsätzliche Gleichstellung mit Aktienkapital und Aktien

Die Ausgabe von Partizipationsscheinen (PS) ermöglicht, risikotragendes Kapital zu schaffen, ohne dass die Aktionäre die mit ihren Aktien verbundenen Möglichkeiten zur Beherrschung der Gesellschaft verlieren. Der PS ist ein Wertpapier. Als Beteiligungspapier ist er der Aktie ähnlich, denn auch er gewährt dem Eigentümer Rechte an der Gesellschaft, allerdings nicht im gleichen Umfang wie die Aktie (vgl. Art. 656 a OR).

Der Grundsatz Gleichstellung von PS bzw. PS-Kapital mit Aktien bzw. Aktienkapital umfasst im Wesentlichen folgende Sachverhalte:

- Das Partizipationskapital ist in der Bilanz unter dem Eigenkapital gesondert auszuweisen; ebenso ist ein nicht einbezahltes Partizipationskapital unter den Aktiven gesondert anzugeben.
- Der Partizipationsschein lautet auf den Namen oder auf den Inhaber; sein Nennwert beträgt mindestens 1 Rappen.
- Die Höhe des PS-Kapitals und der Betrag der darauf geleisteten Einlagen sowie Anzahl, Nennwert und Art der Partizipationsscheine gehören zum bedingt notwendigen Statuteninhalt (Art. 627 Ziffer 9 OR).
- Zu ihrer Verbindlichkeit bedürfen der Aufnahme in die Statuten die Zulassung der Umwandlung von Namen-Partizipationsscheinen in Inhaber-Partizipationsscheine und umgekehrt, die Beschränkung der Übertragbarkeit von Namen-Partizipationsscheinen und die Bestimmungen über die Vorrechte einzelner Kategorien von PS.
- Das Aufbringen des Partizipationskapitals anlässlich der Gründung erfolgt nach den Regeln in Art. 629 bis 635 a OR.
- Nachträglich wird ein Partizipationskapital nach den Regeln über die ordentliche Kapitalerhöhung oder im Verfahren der genehmigten oder bedingten Kapitalerhöhung geschaffen.
- Die Gesellschaft ist im Erwerb eigener Partizipationsscheine eingeschränkt.
- In den Vorschriften über die Gewinnverwendung sowie für die Berechnung des Kapitalverlustes ist das Partizipationskapital dem Aktienkapital zuzuzählen.
- Das bei der Ausgabe von Partizipationsscheinen erzielte Agio (Aufgeld, wenn der Ausgabepreis den Nennwert übersteigt) ist der allgemeinen Reserve zuzuweisen; dasselbe gilt für Gewinne

aus der Kaduzierung (Ungültigkeitserklärung) von Partizipationsscheinen (vgl. zur Kaduzierung nachstehend Abschnitt 5.3.1).

- Die Herabsetzung des Partizipationskapitals erfolgt nach den Bestimmungen von Art. 732 ff. OR (vgl. dazu nachstehend Abschnitt 3.8).

3.3.2 Verhältnis zwischen Partizipations- und Aktienkapital

Art. 656 b OR enthält Regelungen über das Verhältnis von Partizipations- und Aktienkapital:

- Absatz 1 setzt eine Obergrenze fest: Das Partizipationskapital darf das Doppelte des Aktienkapitals nicht übersteigen.

- Absatz 2 erklärt die Vorschriften über das Mindestkapital und über die Mindestgesamteinlage als nicht anwendbar: Das Partizipationskapital darf somit kleiner als 100 000 Franken und die Gesamteinlage geringer als 50 000 Franken sein. Hingegen müssen auf den einzelnen Partizipationsscheinen die in Art. 632 Abs. 1 OR vorgeschriebenen 20% geleistet werden.

- Absatz 3 hält fest, dass in den Bestimmungen über die Einschränkungen des Erwerbs eigener Aktien, die allgemeine Reserve, die Einleitung der Sonderprüfung gegen den Willen der GV und über die Meldepflicht bei Kapitalverlust, das Partizipationskapital dem Aktienkapital zuzurechnen ist.

- Absatz 4 bestimmt als obere Limite bei einer genehmigten oder bedingten Erhöhung von Aktien- und Partizipationskapital die Hälfte der Summe des bisherigen Aktien- und Partizipationskapitals.

- Absatz 5 schliesslich lässt die Schaffung von Partizipationskapital nicht nur durch ordentliche Kapitalerhöhung, sondern auch im Verfahren der genehmigten oder der bedingten Kapitalerhöhung zu.

	Aktie	Partizipations-schein	Genussschein
Zweck	Beschaffung von Eigenkapital	Beschaffung von Eigenkapital	Abgeltung von besonderen Verdiensten
Ausgabe	gegen Liberierung	gegen Liberierung	gratis
Nennwert	mind. 1 Rappen	mind. 1 Rappen	keiner
Eigentümer	Aktionär	Partizipant	– Gründer (Gründervorteile) – Gläubiger – Mitarbeitende
Stimmrecht an der GV	ja	nein	nein
Vermögensrecht	– Recht auf Dividende und Liquidationsanteil – Bezugsrecht	gleich wie Aktie	die in den Statuten zugestandenen (keine persönlichen Mitwirkungsrechte)

3.4 Reserven als Bestandteil des Eigenkapitals

Reserven (der Begriff wird durch das Gesetz nicht definiert) sind **Rücklagen in der Bilanz.** Diese entstehen aus **Gewinnanteilen, die nicht ausgeschüttet,** sondern in der Gesellschaft zurückbehalten werden, sowie allenfalls aus Kapitaleinzahlungen, welche den Nennwert übersteigen (Agio).

Ebenso wie das Aktienkapital stellen die Reserven keinen konkreten Vermögenswert dar; es handelt sich auch dabei um eine Sperrquote, in deren Ausmass Gesellschaftsvermögen vorhanden sein muss. Die Reserven sind ein **Passivposten in der Bilanz** und gehören zum **Eigenkapital der Gesellschaft.**

Es sind verschiedene Arten von Reserven zu unterscheiden, namentlich **die offenen und die stillen Reserven**. Offene Reserven sind jene, die in der Bilanz ausgewiesen werden, nämlich (1) die durch das Gesetz als obligatorisch erklärten Reserven, sodann (2) die in den Statuten vorgesehenen Reserven und schliesslich (3) die durch Beschluss der Generalversammlung gebildeten Reserven. Stille Reserven schliesslich sind im Gegensatz zu den offenen Reserven in der externen Rechnung nicht ersichtlich; sie entstehen im Rahmen des Jahresabschlusses.

3.4.1 Gesetzliche Reserven (Art. 671 bis 671 b OR)

§ «¹ 5 Prozent des Jahresgewinnes sind der allgemeinen Reserve zuzuweisen, bis diese 20 Prozent des einbezahlten Aktienkapitals erreicht.
² Dieser Reserve sind, auch nachdem sie die gesetzliche Höhe erreicht hat, zuzuweisen:
1. ein bei der Ausgabe von Aktien nach Deckung der Ausgabekosten über den Nennwert hinaus erzielter Mehrerlös, soweit er nicht zu Abschreibungen oder zu Wohlfahrtszwecken verwendet wird;
2. was von den geleisteten Einzahlungen auf ausgefallene Aktien übrig bleibt, nachdem ein allfälliger Mindererlös aus den dafür ausgegebenen Aktien gedeckt worden ist;
3. zehn Prozent der Beträge, die nach Bezahlung einer Dividende von fünf Prozent als Gewinnanteil ausgerichtet werden.
³ Die allgemeine Reserve darf, soweit sie die Hälfte des Aktienkapitals nicht übersteigt, nur zur Deckung von Verlusten oder für Massnahmen verwendet werden, die geeignet sind, in Zeiten schlechten Geschäftsganges das Unternehmen durchzuhalten, der Arbeitslosigkeit entgegenzuwirken oder ihre Folgen zu mildern.
4 ... »
Art. 671 Abs. 1 bis 3 OR: Gesetzliche Reserven: Allgemeine Reserve

Das Gesetz verpflichtet die Gesellschaft zur Bildung offener Reserven. Zu den gesetzlichen Reserven gehören:

- **Allgemeine Reserve (Art. 671 OR)**
  Die Bestimmung über die allgemeine Reserve gilt mit Ausnahme der besonderen Regelungen für Holdinggesellschaften, konzessionierte Transportanstalten und Versicherungseinrichtungen für alle Aktiengesellschaften. Jährlich sind 5% des Gewinns der allgemeinen Reserve zuzuweisen, bis diese 20% des einbezahlten Aktienkapitals erreicht haben. Bei einer ausbezahlten Dividende von mehr als 5% (man spricht dann von Superdividende) ist auf jeden Fall eine zweite Reservenzuweisung aus dem Gewinn zu machen. Ebenfalls unabhängig von der Höchstgrenze sind Kapitaleinzahlungen, welche den Nennwert übersteigen, sowie der Kaduzierungsgewinn nach Art. 681 OR der allgemeinen Reserve zuzuweisen. Die Gesellschaft darf über die allgemeine Reserve frei verfügen, wenn diese die Hälfte des AK übersteigt. Wenn diese Grenze nicht erreicht ist, darf die Reserve nur für die Deckung von Verlusten bzw. bei schlechtem Geschäftsgang verwendet werden; eine Ausschüttung als Gewinnanteil kommt dann nicht infrage.

- **Reserve für eigene Aktien (Art. 671 a OR)**
  Eigene Aktien darf die Gesellschaft nur in beschränktem Rahmen und nur dann erwerben, wenn frei verfügbares Eigenkapital in der benötigten Höhe vorhanden ist (Art. 659 OR; vgl. auch nachfolgend Abschnitt 3.6). Als Konsequenz aus dem Aktienerwerb muss die Gesellschaft einen dem Anschaffungswert entsprechenden Betrag gesondert als (gesetzliche) Reserve ausweisen. Diese Reserve darf nur bei Veräusserung oder Vernichtung der eigenen Aktien aufgelöst werden.

- **Aufwertungsreserve (Art. 671 b OR)**
  Unter Aufwertung versteht man die bilanzmässige Höherbewertung von Grundstücken oder Beteiligungen, deren wirklicher Wert über die Anschaffungs- oder Herstellungskosten gestiegen ist. Eine solche Aufwertung ist zur Beseitigung einer Unterbilanz

(dazu nachstehend Abschnitt 3.5) zulässig und dient als Ausschüttungssperre. Erfolgt eine Aufwertung, so ist der Aufwertungsbetrag gesondert als Aufwertungsreserve auszuweisen. Diese Reserve kann nur durch Umwandlung in Aktienkapital sowie durch Wiederabschreibung oder Veräusserung der aufgewerteten Aktiven aufgelöst werden.

3.4.2 Statutarische Reserven (Art. 672 und 673 OR)

§ «[1] Die Statuten können bestimmen, dass der Reserve höhere Beträge als fünf Prozent des Jahresgewinns zuzuweisen sind und dass die Reserve mehr als die vom Gesetz vorgeschriebenen 20 Prozent des einbezahlten Aktienkapitals betragen muss.
[2] Sie können die Anlage weiterer Reserven vorsehen und deren Zweckbestimmung und Verwendung festsetzen.»
Art. 672 OR: Statutarische Reserven

Während gesetzliche Reserven zwingend zu äufnen sind, bestehen die statutarischen Reserven aufgrund einer statutarischen Grundlage. Dadurch unterstellt sich die Gesellschaft selber der Pflicht, zusätzliche Reserven zu bilden, das heisst, die Ausschüttungssperre für den Bilanzgewinn zu erweitern. Das Gesetz erwähnt als Möglichkeiten, höhere Beträge als 5% des Gewinns den Reserven zuzuweisen und die gesetzliche Höchstgrenze für den Reservefonds hinaufzusetzen. Die so gebildeten Reserven unterliegen denselben Verwendungsbeschränkungen wie die allgemeine Reserve.

Die Statuten können darüber hinaus die Anlage weiterer Reserven sowie deren Zweckbestimmung und Verwendung festsetzen. Art. 673 OR erwähnt nicht abschliessend, sondern als Anwendungsbeispiel für den Verwendungszweck ausdrücklich die Reserven zur Gründung und Unterstützung von Wohlfahrtseinrichtungen für Arbeitnehmende des Unternehmens.

3.4.3 Von der Generalversammlung beschlossene Reserven (Art. 674 OR)

«[1] Die Dividende darf erst festgesetzt werden, nachdem die dem Gesetz und den Statuten entsprechenden Zuweisungen an die gesetzlichen und statutarischen Reserven abgezogen worden sind.
[2] Die Generalversammlung kann die Bildung von Reserven beschliessen, die im Gesetz und in den Statuten nicht vorgesehen sind oder über deren Anforderungen hinausgehen, soweit
1. dies zu Wiederbeschaffungszwecken notwendig ist;
2. die Rücksicht auf das dauernde Gedeihen des Unternehmens oder auf die Ausrichtung einer möglichst gleichmässigen Dividende es unter Berücksichtigung der Interessen aller Aktionäre rechtfertigt.
[3] Ebenso kann die Generalversammlung zur Gründung und Unterstützung von Wohlfahrtseinrichtungen für Arbeitnehmer des Unternehmens und zu anderen Wohlfahrtszwecken aus dem Bilanzgewinn auch dann Reserven bilden, wenn sie in den Statuten nicht vorgesehen sind.»
Art. 674 OR: Verhältnis des Gewinnanteils zu den Reserven

Die Generalversammlung hat das Recht, die Bildung von Reserven über das im Gesetz oder in den Statuten angeordnete Mass hinaus zu beschliessen (sogenannte Beschlussreserven). Während für die Anlage und Zweckbestimmung von statutarischen Reserven nach dem Wortlaut von Art. 673 OR keine Beschränkung besteht, scheint das Gesetz demgegenüber die Reservenbildung durch Generalversammlungsbeschluss auf die in Art. 674 OR erwähnten Voraussetzungen zu beschränken. Tatsächlich besteht aber auch hier kaum eine Schranke: Die Formulierungen «Rücksicht auf das dauernde Gedeihen des Unternehmens» sowie «Ausrichtung einer möglichst gleichmässigen Dividende unter Berücksichtigung der Interessen aller Aktionäre» lassen für entsprechende Beschlüsse der GV einen breiten Raum offen.

Das Recht zum Beschluss weiterer Reserven durch die Generalversammlung kann mit dem grundsätzlichen und unentziehbaren Recht der Aktionäre auf Ausrichtung einer Dividende kollidieren.

Auf dieser Grundlage ist die Formulierung in Art. 674 Abs. 2 OR zu verstehen, wonach durch die GV beschlossene zusätzliche Reserven die Interessen **aller** Aktionäre zu berücksichtigen haben. Durch den Wortlaut von Art. 674 Abs. 1 OR nimmt der Gesetzgeber aber eine Rangordnung vor: **Die Reservebildung geht dem Dividendenrecht vor.**

3.4.4 Stille Reserven

Unter stillen Reserven versteht man die Differenz zwischen dem Buchwert und dem gesetzlich zulässigen Höchstwert oder dem Wert, der sich bei objektiver Bilanzierung ergibt. Stille Reserven entstehen im Rahmen des Jahresabschlusses und werden durch den Verwaltungsrat gebildet. Nicht nur in dieser Hinsicht unterscheiden sie sich von den offenen Reserven: Während alle offenen Reserven aufgrund gesetzlicher oder statutarischer Anordnung oder durch GV-Beschluss in vollständiger Transparenz erfolgen, bleiben stille Reserven verdeckt (vgl. zu den stillen Reserven nachstehend Abschnitt 4.4).

3.5 Unterbilanz: Kapitalverlust und Überschuldung

Von Unterbilanz spricht man, wenn die **Bilanz einen Verlust ausweist.** Solange das Vermögen der Gesellschaft das gesamte Fremdkapital und mindestens die Hälfte des Aktienkapitals und der gesetzlichen Reserven deckt, hat die Unterbilanz keine gesetzlichen Folgen. Dagegen schreibt das OR die zu treffenden Massnahmen im Falle von Kapitalverlust und Überschuldung vor.

	Kapitalverlust	Überschuldung
Gesetzesgrundlage	Art. 725 Abs. 1 OR	Art. 725 Abs. 2 OR
Begriff	Die Hälfte des Aktienkapitals und der gesetzlichen Reserven sind nicht mehr durch Vermögenswerte gedeckt. Vermögen 400 / FK 300 Verlust 200 / AK 250 / Reserven 50	Die eingetretenen Verluste sind grösser als das gesamte Eigenkapital. Das Umlauf- und Anlagevermögen reicht nicht mehr aus, um die Schuldverpflichtungen zu decken. Vermögen 200 / FK 300 Verlust 400 / AK 250 / Reserven 50
Massnahmen	Der Verwaltungsrat hat unverzüglich eine Generalversammlung einzuberufen und ihr Sanierungsmassnahmen zu beantragen.	Der Verwaltungsrat muss den Richter benachrichtigen, der den Konkurs eröffnet. Die Benachrichtigung des Richters darf nur dann unterbleiben, sofern Gesellschaftsgläubiger im Ausmass der Unterdeckung im Rang hinter alle anderen Gesellschaftsgläubiger zurücktreten.

3.6 Kapitalschutz

Angesichts der Bedeutung des Aktienkapitals enthält das Gesetz eine Reihe von Vorschriften zu dessen Schutz:

- Art. 621 OR verlangt für das Aktienkapital einen Mindestbetrag von 100 000 Franken.
- Aktien dürfen nach Art. 624 OR in der Regel nur zum Nennwert oder zu einem diesen übersteigenden Betrag ausgegeben werden.
- Gemäss Art. 632 OR muss bei der Errichtung der Gesellschaft die Einlage für mindestens 20% des Nennwerts jeder Aktie, in allen Fällen aber mindestens 50 000 Franken geleistet werden.
- Für den Fall, dass die Aktionäre ihre Einlagen nicht mittels Bargeld, sondern in Form von Sacheinlagen oder Sachübernahmen leisten, enthält das Gesetz in Art. 634 ff. OR besondere Vorschriften. Diese dienen vor allem dazu, eine angemessene Bewertung zu gewährleisten (zur qualifizierten Gründung siehe Abschnitt 2.8).
- Die Einlagen der Aktionäre dürfen nach Art. 680 Abs. 2 OR nicht zurückbezahlt werden, und Art. 675 Abs. 1 OR verbietet die Verzinsung des Aktienkapitals.
- Gemäss Art. 675 Abs. 2 OR wird die Ausrichtung von Dividenden eingeschränkt, denn diese dürfen nur aus dem Bilanzgewinn und aus hierfür gebildeten Reserven stammen.
- Gegenüber den allgemeinen Vorschriften von Art. 957 ff. OR sind die aktienrechtlichen Bestimmungen zu Buchführung und Bewertung strenger; diese bezwecken insbesondere, dass die finanzielle Situation der Gesellschaft nicht in einem zu günstigen Licht sowie mit einer minimalen Transparenz dargestellt wird.
- Ein Erwerb eigener Aktien durch die Gesellschaft kann faktisch zu einer Rückzahlung des Kapitals führen. Aus diesem Grunde erfolgt eine Einschränkung gemäss Art. 659 ff. OR: Die AG darf eigene Aktien nur aus freien Reserven oder aus dem Bilanzgewinn

erwerben. Der Erwerb wird zudem auf 10% des Aktienkapitals limitiert. Als Konsequenz des Erwerbs ergibt sich einerseits die Bestimmung, wonach das Stimmrecht und die damit verbundenen Rechte eigener Aktien ruhen. Anderseits hat die AG für die eigenen Aktien eine Aufwertungsreserve auszuweisen (vgl. Abschnitt 3.4.1).

- Einen Beitrag zum Kapitalschutz leisten auch die Vorschriften über die Bildung gesetzlicher Reserven.
- Die gesetzlich vorgeschriebenen Massnahmen im Falle von Kapitalverlust oder Überschuldung schützen im weitesten Sinne ebenfalls das Aktienkapital in seinem Bestand.

3.7 Erhöhung des Aktienkapitals

3.7.1 Übersicht

Es sind zwei Sachverhalte denkbar, die zu einer Erhöhung des Aktienkapitals führen:

- Dem Unternehmen werden zusätzliche finanzielle Mittel durch die Aktionäre oder Dritte zugeführt.
- Auf der Passivseite der Bilanz werden Umschichtungen vorgenommen: Möglich ist eine Reduktion der Reserven unter gleichzeitiger Erhöhung des Aktienkapitals oder eine Umwandlung von Fremd- in Eigenkapital.

Da sowohl das Aktienkapital als Nenngrösse als auch die Anzahl, der Nennwert und die Art der Aktien in den Gesellschaftsstatuten enthalten sein müssen, macht jede Kapitalerhöhung eine Abänderung der Statuten notwendig. Für die Kapitalerhöhung sind daher in jedem Fall die dafür sowie für Statutenänderungen vorgesehenen Verfahren durchzuführen.

Das Aktienrecht normiert drei Arten von Kapitalerhöhungen:

	Ordentliche Kapitalerhöhung	Genehmigte Kapitalerhöhung	Bedingte Kapitalerhöhung
Gesetzesquellen	Art. 650 OR; Art. 652 bis 652h OR	Art. 650 OR; Art. 651 bis 652h OR	Art. 653 bis 653i OR
Merkmal	Es steht fest, wer sich in welchem Umfang an der Kapitalerhöhung beteiligt. Der Verwaltungsrat hat den Auftrag, die Erhöhung innerhalb von 3 Monaten durchzuführen.	Der Entscheid, ob, wann und in welchem Umfang das AK erhöht werden soll, wird dem Verwaltungsrat überlassen. Dieser erhält nicht einen Auftrag, sondern eine Ermächtigung zur Durchführung einer Kapitalerhöhung innerhalb von längstens zwei Jahren.	«Bedingt» bedeutet, dass die Kapitalerhöhung von einem Entscheid Dritter abhängt und nicht gesamthaft erfolgt, sondern schrittweise.
Zweck	Es geht darum, entweder neue, zusätzliche finanzielle Mittel zu beschaffen oder neues Aktienkapital aus frei verwendbaren Reserven zu bilden. Im Gegensatz zur ordentlichen Erhöhung gibt das Instrument der genehmigten Kapitalerhöhung der Gesellschaft die nötige Flexibilität. So kann der Verwaltungsrat zum Beispiel den günstigsten Zeitpunkt berücksichtigen, in dem die Marktlage die Festsetzung eines hohen Ausgabepreises möglich macht.		Es soll entweder Fremdkapital in Eigenkapital umgeschichtet und damit die Kapitalstruktur verändert, oder es sollen Arbeitnehmende am Unternehmen beteiligt werden.

Beschluss	Die GV fasst einen öffentlich beurkundeten Erhöhungsbeschluss, der den gesamten Nennbetrag sowie alle wesentlichen Aspekte der Erhöhung regeln muss.	Die GV fasst einen Beschluss und legt darin den Nennbetrag fest, um den das Kapital maximal erhöht werden kann.	Die GV nimmt eine Statutenänderung vor und räumt den Gläubigern von neuen Anleihens- oder ähnlichen Obligationen bzw. den Arbeitnehmenden Rechte auf den Bezug neuer Aktien (Wandel- oder Optionsrechte) ein. Das Aktienkapital erhöht sich dann ohne Weiteres in dem Zeitpunkt und in dem Umfang, als diese Rechte ausgeübt und die Einlagepflichten erfüllt werden.
Umfang der Kapitalerhöhung	keine gesetzliche Begrenzung	gesetzlich höchstens bis zur Hälfte des bisherigen AK begrenzt	
Statutenänderung	nach Liberierung des neuen AK	im Rahmen des GV-Beschlusses sowie nach jeder Erhöhung und nach Ablauf der Frist	im Rahmen des GV-Beschlusses sowie jährlich und am Schluss der Frist

3.7.2 Verfahren der ordentlichen und der genehmigten Kapitalerhöhung

- **Emissionsprospekt**
  Werden neue Aktien öffentlich zur Zeichnung angeboten – dies bedeutet, dass sich die Zeichnungseinladung nicht an einen begrenzten Personenkreis richtet –, so hat die Gesellschaft einen Emissionsprospekt zu schaffen, der den in Art. 652 a OR festgelegten Inhalt aufweisen muss.

- **Zeichnung**
  Die Zeichnung der Aktien erfolgt in einer besonderen Urkunde, dem Zeichnungsschein. Dieser muss nach Art. 652 OR auf die entsprechenden Beschlüsse von Generalversammlung und Verwaltungsrat über die Erhöhung sowie gegebenenfalls auf den Emissionsprospekt Bezug nehmen.

- **Leistung der Einlagen**
  Der Verwaltungsrat hat dafür zu sorgen, dass die gezeichneten Einlagen geleistet werden. Es gelten dafür gemäss Art. 652 c OR grundsätzlich die Bestimmungen über die Gesellschaftsgründung.

- **Bezugsrecht**
  Das Gesetz räumt dem Aktionär das Recht auf Bezug neuer Aktien ein und bestimmt, dass sich dieses nach seiner bisherigen Beteiligung richtet. Die GV kann im Erhöhungsbeschluss das Bezugsrecht aus wichtigen Gründen einschränken oder aufheben (Art. 652 b OR). Es darf jedoch kein Aktionär in unsachlicher Weise begünstigt oder benachteiligt werden. Als wichtige Gründe gelten namentlich die Übernahme von Unternehmen oder die Beteiligung von Arbeitnehmern (vgl. zum Bezugsrecht nachfolgend Abschnitt 5.4.7).

- **Kapitalerhöhungsbericht**
  Der Verwaltungsrat hat einen schriftlichen Bericht über die Kapitalerhöhung mit dem in Art. 652 e OR festgelegten Inhalt zu ver-

fassen. Adressat des Berichts ist nicht die GV, sondern ein zugelassener Revisor, welcher den Bericht prüft und schriftlich bestätigt, dass dieser vollständig und richtig ist. Keine Prüfungsbestätigung ist nach Art. 652 f Abs. 2 OR erforderlich, wenn die Zahlung auf das neue Aktienkapital in Geld erfolgt, das Aktienkapital nicht zur Vornahme einer Sachübernahme erhöht wird und die Bezugsrechte nicht eingeschränkt oder aufgehoben werden.

- **Statutenänderung**
  Liegen der Kapitalerhöhungsbericht und, sofern erforderlich, die Prüfungsbestätigung vor, so nimmt der Verwaltungsrat (in diesem Falle nicht die GV) die Statutenänderung vor und stellt dabei fest, dass sämtliche Aktien gültig gezeichnet sind, dass die versprochenen Einlagen dem gesamten Ausgabebetrag entsprechen und dass die Einlagen entsprechend den Anforderungen des Gesetzes, der Statuten oder des GV-Beschlusses geleistet wurden (Art. 652 g OR). Beschluss und Feststellungen sind öffentlich zu beurkunden.

- **Handelsregistereintrag**
  Wie jede Statutenänderung ist die Kapitalerhöhung dem Handelsregister zur Eintragung anzumelden. Dem Handelsregister sind die öffentlichen Urkunden über die Beschlüsse von Generalversammlung und Verwaltungsrat mit den Beilagen sowie eine beglaubigte Ausfertigung der geänderten Statuten einzureichen. Die Vorschrift von Art. 644 OR gilt sowohl für die Gründung der AG als auch bei der Kapitalerhöhung. Vor der Eintragung dürfen keine Aktien herausgegeben werden; diese wären nichtig. Wer vor der Eintragung Aktien ausgibt, wird für den dafür verursachten Schaden haftbar.

3.7.3 Bedingte Kapitalerhöhung

Zweck der bedingten Kapitalerhöhung ist es, bestimmten Berechtigten die Möglichkeit zu verschaffen, sich am Kapital der Gesellschaft zu beteiligen:
- Einerseits geht es um die Gläubiger von neuen Anleihens- oder ähnlichen Obligationen. Diese Fremdkapitalgeber sollen entweder ihre Gläubigerpapiere in Beteiligungspapiere umwandeln oder zusätzlich zu ihrer Fremdkapitalanlage Aktien zeichnen können.
- Anderseits nennt Art. 653 Abs. 1 OR auch die Arbeitnehmenden der Gesellschaft. Sie sollen durch die bedingte Kapitalerhöhung die Gelegenheit haben, sich am Eigenkapital « ihrer » Gesellschaft zu beteiligen (Mitarbeiteroptionen).

a) **Wandelanleihe und Optionsanleihe**

Eine Anleihe (oder Obligationenanleihe) ganz allgemein ist ein Grossdarlehen, das in Teilbeträge aufgeteilt und in einem Wertpapier verbrieft ist. Die Anleihensbedingungen – dazu gehören regelmässig Zinssatz, Laufzeit, Ausgabepreis sowie Zeichnungs- und Liberierungsfrist – stehen von Anfang an fest. Für den Kapitalgeber (Obligationär) bedeutet die Anleihe eine Kapitalanlage, für das ausgebende Unternehmen die Beschaffung von Fremdkapital. Das Fremdkapital muss vom Unternehmen zu den vereinbarten Bedingungen verzinst und am Ende der Laufzeit zurückbezahlt werden.

Wandelanleihe und Optionsanleihe sind besondere Anleihensformen. **Bei beiden erhält das Unternehmen zunächst finanzielle Mittel in Form von Fremdkapital.** Beide geben aber dem Fremdkapitalgeber die Möglichkeit, sich in Form von Aktien am Eigenkapital des Unternehmens zu beteiligen, also Aktionär zu werden:

- Die Wandelanleihe wird **zu einem späteren Zeitpunkt in Aktien umgewandelt;** d.h. Fremdkapital wird in der Regel durch Verrechnung zu Eigenkapital der Gesellschaft und der Kapitalgeber wird zum Aktionär.
- Die Optionsanleihe enthält eine Option des Kapitalgebers, zu einem zukünftigen Zeitpunkt zusätzlich zu seiner Obligation Aktien der Gesellschaft zu gewissen (allenfalls schon zum vornherein feststehenden) Bedingungen zu erwerben. In diesem Fall hat der sein Optionsrecht ausübende Obligationär eine zusätzliche Liberierungspflicht gegenüber der Gesellschaft; nach Art. 653 e Abs. 2 OR ist diese durch Barmittel zu leisten. **Die Gesellschaft erhält damit zum bestehenden Fremdkapital zusätzliches Eigenkapital.**

Die Wandel- und/oder Optionsrechte erlöschen mit ihrer Ausübung, durch Zeitablauf falls vertraglich oder statutarisch vorgesehen, durch Rückzahlung der ihnen zugrunde liegenden Obligationen sowie gegebenenfalls aus anderen besonders vorgesehenen Gründen.

b) Kapitalerhöhungsverfahren

- Für die bedingte Kapitalerhöhung ist eine statutarische Grundlage notwendig. Der GV-Beschluss muss einen ähnlichen Inhalt aufweisen wie bei der ordentlichen Kapitalerhöhung; anzugeben sind zudem der Kreis der Wandel- oder der Optionsberechtigten.
- Die bedingte Kapitalerhöhung geht stets mit der Einräumung von Bezugsrechten an Nichtaktionäre einher. Damit muss das in Art. 652 b OR statuierte **Bezugsrecht der Aktionäre eingeschränkt oder aufgehoben** werden. Die bisherigen Aktionäre werden aber insofern geschützt, als dass ihnen nach Art. 653 c OR ein Vorwegzeichnungsrecht an den Obligationen und Wandel- oder Optionsrechten einräumt, das aus wichtigen Gründen aber beschränkt oder aufgehoben werden kann (vgl. dazu nachstehend Abschnitt 5.4.8).

- Die Ausübung der Wandel- oder Optionsrechte erfordert eine schriftliche Erklärung, die auf die Statutenbestimmung über die bedingte Kapitalerhöhung sowie allenfalls auf den Emissionsprospekt Bezug nimmt.
- Die Aktienliberierung erfolgt durch Geld (bei Optionenanleihen) oder durch Verrechnung (bei Wandelanleihen). Sowohl die Zahlung als auch die schriftliche Verrechnungserklärung sind einem dem Bankengesetz unterstellten Institut einzureichen. Die Aktionärsrechte entstehen mit der Erfüllung der Liberierungspflichten.
- Das Aktienkapital erhöht sich ohne Weiteres in dem Zeitpunkt und in dem Umfang, in welchem die Rechte ausgeübt und die Einlagepflichten durch Einzahlung oder Verrechnung erfüllt sind. Der **Handelsregistereintrag** erfolgt einmal jährlich und enthält die in der Zwischenzeit erfolgte Kapitalerhöhung.
- Ein zugelassener Revisionsexperte prüft nach Abschluss jedes Geschäftsjahres, ob die Ausgabe der neuen Aktien dem Gesetz, den Statuten, und wenn ein solcher erforderlich ist, dem Emissionsprospekt entsprochen hat.
- Es ist auch bei der bedingten Kapitalerhöhung Aufgabe des Verwaltungsrats, nach der **Prüfungsbestätigung** die notwendigen Statutenanpassungen vorzunehmen. Nach Eingang der Prüfungsbestätigung stellt er in öffentlicher Urkunde Anzahl, Nennwert und Art der neu ausgegebenen Aktien und den Stand des Aktienkapitals fest.

3.8 Kapitalherabsetzung

Der Aktiengesellschaft ist nicht nur erlaubt, ihr Aktienkapital zu erhöhen, auch eine Herabsetzung des Kapitals ist zulässig. Die Herabsetzung kann aus zwei Gründen erforderlich werden: Einmal aufgrund einer **Überkapitalisierung**, das heisst, dass Teile des Eigenkapitals an die Aktionäre zurückbezahlt werden. Und zum Zweiten zum **Ausgleich von Verlusten im Falle einer Unterbilanz**. Da jede Kapitalherabsetzung zu einer Verminderung des Haftungssubstrats führt, enthält das Aktienrecht Schutzbestimmungen zugunsten der Gesellschaftsgläubiger.

3.8.1 Herabsetzung mit Kapitalrückzahlung

Grundlage ist ein Beschluss der Generalversammlung auf Statutenänderung. Der Beschluss darf nach Art. 732 Abs. 2 OR nur gefasst werden, wenn ein zugelassener Revisionsexperte in einem Prüfungsbericht bestätigt, dass die Forderungen der Gläubiger trotz der Herabsetzung des Aktienkapitals voll gedeckt sind; der Revisionsexperte muss zwingend an der Generalversammlung anwesend sein. Nach dem Generalversammlungsbeschluss hat der Verwaltungsrat die Kapitalherabsetzung dreimal im Schweizerischen Handelsamtsblatt und – wenn die Statuten dies vorsehen – in anderer Form den Gläubigern bekannt zu machen (Art. 733 OR). Die Gläubiger haben dann die Möglichkeit, unter Anmeldung ihrer Forderungen Befriedigung oder Sicherstellung zu verlangen. Nach Durchführung der allfällig verlangten Befriedigung oder Sicherstellung kann die Kapitalreduktion vorgenommen werden (Art. 734 OR).

Konkret lässt sich die Reduktion des Aktienkapitals erreichen durch

- Verminderung des Aktiennennwerts; dies ist bis zum Mindestnennwert von 1 Rappen zulässig.
- Zusammenlegung von Aktien, was gemäss Art. 623 Abs. 2 OR gegen den Willen des Aktionärs nicht möglich ist.
- Rückkauf und Vernichtung von Aktien. Grundsätzlich ist kein Aktionär zur Rückgabe bzw. zum Verkauf verpflichtet. Denkbar ist somit regelmässig lediglich der Weg des freiwilligen Verkaufs durch einzelne Aktionäre.

3.8.2 Herabsetzung unter gleichzeitiger Wiedererhöhung des Aktienkapitals

Art. 732 Abs. 1 OR erwähnt den Sonderfall der Reduktion des Aktienkapitals unter gleichzeitiger Einzahlung von neuem, voll liberierten Kapital in gleichem Ausmass. Dieses Vorgehen dient im Falle der Sanierung der Bereinigung von Unterbilanzen. Wird das Aktienkapital auf Null herabgesetzt und anschliessend wieder erhöht, so gehen nach Art. 732 a OR die bisherigen Mitgliedschaftsrechte der Aktionäre mit der Herabsetzung unter und ausgegebene Aktien müssen vernichtet werden. Bei der Wiedererhöhung des Aktienkapitals steht den bisherigen Aktionären ein Bezugsrecht zu, das ihnen nicht entzogen werden kann.

Bei diesem Verfahren liegt eigentlich gar keine Herabsetzung im Sinne des Wortes vor, und da die Gläubiger nicht betroffen sind, kann nach Art. 735 OR auch die öffentliche Bekanntmachung unterbleiben.

4. Die aktienrechtliche Rechnungslegung

4.1 Bedeutung

Die aktienrechtlichen Bestimmungen über die Rechnungslegung sind im Wesentlichen in den Art. 662 bis 674 OR enthalten, und zwar im Abschnitt «Rechte und Pflichten der Aktionäre». Diese Einordnung ist systematisch zwar nicht ganz befriedigend, erklärt sich aber damit, dass laut Art. 660 OR das Dividendenrecht der Aktionäre abhängig ist vom Bilanzgewinn und damit die Rechnungslegung des Unternehmens zu einer wesentlichen Grundlage für die Ausübung dieses vermögensmässigen Aktionärsrechts erklärt wird.

Zwecke der Rechnungslegung sind:

- **Information der Aktionäre**
  Die Gesellschafter sollen eine möglichst zuverlässige Beurteilung der Vermögens- und Ertragslage der Gesellschaft vornehmen können und damit in die Lage versetzt werden, die Korrektheit ihrer vermögensrechtlichen Ansprüche gegen die Gesellschaft zu überprüfen.

- **Führungsmittel für den Verwaltungsrat**
  Dem Verwaltungsrat wird die unübertragbare und unentziehbare Aufgabe zugewiesen, die Gesellschaft zu führen. Grundlage für die Führung der Geschäftstätigkeit bilden die Erkenntnisse aus dem Rechnungswesen als gesellschaftsinternes Informationssystem.

- **Schutz der Gläubiger**
  Die aus dem Rechnungswesen hervorgehenden Informationen dienen auch dem Gläubigerschutz. Sollte sich nämlich ein Kapitalverlust oder eine Überschuldung zeigen, so sind die Gesellschaftsorgane verpflichtet, die vorgeschriebenen Massnahmen zu ergreifen (dazu Abschnitt 3.5).

- **Schutz der Effektenmärkte**
  Gesellschaften, deren Aktien an einer schweizerischen Börse kotiert sind, müssen gemäss Börsengesetz ihre Rechnungslegung so ausgestalten, dass es den Anlegern möglich ist, die nötigen Informationen für die Beurteilung der Eigenschaften der Effekten und die Qualität des Emittenten zu erhalten (Art. 8 Abs. 2 BEHG).

Die ordnungsmässige Rechnungslegung erfolgt insbesondere nach den Grundsätzen der Vollständigkeit, der Klarheit und Wesentlichkeit der Angaben, der Vorsicht, der Fortführung der Unternehmenstätigkeit sowie der Stetigkeit in Darstellung und Bewertung. Art. 662 a Abs. 4 OR verweist dafür ausdrücklich auf die Bestimmungen über die kaufmännische Buchführung (vgl. dazu 2. Thema, Abschnitt 4).

4.2 Dokumente der Rechnungslegung

«¹ Der Verwaltungsrat erstellt für jedes Geschäftsjahr einen Geschäftsbericht, der sich aus der Jahresrechnung, dem Jahresbericht und einer Konzernrechnung zusammensetzt, soweit das Gesetz eine solche vorsieht.
² Die Jahresrechnung besteht aus der Erfolgsrechnung, der Bilanz und dem Anhang.»
Art. 662 OR: Geschäftsbericht

Der vom Gesetz als Oberbegriff für die Dokumente der Rechnungslegung verwendete Geschäftsbericht besteht aus mehreren Teilen:

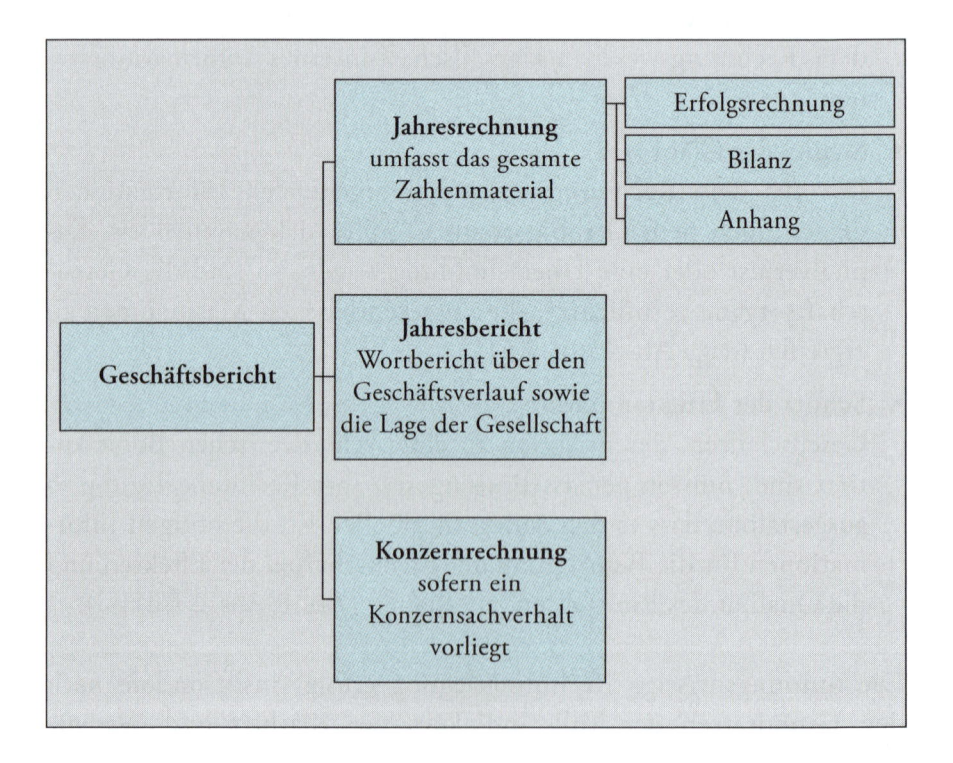

Geschäftsbericht
- **Jahresrechnung** umfasst das gesamte Zahlenmaterial
  - Erfolgsrechnung
  - Bilanz
  - Anhang
- **Jahresbericht** Wortbericht über den Geschäftsverlauf sowie die Lage der Gesellschaft
- **Konzernrechnung** sofern ein Konzernsachverhalt vorliegt

4.2.1 Jahresrechnung

a) Erfolgsrechnung

Die Erfolgsrechnung zeigt den Jahresgewinn oder den Jahresverlust. Nach Art. 663 OR erfolgt die Gliederung in betriebliche, betriebsfremde und ausserordentliche Erträge und Aufwendungen. Erträge und Aufwendungen sind betrieblich, wenn diese betriebstypisch und wiederkehrend sind, betriebsfremd, wenn diese zwar wiederkehrend, jedoch nicht betriebstypisch, und ausserordentlich, wenn diese nicht wiederkehrend sind. Art. 663 Abs. 2 und Abs. 3 OR verlangen die gesonderte Ausweisung der Ertrags- und Aufwandpositionen:

Aufwand	Ertrag

Betrieblicher Aufwand
– Material- und Warenaufwand
– Personalaufwand
– Finanzaufwand
  (Zinsen, Wertschriftenaufwand,
  Verluste aus Beteiligungen)
– Abschreibungen
– Übriger Betriebsaufwand
	Betrieblicher Ertrag
	– Erlöse aus Lieferungen
	  und Leistungen
	– Finanzertrag
	– Übriger Betriebsertrag

Betriebsfremder Aufwand	Betriebsfremder Ertrag
Ausserordentlicher Aufwand	Ausserordentlicher Ertrag (wie Gewinn aus Veräusserung von Anlagevermögen)

b) Bilanz

Das Gesetz besteht auf der Unterteilung der Aktiven in Umlauf- und Anlagevermögen sowie der Passiven in Fremd- und Eigenkapital. Die Bestimmung der Begriffe Umlaufvermögen und Anlagevermögen ist im Gesetz nicht enthalten (vgl. dazu 2. Thema, Abschnitt 4.3.1). Nach Art. 663 a OR wird die folgende gesetzliche Mindestgliederung der Bilanz verlangt:

Aktiven	Passiven
Umlaufvermögen – flüssige Mittel – Forderungen aus Lieferungen und Leistungen (Debitoren) – andere kurzfristige Forderungen – Vorräte – aktive Rechnungsabrenzungsposten	**Fremdkapital** – Schulden aus Lieferungen und Leistungen (Kreditoren) – andere kurzfristige Verbindlichkeiten – Rechnungsabgrenzungsposten – langfristige Verbindlichkeiten – Rückstellungen
Anlagevermögen – Sachanlagen – Finanzanlagen und Beteiligungen – immaterielle Anlagen – aktive Berichtigungsposten (allenfalls nicht einbezahltes Aktienkapital und Partizipationskapital) – aktiver Aufwand (allenfalls Gründungs-, Kapitalerhöhungs- und Organisationskosten)	**Eigenkapital** – Aktienkapital – Partizipationskapital – gesetzliche Reserven (allgemeine Reserve, Aufwertungsreserve, Reserve für eigene Aktien) – andere offene Reserven (statutarische Reserven, Beschlussreserven)
Bilanzverlust	**Bilanzgewinn**

Gesondert anzugeben sind auch die Gesamtbeträge der Forderungen und Verbindlichkeiten gegenüber anderen Gesellschaften des Konzerns und gegenüber Aktionären, die eine Beteiligung an der Gesellschaft halten.

Aus der Bilanz soll der Bilanzgewinn oder allenfalls der Bilanzverlust hervorgehen. Der Begriff des Bilanzgewinns meint den Jahresgewinn, verändert um das Vorjahresergebnis und die Bildung und Auflösung offener Reserven. Beim Bilanzgewinn handelt es sich also um den für die Ausschüttung zur Verfügung stehenden Gewinn.

Praxistipp
Da nicht die persönliche Mitarbeit der einzelnen Aktionäre, sondern die gemeinsame Kapitalaufbringung im Vordergrund steht, gibt es in der Buchhaltung der AG auf keinen Fall persönliche Kapitalkonten und nur selten Privatkonten. Die Abwicklung eines allfälligen Verkehrs zwischen aktiv mitarbeitenden Aktionären und der Gesellschaft erfolgt in der Regel über besondere Kontokorrentkonten.

c) Anhang

Der Anhang dient der Ergänzung von Erfolgsrechnung und Bilanz und listet diejenigen Informationen auf, die einerseits für das Verständnis des Zahlenmaterials notwendig sind und die anderseits im Zahlenmaterial nicht enthaltene Vorgänge zeigen. Art. 663 b OR verlangt folgenden Inhalt:

- **Eventualverbindlichkeiten,** nämlich
  - Gesamtbetrag der Bürgschaften, Garantieverpflichtungen und Pfandbestellungen zugunsten Dritter, sowie
  - Gesamtbetrag der zur Sicherung eigener Verpflichtungen verpfändeten oder abgetretenen Aktiven sowie der Aktiven unter Eigentumsvorbehalt

- **Nicht bilanzierte Leasingverbindlichkeiten**
  Erwirbt das Unternehmen bloss das Nutzungsrecht, nicht jedoch das Eigentum beispielsweise an Anlagevermögen, so besteht nach herrschender Lehre weder eine Pflicht noch ein Recht zur Aktivierung dieser Leasinggegenstände. Dies obschon die wirtschaftliche Verfügungsgewalt dem Unternehmen zusteht, u.a. weil es die Gegenstände nach Ablauf der Leasingdauer in aller Regel zu Eigentum erwirbt. Die Bilanz einer solchen Gesellschaft zeigt somit unter Umständen gar kein Anlagevermögen, sodass der Bilanzleser sich kein oder nur ein falsches Bild über die wirtschaftliche Lage machen kann. Das Gesetz verlangt daher im Anhang die Angabe des Gesamtbetrags der Leasingverpflichtungen und aller

anderen Verpflichtungen aus Verträgen, die der Beschaffung von Anlagegütern dienen.

- **Angaben über von der Gesellschaft ausgegebene Anleihensobligationen**
  Das Gesetz lässt die gesamthafte Bilanzierung der Obligationenanleihen als langfristiges Kapital zu und verweist die Angabe der Fälligkeiten (sowie der Zinssätze) in den Anhang.

- **Wesentliche Beteiligungen an Unternehmen**
  In der Bilanz werden die Beteiligungen an anderen Unternehmen gesamthaft ausgewiesen. Dies gibt – vor allem bei Holdinggesellschaften – nicht selten einen ungenügenden Einblick in die wirtschaftliche Lage der Gesellschaft. Daher soll der Anhang die erforderlichen Aufschlüsse bieten, indem jede Beteiligung, die für die Beurteilung der Vermögens- und Ertragslage der Gesellschaft wesentlich ist, aufgeführt wird. Welche Angaben über die Beteiligungen anzugeben sind, lässt das Gesetz offen. Erwartet wird wohl, dass Firma, Sitz und Zweck, Aktienkapital und Beteiligungsquote aufgeführt werden.

- **Angaben über die Durchführung einer Risikobeurteilung**
  Der Verwaltungsrat wird nicht nur verpflichtet, die Geschäftsrisiken periodisch zu evaluieren, sondern darüber im Anhang auch zu berichten. Damit unterliegen die Angaben über das Risk Management (vgl. dazu 2. Thema, Abschnitte 6.1.1 und 6.1.2) der Kontrolle durch die Revisionsstelle.

- **Weitere Erläuterungen und Informationen**, nämlich
  - Betrag der genehmigten und der bedingten Kapitalerhöhung
  - Gesamtbetrag der aufgelösten Wiederbeschaffungsreserven und der darüber hinausgehenden stillen Reserven, soweit er den Gesamtbetrag der neu gebildeten derartigen Reserven übersteigt, wenn dadurch das erwirtschaftete Ergebnis wesentlich günstiger dargestellt wird

- Brandversicherungswerte der Sachanlagen
- Verbindlichkeiten gegenüber Vorsorgeeinrichtungen
- Angaben über Erwerb, Veräusserung und Anzahl der von der Gesellschaft gehaltenen eigenen Aktien, einschliesslich ihrer Aktien, die eine andere Gesellschaft hält, an der sie mehrheitlich beteiligt ist; anzugeben sind ebenfalls die Bedingungen, zu denen die Gesellschaft die eigenen Aktien erworben oder veräussert hat
- Angaben über Gegenstand und Betrag von Aufwertungen von Grundstücken und Beteiligungen, die aufgrund von Art. 670 OR vorgenommen wurden
- Angaben über Abweichungen von den Grundsätzen ordnungsmässiger Rechnungslegung (Art. 662 a Abs. 3 OR)
- Darlegung der Konsolidierungs- und Bewertungsregeln im Konzernabschluss (Art. 663 g Abs. 2 OR)

- **bei Gesellschaften mit kotierten Aktien**
Zur Erhöhung der Transparenz haben Gesellschaften, deren Aktien an der Börse kotiert sind, im Anhang anzugeben:
    - Aktionäre und deren Beteiligungsprozente, falls diese 5% der Stimmrechte übersteigen (Art. 663 c OR). Bei Inhaberaktien hat die Gesellschaft nicht automatisch Kenntnis von der Aktienübertragung. Daher ordnet Art. 20 BEHG eine Meldepflicht an: Investoren müssen sich zu erkennen geben und haben sich bei Überschreitung der im Gesetz statuierten Limite von sich aus bei der Gesellschaft sowie der Börse, an der die Papiere kotiert sind, zu melden.
    - Alle an die Mitglieder des Verwaltungsrats, an die Geschäftsleitung oder an nahestehende Personen geleisteten Entschädigungen und Vergütungen, wozu Honorare, Tantiemen, Sachleistungen, die Zuteilung von Beteiligungen, Abgangsentschädigungen, Vorsorgeleistungen und dergleichen gehören. Anzugeben sind auch ausstehende Darlehen sowie Vergütungen und Kredite an nahestehende Personen. Die Offenlegung

bezieht sich für den Verwaltungsrat auf den Gesamtbetrag sowie auf den auf jedes Mitglied entfallenden Betrag, für die Geschäftsleitung auf den Gesamtbetrag sowie den höchsten auf ein Mitglied entfallenden Betrag (Art. 663 bis OR).

4.2.2 Jahresbericht

Gemäss Art. 663 d OR soll der Wortbericht den Geschäftsverlauf sowie die wirtschaftliche und finanzielle Lage der Gesellschaft erläutern.

Beim Jahresbericht von Publikumsgesellschaften handelt es sich in der Regel um recht umfangreiche Dokumente, deren Gestaltung, Inhaltsdichte und Aussagekraft recht unterschiedlich und stark von der Autorenschaft bzw. dem hinter dem Bericht stehenden Verwaltungsrat geprägt sind. Der genaue Inhalt des Wortberichts wird vom Gesetz nicht im Einzelnen und vor allem nicht abschliessend festgelegt. In der Literatur überwiegt die Ansicht, wonach ein Jahresbericht den gesetzlich geforderten Informations- und Offenlegungszweck erfüllt, wenn er über folgende Aspekte orientiert:

- Rahmenbedingungen der Geschäftstätigkeit (Entwicklung der Gesamtwirtschaft und deren Auswirkungen auf das Unternehmen)
- Absatzentwicklung
- Entwicklung der Beschaffungsmärkte sowie Darlegung der Beschaffungspolitik der Gesellschaft
- Investitionstätigkeit
- Beziehungen zu den Mitarbeitenden
- Forschung und Entwicklung, soweit die Gesellschaft eine eigene diesbezügliche Tätigkeit entfaltet
- Bedeutende, aussergewöhnliche Vorgänge wie beispielsweise Unternehmenskooperationen, Produktionsausfälle usw.

Aufgrund ausdrücklicher Gesetzesanordnung (Art. 663 d Abs. 2 OR) sind der Bericht über die Durchführung einer Kapitalerhöhung und die entsprechende Prüfungsbestätigung in den Jahresbericht des Folgejahres aufzunehmen. Dies soll den Aktionären ermöglichen, sich von der Recht- und Ordnungsmässigkeit der Kapitalerhöhung zu überzeugen.

4.2.3 Konzernrechnung

Neben der Jahresrechnung und dem Jahresbericht bildet die Konzernrechnung das dritte gesetzliche Element des Geschäftsberichts der Aktiengesellschaft. Die Pflicht zur Erstellung einer konsolidierten Rechnung (Konzernrechnung) setzt nach Art. 663 e Abs. 1 OR voraus, dass die Gesellschaft durch Stimmenmehrheit oder auf andere Weise eine oder mehrere Gesellschaften unter einheitlicher Leitung zusammenfasst (vgl. dazu nachstehend Abschnitt 4.5).

4.2.4 Offenlegungspflicht

Alle Aktiengesellschaften müssen den Gläubigern, die ein schutzwürdiges Interesse nachweisen, Einsicht in die Jahresrechnung, die Konzernrechnung sowie die Revisionsberichte gewähren. Sind die Aktien an der Börse gehandelt (Publikumsgesellschaften) oder hat die AG Anleihensobligationen ausstehend, so sind nach Art. 697 h OR die Jahresrechnung, die Konzernrechnung sowie der Revisionsbericht (allenfalls durch Publikation im Schweizerischen Handelsamtsblatt) offenzulegen. Von dieser Verpflichtung dürften maximal 500 Gesellschaften betroffen sein (vgl. dazu 2. Thema, Abschnitt 4.4.3).

4.3 Bewertungsvorschriften

4.3.1 Im Allgemeinen

a) Prinzip der historischen Kosten

Zusammen mit anderen Bestimmungen dienen die Bewertungsvorschriften dem Schutz des Aktienkapitals (vgl. Abschnitt 3.6). Es gilt das aktienrechtliche Bewertungsprinzip der historischen Kosten (Kostenwertprinzip): Die Aktiven dürfen **höchstens zu den Anschaffungs- bzw. Herstellungskosten bilanziert** werden. Wertzunahmen dürfen nicht ausgewiesen werden, solange diese nicht durch Veräusserung realisiert sind (Realisationsprinzip). Das Prinzip der historischen Kosten verhindert den Ausweis und die nachfolgende Ausrichtung von reinen Buchgewinnen.

b) Aufwertung von Grundstücken und Beteiligungen

Eine Ausnahme vom Kostenwertprinzip besteht nach Art. 670 OR unter gewissen Voraussetzungen für Grundstücke und Beteiligungen. Ist nämlich die Hälfte des Aktienkapitals und der gesetzlichen Reserven nicht mehr gedeckt (Bilanzverlust; vgl. Abschnitt 3.5), so dürfen Grundstücke oder Beteiligungen aufgewertet werden. Damit kann ein durch das Gesetz geschützter Verstoss sowohl gegen das Prinzip der historischen Kosten als auch gegen das Realisationsprinzip erfolgen. Art. 670 OR ermöglicht die Auflösung stiller Reserven auf alten Liegenschaften oder Beteiligungen und das Aufzeigen der entsprechenden Mehrwerte. Die Reservenauflösung darf aber nur eine Bilanzierungshilfe, nicht auch eine Ausschüttungshilfe sein; deshalb wird sie nur zugelassen zur Deckung eines Kapitalverlustes, also einzig zur Durchführung einer Bilanzsanierung.

Das Gesetz verlangt im Einzelnen Folgendes:

- Die Zulassung der Aufwertung gilt nur für Grundstücke und Beteiligungen und ist an die Voraussetzung geknüpft, dass der wirkliche Wert des Vermögenswertes über die Anschaffungs- oder Herstellungskosten gestiegen ist. Eine Aufwertung ist bis höchstens zum wirtschaftlichen Wert zulässig.
- Die Aufwertung ist nur zulässig, wenn die Hälfte des Aktienkapitals und der gesetzlichen Reserven infolge von Bilanzverlust nicht mehr gedeckt ist.
- Der Aufwertungsbetrag ist in der Bilanz gesondert als Aufwertungsreserve auszuweisen; diese gehört zu den gesetzlichen Reserven. Die Aufwertungsreserve stellt eine Sperrquote im Sinne einer Ausschüttungssperre dar und kann nur durch Umwandlung in Aktienkapital oder durch Wiederabschreibung oder Veräusserung der aufgewerteten Aktiven aufgelöst werden (vgl. Abschnitt 3.4.1).
- Die Aufwertung ist vom Vorliegen einer Bestätigung abhängig, worin ein zugelassener Revisor die Einhaltung der gesetzlichen Bestimmungen bestätigt.
- Die vorgeschriebene Offenlegung der Aufwertung im Anhang (vgl. Abschnitt 4.2.1 c) dient vor allem der Information der Gläubiger, wogegen die Aktionäre durch den besonderen Revisionsbericht orientiert werden.

4.3.2 Bewertung einzelner Bilanzpositionen

a) **Flüssige Mittel und Forderungen sowie Bankschulden und Lieferantenkreditoren**

- Auf Schweizer Franken lautende flüssige Mittel sowie Bankschulden sind zum Nominalwert zu bilanzieren; Beträge in fremden Währungen müssen auf den Bilanzstichtag zum Geldkurs in Landeswährung umgerechnet werden.

- Gleiches gilt für Forderungen, hier jedoch unter Abzug erwarteter Abzüge wie Rabatte und Skonti, Ausfälle (zahlungsunfähige Schuldner) sowie bestrittener Forderungen (z.B. bei Ansprüchen aus Sachgewährleistung).
- Verbindlichkeiten aus Lieferungen und Leistungen werden mit dem Fakturenbetrag bilanziert.

b) Vorräte (Art. 666 OR)

Roh-, Hilfs- und Betriebsstoffe, Halb- und Fertigfabrikate (also teilweise bzw. ganz fertiggestellte Erzeugnisse) sowie Handelswaren dürfen höchstens zu den Anschaffungs- oder Herstellungskosten bewertet werden. Die Anschaffungskosten ergeben sich aus den Einkaufsfakturen, die Herstellkosten aus der betrieblichen Kostenrechnung. Sind die Kosten höher als der am Bilanzstichtag allgemein geltende Marktpreis, so ist dieser massgebend (Niederstwertprinzip). Eine pauschale Wertberichtigung auf Vorräte bis ⅓ des Buchwertes gilt in steuerlicher Hinsicht als abzugsfähiger Aufwand.

c) Anlagevermögen im Allgemeinen (Art. 665 OR)

Auch für das Anlagevermögen gilt die allgemeine Bewertungsregel des Kostenwertprinzips; berücksichtigt werden können die notwendigen Abschreibungen. Dadurch, dass das Gesetz die Angabe des Brandversicherungswertes im Anhang verlangt, ist ein gewisser Rückschluss auf stille Reserven möglich.

d) Anteile am Kapital anderer Unternehmen (Art. 665 a OR und Art. 667 OR)

Die Anteile am Kapital anderer Unternehmen werden in der Bilanz als Beteiligungen, andere Finanzanlagen oder Wertschriften aufgeführt.

	Beteiligungen	Andere Finanzanlagen	Wertschriften (Aktien, PS, Obligationen usw.)
Merkmale	– Absicht dauernder Anlagen – Ausübung eines massgebenden Einflusses auf das andere Unternehmen	– Absicht dauernder Anlagen – kein massgebender Einfluss auf das andere Unternehmen	– keine dauernde Anlage – kein massgebender Einfluss
Zuordnung in der Bilanz	Anlagevermögen	Anlagevermögen	Umlaufvermögen
Bilanzierungsregel	Gesamtbetrag nach Kostenwertprinzip – im Anhang konkrete Nennung jeder Beteiligung, die für die Beurteilung der Vermögens- und Ertragslage der Gesellschaft wesentlich ist.	Kostenwertprinzip – im Anhang konkrete Nennung jeder Beteiligung, die für die Beurteilung der Vermögens- und Ertragslage der Gesellschaft wesentlich ist.	– mit Kurswert: höchstens Durchschnittskurs des Monats vor der Bilanzierung – ohne Kurswert: Kostenwertprinzip

e) Gründungs-, Kapitalerhöhungs- und Organisationskosten (Art. 664 OR)

Gründungs-, Kapitalerhöhungs- und Organisationskosten, die aus der Errichtung, Erweiterung oder Umstellung des Geschäfts entstehen (dazu gehört auch die Stempelsteuer), dürfen als Aktivposten bilanziert werden. Sie sind gesondert auszuweisen. Es gilt eine Abschreibungsdauer von fünf Jahren, wobei keine lineare Abschreibung verlangt wird.

4.4 Stille Reserven

§ «[1] Abschreibungen, Wertberichtigungen und Rückstellungen müssen vorgenommen werden, soweit sie nach allgemein anerkannten kaufmännischen Grundsätzen notwendig sind. Rückstellungen sind insbesondere zu bilden, um ungewisse Verpflichtungen und drohende Verluste aus schwebenden Geschäften zu decken.
[2] Der Verwaltungsrat darf zu Wiederbeschaffungszwecken zusätzliche Abschreibungen, Wertberichtigungen und Rückstellungen vornehmen und davon absehen, überflüssig gewordene Rückstellungen aufzulösen.
[3] Stille Reserven, die darüber hinausgehen, sind zulässig, soweit die Rücksicht auf das dauernde Gedeihen des Unternehmens oder auf die Ausrichtung einer möglichst gleichmässigen Dividende es unter Berücksichtigung der Interessen der Aktionäre rechtfertigt.
[4] Bildung und Auflösung von Wiederbeschaffungsreversen und darüber hinausgehenden stillen Reserven sind der Revisionsstelle im Einzelnen mitzuteilen.»
Art. 669 OR: Abschreibungen, Wertberichtigungen und Rückstellungen

4.4.1 Abschreibungen, Wertberichtigungen und Rückstellungen

Art. 669 OR befasst sich mit den betriebswirtschaftlichen Wertkorrekturen und unterscheidet zwischen Abschreibungen, Wertberichtigungen und Rückstellungen. Alle drei sind Passivposten der Bilanz und wirken sich damit negativ auf den Geschäftserfolg aus:

- **Abschreibung** ist die Wertkorrektur auf dem Anlagevermögen, die dazu dient, den Anschaffungspreis auf die Nutzungsdauer zu verteilen und dem Anlagegut denjenigen Wert beizumessen, der ihm am Bilanzstichtag zukommt. Es gilt die Methodenfreiheit: Das Gesetz schreibt keine besondere Abschreibungsmethode vor und verbietet auch keine solche. Die Abschreibung kann also direkt (Herabsetzung des Buchwertes) oder indirekt (separate Verbuchung in einem Passivkonto) vorgenommen werden und linear (gleichmässig verteilt auf die Nutzungsdauer) oder degressiv (mit abnehmenden Beträgen im Laufe der Zeit) oder in irgendeiner Weise (zum Beispiel progressiv oder leistungsbezogen) erfolgen. Die Abschreibung darf nicht willkürlich sein, doch gilt der Grundsatz der Planmässigkeit nicht uneingeschränkt, denn ausserordentliche Abschreibungen sind zulässig.

- Als **Wertberichtigung** werden Wertkorrekturen auf dem Umlaufvermögen bezeichnet. Sie dienen der Durchsetzung des Niederstwertprinzips: Dieses verlangt, dass bei den Positionen des Umlaufvermögens die Anschaffungskosten und der Marktpreis am Bilanzstichtag ermittelt werden und von den beiden der niedrigere in die Bilanz eingesetzt wird.

- **Rückstellungen** dienen der Berücksichtigung von Verbindlichkeiten, von denen nicht feststeht, ob, wann und in welcher Höhe sie fällig werden. Sie erfassen diejenigen Schulden, die wegen der Ungewissheit ihres Bestehens oder ihrer Höhe noch nicht endgültig als Verbindlichkeiten bilanziert werden. Das Gesetz nennt zwei Hauptarten der Rückstellung, nämlich solche für ungewisse Verbindlichkeiten und solche für drohende Verluste aus schwebenden Geschäften, das heisst aus Geschäften, die noch von keiner Seite erfüllt sind. Es gelten keine besonders strengen Vorschriften für die Bildung, doch muss aus den allgemeinen Grundsätzen geschlossen werden, dass Generalrückstellungen für allgemeine Unternehmerrisiken nicht zugelassen sind.

4.4.2 Begriff und Arten stiller Reserven

Unter stillen Reserven versteht man die Differenz zwischen dem tiefer angesetzten Buchwert eines Vermögenswertes und dem gesetzlich zulässigen Höchstwert oder dem Wert, der sich bei objektiver Bilanzierung ergibt. Im Gegensatz zu den offenen Reserven werden die stillen Reserven in der externen Bilanz nicht ausgewiesen (vgl. dazu auch Abschnitt 3.4.4).

Art. 669 OR erwähnt (1) die aufgrund der Anwendung kaufmännischer Grundsätze entstandenen, (2) die zu Wiederbeschaffungszwecken gebildeten und (3) die darüber hinaus geschaffenen stillen Reserven. Auf dieser Basis hat sich in der Literatur die Unterscheidung von Zwangsreserven, Ermessensreserven und Willkürreserven eingebürgert.

- **Zwangsreserven** entstehen durch die Anwendung der gesetzlichen Bewertungsvorschriften, insbesondere des Höchstwertprinzips und des Niederstwertprinzips. Treten nämlich im Laufe der Zeit Wertsteigerungen von Vermögenswerten ein, führt dies zwangsläufig zu stillen Reserven.
- **Ermessensreserven** (Art. 669 Abs. 1 und 2 OR) ergeben sich ebenfalls aus der Anwendung der Bewertungsregeln des Gesetzes. Sie entstehen durch übervorsichtige Abschreibungen, Wertberichtigungen und Rückstellungen.
- **Willkürreserven** (unternehmenspolitische Reserven; Art. 669 Abs. 3 OR) sind stille Reserven im eigentlichen Sinn. Sie kommen zustande durch bewusstes Unterschreiten der Bewertungsvorschriften, durch die Vornahme von betriebswirtschaftlich nicht notwendigen Abschreibungen, Wertberichtigungen und Rückstellungen, durch Bilanzierung zu hoher Passiven (beispielsweise wenn Fremdwährungsschulden mit überdurchschnittlich hohem Wechselkurs bewertet werden) und durch Nichtaktivierung aktivierungsfähiger Aufwendungen. Unterbewertungen sind grundsätzlich bei allen Aktivposten zugelassen; die Grenze zwischen Ermessens- und Willkürreserven ist fliessend.

Stille Reserven sind betriebswirtschaftlich begründet: Sie tragen insbesondere zur Selbstfinanzierung und damit zum Wertzuwachs des Unternehmens bei, schaffen eine verbesserte finanzielle Basis für die Bewältigung der Unternehmensrisiken und ermöglichen eine möglichst konstante, aber nicht übersetzte Gewinnausschüttung.

4.4.3 Zulässigkeit und Schranken der stillen Reserven

Es gilt folgender Grundsatz: **Stille Reserven dürfen nicht unbeschränkt gebildet werden und die Auflösung stiller Reserven ist bekannt zu geben.** Es besteht eine Diskrepanz zwischen den aktienrechtlichen Bestimmungen und den Regeln nach IFRS, IAS und Swiss GAAP FER, denn letztere basieren auf dem Prinzip der «True and fair view», was Willkürreserven ausschliesst.

a) **Voraussetzungen für die Reservenbildung**

Alle gebildeten stillen Reserven schmälern den in der Jahresrechnung ausgewiesenen Gewinn, der an die Aktionäre ausgeschüttet wird. Dadurch, dass den Aktionären der Umfang nicht bekannt ist, stehen die stillen Reserven mehr noch als die offenen Reserven im Widerstreit zum Dividendenrecht der Aktionäre. Aus diesem Grund enthält Art. 669 Abs. 3 OR für die stillen Reserven praktisch dieselbe Formulierung wie Art. 674 Abs. 2 OR diese für die offenen Reserven durch GV-Beschluss aufstellt. Danach dürfen stille Reserven nur bei Vorliegen einer der beiden genannten Voraussetzungen gebildet werden, nämlich

- wenn die **Rücksicht auf das dauernde Gedeihen des Unternehmens** dies erfordert. Die Reservierung von Erträgen muss der Stärkung des Unternehmens dienen und darf nicht aus unsachlichen Überlegungen, zu unternehmensfremden Zwecken oder zur Erreichung aussergesellschaftlicher Ziele erfolgen.

- wenn dies unter **Berücksichtigung der Interessen der Aktionäre** gerechtfertigt ist. Gemeint ist das Interesse **aller** Aktionäre. Nicht zulässig ist also, dass die Reservenbildung zu einer Benachteiligung von Minderheitsaktionären führt, welche auf die Geschäftspolitik nur geringen oder keinen Einfluss nehmen können.

b) Information der Revisionsstelle

Das Gesetz verlangt nicht, dass aus der Jahresrechnung ersichtlich ist, in welchen Bilanzpositionen wie viele stille Reserven gebildet wurden. Der Verwaltungsrat hat jedoch die gebildeten Wiederbeschaffungsreserven nach Art. 669 Abs. 2 OR sowie die darüber hinausgehenden Reserven (Willkürreserven nach Art. 669 Abs. 3 OR) im Einzelnen der Revisionsstelle mitzuteilen (Art. 669 Abs. 4 OR). Damit soll die Einhaltung der oben dargelegten materiellen Voraussetzungen für die Reservenbildung überprüfbar sein. Dies ist allerdings dann nicht möglich, wenn die Gesellschaft einen Verzicht auf die Revision erklärt hat (vgl. nachstehend Abschnitt 6.4.2).

c) Offenlegung der Reservenauflösung

Die Auflösung stiller Reserven ist an keine Voraussetzungen gebunden; sie ist jederzeit und zu jedem Zweck zulässig, aber stets offenzulegen. Die Offenlegung erfolgt nicht in der Erfolgsrechnung, sondern gemäss Art. 663 b Ziffer 8 OR im Anhang. Darin hat der Verwaltungsrat den Gesamtbetrag der aufgelösten Wiederbeschaffungsreserven und der darüber hinausgehenden stillen Reserven aufzulisten. Diese Verpflichtung gilt jedoch nur, wenn

- die aufgelösten Reserven den Gesamtbetrag der neu gebildeten stillen Reserven übersteigen, und
- die Reservenauflösung dazu führt, dass das erwirtschaftete Ergebnis wesentlich günstiger dargestellt wird.

Zur Überwachung und zur Vermeidung von Missbräuchen ist (gleich wie die Bildung) auch die Auflösung von Wiederbeschaffungsreserven und darüber hinausgehenden stillen Reserven der Revisionsstelle im Einzelnen mitzuteilen.

4.5 Rechnungslegung im Konzern

4.5.1 Konzernbegriff

Eine Definition des Konzernbegriffs ist in Art. 663 e Abs. 1 OR zu finden. Danach versteht man unter einem Konzern **die auf der Stimmenmehrheit beruhende oder auf andere Weise erfolgende Zusammenfassung von Gesellschaften unter einheitlicher Leitung.** Für das Vorliegen eines Konzerns sind damit zwei Merkmale erforderlich:

- Es erfolgt die Zusammenfassung mehrerer rechtlich selbstständiger Unternehmen.
- Die Zusammenfassung basiert auf einer einheitlichen Leitung der Gesellschaften, womit eine wirtschaftliche Einheit der einzelnen beteiligten Unternehmen entsteht.

Das Obligationenrecht nennt als Basis der Unternehmenszusammenfassung zunächst die Stimmenmehrheit. Durch den Erwerb einer entsprechend hohen Beteiligung (100% oder Mehrheitsbeteiligung) wird die notwendige Stimmenmehrheit erreicht, um das betreffende Unternehmen zu kontrollieren. Art. 663 e OR lässt aber auch andere Möglichkeiten offen, um die Kontrolle über ein Unternehmen zu erreichen. Zu denken ist dabei beispielsweise an eine personelle Einheit (Mitglieder des Verwaltungsrats der einen Gesellschaft sind gleichzeitig Mitglieder des Verwaltungsrats der anderen Gesellschaft) oder die wirtschaftliche Abhängigkeit (wie sie zum Beispiel durch Abschluss entsprechender Finanzierungsverträge entstehen kann). Kennzeichen des Konzerns ist die Unterordnung einer oder mehrerer rechtlich selbstständiger Gesellschaften (Tochtergesellschaften) unter eine übergeordnete Gesellschaft (Muttergesellschaft). Dies ist dann der Fall, wenn die Muttergesellschaft ihre Tochtergesellschaft/en kontrolliert, massgebend deren Unternehmenspolitik bestimmt und deren leitenden Organen Weisungen erteilt. Diese verfügen dann nur über eine eingeschränkte Entscheidungsfreiheit.

Ein Konzern entsteht nicht durch einen besonderen formellen Gründungsakt, sondern häufig im Laufe der Zeit dadurch, dass sich ein Unternehmen, die Stammgesellschaft, an anderen Unternehmen beteiligt und damit die Kontrolle über diese erhält. Für die Konzernbildung bedarf es einer entsprechenden Zweckbestimmung in den Statuten, wonach die Gesellschaft ermächtigt ist, andere Gesellschaften unter einheitlicher wirtschaftlicher Führung zusammenzufassen.

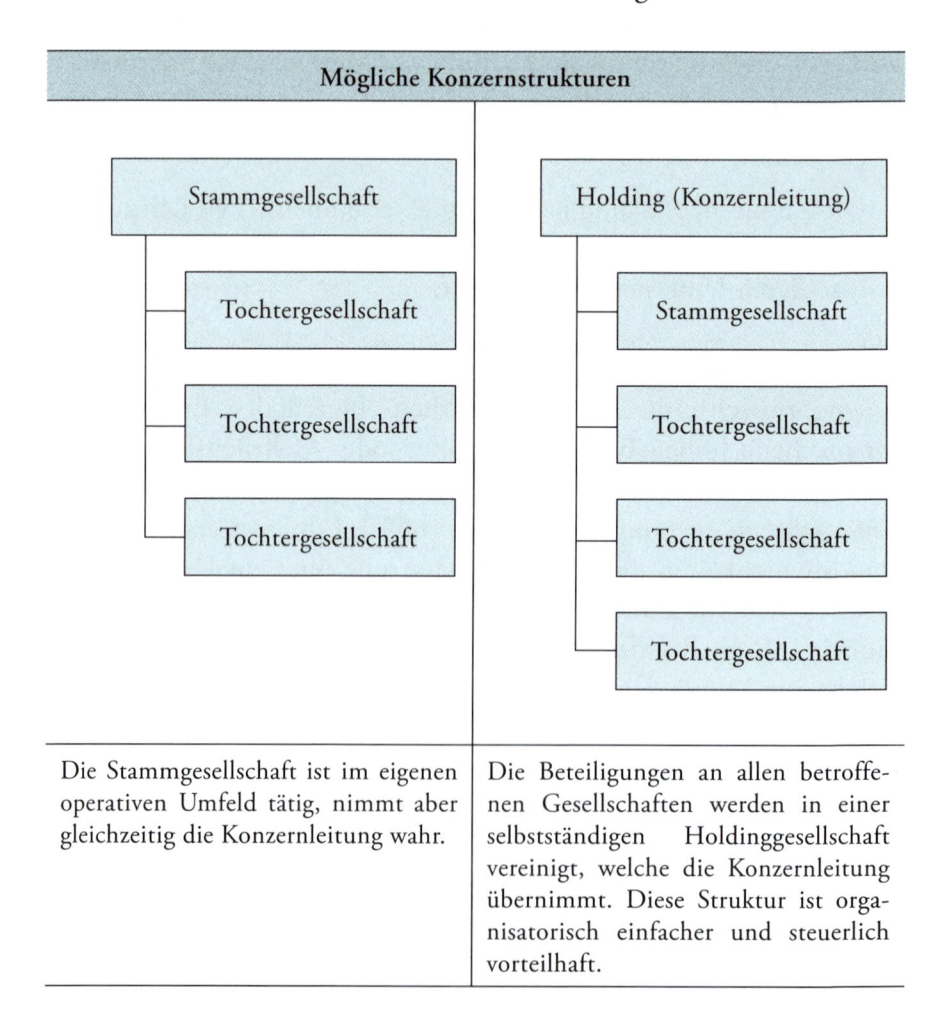

Mögliche Konzernstrukturen	
Stammgesellschaft ├── Tochtergesellschaft ├── Tochtergesellschaft └── Tochtergesellschaft	Holding (Konzernleitung) ├── Stammgesellschaft ├── Tochtergesellschaft ├── Tochtergesellschaft └── Tochtergesellschaft
Die Stammgesellschaft ist im eigenen operativen Umfeld tätig, nimmt aber gleichzeitig die Konzernleitung wahr.	Die Beteiligungen an allen betroffenen Gesellschaften werden in einer selbstständigen Holdinggesellschaft vereinigt, welche die Konzernleitung übernimmt. Diese Struktur ist organisatorisch einfacher und steuerlich vorteilhaft.

4.5.2 Konzernrechnung

a) **Notwendigkeit der Konsolidierung**

Die Jahresrechnung einer Gesellschaft ist dann nicht aussagekräftig, wenn das Unternehmen seine Tätigkeit oder Teile davon in rechtlich selbstständigen Tochtergesellschaften ausübt. In diesem Fall erscheinen im Jahresabschluss der Muttergesellschaft die Aktivitäten der Tochtergesellschaften lediglich in der Form der Beteiligungen in der Bilanz sowie die ausgeschütteten Beteiligungserträge in der Erfolgsrechnung. Der Bilanzleser erhält jedoch keinen Einblick in den Vermögensaufbau und die Ertragsquellen der von der Unternehmensgruppe geführten Gesellschaften. Es ist daher notwendig, dass das Gesamtunternehmen, das sich über mehrere Gesellschaften erstreckt, gesamtheitlich Rechnung ablegt. Dies ist die Aufgabe der Konzernrechnung (konsolidierte Rechnung). Sie wird aufgestellt, wie wenn die Muttergesellschaft und die Tochtergesellschaften nicht nur wirtschaftlich, sondern auch rechtlich eine Einheit, ein einziges Unternehmen, bilden würden.

b) **Pflicht zur Erstellung einer Konzernrechnung**

Der Konsolidierungspflicht untersteht jede Muttergesellschaft, sofern sie eine Aktiengesellschaft mit Sitz in der Schweiz ist, gleichgültig, wer an ihr beteiligt ist. Auch ausländisch beherrschte Konzerne müssen eine konsolidierte Rechnung erstellen. In die Konzernrechnung einzubeziehen sind alle Gesellschaften, die durch Stimmenmehrheit oder auf andere Weise unter einheitlicher Leitung stehen. Auf den Sitz und die Rechtsnatur der Tochtergesellschaften kommt es nicht an; es sind damit auch ausländische Tochtergesellschaften sowie Unternehmen anderer Rechtsformen (zum Beispiel GmbH) zu konsolidieren.

c) Ausnahmen von der Konsolidierungspflicht

- **Kleinere Konzerne**
  Die grundlegende Ausnahme von der Konsolidierungspflicht bezieht sich aufgrund von Art. 663 e Abs. 2 OR auf kleinere Konzerne: Danach ist die Muttergesellschaft von der Pflicht zur Erstellung einer Konzernrechnung befreit, wenn sie zusammen mit ihren Tochtergesellschaften zwei der folgenden Grössen in zwei aufeinander folgenden Geschäftsjahren nicht überschreitet: 10 Millionen Franken Bilanzsumme; 20 Millionen Franken Umsatzerlös; 200 Arbeitnehmende im Jahresdurchschnitt.

  Insbesondere zum Schutz öffentlicher Interessen enthält Art. 663 e Abs. 3 OR jedoch Ausnahmen von der Ausnahme. Demnach haben auch kleinere Konzerne eine Konzernrechnung zu erstellen, wenn

    - die Muttergesellschaft Anleihensobligationen ausstehend hat oder wenn deren Aktien an der Börse gehandelt werden, oder
    - Aktionäre, die mindestens 10% des Aktienkapitals vertreten, dies verlangen, oder
    - dies für eine möglichst zuverlässige Beurteilung der Vermögens- und Ertragslage der Gesellschaft notwendig ist.

- **Zwischengesellschaften**
  Einen weiteren Ausnahmesachverhalt enthält Art. 663 f OR für sogenannte Zwischengesellschaften: Eine Muttergesellschaft, welche ihrerseits in die Konzernrechnung einer Obergesellschaft einbezogen ist, muss selber keine eigene konsolidierte Rechnung erstellen. Dies gilt jedoch nur unter der Voraussetzung, dass

    - sie die Konzernrechnung der Obergesellschaft ihren eigenen Aktionären und Gläubigern wie die eigene Jahresrechnung bekannt macht bzw.

- dass sie nicht verpflichtet ist, ihre Jahresrechnung zu veröffentlichen, bzw.
- Aktionäre, die zusammen mindestens 10% des Aktienkapitals vertreten, dies nicht verlangen.

d) Grundsätze für die Konzernrechnung

Art. 663 g Abs. 1 OR unterstellt die Konzernrechnung den Grundsätzen ordnungsmässiger Rechnungslegung und damit den Anforderungen von Art. 662 a OR. Sie besteht also wie die Jahresrechnung der Aktiengesellschaft aus Erfolgsrechnung, Bilanz und Anhang.

Die Konsolidierung ist zum Teil eine technische Angelegenheit, denn die Konzernrechnung stellt nicht einfach ein Zusammenfügen der Einzelabschlüsse dar. Vielmehr ist eine Elimination der konzerninternen Vorgänge vorzunehmen. Zur Konsolidierungstechnik bestehen zahlreiche Einzelregeln. Einzelne Richtlinien lassen sich beispielsweise den Swiss GAAP FER entnehmen. Das Gesetz sieht jedenfalls davon ab, eigene Vorschriften aufzustellen, und überlässt es den Gesellschaften, ihre Konsolidierungsgrundsätze im Rahmen der Grundsätze ordnungsmässiger Rechnungslegung selber festzulegen. Im Anhang zur Konzernrechnung hat die Gesellschaft die angewendeten Konsolidierungs- und Bewertungsregeln zu nennen.

Weitergehende Konsolidierungsregeln haben Gesellschaften zu erfüllen, deren Aktien an der Börse gehandelt werden (BEHG Art. 8 Abs. 3). Diese müssen international anerkannten Standards Rechnung tragen.

Hat die Gesellschaft eine Konzernrechnung zu erstellen, so prüft ein besonders befähigter Revisor, ob die Rechnung mit dem Gesetz und den Konsolidierungsregeln übereinstimmt (Art. 731 a Abs. 1 OR).

4.5.3 Pflicht zur Offenlegung im Konzern

Aus den Vorschriften des Aktienrechts, welche auf den Konzernsachverhalt anzuwenden sind, ergeben sich verschiedene Offenlegungspflichten, die durch entsprechende Angaben im Anhang zur Bilanz erfüllt werden müssen:

- Die Obergesellschaft hat alle Beteiligungen anzugeben, wenigstens dann, wenn diese für die Beurteilung der Vermögens- und Ertragslage der Gesellschaft wesentlich sind (Art. 663 Ziffer 7 OR).
- Es sind nicht nur Angaben über den Erwerb, die Veräusserung und die Anzahl der von der Gesellschaft gehaltenen eigenen Aktien zu machen, sondern darüber hinaus sind auch jene eigenen Aktien anzugeben, die von einer Untergesellschaft gehalten werden (Art. 663 b Ziffer 10 OR).
- Untergesellschaften, deren Aktien an der Börse gehandelt werden, haben bedeutende Aktionäre und deren Beteiligungen anzugeben (Art. 663 c OR).

5. Die Aktiengesellschaft und ihre Gesellschafter

5.1 Allgemeine Merkmale der Mitgliedschaft

Die Mitgliedschaft bei der Aktiengesellschaft zeichnet sich aus durch:

- **Kapitalbezogenheit**
  Die Gesellschafter sind Investoren und bringen das Kapital der Gesellschaft auf. Die Gesellschaft ist ausschliesslich an diesem Kapital und nicht an der Person des Kapitalgebers interessiert. Die Rechte der Gesellschafter bemessen sich grundsätzlich nach der Kapitalbeteiligung.

- **Anonymität**
  Auf die persönlichen Fähigkeiten und Eigenschaften der Gesellschafterpersonen kommt es nicht an. Gegen aussen treten die Gesellschafter nicht als solche auf, und möglicherweise ist sogar der Gesellschaft gar nicht umfassend bekannt, wer ihre Gesellschafter sind.

- **Gleichbehandlung**
  Im Aktienrecht gilt der Grundsatz der Gleichbehandlung der Gesellschafter. Dies bedeutet, dass nicht einzelne Gesellschafter gegenüber anderen schlechter- (oder besser-) gestellt werden dürfen. Eine Gleichheit der Personen ist beispielsweise beim Einsichts- und Auskunftsrecht, beim Anfechtungsrecht von Beschlüssen der Generalversammlung und beim Recht auf Teilnahme und Meinungsäusserung an der Generalversammlung vorgesehen. Grundsätzlich aber bedeutet Gleichbehandlung nicht automatisch Gleichheit nach Personen, sondern vielmehr Gleichheit entsprechend der Kapitalbeteiligung: Gleich zu behandeln sind somit die Aktien (bzw. als eigene Kategorie die Partizipationsscheine).

  Vom Gebot der Gleichbehandlung kann im Ausnahmefall abgewichen werden, wenn dies aus einem sachlichen Grund erforderlich ist. So können die Statuten sowohl bezüglich des Stimmrechts als auch bezüglich der Vermögensrechte eine Privilegierung durch die Schaffung von Stimmrechtsaktien bzw. von Vorzugsaktien vorsehen.

- **Mehrheitsprinzip**
  Die körperschaftliche Struktur der Gesellschaft manifestiert sich unter anderem durch das Mehrheitsprinzip. Nach Art. 703 OR ist ein Beschluss, den die Kapitalmehrheit fasst, verbindlich. Mit seinem Eintritt in die Gesellschaft unterwirft sich der Gesellschafter bewusst dem Willen der Mehrheit.

Dem absoluten Mehrheitsprinzip sind jedoch **Schranken** gesetzt:
- Einerseits bedeutet das **Rechtsmissbrauchsverbot** in Art. 2 Abs. 2 ZGB eine Schranke. Missbräuchlich ist jede durch das Gemeinschaftsinteresse nicht begründete Beeinträchtigung der Minderheit, selbst wenn diese für die Mehrheit vorteilhaft ist.
- Auf das Recht auf Teilnahme an der GV, das Mindeststimmrecht, die Klagerechte und das minimale Kontrollrecht, die als **Mindeststandard der mitgliedschaftlichen Rechte** gelten, kann der Gesellschafter nicht generell verzichten, auch wenn natürlich kein Zwang für ihn besteht, diese im Einzelfall auch auszuüben.
- Sodann ist Art. 706 Abs. 2 OR zu erwähnen. Danach können **Beschlüsse der Generalversammlung angefochten** werden, wenn diese Rechte von Aktionären beeinträchtigen oder eine Benachteiligung von Gesellschaftern bedeuten. Die Rechtsstellung der Minderheit soll durch Mehrheitsentscheid nicht unzulässig beschnitten werden dürfen.
- Dem Minderheitenschutz dient schliesslich auch Art. 704 OR, worin für bestimmte Beschlüsse die Einhaltung eines **qualifizierten Beschlussquorums** vorgesehen ist.

5.2 Erwerb und Verlust der Mitgliedschaft

- Zur Erlangung der Mitgliedschaft ist der Erwerb einer oder mehrerer Aktien der Gesellschaft notwendig. Diese kann erfolgen entweder originär bei der Gesellschaftsgründung bzw. bei einer Kapitalerhöhung (durch Zeichnung und Liberierung) oder derivativ, das heisst durch Rechtsgeschäft (zum Beispiel Kaufvertrag, Schenkung), Erbteilung oder Zwangsvollstreckung.
- Das Obligationenrecht kennt kein Austrittsrecht in dem Sinne, dass der Aktionär von der Gesellschaft die Rückzahlung seines Aktienwerts verlangen kann (Art. 680 Abs. 2 OR; vgl. dazu die Aus-

führungen zum Kapitalschutz in Abschnitt 3.6). Etwas Ähnliches wie ein Austrittsrecht statuiert das Fusionsgesetz (Art. 8 FusG). Im Rahmen einer Fusion ist es nämlich zulässig, die Gesellschafter wählen zu lassen, ob sie Anteils- oder Mitgliedschaftsrechte an der neuen Gesellschaft erhalten oder aber durch Zahlung einer Abfindung ihre Mitgliedschaft aufgeben möchten (vgl. dazu 3. Thema, Abschnitt 2.2).

- Zur Aufgabe der Mitgliedschaft ist folglich die Übertragung der Aktie/n auf ein anderes Rechtssubjekt nötig. Für die Übertragung bedarf es eines gültigen Grundgeschäfts sowie der Übergabe des Aktienbesitzes, bei Namenaktien versehen mit einem Indossament (vgl. dazu Abschnitt 3.1.4 d).
- Die Mitgliedschaft in der AG wird beendet durch die Auflösung oder Liquidation der Gesellschaft (vgl. dazu nachstehend Abschnitt 8).
- Im Unterschied zu den Personengesellschaften gibt es bei der AG grundsätzlich auch keinen Ausschluss von Mitgliedern. Einzig wenn der Aktionär den Ausgabebetrag seiner Aktien nicht rechtzeitig erfüllt, kann ihm der Verwaltungsrat seine Mitgliedschaftsrechte entziehen (sogenannte Kaduzierung nach Art. 681 f. OR; vgl. sogleich Abschnitt 5.3.1).

5.3 Aktionärspflichten

5.3.1 Liberierungspflicht

«[1] Ein Aktionär kann auch durch die Statuten nicht verpflichtet werden, mehr zu leisten als den für den Bezug einer Aktie bei ihrer Ausgabe festgesetzten Betrag.»
[2] ... »
Art. 680 Abs. 1 OR: Leistungspflicht des Aktionärs

Als einzige Aktionärspflicht nennt das Gesetz die Liberierungspflicht. Art. 632 OR erlaubt bei Namenaktien, vorerst nur eine Teilliberierung vorzunehmen. Für den noch nicht liberierten Teil übernimmt der Aktionär eine bedingungslose Leistungsverpflichtung. Diese kann in bar, durch Verrechnung oder durch Sacheinlage erbracht werden. Es liegt in der Kompetenz des Verwaltungsrats zu bestimmen, in welchem Zeitpunkt die Leistungen vorzunehmen sind (Art. 634 a OR).

Ein Aktionär, der seiner Leistungspflicht nicht rechtzeitig nachkommt,

- ist nach Art. 681 Abs. 1 OR zur Zahlung von **Verzugszinsen** verpflichtet.
- kann bei entsprechender statutarischer Anordnung (Art. 627 Ziffer 5 OR sowie Art. 681 Abs. 3 OR) zur Entrichtung einer **Konventionalstrafe** verpflichtet werden.
- muss mit der **Kaduzierung** rechnen. Dies ist ein Verfahren, mit dem der Verwaltungsrat den säumigen Aktionär seiner Rechte aus der Zeichnung sowie seiner geleisteten Teilzahlungen verlustig erklärt und anstelle der ausgefallenen neue Aktien herausgibt (Art. 681 Abs. 2 und 682 OR). Beabsichtigt dies der Verwaltungsrat, so hat er im SHAB sowie in der von den Statuten vorgesehenen Form mindestens dreimal eine Aufforderung an den säumigen Aktionär zur Leistung zu erlassen, unter Ansetzung einer Nachfrist von mindestens einem Monat. Bei Namenaktien tritt an die Stelle der Veröffentlichung eine Zahlungsaufforderung und Nachfristansetzung an die im Aktienbuch eingetragenen Aktionäre durch eingeschriebenen Brief. Der Aktionär verliert seine Rechte, wenn er nicht innerhalb der Nachfrist die Leistung erbringt; ausserdem haftet er der Gesellschaft gegenüber für den Betrag, der durch die Leistungen des neuen Aktionärs nicht gedeckt sind.

5.3.2 Fehlen weiterer gesetzlicher Pflichten

Aufgrund des Wortlautes von Art. 680 Abs. 1 OR können dem Aktionär (auch nicht durch entsprechende Statutenbestimmung) weder finanzielle noch andere Verpflichtungen überbunden werden. Ebenso besteht für den Aktionär auch **keine Treuepflicht.** Er ist also nicht verpflichtet, die Gesellschaftsinteressen zu unterstützen. Für die beispielsweise als Verwaltungsräte aktiv in der Gesellschaft mitwirkenden Aktionäre ergibt sich allerdings eine andere Rechtslage: Sie sind verpflichtet, die Interessen der AG aktiv zu wahren. Diese Pflicht ergibt sich jedoch nicht aus der Aktionärseigenschaft der Betroffenen, sondern aufgrund ihrer Organposition, allenfalls aus Arbeitsvertrag.

5.3.3 Vertraglich vereinbarte Verpflichtungen

Die Mehrheit der schweizerischen Aktiengesellschaften weist das gesetzliche Mindestkapital auf und ist mehr oder weniger personenbezogen. Das Nebenleistungsverbot kann dieser Konstellation widersprechen. Sehen die Aktionäre in ihrer Gesellschaft auch eine personenbezogene Verbindung, so steht für die Regelung ihrer Beziehung kein aktienrechtliches Instrument zur Verfügung. Infrage kommt dann der Abschluss eines **Aktionärsbindungsvertrags,** worin die Gesellschafter auch zusätzliche Leistungspflichten vereinbaren können.

Der Aktionärsbindungsvertrag ist als schuldrechtlicher Vertrag oder als einfache Gesellschaft zwischen Aktionären zu qualifizieren. Damit regeln die Gesellschafter häufig die Ausübung ihrer Aktionärsrechte (beispielsweise bezüglich des Stimmrechts und des Verfügungsrechts über die Aktien) und legen weitere Gesellschafterpflichten fest (wie zum Beispiel die Nachschusspflicht, die Pflicht zu Arbeitsleistungen usw.). Solche Vereinbarungen wirken lediglich unter den Vertragsparteien und entfalten keine Rechte oder Pflichten für die Gesellschaft selbst. Darin unterscheiden sie sich von statutarischen Anordnungen. Nicht als Aktionärsbindungsvertrag gelten rechtsgeschäftliche Vereinbarungen zwischen den Aktionären und der Gesellschaft (Beispiel: Darlehensvertrag).

Aktionärsbindungsverträge sind formfrei in den Schranken von Art. 20 OR zulässig: Lediglich ein unmöglicher, widerrechtlicher und/oder unsittlicher Inhalt ist ausgeschlossen. Die Tatsache, dass diese Verträge nur Rechtswirkungen unter den Aktionären haben und Gesellschaftsbeschlüsse, die aufgrund einer Vertragsverletzung gefällt wurden, gültig sind, führt dazu, dass die Vertragseinhaltung oft durch besondere Massnahmen abgesichert wird. Als Sicherungsmittel kommen insbesondere die Konventionalstrafe, die Hinterlegung der belasteten Aktien, die fiduziarische Übertragung der Aktien an einen Dritten sowie die Vereinbarung eines Vorkaufsrechts infrage.

5.4 Aktionärsrechte

Die Rechte des Aktionärs lassen sich gliedern in vermögensmässige und nicht vermögensmässige Rechte. Letztere kann man auch als Mitwirkungs- und Schutzrechte bezeichnen:

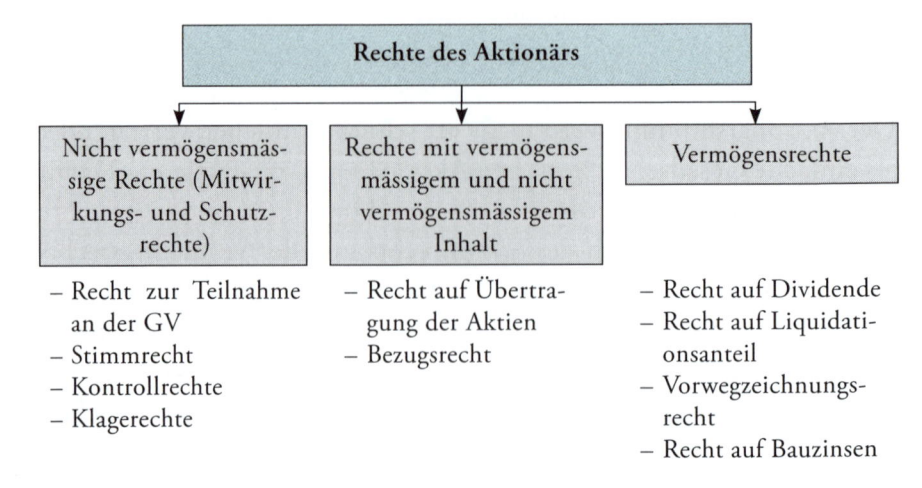

Rechte des Aktionärs		
Nicht vermögensmässige Rechte (Mitwirkungs- und Schutzrechte)	Rechte mit vermögensmässigem und nicht vermögensmässigem Inhalt	Vermögensrechte
– Recht zur Teilnahme an der GV – Stimmrecht – Kontrollrechte – Klagerechte	– Recht auf Übertragung der Aktien – Bezugsrecht	– Recht auf Dividende – Recht auf Liquidationsanteil – Vorwegzeichnungsrecht – Recht auf Bauzinsen

5.4.1 Teilnahme an und Einberufung der Generalversammlung

§

« ¹ Der Aktionär übt seine Rechte in den Angelegenheiten der Gesellschaft, wie Bestellung der Organe, Abnahme des Geschäftsberichtes und Beschlussfassung über die Gewinnverwendung, in der Generalversammlung aus.
² Er kann seine Aktien in der Generalversammlung selbst vertreten oder durch einen Dritten vertreten lassen, der unter Vorbehalt abweichender statutarischer Bestimmungen nicht Aktionär zu sein braucht. »
Art. 689 OR: Persönliche Mitgliedschaftsrechte: Teilnahme an der Generalversammlung

a) Grundsätze

Aus dem Wortlaut von Art. 689 OR ergibt sich das unverzichtbare und unentziehbare Recht des Aktionärs auf persönliche Teilnahme an der Generalversammlung. Das Teilnahmerecht schliesst mit ein das Recht

- auf Durchführung wenigstens einer Generalversammlung pro Jahr (Art. 699 Abs. 2 OR)
- auf ordnungsgemässe Einladung und Traktandierung der Verhandlungsgegenstände (Art. 700 Abs. 1 und 2 OR)
- auf Antragstellung im Rahmen der Verhandlungsgegenstände sowie auf freie Meinungsäusserung an der Versammlung (Art. 700 Abs. 4 OR)
- sich vertreten zu lassen (Art. 689 Abs. 2 OR)

Die Einberufung einer GV erfolgt durch den Verwaltungsrat, allenfalls durch die Revisionsstelle. Art. 699 Abs. 3 OR sieht die Möglichkeit vor, dass ein oder mehrere Aktionäre die Durchführung einer GV verlangen können. Voraussetzung ist, dass diese Aktionäre mindestens 10% des Aktienkapitals vertreten. Aktionäre, die Aktien im Nennwert von mindestens 1 Million Franken vertreten, können auch die Traktandierung eines Verhandlungsgegenstandes verlangen.

Die ordentliche Entscheidungsfindung in der Generalversammlung macht den Nachweis ihrer Berechtigung durch die Versammlungsteilnehmer notwendig. Dieser Nachweis erfolgt nach Art. 689 a OR bei Namenaktien durch Eintrag im Aktienbuch und bei Inhaberaktien durch Vorlage der Wertpapiere oder durch eine vom Verwaltungsrat angeordnete andere Art des Besitzausweises (in der Praxis häufig durch Depotbescheinigung der Bank).

Jeder Aktionär ist befugt, gegen die Teilnahme unberechtigter Personen Einspruch zu erheben. Wirken nicht berechtigte Personen bei einem Beschluss mit, so ist dieser unter gewissen Voraussetzungen anfechtbar (Art. 691 OR).

b) Vertretung des Aktionärs

- **Im Allgemeinen (Art. 689 b OR)**

§ «[1] Wer Mitwirkungsrechte als Vertreter ausübt, muss die Weisungen des Vertretenen befolgen.
[2] ... »
Art. 689 b Abs. 1 OR

Die Zulässigkeit der Stellvertretung entspricht dem Wesen der AG als von den Personen der Beteiligten weitgehend unabhängige Kapitalgesellschaft. Die Vertretung des Aktionärs in der GV ist grundsätzlich durch jeden beliebigen Dritten zulässig, es sei denn, eine statutarische Vorschrift lasse die Stellvertretung lediglich durch einen anderen Aktionär zu (Art. 627 Ziffer 10 OR).

Die Vertretung kommt in der Form der **Einzelvertretung** (individuelle Vertretung; Beispiel: ein Aktionär beauftragt eine individuell von ihm bestimmte Person mit der Vertretung) und der **Massenvertretung** vor (institutionelle Vertretung; ein Vertreter nimmt die Vertretung mehrerer oder zahlreicher Aktionäre wahr). Als Arten der

Massenvertretung unterscheidet man die **Depotvertretung** und die **Organvertretung**. Das Gesetz enthält die ausdrückliche Anordnung, dass der Stellvertreter die Weisungen des Vertretenen befolgen muss. Dieser Grundsatz, der an sich eine Selbstverständlichkeit darstellt, ist insbesondere im Hinblick auf die zulässige Massenvertretung in das Gesetz aufgenommen worden.

- **Organvertretung (Art. 689 c OR)**

> «Schlägt die Gesellschaft den Aktionären ein Mitglied ihrer Organe oder eine andere abhängige Person für die Stimmrechtsvertretung an einer Generalversammlung vor, so muss sie zugleich eine unabhängige Person bezeichnen, die von den Aktionären mit der Vertretung beauftragt werden kann.»
> Art. 689 c OR: Organvertreter

Grosse Publikumsgesellschaften bieten ihren Aktionären üblicherweise an, sich an der GV durch die Gesellschaft selbst oder durch ein Gesellschaftsorgan (beispielsweise ein Mitglied des Verwaltungsrats) vertreten zu lassen. Der Begriff des Organvertreters ist weit zu fassen: Entscheidend ist nicht die effektive Organstellung der mit der Vertretung beauftragten Person, sondern deren Abhängigkeit von der Gesellschaft. Aufgrund der Gesetzessystematik (Art. 689 b Abs. 1 OR gilt als allgemeine Vorschrift auch für die Organvertretung gemäss Art. 689 c OR) ist auch der Organvertreter verpflichtet, allfällige Weisungen des Vertretenen zu befolgen. Das Gesetz verpflichtet den Organvertreter indessen nicht, aktiv tätig zu werden und bei den vertretenen Aktionären Weisungen einzuholen. Vielfach wird in der Praxis auf den Einladungen zur GV festgehalten, dass der Organvertreter das Stimmrecht im Sinne des Verwaltungsrats ausübt.

Stellt die Gesellschaft einen Organvertreter zur Verfügung, so ist sie verpflichtet, zugleich einen **unabhängigen Stimmrechtsvertreter** zu bezeichnen, der von den Aktionären mit der Vertretung beauftragt werden kann. Auch wenn er für seine Stimmrechtsvertretung von der Gesellschaft entschädigt wird, muss er von dieser unabhängig sein. Er darf also weder vom Verwaltungsrat noch von einem Mehrheitsaktionär abhängig noch Arbeitnehmer der Gesellschaft sein und auch keine Aufträge für die Gesellschaft übernehmen, die seine Unabhängigkeit in Zweifel ziehen lassen.

- Depotvertretung (Art. 689 d OR)

«[1] Wer als Depotvertreter Mitwirkungsrechte aus Aktien, die bei ihm hinterlegt sind, ausüben will, ersucht den Hinterleger vor jeder Generalversammlung um Weisungen für die Stimmabgabe.
[2] Sind Weisungen des Hinterlegers nicht rechtzeitig erhältlich, so übt der Depotvertreter das Stimmrecht nach einer allgemeinen Weisung des Hinterlegers aus; fehlt eine solche, so folgt er den Anträgen des Verwaltungsrates.
[3] Als Depotvertreter gelten die dem Bankengesetz unterstellten Institute sowie gewerbsmässige Vermögensverwalter.»
Art. 689 d OR: Depotvertreter

Unter dem sogenannten Depotstimmrecht versteht man die Vertretung von Aktionären an der GV durch Banken, in deren Depots die Aktionäre ihre Aktien hinterlegt haben. Anders als der Organvertreter ist der Depotvertreter verpflichtet, den Hinterleger vor jeder Generalversammlung um die Erteilung spezieller Weisungen zu ersuchen. Der Depotvertreter hat die Spezialweisungen dann zu befolgen, wenn diese rechtzeitig bei ihm eintreffen. Ist diese Bedingung nicht erfüllt, so hat sich der Vertreter an eine allgemeine Weisung des Aktionärs zu halten, falls denn eine solche vorliegt. Andernfalls folgt er den Anträgen des Verwaltungsrats. Diese Gesetzesanordnung geht von der Vermutung aus, dass die Verwaltungsratsanträge bei Publikumsgesellschaften den Gesellschaftsinteressen entsprechen.

- Bekanntgabe der Vertretung (Art. 689 e OR)

Das Gesetz verlangt die Transparenz der Stimmrechtsvertretung: Zunächst haben Organe, unabhängige Stimmrechtsvertreter und Depotvertreter der Gesellschaft Angaben zu machen über Anzahl, Art, Nennwert und Kategorie der von ihnen vertretenen Aktien. Sodann hat der Vorsitzende eine Mitteilungspflicht gegenüber der Generalversammlung, indem er die Angaben gesamthaft für jede Vertretungsart bekannt gibt. Eine Verletzung dieser Vorschrift führt unter bestimmten Voraussetzungen nach Art. 689 e Abs. 2 OR zur Anfechtbarkeit aller Beschlüsse der betreffenden GV.

5.4.2 Stimmrecht

Dieses Recht bezieht sich auf das Stimm- und Wahlrecht an der Generalversammlung. Es entsteht nach Art. 694 OR, sobald auf die Aktie der gesetzliche oder statutarisch festgesetzte Betrag einbezahlt ist. Das Stimmrecht bemisst sich gemäss dem Grundsatz in Art. 692 OR nach dem Verhältnis des gesamten Nennwertes des betreffenden Aktionärs, wenn nicht die Gesellschaftsstatuten die Anzahl der Aktien als massgebend erklären (Stimmrechtsaktien nach Art. 693 OR; siehe Abschnitt 3.1.4 c).

Beim Stimmrecht handelt es sich wohl um das bedeutendste Mitwirkungsrecht des Aktionärs. Nach Art. 692 Abs. 2 OR kann es statutarisch eingeschränkt werden: Die Stimmenzahl der Besitzer mehrerer Aktien kann beschränkt, jedem Aktionär muss aber mindestens eine Stimme zugestanden werden.

5.4.3 Kontrollrechte

Kontrollrechte werden den Aktionären eingeräumt, weil sie

- als Eigenkapitalgeber die Gesellschaft finanzieren
- in ihrer Gesamtheit als oberstes Organ der AG eine Möglichkeit zur Überwachung der von ihnen gewählten Organe erhalten sollen

- ihre Mitwirkungsrechte in der GV nur dann sinnvoll wahrnehmen können, wenn zur Beurteilung der angekündigten Verhandlungsgegenstände zuverlässige Kenntnisse vorhanden sind
- allfällige Missbräuche durch Gesellschaftsorgane sollen aufdecken können, um die Verantwortlichen zur Rechenschaft zu ziehen.

Das Gesetz fasst in Art. 696–697 g OR unter dem Begriff der Kontrollrechte verschiedene Rechte zusammen, die den Aktionären einerseits Einblick in die wirtschaftliche Lage der Gesellschaft gewähren und andererseits die Überprüfung der Tätigkeit der Gesellschaftsorgane ermöglichen:

a) **Bekanntgabe des Geschäftsberichts (Art. 696 OR)**

Den Aktionären sind spätestens 20 Tage vor der ordentlichen Generalversammlung der Geschäftsbericht und der Revisionsbericht am Geschäftssitz zur Einsicht aufzulegen. Jeder Aktionär kann zudem verlangen, dass ihm unverzüglich eine Ausfertigung dieser Unterlagen zugestellt wird. Die Aktionäre sind über diese Rechte zu unterrichten: die Namenaktionäre durch schriftliche Mitteilung, die Inhaberaktionäre durch Bekanntgabe im Schweizerischen Handelsamtsblatt sowie in der von den Statuten vorgeschriebenen Form.

b) **Auskunft und Einsicht (Art. 697 OR)**

Jeder Aktionär ist berechtigt, vom Verwaltungsrat Auskunft über die Angelegenheiten der Gesellschaft und von der Revisionsstelle über die Durchführung und Ergebnisse ihrer Prüfung zu verlangen. Gemäss dem Grundsatz, wonach der Aktionär seine Rechte in der Generalversammlung auszuüben hat, erfolgt die Auskunfterteilung im Rahmen der GV, auch wenn der Aktionär den auskunftspflichtigen Organen gegenüber seine Fragen schon vor der Versammlung unterbreiten kann.

Das Auskunftsrecht, das dem Aktionär zusätzliche Informationen verschafft, welche zur sinnvollen Ausübung seiner Aktionärsrechte erforderlich sind, kollidiert mit dem **Anspruch der Gesellschaft auf Geheimhaltung.** Das Gesetz setzt dem Auskunftsrecht daher insofern Grenzen, als dass sich dieses nur auf Informationen allgemeiner Art und nicht auf Einzelheiten der Geschäftsführung bezieht sowie verweigert werden kann, wenn Geschäftsgeheimnisse oder andere schutzwürdige Interessen der Gesellschaft gefährdet sein können. Geschäftsbücher und Korrespondenzen dürfen nur mit einer ausdrücklichen Ermächtigung der Generalversammlung oder eines Beschlusses des Verwaltungsrats eingesehen werden, und der einsehende Aktionär ist zur Wahrung der Geschäftsgeheimnisse verpflichtet.

c) Einleitung einer Sonderprüfung (Art. 697 a ff. OR)

Der Verwaltungsrat der AG übt seine Tätigkeit nicht unmittelbar vor den Augen der Aktionäre aus und legt nur periodisch und allenfalls unvollständig Rechenschaft ab. Da Machtausübung ohne Kontrolle dem schweizerischen Rechtsverständnis widerspricht, enthält das Gesetz das Institut der Sonderprüfung. **Zweck der Sonderprüfung ist es, bestimmte Sachverhalte durch einen vom Richter eingesetzten sachverständigen und unabhängigen Prüfer abklären zu lassen.**

Die Sonderprüfung

- ist an die Voraussetzung gebunden, dass diese zur Ausübung der Aktionärsrechte erforderlich ist
- kann nur «bestimmte» Sachverhalte betreffen, ist also auf Einzelfragen beschränkt und bezieht sich nicht auf die Geschäftsführung insgesamt
- untersucht Sachverhalte, das heisst Tatsachen und nicht Fragen der Angemessenheit oder Zweckmässigkeit von Entscheidungen
- kann nur dann verlangt werden, wenn der den Antrag stellende Aktionär seine Auskunfts- oder Einsichtsrechte vorgängig bereits ausgeübt hat.

Das Vorgehen zur Einsetzung eines Sonderprüfers sowie das Sonderprüfungsverfahren lassen sich wie folgt zusammenfassen:

① Das Recht, eine Sonderprüfung zu beantragen, steht jedem Aktionär zu. Er hat einen entsprechenden Antrag an der Generalversammlung zu stellen.

An der ausserordentlichen Generalversammlung der UBS vom 27. Februar 2008 lehnten die vertretenen 6545 Aktionäre einen Antrag auf Sonderprüfung mit 314,1 Millionen Ja-Stimmen gegen 363,1 Millionen Nein-Stimmen und 28 Millionen Enthaltungen ab. Mit diesem knappen Ergebnis, so urteilten tags darauf die Medien, hätten die Aktionäre ein grosses Misstrauen der Führung des Unternehmens zum Ausdruck gebracht und erhebliche Zweifel daran geäussert, dass es im Zusammenhang mit den Verlusten mit den amerikanischen Hypothekenpapieren immer mit rechten Dingen zugegangen sei und die von der Gesellschaft selber gesetzten Kontrollvorschriften konsequent eingehalten worden seien.

② • Wird der Antrag angenommen, setzt der Richter nach Anhörung der Gesellschaft und des Antragstellers einen oder mehrere Sonderprüfer ein.
  • Wird der Antrag abgelehnt, können Aktionäre, die zusammen mindestens 10% des Aktienkapitals oder Aktien im Nennwert von mindestens 2 Millionen Franken vertreten, die Einsetzung des Sonderprüfers durch den Richter durchsetzen, falls sie diesem gegenüber glaubhaft machen, dass Gründer oder Organe das Gesetz oder die Statuten verletzt und damit die Gesellschaft oder die Aktionäre geschädigt haben.

③ Der Richter umschreibt den Prüfungsgegenstand. Die Sonderprüfung ist innert nützlicher Frist und ohne unnötige Störung des Geschäftsgangs sowie unter Wahrung der Verschwiegenheit durchzuführen.

④ Der Sonderprüfer verfasst einen schriftlichen Bericht über seine Erkenntnisse zuhanden des Richters. Der Richter stellt den Bericht der Gesellschaft zu und entscheidet auf deren Begehren, ob allenfalls Stellen des Berichts das Geschäftsgeheimnis oder andere schutzwürdige Gesellschaftsinteressen verletzen und deshalb den Gesuchstellern nicht vorgelegt werden sollen.

⑤ Der Verwaltungsrat unterbreitet den Bericht der nächsten Generalversammlung.

⑥ Grundsätzlich trägt die Gesellschaft die Kosten der Sonderprüfung. Nur wenn besondere Umstände es rechtfertigen, kann der Richter die Kosten ganz oder teilweise dem Gesuchsteller auferlegen.

5.4.4 Klagerechte

Die Klagerechte der Aktionäre beziehen sich auf die

- Anfechtung von Beschlüssen der Generalversammlung aufgrund der Sachverhalte in Art. 706 OR (vgl. nachstehend Abschnitt 6.2.5 a), sodann wegen Nichtbekanntgabe der durch Stimmrechts- und Depotvertreter an der GV vertretenen Aktien gemäss Art. 689 e OR, wegen der Teilnahme unbefugter Personen an der Generalversammlung gemäss Art. 691 OR (vgl. Abschnitt 5.4.1) sowie wegen Missachtung der Anwesenheitspflicht der Revisionsstelle an der GV gemäss Art. 731 Abs. 3 OR
- Feststellung der Nichtigkeit von Beschlüssen der Generalversammlung gemäss Art. 706 b OR (vgl. nachstehend Abschnitt 6.2.5 b)
- Verantwortlichkeitsklage gegen Gesellschaftsgründer, Verwaltung, Geschäftsführung, Liquidatoren und Revisoren gemäss Art. 752 bis 755 OR (vgl. nachstehend Abschnitt 6.5)

- Rückerstattung von bösgläubig erlangten ungerechtfertigten Leistungen der Gesellschaft an Aktionäre und Mitglieder des Verwaltungsrats oder diesen nahestehende Personen (Art. 678 OR)
- Auflösungsklage der Gesellschaft aus wichtigen Gründen im Sinne von Art. 736 Ziffer 4 OR (vgl. nachstehend Abschnitt 9.1).

5.4.5 Recht auf Übertragung von Aktien

Das Obligationenrecht kennt kein formelles Austrittsrecht (Rückgaberecht) des Aktionärs gegenüber der Gesellschaft. Dieses Fehlen wird durch das Recht auf jederzeitige Veräusserung von Aktien durch den Aktionär an einen Dritten, den zukünftigen Aktionär, kompensiert.

Das Übertragungsrecht ist sowohl ein Mitgliedschaftsrecht, denn der Aktionär beendet durch die Aktienübertragung seine Mitgliedschaft bei der AG und übergibt die Mitwirkungsrechte an einen neuen Aktionär als auch ein Vermögensrecht, da der Aktionär beim Verkauf den Aktienwert versilbert.

Dem Recht auf Übertragung unterstehen grundsätzlich alle Aktienarten (Art. 684 Abs. 1 OR). Das Gesetz räumt der Gesellschaft jedoch die Befugnis ein, die Übertragung von Namenaktien zu beschränken und damit der kapitalbezogenen Aktiengesellschaft ein personenbezogenes Element beizufügen. Die Beschränkung wird als **Vinkulierung** (Fesselung) bezeichnet.

Die Vinkulierungsbestimmungen unterscheiden zwischen gesetzlicher und statutarischer Beschränkung. Bei Letzterer differieren die Vorschriften in Bezug auf nicht börsenkotierte und börsenkotierte Gesellschaften.

a) Gesetzliche Vinkulierung

§ « ¹ Nicht voll liberierte Namenaktien dürfen nur mit Zustimmung der Gesellschaft übertragen werden, es sei denn, sie werden durch Erbgang, Erbteilung, eheliches Güterrecht oder Zwangsvollstreckung erworben.
² Die Gesellschaft kann die Zustimmung nur verweigern, wenn die Zahlungsfähigkeit des Erwerbers zweifelhaft ist und die von der Gesellschaft geforderte Sicherheit nicht geleistet wird. »
Art. 685 OR: Beschränkung der Übertragbarkeit: Gesetzliche Beschränkung

Im Gegensatz zu Inhaberaktien dürfen Namenaktien auch dann ausgegeben und gehandelt werden, wenn sie noch nicht voll einbezahlt sind. Deren Übertragung ist jedoch mit Ausnahme des sogenannten gesetzlichen Eigentumsübergangs (Erbgang, Güterrecht, Zwangsvollstreckung) nur mit Zustimmung der Gesellschaft zulässig. Die Verweigerungskompetenz hat den Zweck, die **volle Liberierung** sicherzustellen, dient also dem Schutz sowohl der Gesellschaft als auch der Gesellschaftsgläubiger. Folgerichtig kann die Gesellschaft die Zustimmung nur verweigern, wenn die Zahlungsfähigkeit des Erwerbers zweifelhaft ist und die von der Gesellschaft geforderte Sicherheit nicht geleistet wird.

b) Statutarische Vinkulierung

§ « ¹ Die Statuten können bestimmen, dass Namenaktien nur mit Zustimmung der Gesellschaft übertragen werden dürfen.
² … »
Art. 685 a Abs. 1 OR: Statutarische Beschränkung. Grundsätze

Art. 685 a OR definiert den Begriff der Vinkulierung und statuiert deren grundsätzliche Zulässigkeit für Namenaktien bei entsprechender Statutenbestimmung (vgl. dazu auch Art. 627 Ziffer 8 OR). Das Gesetz regelt jedoch die Voraussetzungen für die Ablehnung von Aktionären unterschiedlich, je nachdem, ob es sich um eine börsenkotierte oder eine nicht börsenkotierte Gesellschaft handelt.

- **Nicht börsenkotierte Namenaktien**

§ «¹ Die Gesellschaft kann das Gesuch um Zustimmung ablehnen, wenn sie hierfür einen wichtigen, in den Statuten genannten Grund bekannt gibt oder wenn sie dem Veräusserer der Aktien anbietet, die Aktien für eigene Rechnung, für Rechnung anderer Aktionäre oder für Rechnung Dritter zum wirklichen Wert im Zeitpunkt des Gesuches zu übernehmen.
² ... »
Art. 685 b Abs. 1 OR: Nicht börsenkotierte Namenaktien: Voraussetzungen der Ablehnung

«¹ Solange eine erforderliche Zustimmung zur Übertragung von Aktien nicht erteilt wird, verbleiben das Eigentum an den Aktien und alle damit verknüpften Rechte beim Veräusserer.
² ... »
Art. 685 c Abs. 1 OR: Wirkung

Im Vordergrund der Vinkulierung nicht börsengehandelter Namenaktien steht der Minderheitenschutz. Die Gesellschaft kann die Übertragung ablehnen, wenn

- ein in den Statuten festgeschriebener wichtiger Grund vorliegt. Als wichtige Gründe gelten nach Art. 685 b Abs. 2 OR Bestimmungen über die Zusammensetzung des Aktionärskreises, die im Hinblick auf den Gesellschaftszweck oder die wirtschaftliche Selbstständigkeit des Unternehmens die Verweigerung rechtfertigen.

- der Erwerber nicht ausdrücklich erklärt, dass er die Aktien in eigenem Namen und auf eigene Rechnung erworben hat (Art. 685 b Abs. 3 OR)

- die Gesellschaft dem Veräusserer die Übernahme der Aktien auf eigene Rechnung oder auf Rechnung Dritter zum wirklichen Wert im Zeitpunkt des Gesuchs anbietet (Art. 685 b Abs. 1 OR)

- die Gesellschaft dem Erwerber von durch Erbgang, Güterrecht oder Zwangsvollstreckung übertragener Aktien anbietet, die Aktien zum wirklichen Wert zu übernehmen (Art. 685 b Abs. 4 OR)

Art. 685 b Abs. 7 OR bestimmt, dass die Statuten die Voraussetzungen der Übertragbarkeit nicht erschweren, wohl aber erleichtern dürfen.

Die Wirkung aus der statutarischen Vinkulierung ergibt sich aus Art. 685 c OR: Solange eine erforderliche Zustimmung zur Aktienübertragung nicht vorliegt, ist diese rechtsunwirksam, das heisst, dass sowohl das Eigentum als auch alle mit den Aktien verknüpften Rechte beim Veräusserer verbleiben.

- **Börsenkotierte Namenaktien**

«[1] Bei börsenkotierten Namenaktien kann die Gesellschaft einen Erwerber als Aktionär nur ablehnen, wenn die Statuten eine prozentmässige Begrenzung der Namenaktien vorsehen, für die ein Erwerber als Aktionär anerkannt werden muss, und diese Begrenzung überschritten wird.
[2] Die Gesellschaft kann überdies die Eintragung in das Aktienbuch verweigern, wenn der Erwerber auf ihr Verlangen nicht ausdrücklich erklärt, dass er die Aktien im eigenen Namen und auf eigene Rechnung erworben hat.
[3] ... »
Art. 685 d Abs. 1 und 2 OR: Börsenkotierte Namenaktien: Voraussetzungen der Ablehnung

«[1] Werden börsenkotierte Namenaktien börsenmässig erworben, so gehen die Rechte mit der Übertragung auf den Erwerber über. Werden börsenkotierte Namenaktien ausserbörslich erworben, so gehen die Rechte auf den Erwerber über, sobald dieser bei der Gesellschaft ein Gesuch um Anerkennung als Aktionär eingereicht hat.
[2] Bis zur Anerkennung des Erwerbers als Aktionär kann dieser weder das mit den Aktien verknüpfte Stimmrecht noch andere mit dem Stimmrecht zusammenhängende Rechte ausüben. In der Ausübung aller übrigen Aktionärsrechte, insbesondere auch des Bezugsrechts, ist der Erwerber nicht eingeschränkt.
[3] Noch nicht von der Gesellschaft anerkannte Erwerber sind nach dem Rechtsübergang als Aktionär ohne Stimmrecht ins Aktienbuch einzutragen. Die entsprechenden Aktien gelten in der Generalversammlung als nicht vertreten.
[4] ... »
Art. 685 f Abs. 1 bis 3 OR: Rechtsübergang

Bei der Vinkulierung börsengehandelter Namenaktien geht es nicht darum, einzelne (neue) Aktionäre aus bestimmten sachlichen Gründen abzulehnen. Vielmehr liegt die Begründung der Vinkulierung in der **Sicherstellung eines möglichst breit gestreuten Aktienbesitzes** und damit im Schutz vor Übernahmen sowie vor der Beherrschung durch einen oder wenige Aktionäre. Daher erlaubt das Gesetz den Publikumsgesellschaften

- die **Prozentvinkulierung,** das heisst, in den Statuten eine Prozentklausel vorzusehen, die bezüglich des Aktienbesitzes nicht überschritten werden darf, wobei die Klausel bei durch Erbgang oder Güterrecht erworbenen Aktien nicht angewendet werden darf. Die in der Praxis festgelegten Prozentklauseln bewegen sich in der Regel zwischen 2% und 5% (Nestlé beispielsweise 3%, Novartis 2%).
- die sogenannte **Treuhändervinkulierung,** das heisst, die Übertragung abzulehnen, wenn der Erwerber auf Verlangen nicht ausdrücklich erklärt, dass er die Aktien in eigenem Namen und auf eigene Rechnung erworben hat.

Die Rechte an börsenmässig erworbenen Namenaktien gehen automatisch mit der Übertragung auf den Erwerber über, jene an ausserbörslich erworbenen Namenaktien erst dann, wenn der Erwerber bei der Gesellschaft ein Gesuch um Anerkennung als Aktionär gestellt hat.

Bis zur Anerkennung als Aktionär kann der Erwerber, unabhängig davon, ob er die Aktien börsenmässig erworben hat oder nicht, das Stimmrecht und die anderen mit dem Stimmrecht zusammenhängenden Rechte (Antragsrecht, Recht auf Auskunft oder Einsicht) nicht ausüben. In der Ausübung aller übrigen Rechte, insbesondere auch des Dividenden- und des Bezugsrechts, ist der Erwerber hingegen nicht eingeschränkt.

Diese Regelung trägt zu zwei Kategorien von Namenaktionären bei: solche mit Stimmrecht und solche ohne Stimmrecht. Namenaktien ohne Stimmrecht gelten in der Generalversammlung als nicht vertreten.

Der Aktionär ist zur Gesuchstellung nicht verpflichtet; daher kommt es zu Namenaktien ohne Stimmrecht auch dann, wenn der Erwerber gar kein Gesuch um Anerkennung als Aktionär einreicht. Da im Verhältnis zur Gesellschaft nur als Aktionär gilt, wer im Aktienbuch eingetragen ist (Art. 686 Abs. 4 OR), führt dies bei Unterlassung der Eintragung zur Schaffung von sogenannten **Dispo-Aktien**. Dies sind Namenaktien, die gleich wie Inhaberpapiere im Markt zirkulieren. Dispo-Aktien sind in der Praxis recht verbreitet; so beträgt beispielsweise (nach dem Aktienführer 2007/08 Finanz und Wirtschaft) der Anteil von Dispo-Aktien bei der Syngenta AG 46% und bei der UBS AG 37% des gesamten Aktienbestandes.

5.4.6 Recht auf Dividende

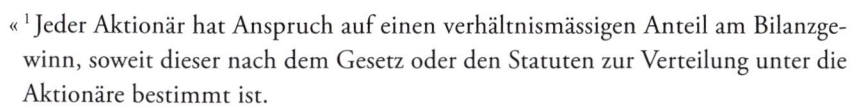

« ¹ Jeder Aktionär hat Anspruch auf einen verhältnismässigen Anteil am Bilanzgewinn, soweit dieser nach dem Gesetz oder den Statuten zur Verteilung unter die Aktionäre bestimmt ist.
² Bei Auflösung der Gesellschaft hat der Aktionär, soweit die Statuten über die Verwendung des Vermögens der aufgelösten Gesellschaft nichts anderes bestimmen, das Recht auf einen verhältnismässigen Anteil am Ergebnis der Liquidation.
³ Vorbehalten bleiben die in den Statuten für einzelne Kategorien von Aktien festgesetzten Vorrechte. »
Art. 660 OR: Recht auf Gewinn- und Liquidationsanteil

« Die Anteile am Gewinn und am Liquidationsergebnis sind, sofern die Statuten nicht etwas anderes vorsehen, im Verhältnis der auf das Aktienkapital einbezahlten Beträge zu berechnen. »
Art. 661 OR: Berechnungsart

In der Aktiengesellschaft als nach Gewinn strebender Gesellschaft hat das Recht auf Dividende, das heisst der Anspruch des Aktionärs auf einen Anteil am Bilanzgewinn, herausragende Bedeutung unter den Vermögensrechten.

Das Dividendenrecht ist ein im Grundsatz **unentziehbares Recht**. Dies ergibt sich einerseits aus Art. 706 Abs. 2 Ziffer 4 OR, wonach ein Beschluss der Generalversammlung, der die Gewinnstrebigkeit der Gesellschaft ohne Zustimmung sämtlicher Aktionäre aufhebt, angefochten werden kann, und anderseits aus Art. 706 b Ziffer 1 OR, der einen das Dividendenrecht aufhebenden GV-Beschluss gar für nichtig erklärt. Insofern ist auch die Gewinnstrebigkeit ein Recht des Aktionärs. Allerdings ist bezüglich der Gewinnstrebigkeit gemäss Bundesgerichtspraxis im schweizerischen Recht nicht die kurzfristige Sichtweise gemeint. Gefordert wird vielmehr eine geschäftliche Tätigkeit, die langfristig im Interesse der Gesellschaft liegt, wie dies auch aus Art. 674 Abs. 2 Ziffer 2 OR hervorgeht, wo von der «Rücksicht auf das **dauernde** Gedeihen des Unternehmens» die Rede ist. In diesem Sinne handelt es sich beim Recht auf Dividende nicht um einen Anspruch des Aktionärs, in kurzer Zeit möglichst grossen Ertrag ausgeschüttet zu bekommen.

Für die Ausübung des Rechts auf Dividende sind folgende Anforderungen einzuhalten:

- Damit ein Dividendenanspruch konkret entstehen kann, muss die Gesellschaft einen **Gewinn erzielt** haben. Denn die Dividende darf nur dem Bilanzgewinn und aus hiefür gebildeten Reserven entnommen werden (Art. 675 Abs. 2 OR).
- Es muss ein entsprechender **gültiger Beschluss der Generalversammlung** vorliegen (Art. 698 Abs. 2 Ziffer 4 OR), der aufgrund einer von der Revisionsstelle geprüften Jahresrechnung gefasst wird.

- Der Bilanzgewinn darf nicht insgesamt, sondern nur insoweit an die Aktionäre verteilt werden, wie dieser nach Gesetz und Statuten zur Verteilung bestimmt ist. Zu berücksichtigen sind beispielsweise namentlich die Zuweisungen an die **allgemeine gesetzliche Reserve und an allfällige statutarische Reserven** sowie die in den Statuten vorgesehene Ausrichtung von Tantiemen (Art. 677 OR).
- Berechnungsgrundlage für die Dividende bilden die auf das Aktienkapital einbezahlten Beträge (Art. 661 OR). Damit entscheidet das Mass der Kapitalbeteiligung (oder genauer: das Mass der Erfüllung der übernommenen Liberierungspflichten) über die Höhe des Gewinnanteils jedes Aktionärs.
- Üblicherweise erfolgt die Dividendenausschüttung in bar; denkbar ist aber auch eine Naturaldividende.

Falls Aktionäre und Mitglieder des Verwaltungsrats sowie diesen nahe stehende Personen ungerechtfertigt und in bösem Glauben Dividenden, Tantiemen, andere Gewinnanteile oder Bauzinsen sowie andere Leistungen der Gesellschaft bezogen haben, die in einem offensichtlichen Missverhältnis zur Gegenleistung und zur wirtschaftlichen Lage der Gesellschaft sind, steht der Gesellschaft und dem Aktionär nach Art. 678 OR ein Anspruch auf Rückerstattung zu.

5.4.7 Bezugsrecht

« [1] Jeder Aktionär hat Anspruch auf den Teil der neu ausgegebenen Aktien, der seiner bisherigen Beteiligung entspricht.
[2] Der Beschluss der Generalversammlung über die Erhöhung des Aktienkapitals darf das Bezugsrecht nur aus wichtigen Gründen aufheben. Als wichtige Gründe gelten insbesondere die Übernahme von Unternehmen, Unternehmensteilen oder Beteiligungen sowie die Beteiligung der Arbeitnehmer. Durch die Aufhebung des Bezugsrechts darf niemand in unsachlicher Weise begünstigt werden.
[3] Die Gesellschaft kann dem Aktionär, welchem sie ein Recht zum Bezug von Aktien eingeräumt hat, die Ausübung dieses Rechtes nicht wegen einer statutarischen Beschränkung der Übertragbarkeit von Namenaktien verwehren. »
Art. 652 b OR: Bezugsrecht

Da sich in der Aktiengesellschaft sowohl die Mitgliedschaftsrechte (Stimmrecht) als auch die Vermögensrechte (Dividendenrecht) nach ihrer Kapitalbeteiligung bemessen, beeinflusst jede Kapitalveränderung die Aktionäre in ihrer Rechtsstellung.

Das Bezugsrecht gibt einen **Anspruch auf den Bezug zusätzlicher Aktien**, das den Aktionären im Falle einer ordentlichen oder genehmigten Kapitalerhöhung im Verhältnis zu ihrer bisherigen Beteiligung zusteht. Das Bezugsrecht stellt nicht nur ein Mitwirkungsrecht, sondern auch ein vermögensmässiges Recht dar, einerseits indem bei handelbaren Aktien durch Verkauf des Bezugsrechts möglicherweise ein ausserordentlicher Vermögenswert realisiert werden kann und andererseits wenn der Ausgabepreis der neuen Aktien unter dem Börsenkurs oder dem wirklichen Aktienwert liegt. Natürlich ist das Bezugsrecht nicht kostenlos; vielmehr hat der sein Bezugsrecht ausübende Aktionär die ihm zustehenden zusätzlichen Aktien gegen Zahlung des Emissionspreises zu erwerben.

Die Erhaltung des Vermögensrechts und die Wahrung der Stimmkraft gehören zu den besonders schutzwürdigen Interessen der Aktionäre. Trotzdem muss die Gesellschaft in der Lage sein, neue Aktien auszugeben und diese Dritten, wie zum Beispiel Arbeitnehmenden oder Aktionären anderer Gesellschaften, zur Zeichnung anzubieten. Das Bezugsrecht der Aktionäre darf damit eine Zuweisung neuer Aktien an Dritte nicht völlig verhindern oder übermässig erschweren. Art. 652 b OR versucht einen Ausgleich dieser divergierenden Interessen zu schaffen: Danach darf das Bezugsrecht nur im Kapitalerhöhungsbeschluss der Generalversammlung und nicht ein für allemal in den Statuten aufgehoben werden. Der entsprechende Beschluss muss sich auf wichtige Gründe stützen, wobei das Gesetz beispielhaft einige nennt. Zudem benötigt der Beschluss das qualifizierte Mehr der vertretenen Aktiennennwerte (Art. 704 Abs. 1 Ziffer 6 OR). Im Gesetz ausdrücklich verankert wird zudem das Gebot der Wahrung des Gleichbehandlungsgrundsatzes bei einer allfälligen

Bezugsrechtsaufhebung. Als zusätzliche Schutznorm gilt Art. 652 b Abs. 3 OR: Danach kann die Gesellschaft dem Aktionär, dem sie ein Recht zum Bezug von Aktien eingeräumt hat, die Ausübung dieses Rechts nicht wegen einer statutarischen Beschränkung der Übertragbarkeit von Namenaktien verwehren.

5.4.8 Weitere vermögensmässige Rechte

- **Recht auf Anteil am Liquidationsergebnis**
  Nach Art. 660 Abs. 2 OR haben die Aktionäre bei Auflösung der Gesellschaft das Recht auf einen verhältnismässigen Anteil am Ergebnis der Liquidation. Gleich wie die Dividende bemisst sich der Liquidationsanteil gemäss Art. 661 sowie Art. 745 Abs. 1 OR nach Massgabe der einbezahlten Beträge.

- **Recht auf Bauzinsen**
  Im Grundsatz darf die AG Ausschüttungen an ihre Aktionäre nur aus dem Bilanzgewinn vornehmen und eine Verzinsung des Aktienkapitals ist nach Art. 675 Abs. 1 OR nicht zulässig. Eine Ausnahme davon bilden die Bauzinsen gemäss Art. 676 OR. Dies sind Zinsen, die den Aktionären ausbezahlt werden dürfen für die Zeit, welche die Vorbereitung und der Bau bis zur vollen Inbetriebstellung des Unternehmens erfordern. Damit sollen Gründeraktionären für die in der Regel gewinnlose Aufbauzeit eine gewisse Gegenleistung erhalten. Bauzinsen müssen in den Statuten vorgesehen sein (Art. 627 Ziffer 3 OR), welche den Zeitpunkt bezeichnen müssen, in dem die Entrichtung von Zinsen spätestens aufhört.

- **Vorwegzeichnungsrecht**
  Ähnlich wie das Bezugsrecht wirkt das in Art. 653 c OR geregelte Vorwegzeichnungsrecht, welches im Zusammenhang mit einer bedingten Kapitalerhöhung steht (vgl. Abschnitt 3.7.3). Mit Options- und Wandelrechten verbundene Obligationen müssen vor

deren Herausgabe den bisherigen Aktionären entsprechend ihrer bisherigen Kapitalbeteiligung zur Zeichnung angeboten werden, sofern nicht wichtige dagegen sprechende Gründe vorliegen. Auch hierbei ist das Gleichheitsgebot zu beachten.

5.5 Rechtsstellung der Partizipanten

« [1] Der Partizipant hat kein Stimmrecht und, sofern die Statuten nicht anderes bestimmen, keines der damit zusammenhängenden Rechte.
[2] Als mit dem Stimmrecht zusammenhängende Rechte gelten das Recht auf Einberufung einer Generalversammlung, das Teilnahmerecht, das Recht auf Auskunft, das Recht auf Einsicht und das Antragsrecht.
[3] Gewähren ihm die Statuten kein Recht auf Auskunft oder Einsicht oder kein Antragsrecht auf Einleitung einer Sonderprüfung (Art. 697 a ff.), so kann der Partizipant Begehren um Auskunft oder Einsicht oder um Einleitung einer Sonderprüfung schriftlich zuhanden der Generalversammlung stellen.»
Art. 656 c OR: Rechtsstellung des Partizipanten. Im Allgemeinen

5.5.1 Grundsatz der Gleichstellung und seine Ausnahme

Eine Aktiengesellschaft muss ein Aktienkapital haben; eine AG nur mit einem Partizipationskapital kann es nicht geben. Ein Partizipationskapital setzt zudem eine entsprechende Statutenbestimmung voraus (Art. 627 Ziffer 9 OR).

Die gesetzliche Regelung der Partizipationsscheine und der Rechtsstellung des Partizipanten wird durch den Grundsatz der Gleichstellung in Art. 656 a Abs. 2 OR beherrscht (vgl. Abschnitt 3.3). Dieser besagt, dass alle Vorschriften über das Aktienkapital und den Aktionär auch für das Partizipationskapital, den Partizipationsschein und den Partizipanten gelten, soweit den Bestimmungen in den Art. 656 b bis g OR nichts Gegenteiliges entnommen werden kann. In vermögensmässiger Hinsicht wird das Prinzip der Gleichstellung der Partizipanten in Art. 656 f Abs. 1 OR konkretisiert: Danach dürfen die Statuten die Partizipanten bei der Verteilung des Bilanzgewinns (und des Liquidationsergebnisses) sowie beim Bezug neuer Aktien nicht schlechter stellen als die Aktionäre.

Der Gleichstellungsgrundsatz erleidet jedoch eine ganz wesentliche Ausnahme: **Der Partizipant hat begriffsnotwenig kein Stimmrecht.** Ebenso wenig verfügt er nach Gesetz (und sofern die Statuten nichts anderes vorsehen) über die mit dem Stimmrecht zusammenhängenden Rechte, nämlich die Rechte auf Einberufung und Teilnahme an der Generalversammlung, auf Auskunft und Einsicht sowie auf Antragsstellung.

Es ist aber sicherzustellen, dass dem Partizipanten bekannt gemacht wird, dass eine Generalversammlung stattfindet und was sie beschlossen hat, damit er sein Anfechtungsrecht ausüben kann. Das Gesetz gewährt den Partizipanten unabhängig von den Statuten das Recht, bei der Generalversammlung schriftliche Begehren um Auskunft oder Einsicht oder um Einleitung einer Sonderprüfung zu stellen. Im Übrigen wird die Grenzziehung den Statuten überlassen. Diese können den Partizipanten alle mit dem Stimmrecht zusammenhängenden Rechte gewähren, nicht aber das Stimmrecht selber.

5.5.2 Vermögensrechte insbesondere

Da der Partizipant kein Stimmrecht hat, können die Statutenbestimmungen ohne sein Zutun zu seinen Ungunsten abgeändert werden. In dieser Möglichkeit liegt eine grundsätzliche Schwäche des Partizipationsscheins. Zum Schutz der Vermögensrechte enthält Art. 656 f OR zusätzliche Vorschriften. Danach

- dürfen die Statuten die Partizipanten bei der Verteilung des Bilanzgewinns und des Liquidationsergebnisses sowie beim Bezug neuer Aktien nicht schlechter stellen als die Aktionäre. Bestehen mehrere Kategorien von Aktien, so müssen die Partizipationsscheine zumindest jener Kategorie gleichgestellt sein, die am wenigsten bevorzugt ist.

- sind Statutenänderungen und andere Generalversammlungsbeschlüsse, welche die Stellung der Partizipanten verschlechtern, nur dann zulässig, wenn sie auch die Stellung der Aktionäre, denen die Partizipanten gleichstehen, entsprechend beeinträchtigen.

- dürfen, solange die Statuten nichts anderes bestimmen, die Vorrechte und die statutarischen Mitwirkungsrechte von Partizipanten nur mit Zustimmung einer besonderen Versammlung der betroffenen Partizipanten und der Generalversammlung der Aktionäre beschränkt oder aufgehoben werden.

Dieser Regel liegt folgender Gedanke zugrunde: Aktionäre und Partizipanten bilden eine Schicksalsgemeinschaft. Wer als Aktionär über die Verschlechterung der Vermögensrechte eines andern, des Partizipanten, beschliesst, muss die gleiche Verschlechterung auf sich nehmen. Anderseits ist dem Partizipanten zuzumuten, dass er Verschlechterungen akzeptiert, die auch den Aktionär treffen. Ein absoluter Schutz wäre nicht vereinbar mit der Auffassung, dass der Partizipationsschein eine Beteiligung verbrieft und nicht ein Gläubigerrecht.

6. Die Organisation der Aktiengesellschaft

Personenverbindungen mit eigener Rechtspersönlichkeit verfolgen einen Dauerzweck, der von der jeweiligen personellen Zusammensetzung der Körperschaft unabhängig ist. Diese Tatsache macht eine straffe Organisation und eine klare Kompetenzordnung unerlässlich, die nicht auf die Personen der Gesellschafter bezogen sind.

Die Aktionäre der AG haben weder das gesetzliche Recht noch die gesetzliche Pflicht zur Übernahme aktiver Funktionen in der Gesellschaftsführung. Deshalb sind die zur Geschäftsführung und Vertretung der Gesellschaft befugten natürlichen Personen speziell zu bestimmen, das heisst, die Aufgabenbereiche müssen bestimmten Funktionsträgern (Organen) zugeordnet werden. Man bezeichnet diese Art der Organbestimmung als **Drittorganschaft.** Die Bezeichnung trifft nicht nur dann zu, wenn aussenstehende Drittpersonen Organfunktionen übernehmen, sondern auch dann, wenn Gesellschafter zu Organträgern bestellt werden; denn auch die Mitglieder erhalten ihre Organqualität nicht von Gesetzes wegen, sondern durch einen besonderen Bestellungsakt.

6.1 Organe der AG

6.1.1 Organbegriff

«[1] Die Organe sind berufen, dem Willen der juristischen Person Ausdruck zu geben.
[2] Sie verpflichten die juristische Person sowohl durch den Abschluss von Rechtsgeschäften als auch durch ihr sonstiges Verhalten.
[3] Für ihr Verschulden sind die handelnden Personen ausserdem persönlich verantwortlich.»
Art. 55 ZGB

« Die Gesellschaft haftet für den Schaden aus unerlaubten Handlungen, die eine zur Geschäftsführung oder zur Vertretung befugte Person in Ausübung ihrer geschäftlichen Verrichtungen begeht.»
Art. 722 OR: Organhaftung

«[1] Die Mitglieder des Verwaltungsrates und alle mit der Geschäftsführung oder mit der Liquidation befassten Personen sind sowohl der Gesellschaft als auch den einzelnen Aktionären und Gesellschaftsgläubigern für den Schaden verantwortlich, den sie durch absichtliche oder fahrlässige Verletzung ihrer Pflichten verursachen.
[2] …»
Art. 754 Abs. 1 OR: Haftung für Verwaltung, Geschäftsführung und Liquidation

Der Wille der juristischen Person kommt durch das Handeln ihrer Organe zum Ausdruck. Konkret bedeutet dies: Organe treffen für die Gesellschaft dauernd, selbstständig, in entscheidender Weise und in wesentlichen Aufgabenbereichen wichtige Entscheidungen. Die als Organe tätigen natürlichen Personen verpflichten die juristische Person sowohl durch den Abschluss von Rechtsgeschäften als auch durch ihr sonstiges Verhalten. Diese allgemeine Anordnung im Zivilgesetzbuch wird durch die im Obligationenrecht statuierte Organhaftung verdeutlicht, wonach die Gesellschaft grundsätzlich für das Handeln ihrer Organe haftet. Gegenstück der Haftung der juristischen Person für das Handeln ihrer Organe bildet die Verantwortung der Organe gegenüber der Gesellschaft, den einzelnen Aktionären sowie den Gesellschaftsgläubigern, wie diese in Art. 754 ff. OR geregelt ist (vgl. nachstehend Abschnitt 6.5).

Organe sind nicht blosse Stellvertreter, sondern Teile der juristischen Person. Sie unterscheiden sich damit von Hilfspersonen, welche lediglich ausführende Funktionen im Sinne der Umsetzung der von Organen getroffenen Entscheidungen wahrnehmen. Ob es sich bei einem Funktionsträger im Einzelfall um ein Organ oder eine Hilfsperson handelt, bestimmt sich nicht nach formellen Kriterien. Nicht nur die durch Gesetz und Statuten als solche bezeichneten Personen haben Organqualität, sondern auch jene Personen, die aufgrund der internen tatsächlichen Organisationsstruktur selbstständig wesentliche Entscheidungen für die Körperschaft treffen.

6.1.2 Gesetzlich vorgeschriebene Organe

Gemäss Gesetz muss die Aktiengesellschaft über drei Organe verfügen, nämlich

- Generalversammlung (GV; Art. 698–706 b OR)
- Verwaltungsrat (VR; Art. 707–726 OR)
- Revisionsstelle (RS; Art. 727–731 a OR)

Für besondere, ausserordentliche Situationen bezeichnet das Obligationenrecht daneben die Liquidatoren (Art. 740 ff. OR) und den Sachwalter (Art. 725 a OR) als gesetzliche Organe.

Das Obligationenrecht weist jedem Organ die Aufgaben konkret zu; es handelt sich um Aufgaben, die es keinem anderen Organ übertragen darf und bei deren Erledigung es sich keine Eingriffe eines anderen Organs gefallen lassen muss. Wenn beispielsweise Art. 716 a OR einzelne Aufgaben des Verwaltungsrats als unübertragbar und unentziehbar bezeichnet, bedeutet dies, dass auch der Verwaltungsrat selbst keine Delegation an andere Organe vornehmen darf: somit ist es nicht zulässig, diese Aufgaben zum Beispiel an die Generalversammlung zu delegieren, selbst wenn das Gesetz die GV als oberstes Organ der Gesellschaft bezeichnet.

Der Aktiengesellschaft steht es frei, über die vom Gesetz als zwingend bezeichneten Organe weitere Organe vorzusehen (beispielsweise Beirat); dies kann in den Statuten oder in besonderen Organisationsreglementen geschehen.

Das Gesetz enthält eine Sanktion für den Fall, dass Mängel in der Organisation der Gesellschaft bestehen: Fehlt eines der vorgeschriebenen Organe oder ist eines der Organe nicht rechtmässig zusammengesetzt, so kann nach Art. 731 b OR ein Aktionär, ein Gläubiger oder der Handelsregisterführer dem Richter beantragen, die erforderlichen Massnahmen zu ergreifen. Als mögliche Massnahmen nennt das OR die Fristansetzung an die Gesellschaft zur Herstellung des rechtmässigen Zustandes, die Ernennung des fehlenden Organs oder die Auflösung der Gesellschaft.

6.2 Die Generalversammlung

6.2.1 Stellung

Die GV ist aufgrund des Gesetzeswortlauts (Art. 689 a Abs. 1 OR und Art. 698 Abs. 1 OR) die **Versammlung der Aktionäre**, welche zum **obersten Gesellschaftsorgan** erklärt wird. Oft wird kritisiert, die Rechtswirklichkeit entspreche diesem gesetzlichen Leitbild nicht und die Gesellschaften würden effektiv vom Verwaltungsrat beherrscht. Einerseits verkennt diese Kritik die Bedeutung der gesetzlichen Anordnung. «Oberstes» Organ heisst die Generalversammlung nicht, weil ihr alle Macht im Unternehmen zustehen soll, sondern weil sie die Grundsatzentscheidungen fällt, die anderen Organe wählt und über die Gewinnverwendung beschliesst. Anderseits darf nicht übersehen werden, dass in der Praxis insbesondere bei Publikumsgesellschaften die GV ihre Entscheidungs- und Aufsichtsfunktion wegen einer gewissen Passivität und Interesselosigkeit der Aktionäre oft ungenügend wahrnimmt. Dies drückt sich in der teilweise mangelhaften Beteiligung an der GV und den in einzelnen Gesellschaften nicht unerheblichen Anteil von Dispo-Aktien (vgl. Abschnitt 5.4.5 d) aus.

6.2.2 Unübertragbare Befugnisse

Die GV ist das eigentliche Willensbildungsorgan der Gesellschaft. Es handelt sich um ein reines Innenorgan mit folgenden, nicht übertragbaren Kompetenzen:

- **Festsetzung und Änderung der Statuten**
  (Art. 698 Abs. 2 Ziffer 1 OR) vgl. dazu Abschnitt 2.2.4
- **Wahl des Verwaltungsrats und der Revisionsstelle**
  (Art. 698 Abs. 2 Ziffer 2 OR)
  Einzig die GV ist zuständig für die Wahl von VR und RS sowie für die Bestellung besonderer Sachverständiger und allenfalls der Liquidatoren (Art. 731 Abs. 2 OR bzw. Art. 740 Abs. 1 OR).

Die Wahlfreiheit der GV ist durch gesetzliche Anordnungen oder durch statutarische Regelungen eingeschränkt (vgl. nachfolgend Abschnitte 6.3.2 und 6.4.2). Nach Art. 705 OR ist die GV zudem auch befugt, die Mitglieder des VR und der RS abzuberufen.

- **Genehmigung des Geschäftsberichts**
  (Art. 698 Abs. 2 Ziffer 3 und 4 OR)
  Beim Geschäftsbericht handelt es sich um eine wichtige Informationsquelle der Gesellschafter über den Verlauf der geschäftlichen Tätigkeit. Damit begründet sich dessen Genehmigungsbedürftigkeit (vgl. zum Geschäftsbericht Abschnitt 4.2).

- **Beschlussfassung über die Gewinnverwendung**
  (Art. 698 Abs. 2 Ziffer 4 OR)
  Massgebend für die Beschlüsse über die Gewinnverwendung ist die Jahresrechnung. Bei der Gewinnverwendung geht es um die Reservenbildung sowie insbesondere um die Festsetzung der Dividende und der Tantiemen. Die GV ist beim Beschluss über die Verwendung des Bilanzgewinns nicht völlig frei: So darf eine Dividende an die Aktionäre erst dann ausgerichtet werden, wenn die zwingenden gesetzlichen (sowie allenfalls die in den Statuten vorgesehenen weiteren) Reserven gebildet worden sind. Und für die Ausrichtung von Tantiemen ist neben einer statutarischen Grundlage auch vorausgesetzt, dass eine mindestens fünfprozentige Dividende ausgeschüttet wird (Art. 677 OR).

- **Entlastung des Verwaltungsrats** (Art. 698 Abs. 2 Ziffer 5)
  Bei der Entlastung (Décharge) des VR handelt es sich um eine negative Schuldanerkennung, nämlich um die Erklärung der GV, dass gegen die entlasteten Organe aus deren Geschäftsführung während einer bestimmten Geschäftsperiode keine Forderungen geltend gemacht werden. Üblicherweise bezieht sich die Déchargeerteilung auf den gesamten VR; es ist aber zulässig, dass einzelnen Mitgliedern die Entlastung erteilt wird, anderen nicht. Nach Art. 758 Abs. 1 OR wirkt der Entlastungsbeschluss nur für bekannt gegebene Tatsachen und nur gegenüber der Gesellschaft

sowie gegenüber denjenigen Aktionären, die dem Beschluss zugestimmt oder die Aktien seither in Kenntnis des Beschlusses erworben haben.

- **Beschlussfassung über weitere Gegenstände**
  (Art. 698 Abs. 2 Ziffer 6)
  Zunächst geht es um Kompetenzen, die der GV an anderer Gesetzesstelle übertragen werden, nämlich:

  – Zerlegung und Zusammenlegung von Aktien: Art. 623 OR
  – Aufhebung von Bestimmungen in den Statuten über Sacheinlagen und Sachübernahmen: Art. 628 Abs. 3 OR
  – Ordentliche Kapitalerhöhung: Art. 650 OR
  – Genehmigte Kapitalerhöhung: Art. 651 OR
  – Bedingte Kapitalerhöhung: Art. 653 OR
  – Schaffung von Vorzugsaktien: Art. 654 OR
  – Schaffung von Partizipationsscheinen: Art. 656 a OR
  – Schaffung von Genussscheinen: Art. 657 OR
  – Bildung zusätzlicher Reserven: Art. 674 Abs. 2 OR
  – Einleitung einer Sonderprüfung: Art. 697 a OR
  – Organisation der Revisionsstelle: Art. 731 a OR
  – Kapitalherabsetzung: Art. 732 OR
  – Auflösung der Gesellschaft: Art. 736 OR
  – Ernennung und Abberufung von Liquidatoren: Art. 740 ff. OR

Die Beschlussfassung über weitere Gegenstände bezieht sich sodann auch auf Befugnisse, die der GV durch die Statuten übertragen worden sind, denn die Statuten können die GV als zuständig für die Beschlussfassung über alle Gegenstände erklären, die nicht zu den unübertragbaren sowie unentziehbaren Kompetenzen der anderen gesetzlichen Organe gehören.

6.2.3 Einberufung und Durchführung

Das Gesetz verlangt die Durchführung mindestens einer Aktionärsversammlung pro Jahr. Diese sogenannte **ordentliche Generalversammlung** hat innerhalb von sechs Monaten nach Schluss des Geschäftsjahres stattzufinden (Art. 699 Abs. 2 OR). Zusätzliche Zusammenkünfte der Aktionäre, das heisst **ausserordentliche Generalversammlungen,** können je nach Bedarf durchgeführt werden.

a) **Einberufung**

- Die Konzeption des Aktienrechts geht von der **Unmittelbarkeit der GV** aus. Dies bedeutet, dass die Beschlussfassung durch die Aktionäre nur durch physische Anwesenheit erfolgen darf und nicht auf dem Zirkulationsweg, durch Urabstimmung oder per Internet. Die Durchführung einer Internet-GV ist unter dem geltenden Recht nicht zulässig, denn verlangt sind die physische Anwesenheit der RS bei ordentlicher Revision sowie die notarielle Beurkundung der GV-Beschlüsse.

- Zuständig für die Einberufung ist grundsätzlich der VR, nötigenfalls die RS (beispielsweise wenn der VR dies bei einem Kapitalverlust unterlässt. Das Einberufungsrecht steht auch den Liquidatoren und den Vertretern der Anleihensgläubiger zu. Die Durchführung einer GV kann auch von einem oder mehreren Aktionären verlangt werden, die mindestens 10% des Aktienkapitals vertreten. Ausserdem kann auch die GV selbst die Einberufung einer weiteren GV beschliessen (Art. 699 Abs. 1 und 3 OR).

- Die Einberufung hat spätestens 20 Tage vor dem Versammlungstag in der durch die Statuten vorgeschriebenen Form zu erfolgen. Namenaktionäre werden in der Regel persönlich eingeladen; für Inhaberaktionäre erfolgt die Publikation in den statutarisch bestimmten Medien.

- Mit der Einberufung sind die Tagesordnung und die Anträge von VR und Aktionären bekannt zu geben. Bezogen auf den Geschäfts- und Revisionsbericht schreibt Art. 696 OR deren Auflage zur Einsicht am Gesellschaftssitz vor. Jeder Aktionär hat zudem das Recht, eine unverzügliche Zustellung dieser Unterlagen zu verlangen.
- Über formell nicht gehörig angekündigte Traktanden können keine Beschlüsse gefasst werden. Eine Besonderheit betrifft die in Art. 701 OR vorgesehene **Universalversammlung**: Danach kann eine GV ohne Einhaltung der Einberufungsvorschriften abgehalten werden, wenn die Eigentümer oder Vertreter sämtlicher Aktien dies widerspruchslos so beschliessen. Die Universalversammlung kann über alle in den Geschäftskreis der GV fallenden Gegenstände gültig verhandeln und Beschluss fassen, solange die Eigentümer oder Vertreter sämtlicher Aktien tatsächlich anwesend sind.

b) Durchführung

Das Gesetz regelt die Durchführung der GV nur rudimentär. Dabei kommen dem VR besondere Aufgaben zu:

- Es gibt gesetzlich weder eine Pflicht der Aktionäre zur Teilnahme an der GV noch eine Mindestpräsenz, welche für die ordnungsmässige Durchführung der GV notwendig ist.
- Gemäss Art. 689 Abs. 2 OR kann ein Aktionär seine Aktien selbst vertreten oder durch einen Dritten vertreten lassen (vgl. zum Vertretungsrecht allgemein sowie zur Organvertretung und zur Depotvertretung Abschnitt 5.4.1).
- Die Vorbereitung der GV sowie die Ausführung ihrer Beschlüsse ist nach Art. 716 a Abs. 1 Ziffer 6 OR) Sache des VR.
- Der VR lässt die Stimmberechtigung feststellen. Die Berechtigung zur Teilnahme ergibt sich aus Art. 689 a OR: Bei Namenaktionä-

ren ist die Feststellung der Berechtigung zur Teilnahme einfach, denn sie sind im Aktienbuch eingetragen. Inhaberaktionäre haben sich über den Besitz von Aktien auszuweisen (sei dies durch Vorweisung der Aktienurkunden, sei dies durch eine Depotbestätigung ihrer Bank).

- Nach Art. 702 a OR sind die Mitglieder des VR (die ja nicht zwingend Aktionäre zu sein brauchen) berechtigt, an der GV teilzunehmen und Anträge zu stellen.
- Der VR sorgt für die Führung des Versammlungsprotokolls, in welches die gemäss zwingender Anordnung in Art. 702 Abs. 2 OR aufgeführten Angaben aufzunehmen sind.
- In der Regel enthalten die Statuten Bestimmungen über die Leitung der GV. Meist wird darin der Präsident oder ein Mitglied des VR als für die Versammlungsleitung zuständig erklärt. Dies gilt nach herrschender Lehre aber auch ohne ausdrückliche Regelung.
- Jeder Aktionär hat unabhängig von der Höhe seiner Beteiligung das Recht, einerseits sich zu allen traktandierten Verhandlungsgegenständen zu äussern und Anträge zu stellen sowie anderseits Auskunft vom VR über die Angelegenheiten der Gesellschaft zu verlangen.

6.2.4 Beschlussfassung

« Die Generalversammlung fasst ihre Beschlüsse und vollzieht ihre Wahlen, soweit das Gesetz oder die Statuten es nicht anders bestimmen, mit der absoluten Mehrheit der vertretenen Aktienstimmen. »
Art. 703 OR: Beschlussfassung und Wahlen: Im Allgemeinen

« [1] Ein Beschluss der Generalversammlung, der mindestens zwei Drittel der vertretenen Stimmen und die absolute Mehrheit der vertretenen Aktiennennwerte auf sich vereinigt, ist erforderlich für:
... »
Art. 704 Abs. 1 OR: Wichtige Beschlüsse

- Die Beschlüsse und Wahlen werden **offen durchgeführt,** ausser wenn die Statuten eine andere Regelung enthalten oder wenn bei unklaren Mehrheitsverhältnissen eine schriftliche Abstimmung vom Versammlungsleiter angeordnet oder von der GV verlangt wird.

- Nach Art. 703 OR gilt für Beschlüsse und Wahlen grundsätzlich das Erfordernis der **absoluten Mehrheit** (bei gerader Zahl Hälfte plus eine, bei ungerader Zahl die Hälfte plus eine halbe Stimme). Massgebend für die Ermittlung der absoluten Mehrheit sind nach dem Gesetzeswortlaut die an der Versammlung vertretenen und nicht die abgegebenen Aktienstimmen. Die Statuten können unter dem Vorbehalt der Beschlüsse gemäss Art. 704 Abs. 1 OR die Beschlussfassung anders regeln. Denkbar ist beispielsweise, dass anstelle des absoluten Mehrs die relative Mehrheit gelten soll (massgebend ist dann die Summe der Ja- und Nein-Stimmen) oder dass nicht auf die vertretenen, sondern die abgegebenen Aktienstimmen abgestellt wird. In den Statuten kann auch vorgesehen werden, dass dem Versammlungsleiter bei Stimmengleichheit der Stichentscheid zusteht.

- Für sogenannte wichtige Beschlüsse genügt nicht die absolute Mehrheit der vertretenen Aktienstimmen, sondern es wird eine **qualifizierte Mehrheit** verlangt. Zur gültigen Beschlussfassung über die folgenden in Art. 704 OR aufgeführten Gegenstände sind kumulativ mindestens zwei Drittel der vertretenen Stimmen sowie die absolute Mehrheit der vertretenen Aktiennennwerte erforderlich:

    - Änderung des Gesellschaftszwecks
    - Einführung von Stimmrechtsaktien
    - Vinkulierung von Namenaktien
    - genehmigte oder bedingte Kapitalerhöhung
    - Kapitalerhöhung aus Eigenkapital, gegen Sacheinlage oder zwecks Sachübernahme sowie Gewährung besonderer Vorteile
    - Einschränkung oder Aufhebung des Bezugsrechts
    - Verlegung des Gesellschaftssitzes

- In zwei Fällen verlangt das Gesetz **Einstimmigkeit** der GV, nämlich für den
    - Verzicht auf die Anwesenheit der Revisionsstelle an der GV bei ordentlicher Revision (Art. 731 Abs. 2 OR)
    - Beschluss, der die Gewinnstrebigkeit der Gesellschaft aufhebt (Art. 706 Abs. 2 Ziffer 4)

6.2.5 Mangelhafte Beschlussfassung

Mangelhaft sind GV-Beschlüsse, die gegen das Gesetz oder die Gesellschaftsstatuten verstossen. Je nachdem, welche Gesetzes- oder Statutenbestimmungen verletzt wurden, ist die Folge Anfechtbarkeit oder Nichtigkeit.

a) Anfechtbarkeit

> «^{1} Der Verwaltungsrat und jeder Aktionär können Beschlüsse der Generalversammlung, die gegen das Gesetz oder die Statuten verstossen, beim Richter mit Klage gegen die Gesellschaft anfechten.
> ^{2} Anfechtbar sind insbesondere Beschlüsse, die
> 1. unter Verletzung von Gesetz oder Statuten Rechte von Aktionären entziehen oder beschränken;
> 2. in unsachlicher Weise Rechte von Aktionären entziehen oder beschränken;
> 3. eine durch den Gesellschaftszweck nicht gerechtfertigte Ungleichbehandlung oder Benachteiligung der Aktionäre bewirken;
> 4. die Gewinnstrebigkeit der Gesellschaft ohne Zustimmung sämtlicher Aktionäre aufheben.
> ^{3} ...»
> Art. 706 Abs. 1 und 2 OR: Anfechtung von Generalversammlungsbeschlüssen

Absatz 2 von Art. 706 OR listet vier konkrete Anfechtungsgegenstände auf. Die Aufzählung zeigt die Begründung der Anfechtbarkeit: Gerügt werden sollen Versammlungsbeschlüsse, die eine Beeinträchtigung von Aktionärsrechten oder eine Benachteiligung von Gesellschaftern bedeuten. Die Rechtsstellung der Minderheit darf durch Mehrheitsentscheid nicht unzulässig beschnitten werden.

Die Aufzählung in Art. 706 OR ist jedoch nicht abschliessend. So ist eine Klage auf Anfechtung von GV-Beschlüssen ausdrücklich auch in folgenden Fällen vorgesehen:

- Organvertreter, unabhängige Stimmrechtsvertreter und Depotvertreter geben der Gesellschaft Anzahl, Art, Nennwert und Kategorie der von ihnen vertretenen Aktien nicht bekannt (Art. 689 e Abs. 1 OR).
- Der Versammlungsleiter teilt der GV trotz Aufforderung Anzahl, Art, Nennwert und Kategorie der von den Vertretern vertretenen Aktien nicht mit (Art. 689 e Abs. 2 OR).
- Es wirken Personen, die zur Teilnahme an der GV nicht befugt sind, bei einem Beschluss mit (Art. 691 Abs. 3 OR).
- Die Bestimmungen über die Anwesenheit der Revisionsstelle an der GV werden missachtet (Art. 731 Abs. 3 OR).

Die Anfechtung hat innerhalb von zwei Monaten nach der GV beim Richter am Sitz der Gesellschaft mit Klage gegen die Gesellschaft zu erfolgen. Klagelegitimiert sind der VR sowie jeder einzelne Aktionär. Das Urteil, welches einen Beschluss der GV aufhebt, wirkt für und gegen alle Aktionäre.

b) Nichtigkeit

§
«Nichtig sind insbesondere Beschlüsse der Generalversammlung, die:
1. das Recht auf Teilnahme an der Generalversammlung, das Mindeststimmrecht, die Klagerechte oder andere vom Gesetz zwingend gewährte Rechte des Aktionärs entziehen oder beschränken;
2. Kontrollrechte von Aktionären über das gesetzlich zulässige Mass hinaus beschränken, oder
3. die Grundstrukturen der Aktiengesellschaft missachten oder die Bestimmungen zum Kapitalschutz verletzen.»
Art. 706 b OR: Nichtigkeit

Verletzt ein GV-Beschluss besonders wichtige zwingende Normen, so ist Nichtigkeit die Rechtsfolge. Art. 706 b OR erklärt dies für mehrere Fälle ausdrücklich; auch diese Auflistung ist indessen nicht abschliessend. Nichtigkeit ist ebenfalls die Folge

- wenn eine Universalversammlung durchgeführt wird und nicht alle Aktionäre anwesend oder vertreten sind (Art. 701 OR)
- für Beschlüsse zur Genehmigung der Jahresrechnung und der Konzernrechnung sowie zur Verwendung des Bilanzgewinns, sofern der erforderliche Revisionsbericht an der GV nicht vorliegt (Art. 731 Abs. 3 OR).

Nichtige GV-Beschlüsse sind von Anfang an rechtsunwirksam. Die Nichtigkeit ist von Amtes wegen zu beachten und an keine Verwirkungsfrist gebunden. Sie kann von jedermann, der ein rechtliches Interesse an der Feststellung hat, geltend gemacht werden.

6.3 Der Verwaltungsrat

6.3.1 Stellung

«¹ Der Verwaltungsrat kann in allen Angelegenheiten Beschluss fassen, die nicht nach Gesetz oder Statuten der Generalversammlung zugeteilt sind.
² Der Verwaltungsrat führt die Geschäfte der Gesellschaft, soweit er die Geschäftsführung nicht übertragen hat.»
Art. 716 OR: Aufgaben: Im Allgemeinen

«¹ Die Statuten können den Verwaltungsrat ermächtigen, die Geschäftsführung nach Massgabe eines Organisationsreglementes ganz oder zum Teil an einzelne Mitglieder oder an Dritte zu übertragen.
² ... »
Art. 716 b Abs. 1 OR: Übertragung der Geschäftsführung

«[1] Der Verwaltungsrat vertritt die Gesellschaft nach aussen. Bestimmen die Statuten oder das Organisationsreglement nichts anderes, so steht die Vertretungsbefugnis jedem Mitglied einzeln zu.
[2] Der Verwaltungsrat kann die Vertretung einem oder mehreren Mitgliedern (Delegierten) oder Dritten (Direktoren) übertragen.
[3] ...»
Art. 718 Abs. 1 und 2 OR: Vertretung: Im Allgemeinen

Der VR ist das **Exekutivorgan** der Gesellschaft. Er hat **gesellschaftsintern** Geschäftsführungsbefugnisse und übt **gesellschaftsextern** die Vertretung der Gesellschaft aus. Die Vertretungsbefugnis bezieht sich auf alle Rechtshandlungen, die der Zweck der Gesellschaft mit sich bringen kann. Faktisch ist damit der VR das wichtigste Organ der Gesellschaft.

6.3.2 Bestellung, Zusammensetzung und Ausscheiden

- Bestimmungen über den VR gehören zum absolut zwingenden Statuteninhalt (Art. 627 Ziffer 6 OR). Die statutarischen Anordnungen beziehen sich regelmässig auf die Anzahl der Verwaltungsratsmitglieder, können aber beispielsweise auch Wählbarkeitsvoraussetzungen aufstellen. Die Mitglieder des VR sind in das Handelsregister einzutragen.

- Es bestehen keine gesetzlichen Vorschriften und Einschränkungen betreffend Nationalität und Wohnsitz. Das Aktienrecht stellt auch keine fachlichen oder sonstigen Anforderungen an den VR auf; Nicht-Aktionäre sind als VR wählbar. Bei kleinen und mittleren Gesellschaften, die nicht an der Börse kotiert sind, besteht der Verwaltungsrat meistens aus Personen, die als Grossaktionäre wesentlich an der Gesellschaft beteiligt sind und damit unternehmerisches Risiko tragen.

- Aufgrund der körperschaftlichen Struktur ist es durchaus möglich, dass sich an der AG eine juristische Person oder eine Handelsgesellschaft als Aktionär beteiligt. Diesen Gesellschaftern ist aufgrund von Art. 707 Abs. 3 OR die Wahl in den VR verwehrt; die Exekutive der Aktiengesellschaft muss aus natürlichen Personen bestehen. Zulässig ist aber, anstelle der an einer AG beteiligten Gesellschaft ihre Vertreter in den VR zu wählen.

- Anspruch auf eine Vertretung im VR haben gemäss Art. 709 Abs. 1 OR die bestehenden verschiedenen Kategorien von Aktionären, die sich durch ihre Rechtsstellung voneinander unterscheiden. Gemeint sind damit Vorzugsaktien und Stimmrechtsaktien (vgl. dazu Abschnitt 3.1.4 c). Daneben können die Statuten nach Art. 709 Abs. 2 OR besondere Schutzbestimmungen für Minderheiten aufstellen (zum Beispiel Vertretung von Minderheitsaktionären oder Eigentümern von Arbeitnehmeraktien). Ausserdem ermöglicht es Art. 656 e Abs. 1 OR, den Partizipanten einen statutarischen Anspruch auf Vertretung im VR zuzugestehen.

- Wahlorgan des VR ist die GV. Diese entscheidet mit der absoluten Mehrheit der vertretenen Aktienstimmen. Die Wahl gilt gemäss dispositiver Regelung in Art. 710 OR für eine Amtsdauer von drei Jahren, wobei die Statuten die Amtsdauer bis zu einer Obergrenze von sechs Jahren festlegen können. Wiederwahl ist zulässig.

- Die Mitglieder des VR können jederzeit von sich aus zurücktreten, und Art. 705 OR berechtigt die GV zu deren Abberufung. Das Ausscheiden aus dem VR entfaltet seine Wirkung im Innenverhältnis unmittelbar, im Aussenverhältnis dagegen erst mit dem Werktag, welcher der Veröffentlichung des Ausscheidens im Schweizerischen Handelsamtsblatt folgt.

6.3.3 Aufgaben

a) Im Allgemeinen

Art. 716 Abs. 1 OR regelt das Verhältnis des VR zur GV. Der VR ist als Kompetenzauffangbecken in allen Angelegenheiten zuständig, die Gesetz oder Statuten nicht der GV übertragen. Nicht zuständig sein kann der VR insbesondere für die unübertragbaren Befugnisse der GV.

Das Gesetz erklärt den VR zur Geschäftsführung zuständig, enthält jedoch die Möglichkeit der Delegation der Geschäftsführung. Das Aktienrecht lässt damit faktisch drei Exekutivmöglichkeiten zu:

- Identität von VR und Geschäftsleitung
- Trennung von VR und Geschäftsleitung
- Delegation einzelner Geschäftsführungsbefugnisse an einzelne Mitglieder des VR oder an Dritte

Haftungsrechtliche Bedeutung hat die Regelung, wonach die Geschäftsführungsbefugnisse allen Mitgliedern des VR gesamthaft zukommen.

b) Delegation der Geschäftsführung

Die Übertragung der Geschäftsführung an Delegierte (einzelne Verwaltungsratsmitglieder) und/oder Drittpersonen (Direktoren) steht in engem Zusammenhang mit dem Verantwortlichkeitsrecht, ganz besondere mit der Frage der Beschränkung der Haftung infolge Delegation (Art. 754 OR). Zur rechtsgültigen Übertragung der Geschäftsführung müssen vier Voraussetzungen erfüllt sein:

- statutarische Grundlage
- Erlass eines Organisationsreglements
- statuten- und reglementskonforme Delegation

- Beachtung der materiellen Schranken von Art. 716 a OR (vgl. sogleich Abschnitt 6.3.3 c)

Art. 716 b Abs. 2 OR bestimmt den Inhalt des Organisationsreglements. Es soll so konkret ausgestaltet sein, dass Aktionäre und Gläubiger mit schutzwürdigem Interesse schriftlich über die Organisation der Geschäftsführung orientiert werden (insbesondere über die zuständigen Stellen, deren Aufgaben und deren Berichterstattungspflichten).

c) Unübertragbare Aufgaben

Das Gesetz listet Aufgaben auf, die vom VR weder an eine Geschäftsleitung, einen Verwaltungsratsausschuss oder einzelne Mitglieder noch an Dritte delegiert werden noch ihm entzogen werden dürfen. Es handelt sich damit um eine **zwingende Einschränkung der grundsätzlich an sich zulässigen Delegation** der Geschäftsführung.

- **Oberleitung der Gesellschaft samt Erteilung der nötigen Weisungen** (Art. 716 a Abs. 1 Ziffer 1 OR)
Unübertragbar ist nur die Oberleitung und nicht die Leitung als solche. Oberleitung bedeutet dreierlei: erstens die Entwicklung der stategischen Ziele der Gesellschaft; zweitens die Festlegung der für die Zielerreichung notwendigen Mittel; drittens die Überwachung der Ausführungsorgane hinsichtlich der Zielverfolgung und des Mitteleinsatzes.
- **Festlegung der Organisation** (Art. 716 a Abs. 1 Ziffer 2 OR)
Der VR hat sowohl die Grundsätze der Unternehmensstruktur (wie Organigramm, Aufgabenzuweisung in Pflichtenheften usw.) als auch die konkreten Tätigkeitsbereiche sowie die Pflichten seiner Mitglieder festzulegen.

- **Ausgestaltung des Rechnungswesens, der Finanzkontrolle sowie der Finanzplanung** (Art. 716 a Abs. 1 Ziffer 3 OR)
  Das Rechnungswesen und die Finanzkontrolle gehören in betriebswirtschaftlicher Hinsicht zu den wichtigsten Informations- und Führungsinstrumenten. Deshalb soll der VR auch die oberste Verantwortung dafür übernehmen. Zu den unübertragbaren Aufgaben gehört gemäss Gesetzestext die «Ausgestaltung» des Rechnungswesens. Dies bedeutet, dass der VR nicht für die konkrete Handhabung, wohl aber für die zweckmässige Führung die Verantwortung trägt. Die Finanzplanung, ein Mittel zur Sicherstellung der Gesellschaftsziele und zur rechtzeitigen Definition von Zielfaktoren, ist keine für jede Gesellschaft zwingende Verpflichtung, da diese nur vorgenommen werden muss, soweit sie für die Führung der Gesellschaft notwendig ist.

- **Ernennung und Abberufung der mit der Geschäftsführung und der Vertretung betrauten Personen**
  (Art. 716 a Abs. 1 Ziffer 4 OR)
  Der VR ist zwingend für die Berufung und Abwahl der mit der Geschäftsführung und Vertretung betrauten Personen verantwortlich. Eine Delegation an die Geschäftsführung ist nur für hierarchisch untergeordnete Stellen zulässig.

- **Oberaufsicht über die mit der Geschäftsführung betrauten Personen** (Art. 716 a Abs. 1 Ziffer 5 OR)
  Der VR hat die Verantwortung, dafür zu sorgen, dass die Geschäftsführung durch kompetente Personen ausgeübt wird. «Oberaufsicht» meint, dass der VR einerseits nicht laufend alle einzelnen Handlungen der Geschäftsführung überprüfen und anderseits die konkrete Beaufsichtigung nicht als Gesamtorgan vornehmen muss, sondern beispielsweise an einen Ausschuss delegieren kann. Letzteres sieht Art. 716 a Abs. 2 auch ausdrücklich vor. In den Zusammenhang mit der Überwachung der Ausführungsorgane gehört die Pflicht des VR bei Gesellschaften, die der ordent-

lichen Revision unterstellt sind (vgl. nachstehend Abschnitt 6.4), ein internes Kontrollsystem (IKS) auszugestalten, zu implementieren und aufrecht zu erhalten. Ein IKS besteht aus Vorgängen, Methoden und Kontrollmassnahmen, die den ordnungsgemässen Ablauf der betrieblichen Prozesse sowie die rechtskonforme Rechnungslegung sicherstellen.

- **Erstellung des Geschäftsberichts sowie Vorbereitung der GV und Ausführung derer Beschlüsse** (Art. 716 a Abs. 1 Ziffer 6 OR)
siehe Abschnitte 4.2 und 6.2.3

- **Benachrichtigung des Richters im Falle der Überschuldung** (Art. 716 a Abs. 1 Ziffer 7 OR)
siehe Abschnitt 3.5

d) **Vertretung der Gesellschaft**

Art. 718 OR weist die Vertretung der Gesellschaft in den Kompetenzbereich des VR. Ohne anderslautende Anordnung in den Statuten oder in einem Organisationsreglement steht die Vertretungsbefugnis jedem Mitglied einzeln zu. Die Gesellschaft muss durch eine Person vertreten werden können, die Wohnsitz in der Schweiz hat. Dieses Erfordernis kann durch ein Mitglied des VR oder eine Drittperson erfüllt werden (Art. 718 Abs. 3 OR).

Der Umfang der Vertretungsbefugnis erstreckt sich auf alle Rechtshandlungen, die der Zweck der Gesellschaft mit sich bringen kann (Art. 718 a Abs. 1 OR). Eine Beschränkung dieser Befugnis hat gegenüber gutgläubigen Dritten keine Wirkung (Art. 718 a Abs. 2 OR); ausgenommen sind die im Handelsregister eingetragene Kollektivzeichnungsberechtigung sowie die auf den Hauptsitz bzw. eine Filiale begrenzte Vertretungsmacht. Die Vertretungsbefugnis kann vom VR einem oder mehreren Mitgliedern (Delegierten) oder Dritten (Direktoren) übertragen werden. Diese gesetzlich zulässige Delegation stimmt mit jener der Geschäftsführungsaufgaben überein. Die zur Vertretung befugten Personen sind vom VR zur Eintragung in das Handelsregister anzumelden.

Etwas Selbstverständliches hält Art. 721 OR fest: Danach kann der VR Prokuristen und andere Bevollmächtigte ernennen. Deren Vertretungsmacht richtet sich nach der Festlegung durch den VR, im Zweifel nach der betreffenden gesetzlichen Ordnung (z.B. Art. 459 OR für Prokuristen, Art. 462 OR für Handlungsbevollmächtigte).

6.3.4 Organisation

- Der VR hat sich und seine Arbeiten zu organisieren. Dies erfolgt mit Vorteil in einem Organisationsreglement.
- Das Gesetz enthält den Grundsatz, dass der VR sich selbst konstituiert. Zu bezeichnen ist insbesondere der Präsident. Da diesem oft eine starke Stellung zukommt, können die Statuten auch bestimmen, dass er direkt durch die GV gewählt wird (Art. 712 Abs. 2 OR).
- Der nach Art. 712 Abs. 1 OR zu bestimmende Sekretär muss nicht (kann aber) Mitglied des VR sein. Ihm obliegt entweder nur die Protokollierung; er kann aber darüber hinaus auch die Administration des VR betreuen und damit neben dem Präsidenten eine wichtige Funktion erfüllen. Die Haftung des Sekretärs richtet sich nach seiner Stellung.
- Jedes Verwaltungsratsmitglied hat eine Stimme. Die Beschlüsse werden mit der einfachen Mehrheit der abgegebenen Stimmen gefasst. Bei Stimmengleichheit hat der Präsident den Stichentscheid, wenn die Statuten dies nicht anders bestimmen. Gemäss Art. 713 Abs. 2 OR sind Zirkulationsbeschlüsse (Beschlüsse auf dem Korrespondenzweg) zulässig, sofern nicht ein Mitglied die mündliche Beratung verlangt.

- Über die Verhandlungen und Beschlüsse (auch der Zirkulationsbeschlüsse) ist ein vom Präsidenten und vom Sekretär zu unterzeichnendes Protokoll zu führen.
- Während Beschlüsse des VR nicht anfechtbar sind, gelten nach Art. 714 OR die gleichen Nichtigkeitsgründe wie für Beschlüsse der GV (vgl. Abschnitt 6.2.5).
- Die Sitzungen des VR werden vom Präsidenten einberufen. Jedes Mitglied kann aber unter Angabe der Gründe die unverzügliche Einberufung einer Sitzung verlangen (Art. 715 OR).
- Jedem Mitglied steht nach Art. 715 a OR das **Recht auf Auskunft** über alle Angelegenheiten der Gesellschaft zu. In den Sitzungen sind alle VR-Mitglieder sowie die mit der Geschäftsführung betrauten Personen zur Auskunft verpflichtet. Ausserhalb der Sitzungen kann jedes Mitglied von den mit der Geschäftsführung betrauten Personen Auskunft über den Geschäftsgang und (mit Ermächtigung des Präsidenten) auch über einzelne Geschäfte verlangen. Das Auskunftsrecht umfasst auch ein Einsichtsrecht in Bücher und Akten, sofern dies für die Erfüllung einer Aufgabe erforderlich ist.
- Der Stellung als Exekutivorgan mit Auskunfts- und Einsichtsrecht gemäss besteht für die Mitglieder des VR (aber auch für Dritte, die mit der Geschäftsführung befasst sind) eine **Sorgfalts- und Treuepflicht** (Art. 717 OR). Ausdrücklich verpflichtet das Gesetz den VR zur Gleichbehandlung aller Aktionäre. Notwendiges Korrelat zur Sorgfalts- und Treuepflicht ist die strenge Verantwortlichkeit (siehe nachfolgend Abschnitt 6.5).
- Die Handlungen der zur Geschäftsführung und Vertretung befugten Personen werden der Gesellschaft direkt zugerechnet; die Gesellschaft trägt damit die Verantwortung. Darüber hinaus haftet die Gesellschaft nach Art. 722 OR auch für den Schaden aus unerlaubten Handlungen, die eine zur Geschäftsführung und Vertretung befugte Person begeht. Voraussetzung für die Gesell-

schaftshaftung ist, dass die unerlaubte Handlung «in Ausübung geschäftlicher Verrichtungen» begangen wird.

6.3.5 Corporate Governance

a) Grundgedanke und Zielsetzung

Einer der Vorteile der Rechtsform der AG besteht in der Kapitalbezogenheit, das heisst der Möglichkeit, dass sich der eigentliche Eigentümer (Prinzipal) zurückzieht und die Geschäftsführung Managern (Agenten) überlässt.

Eigenkapitalgeber tragen das unternehmerische Risiko, dies auch dann, wenn sie nicht selber Geschäftsführer sind. Sie wollen am Unternehmenserfolg beteiligt sein und beanspruchen daher Kontroll- und Dividendenrechte. Die AG gehört den Aktionären – und nicht dem VR und dem Management. Im Idealfall verhalten sich der VR und das Management also so, wie dies ein Alleineigentümer auch täte. Dies ist möglicherweise dann nicht der Fall, wenn kurzfristige Opportunitäten sich nicht mit der nachhaltigen Unternehmensentwicklung vereinbaren lassen. Ein Beispiel: Der Verkauf nicht ausgereifter Produkte mag sofort positive Erfolge bringen, kann jedoch die längerfristige Kundenbeziehung in Mitleidenschaft ziehen.

Hier setzt die Idee von Corporate Governance ein. Darunter versteht man alle **Grundsätze, welche die Leitung und die Überwachung eines Unternehmens betreffen.** Corporate Governance soll ein effizientes System von «Checks and Balances» zum Kräfteausgleich schaffen. Dies ist allgemein dann von Bedeutung, wenn Personen, die das Eigentum an einer Gesellschaft haben, nicht auch die unmittelbare Kontrolle über sie ausüben können.

Die Grundsätze von Corporate Governance betreffen einerseits das Innenverhältnis. Anzustreben ist eine ausgewogene Regelung der Beziehungen zwischen dem Verwaltungsrat, der Geschäftsführung und der Revisionsstelle. Anderseits wirkt die Corporate Governance auch auf das Aussenverhältnis, indem es einen Interessenausgleich zwischen Unternehmen, Aktionären, Anlegern auf dem Kapitalmarkt und weiteren Betroffenen schafft.

b) **Quellen für Corporate-Governance-Regeln**

- **Aktienrecht**
  Das OR enthält Vorschriften, die zur Erreichung der beschriebenen Ziele beitragen sollen. Dazu gehören Bestimmungen über die
  - unübertragbaren und unentziehbaren Aufgaben des Verwaltungsrates (Art. 716 ff. OR)
  - Transparenz bezüglich Vergütungen an die Mitglieder des Verwaltungsrates und an die Geschäftsleitung (Art. 663 b bis OR)
  - erhöhten Anforderungen an die Fachkompetenz und Unabhängigkeit der Revisionsstelle (Art. 727 ff. OR).

- **Swiss Code of Best Practice for Corporate Governance (SCBP)**
  Im Sinne der Selbstregulierung hat der Schweizerische Wirtschaftsdachverband Economiesuisse diesen Code geschaffen (publiziert unter www.economiesuisse.ch). Die darin enthaltenen 30 Empfehlungen sind nicht zwingend; sie richten sich an Publikumsgesellschaften, wollen aber auch als Ideen für nicht kotierte Unternehmen verstanden werden. Die Leitsätze des SCBP betreffen beispielsweise
  - die Aufgaben, Zusammensetzung, Arbeitsweise und Entschädigung des Verwaltungsrats
  - das interne Kontrollsystem und das Risikomanagement
  - die Revisionsstelle
  - die Offenlegung der Corporate-Governance-Grundsätze der Gesellschaft in ihrem Geschäftsbericht

- **Richtlinie betreffend Information zur Corporate Governance (RLCG)**
  Diese Richtlinie der SIX Swiss Exchange (publiziert unter www.six-swiss-exchange.com) ist für an der Börse kotierte Gesellschaften verbindlich. Die RLCG betrifft die Offenlegung und enthält eine Reihe von Gesichtspunkten, die im Geschäftsbericht der Gesellschaft jeweils zu veröffentlichen sind, wie zum Beispiel:
  - Konzernstruktur
  - Aktionariat
  - Kapitalstruktur
  - persönliche Angaben über Verwaltungsrat und Geschäftsleitung
  - allfällige vom Gesetz abweichende Beschränkungen betreffend Stimmrecht und Stimmrechtsvertretung
  - personelle Angaben über die Revisionsstelle

c) Bedeutung für KMU

Besondere Wichtigkeit erhält die Corporate Governance im Rahmen von Publikumsgesellschaften, bei denen das Eigentum an den kotierten Aktien sehr breit gestreut ist. Verschiedene Regeln lassen sich aber auch für kleine und mittlere Unternehmen nutzen, und zwar vor allem dann, wenn das Aktionariat sowohl geschäftsführende Mitglieder als auch reine Investoraktionäre umfasst. Zum Beispiel sollte

- bei der Zusammensetzung des VR auf ein gutes Verhältnis zwischen aktiven und passiven (nicht operativ tätigen) Aktionären sowie externen, unabhängigen Mitgliedern mit Fachkompetenz geachtet werden.
- ein Aktionär, der ausscheiden möchte, durch die statutarischen Vinkulierungsvorschriften nicht übermässig eingeschränkt werden.

- die Dividendenpolitik Rücksicht auf die Ausschüttungsbedürfnisse von nicht geschäftsführenden Aktionären nehmen.
- das Recht auf Einsicht und Auskunft der Aktionäre über die gesetzliche Regelung hinaus so weit als möglich ausgeweitet werden.

6.4 Die Revisionsstelle

6.4.1 Stellung

Den Aktionären steht kein direktes Recht auf Einsicht in die Bücher der Gesellschaft zu; damit können sie sich im Hinblick auf die Genehmigung des Geschäftsberichts und die Beschlussfassung über die Gewinnverwendung über die Richtigkeit der in der Jahresrechnung enthaltenen Zahlen und Angaben nicht selbst vergewissern. Diese Aufgabe übernimmt die RS; diese prüft die Rechnungslegung (Jahresrechnung und Konzernrechnung) sowie den Antrag des VR über die Verwendung des Bilanzgewinns und erstattet der GV Bericht. Die Erfüllung dieser Aufgabe steht nicht nur im Interesse der Aktionäre, sondern darüber hinaus auch im Interesse der Gesellschaftsgläubiger, der Arbeitnehmer sowie aller aussenstehenden.

Das Recht verlangt, dass die Revisionspflicht transparent gemacht wird. Dies geschieht durch einen entsprechenden Handelsregistereintrag. Führt die Gesellschaft eine ordentliche oder eingeschränkte Revision durch, ist die Revisionsstelle in das Handelsregister einzutragen.

Die Rechnungsprüfung befasst sich ausschliesslich mit den Geschäftsbüchern und der Jahresrechnung; sie prüft diese einzig unter dem Aspekt der Legalität. Die Aufgaben der RS sind damit eingeschränkt: Aus ihrem Bericht kann nicht auf die Gesundheit eines

Unternehmens oder auf die Qualität der Geschäftsführung geschlossen werden. Die RS ist **Abschlussprüferin und nicht Aufsichtsstelle über die Verwaltung.**

6.4.2 Arten der Revision

Die auf den 1. Januar 2008 in Kraft getretenen revidierten Gesetzesbestimmungen differenzieren sowohl den Umfang der Prüfungstätigkeit als auch die an eine Revisionsperson gestellten Anforderungen bezüglich Fachkompetenz sowie Unabhängigkeit aufgrund der wirtschaftlichen Bedeutung des zu prüfenden Unternehmens. Mit der Differenzierung werden insbesondere zwei Ziele verfolgt: Zum einen soll eine verbesserte Aufsicht für die wirtschaftlich bedeutenden Unternehmen statuiert werden, zum anderen sollen kleine und mittlere Unternehmen von Erleichterungen profitieren, weshalb das Gesetz einen gewissen Spielraum schafft und vor allem den KMU bestimmte Optionsmöglichkeiten anbietet.

a) Übersicht

Zu unterscheiden sind grundsätzlich die **ordentliche Revision (full audit)** und die **eingeschränkte Revision (review)**. Unter bestimmten Bedingungen lässt das Gesetz gar den **Verzicht auf eine Revision** zu. Die nachfolgende Übersicht zeigt, welche Aktiengesellschaften welcher Art Revision unterstellt sind.

Ordentliche Revision	Eingeschränkte Revision	Verzicht auf die Revision
Art. 727 OR	Art. 727 a Abs. 1 OR	Art. 727 Abs. 2 OR
Wirtschaftlich bedeutende Gesellschaften, - deren Aktien an der Börse kotiert sind - die Anleihensobligationen ausgegeben haben - deren Aktiven bzw. Umsatz mindestens 20% zu einer Konzernrechnung beitragen bzw. beiträgt - die in zwei aufeinander folgenden Jahren folgende Grenzen überschreiten: 10 Millionen Franken Bilanzsumme, 20 Millionen Franken Umsatzerlös, 50 Vollzeitstellen im Jahresdurchschnitt - die eine Konzernrechnung erstellen müssen - wenn Aktionäre, die mindestens 10% des Aktienkapitals vertreten, dies verlangen, auch wenn die übrigen Voraussetzungen nicht erfüllt sind (sog. Opting-up) - deren Statuten dies vorsehen - wenn ein entsprechender GV-Beschluss vorliegt	Grundsätzliche Pflicht für alle Gesellschaften, deren Jahresrechnung nicht der ordentlichen Revision unterliegt	Gesellschaften, die an sich einer eingeschränkten Revision unterstellt sind, wenn alle Aktionäre für einen Verzicht optieren. Ein Verzicht ist nur dann zulässig, wenn die AG nicht mehr als 10 Vollzeitstellen im Jahresdurchschnitt hat.

Bei der eingeschränkten Revision handelt es sich um jene Revisionspflicht, welche für die überwiegende Mehrzahl aller Gesellschaften Geltung hat. Demgegenüber dürfte die ordentliche Revision nur für eine beschränkte Zahl von Unternehmen Pflicht sein. Es wird daher in der Wirtschaftspraxis die eingeschränkte Revision und nicht die ordentliche Revision den Normalfall darstellen, weshalb die vom Gesetzgeber gewählte Terminologie auf den ersten Blick etwas verwirrend ist.

b) **Optionsmöglichkeiten**

- **Opting-up**
Darunter versteht man die Möglichkeit, dass sich ein Unternehmen, welches von Gesetzes wegen der eingeschränkten Revisionspflicht unterliegt, sich **freiwillig der ordentlichen Revision unterzieht.** Dies ist entweder in den Statuten festgelegt oder wird durch die Generalversammlung beschlossen. Zweck der Massnahme ist es, die Qualität und die Anforderungen der handelsrechtlichen Jahresrechnung zu erhöhen. Damit erreicht das Unternehmen möglicherweise wirtschaftliche Vorteile, beispielsweise durch ein besseres Kreditrating der Banken, das meist von einer ordentlichen Abschlussprüfung abhängig ist, oder bei einer späteren Nachfolgeregelung oder einem Verkauf des Unternehmens.

- **Opting-out**
Dies ist die Möglichkeit eines Unternehmens, welches von Gesetzes wegen der eingeschränkten Revisionspflicht unterliegt, **gänzlich auf eine Revision zu verzichten.** Voraussetzung dazu ist, dass alle Aktionäre dem Revisionsverzicht zustimmen und dass die betreffende Gesellschaft nicht mehr als 10 Vollzeitstellen im Jahresdurchschnitt hat. Vorteil des Opting-out ist der Wegfall der Prüfungskosten. Die Verzichtsmöglichkeit gilt nur für die Jahresrechnung. Wo das Gesetz andere Sachverhalte einer Prüfung durch einen zugelassenen Revisor bzw. Revisionsexperten unter-

stellt (beispielsweise Kapitalerhöhung und -herabsetzung), muss eine entsprechende Prüfung erfolgen. Haben die Aktionäre auf eine eingeschränkte Revision verzichtet, so gilt dieser Verzicht solange, bis ein Aktionär (oder mehrere Aktionäre) an der GV die Durchführung einer eingeschränkten Revision verlangt. In diesem Fall muss die GV eine RS bestimmen.

Eine Gesellschaft, die das Opting-out wählt, muss dem Handelsregisteramt den Verzicht anmelden. Mit der Anmeldung ist eine Erklärung einzureichen, die bestätigt, dass die Gesellschaft die Voraussetzungen für die Pflicht zur ordentlichen Revision nicht erfüllt, die Gesellschaft nicht mehr als zehn Vollzeitstellen im Jahresdurchschnitt hat und sämtliche Aktionäre auf eine eingeschränkte Revision verzichtet haben. Für diese Erklärung stehen in der Regel Formulare zur Verfügung. Der Erklärung sind verschiedene Dokumente beizulegen, wie Erfolgsrechnungen, Bilanzen, Jahresberichte und Verzichtserklärungen der Aktionäre bzw. das Protokoll der GV.

- **Opting-down**
Anstelle eines Verzichts kann die Gesellschaft auch eine **Revision unter modifizierten Bedingungen vorsehen.** Zu denken ist beispielsweise an die Vornahme einer Revision durch einen nicht zugelassenen Revisor und/oder einen Revisor, der die Unabhängigkeitsvoraussetzungen nicht erfüllt und/oder die Festlegung eines abweichenden Revisionsumfangs.

Handelsregisteramt Kanton Zürich

KMU-Erklärung bei Verzicht auf Revision

Mit der Zustimmung sämtlicher Gesellschafter kann eine Aktiengesellschaft, Gesellschaft mit beschränkter Haftung oder Genossenschaft auf die eingeschränkte Revision verzichten, wenn die Gesellschaft nicht mehr als 10 Vollzeitstellen im Jahresdurchschnitt hat. Das oberste Leitungs- oder Verwaltungsorgan kann die Gesellschafter schriftlich um Zustimmung ersuchen und für die Beantwortung eine Frist von mindestens 20 Tagen ansetzen unter Hinweis darauf, dass das Ausbleiben einer Antwort als Zustimmung gilt. Haben die Gesellschafter auf eine eingeschränkte Revision verzichtet, so gilt dieser Verzicht auch für die nachfolgenden Jahre. Jeder Gesellschafter hat jedoch das Recht, spätestens 10 Tage vor der Generalversammlung bzw. Gesellschafterversammlung eine eingeschränkte Revision zu verlangen. Die Generalversammlung bzw. Gesellschafterversammlung muss diesfalls die Revisionsstelle wählen. Soweit erforderlich passt das oberste Leitungs- oder Verwaltungsorgan die Statuten an und meldet dem Handelsregister die Löschung oder die Eintragung der Revisionsstelle an (Art. 727a Abs. 2, 3, 4 und 5 OR).

Gesellschaften, die weder eine ordentliche noch eine eingeschränkte Revision durchführen, müssen gemäss Art. 62 Abs. 1 HRegV dem Handelsregisteramt mit der Anmeldung zur Eintragung des Verzichts eine Erklärung einreichen, dass:

a. die Gesellschaft die Voraussetzungen für die Pflicht zur ordentlichen Revision nicht erfüllt;
b. die Gesellschaft nicht mehr als zehn Vollzeitstellen im Jahresdurchschnitt hat;
c. sämtliche Gesellschafter auf eine eingeschränkte Revision verzichtet haben.

Diese Erklärung muss von mindestens einem Mitglied des obersten Leitungs- oder Verwaltungsorgans unterzeichnet sein. Kopien der massgeblichen aktuellen Unterlagen wie Erfolgsrechnungen, Bilanzen, Jahresberichte, Verzichtserklärungen der Gesellschafter oder das Protokoll der Generalversammlung bzw. Gesellschafterversammlung müssen der Erklärung beigelegt werden (Art. 62 Abs. 2 HRegV). Diese Unterlagen unterstehen nicht der Öffentlichkeit des Handelsregisters.

In diesem Sinne erklären wir betreffend

Firma und Sitz

1. die obgenannte Gesellschaft erfüllt die Voraussetzungen für die Pflicht zur ordentlichen Revision nicht;
2. die Gesellschaft hat nicht mehr als 10 Vollzeitstellen im Jahresdurchschnitt;
3. sämtliche Gesellschafter haben auf eine eingeschränkte Revision verzichtet
4. Diese Erklärungen stützen sich auf (bitte ankreuzen und Kopien beilegen):

   ☐ Erfolgsrechnung/en
   ☐ Bilanz/en
   ☐ Jahresbericht/e
   ☐ Verzichtserklärung/en der Gesellschafter/innen
   ☐ Protokoll der Generalversammlung bzw. Gesellschafterversammlung

   ☐ ....

Ein Mitglied des obersten Leitungs- oder Verwaltungsorgans:

Ort und Datum: ....

....

merkblaetter.SubContainerList.SubContainer1.ContentContainerList.0061.DownloadFile/ 16.06.2008 Ze © Handelsregisteramt Kanton Zürich

Praxistipps
- Ob ein Opting-out sinnvoll ist, sollte nicht nur aus dem Blickwinkel der Prüfungskosten beurteilt werden. Zu berücksichtigen sind beispielsweise auch das Sicherheitsbedürfnis der beteiligten Gesellschafter sowie die Anforderungen der Banken bei der Kreditvergabe. Diese Aspekte können dazu führen, dass eine Revision durchgeführt werden sollte, selbst wenn die Voraussetzungen für den Verzicht darauf eigentlich gegeben sind.
- Die Statuten der AG müssen auf jeden Fall eine Regelung über die Revision enthalten. Es empfiehlt sich, eine offene Formulierung zu wählen, welche die verschiedenen Varianten beinhaltet (vgl. Beispiel 8. Thema, Abschnitt 5.4).

6.4.3 Aufgaben der Revisionsstelle

Prüfungsumfang und Prüfungsschärfe sind nicht bei jeder Revisionsart gleich:

- **Bei der ordentlichen Revision erfolgt eine umfassende Prüfung im positiven Sinne.** Dies bedeutet, dass die Korrektheit des Ergebnisses überprüft werden soll. Zudem prüft die RS, ob das vom VR ausgestaltete interne Kontrollsystem (vgl. Abschnitt 6.3.3 c) für die finanzielle Berichterstattung existiert, und erstattet darüber Bericht.

- **Dagegen besteht bei der eingeschränkten Revision ein eng gefasster Prüfungsumfang im negativen Sinn.** Überprüft wird, ob Anzeichen ersichtlich sind, die bezüglich der Jahresrechnung und des Antrags über die Gewinnverwendung auf mangelnde Übereinstimmung mit den Gesellschaftsstatuten und dem Gesetz schliessen lassen.

Unterschiedliche Anordnungen enthält das Gesetz auch bezüglich des Revisionsberichts, bezüglich der Anwesenheit der RS an der GV sowie bezüglich der Anzeigepflichten der RS.

	Aufgaben der Revisionsstelle	
	Ordentliche Revision	Eingeschränkte Revision

Prüfungs-umfang und Prüfungs-schärfe	Umfassende Prüfung
	– des gesamten Rechnungswesens auf Übereinstimmung mit
	  - dem Gesetz
	  - den Statuten
	  - dem gewählten Regelwerk, d.h. den zur Anwendung gelangenden privaten, nationalen oder internationalen Rechnungslegungsbestimmungen
	– des Antrags des VR über die Gewinnverwendung auf Übereinstimmung mit Gesetz und Statuten
	– der Existenz eines internen Kontrollsystems
	– Keine Prüfung der Geschäftsführung des Verwaltungsrates
	Art. 728 a OR
		Prüfung, ob Sachverhalte vorliegen, aus denen zu schliessen ist, dass
		– die Jahresrechnung nicht Gesetz und Statuten entspricht
		– der Antrag über die Gewinnverwendung nicht Gesetz und Statuten entspricht
		– Keine Prüfung der Geschäftsführung des Verwaltungs-rats
		
		Die Prüfungsschärfe ist summarisch; sie beschränkt sich vorwiegend auf Befragungen und angemessene Detailprüfungen.
		Art. 729 a OR

Anwesenheit an der GV	Die RS muss an der GV anwesend sein; auf die Anwesenheit kann nur durch einstimmigen GV-Beschluss verzichtet werden. Art. 731 Abs. 2 OR	Das Gesetz sieht keine Pflicht zur Anwesenheit der Revisionsstelle an der GV vor. Art. 731 Abs. 2 OR

Revisions-bericht	– Umfassender Bericht an den Verwaltungsrat mit Ausführungen
	  - zur Rechnungslegung
	  - über das interne Kontrollsystem
	  - über Durchführung und Ergebnis der Revision
	– Zusammenfassender schriftlicher Bericht an die GV mit Angaben über
	  - das Ergebnis der Prüfung
	  - die Unabhängigkeit der RS
	  - die Person, welche die Revision geleitet hat
	  - eine Empfehlung betreffend Genehmigung oder Zurückweisung von Jahres- und Konzernrechnung
	Art. 728 b OR
		Zusammenfassender schriftlicher Bericht an die GV mit Hinweis auf die eingeschränkte Natur der Prüfung sowie Angaben über
		– das Ergebnis der Prüfung
		– die Unabhängigkeit der Revisionsstelle sowie allenfalls zu deren Mitwirkung bei der Buchführung und anderer Dienstleistungen für die Gesellschaft
		– die Person, welche die Revision geleitet hat
		Art. 729 b OR

Anzeige-pflichten	– Schriftliche Meldung an den VR bei Verstössen gegen Gesetz, Statuten oder Organisationsreglement – Information der GV bei Verstössen gegen Gesetz oder Statuten, wenn diese wesentlich sind oder wenn der VR aufgrund der schriftlichen Meldung keine geeigneten Massnahmen ergreift – Benachrichtigung des Gerichts bei offensichtlicher Überschuldung, wenn der VR dies unterlässt Art. 728 c OR	Benachrichtigung des Gerichts bei offensichtlicher Überschuldung, wenn der VR dies unterlässt Art. 729 c OR

6.4.4 Anforderungen an die Revisionsstelle

Wahlorgan der RS ist die GV. Diese bestimmt grundsätzlich mit der absoluten Mehrheit der vertretenen Aktienstimmen eine oder mehrere natürliche oder juristische Personen oder Personengesellschaften als Revisionsstelle. Art. 730 Abs. 4 OR verlangt zwingend, dass wenigstens ein Mitglied der Revisionsstelle seinen Wohnsitz, seinen Sitz oder eine eingetragene Zweigniederlassung in der Schweiz haben muss. Die Amtsdauer beträgt ein bis drei Geschäftsjahre; Wiederwahl ist zulässig.

Soll die Revision die Verlässlichkeit der Jahresrechnung sicherstellen, müssen sowohl die **fachliche Kompetenz** als auch die **Objektivität und Neutralität** der RS gewährleistet sein. Aus diesem Grund stellt das Gesetz fachliche Mindestanforderungen an die RS auf und verlangt von dieser eine Unabhängigkeit in dem Sinne, dass jeder äussere Anschein der Befangenheit ausgeschlossen werden kann.

Massgebend ist das Revisionsaufsichtsgesetz (RAG), das die Zulassung und Beaufsichtigung von Revisoren regelt. Gesetzeszweck ist die Sicherstellung der Qualität von Revisionsdienstleistungen. Die Revisionsaufsichtsbehörde, eine öffentlich-rechtliche Anstalt, unterhält eine Zulassungsstelle und führt ein öffentliches Register für natürliche und juristische Personen, die gesetzlich vorgeschriebene Revisionsdienstleistungen erbringen. Sie beaufsichtigt Revisionsunternehmen und arbeitet mit den spezialgesetzlichen Aufsichtsbehörden, den Börsen, den Strafbehörden, den Zivilgerichten und mit den ausländischen Revisionsaufsichtsbehörden zusammen. **Die Durchführung ordentlicher und eingeschränkter Revisionstätigkeit darf nur durch Revisoren mit Zulassung erfolgen**; die Zulassung ist an das Vorliegen der Anforderungen bezüglich Ausbildung und Fachpraxis gebunden. Das Handelsregisteramt klärt durch Einsichtnahme in das Register der Revisionsaufsichtsbehörde ab, ob die zur Eintragung angemeldete RS zugelassen ist.

	Anforderungen an die Revisionsstelle	
	Ordentliche Revision	Eingeschränkte Revision
in fachlicher Hinsicht	Die Revision muss vorgenommen werden – bei Publikumsgesellschaften durch ein staatlich beaufsichtigtes Revisionsunternehmen, das im Vergleich zu Revisionsexperten verschärften Bedingungen genügen muss – bei den übrigen Gesellschaften mit ordentlicher Revision durch einen zugelassenen Revisionsexperten Als Revisionsexperten wird nach Art. 4 RAG zugelassen, wer einen unbescholtenen Leumund hat, über eine im Gesetz konkret umschriebene höhere Fachausbildung verfügt und eine Fachpraxis auf dem Gebiet des Rechnungswesens und der Rechnungsrevision von mindestens fünf Jahren nachweist.	Die Revision muss durch einen zugelassenen Revisor vorgenommen werden. Als Revisor wird nach Art. 5 RAG zugelassen, wer einen unbescholtenen Leumund hat, über eine im Gesetz konkret umschriebene höhere Fachausbildung verfügt und eine Fachpraxis auf dem Gebiet des Rechnungswesens und der Rechnungsrevision von mindestens einem Jahr nachweist.

| betreffend Unabhängigkeit | An die Unabhängigkeit werden in Art. 728 OR hohe Anforderungen gestellt. Sie gelten für alle an der Revision beteiligten Personen. So ist mit der Unabhängigkeit unvereinbar:
– die Mitgliedschaft im VR, eine andere Entscheidungsfunktion in der Gesellschaft oder ein arbeitsrechtliches Verhältnis zu ihr
– eine Beteiligung am AK oder eine wesentliche Forderung oder Schuld gegenüber der Gesellschaft
– eine enge Beziehung zu einem Mitglied des VR oder einer anderen Person mit Entscheidungsfunktion oder zu einem bedeutenden Aktionär
– das Mitwirken an der Buchführung sowie das Erbringen anderer Dienstleistungen, durch die das Risiko entsteht, als Revisionsunternehmen eigene Arbeiten überprüfen zu müssen
– die Übernahme eines Auftrags, der zur wirtschaftlichen Abhängigkeit führt
– der Abschluss eines Vertrags zu nicht marktkonformen Bedingungen
– die Annahme wertvoller Geschenke oder besonderer Vorteile | Die Anforderungen an die Unabhängigkeit sind nach Art. 729 OR weniger weitgehend als bei ordentlicher Revision.

So sind das Mitwirken bei der Buchführung und das Erbringen von Dienstleistungen für die zu prüfende Gesellschaft zulässig. Sofern das Risiko der Überprüfung eigener Arbeiten entsteht, muss durch geeignete organisatorische Massnahmen eine verlässliche Prüfung sichergestellt werden. |

6.5 Die Verantwortlichkeit der Organe

Die Vorschriften in Art. 752–760 betreffen die Verantwortlichkeit der aktienrechtlichen Organe. Konkret geht es um die persönliche Haftung für den Schaden, den die Organe durch absichtliche oder fahrlässige Verletzung ihrer Pflichten verursachen. Die Bestimmungen darüber sind Teil des Haftpflichtrechts. Zivilrechtliche Ansprüche im Zusammenhang mit einem allfälligen Fehlverhalten von Organpersonen sind an das Vorliegen der allgemeinen haftpflichtrechtlichen Voraussetzungen (Art. 41 OR) gebunden.

6.5.1 Haftungsfälle

a) Haftung für Verwaltung, Geschäftsführung und Liquidation

Art. 754 Abs. 1 OR erklärt die Mitglieder des Verwaltungsrats und alle mit der Geschäftsführung oder der Liquidation befassten Personen für den Schaden verantwortlich, den sie durch Verletzung ihrer Pflichten verursachen. Die Mitglieder von Verwaltungsrat und Geschäftsleitung können nur auf sorgfältige Entscheidungsfindung verpflichtet, nicht aber für erfolgreiches Wirtschaften als solches haftbar gemacht werden. Der im Gesetzestext verwendete Ausdruck «befassten» Personen unterstellt nicht nur die formellen (Mitglieder des Verwaltungsrats) und die materiellen (Direktoren, Geschäftsführer usw.), sondern auch die faktischen Exekutivorgane der Verantwortlichkeit. Als faktisches Organ gelten der Hauptaktionär, der sich in die Geschäftsführung einmischt, der Treugeber oder Hintermann, der dem fiduziarischen Verwaltungsrat Weisungen erteilt, alle stillen und verdeckten Verwaltungsräte, alle verborgenen Direktoren sowie jedermann, der, ohne gewählt oder besonders bezeichnet worden zu sein, dauernd und selbstständig für die Gesellschaft wichtige Entscheide fällt.

Die Haftpflicht ist dann gegeben, wenn folgende Voraussetzungen erfüllt sind:

1 Es muss ein Schaden entstanden sein.
2 Es muss eine Pflichtverletzung Ursache des Schadens sein, wobei der Ausdruck «Pflicht» im Gesetzestext sich auf eine gesetzliche, statutarische oder reglementarische beziehen kann.
3 Der Schaden muss verschuldet sein. Genügend ist jedes Verschulden: Absicht, grobe und auch leichte Fahrlässigkeit.
4 Zwischen dem Schaden und der pflichtwidrigen Handlung muss ein adäquater Kausalzusammenhang bestehen.

Eine haftungsbefreiende Wirkung weist Art. 754 Abs. 2 der Kompetenzdelegation zu. Danach tritt Haftungsbefreiung ein, wenn

- Aufgaben befugt übertragen worden sind,
- die Übertragung an ein anderes Organ stattgefunden hat, sowie
- die Anwendung aller nach den Umständen gebotenen Sorgfalt bei Auswahl, Unterrichtung und Überwachung erfolgt ist.

Die Haftungsbeschränkung tritt nur ein, wenn die Aufgaben an eine andere Organperson delegiert werden, nicht jedoch bei Übertragung an eine Hilfsperson. In letzterem Fall haftet das Organ für die Handlungen der Hilfsperson, ohne sich auf «cura in eligendo, instruendo et custodiendo» berufen zu können. Sodann ist zu beachten, dass das Mass der durch die Delegation entstehenden Sorgfaltspflicht kein geringes ist.

Der Überwachungspflicht entspricht insbesondere nur, wer die Vollständigkeit der Berichterstattung sicherstellt, die Information aufmerksam und kritisch prüft, in ausserordentlichen oder gefährlichen Situationen Zusatzinformationen verlangt und seine Instruktionen den veränderten Umständen anpasst. Wer dies alles tut, der kann für Fehler anderer nicht zivilrechtlich verantwortlich gemacht werden.

Wer hingegen diese Sorgfaltspflicht verletzt, macht sich verantwortlich und haftet solidarisch mit dem eigentlichen Schadenverursacher.

Praxistipp
Es ist juristisch nicht risikolos, Organperson einer schweizerischen AG zu sein. So kann ein Mitglied von Verwaltungsrat oder Geschäftsleitung unter bestimmten Umständen für den Misserfolg eines Unternehmens rechtlich belangt und mit Haftpflichtansprüchen konfrontiert werden. Für diesen Fall bieten verschiedene Versicherungsgesellschaften sogenannte Organhaftpflichtversicherungen (häufige Bezeichnung «Directors & Officers Liability Insurance (D&O)» an. Jede Organperson kann selbst eine Einzelversicherung abschliessen (Berufshaftpflichtversicherung oder Vermögenshaftpflichtversicherung). Denkbar ist auch der Abschluss einer Kollektivversicherung.

b) Revisionshaftung

Alle mit der Prüfung der Jahres- und Konzernrechnung, der Gründung, der Kapitalerhöhung oder Kapitalherabsetzung befassten Personen sind für den Schaden verantwortlich, den sie durch absichtliche oder fahrlässige Verletzung ihrer Pflichten verursachen (Art. 755 Abs. 1 OR). Die Voraussetzungen für das Entstehen der Haftpflicht sind dieselben wie bei der Haftung des Verwaltungsrates und Geschäftsführung. Gleich wie in Art. 754 OR spricht das Gesetz auch hier von den mit der Prüfung befassten Personen, doch dürften die Fälle faktischer Prüfer weitaus geringer sein.

c) Gründungshaftung

Zwei weitere Haftungsfälle betreffen den absichtlich oder fahrlässig zugefügten Schaden im Zusammenhang mit der Gesellschaftsgründung: Art. 752 OR bezieht sich auf die Haftung für die Angaben in

Emissionsprospekten; Art. 753 OR betrifft die Haftung für Schäden im Zusammenhang mit Sachverhalten der qualifizierten Gründung (vgl. zu Sacheinlagen, Sachübernahmen und Gründervorteilen vorne Abschnitt 2.7), mit der Handelsregistereintragung aufgrund unrichtiger Angaben sowie der wissentlichen Annahme von Aktienzeichnungen durch zahlungsunfähige Personen.

6.5.2 Anspruchsberechtigte Personen

Während bei der Haftung für den Emissionsprospekt lediglich die Erwerber der Titel Ansprüche stellen können, umschreiben die Vorschriften von Art. 753, 754 und 755 OR den Kreis von drei Anspruchsberechtigten. Aktiv legitimiert sind danach die Gesellschaft selbst, sodann die einzelnen Aktionäre und schliesslich die Gläubiger der Gesellschaft. Die Klage des einzelnen Aktionärs geht auf Leistung an die Gesellschaft. Da die Gesellschaftsgläubiger erst im Konkurs der AG zu Schaden kommen, entsteht ihr Klagerecht auf Ersatz des indirekten Schadens erst nach der Konkurseröffnung (Art. 757 Abs.[1] OR).

6.5.3 Wirkung des Entlastungsbeschlusses

Der Entlastungsbeschluss nach Art. 698 Abs. 2 Ziffer 5 OR wirkt nur gegenüber der Gesellschaft und gegenüber denjenigen Aktionären, die dem Beschluss zugestimmt oder die Aktien seither in Kenntnis des Beschlusses erworben haben (Art. 758 OR). Ausdrücklich beschränkt das Gesetz die klageausschliessende Wirkung der Entlastung auf «bekannt gegebene» Tatsachen. Das Klagerecht der übrigen Aktionäre wird auf sechs Monate befristet. Gemeint sind damit alle Aktionäre, die dem Entlastungsbeschluss nicht zugestimmt und die Aktien nicht nachher in Kenntnis der Décharge erworben haben; dass sie den Entlastungsbeschluss abgelehnt haben, wird nicht verlangt. Überhaupt keine Wirkung hat die Décharge-Erteilung auf die Klagerechte der Gesellschaftsgläubiger.

6.5.4 Haftung mehrerer Personen

Wenn für einen Schaden mehrere Personen ersatzpflichtig sind, so gilt extern das Prinzip der solidarischen Haftung, soweit den Ersatzpflichtigen der Schaden aufgrund eines eigenen Verschuldens und der Umstände persönlich zurechenbar ist. Damit sind diejenigen Organpersonen, die überhaupt kein Verschulden trifft, im externen Verhältnis haftungsbefreit. Der Kläger kann gemäss Art. 759 Abs. 2 OR die Haftpflichtigen gemeinsam für den Gesamtschaden einklagen und verlangen, dass der Richter die Ersatzpflicht jedes einzelnen Beklagten festsetzt. Intern ist in Art. 759 Abs. 2 OR für die definitive Schadenstragung der Regress unter den externen Haftpflichtigen statuiert, wobei der Rückgriff vom Richter in Würdigung aller Umstände bestimmt wird.

6.5.5 Haftungsnormen ausserhalb des Aktienrechts

- Denkbar ist, dass das Verhalten einer Organperson nicht (nur) die besonderen Organpflichten, sondern (zugleich) andere Rechtsregeln verletzt, so beispielsweise bei deliktischen Handlungen. Während sich die Gesellschaft und die Aktionäre auf die aktienrechtlichen Verantwortlichkeitsnormen stützen können, ist dies den Gläubigern der Gesellschaft wegen der Beschränkung ihrer Aktivlegitimation (vgl. Abschnitt 6.5.2) oft verwehrt. Ihnen bleibt dann allenfalls eine Klage aufgrund von Art. 41 ff. OR.
- Verletzt das Organverhalten persönliche arbeitsvertrags- oder auftragsrechtliche Pflichten, stehen der Gesellschaft als Vertragspartnerin die entsprechenden Vertragsklagen zur Verfügung.

6.5.6 Verjährung

Der Anspruch auf Schadenersatz gegen die verantwortlichen Personen verjährt innerhalb von fünf Jahren von dem Tage an, an dem der Geschädigte Kenntnis vom Schaden und von der Person des Ersatzpflichtigen erlangt hat, jedenfalls aber mit dem Ablauf von zehn Jahren, vom Tag der schädigenden Handlung an gerechnet. Wird die Klage aus einer strafbaren Handlung hergeleitet, für die das Strafrecht eine längere Verjährung vorsieht, so gilt diese auch für den Zivilanspruch.

7. Steuerabgaben der Aktiengesellschaft

7.1 Überblick

Von der Aktiengesellschaft erhebt der **Bund** die Gewinnsteuer, die Mehrwertsteuer, die Verrechnungssteuer und die Stempelabgaben. Die Steuerhoheit der **Kantone** bezieht sich in erster Linie auf die Gewinnsteuer und die Kapitalsteuer, sodann auf die für besondere Sachverhalte bzw. Vorgänge geltende Handänderungssteuer bzw. Grundstückgewinnsteuer.

Die wichtigsten Gesetzesquellen sowie eine Kurzübersicht über das Steuersystem der Schweiz sind im 4. Thema, Abschnitt 5.1, zu finden.

7.2 Gewinnsteuer

7.2.1 Gegenstand

Alle juristischen Personen sind nach Art. 49 DBG und Art. 20 StHG der Gewinnsteuer unterstellt; aus dieser resultiert für die AG in der Regel die bedeutendste Steuerbelastung. Bemessungsperiode ist jeweils das Geschäftsjahr. Für die Kapitalgesellschaften und die Genossenschaften auf der einen Seite und für Vereine, Stiftungen und die übrigen juristischen Personen auf der anderen Seite bestehen teilweise unterschiedliche Regelungen sowie bei der direkten Bundessteuer ein unterschiedliches Steuermass.

Grundlage für die Gewinnsteuer ist der Reingewinn, also der Saldo der Erfolgsrechnung (Art. 58 Abs. 1 lit. a DBG). Damit wird der handelsrechtliche Jahresabschluss als massgebliche Basis deklariert. Die Unterscheidung von Geschäftsvermögen und Privatvermögen entfällt, da Kapitalgesellschaften definitionsgemäss nur Geschäftsvermögen kennen.

Handelsrecht und Steuerrecht haben unterschiedliche Zielsetzungen: Während das Handelsrecht beispielsweise durch die Festlegung von Höchstwerten für die Aktiven dafür sorgt, dass der Unternehmenserfolg nicht zu günstig dargestellt wird, will das Steuerrecht durch die Anordnung von Tiefstwerten der Aktiven die Darstellung eines zu ungünstigen Erfolgs verhindern. Aus diesem Grund nimmt das Steuerrecht für die Ermittlung des steuerbaren Gewinns Korrekturen an dem in der Erfolgsrechnung ausgewiesenen Reingewinn vor:

- Aufrechnung von geschäftsmässig nicht begründetem Aufwand (Art. 58 Abs. 1 lit. b DBG), wie insbesondere
  - Kosten für die Anschaffung, Herstellung oder Wertvermehrung von Gegenständen des Anlagevermögens

- geschäftsmässig nicht begründete Abschreibungen und Rückstellungen
- offene und verdeckte Gewinnausschüttungen sowie geschäftsmässig nicht begründete Zuwendungen an Dritte (sogenannte nahestehende Personen)

• Aufrechnung von nicht gutgeschriebenen Erträgen (Art. 58 Abs. 1 lit. c DBG)

• Zinsen auf verdecktem Eigenkapital (Art. 65 DBG)
Zum steuerbaren Gewinn der Kapitalgesellschaften und Genossenschaften gehören auch die Schuldzinsen, die auf jenen Teil des Fremdkapitals entfallen, dem wirtschaftlich die Bedeutung von Eigenkapital zukommt. Konkret kann die Steuerbehörde also Fremdkapital in Eigenkapital umqualifizieren, falls das Finanzierungsverhältnis zu einseitig das Fremdkapital gewichtet. Eine Umqualifizierung kommt allerdings nur infrage, wenn das Fremdkapital von Aktionären oder diesen nahestehenden Personen stammt.

Kapitaleinlagen der Gesellschafter sind erfolgsneutral und gehören daher nach Art. 60 DBG nicht zum steuerbaren Gewinn. Dies gilt insbesondere für Einlagen bei der Gesellschaftsgründung, Agios bei Kapitalerhöhungen sowie A-fonds-perdu-Zuwendungen.

Reingewinn gemäss Saldo der Erfolgsrechnung
  + geschäftsmässig nicht begründete Abschreibungen und Aufwendungen
  + geschäftsmässig nicht begründete Rückstellungen
  + nicht zulässige Abschreibungen auf aufgewerteten Aktiven
  + Einlagen in die Reserven
  + verdeckte Gewinnausschüttungen und geschäftsmässig nicht begründete Zuwendungen an Dritte
  + Zinsen auf verdecktem Eigenkapital
  + der Erfolgsrechnung nicht gutgeschriebene steuerbare Erträge
  + Buchgewinne aus der Höherbewertung von Grundstücken oder Beteiligungen (Art. 670 OR)

> + unterpreisliche Leistungen an die Gesellschafter oder diesen nahe stehende Personen (Gewinnvorwegnahmen)
> ./. der Erfolgsrechnung nicht belastete steuerlich abzugsfähige Aufwendungen
> ./. Auflösung versteuerter stiller Reserven
> ./. der Erfolgsrechnung belastete nicht steuerbare Erträge
> ./. Vorjahresverluste
>
> = Steuerbarer Reingewinn

7.2.2 Verdeckte Gewinnausschüttungen insbesondere

Alles was Personen in ihrer Eigenschaft als Aktionäre erhalten, ist nicht Aufwand des Unternehmens, sondern darf nur aus dem steuerbaren Gewinn der Gesellschaft geleistet werden. **Leistungen an die Aktionäre, ohne dass diese eine angemessene Gegenleistung erbringen, stellen verdeckte Gewinnausschüttungen dar,** falls die Leistungen nicht zu gleichen Bedingungen auch an aussenstehende Dritte erbracht würden. Derartige als Aufwand verbuchte Leistungen gelten als geschäftsmässig nicht begründet und werden aufgerechnet.

Verdeckte Gewinnausschüttungen erfolgen beispielsweise infolge der Übernahme von Privataufwand des Aktionärs durch die Gesellschaft (Bezahlung von Ferien, Benützung des Geschäftsautos für Privatfahrten usw.) oder infolge von Zahlungen an Aktionäre, die zwar auf vertraglicher Vereinbarung beruhen, jedoch im Verhältnis zur erbrachten Gegenleistung übersetzt sind. Beispiele für Letztere sind übersetzte Löhne und/oder Spesenvergütungen an Aktionäre, die gleichzeitig Arbeitnehmer der Gesellschaft sind, sodann übersetzte Mietzinszahlungen der Gesellschaft, die in der Privatliegenschaft des Aktionärs eingemietet ist, und schliesslich übersetzte Zinszahlungen auf verdecktem Eigenkapital. **Verdeckte Gewinnausschüttungen haben mehrere Steuerfolgen:** Zunächst erhöht sich die Gewinnsteuer der Gesellschaft. Sodann wird von der Gesellschaft eine Verrechnungssteuer von 35% fällig, die auf den Empfänger der Leistung überwälzt werden muss. Schliesslich kommt es beim Empfänger zu einer Besteuerung, indem der zugeflossene Vermögensertrag als Einkommen behandelt wird.

Praxistipps
- Bei den Kapitalgesellschaften kommt es zur Doppelbesteuerung; das Unternehmen hat seinen Gewinn zu versteuern und die Gesellschafter bezahlen Einkommenssteuern für die erhaltenen Dividenden. Aus diesem Grunde beziehen viele KMU-Inhaber häufig einen höheren Lohn, um einen tieferen Unternehmensgewinn ausweisen zu können. Dies kann zu Diskussionen mit den Steuerbehörden führen, denn hohe Löhne wecken den Verdacht auf verdeckte Gewinnausschüttungen.

- Die Unternehmenssteuerreform von Bund und Kantonen sieht vor, dass ausbezahlte Dividenden nur noch zum Teil besteuert werden, wenn der betreffende Gesellschafter eine Beteiligung in bestimmter Höhe des Grundkapitals innehat. Dies könnte Inhaber von KMU dazu bringen, sich in Zukunft für die Ausrichtung eines tieferen Lohns zugunsten eines höheren Gewinnbezugs zu entscheiden. Die Steuerbehörden und die AHV-Ausgleichskassen prüfen daher zukünftig, ob sich die Geschäftsinhaber nicht zu tiefe Löhne ausbezahlen. Wird für die geleistete Arbeit kein oder ein unangemessen tiefer Lohn und gleichzeitig eine offensichtlich überhöhte Dividende ausgerichtet, sind die ausgeschütteten Gewinne bis zur Höhe eines branchenüblichen Gehalts als massgebender und damit AHV-beitragspflichtiger Lohn zu behandeln. Das Bundesamt für Sozialversicherungen hat Weisungen erlassen im Hinblick auf das Verhältnis von Lohn und Gewinnanteil (www.sozialversicherungen.admin.ch).

7.2.3 Verlustverrechnung

Sowohl bei der direkten Bundessteuer als auch in den Kantonen können Verluste einer Steuerperiode mit dem Gewinn späterer Bemessungsperioden verrechnet werden. Art. 67 DBG ordnet an, dass vom Reingewinn der Steuerperiode Verluste aus sieben der Steuerperiode vorangegangenen Geschäftsjahren abgezogen werden können, soweit sie bei der Berechnung des steuerbaren Reingewinns dieser Jahre nicht berücksichtigt werden konnten.

7.2.4 Steuermass

Für die direkte Bundessteuer beträgt die Gewinnsteuer der Kapitalgesellschaften und Genossenschaften proportional 8,5% des Reingewinns; bei Vereinen, Stiftungen und übrigen juristischen Personen 4,25%.

Jeder Kanton bestimmt sein Steuermass selber. Einige Kantone wenden ebenfalls einen proportionalen Tarif an, andere besteuern den Gewinn progressiv. Dabei wird in der Regel nicht auf die absolute Gewinnhöhe abgestellt, sondern auf die Rendite, das heisst auf das Verhältnis zwischen Gewinn und Kapital.

Zur Vermeidung von Mehrfachbelastungen im Falle von Beteiligungserträgen wird ein Abzug gewährt: Ist eine Kapitalgesellschaft oder Genossenschaft zu mindestens 20% am Grund- oder Stammkapital anderer Gesellschaften beteiligt oder macht ihre Beteiligung an solchem Kapital einen Verkehrswert von mindestens 2 Millionen Franken aus, so ermässigt sich die Gewinnsteuer im gleichen Verhältnis, in dem der Nettoertrag aus den Beteiligungsrechten zum gesamten Reingewinn steht (Art. 69 DBG).

7.2.5 Besonderer Steuerstatus von Holdinggesellschaften

Als Gesellschaften mit besonderem Steuerstatus gelten nach dem Steuerharmonisierungsgesetz die Holdinggesellschaften, deren Hauptzweck das langfristige Halten und Verwalten von Beteiligungen darstellt. Daneben wird auch den Verwaltungs- bzw. Domizilgesellschaften sowie den gemischten Gesellschaften ein besonderer Steuerstatus zuerkannt.

Holdinggesellschaften entrichten **keine kantonale Gewinnsteuer,** mit Ausnahme jener auf Erträgen aus schweizerischem Grundeigentum. Dieses sogenannte Holdingprivileg ist gemäss Art. 28 Abs. 2 StGH an folgende Voraussetzungen gebunden:

- Der statutarische Hauptzweck der Gesellschaft muss in der dauernden Verwaltung von Beteiligungen bestehen.
- Die Gesellschaft darf in der Schweiz keine Geschäftstätigkeit ausüben.
- Die Beteiligungen oder die Beteiligungserträge müssen längerfristig mindestens zwei Drittel der Aktiven bzw. der Erträge ausmachen.

Bei der direkten Bundessteuer erfolgt eine ordentliche Besteuerung der Holdinggesellschaften; es kann jedoch eine Ermässigung auf Beteiligungserträgen geltend gemacht werden (Art. 69 DBG; vgl. dazu Abschnitt 7.2.4).

Bezüglich der Kapitalsteuer werden Holdinggesellschaften wie Kapitalgesellschaften und Genossenschaften behandelt (vgl. sogleich Abschnitt 7.3).

7.3 Kapitalsteuer

Eine Kapitalsteuer wird von den Kantonen und Gemeinden, nicht jedoch vom Bund erhoben. Gegenstand ist das **steuerbare Eigenkapital**; dazu gehören bei Kapitalgesellschaften und Genossenschaften gemäss Art. 29 und 29 a StGH:

- das einbezahlte Grund- oder Stammkapital, bei der AG also das Aktienkapital und das Partizipationskapital,
- sämtliche offenen Reserven (wozu auch der Gewinnvortrag gehört),
- die aus versteuertem Gewinn gebildeten stillen Reserven, sowie
- der Teil des Fremdkapitals, dem wirtschaftlich die Bedeutung von Eigenkapital zukommt (verdecktes Eigenkapital; vgl. Abschnitt 7.2.1)

Bei Stiftungen, Vereinen und übrigen juristischen Personen gilt als steuerbares Kapital das Reinvermögen, wie dieses nach den Bestimmungen für die natürlichen Personen berechnet wird.

Das steuerbare Kapital bemisst sich nach dessen Stand am Ende der Steuerperiode, also am Ende des Geschäftsjahres. Mit wenigen Ausnahmen erheben die Kantone eine proportionale Kapitalsteuer zwischen 0,3 und 0,7 Promille, wobei für die Berechnung des Steuerbetrages die Steuerfüsse der Kantone und Gemeinden massgebend sind.

7.4 Mehrwertsteuer

Die gesetzliche Regelung und Handhabung der Mehrwertsteuer ist unabhängig von der Rechtsform des Unternehmens. Für die MWST kann daher auf die Ausführungen im 2. Thema, Abschnitt 5, verwiesen werden.

7.5 Verrechnungssteuer

Die Verrechnungssteuer (VSt) ist eine Objektsteuer von generell 35% auf dem Bruttobetrag von Erträgen aus beweglichem Vermögen (insbesondere Zinsen und Gewinnanteile), Lotteriegewinnen und Versicherungsleistungen. Sie ist als Quellensteuer ausgestaltet, das heisst, die Steuer muss vom Schuldner der steuerbaren Leistung entrichtet werden; dies ist die gewinnausschüttende Gesellschaft oder die zinszahlende Bank. Es handelt sich um eine Vorauszahlung der Einkommensteuer, welche dem Steuerpflichtigen mit seiner Steuerschuld verrechnet wird, wenn er das betreffende Einkommen korrekt deklariert. Die VSt ist damit in erster Linie eine Sicherungssteuer für inländische Steuerpflichtige.

Im Rahmen der Aktiengesellschaft unterliegen der Verrechnungssteuer:

- Kapitalerträge, das heisst Zinsen und Dividenden, nicht aber die Rückzahlung von einbezahltem Aktienkapital im Falle der Kapitalherabsetzung
- verdeckte Gewinnausschüttungen
- Liquidationsüberschüsse, die den Nominalwert der Aktien übersteigen
- beim Erwerb eigener Aktien durch die Gesellschaft: Mehrwert, der den Aktionären über den Nennwert ihrer Beteiligung hinaus zufliesst

Die Abwicklung der VSt beispielsweise im Falle der Ausschüttung von Gewinnanteilen erfolgt auf die Weise, dass die Aktiengesellschaft dem berechtigten Aktionär nicht 100% seiner Dividende ausrichtet, sondern nur 65%. Die Verrechnungssteuer ist von der Gesellschaft einzubehalten, auf dem dafür vorgesehenen Formular zu deklarieren und innert 30 Tagen nach Entstehen der Steuerforderung an den

Bund abzuliefern. Deklariert der in der Schweiz wohnhafte Aktionär die erhaltene Dividende als Einkommen bzw. Gewinn, erfolgt die Rückerstattung der Verrechnungssteuer. Dies geschieht bei natürlichen Personen normalerweise durch Anrechnung an die Steuerschuld aus direkten Steuern.

Praxistipp
Auch eine Aktiengesellschaft kann als Empfängerin von Erträgen aus beweglichem Vermögen bezüglich der Verrechnungssteuer rückerstattungsberechtigt sein (wenn die AG beispielsweise einen Bankkontozinsertrag hat, der um die VSt gekürzt worden ist). In diesem Fall erfolgt die Rückerstattung in bar. Diese ist bei der Eidgenössischen Steuerverwaltung auf dem dafür vorgesehenen Antragsformular (Bestellung unter 031 322 71 71) und unter Beilage der Ertragsbelege geltend zu machen. Der Anspruch auf Rückerstattung erlischt, wenn der Antrag nicht innert drei Jahren nach Ablauf des Kalenderjahres, in dem die steuerbare Leistung fällig geworden ist, gestellt wird.

Schweizerische Eidgenossenschaft
Confédération suisse
Confederazione Svizzera
Confederaziun svizra

Eidgenössisches Finanzdepartement EFD
Eidgenössische Steuerverwaltung ESTV
Hauptabteilung Direkte Bundessteuer,
Verrechnungssteuer, Stempelabgaben
3003 Bern Eigerstrasse 65 031 322 71 50
www.estv.admin.ch

Form. 110

Dossier S-

In der Korrespondenz angeben

Verrechnungssteuer auf dem Ertrag von Gesellschaftsanteilen, Partizipations- und Genussscheinen inländischer GmbH

Erläuterungen siehe Rückseite

Bitte unterzeichnete **JAHRESRECHNUNG** beifügen

Tel. _____   Ref. _____

Steuerabrechnung für das Geschäftsjahr, beginnend am _____, endend am _____

Datum der Gesellschafterversammlung, welche die Jahresrechnung genehmigt hat:

Fälligkeit der Leistung:
(Datum, ab welchem die Auszahlung der Leistung geltend gemacht werden kann)

(unbedingt ausfüllen)

Erfolgte die Ausschüttung im Verhältnis zum Gesellschaftskapital? (Siehe Ziffer 4 der Erläuterungen)   Ja ☐   Nein ☐

Kapital anlässlich der Gesellschafterversammlung

Art der Titel Stammkapital, Partizipationsscheine, Genussscheine	Total Nennwert oder Anzahl der Titel (für jene ohne Nennwert) Fr. / Titel	Total liberiert Fr.	Aus- schüttung in Prozent (Ziffer 5)	Brutto-Ausschüttung auf liberiertem Kapital Total (Ziffer 6) Fr. (ohne Rappen)	Code ESTV
				Total¹ Fr.	

Berechnung der Verrechnungssteuer .... 35% von Ziffer ¹ = Fr./Rp. _____

./. Verrechnungssteuer auf nicht ausgerichtete Ausschüttung auf eigene Titel
(direkt gehalten) gemäss Ziffer 7 der Erläuterungen   Fr./Rp. _____

./. Verrechnungssteuer auf Ausschüttungen im Konzernverhältnis gemäss Ziffer 8 der
Erläuterungen; Gesuchsformular(e) beilegen
(abrufbar unter www.estv.admin.ch)   Fr./Rp. _____

Die Verrechnungssteuer ist mit beigefügtem
Einzahlungsschein zu überweisen.   Code ESTV **213**   Fr./Rp. _____

Rückkauf eigener Titel: (direkt ☐   und/oder indirekt ☐   über Tochtergesellschaften)

Seit wann halten Sie direkt und/oder indirekt eigene Titel? _____ (Tag, Monat, Jahr)

Bestand zu Beginn des Geschäftsjahres: _____   Stück / in Prozent des Gesamtkapitals: _____ %

Käufe: _____   Stück

Verkäufe: _____   Stück

Bestand am Ende des Geschäftsjahres: _____   Stück / in Prozent des Gesamtkapitals: _____ %

Wurde im Geschäftsjahr, auch nur kurzfristig, die gesetzlich erlaubte Limite von 10% überschritten?   Ja ☐   Nein ☐

Datum: _____   Unterschrift: _____

605.010.27d 4.07 15000

Eidgenössische Steuerverwaltung
Administration fédérale des contributions
Amministrazione federale delle contribuzioni
3003 Bern - Eigerstrasse 65

Antrag auf Rückerstattung der Verrechnungssteuer
Demande en remboursement de l'impôt anticipé
Istanza di rimborso dell'imposta preventiva

Form. 25

SR

811546

Für die Jahre / Pour les années / Per gli anni

Datum des Geschäftsabschlusses / Date de clôture des comptes / Data di chiusura dei conti

Ref./Réf./Rif.

Antragsteller und genaue Adresse / Requérant et adresse exacte / Istante e indirizzo esatto

Die Zahlung ist zu leisten an / Le montant doit être versé sur / L'importo deve essere versato sul
PC-Nr. / Name des PC-Inhabers / Ort / Bankkonto / Name des Bankkonto-Inhabers
CCP No / Nom du titulaire du CCP / Lieu / Compte de banque / Nom du titulaire du compte en banque
CCP N. / Titolare del CCP / Luogo / Conto bancario / Titolare del conto bancario

Schreibmaschine: normale Schreibweise!
Handschrift: Kästchen beachten!
Machine à écrire: espace normal, sans tenir compte des cases!
Ecriture manuscrite: respecter les cases!
Macchina da scrivere: non tenere conto delle caselle!
Manoscritto: rispettare le caselle!

ESTV-Codes

Nr. / No / N.	Bezeichnung der Guthaben und Wertschriften / Désignation des avoirs et titres / Designazione dei collocamenti di capitali	Zinssatz / Taux / Tasso	Guthaben/Nennwert / Créance/Valeur nominale / Credito/Valore nominale	Ertragsfälligkeit / Echéance du rendement / Scadenza del reddito	Bruttoertrag in CHF / Rendement brut en CHF / Reddito lordo in CHF	leer lassen / laisser en blanc / lasc. in bianco
1	2	3	4	5	6	7

Übertrag ab Beiblatt/Report des feuilles compl./Riporto dai fogli compl. (Form.19)

Total Bruttoertrag/Rendement brut total/Totale del reddito lordo .... Fr.

35% Verrechnungssteuer/Impôt anticipé/Imposta preventiva .... Fr.

./. Abschlagszahlungen/Acomptes reçus/Acconti ricevuti .... Fr.

Überweisungsbetrag/Montant à verser/Importo da versare .... Fr.

Datum/Date/Data:

Beilagen/Annexes/Allegati:

4.99 50000 5873/2

Der Antragsteller bestätigt, dass die Bedingungen zur Rückforderung gemäss Erläuterungen erfüllt sind.
Le requérant confirme que les conditions du droit au remboursement précisées sont remplies.
L'istante dichiara di adempiere alle condizioni per il diritto al rimborso secondo spiegazioni.
Rechtsverbindliche Unterschrift/Signature valable/Firma giuridicamente valida

7

7.6 Stempelabgaben

Stempelabgaben besteuern die Kapitalbeschaffung und den Umsatz von Urkunden in Form von Emissionsabgaben, Umsatzabgaben sowie Abgaben auf der Zahlung von Versicherungsprämien (vgl. 4. Thema, Abschnitt 5.1.4).

- Die **Emissionsabgabe auf Beteiligungsrechten** beträgt 1% und wird bei der Aktiengesellschaft erhoben auf der entgeltlichen oder unentgeltlichen Begründung und Erhöhung des Nennwerts von Beteiligungsrechten in Form von Aktien, Partizipationsscheinen und Genussscheinen (als beispielsweise auf der Herausgabe und Liberierung von Aktien bei der Unternehmensgründung). Leistungen der Gesellschafter, die gesamthaft eine Million Franken nicht übersteigen, sind von der Abgabe befreit. Abgabepflichtig ist die Gesellschaft; die Abgabeforderung entsteht mit der Eintragung der Begründung oder Erhöhung der Beteiligungsrechte im Handelsregister.

- Gegenstand der **Umsatzabgabe** ist die entgeltliche Übertragung von Eigentum an Aktien, Partizipationsscheine und Genussscheine von Aktiengesellschaften, aber auch von Obligationen und anderen Urkunden. Die Abgabepflicht ist an die Voraussetzung geknüpft, dass eine der Vertragsparteien oder einer der Vermittler Effektenhändler (also beispielsweise eine Bank oder eine bankähnliche Finanzgesellschaft) ist. Die Umsatzabgabe beträgt 1,5 Promille für von einem Inländer bzw. 3,0 Promille für von einem Ausländer ausgegebene Urkunden. Abgabepflichtig ist der Effektenhändler; die Abgabeforderung entsteht mit dem Abschluss des Geschäftes.

8. Hinweise auf Aspekte der Sozialversicherungen

- Die allgemeinen Grundlagen der Sozialversicherungen, wie diese für alle Rechtsformen gelten, sind im 2. Thema, Abschnitt 6.3.2, beschrieben. Massgebend für die AG sind auch die im 2. Thema, Abschnitt 6.4, enthaltenen Ausführungen zu den Betriebsversicherungen.

- Als Konsequenz aus der juristischen Trennung von Gesellschafter und Gesellschaft gilt der Aktionär bezüglich seiner Gesellschafterstellung als Kapitalanleger (Investor) und damit nicht als selbstständig erwerbend. Dividendenerträge des Aktionärs stellen für ihn Erträge aus beweglichem Vermögen und nicht eine Lohnzahlung dar; sie unterliegen der Einkommenssteuer, nicht aber der AHV-Beitragspflicht. Die bei der Dividendenausschüttung abgezogene Verrechnungssteuer kann im Rahmen der Steuerdeklaration geltend gemacht werden.

- Das Entgelt, das einer natürlichen Person als Organ einer juristischen Person zukommt, gehört grundsätzlich zum massgebenden Lohn. Dazu zählen namentlich Honorare, Tantiemen, Saläre und andere feste Vergütungen der Mitglieder der Verwaltung sowie Sitzungsgelder. Ist also ein Aktionär als Verwaltungsrat oder Geschäftsführer operativ für die Gesellschaft tätig, gilt er für die dafür erhaltenen Bezüge als unselbstständiger Arbeitnehmer. Die Gesellschaft hat dafür die obligatorischen Sozialversicherungsbeiträge abzurechnen, und der operativ tätige Aktionär versteuert die Zahlungen als Erwerbseinkommen.

- Die auszahlende Gesellschaft kann davon absehen, über ein Verwaltungsratshonorar AHV-Beiträge abzurechnen unter der Voraussetzung, dass der betreffende Verwaltungsrat eine juristische Person im VR der auszahlenden Gesellschaft vertritt und das Entgelt direkt an den Arbeitgeber ausgerichtet wird.

- Eine natürliche Person, die Organ einer juristischen Person ist, kann dieser sowohl in unselbstständiger wie in selbstständiger Stellung gegenüberstehen (so etwa der selbstständig erwerbende Baumeister, die Anwältin, der Treuhänder usw., die dem Verwaltungsrat einer Aktiengesellschaft angehören). Steht sie ihr als Drittperson gegenüber, so bildet das daraus fliessende Erwerbseinkommen solches aus selbstständiger Erwerbstätigkeit. Die Qualifikation der Entschädigung hängt davon ab, ob die Tätigkeit, für welche die Entschädigung ausgerichtet wird, mit der Stellung als Organ verbunden ist, oder ob sie ebenso gut losgelöst davon erfolgen kann.
- Die Vergütungen an Revisoren von Revisionsstellen juristischer Personen gehören zum Einkommen aus selbstständiger Erwerbstätigkeit.

Praxistipp
Im Bereich der Sozialversicherungsabgaben hat das Eidgenössische Versicherungsgericht in Ausdehnung des Gesetzeswortlauts eine Kausalhaftung des VR statuiert. Danach werden die Mitglieder des VR von kleinen Unternehmen für einen Schaden der Ausgleichskasse gegenüber haftbar, weil ihnen, wenn auch nicht Absicht, so doch Grobfahrlässigkeit vorgeworfen werden kann. Gerade in kleinen Unternehmen mit übersichtlichen Verhältnissen hat jedes Mitglied des VR die Pflicht, sich einen Überblick über die wesentlichen Unternehmensbelange zu verschaffen, und dazu gehört auch die Zahlung der Sozialversicherungsbeiträge.

9. Auflösung und Liquidation der Aktiengesellschaft

Das Obligationenrecht nennt in Art. 736 OR eine Reihe von **Auflösungsgründen** und regelt in Art. 739–747 OR das **Auflösungsverfahren**, das zur Liquidation der Gesellschaft führt. Die früher im

Obligationenrecht geregelten Tatbestände der **Auflösung ohne Liquidation** sind heute **im Fusionsgesetz** normiert; konkret geht es um die Fusion und den Wechsel der Rechtsform (vgl. 3. Thema zu den einzelnen Transaktionen der Umstrukturierungen und zum Fusionsgesetz).

9.1 Auflösungsgründe

Aufgelöst wird die Gesellschaft aufgrund

- einer Statutenbestimmung (welche beispielsweise die Dauer der Gesellschaft von vorneherein begrenzt)
- eines Beschlusses der Generalversammlung, der gemäss Art. 704 Abs. 1 Ziffer 8 mindestens zwei Drittel der vertretenen Stimmen sowie die absolute Mehrheit der vertretenen Aktiennennwerte auf sich vereinigen muss
- der Eröffnung des Konkurses, welche entweder durch ein Konkursbegehren eines Gläubigers oder im Falle der Überschuldung (Art. 725 Abs. 2 OR) durch die Gesellschaft selbst beantragt wird
- eines Gerichtsurteil auf der Basis einer Auflösungsklage, die «aus wichtigen Gründen» gestellt werden kann; als solche kommen aufgrund der kapitalbezogenen Konzeption der AG **nur sachliche, nicht aber in der Person eines Gesellschafters liegende Gründe** infrage.

Erfolgt die Auflösung der Gesellschaft nicht durch Konkurs oder richterliches Urteil, so ist sie vom Verwaltungsrat zur Eintragung in das Handelsregister anzumelden. Die Gesellschaft wird dann als «in Liquidation» bezeichnet.

9.2 Liquidationsverfahren

Mit dem Eintritt des Auflösungsgrundes tritt die AG in das Beendigungsstadium. Das heisst, dass die Gesellschaft als juristische Person zwar weiterbesteht, jedoch eine neue, eingeschränkte Zielsetzung erhält. Der Zweck besteht nun lediglich in der Gesellschaftsauflösung. Das zwischen dem Eintritt eines Auflösungsgrundes und dem vollständigen Untergang der Gesellschaft durchgeführte Verfahren wird als Liquidation bezeichnet.

- Die Liquidation wird normalerweise durch den Verwaltungsrat besorgt, kann aber durch die Statuten oder durch GV-Beschluss auch anderen Personen übertragen werden. Bei Auflösung durch richterlichen Beschluss bestimmt der Richter die Liquidatoren, und im Falle des Konkurses besorgt die Konkursverwaltung die Liquidation. Die Liquidatoren, die vom Verwaltungsrat zur Eintragung in das Handelsregister anzumelden sind, gelten als Organe der Gesellschaft (Art. 740 OR).

- Die Liquidatoren haben bei Übernahme des Amtes und bei länger dauerndem Verfahren jährlich eine Bilanz aufzustellen. Gegenüber den Gläubigern hat ein Schuldenruf zu erfolgen, worin die Gläubiger durch besondere Mitteilung bzw. durch öffentliche Bekanntmachung aufgefordert werden, ihre Ansprüche anzumelden (Art. 741 OR).

- Die laufenden Geschäfte sind zu beendigen, noch ausstehende Einlagen auf nicht voll liberierten Aktien einzufordern, die Aktiven zu verwerten und die Verpflichtungen der Gesellschaft zu erfüllen (Art. 743 OR).

- Zum Schutz der Gläubiger haben die Liquidatoren den Betrag der Forderungen bekannter Gläubiger, die ihre Anmeldung unterlassen haben, gerichtlich zu hinterlegen. Zu hinterlegen sind auch entsprechende Beträge zur Deckung noch nicht fälliger sowie streitiger Verbindlichkeiten (Art. 744 OR).

- Das Vermögen der aufgelösten Gesellschaft wird nach Tilgung der Schulden, soweit die Statuten nichts anderes bestimmen, unter die Aktionäre nach Massgabe der einbezahlten Beträge und unter der Berücksichtigung allfälliger Vorrechte einzelner Aktienkategorien verteilt. Auch die Partizipanten sind zu berücksichtigen (Art. 745 OR).

- Nach Beendigung der Liquidation haben die Liquidatoren das Erlöschen der Firma beim Handelsregisteramt anzumelden. Die Geschäftsbücher der aufgelösten Gesellschaft sind während zehn Jahren an einem sicheren Ort aufzubewahren. Der Ort ist von den Liquidatoren, allenfalls vom Handelsregisteramt, zu bezeichnen (Art. 746 und 747 OR).

10. Literaturhinweise

- *Bauen M./Bernet R.,* Schweizer Aktiengesellschaft (Zürich/Basel/Genf 2007)
- *Bauen M./Venturi S.,* Der Verwaltungsrat (Zürich/Basel/Genf 2007)
- *Böckli P.,* Schweizer Aktienrecht (Zürich 2004)
- *Böckli P.,* Revisionsstelle und Abschlussprüfung nach neuem Recht, Schriften zum Aktienrecht (Zürich/Basel/Genf 2007)
- *Forstmoser P./Meier-Hayoz A./Nobel P.,* Schweizerisches Aktienrecht (Bern 1996)
- *Höhn E./Waldburger R.,* Steuerrecht, (Bern/Stuttgart/Wien 2002)
- *Honsell H./Vogt N.P./Watter R. (Herausgeber),* Basler Kommentar zum Schweizerischen Privatrecht, Obligationenrecht II, Art. 530–1186 OR (Basel 2008)
- *Knecht M./Koch J.,* Handelsregisterliche Eintragungen, Ein Leitfaden zur AG, GmbH, Genossenschaft und Stiftung (Zürich/Basel/Genf 2008)
- *Lengauer D./Holderegger M./Amstutz T.,* Neuerungen im Gesellschafts- und Revisionsrecht 2007/08 (Zürich/Basel/Genf 2007)
- *Mäusli-Allenspach P./Oertli M.,* Das schweizerische Steuerrecht, Ein Grundriss mit Beispielen (Bern 2008)
- *Meier R.,* Die Aktiengesellschaft (Zürich/Basel/Genf 2005)
- *Meier-Hayoz A./Forstmoser P.,* Schweizerisches Gesellschaftsrecht mit neuem Recht der GmbH, der Revision und der kollektiven Kapitalanlagen (Bern 2007)
- *von Büren R./Stoffel W./Weber R.,* Grundriss des Aktienrechts (Zürich/Basel/Genf 2007)
- *Vogt H.-U.,* Aktienrecht, Entwicklungen 2006 (Bern 2007)

8. Thema
Die Gesellschaft mit beschränkter Haftung

> **Informationsziele**
>
> Dieses Thema informiert über
> - die charakteristischen Merkmale und die Vor- und Nachteile der GmbH sowie deren Eignung als Rechtsform
> - das Vorgehen für die Entstehung der Gesellschaft, insbesondere den Inhalt der Statuten
> - Begriff und Bedeutung des Stammkapitals und der Stammanteile der Gesellschafter
> - die Stellung der Gesellschafter gegenüber dem Unternehmen, insbesondere die aufgrund der personenorientierten Gesellschaftsstruktur im Gesetz oder in den Statuten festgelegten persönlichen Rechte und Pflichten der Gesellschafter
> - die durch das Gesetz vorgeschriebene Organisation der Gesellschaft, namentlich die gesetzlichen Organe Gesellschafterversammlung, Geschäftsführung und Revisionsstelle
> - wichtige Aspekte zu den Steuerabgaben der GmbH sowie zu Sozialversicherungsfragen
> - die wichtigsten Neuerungen der Gesetzesrevision von 2008

Wichtigste Gesetzesquellen
- Art. 772–827 OR
- Bundesgesetz über die Zulassung und Beaufsichtigung der Revisorinnen und Revisoren (SR 221.302) und darauf beruhende Verordnung.

1. Das Wesen der Gesellschaft mit beschränkter Haftung

«^{1}Die Gesellschaft mit beschränkter Haftung ist eine personenbezogene Kapitalgesellschaft, an der eine oder mehrere Personen oder Handelsgesellschaften beteiligt sind. Ihr Stammkapital ist in den Statuten festgelegt. Für ihre Verbindlichkeiten haftet nur das Gesellschaftsvermögen.
^{2}…»
Art. 772 Abs. 1 OR: Begriff

1.1 Charakteristische Merkmale

- Gleich wie die AG ist auch die Gesellschaft mit beschränkter Haftung (GmbH)
  - dem allgemeinen **Gesellschaftsbegriff** von Art. 530 Abs. 1 OR untergeordnet (siehe 1. Thema, Abschnitt 4.3).
  - eine **juristische Person**, das heisst, sie verfügt über die Rechtsfähigkeit sowohl gegenüber den Gesellschaftern als auch gegenüber Dritten.
- Das Gesetz bezeichnet die GmbH zunächst als **Kapitalgesellschaft.** Dies bedeutet, dass die rechtliche Organisation der Gesellschaft auf dem Bestehen eines in den Statuten festgehaltenen Stammkapitals basiert und die Rechte und Pflichten der Gesellschafter sich grundsätzlich nach dem Mass der Kapitalbeteiligung richten. Die GmbH ist jedoch keine reine Kapitalgesellschaft wie die AG, sondern eine personenbezogene. Damit bringt die Legaldefinition zum Ausdruck, dass die Struktur der Rechtsform neben der finanziellen Beteiligung auch die Persönlichkeit der Gesellschafter berücksichtigt.
- Die **Personenbezogenheit** drückt sich beispielsweise in folgenden Tatsachen aus:
  - Treuepflicht der Gesellschafter gegenüber der Gesellschaft
  - Möglichkeit, den Gesellschaftern Nachschuss- und/oder Nebenleistungspflichten aufzuerlegen
  - Pflicht, die Namen aller Gesellschafter im Handelsregister einzutragen
  - Dispositive gesetzliche Anordnung, wonach alle Gesellschafter die Geschäftsführung gemeinsam ausüben
  - Zulassung einer strengen Vinkulierung der Stammanteile
  - Gesetzliche Austrittsrechte und Ausschlussmöglichkeiten
- In der Regel will die GmbH für ihre Mitglieder geldwerte Vorteile erreichen (zum Beispiel in Form der Ausschüttung möglichst ho-

her Gewinne). Die Rechtsform steht jedoch **auch für nichtwirtschaftliche**, also für ideale (gemeinnützige, kulturelle, politische usw.) **Zwecke** zur Verfügung.

- Gleich wie das Aktienrecht bestimmt das Gesetz auch für die GmbH das **Prinzip der beschränkten Haftung:** Für die Verpflichtungen der Gesellschaft haftet nur das Gesellschaftsvermögen, nicht jedoch der Gesellschafter persönlich. Anders als bei der AG kann der Gesellschafter einer GmbH allerdings verpflichtet werden, Nebenleistungen und Nachschüsse zu erbringen.

1.2 Eignung als Rechtsform

Während die GmbH bis Anfang der 1990er-Jahre ein Randdasein fristete, hat sie sich seither zum eigentlichen Topshot der Unternehmensformen entwickelt und steht heute anzahlmässig an dritter Stelle. Die gestiegene Bedeutung ist in der umfassenden Aktienrechtsreform des Jahres 1992 begründet, welche die AG strengeren Anordnungen unterstellt hat (wie etwa die Erhöhung des Mindestkapitals sowie die Verpflichtung zur unabhängigen Revision der Rechnungslegung).

Der Gesetzgeber hat die Regelung der GmbH auf die Bedürfnisse von **Unternehmen mit einem beschränkten, eher kleinen Kreis von Gesellschaftern** ausgerichtet; die Rechtsform stellt eine Alternative gegenüber der stärker kapitalbezogenen Aktiengesellschaft dar und eignet sich für kleine, mittlere und grössere Unternehmen aller Branchen. Das GmbH-Recht enthält keine Regelungen, die auf den öffentlichen Kapitalmarkt ausgerichtet sind, da solche für kleinere Betriebe nicht sachgerecht wären oder sich als Belastung auswirken würden. Für Gesellschaften mit einem grösseren Kreis von Beteiligten sowie für Unternehmen, die sich über den öffentlichen Kapitalmarkt finanzieren, erweist sich die AG als passende Rechtsform.

Die **Rechtsform der GmbH verbindet die Vorteile der Kollektivgesellschaft mit jenen der AG;** mit beiden Rechtsformen ist die GmbH verwandt. Im Gegensatz zur AG gibt das Gesetz der GmbH aber die Möglichkeit, personenorientierten Elementen eine stärkere Bedeutung beizumessen, weshalb die gesetzliche Ordnung einiger wichtiger Fragen dispositiver Natur ist. Im Unterschied zum Recht der Kollektivgesellschaft haben die Gesellschafter jedoch keine vom Gesetz vorgeschriebene unbeschränkte, persönliche Haftung einzugehen.

Aus der Sicht der Gesellschafter lassen sich im Wesentlichen folgende Vor- und Nachteile der GmbH aufzählen:

- Die Haftung ist auf das Gesellschaftsvermögen beschränkt.
- Das Stammkapital muss mindestens CHF 20 000.– betragen und vollständig liberiert sein.
- Über die Beteiligung an der Gesellschaft kann eine Urkunde ausgestellt werden; eine Verpflichtung dazu besteht indessen nicht. Wird eine Urkunde ausgegeben, kann diese nur als Beweisurkunde oder Namenpapier errichtet werden.
- Ein Wechsel in der Mitgliedschaft hat keine direkten Auswirkungen auf die Gesellschaft.
- Die Abtretung von Stammanteilen bedarf der Zustimmung durch die Gesellschafterversammlung. Diese kann die Zustimmung ohne Angabe von Gründen verweigern.
- Die Gesellschafter unterliegen der Treuepflicht und einem Konkurrenzverbot.
- Wenn die Statuten keine andere Regelung vorsehen, wird die Geschäftsführung durch alle Gesellschafter gemeinsam ausgeübt (Selbstorganschaft).
- Die Rechte der Gesellschafter bestimmen sich im Grundsatz nach der Höhe der Kapitalbeteiligung, und nicht nach Köpfen.

- Das Gründungsverfahren gestaltet sich in formeller Hinsicht gleich wie jenes der Aktiengesellschaft. Ebenso gelten für die Rechnungslegung und die Revision zum Schutz der Gläubiger die Regeln der AG. Und auch in steuerlicher Hinsicht gelten die Grundsätze der AG.

1.3 Gesetzesrevision von 2008

Die GmbH wurde 1936 in das Gesetz eingeführt und ist über 70 Jahre unverändert belassen worden. Im umfassend revidierten GmbH-Recht wurden verschiedene Mängel behoben und die Vorschriften an das EU-Recht angenähert.

1.3.1 Wesentlichste Neuerungen

Die gegenüber den früheren Bestimmungen bedeutendsten Änderungen beziehen sich auf:

- Zulässigkeit der Einpersonengesellschaft
- Aufhebung des Höchstbetrags von 2 Millionen Franken für das Stammkapital
- Zulassung der Gesellschaftsgründung auch für nichtwirtschaftliche Zwecke
- Verpflichtung, das Stammkapital vollständig zu liberieren
- Senkung des minimalen Nennwerts eines Stammanteils von CHF 1000 auf CHF 100
- Übertragung von Stammanteilen nicht mehr in der Form der öffentlichen Beurkundung, sondern durch einfache Schriftlichkeit
- Möglichkeit, die Stammanteile nicht nur als Beweisurkunden, sondern auch in Form von Namenpapieren zu verbriefen

- Wegfall der jährlichen Meldepflicht der Gesellschafter an das Handelsregisteramt
- Gesetzliche Übertragungsbeschränkung, wobei die Gesellschafterversammlung die Zustimmung zur Übertragung ohne Grundangabe verweigern kann
- Möglichkeit wie bisher, eine statutarische Nachschusspflicht einzuführen, jedoch neu Beschränkung der Nachschüsse auf das Doppelte des Stammanteils
- Treuepflicht und Konkurrenzverbot für die Gesellschafter
- Zulässigkeit, den Gesellschaftern in den Statuten ein Vetorecht gegen bestimmte Beschlüsse der Gesellschafterversammlung einzuräumen
- Abschaffung der Vorschriften betreffend Nationalität und Wohnsitz von Gesellschaftern und Geschäftsführung
- Anwendbarkeit des Aktienrechts für Rechnungslegung und Revision

1.3.2 Angleichung an das Aktienrecht

Die revidierten Vorschriften gleichen das GmbH-Recht in verschiedener Hinsicht an das Aktienrecht an. So wird in den folgenden Bestimmungen das Aktienrecht auch für die GmbH für anwendbar erklärt:

Art. 774 a OR	Genussscheine
Art. 777 c OR	Gründung: Einlagen
Art. 781 OR	Erhöhung des Stammkapitals
Art. 782 OR	Herabsetzung des Stammkapitals
Art. 783 OR	Erwerb eigener Stammanteile
Art. 798 a OR	Zinsen
Art. 798 b OR	Tantiemen
Art. 799 OR	Vorzugsstammanteile
Art. 800 OR	Rückerstattung von Leistungen
Art. 801 OR	Geschäftsbericht, Reserven und Offenlegung
Art. 805 OR	Gesellschafterversammlung: Einberufung und Durchführung
Art. 808 c OR	Anfechtung von Beschlüssen der Gesellschafterversammlung
Art. 814 OR	Geschäftsführung und Vertretung: Vertretung
Art. 816 OR	Geschäftsführung und Vertretung: Nichtigkeit von Beschlüssen
Art. 818 OR	Revisionsstelle
Art. 819 OR	Mängel in der Organisation der Gesellschaft
Art. 820 OR	Kapitalverlust und Überschuldung
Art. 821 a OR	Auflösung: Folgen
Art. 826 OR	Liquidation
Art. 827 OR	Verantwortlichkeit

1.3.3 Übergangsbestimmungen: Anpassung von altrechtlichen GmbH an die neuen Bestimmungen

Das revidierte GmbH-Recht ist auf den 1. Januar 2008 in Kraft getreten. Gesellschaften nach altem Recht haben sich an die neuen Vorschriften anzupassen; besonders wesentlich sind diesbezüglich die folgenden Übergangsbestimmungen:

- **Unmittelbare Geltung des neuen Rechts**
Grundsätzlich gilt das neue Recht unmittelbar mit seinem Inkrafttreten für alle bestehenden Gesellschaften (Art. 1 Abs.² ÜBest). Dies bezieht sich insbesondere auf die zwingenden Vorschriften sowie auf die im Gesetz dispositiv geregelten Sachverhalte, über welche die Gesellschaftsstatuen keine Regelung enthalten.

- **Zweijährige Übergangsfrist zur Anpassung von Statuten und Reglementen**
  - Im Handelsregister eingetragene Gesellschaften, die beim Inkrafttreten des neuen Rechts den revidierten Vorschriften nicht entsprechen, müssen ihre Statuten und Reglemente innerhalb von zwei Jahren den neuen Bestimmungen anpassen (Art. 2 Abs. 1 ÜBest).
  - Bestimmungen der Statuten und Reglemente bestehender GmbH, die mit dem revidierten Recht nicht vereinbar sind, bleiben bis zur Anpassung, längstens aber noch bis Ende 2009, in Kraft (Art. 2 Abs. 2 ÜBest).

- **Leistung der Einlagen**
Im Handelsregister eingetragene Gesellschaften, deren Stammkapital nicht voll einbezahlt ist, müssen die noch nicht vorgenommenen Leistungen innerhalb von zwei Jahren erbringen. Bis zur vollständigen Liberierung der Einlagen haften die Gesellschafter (nach Art. 802 altOR) für alle Verpflichten der Gesellschaft solidarisch bis zur Höhe des Stammkapitals.

- **Nachschusspflicht**
Eine unter dem alten Recht begründete statutarische Nachschusspflicht, die das Doppelte des Nennwerts der Stammanteile übersteigt, bleibt rechtsgültig. Sie kann nur dann herabgesetzt werden, wenn das Stammkapital und die gesetzlichen Reserven voll gedeckt sind (Art. 6 Abs. 1 ÜBest).

- **Revisionsstelle**
  Die Bestimmungen zur Revisionsstelle gelten vom ersten Geschäftsjahr an, das mit dem Inkrafttreten der revidierten Vorschriften oder danach beginnt (Art. 7 ÜBest).

Praxistipps
GmbH, die vor 2008 gegründet wurden,

- müssen ihre Statuten bis spätestens 31. Dezember 2009 an die neuen Gesetzesbestimmungen anpassen und sollten dabei vor allem folgenden Statuteninhalt überpüfen:
    - Höhe des Stammkapitals sowie Anzahl und Nennwert der Stammanteile
    - Abtretung von Stammanteilen (Vinkulierungsregelung)
    - allfällige Nachschusspflicht
    - allfällige Nebenleistungspflichten
    - Geschäftsführung
    - Vertretung
    - Revision
- haben bis spätestens zum gleichen Datum die noch nicht vollständig einbezahlten Stammanteile zu liberieren
- sollten sich über die Art der Revision entscheiden und einen allfälligen Revisionsverzicht dem Handelsregister anmelden (siehe dazu 7. Thema, Abschnitt 6.4.2)

2. Die Entstehung der GmbH

Waren im früheren Recht mindestens zwei Personen zur Gesellschaftsgründung erforderlich, kann die GmbH nun durch eine einzige natürliche oder juristische Person oder Handelsgesellschaft gegründet werden. Mit Ausnahme der Bestimmung, wonach die Gesellschaft durch eine Person (Geschäftsführer oder Direktor) mit

Wohnsitz in der Schweiz vertreten werden muss, enthält das OR keine Vorschriften über die Nationalität und den Wohnsitz der Gesellschafter. Das Verfahren für die Gesellschaftsgründung ist im Grossen und Ganzen gleich wie jenes für die AG (vgl. dazu 7. Thema, Abschnitt 2). Im Rahmen der **Vorbereitung** stellen die Gründer sicher, dass sie alle für die Gesellschaftserrichtung notwendigen Voraussetzungen erfüllen. Konkret müssen die Statuten festgelegt, die Organe bestellt sowie die Stammanteile gezeichnet und liberiert werden. Ausserdem hat der **Errichtungsakt** zu erfolgen. Und im Falle einer **qualifizierten Gründung,** das heisst, wenn Sacheinlagen oder Sachübernahmen oder Verrechnungen erfolgen oder wenn bestimmten Personen besondere Vorteile eingeräumt werden, sind die dafür vorgesehenen Anforderungen zu erfüllen. Die GmbH entsteht, wenn die Gesellschaft ihre Rechtspersönlichkeit erlangt. Dies ist in dem Moment der Fall, sobald die sie **in das Handelsregister eingetragen** wird.

2.1 Statuten

2.1.1 Inhalt

Die Statuten sind nicht nur rechtliche Entstehungsvoraussetzung, sondern bilden darüber hinaus das Grundgesetz der Gesellschaft. Gleich wie bei der AG unterscheidet man zwischen dem absolut notwendigen, dem bedingt notwendigen und dem absolut fakultativen Statuteninhalt (vgl. zu den Statuten allgemein sowie zum Statuteninhalt auch 7. Thema, Abschnitt 2.2).

a) Absolut notwendiger Inhalt (Art. 776 OR)

Im Vergleich zur Aktiengesellschaft ist der gesetzliche festgelegte, absolut zwingende Statuteninhalt knapper gefasst. So müssen die GmbH-Statuten Angaben enthalten über:

- **Firma und Sitz**
  Der wesentliche Inhalt der Firma kann aus einer Personen-, einer Sach- oder einer Phantasiebezeichnung bestehen. Auf jeden Fall ist die Rechtsform zu nennen (üblicherweise durch Beifügung der Abkürzung «GmbH»). Für die Firmenbildung sind die allgemeinen Grundsätze der Firmenwahrheit und -klarheit sowie der Firmenausschliesslichkeit massgebend (vgl. zur Firmenbildung 2. Thema, Abschnitt 3). Die GmbH muss einen festen örtlichen Bezugspunkt in einer politischen Gemeinde haben, weshalb der Gesellschaftssitz in die Statuten aufzunehmen ist.

- **Gesellschaftszweck**
  Verlangt ist die Angabe dessen, was die Gesellschaft zu tun und zu erreichen gedenkt. Es genügt eine kurze Umschreibung, die aber nicht zu allgemein sein darf (vgl. dazu 7. Thema, Abschnitt 2.2.6).

- **Höhe des Stammkapitals sowie Anzahl und Nennwert der Stammanteile**
  Gemäss Art. 772 Abs. 2 OR sind die Gesellschafter mit mindestens je einem Stammanteil am Stammkapital beteiligt. Die Statuten müssen daher nicht nur die Höhe des Stammkapitals, sondern auch die Anzahl und den Nennwert der Stammanteile angeben. Die auf das Stammkapital geleisteten Einlagen sind nicht anzugeben, denn die vollständige Liberierung ist zwingende Gesetzespflicht (vgl. zum Stammkapital und zu den Stammanteilen nachstehend Abschnitt 3.1).

- **Form der von der Gesellschaft ausgehenden Bekanntmachungen**
  Die Statuten müssen festlegen, in welcher Form die Mitteilungen der Gesellschaft an ihre Gesellschafter (zum Beispiel Einberufung der Gesellschafterversammlung) bzw. an ihre Gläubiger erfolgen. Bekanntmachungen, welche im Handelsregister eintragungspflichtige Tatsachen betreffen, müssen zwingend im Schweizerischen Handelsamtsblatt veröffentlicht werden (Art. 931 Abs. 2 OR).

b) Bedingt notwendiger Statuteninhalt (Art. 776 a OR)

Der bedingt notwendige Inhalt betrifft Festlegungen, die zwar nicht zwingend in die Statuten aufzunehmen, jedoch nur dann rechtswirksam sind, wenn eine statutarische Verankerung erfolgt. Eine zum Beispiel in einem Reglement oder einem Gesellschafterbindungsvertrag getroffene Regelung der in Art. 776 a OR aufgeführten Inhalte wäre nichtig. Das Gesetz enthält zwei Listen für den bedingt notwendigen Statuteninhalt:

- **Elemente zur Gestaltung der gesellschaftlichen Ordnung, die zu ihrer Verbindlichkeit in die Statuten aufgenommen werden müssen**
  (Art. 776 a Abs. 1 OR)

Thema	Regelung in OR
Nachschuss- und Nebenleistungspflichten	Art. 795–795d; Art. 796, 797
Vorhand-, Vorkaufs- oder Kaufsrecht an Stammanteilen als besondere Art von Nebenleistungspflichten	Art. 796, 797
Einführung eines Konkurrenzverbots für nicht geschäftsführende Gesellschafter	Art. 803 Abs. 2 und 3
Konventionalstrafen für nicht oder nicht rechtzeitige Erfüllung von Pflichten als besondere Art von Nebenleistungspflichten	Art. 796, 797
Vorzugsstammanteile	Art. 799
Vetorecht betreffend Beschlüsse der Gesellschafterversammlung	Art. 807
Beschränkung von Stimmrecht und Vertretungsrecht	Art. 792, 805
Genussscheine	Art. 774 a
statutarische Reserven	Art. 801
Erweiterung der Befugnisse der Gesellschafterversammlung	Art. 804 Ziffer 17; Art. 810

Genehmigung von Entscheiden der Geschäftsführer durch die Gesellschafterversammlung	Art. 811
Erfordernis eines Gesellschafterversammlungsbeschlusses zur Bestimmung von Geschäftsführern, die eine juristische Person oder Handelsgesellschaft vertreten	Art. 809
Befugnis der Geschäftsführer zur Ernennung von Direktoren usw.	Art. 804 Abs. 3
Tantiemen	Art. 798 b
Bauzinsen	Art. 798 a Abs. 1
Bestimmungen über die Revisionsstelle, welche über die gesetzlichen Vorschriften hinausgehen	Art. 818
statutarisches Austrittsrecht	Art. 822 Abs. 2
Gründe für den Ausschluss von Gesellschaftern	Art. 823 Abs. 2
andere als die gesetzlichen Auflösungsgründe	Art. 821

- **Anordnungen, die für die Gesellschaft gelten sollen, jedoch von den gesetzlichen Vorschriften abweichen**
  (Art. 776 a Abs. 2 OR)

Thema	Regelung in OR
Beschlussfassung über die nachtägliche Schaffung von neuen Vorzugsstammanteilen	Art. 799
Übertragung von Stammanteilen	Art. 786 Abs. 2; Art. 788 Abs. 5
Einberufung der Gesellschafterversammlung	Art. 805 Abs. [2] und [3]
Bemessung des Stimmrechts der Gesellschafter	Art. 806
Beschlussfassung in der Gesellschafterversammlung	Art. 808, 808 a und b

Beschlussfassung der Geschäftsführer	Art. 809 Abs. 4
Geschäftsführung und Vertretung	Art. 809 Abs. 1; Art. 814 Abs. 2
Konkurrenzverbote der Geschäftsführer	Art. 812 Abs. 3

Zum bedingt notwendigen Statuteninhalt gehören gemäss dem Verweis in Art. 777 c Abs. 2 OR auf das Aktienrecht auch die Sacheinlagen, die Sachübernahmen, die Verrechnungstatbestände sowie die besonderen Vorteile an Gründer und Dritte (vgl. dazu 7. Thema, Abschnitt 2.7).

c) Fakultativer Statuteninhalt

Ausser den zwingenden und den zu ihrer Verbindlichkeit aufzunehmenden Bestimmungen dürfen die Statuten deren weitere enthalten, solange diese nicht gegen zwingendes Recht verstossen.

2.1.2 Form und Beschlussfassung

- Für die **Gründungsstatuten**
ist die Zustimmung sämtlicher Gründergesellschafter erforderlich.

- **Spätere Statutenanpassungen,**
wozu auch die Einführung einer bisher nicht enthaltenen Regelung gehört, benötigen nach Art. 808 OR den Beschluss der Gesellschafterversammlung, der die absolute Mehrheit der vertretenen Stimmen auf sich vereinigt. Durch eine entsprechende statutarische Regelung (Art. 777 a Abs. 2 Ziffer 5) kann das Mehrheitserfordernis anders bestimmt werden. Art. 808 b OR bezeichnet zudem wichtige Beschlüsse, für welche die Zustimmung von mindestens zwei Dritteln der vertretenen Stimmen sowie der Mehrheit des gesamten Stammkapitals erforderlich sind (beispielsweise für die Änderung des Gesellschaftszwecks, für die

Sitzverlegung, für die Erhöhung des Stammkapitals und für die Aufnahme von Vinkulierungsbestimmungen).

- Verlangt ist in allen Fällen die **Schriftform;** erforderlich sind ausserdem die **öffentliche Beurkundung** (Art. 777 Abs.[1] OR und Art. 780 OR) sowie die Eintragung in das Handelsregister. Durch den **Registereintrag** wird der Statuteninhalt gegenüber Dritten unmittelbar wirksam.

2.2 Bestellung der Organe

Um der zukünftigen Gesellschaft die Handlungsfähigkeit zu verleihen, sind die nach Gesetz und Statuten unentbehrlichen Organe zu bestellen (allgemein Art. 54 ZGB). Zu bestimmen sind für die GmbH die Geschäftsführer sowie die Revisionsstelle. Nach dispositiver Anordnung in Art. 809 Abs.[1] OR üben alle Gesellschafter die Geschäftsführung gemeinsam aus; Geschäftsführer sind also nur dann besonders zu «bestellen», wenn aufgrund einer statutarischen Regelung von der gesetzlichen Ordnung abgewichen werden soll. Die Bestellung einer Revisionsstelle kann ebenfalls unterbleiben, wenn die Gesellschaft ordnungsgemäss den Verzicht auf die Revision erklärt (siehe zu den Organen der GmbH nachstehend Abschnitt 5).

2.3 Zeichnung und Liberierung der Stammanteile

- Unter Zeichnung versteht man die Verpflichtung der Gesellschafter, die Stammanteile zu übernehmen und die Einlagen zu leisten. Nach Art. 777 a Abs. 1 OR muss die Zeichnung die Angabe von Anzahl, Nennwert und Ausgabebetrag sowie gegebenenfalls der Kategorie der Stammanteile enthalten. Stammanteile müssen nach Art. 774 OR einen Nennwert von mindestens 100 Franken aufweisen und mindestens zum Nennwert ausgegeben werden. Zum Schutz der Zeichner verlangt Art. 777 a Abs. 2 OR, in der Zeichnungsurkunde auf allfällige statutarische Bestimmungen über Nachschusspflichten, Nebenleistungspflichten, Konkurrenzverbote, Vorhand-, Vorkauf- und Kaufrechte sowie Konventionalstrafen hinzuweisen.

- Bei der Gründung muss für jeden Stammanteil eine dem Ausgabebetrag entsprechende Einlage vollständig geleistet werden (Liberierung). Die Leistung kann in bar oder durch Sacheinlagen oder Sachübernahmen erfolgen. Bareinlagen sind (gemäss Verweis in Art. 777 c Abs.[2] Ziffer 3 auf Art. 633 OR) bei einem dem Bankengesetz unterstellten Institut zur ausschliesslichen Verfügung der Gesellschaft zu hinterlegen; für Sacheinlagen und Sachübernahmen gelten die besonderen formellen Vorschriften über die qualifizierte Gründung.

2.4 Errichtungsakt

Durch den Errichtungsakt bestätigen die Gründer in öffentlicher Urkunde, eine GmbH zu gründen, legen die Statuten fest und bestellen die Organe. Sie zeichnen die Stammanteile und stellen fest, dass sämtliche Stammanteile gültig gezeichnet sind, die Einlagen dem Ausgabebetrag entsprechen, die gesetzlichen und statutarischen Anordnungen betreffend Liberierung erfüllt sind und sie die statutarischen Nachschuss- oder Nebenleistungspflichten übernehmen.

Die Urkundsperson nennt im Errichtungsakt die Belege über die Gründung einzeln, nämlich die Statuten und die Bestätigung über die Hinterlegung von Einlagen in Geld sowie (im Falle der qualifizierten Gründung) den Gründungsbericht, die Prüfungsbestätigung, die Sacheinlageverträge und die bereits vorliegenden Sachübernahmeverträge (Art. 777 b OR).

2.5 Eintragung im Handelsregister

«[1] Bei Gesellschaften mit beschränkter Haftung müssen in das Handelsregister eingetragen werden:
a. die Tatsache, dass es sich um die Gründung einer neuen Gesellschaft mit beschränkter Haftung handelt;
b. die Firma und die Identifikationsnummer;
c. der Sitz und das Rechtsdomizil;
d. die Rechtsform;
e. das Datum der Statuten;
f. falls sie beschränkt ist: die Dauer der Gesellschaft;
g. der Zweck;
h. die Höhe des Stammkapitals;
i. die Gesellschafterinnen und Gesellschafter unter Angabe der Anzahl und des Nennwertes ihrer Stammanteile;
j. bei Nachschusspflichten: ein Verweis auf die nähere Umschreibung in den Statuten;
k. bei statutarischen Nebenleistungspflichten unter Einschluss statutarischer Vorhand-, Vorkaufs- und Kaufsrechte: ein Verweis auf die nähere Umschreibung in den Statuten;
l. gegebenenfalls die Stimmrechtsstammanteile;
m. im Falle von Vorzugsstammanteilen: die damit verbundenen Vorrechte;
n. falls die Regelung der Zustimmungserfordernisse für die Übertragung der Stammanteile vom Gesetz abweicht: ein Verweis auf die nähere Umschreibung in den Statuten;
o. falls Genussscheine ausgegeben werden: deren Anzahl und die damit verbundenen Rechte;
p. die Geschäftsführerinnen und Geschäftsführer;
q. die zur Vertretung berechtigten Personen;
r. falls die Gesellschaft keine ordentliche oder eingeschränkte Revision durchführt: ein Verweis darauf sowie das Datum der Erklärung der Geschäftsführung gemäss Artikel 62 Absatz [2];
s. falls die Gesellschaft eine ordentliche oder eingeschränkte Revision durchführt: die Revisionsstelle;
t. das gesetzliche Publikationsorgan sowie gegebenenfalls weitere Publikationsorgane;
u. die in den Statuten vorgesehene Form der Mitteilungen der Geschäftsführerinnen und Geschäftsführer an die Gesellschafterinnen und Gesellschafter.

² Bestehen Sacheinlagen, Sachübernahmen, Verrechnungstatbestände oder besondere Vorteile, so gilt Artikel 45 Absätze ² und ³ sinngemäss. »
Art. 73 HRegV: GmbH: Inhalt des Eintrags

Auch die GmbH ist in das Handelsregister einzutragen und erlangt damit ihre Rechtspersönlichkeit; der Eintrag hat damit konstitutive Wirkung (Art. 779 Abs.¹ OR). Nach der Verordnung über die Gebühren für das Handelsregister (SR 221.411.1) beträgt die Gebühr für die Eintragung einer GmbH 600 Franken; bei einem Stammkapital von mehr als 200 000 Franken wird ein Zuschlag erhoben.

Die Liste der eintragungspflichtigen Tatsachen ist recht umfangreich. Im Unterschied zur AG werden bei der GmbH zum Beispiel die Gesellschafter unter Angabe von Anzahl und Nennwert ihrer Stammanteile namentlich in das Handelsregister eingetragen. Angesichts der Ausgestaltung der GmbH als personenorientierte Kapitalgesellschaft ist damit eine Anonymität nicht möglich.

Für die Gesellschaft ergeben sich durch die Eintragung bzw. die Eintragungspflicht im Wesentlichen die Rechtswirkungen, wie diese im 2. Thema, Abschnitt 2.8, dargestellt sind. Gesellschafter der GmbH unterliegen seit Inkrafttreten der Gesetzesrevision am 1.1.2008 nicht mehr der Konkursbetreibung.

Checkliste für das Vorgehen bei der Gründung einer GmbH

- Beschaffung der allenfalls notwendigen öffentlich-rechtlichen Bewilligungen (vgl. 2. Thema)
- Abklärung und Anmeldung bei der Mehrwertsteuer (vgl. 2. Thema)
- Bestimmung und Abklärung der Firmenbezeichnung (vgl. 2. Thema)
- Ausarbeitung der Statuten
- Einreichung folgender Dokumente und Angaben an den Notar:
  - Personenangaben der Gründer
  - Angaben über die Zusammensetzung der Geschäftsführung sowie Nachweis bei gewählten Personen, dass diese die Wahl annehmen, wenn die Statuten dies vorsehen: allfälliger Beschluss über die Regelung des Vorsitzes der Geschäftsführung, allfälliger Beschluss der Geschäftsführung über die Ernennung weiterer zur Vertretung berechtigter Personen
  - Angabe der gewählten Revisionsstelle bzw. Verzicht auf Revision
  - allenfalls Nachweis, dass die Revisionsstelle ihr Mandat annimmt
  - Statuten
  - bei Bareinlagen: Bankbescheinigung über die Einlage der Barmittel
  - bei qualifizierter Gründung: Sacheinlage- bzw. Sachübernahmeverträge mit den Inventarlisten bzw. Bilanzen; von allen Gründern unterzeichneter Gründungbericht; Prüfungsbestätigung durch den Revisor
- Notarielle Beurkundung der Gründungsunterlagen
  Beim Beurkundungsakt müssen die Gründungsmitglieder persönlich anwesend oder rechtmässig vertreten sein und die Dokumente vor dem Notar unterzeichnen. Alle anwesenden Personen haben sich mit einem amtlichen Dokument auszuweisen; Stellvertreter müssen über eine amtlich beglaubigte Vollmacht verfügen.
- Anmeldung beim Handelsregisteramt, versehen mit
  - den Unterschriften von zwei Geschäftsführern oder von einem Geschäftsführer mit Einzelzeichnungsberechtigung
  - den Unterschriften aller zeichnungsberechtigten Personen
  - der amtlichen Beglaubigung aller Unterschriften
- Abklärung der geschäftlichen Risiken sowie der Versicherungsbedürfnisse und -pflichten für die Gesellschaft sowie die Arbeitnehmenden (vgl. 2. Thema)
- Anmeldung als Arbeitgebender bei der zuständigen Sozialversicherungsanstalt (Adressen unter www.ahv.ch)

Fragenkatalog für die Gründung einer GmbH
Die Beantwortung folgender Fragen ist erforderlich bzw. hilfreich für die Ausarbeitung der notwendigen Dokumente (insbesondere der Statuten) sowie für die Vorbereitung des Errichtungsakts.

	Frage	vgl. dazu Abschnitt
1	Welches sind die Gründerpersonen? Oder erfolgt die Gründung einer Einpersonen-Gesellschaft?	2
2	Welches ist der Zweck (Tätigkeitsbereich) der Gesellschaft?	2.2.1 a) sowie 7. Thema, 2.2.2 b)
3	Unter welcher Firma tritt die Gesellschaft im Rechtsverkehr auf?	2.2.1 a) sowie 7. Thema, 2.2.2 a)
4	Wo befindet sich der Gesellschaftssitz?	2.2.1 a) sowie 7. Thema, 2.2.2 a)
5	Wie hoch ist das Stammkapital? Wie viele Stammanteile werden geschaffen und welchen Nennwert haben diese?	3.1.1 und 3.1.2
6	Wie wird das Stammkapital liberiert (bar, in Sacheinlagen oder Sachübernahmen)?	2.3 und 2.4; für qualifizierte Gründung: 7. Thema, 2.7
7	Werden die Stammanteile in Urkunden verbrieft?	3.1.2
8	Werden alle Stammanteile gleichgestellt oder sollen bestimmte Stammanteile mit Vorrechten ausgestaltet sein?	4.2.1, 4.2.2, 4.2.3
9	Wird eine Nachschusspflicht der Gesellschafter in den Statuten festgelegt?	4.3.3
10	Sind statutarische Nebenleistungspflichten der Gesellschafter vorgesehen?	4.3.4
11	Richtet sich das Stimmrecht der Gesellschafter nach dem Nennwert der Stammanteile, oder wird eine andere Regelung angestrebt?	4.2.3
12	Wird allen oder einzelnen Gesellschaftern ein Vetorecht gegen die Beschlüsse der Gesellschafterversammlung eingeräumt?	4.2.5

13	Richtet sich die Abtretung von Stammanteilen nach der gesetzlichen Regelung, oder sollen die Statuten die Abtretungserfordernisse verschärfen oder erleichtern?	4.2.8
14	Wie viele Mitglieder umfasst die Geschäftsführung? Wie wird deren Vorsitz geregelt?	5.3.1
15	Wer übernimmt die Geschäftsführung (alle Gesellschafter gemeinsam; einzelne Gesellschafter oder Dritte)?	5.3.1
16	Wie sind die Kompetenzen für die Vertretung der Gesellschaft gestaltet?	5.3.3
17	Sollen die Statuten ein Recht auf Austritt der Gesellschafter enthalten? Wenn ja: Ist dies von bestimmten Bedingungen abhängig? Und wie wird die beim Austritt ausgerichtete Abfindung festgelegt?	4.2.9
18	Wer erhält die Kompetenz, Direktoren, Prokuristen und Handlungsbevollmächtigte zu ernennen?	5.2.1, 5.3.1
19	Wird ein besonderes Konkurrenzverbot der Gesellschafter statuiert?	4.3.2, 5.3.4
20	Werden der Gesellschafterversammlung über die gesetzlichen Zuständigkeiten hinausgehende Befugnisse zugewiesen?	5.2.1, 5.2.2
21	Welche Mehrheitsanforderungen sollen für Beschlüsse der Gesellschafterversammlung gelten?	5.2.2
22	Revision: Welche Art Revision ist vorgesehen?	5.4 sowie 7. Thema, 6.4
23	Sollen besondere Gründe für einen Ausschluss von Gesellschaftern in die Statuten aufgenommen werden?	6.2
24	Wie erfolgen die von der Gesellschaft ausgehenden Bekanntmachungen?	2.2.1 a)

Praxistipps
- Das Abfassen der Statuten für eine GmbH ist eine recht anspruchsvolle Aufgabe, dies vor allem wegen des breiten Spielraums, den das Gesetz für die Berücksichtigung individueller Bedürfnisse der Gesellschafter belässt. Es ist also genau zu überlegen, was bei der Gründung in die Statuten aufgenommen werden soll. Natürlich kann eine statutarische Regelung zu einem späteren Zeitpunkt neu eingefügt, aufgehoben oder abgeändert werden. Dies ist jedoch mit Aufwand und Kosten für das formell richtige Verfahren verbunden. Ausserdem muss für jede Statutenänderung die erforderliche Mehrheit der Gesellschafterversammlung erreicht werden.
- In zahlreichen öffentlich zugänglichen Quellen sind Beispiele für die Formulierung der Statuten zu finden (siehe Verzeichnis im Anhang). Diese leisten wertvolle Dienste und entlasten insbesondere juristisch nicht geschulte Unternehmer. Musterstatuten dürfen aber auf keinen Fall unbesehen abgeschrieben werden; vielmehr muss die Formulierung präzise der gewünschten vorgesehenen Regelung entsprechen (vgl. obigen Fragekatalog für die Gründung).

3. Kapital und Rechnungslegung

Haftungssubstrat für die Verbindlichkeiten der Gesellschaft bildet nach Art. 772 Abs. 1 OR und Art. 794 OR das **Gesellschaftsvermögen**. Wird vom Bruttovermögen, das sich aus der Summe der Aktiven ergibt, das Fremdkapital abgezogen, verbleibt das Reinvermögen, welches als Eigenkapital bezeichnet wird. Das Eigenkapital gliedert sich in das Stammkapital und die Reserven.

3.1 Stammkapital

3.1.1 Begriff und Bedeutung

Stammkapital ist das zum Voraus bestimmte Grundkapital und zeigt an, welche Einlagen die Gesellschafter insgesamt geleistet haben. Das Stammkapital ist – wie das Aktienkapital in der AG – keine reale, sondern eine rechnerische Grösse, die nichts über das tatsächliche Vermögen der Gesellschaft aussagt. Es bildet sowohl Haftungsbasis als auch Kreditbasis für die Gesellschaft; Letztere weniger ausgeprägt als in der AG, trägt doch in der GmbH die Persönlichkeit der Gesellschafter aufgrund der Selbstorganschaft sowie einer allfälligen Nachschusspflicht wesentlich zur Kreditwürdigkeit bei.

Ähnlich wie im Aktienrecht enthält das Gesetz eine Reihe von **Vorschriften zum Schutz des Stammkapitals,** wie namentlich folgende:

- Die Höhe des Stammkapitals ist nach Art. 772 Abs. 1 OR in den Statuten festzulegen; Art. 773 OR verlangt einen Mindestbetrag von 20 000 Franken.

- Stammanteile dürfen nach Art. 774 Abs. 2 nur zum Nennwert oder einen diesen übersteigenden Betrag ausgegeben werden, und das Stammkapital muss angesichts der tiefen gesetzlichen Mindesthöhe vollständig liberiert sein.

- Für den Fall, dass die Gesellschafter ihre Einlagen nicht mittels Bargeld, sondern in Form von Sacheinlagen oder Sachübernahmen leisten, enthält das Gesetz besondere Vorschriften, die eine angemessene Bewertung gewährleisten sollen.

- Die Einlagen der Gesellschafter dürfen nach Art. 793 Abs. 2 OR nicht zurückbezahlt werden und Art. 798 a Abs. 1 OR verbietet die Verzinsung des Stammkapitals (sowie auch der geleisteten Nachschüsse).

- Gemäss Art. 798 Abs. 2 OR wird die Ausrichtung von Dividenden eingeschränkt, denn diese dürfen nur aus dem Bilanzgewinn und aus hierfür gebildeten Reserven ausgerichtet werden.
- Ein Erwerb eigener Stammanteile ist nach Art. 783 OR beschränkt. Es gelten dafür die Bestimmungen des Aktienrechts.

3.1.2 Stammanteile

Am Stammkapital ist jeder Gesellschafter mit mindestens einem Stammanteil beteiligt. Der Nennwert des Stammanteils muss nach Art. 774 Abs. 1 OR mindestens 100 Franken betragen. Wie in der AG stimmt die Höhe des Nennwerts nicht mit dem Substanzwert, dem inneren Wert und dem in Art. 789 OR verwendeten Begriff des wirklichen Werts überein (vgl. dazu 7. Thema, Abschnitt 3.1.4 b).

Die Stammanteile müssen nicht in einer Urkunde verbrieft werden. Aufgrund der Personenbezogenheit der GmbH sind Stammanteile nicht kapitalmarktfähig. Art. 784 Abs. 1 OR bestimmt deshalb, dass, wenn Urkunden ausgestellt werden, diese nur als Beweisurkunde oder als Namenpapier errichtet werden können und dass darin dieselben Hinweise auf statutarische Rechte und Pflichten aufgenommen werden müssen wie in der Zeichnungsurkunde (Art. 784 Abs. 2 OR; vgl. Abschnitt 2.3). Das Namenpapier ist ein Wertpapier (vgl. Art. 965 OR sowie insbesondere Art. 974 ff. OR), dessen Verkehrsfähigkeit (Handelbarkeit) dadurch erschwert ist, dass die Übertragung nur mittels Abtretung (nach Art. 164 ff. OR) und damit in schriftlicher Form möglich ist. Gleich wie in der AG können auch die Statuten der GmbH die Schaffung von Genussscheinen vorsehen. Art. 774 a OR verweist dafür auf die aktienrechtlichen Bestimmungen (vgl. dazu 7. Thema, Abschnitt 3.2). Hingegen sind Partizipationsscheine gemäss GmbH-Recht im Unterschied zur AG nicht zulässig, da diese rein finanzielle Beteiligung der personenorientierten GmbH-Struktur nicht entspricht.

3.1.3 Kapitalerhöhung

Art. 781 Abs. 5 OR verweist ausdrücklich auf die aktienrechtlichen Vorschriften über die ordentliche Kapitalerhöhung. Dieser Verweis gilt insbesondere für Form und Inhalt des Erhöhungsbeschlusses, das Bezugsrecht, die Erhöhung aus Eigenkapital, den Kapitalerhöhungsbericht und die Prüfungsbestätigung, die Statutenänderung und die Eintragung ins Handelsregister (Näheres zur Kapitalerhöhung der AG im 7. Thema, Abschnitt 3.7).

- Anders als im Aktienrecht sieht das Recht für die GmbH keine genehmigte und bedingte Kapitalerhöhung vor.
- Während im früheren Recht die Zustimmung aller Gesellschafter erforderlich war, kann nach Art. 781 Abs. 1 OR die Erhöhung des Stammkapitals durch Beschluss der Gesellschafterversammlung erfolgen. Allerdings ist dafür nach Art. 808 b Abs. 1 Ziffer 5 OR die Zustimmung von mindestens zwei Dritteln der an der Versammlung vertretenen Stimmen sowie der absoluten Mehrheit des gesamten Stammkapitals erforderlich. Die Durchführung der Erhöhung ist dann Sache der Geschäftsführer (Art. 781 Abs. 2 OR).
- Die Zeichnung und die Einlagen richten sich nach den Vorschriften über die Gründung. Ein öffentliches Zeichnungsangebot ist ausgeschlossen (Art. 781 Abs. 3 OR).
- Da sowohl das Stammkapital als Nenngrösse als auch die Anzahl und der Nennwert der Stammanteile in den Gesellschaftsstatuten enthalten sein müssen, macht jede Kapitalerhöhung eine Abänderung der Statuten notwendig. Es ist also in jedem Fall dafür vorgesehene formelle Verfahren zu beachten (vgl. dazu Abschnitt 2.2.2).
- Die Erhöhung muss innerhalb von drei Monaten nach dem entsprechenden Beschluss beim Handelsregister zur Eintragung angemeldet werden; ansonsten fällt der Beschluss dahin (Art. 781 Abs. 4 OR).

3.1.4 Kapitalherabsetzung

Wie bereits das frühere Recht verweist die geltende Vorschrift in Art. 782 Abs. 4 OR zur Herabsetzung des Stammkapitals weitgehend auf das Aktienrecht (vgl. dazu 7. Thema, Abschnitt 3.8).

- Ausgangspunkt für die Herabsetzung kann sein: entweder die **Überkapitalisierung der Gesellschaft** (Teile des Eigenkapitals werden an die Gesellschafter zurückbezahlt), anderseits eine **Sanierungsnotwendigkeit** (Ausgleich von Verlusten im Falle einer Unterbilanz) und schliesslich das **Ausscheiden eines Gesellschafters,** dem eine Abfindung geleistet werden muss (vgl. zur Abfindung Art. 825 ff. OR sowie nachstehend Abschnitt 6.2.2).

- Die Beschlussfassung über die Kapitalherabsetzung ist Sache der Gesellschafterversammlung. Das Kapital darf in keinem Fall unter 20 000 Franken herabgesetzt werden.

- Für die erleichterte Kapitalherabsetzung zu Sanierungszwecken (Art. 782 Abs. 4 in Verbindung mit Art. 735 OR) gilt eine Besonderheit: Liegt eine durch Verluste entstandene Unterbilanz vor, so darf das Stammkapital zu deren Beseitigung nur herabgesetzt werden, wenn alle in den Statuten vorgesehenen Nachschüsse voll geleistet wurden. Abgesehen davon geht die erleichterte Kapitalherabsetzung gleich vonstatten wie bei der AG.

- Im Übrigen verweist Art. 782 Abs. 4 OR auf die Artikel 732 ff. OR. Das Erfordernis, wonach eine Kapitalherabsetzung nur beschlossen werden darf, wenn ein Revisionsbericht die Deckung der Forderungen bestätigt, muss auch von Gesellschaften beachtet werden, die keine Revisionsstelle haben.

3.2 Reserven

Zum Eigenkapital gehören ebenfalls die Reserven. Auch diese stellen keinen konkreten Vermögenswert dar; es handelt sich auch hier um eine Sperrquote, in deren Ausmass Gesellschaftsvermögen vorhanden sein muss. Aufgrund des Verweises in Art. 801 OR können folgende Arten von offenen Reserven unterschieden werden (vgl. auch 7. Thema, Abschnitt 3.4):

- Gesetzliche Reserven, nämlich allgemeine Reserve, Reserve für eigene Stammanteile und Aufwertungsreserve. Von Bedeutung sind insbesondere die in der allgemeinen Reserve enthaltenen, nicht ausbezahlten Gewinne sowie das Agio bei Kapitalerhöhungen.
- Statutarische Reserven
- Von der Gesellschafterversammlung beschlossene Reserven

3.3 Kapitalverlust und Überschuldung

Für die Anzeigepflichten bei Kapitalverlust und Überschuldung der Gesellschaft sind die Vorschriften des Aktienrechts entsprechend anwendbar (Art. 820 Abs. 1 OR). Dafür sowie für die Bestimmung der Begriffe von Kapitalverlust und Überschuldung kann auf die Ausführungen zur Aktiengesellschaft verwiesen werden (7. Thema, Abschnitt 3.5). Eine Besonderheit ist jedoch im GmbH-Recht enthalten und durch die Möglichkeit der statutarischen Nachschusspflicht begründet: Nach Art. 820 Abs. 2 OR kann nämlich das Gericht den Konkurs auf Antrag der Geschäftsführer oder eines Gläubigers aufschieben, namentlich wenn Nachschüsse unverzüglich einbezahlt werden und Aussicht auf Sanierung besteht.

3.4 Rechnungslegung

§ «Für den Geschäftsbericht, für die Reserven sowie für die Offenlegung der Jahresrechnung und der Konzernrechnung sind die Vorschriften des Aktienrechts entsprechend anwendbar.»
Art. 801 OR: Geschäftsbericht, Reserven und Offenlegung

Das GmbH-Recht verweist damit auf die Vorschriften von Art. 662 bis Art. 674 OR betreffend Geschäftsbericht und Reserven sowie auf jene von Art. 697 h OR bezüglich Offenlegung. Diese zusätzliche Verweisung ist allerdings von beschränkter Bedeutung, da die besonderen Offenlegungspflichten für Publikumsaktiengesellschaften infolge mangelnder Kapitalmarktfähigkeit der GmbH unerheblich sind. Wegen der Haftungsbeschränkung sollen aber GmbH allen Gläubigern, die ein schutzwürdiges Interesse nachweisen, dasselbe Einsichtsrecht gewähren wie Aktiengesellschaften (vgl. zur Rechnungslegung der AG 7. Thema, Abschnitt 4).

Im Unterschied zum Recht der AG müssen der Geschäftsbericht und der Revisionsbericht den Gesellschaftern zusammen mit der Einladung zur ordentlichen Generalversammlung zugestellt werden (Art. 801 a Abs. 1 OR).

4. Rechte und Pflichten der Gesellschafter

4.1 Mitgliedschaft in der GmbH

4.1.1 Erwerb und Verlust der Mitgliedschaft

Gesellschafter ist, wer mindestens einen Stammanteil der Gesellschaft hat. Die Gesellschaft führt über die Stammanteile ein **Anteilbuch,** in das die Namen und Adressen sowie die Anzahl, der Nennwert und allenfalls die Kategorie der Stammanteile jedes Gesellschafters einzutragen sind und welches allen Gesellschaftern zur Einsicht offensteht (Art. 790 OR). Das Anteilbuch kann in Papier- oder elektronischer Form geführt werden; die Eintragungen haben gesellschaftsinterne, deklaratorische Wirkungen. Darüber hinaus wird die Beteiligung durch zwingende Anordnung in Art. 791 OR transparent: Danach sind die Gesellschafter mit Namen, Wohnsitz und Heimatort sowie mit der Anzahl und dem Nennwert ihrer Stammanteile **ins Handelsregister einzutragen.** Mit der Gesellschafterstellung in der GmbH können Pflichten verbunden sein, die auch für Dritte von Bedeutung sind. Daher sollen sich Gläubiger und Vertragspartner der Gesellschaft informieren können.

Der Erwerb der Mitgliedschaft erfolgt entweder originär bei der Gesellschaftsgründung bzw. bei einer Kapitalerhöhung (durch Zeichnung und Liberierung). Da die Mitgliedschaft durch Abtretung der Stammanteile auf ein anderes Rechtssubjekt übertragen werden kann, ist der Mitgliedschaftserwerb auch derivativ durch Rechtsgeschäft (zum Beispiel Kaufvertrag, Schenkung), Erbgang, Erbteilung, eheliches Güterrecht oder Zwangsvollstreckung möglich.

Beendet wird die Mitgliedschaft durch die Auflösung oder Liquidation der Gesellschaft (vgl. dazu nachstehend Abschnitt 6). Im Gegensatz zum Aktienrecht sieht das GmbH-Recht die Möglichkeit des Austritts sowie des Ausschlusses aus wichtigen Gründen vor, woraus für den ausscheidenden Gesellschafter ein Anspruch auf eine Abfindung entsteht, die dem wirklichen Wert seiner Stammanteile entspricht.

4.1.2 Personalistische Gesellschaftsstruktur

Das Aktienrecht zeichnet sich dadurch aus, dass der Gesellschafter gegenüber seiner AG ausser der Liberierungspflicht keinerlei weitere Pflichten zu übernehmen hat. Ganz anders im GmbH-Recht:

Hier enthält bereits das Gesetz weitergehende Gesellschafterpflichten wie beispielsweise die Treuepflicht. Darüber hinaus besteht auch ein recht weiter Spielraum, die konkrete Stellung der Gesellschafter durch Festschreibung persönlicher Rechte und Pflichten in den Statuten nach den Bedürfnissen der Gesellschaft sowie den persönlichen Vorstellungen der Gesellschafter zu definieren.

4.1.3 Gleichbehandlung der Gesellschafter

§ «Die Geschäftsführer sowie Dritte, die mit der Geschäftsführung befasst sind, haben die Gesellschafter unter gleichen Voraussetzungen gleich zu behandeln.»
Art. 813 OR: Gleichbehandlung

Das GmbH-Recht enthält ausdrücklich den Grundsatz der Gleichbehandlung der Gesellschafter. Dieser hat jedoch auf verschiedenen Ebenen unterschiedliche Ausprägungen:

In den **Gründungsstatuten sind Ungleichheiten zulässig,** soweit diese mit den zwingenden gesetzlichen Vorschriften und den Strukturen der Rechtsform vereinbart sind. Die Möglichkeit der Differenzierung der mit den einzelnen Stammanteilen verbundenen Rechte und Pflichten (Beispiel: Vorzugsstammanteile gemäss Art. 776a Abs. 1 Ziffer 5 OR) entspricht der personenbezogenen Gesellschaftsstruktur und ist insofern unproblematisch, als dass die ursprünglichen Statuten durch sämtliche Gesellschafter genehmigt werden müssen.

Die nachträgliche Einführung von Ungleichheiten durch Statutenanpassung oder durch andere Beschlüsse der Gesellschafterversammlungen ist problematischer. Die Gesellschafter werden geschützt, einerseits durch besondere Zustimmungserfordernisse (zum Beispiel Art. 797 OR für die nachträgliche Einführung von Nachschuss- oder Nebenleistungspflichten) und anderseits durch die Bestimmung, wonach Beschlüsse anfechtbar sind, wenn sie eine durch den Gesellschaftszweck nicht gerechtfertigte Benachteiligung von Gesellschaftern bewirken, ohne dass die Zustimmung der betroffenen Personen vorliegt (Art. 808 c OR in Verbindung mit Art. 706 Abs.² Ziffer 3 OR). Im Rahmen der Geschäftsführung gilt das Gleichbehandlungsprinzip zwingend; es gilt hier als zentrale Schutzbestimmung für Personen mit Minderheitsbeteiligungen. Die Relativierung der Gleichbehandlung durch den gesetzlichen Vorbehalt gleicher Voraussetzungen gewährt jenen Handlungsspielraum, um den konkreten personenbezogenen Beteiligungsverhältnissen Rechnung zu tragen.

4.2 Rechte der Gesellschafter

4.2.1 Recht auf Dividende und auf Anteil am Liquidationsergebnis

Zu den klassischen Vermögensrechten gehören die Rechte der Gesellschafter auf Dividende sowie auf Anteil am Liquidationsergebnis. Nach Art. 798 Abs. 3 und Art. 826 Abs. 1 OR sind Dividende und Anteil am Liquidationsergebnis im Verhältnis des Nennwerts der Stammanteile festzusetzen. Damit richtet sich die **Stellung der Gesellschafter bezüglich der Vermögensrechte nach der Kapitalbeteiligung.**

Wurden Nachschüsse geleistet, so ist deren Betrag für die Bemessung der Anteile dem Nennwert zuzurechnen; die Statuten können indessen dafür eine abweichende Regelung vorsehen. Zwingend ist die Anordnung, dass für das Stammkapital sowie für geleistete Nachschüsse keine Zinsen bezahlt werden dürfen. Bezüglich allfälliger Bauzinsen erklärt Art. 798 Abs. 2 OR das Aktienrecht als massgebend.

4.2.2 Bezugsrecht

Das Gesetz verweist für das Bezugsrecht auf die aktienrechtlichen Vorschriften (Art. 781 Abs. 5 Ziffer 2 OR; vgl. dazu 7. Thema, Abschnitt 5.4.7).

4.2.3 Stimmrecht

§ «¹ Das Stimmrecht der Gesellschafter bemisst sich nach dem Nennwert ihrer Stammanteile. Die Gesellschafter haben je mindestens eine Stimme. Die Statuten können die Stimmenzahl der Besitzer mehrerer Stammanteile beschränken.
² Die Statuten können das Stimmrecht unabhängig vom Nennwert so festsetzen, dass auf jeden Stammanteil eine Stimme entfällt. In diesem Fall müssen die Stammanteile mit dem tiefsten Nennwert mindestens einen Zehntel des Nennwerts der übrigen Stammanteile aufweisen.
³ ...»
Art. 806 Abs. 1 und 2 OR: Stimmrecht: Bemessung

Entsprechend dem Konzept der Kapitalgesellschaft verhält sich das **Stimmrecht der Gesellschafter grundsätzlich proportional zu ihrer Beteiligung am Stammkapital.** Es besteht jedoch die Möglichkeit einer statutarischen Stimmrechtsbeschränkung; jeder beteiligten Person muss jedoch mindestens eine Stimme zukommen.

Die Gesellschaft ist frei, das Prinzip «So viel Kapital, so viel Recht» durch anderslautende Statutenbestimmungen zu durchbrechen. Durch die Schaffung von Stammanteilen mit unterschiedlichen Nennwerten und durch die gleichzeitige Festlegung, es solle auf jeden Stammanteil eine Stimme entfallen, entstehen privilegierte Stimmrechte. Um eine vollständige Loslösung der Mitspracherechte von der Kapitalbeteiligung auszuschliessen, sieht das Gesetz vor, dass im Falle der Bemessung des Stimmrechts nach der Anzahl Stammanteile unterschiedliche Nennwerte das Verhältnis 1 zu 10 nicht überschreiten dürfen (so auch Art. 693 Abs. 2 OR für die Aktiengesellschaft). Zur Sicherung der gesellschaftsinternen Kontrolle nimmt Art. 806 Abs. 3 OR einzelne Beschlüsse der Gesellschafterversammlung von der Bemessung des Stimmrechts nach der Zahl der Stammanteile aus, so insbesondere die Wahl der Revisionsstelle. Gemäss dem Verweis in Art. 805 Abs. 5 Ziffer 8 ist die Stellvertretung des Gesellschafters bei der Stimmabgabe analog wie für den Aktionär der AG zulässig, ausser wenn die Statuten diese ausschliessen oder einschränken.

4.2.4 Recht zur Geschäftsführung

§ «¹ Alle Gesellschafter üben die Geschäftsführung gemeinsam aus. Die Statuten können die Geschäftsführung abweichend regeln.
² ... »
Art. 809 Abs. 1 OR: Geschäftsführung und Vertretung: Bezeichnung der Geschäftsführer und Organisation

Jeder Gesellschafter hat das Recht zur aktiven Mitwirkung an der Geschäftsführung und zur Vertretung der Gesellschaft (Art. 809 Abs. 1 OR und Art. 814 OR), wenn die Statuten dies nicht abweichend regeln. Im Gegensatz zur AG gilt für die GmbH der gesetzliche Grundsatz der Selbstorganschaft (vgl. zur Geschäftsführung nachstehend Abschnitt 5.3).

4.2.5 Vetorecht

§ «¹ Die Statuten können Gesellschaftern ein Vetorecht gegen bestimmte Beschlüsse der Gesellschafterversammlung einräumen. Sie müssen die Beschlüsse umschreiben, für die das Vetorecht gilt.
² Die nachträgliche Einführung eines Vetorechts bedarf der Zustimmung aller Gesellschafter.
³ Das Vetorecht kann nicht übertragen werden.»
Art. 807 OR: Vetorecht

Um eine bedürfnisbezogene Ausgestaltung der Entscheidungsprozesse zu ermöglichen, können die Statuten allen oder einzelnen Gesellschaftern ein Vetorecht gegen sämtliche oder bestimmte Beschlüsse der Gesellschafterversammlung einräumen. Die erfassten Beschlüsse sind in den Statuten klar zu umschreiben. Durch das Vetorecht wird die Willensbildung der Gesellschaft in grundlegender Weise verändert. Daher wird für die Statuierung eines Vetorechts, unabhängig davon, ob diese im Rahmen der Gründung oder erst nachträglich erfolgt, die Zustimmung aller Gesellschafter verlangt. Da das Vetorecht die Gefahr einer Blockierung der gesellschaftlichen Willensbildung beinhaltet, sollte sowohl bei der Einführung als auch bei der Ausübung zurückhaltend damit umgegangen werden.

Da ein Vetorecht regelmässig auf den persönlichen Verhältnissen beruht, können statutarische Vetorechte nicht übertragen werden. Es handelt sich also um persönliche Rechte, die nicht mit dem Stammanteil verbunden sind und die mit dem Ausscheiden oder dem Tod der berechtigten Person erlöschen. Soll dem Rechtsnachfolger ebenfalls ein Vetorecht eingeräumt werden, so ist dafür ein Konsens aller Gesellschafter erforderlich.

4.2.6 Klagerechte

Die Klagerechte der Gesellschafter beziehen sich analog zum Recht der Aktiengesellschaft auf die

- Anfechtung gesetzes- oder statutenwidriger Beschlüsse der Gesellschafterversammlung (Art. 808 c OR mit Verweis auf Art. 706 und 706 a OR)
- Verantwortlichkeit bei rechtwidriger Handlung der Geschäftsführer und Revisionsstelle (Art. 827 OR mit Verweis auf Art. 753 ff. OR)
- Rückerstattung bösgläubig erlangter ungerechtfertigter Leistungen der Gesellschaft (Art. 800 OR mit Verweis auf Art. 678 OR)
- Auflösung der Gesellschaft aus wichtigen Gründen (Art. 821 Abs. 3 OR), wobei die Auflösungsklage im Gegensatz zum Aktienrecht jedem Gesellschafter einzeln zusteht und zu den wichtigen Gründen aufgrund der personenbezogenen Konzeption des GmbH-Rechts auch persönliche Gründe gehören können

Zu den Klagerechten gehört nach Art. 822 Abs. 1 OR auch das im Aktienrecht nicht vorhandene Recht des Gesellschafters der GmbH, aus wichtigem Grund beim Gericht auf **Bewilligung des Austritts** zu klagen. Art. 823 Abs. 1 OR gesteht auch der Gesellschaft das Recht zu, bei Vorliegen eines wichtigen Grundes auf **Ausschluss eines Gesellschafters** zu klagen.

4.2.7 Auskunfts- und Einsichtsrecht

«[1] Jeder Gesellschafter kann von den Geschäftsführern Auskunft über alle Angelegenheiten der Gesellschaft verlangen.
[2] Hat die Gesellschaft keine Revisionsstelle, so kann jeder Gesellschafter in die Bücher und Akten uneingeschränkt Einsicht nehmen. Hat sie eine Revisionsstelle, so besteht ein Recht zur Einsichtnahme nur, soweit ein berechtigtes Interesse glaubhaft gemacht wird.
[3] Besteht Gefahr, dass der Gesellschafter die erlangten Kenntnisse zum Schaden der Gesellschaft für gesellschaftsfremde Zwecke verwendet, so können die Geschäftsführer die Auskunft und die Einsichtnahme im erforderlichen Umfang verweigern; auf Antrag des Gesellschafters entscheidet die Gesellschafterversammlung.
[4] Verweigert die Gesellschafterversammlung die Auskunft oder die Einsicht ungerechtfertigterweise, so ordnet sie das Gericht auf Antrag des Gesellschafters an.»
Art. 802 OR: Auskunfts- und Einsichtsrecht

Das Gesetz gibt jedem Gesellschafter das Recht, von den Geschäftsführern Auskunft über alle Angelegenheiten der Gesellschaft zu verlangen, und zwar unabhängig davon, ob die Gesellschaft eine Revisionsstelle hat oder nicht. Das diesbezügliche GmbH-Recht orientiert sich an den Vorschriften für die Mitglieder des Verwaltungsrats der AG und stimmt mit der Regelung von Art. 715 a Abs. 1 OR überein. Das Auskunftsrecht des GmbH-Gesellschafters geht damit weiter als jenes des Aktionärs (vgl. dazu 7. Thema, Abschnitt 5.4.3 b). Wegen der recht umfassenden Informationsrechte des Gesellschafters kennt das GmbH-Recht jedoch **keine Sonderprüfung.**

Das Auskunfts- und Einsichtsrecht kann jederzeit ausgeübt werden; die Geschäftsführer wählen eine sachgerechte Art der Auskunftserteilung, wie beispielsweise die Einberufung einer Gesellschafterversammlung, die schriftliche Auskunftserteilung oder die mündliche Beantwortung. Unter Wahrung des Gleichbehandlungsgrundsatzes nach Art. 813 OR sind Informationen, die für alle relevant sind, allen Gesellschaftern zugänglich zu machen.

Dem Gesellschafter steht auch ein grundsätzlich uneingeschränktes gesetzliches Recht auf Einsicht in die Bücher und Akten der Gesellschaft zu. Während dieses Recht nur unter der Voraussetzung gegeben ist, dass ein berechtigtes Interesse glaubhaft gemacht wird, entfällt dieses Erfordernis, wenn die Gesellschaft über keine Revisionsstelle verfügt. Absatz 3 der zitierten Vorschrift sieht zur Wahrung der Interessen der Gesellschaft eine Einschränkung des Auskunfts- und Einsichtsrechts vor.

4.2.8 Recht auf Übertragung von Stammanteilen

§ «[1] Die Abtretung von Stammanteilen bedarf der Zustimmung der Gesellschafterversammlung. Die Gesellschafterversammlung kann die Zustimmung ohne Angabe von Gründen verweigern.
[2] Von dieser Regelung können die Statuten abweichen, indem sie:
1. auf das Erfordernis der Zustimmung zur Abtretung verzichten;
2. die Gründe festlegen, die die Verweigerung der Zustimmung zur Abtretung rechtfertigen;
3. vorsehen, dass die Zustimmung zur Abtretung verweigert werden kann, wenn die Gesellschaft dem Veräusserer die Übernahme der Stammanteile zum wirklichen Wert anbietet;
4. die Abtretung ausschliessen;
5. vorsehen, dass die Zustimmung zur Abtretung verweigert werden kann, wenn die Erfüllung statutarischer Nachschuss- oder Nebenleistungspflichten zweifelhaft ist und eine von der Gesellschaft geforderte Sicherheit nicht geleistet wird.
[3] Schliessen die Statuten die Abtretung aus oder verweigert die Gesellschafterversammlung die Zustimmung zur Abtretung, so bleibt das Recht auf Austritt aus wichtigem Grund vorbehalten.»
Art. 786 OR: Übertragung: Zustimmungserfordernisse

a) **Gesetzliche und statutarische Vinkulierung**

Im Aktienrecht gilt der Grundsatz der freien Übertragbarkeit der Anteile, bei bestimmten Sachverhalten mit gesetzlicher Vinkulierung sowie in allen Fällen mit der Möglichkeit, eine statutarische Vinkulierung vorzusehen (vgl. dazu 7. Thema, Abschnitt 5.4.5).

Charakteristisch für die GmbH sind weitgehende **Möglichkeiten, die Abtretung von Stammanteilen zu beschränken;** sie entsprechen der Personenbezogenheit sowie der in der Regel grossen Bedeutung der Zusammensetzung des Gesellschafterkreises in kleineren Gesellschaften. Da ein Ausscheiden nicht nur durch die Veräusserung der Anteile, sondern auch durch Austritt aus wichtigen oder aus in den Statuten vorgesehenen Gründen möglich ist, lässt das GmbH-Recht eine strengere Vinkulierung zu als das Aktienrecht.

Nach Gesetz bedarf jede Abtretung von Stammanteilen der **Zustimmung durch die Gesellschafterversammlung,** die ohne Angabe von Gründen verweigert werden kann. Die Statuten können diese Regelung gemäss Art. 786 Abs. 2 OR in vielfältiger Weise abändern; sie können diese **verschärfen** (beispielsweise Art. 786 Abs. 2 Ziffer 4 OR) oder **erleichtern** (zum Beispiel Art. 786 Abs. 2 Ziffer 1 OR). Für besondere Erwerbsarten – Erbgang, Erbteilung, eheliches Güterrecht, Zwangsvollstreckung – stellt Art. 788 OR besondere Abtretungsregeln auf.

In Ergänzung zur Vorschrift von Art. 786 OR hält Art. 787 Abs. 1 OR sodann fest, dass die Abtretung erst mit der Zustimmung rechtswirksam wird, falls denn für die Abtretung die Zustimmung der Gesellschafterversammlung erforderlich ist.

b) Rechtsschutz bei Ausschluss oder Ablehnung der Abtretung

Die strenge Abtretungsbeschränkung ist für die Gesellschafter nicht unproblematisch, weil sie ein Ausscheiden aus der Gesellschaft auf dem Weg der Übertragung von Stammanteilen unter Umständen verunmöglicht, was für die betroffenen Gesellschafter mit einschneidenden Folgen verbunden sein kann. Als Rechtsschutz gegen missbräuchliche Anwendung der Vinkulierung stellt das Gesetz klar, dass bei Ausschluss der Abtretung durch die Statuten oder bei Verweigerung der Zustimmung zur Abtretung durch die Gesellschafterversammlung dem betroffenen Gesellschafter das Recht auf Austritt aus wichtigen Gründen verbleibt. Denn die übermässige Erschwerung der Abtretung kann aufgrund persönlicher Gegebenheiten einen wichtigen Austrittsgrund im Sinne von Art. 822 OR darstellen.

c) Form der Abtretung

Nach Art. 785 Abs. 1 OR bedürfen die Abtretung von Stammanteilen sowie die Verpflichtung zur Abtretung der schriftlichen Form. In den Übertragungsvertrag sind zudem dieselben Hinweise auf die statutarischen Rechte und Pflichten aufzunehmen wie in die Zeichnungsurkunde (Art. 785 Abs. 2 OR). Bei diesen Vorschriften handelt es sich um zwingende Anordnungen. Da die Inhaber von Stammanteilen namentlich in das Handelsregister einzutragen sind (Art. 791 OR), ist nach einer Abtretung eine Anpassung des Handelsregistereintrags erforderlich. Die Verpflichtung zur Anmeldung der Eintragung liegt bei der Gesellschaft.

Praxistipp
Für die Übertragung von GmbH-Anteilen ist Schriftlichkeit vorgeschrieben. Der Übertragungsvertrag muss zudem auf die statutarischen Rechte und Pflichten des Erwerbers hinweisen. Ohne einen solchen Hinweis wäre der Übertragungsvertrag nichtig. Am einfachsten ist es, im Vertrag auf die geltenden GmbH-Statuten zu ver-

weisen, diese als Vertragsbestandteil zu erklären sowie dem Vertrag beizulegen. Käufer und Verkäufer von GmbH-Anteilen sollten auf jeden Fall den formalen Aspekten der Anteilsübertragung die notwendige Beachtung schenken.

4.2.9 Austrittsrecht

> «[1] Ein Gesellschafter kann aus wichtigem Grund beim Gericht auf Bewilligung des Austritts klagen.
> [2] Die Statuten können den Gesellschaftern ein Recht auf Austritt einräumen und dieses von bestimmten Bedingungen abhängig machen.»
> Art. 822 OR: Ausscheiden von Gesellschaftern: Austritt

Die Abtretung von Stammanteilen darf, wie soeben dargestellt, durch strenge statutarische Vinkulierungsbestimmungen nicht nur eingeschränkt, sondern sogar ausgeschlossen werden. In Kleingesellschaften ist die Abtretung vielfach zudem meist auch faktisch schwierig, weil der Kreis potenzieller Erwerber begrenzt ist. Das GmbH-Recht sichert ein **Ausscheiden aus wichtigen Gründen** daher durch ein entsprechendes Austrittsrecht. Wichtige Gründe können sowohl im persönlichen Bereich des Gesellschafters als auch im Bereich der Gesellschaft liegen. Die Möglichkeit zum Austritt aus wichtigen Gründen darf durch die Statuten nicht eingeschränkt werden. Das Gesetz erlaubt aber, den Gesellschaftern ein weitergehendes Austrittsrecht zuzugestehen und die Bedingungen dafür festzulegen.

Wird eine Klage auf Austritt aus wichtigen Gründen eingereicht oder ein statutarisches Austrittsrecht ausgeübt, so müssen die Geschäftsführer die übrigen Gesellschafter unverzüglich informieren. Diese haben dann die Möglichkeit, sich auf die Gleichbehandlung mit dem austretenden Gesellschafter zu berufen, wenn sie sich innerhalb von drei Monaten dem Austritt anschliessen (Art. 822 a OR).

4.3 Pflichten der Gesellschafter

4.3.1 Liberierungspflicht

Gleich wie der Aktionär hat auch der GmbH-Gesellschafter die Pflicht, den Wert seiner übernommenen Stammanteile zu liberieren. Das Gesetz schreibt sowohl für die Gründung als auch die Kapitalerhöhung die volle Liberierung vor; diese kann in bar oder mittels Sacheinlagen, Sachübernahmen oder Verrechnung erfolgen.

4.3.2 Treuepflicht und Konkurrenzverbot

> «[1] Die Gesellschafter sind zur Wahrung des Geschäftsgeheimnisses verpflichtet.
> [2] Sie müssen alles unterlassen, was die Interessen der Gesellschaft beeinträchtigt. Insbesondere dürfen sie nicht Geschäfte betreiben, die ihnen zum besonderen Vorteil gereichen und durch die der Zweck der Gesellschaft beeinträchtigt würde. Die Statuten können vorsehen, dass die Gesellschafter konkurrenzierende Tätigkeiten unterlassen müssen.
> [3] Die Gesellschafter dürfen Tätigkeiten ausüben, die gegen die Treuepflicht oder ein allfälliges Konkurrenzverbot verstossen, sofern alle übrigen Gesellschafter schriftlich zustimmen. Die Statuten können vorsehen, dass stattdessen die Zustimmung der Gesellschafterversammlung erforderlich ist.
> [4] Die besonderen Vorschriften über das Konkurrenzverbot von Geschäftsführern bleibt vorbehalten.»
> Art. 803 OR: Treuepflicht und Konkurrenzverbot

Treuepflicht und Konkurrenzverbot sind Gegenstück zum recht umfassenden Auskunfts- und Einsichtsrecht der Gesellschaft (vgl. dazu Abschnitt 4.2.7). In Anwendung der personenbezogenen Konzeption der GmbH sind die Gesellschafter zur **Wahrung der Geschäftsgeheimnisse** verpflichtet. Sie müssen darüber hinaus alles unterlassen, was die Interessen der Gesellschaft beeinträchtigt. Insbesondere dürfen sie nicht Geschäfte betreiben, die ihnen zum besonderen Vorteil gereichen und durch die der Zweck der Gesellschaft beeinträchtigt würde. Die Statuten können vorsehen, dass die **Gesellschafter kon-**

kurrenzierende Tätigkeiten unterlassen müssen; zur Vermeidung von Unsicherheiten sollte der sachliche und räumliche Geltungsbereich des Konkurrenzverbots in den Statuten klar bestimmt sein.

Nur wenn alle Gesellschafter schriftlich zustimmen oder wenn – bei entsprechender Statutenbestimmung – die Gesellschafterversammlung zustimmt, dürfen die Gesellschafter Tätigkeiten ausüben, die gegen die Treuepflicht oder ein allfälliges Konkurrenzverbot verstossen.

Für geschäftsführende Gesellschafter gilt dieselbe Treuepflicht. Nach Art. 812 Abs.³ OR dürfen diese aber zusätzlich keine konkurrenzierenden Tätigkeiten ausüben, es sei denn, die Statuten würden etwas anderes vorsehen oder alle übrigen Gesellschafter stimmen der Tätigkeit schriftlich zu (vgl. auch nachstehend Abschnitt 5.3.4).

4.3.3 Statutarische Nachschusspflicht

« ¹ Die Statuten können die Gesellschafter zur Leistung von Nachschüssen verpflichten.
² Sehen die Statuten eine Nachschusspflicht vor, so müssen sie den Betrag der mit einem Stammanteil verbundenen Nachschusspflicht festlegen. Dieser darf das Doppelte des Nennwertes des Stammanteils nicht übersteigen.
³ Die Gesellschafter haften nur für die mit den eigenen Stammanteilen verbundenen Nachschüsse. »
Art. 795 OR: Nachschüsse

- Anders als in der Aktiengesellschaft können die Statuten der GmbH eine Nachschusspflicht vorsehen. Bei dieser handelt es sich um die Verpflichtung der Gesellschafter, der Gesellschaft weitere finanzielle Mittel zukommen zu lassen. Die Berechtigung aus der Nachschusspflicht liegt ausschliesslich bei der Gesellschaft, nicht jedoch bei den Gläubigern: **Die (interne) Nachschusspflicht hat nichts mit der (externen) Haftung zu tun.**

- Nachschusspflichtig sind die jeweiligen Gesellschafter als solche. Die Nachschusspflicht ist nicht mit bestimmten Personen verbunden (die verpflichteten Personen werden damit auch nicht namentlich in den Statuten genannt), sondern bestimmen sich durch das Eigentum an den Stammanteilen. Vorbehalten bleibt nach Art. 795 d OR die Fortdauer der Nachschusspflicht beim Ausscheiden aus der Gesellschaft.
- Die Statuten müssen den Betrag der mit einem Stammanteil verbundenen Nachschusspflicht festlegen; dieser darf das Doppelte des Nennwerts des Stammanteils nicht übersteigen. In den Statuten kann eine Nachschusspflicht sowohl für sämtliche als auch nur für einzelne Stammanteile vorgesehen werden; es muss jedoch klar hervorgehen, welche Stammanteile in welchem Umfang damit belastet sind.
- Jeder Gesellschafter haftet nur für diejenigen Nachschüsse, die mit seinen eigenen Stammanteilen verbunden sind.
- Die Einforderung der Nachschüsse – diese gehört in den Aufgabenbereich der Geschäftsführer – ist nur bei Vorliegen eines in Art. 795a OR aufgeführten Grundes zulässig, nämlich:
    - Die Summe von Stammkapital und gesetzlichen Reserven ist nicht mehr gedeckt: Die Nachschüsse stellen in diesem Fall eine **Sanierungsmassnahme** dar und ermöglichen es, beim Eintreten eines Kapitalverlustes die Eigenkapitalbasis zu verbessern.
    - Die Gesellschaft kann ihre Geschäfte ohne diese zusätzlichen Mittel nicht ordnungsgemäss weiterführen: Die Nachschüsse dienen hier der **Überbrückung von Liquiditätsengpässen.**
    - Die Gesellschaft benötigt aus in den Statuten umschriebenen Gründen **Eigenkapital**: Die GmbH hat damit die Möglichkeit, in den Statuten weitere Fälle zu umschreiben, in denen ausstehende Nachschüsse eingefordert werden können.
    - Ausstehende Nachschüsse werden mit Eintritt des **Konkurses** fällig.

- Geleistete Nachschüsse dürfen nach Art. 795 b OR nur dann zurückbezahlt werden, wenn der Betrag durch frei verwendbares Eigenkapital gedeckt ist und ein zugelassener Revisionsexperte dies schriftlich bestätigt. Die Nachschusspflicht darf nur dann herabgesetzt oder aufgehoben werden, wenn das Stammkapital und die gesetzlichen Reserven voll gedeckt sind. Es sind dafür die Vorschriften über die Herabsetzung des Stammkapitals anwendbar (Art. 795 c OR).

4.3.4 Statutarische Nebenleistungspflichten

«[1] Die Statuten können die Gesellschafter zu Nebenleistungen verpflichten.
[2] Sie können nur Nebenleistungspflichten vorsehen, die dem Zweck der Gesellschaft, der Erhaltung ihrer Selbstständigkeit oder der Wahrung der Zusammensetzung des Kreises der Gesellschafter dienen.
[3] Gegenstand und Umfang wie auch andere nach den Umständen wesentliche Punkte einer mit einem Stammanteil verbundenen Nebenleistungspflicht müssen in den Statuten bestimmt werden. Für die nähere Umschreibung kann auf ein Reglement der Gesellschafterversammlung verwiesen werden.
[4] Statutarische Verpflichtungen zur Zahlung von Geld oder zur Leistung anderer Vermögenswerte unterstehen den Bestimmungen über Nachschüsse, wenn keine angemessene Gegenleistung vorgesehen wird und die Einforderung der Deckung des Eigenkapitalbedarfs der Gesellschaft dient.»
Art. 796 OR: Nebenleistungen

- Die Möglichkeit statutarischer Nebenleistungspflichten gilt als eines der **Kennzeichen der GmbH.** Inhalt von Nebenleistungspflichten kann ein Tun, ein Unterlassen oder ein Dulden sein. Wie die Pflicht zu Nachschüssen können auch Nebenleistungspflichten mit sämtlichen oder nur mit bestimmten Stammanteilen verbunden sein. Zum Schutz der betroffenen Personen ist die gesetzliche Regelung statuarischer Nebenleistungspflichten zwingend zu verstehen. Dies steht jedoch der Vereinbarung rein vertraglicher Leistungspflichten nicht entgegen (vgl. sogleich Abschnitt 4.3.5). Anders als bei vertraglichen Abmachungen zwischen den Gesellschaftern ist bei statutarischen Nebenleistungspflichten die Gesellschaft selber zur Durchsetzung befugt.

- Es dürfen nur Nebenleistungspflichten vorgesehen werden, die dem Zweck der Gesellschaft, der Erhaltung ihrer Selbstständigkeit oder der Wahrung der Zusammensetzung des Gesellschafterkreises dienen. Damit sollen sachfremde Pflichten ausgeschlossen werden, also Pflichten, die nicht der Gesellschaft selbst, sondern den Interessen einzelner Personen dienen. Zulässig sind beispielsweise Belieferungs- und Abnahmepflichten, Vorhand-, Vorkaufs- oder Kaufsrechte an Stammanteilen und die Pflicht zur aktiven Mitarbeit im Unternehmen.

- Sämtliche statutarische Bestimmungen, die funktional einer Nachschusspflicht gleichkommen, unterstehen von Gesetzes wegen den Artikeln 795 ff. OR. Damit soll die Umgehung der Vorschriften über Nachschusspflichten verhindert werden.

4.3.5 Vertraglich vereinbarte Pflichten

Gleich wie dies in der AG durch den Abschluss von Aktionärsbindungsverträgen erfolgt (vgl. dazu 7. Thema, Abschnitt 5.3.3), können die Gesellschafter auch in der GmbH Pflichten auf dem Weg des Vertragsabschlusses festlegen. Bei den **Gesellschafterbindungsverträgen** handelt es sich um schuldrechtliche Vereinbarungen zwischen allen oder einzelnen Gesellschaftern, welche der Gesellschaft direkt weder Rechte noch Pflichten vermitteln.

Da das GmbH-Recht den Gesellschaftern einen breiten Spielraum für statutarische Regelungen bietet, ist der Anwendungsbereich von Gesellschafterbindungsverträgen an sich beschränkt. Infrage kommen zum Beispiel die Vereinbarung vertraglicher Erwerbsrechte von Stammanteilen; sodann vertragliche, allenfalls über die Dauer der Mitgliedschaft hinausgehende Konkurrenzverbote und schliesslich die Abmachung von Konventionalstrafen ausserhalb der Statuten.

Praxistipp

Gesellschafterbindungsverträge haben zwar nur zwischen den am Vertrag beteiligten Gesellschaftern Geltung, jedoch unterliegen sie im Gegensatz zu statutarischen Regelungen (die im Handelsregister eingetragen werden) der Vertraulichkeit. Dies ist für die vertragsschliessenden Parteien möglicherweise ein Vorteil, falls sie nicht möchten, dass alle Gesellschafter ihre Vereinbarungen, beispielsweise betreffend Ausübung des Stimmrechts, kennen.

5. Organisation der Gesellschaft

5.1 Gesetzlich vorgeschriebene Organe

Gemäss Gesetz muss die GmbH über drei Organe verfügen (vgl. zum Organbegriff 7. Thema, Abschnitt 6.1.1), nämlich

- Gesellschafterversammlung (Art. 804–808 c OR)
- Geschäftsführer (Art. 809–817 OR)
- Revisionsstelle (Art. 818 OR)

Die Statuten können weitere Organe vorsehen; diesen dürfen aber keine Aufgaben zugewiesen werden, welche das Recht zwingend einem gesetzlichen Organ überträgt.

Jedem Organ sind gemäss seiner Funktion spezifische Aufgaben zugeordnet, die ihm durch ein anderes Organ nicht entzogen werden dürfen. Dieses in der herrschenden Lehre als Paritätstheorie genannte Konzept ist von begrenzter Bedeutung, wenn zwischen der Gesellschafterversammlung und der Geschäftsführung personelle Identität besteht, was angesichts der Bestimmung von Art. 809 Abs. 1 OR mindestens für kleine Gesellschaften die Regel sein dürfte. Das Gesetz gibt der GmbH zudem einen grossen Freiraum für die bedürfnisgerechte Ausgestaltung der inneren Organisation; er trägt dem ausgeprägten personenbezogenen Charakter der Rechtsform Rechnung. Für den Fall, dass Mängel in der Organisation der Gesellschaft bestehen, verweist Art. 819 OR auf die aktienrechtlichen Vorschriften (vgl. Art. 731 b OR sowie 7. Thema, Abschnitt 6.1.2).

5.2 Die Gesellschafterversammlung

5.2.1 Stellung und Befugnisse

Art. 804 Abs. 1 OR bezeichnet die Gesellschafterversammlung als oberstes Organ der Gesellschaft. Dies ist – wie bezüglich der GV der AG – nicht hierarchisch gemeint; vielmehr werden damit die der Gesellschafterversammlung zugewiesenen Aufgaben angesprochen. Als Versammlung der Anteilseigner und damit der Träger des wirtschaftlichen Risikos bleibt es ihr vorbehalten, die wichtigsten Grundsatzentscheide selbst zu treffen.

Nach Art. 804 Abs. 2 und 3 OR stehen der Gesellschafterversammlung die folgenden unübertragbaren Befugnisse zu:

- Statutenänderungen
- Bestellung und Abberufung von Geschäftsführern sowie der Mitglieder der Revisionsstelle und des Konzernrechnungsprüfers
- Genehmigung von Jahresbericht und Konzernbericht
- Genehmigung der Jahresrechnung sowie Beschlussfassung über die Verwendung des Bilanzgewinns (Festlegung von Dividende und Tantiemen)
- Festsetzung der Entschädigung der Geschäftsführer
- Entlastung der Geschäftsführer
- Ernennung von Direktoren, Prokuristen sowie Handlungsbevollmächtigten, sofern die Statuten diese Befugnis nicht den Geschäftsführern übertragen

- Zustimmung zur Abtretung von Stammanteilen
- Zustimmung zur Bestellung eines Pfandrechts an Stammanteilen, falls die Statuten dies vorsehen
- Beschlussfassung über die Ausübung statutarischer Vorhand-, Vorkaufs- oder Kaufsrechte
- Ermächtigung der Geschäftsführer zum Erweb eigener Stammanteile durch die Gesellschaft
- Nähere Regelung von Nebenleistungspflichten in einem Reglement, falls die Statuten auf ein Reglement verweisen
- Zustimmung zu Tätigkeiten der Geschäftsführer und der Gesellschafter, die gegen die Treuepflicht oder das Konkurrenzverbot verstossen, sofern nach Statuten nicht die Zustimmung aller Gesellschafter erforderlich ist
- Beschlussfassung über den Antrag an das Gericht, einen Gesellschafter aus wichtigem Grund auszuschliessen
- Ausschluss eines Gesellschafters aus in den Statuten vorgesehenen Gründen
- Auflösung der Gesellschaft
- Genehmigung von Geschäften der Geschäftsführer, für welche die Statuten die Zustimmung der Gesellschafterversammlung verlangen
- Beschlussfassung über Gegenstände, die das Gesetz oder die Statuten der Gesellschafterversammlung vorbehalten oder die ihr die Geschäftsführer vorlegen

Typisch für die Rechtsform der GmbH und in deutlichem Unterschied zum Recht der Aktiengesellschaft sind die Kompetenzen der Gesellschafterversammlung, über die Festsetzung der Entschädigung der Geschäftsführer, die Ernennung von Direktoren und die Abtretung von Stammanteilen zu entscheiden, sowie die Tatsache, dass die Gesellschafterversammlung nach Gesetz nicht Wahlorgan für die Geschäftsführung ist. Spezifisch ist auch die Anordnung in Art. 811 OR: Diese Vorschrift ermöglicht es der GmbH, in den Statuten vorzusehen, dass einerseits die Geschäftsführer der Gesellschafterversammlung bestimmte Entscheide zur Genehmigung vorlegen müssen, anderseits von sich aus einzelne Fragen zur Genehmigung vorlegen können.

5.2.2 Durchführung und Beschlussfassung

> «Die Gesellschafterversammlung fasst ihre Beschlüsse und vollzieht ihre Wahlen mit der absoluten Mehrheit der vertretenen Stimmen, soweit das Gesetz oder die Statuten es nicht anders bestimmen.»
> Art. 808 OR: Beschlussfassung: Im Allgemeinen

> «[1] Ein Beschluss der Gesellschafterversammlung, der mindestens zwei Drittel der vertretenen Stimmen und die absolute Mehrheit des gesamten Stammkapitals auf sich vereinigt, ist erforderlich für:
> ...
> [2] Statutenbestimmungen, die für die Fassung bestimmter Beschlüsse grössere Mehrheiten als die vom Gesetz vorgeschriebenen festlegen, können nur mit dem vorgesehenen Mehr eingeführt werden.»
> Art. 808 b OR: Wichtige Beschlüsse

- Das Gesetz verlangt die Durchführung einer ordentlichen Gesellschafterversammlung innerhalb von sechs Monaten nach Schluss des Geschäftsjahres. Ausserordentliche Versammlungen werden nach Massgabe der Statuten und je nach Bedarf durchgeführt (Art. 805 Abs. 2 OR).

- Die Einberufung ist Sache der Geschäftsführer, nötigenfalls der Revisionsstelle, falls die Gesellschaft über eine solche verfügt (Art. 805 Abs. 1 OR). Wird die Geschäftsführung durch mehrere Personen ausgeübt, so obliegt die Einberufung der Person, die den Vorsitz der Geschäftsführung innehat (Art. 810 Abs. 3 Ziffer 1 OR).

- Die Gesellschafterversammlung ist nach Gesetz spätestens 20 Tage vor dem Versammlungstag einzuberufen. Um der Gesellschaft die gewünschte Flexibilität zu geben, ist diese Anordnung insofern dispositiv, als dass die Frist durch die Statuten verlängert oder bis auf 10 Tage verkürzt werden kann. Zudem bleibt die Möglichkeit einer Universalversammlung vorbehalten (Art. 805 Abs. 3 OR).
- Art. 805 Abs. 5 OR verweist auf die Vorschriften des Aktienrechts bezüglich Einberufung, Einberufungs- und Antragsrecht, Verhandlungsgegenstände und Anträge, Universalversammlung, vorbereitende Massnahmen und Protokoll, Vertretungsrecht und unbefugte Teilnahme.
- In Anlehnung an die aktienrechtliche Regelung der Beschlussfassung im Verwaltungsrat ermöglicht Art. 805 Abs. 4 OR, Beschlüsse der Gesellschafterversammlung auch schriftlich zu fassen. Da auf dem Zirkularweg keine Diskussion der Tagesordnung möglich ist, muss jedem Gesellschafter das Recht zustehen, eine mündliche Beratung zu verlangen.
- Bei Stimmengleichheit fällt der Vorsitzende der Gesellschafterversammlung den Stichentscheid, falls die Statuten darüber keine andere Regelung vorsehen (Art. 808 a OR).
- Bei bestimmten Beschlüssen, welche einzelne Gesellschafter persönlich betreffen, haben diese Personen kein Stimmrecht. Dies gilt beispielsweise für den Beschluss über die Entlastung der Geschäftsführer für Personen, die an der Geschäftsführung teilgenommen haben (Art. 806 a OR).
- Im Grundsatz gilt für die Beschlussfassung dieselbe gesetzliche Anordnung wie für die Generalversammlung der AG: Beschlüsse und Wahlen erfordern grundsätzlich die **absolute Mehrheit** der vertretenen Stimmen; die Statuten können die Beschlussfassung aber anders regeln (Art. 808 OR; vgl. auch 7. Thema, Abschnitt 6.2.4). Für die in Art. 808 b Abs. 1 OR aufgelisteten Gegenstände («wichtige Beschlüsse») verlangt das Gesetz einen Beschluss,

der einerseits mindestens zwei Drittel der vertretenen Stimmen sowie anderseits die absolute Mehrheit des gesamten Stammkapitals vereinigt (**qualifizierte Mehrheit**). Anders als im Aktienrecht wird die erforderliche Kapitalmehrheit nicht auf die an der Gesellschaft vertretenen Nennwerte bezogen, sondern auf das gesamte Stammkapital. Im Hinblick auf die Bedürfnisse von Unternehmen mit nur wenigen Beteiligten und zur Verhinderung von Missbräuchen wird dadurch die Beschlussfassung in Abwesenheit einzelner Gesellschafter erschwert. Nach Art. 808 Abs. 3 OR können die Statuten für die Fassung bestimmter Beschlüsse grössere Mehrheiten festlegen als die von Gesetzes wegen geltenden (zum Erfordernis der Einstimmigkeit im Falle von Art. 807 OR vgl. Abschnitt 4.2.5).

- Für die Anfechtung von Beschlüssen der Gesellschafterversammlung verweist Art. 808 c OR auf die entsprechenden Vorschriften des Aktienrechts (Art. 706 bis 706 b OR; vgl. dazu 7. Thema, Abschnitt 6.2.5).

5.3 Die Geschäftsführung

5.3.1 Bildung und Organisation des Geschäftsführungsorgans

- Nach Art. 809 Abs. 1 OR sind die Gesellschafter auch Geschäftsführer. Damit haben die Gesellschafter ein Recht auf aktive Teilnahme an der Geschäftsleitung. Die gesetzliche Regelung gibt aber die Möglichkeit, durch statutarische Anordnung die Geschäftsführung abweichend zu ordnen. So ist es beispielsweise möglich, die Geschäftsführung auf einzelne Gesellschafter zu beschränken oder an Dritte zu übertragen. Als Geschäftsführer dürfen nach Art. 809 Abs. 2 OR nur natürliche Personen eingesetzt werden. Diese Anordnung ist dann von besonderer Bedeutung, wenn an der Gesellschaft eine juristische Person oder eine Handelsgesellschaft beteiligt ist.

- Im Unterschied zum Recht der Kollektivgesellschaft (vgl. dazu 6. Thema, Abschnitt 2.1.2 sowie 5. Thema, Abschnitt 3.4) üben die Gesellschafter die **Geschäftsführungsbefugnisse nicht einzeln, sondern gemeinsam** aus.
- Obliegt die Geschäftsführung mehreren Personen, so muss die Gesellschafterversammlung nach Art. 809 Abs. 3 OR im Hinblick auf die Gewährleistung der Funktionsfähigkeit des Organs den Vorsitz regeln. Da die Bezeichnung des Vorsitzenden nicht zu den unübertragbaren Aufgaben der Gesellschafterversammlung nach Art. 804 Abs. 2 OR gehört, können die Statuten die Wahl auch den Geschäftsführern überlassen.
- Die Gesellschafterversammlung kann gemäss Art. 815 Abs. 1 OR von ihr gewählte Geschäftsführer jederzeit abberufen, unabhängig davon, ob es sich um Gesellschafter oder um Dritte handelt. Soweit den an der Gesellschaft beteiligten Personen die Befugnis zur Geschäftsführung aufgrund von Art. 809 Abs. 1 OR oder entsprechender Statutenbestimmung ohne Wahl durch die Gesellschafterversammlung zusteht, so ist eine Abberufung nur auf dem Weg einer statutarischen Neuregelung möglich.
- Für den Fall, dass eine geschäftsführende Person ihre Pflichten grob verletzt oder die Fähigkeit zu einer guten Geschäftsführung verloren hat oder sonst ein wichtiger Grund vorliegt, ist jeder Gesellschafter berechtigt, beim Gericht den Entzug der Geschäftsführung- und Vertretungsbefugnis zu beantragen (Art. 815 Abs. 2 OR).
- Das Recht, Direktoren, Prokuristen sowie Handlungsbevollmächtigte einzusetzen, steht der Gesellschafterversammlung zu, wenn die Statuten diese Befugnis nicht den Geschäftsführern zuweist. Die Geschäftsführer haben das Recht, Direktoren, Prokuristen oder Handlungsbevollmächtigte jederzeit in ihren Funktionen einzustellen. Wenn diese Personen von der Gesellschafterversammlung eingesetzt worden sind (vgl. dazu Art. 804 Abs. 3 OR),

haben die Geschäftsführer unverzüglich eine Gesellschafterversammlung einzuberufen (Art. 815 Abs. 5 OR).

- Für Beschlüsse der Geschäftsführer gelten sinngemäss die gleichen Nichtigkeitsgründe wie für die Beschlüsse der Generalversammlung der Aktiengesellschaft (Art. 816 OR mit Verweis auf Art. 706 b OR).
- Die Gesellschaft haftet für den Schaden aus unerlaubten Handlungen, die eine zur Geschäftsführung oder zur Vertretung befugte Person in Ausübung ihrer geschäftlichen Verrichtungen begeht (Art. 817 OR).

5.3.2 Aufgaben

§ «[1] Die Geschäftsführer sind zuständig in allen Angelegenheiten, die nicht nach Gesetz oder Statuten der Gesellschafterversammlung zugewiesen sind.
[2] Unter Vorbehalt der nachfolgenden Bestimmungen haben die Geschäftsführer folgende unübertragbare und unentziehbare Aufgaben:
1. die Oberleitung der Gesellschaft und die Erteilung der nötigen Weisungen;
2. die Festlegung der Organisation im Rahmen von Gesetz und Statuten;
3. die Ausgestaltung des Rechnungswesens und der Finanzkontrolle sowie der Finanzplanung, soweit diese für die Führung der Gesellschaft notwendig ist;
4. die Aufsicht über die Personen, denen Teile der Geschäftsführung übertragen sind, namentlich im Hinblick auf die Befolgung der Gesetze, Statuten, Reglemente und Weisungen;
5. die Erstellung des Geschäftsberichtes (Jahresrechnung, Jahresbericht und gegebenenfalls Konzernrechnung);
6. die Vorbereitung der Gesellschafterversammlung sowie die Ausführung ihrer Beschlüsse;
7. die Benachrichtigung des Gerichts im Falle der Überschuldung.
[3] Wer den Vorsitz der Geschäftsführung innehat, beziehungsweise der einzige Geschäftsführer hat folgende Aufgaben:
1. die Einberufung und Leitung der Gesellschafterversammlung;
2. Bekanntmachungen gegenüber den Gesellschaftern;
3. die Sicherstellung der erforderlichen Anmeldungen beim Handelsregister.»
Art. 810 OR: Aufgaben der Geschäftsführer

Nach Art. 810 Abs. 1 OR sind die Geschäftsführer in allen Angelegenheiten zuständig, die nicht der Gesellschafterversammlung oder allenfalls der Revisionsstelle zugewiesen sind. Diese subsidiäre Generalkompetenz soll Kompetenzkonflikte verhindern. Art. 810 Abs. 2 OR listet Aufgaben der Geschäftsführer auf, die ihnen nicht entziehbar und von ihnen auch nicht übertragbar sind. Dabei geht es insbesondere um die Verantwortung für die Oberleitung der Gesellschaft, die Festlegung der Organisation, die Ausgestaltung des Rechnungs- und Finanzwesens, die Erstellung des Geschäftsberichts sowie die Benachrichtigung des Richters im Falle der Überschuldung.

Es fällt auf, dass Ziffer 4 von Art. 810 Abs. 2 OR leicht von der entsprechenden aktienrechtlichen Bestimmung abweicht (Art. 716a Abs. 1 Ziffer 5 OR; vgl. 7. Thema, Abschnitt 6.3.3 c). Durch die Formulierung «Aufsicht» – im Gegensatz zu «Oberaufsicht» – bringt der Gesetzgeber zum Ausdruck, dass die Geschäftsführung der GmbH einerseits laufend und andererseits auch einzelne Handlungen der mit der Geschäftsleitung betrauten Personen zu beaufsichtigen hat.

Hat die Gesellschaft nur einen Geschäftsführer, so obliegen alle diese Aufgaben dieser Person. Für den Fall, dass das Exekutivorgan der Gesellschaft aus mehreren Personen besteht, weist Art. 810 Abs. 3 OR einzelne Aufgaben konkret dem Vorsitzenden der Geschäftsführung zu.

5.3.3 Vertretung der Gesellschaft

> «[1] Jeder Geschäftsführer ist zur Vertretung der Gesellschaft berechtigt.
> [2] Die Statuten können die Vertretung abweichend regeln, jedoch muss mindestens ein Geschäftsführer zur Vertretung befugt sein. Für Einzelheiten können die Statuten auf ein Reglement verweisen.
> [3] Die Gesellschaft muss durch eine Person vertreten werden können, die Wohnsitz in der Schweiz hat. Dieses Erfordernis kann durch einen Geschäftsführer oder einen Direktor erfüllt werden.

⁴ Für den Umfang und die Beschränkung der Vertretungsbefugnis sowie für Verträge zwischen der Gesellschaft und der Person, die sie vertritt, sind die Vorschriften des Aktienrechts entsprechend anwendbar.
⁵ Die zur Vertretung der Gesellschaft befugten Personen haben in der Weise zu zeichnen, dass sie der Firma der Gesellschaft ihre Unterschrift beifügen.
⁶ Sie müssen ins Handelsregister eingetragen werden. Sie haben ihre Unterschrift beim Handelsregisteramt zu zeichnen oder die Zeichnung in beglaubigter Form einzureichen.»
Art. 814 OR: Vertretung

Das Geschäftsführungsorgan übt gesellschaftsextern die Vertretung der Gesellschaft aus. Die Vertretungsbefugnis bezieht sich auf alle Rechtshandlungen, die der Zweck der Gesellschaft mit sich bringen kann.

Das Gesetz erklärt **jeden Geschäftsführer einzeln als zur Vertretung der Gesellschaft berechtigt,** womit für die Geschäftsführung (gemeinsame Kompetenz) und die Vertretung (Einzelkompetenz) unterschiedliche Regelungen gelten. Es steht den Gesellschaften offen, die Vertretung abweichend zu bestimmen. Die Gesellschaft muss aber durch mindestens eine Person vertreten werden können, die Wohnsitz in der Schweiz hat. Dieses Erfordernis kann durch einen Geschäftsführer oder einen Direktor erfüllt sein.

Für den Umfang und die Beschränkung der Vertretungsbefugnis verweist das Gesetz auf die aktienrechtlichen Bestimmungen (Art. 718 a OR; vgl. dazu 7. Thema, Abschnitt 6.3.3. d). Der Verweis auf das Aktienrecht bezieht sich auch auf die Regelung betreffend Verträge zwischen der Gesellschaft und der Person, durch die sie vertreten wird (Art. 718 b OR): Wird die Gesellschaft beim Abschluss eines Vertrages durch diejenige Person vertreten, mit der sie den Vertrag abschliesst, so muss der Vertrag schriftlich abgefasst werden. Dieses Erfordernis gilt nicht für Verträge des laufenden Geschäfts, bei denen die Leistung der Gesellschaft den Wert von 1000 Franken nicht übersteigt.

Praxistipp
Der einzige Gesellschafter, der «seine» Gesellschaft als Geschäftsführer leitet, muss beachten, dass Verträge zwischen der Gesellschaft und ihm als Privatperson schriftlich vorliegen. Dies gilt beispielsweise für den Mietvertrag, wenn die Gesellschaft Produktions-, Lager oder Büroräume in der zum Privatvermögen des einzigen Gesellschafters gehörenden Liegenschaft mietet und dem Gesellschafter dafür einen Mietzins zahlt oder wenn der einzige Gesellschafter mit seiner Familie gegen Mietzinszahlung eine Wohnung in der Geschäftsliegenschaft bewohnt.

5.3.4 Sorgfalts- und Treuepflicht sowie Konkurrenzverbot (Art. 812 OR)

Die Geschäftsführer sind verpflichtet, ihre Aufgaben mit aller Sorgfalt zu erfüllen und die Interessen der Gesellschaft in guten Treuen zu wahren. Dies gilt auch für andere Personen, die mit der Geschäftsführung befasst sind. Die Treuepflicht der Gesellschafter wird durch das Gesetz auf jene Geschäftsführer ausgedehnt, welche selbst nicht an der Gesellschaft beteiligt sind.

Während für Gesellschafter nur dann ein Konkurrenzverbot besteht, wenn dieses in den Statuten vorgesehen ist, gilt für Geschäftsführer und Dritte, die mit der Geschäftsführung befasst sind, gerade die umgekehrte Regelung: **Sie unterstehen grundsätzlich einem Konkurrenzverbot, es sei denn, die Statuten schliessen dies aus.** Es ist zudem möglich, im Einzelfall eine Dispensation durch die schriftliche Zustimmung sämtlicher Gesellschafter zu erwirken. Die Statuten können bestimmen, dass die Zustimmung zu konkurrenzierenden Tätigkeiten stattdessen durch die Gesellschafterversammlung erteilt wird.

5.4 Die Revisionsstelle

« ¹ Für die Revisionsstelle sind die Vorschriften des Aktienrechts entsprechend anwendbar.
² Ein Gesellschafter, der einer Nachschusspflicht unterliegt, kann eine ordentliche Revision der Jahresrechnung verlangen. »
Art. 818 OR: Revisionsstelle

Das auf den 1. Januar 2008 in Kraft getretene neue Revisionsrecht (Art. 727 ff. OR) schafft für alle der Revisionspflicht unterliegenden Rechtsformen einheitliche Regeln, die durch rechtsformspezifische Anordnungen (beispielsweise für Genossenschaften und Stiftungen) ergänzt werden.

Für die GmbH kann betreffend Revisionsstelle auf die Ausführungen im 7. Thema, Abschnitt 6.4, verwiesen werden. Auch in der GmbH sind die **ordentliche Revision** und die **eingeschränkte Revision** zu unterscheiden; und unter denselben Bedingungen wie in der AG lässt das Gesetz den **Verzicht auf eine Revision** zu. Und auch für die Revisionsstelle der GmbH gelten dieselben Vorschriften bezüglich deren Fachkompetenz und Unabhängigkeit.

Praxistipps

Die GmbH-Statuten müssen eine Regelung über die Revision enthalten; diese sollte möglichst offen formuliert werden. Damit ist es möglich, dass die Gesellschaft unter den verschiedenen Varianten wählen und diese durch rechtsgültigen Gesellschaftsbeschluss auch wieder wechseln kann. Ein Beispiel für die mögliche Formulierung lautet (in Anlehnung an die durch die Handelsregisterämter veröffentlichten Musterstatuten):

«Die Generalversammlung wählt eine Revisionsstelle. Sie kann auf deren Wahl verzichten, wenn

1. die Gesellschaft nicht zur ordentlichen Revision verpflichtet ist,
2. sämtliche Gesellschafter zustimmen und
3. die Gesellschaft nicht mehr als zehn Vollzeitstellen im Jahresdurchschnitt hat.»

5.5 Verantwortlichkeit der Organpersonen

Für die Verantwortlichkeit der Personen, die bei der Gründung mitwirken oder mit der Geschäftsführung, der Revision oder der Liquidation befasst sind, erklärt Art. 827 OR die Vorschriften des Aktienrechts als anwendbar (vgl. dazu 7. Thema, Abschnitt 6.5).

6. Steuern und Versicherungen

- Die Verwandtschaft der GmbH zur AG zeigt sich auch bezüglich Besteuerung sowie den Sozial- und weiteren Versicherungen. Für die allgemeinen Grundlagen der Sozialversicherungen, wie diese für alle Rechtsformen gelten, kann auf das 2. Thema, Abschnitt 6.3.2, und für die Betriebsversicherungen auf das 2. Thema, Abschnitt 6.4, verwiesen werden.
- Wie die AG unterliegt auch die GmbH grundsätzlich folgenden Steuern (vgl. dazu 7. Thema, Abschnitt 7):
  - Gewinnsteuer (Ertragssteuer) von Bund, Kanton und Gemeinde sowie Kapitalsteuer von Kanton und Gemeinde. Strebt die GmbH ideelle und gemeinnützige Zwecke an, so kann sie grundsätzlich von der Steuer befreit werden (Art. 56 DBG bzw. Art. 23 StHG sowie kantonale Steuerrechte).

- Mehrwertsteuer
- Verrechnungssteuer
- Stempelabgaben

- Die Inhaber einer GmbH sind zwar Unternehmer, gelten aber als geschäftsführende Gesellschafter als Angestellte ihres eigenen Geschäfts (vgl. dazu die entsprechenden Ausführungen im 7. Thema, Abschnitt 8). Dies bedeutet, dass diese GmbH-Gesellschafter sowohl bei den Steuern als auch bezüglich der Sozialversicherungen als unselbstständig erwerbende Personen geführt werden. Für deren Versicherungsschutz ist somit die Gesellschaft verantwortlich.

- Die Inhaber der GmbH haben ihre Bezüge aus dem Geschäft entweder in Form von Erwerbseinkommen oder von Kapitaleinkommen zu versteuern. Für die private Vermögenssteuer werden die Stammanteile durch die kantonale Steuerverwaltung bewertet. Massgebend dafür ist die Wegleitung zur Bewertung von Wertpapieren ohne Kurswert für die Vermögenssteuer. (www.estv.admin.ch/d/dbst/dienstleistungen/kurslisten/wegleit.pdf)

Praxistipps

Zur Erreichung möglichst tiefer Gewinnsteuern sollen folgende Punkte beachtet werden:

- Die GmbH kann bei der Gründung frei wählen, wann das erste Geschäftsjahr enden soll. Wenn die neue GmbH in der Startphase hohe Aufwendungen und wenig oder gar keinen Gewinn hat, zahlt sich die Wahl eines möglichst langen ersten Geschäftsjahres steuerlich aus. Mit dem Geschäftsstart verbundene Aufwendungen können zudem als Aufwand verbucht und über mehrere Jahre abgeschrieben werden.

- Durch die Doppelbesteuerung ist auf ein optimales Verhältnis zwischen Gewinn und Lohnzahlungen an die aktiv mitarbeitenden Gesellschafter zu achten. Allerdings werden überhöhte Löhne als verdeckte Gewinnausschüttungen angesehen und zu tiefe Löhne bis zur Höhe eines branchenüblichen Gehalts als für die AHV-Beitragspflicht massgebender Lohn behandelt.

7. Beendigung der Gesellschaft

7.1 Auflösung

7.1.1 Auflösungsgründe

Das GmbH-Recht führt in Art. 821 OR die verschiedenen Gründe auf, die zur Auflösung der Gesellschaft führen:

- Die Statuten können Sachverhalte vorsehen, welche die Auflösung zur Folge haben (Art. 776 a Abs. 1 Ziffer 19 OR).
- Die Gesellschafterversammlung beschliesst die Auflösung mit qualifizierter Mehrheit (Art. 804 Abs. 2 Ziffer 16 sowie Art. 808 b Abs.[1] Ziffer 11 OR).
- Die Eröffnung des Konkurses hat die Auflösung zur Folge.
- Das Gericht entscheidet aufgrund der Klage eines Gesellschafters auf Auflösung aus wichtigem Grund (Art. 821 Abs. 3 OR; vgl. dazu auch Abschnitt 4.2.6).

Darüber hinaus bleiben weitere im Gesetz geregelte Fälle der Auflösung vorbehalten, nämlich die Auflösung wegen Mängeln in der Organisation (Art. 819 OR in Verbindung mit Art. 731 b OR), die Auflösung wegen Verfolgung unsittlicher oder widerrechtlicher Zwecke (Art. 57 ZGB) sowie die Tatbestände der Auflösung ohne Liquidation nach **Fusionsgesetz** (vgl. 3. Thema zu den Transaktionen der Umstrukturierung und zum Fusionsgesetz).

7.1.2 Liquidation als Folge der Auflösung

Die Auflösung muss ins Handelsregister eingetragen werden (Art. 821 a Abs. 2 OR). Unter dem Vorbehalt der fusionsrechtlichen Tatbestände tritt die Gesellschaft mit der Auflösung in Liquidation. Art. 821 a Abs. 1 OR und Art. 826 OR verweisen dafür auf die Vorschriften des Aktienrechts (Art. 738 ff. OR; vgl. dazu 7. Thema, Abschnitt 9.2).

Im Falle der Liquidation hat jeder Gesellschafter Anspruch auf einen Anteil am Liquidationsergebnis. Die Aufteilung erfolgt im Verhältnis der Nennwerte der Stammanteile, wobei geleistete Nachschüsse dem Nennwert zuzurechnen sind. Die Regelung der Aufteilung ist dispositiver Natur, das heisst, die Statuten können auf die Berücksichtigung geleisteter Nachschüsse verzichten oder Vorzugsstammanteile vorsehen, welche Vorrecht betreffend den Liquidationsanteil vermitteln (Art. 776 a Abs. 1 Ziffer 5 und Art. 799 OR in Verbindung mit Art. 654 und 656 OR).

7.2 Ausscheiden von Gesellschaftern

7.2.1 Austritt und Ausschluss

Im Hinblick auf den engen Personenbezug der Gesellschafterstellung darf die Zulässigkeit der Abtretung von Stammanteilen durch die Gesellschaftsstatuten eingeschränkt oder sogar ausgeschlossen werden (vgl. dazu Abschnitt 4.2.8). Aus diesem Grund sichert Art. 822 OR ein Ausscheiden aus wichtigen Gründen durch ein **Austrittsrecht** (vgl. dazu Abschnitt 4.2.9).

Neben einer Austrittsklage eines Gesellschafters kann auch die **Ausschlussklage** zum Ausscheiden eines Gesellschafters führen. Nach Art. 823 OR ist diese Klage der Gesellschaft aus wichtigen Gründen zulässig. Darüber hinaus können die Statuten vorsehen, dass die Gesellschafterversammlung einen oder mehrere Gesellschafter aus der Gesellschaft ausschliessen darf, wenn bestimmte Gründe vorliegen.

7.2.2 Abfindung

> «¹ Scheidet ein Gesellschafter aus der Gesellschaft aus, so hat er Anspruch auf eine Abfindung, die dem wirklichen Wert seiner Stammanteile entspricht.
> ² Für das Ausscheiden augrund eines statutarischen Austrittsrechts können die Statuten die Abfindung abweichend festlegen.»
> Art. 825 OR: Abfindung: Anspruch und Höhe

Der Anspruch auf Abfindung des ausscheidenden Gesellschafters besteht nicht nur beim Austritt, sondern ebenso beim Ausschluss aus wichtigen oder in den Statuten vorgesehenen Gründen. Bei der Ausrichtung der Abfindung geht es ohne Rücksicht auf den Grund des Ausscheidens darum, den wirtschaftlichen Gegenwert einer aufzugebenden Beteiligung an der Gesellschaft zu vergüten.

Das Gesetz schreibt als Höhe der Abfindung den wirklichen Wert der Stammanteile vor (vgl. zum Begriff des wirklichen Werts Abschnitt 3.2.2 sowie 7. Thema, Abschnitt 3.1.4 b). Für statutarische Austrittsrechte (nicht jedoch für den Ausschluss!) können die Gesellschaftsstatuten eine vom wirklichen Wert abweichende Abfindung festlegen. So ist es aus praktischen Gründen beispielsweise möglich, auf den Steuerwert (das heisst die kantonale Bewertung der Stammanteile für die Vermögenssteuer der Gesellschafter) oder auf den Substanzwert abzustellen.

Möglicherweise verfügt die Gesellschaft nicht über genügend Mittel zur Auszahlung der Abfindung. Unter Berücksichtigung der Interessen der Gesellschaft, jener des ausscheidenden Gesellschafters und der verbleibenden Gesellschafter sowie jener der Gesellschaftsgläubiger macht Art. 825 a Abs. 1 OR die Auszahlung von Bedingungen abhängig; diese stehen alternativ zueinander. Die Abfindung wird grundsätzlich mit dem Ausscheiden des Gesellschafters fällig, soweit die Gesellschaft

- über verwendbares Eigenkapital verfügt. Der Entscheid darüber, ob diese Bedingung erfüllt ist, obliegt nicht den Geschäftsführern oder den Gesellschaftern. Vielmehr ist es Aufgabe eines zugelassenen Revisionsexperten, die Höhe des verwendbaren Eigenkapitals festzusetzen. Diese Regelung gilt auch für jene Gesellschaften, die im Übrigen für einen Verzicht auf Revision optiert haben.
- die Stammanteile der ausscheidenden Person veräussern kann.
- ihr Stammkapital unter Beachtung der gesetzlichen Vorschriften herabsetzen darf.

Für einen nicht ausbezahlten Abfindungsteil hat der ausgeschiedene Gesellschafter eine unverzinsliche nachrangige Forderung, die fällig wird, sobald im jährlichen Geschäftsbericht verwendbares Eigenkapital festgestellt wird. Solange die Abfindung nicht vollständig ausbezahlt ist, kann der ausgeschiedene Gesellschafter verlangen, dass die Gesellschaft eine Revisionsstelle bezeichnet und die Jahresrechnung ordentlich prüfen lässt (Art. 825 a Abs. 3 und 4 OR).

8. Literaturhinweise

- *Böckli P./Forstmoser P. (Herausgeber),*
  Das neue schweizerische GmbH-Recht
  (Zürich/Basel/Genf 2006)
- *Forstmoser P./Peyer P. R./Schott B.,* Das neue Recht der GmbH.
  Einführung und synoptische Darstellung (Zürich/Lagen 2006)
- *Handschin L./Truniger C.,* Die neue GmbH
  (Zürich/Basel/Genf 2006)
- *Honsell H./Vogt N.P./Watter R. (Herausgeber),*
  Basler Kommentar zum Schweizerischen Privatrecht,
  Obligationenrecht II, Art. 530–1186 OR (Basel 2008)
- *Knecht M./Koch J.,* Handelsregisterliche Eintragungen,
  Ein Leitfaden zur AG, GmbH, Genossenschaft und Stiftung
  (Zürich/Basel/Genf 2008)
- *Küng M./Camp R.,* GmbH-Recht: Kommentar: Das revidierte
  Recht zur Gesellschaft mit beschränkter Haftung (Zürich 2006)
- *Küng M./Hauser I.,* GmbH. Gründung und Führung der
  Gesellschaft mit beschränkter Haftung (Basel 2005)
- *Meier-Hayoz A./Forstmoser P.,* Schweizerisches Gesellschaftsrecht
  mit neuem Recht der GmbH, der Revision und der kollektiven
  Kapitalanlagen (Bern 2007)
- *Mäusli-Allenspach P./Oertli M.,* Das schweizerische Steuerrecht,
  Ein Grundriss mit Beispielen (Bern 2008)
- *Nussbaum M./Sanwald R./Scheidegger M.,* Kurzkommentar zum
  neuen GmbH-Recht (Bern 2007)
- *Rebsamen K.,* Die neue GmbH im Handelsregister,
  Ein Leitfaden für die Praxis (Zürich/St. Gallen 2008)

9. Thema
Die Genossenschaft

> **Informationsziele**
>
> Dieses Thema informiert über
> - die wesentlichsten Charakteristiken der Genossenschaft im Vergleich zu Aktiengesellschaft und Verein
> - das Vorgehen für die Entstehung der Gesellschaft, insbesondere den Inhalt der Statuten
> - das grundlegende Prinzip der offenen Tür sowie die Vorschriften betreffend Erwerb und Verlust der Mitgliedschaft
> - die Stellung der Gesellschafter gegenüber dem Unternehmen, insbesondere der Grundsatz deren Rechtsgleichheit sowie die gesetzlichen und statutarischen Rechte und Pflichten der Genossenschafter
> - die gesetzlichen Besonderheiten bezüglich des Grundkapitals
> - die durch das Gesetz vorgeschriebene Organisation der Gesellschaft, namentlich die gesetzlichen Organe Generalversammlung, Verwaltung und Revisionsstelle
> - die Gründe und das Verfahren für die Auflösung und Liquidation der Gesellschaft

Wichtigste Gesetzesquellen
- Art. 828–926 OR
- Bundesgesetz über die Zulassung und Beaufsichtigung der Revisorinnen und Revisoren (Revisionsaufsichtsgesetz RAG; SR 221.302) und darauf beruhende Verordnung

1. Das Wesen der Genossenschaft

«¹ Die Genossenschaft ist eine als Körperschaft organisierte Verbindung einer nicht geschlossenen Zahl von Personen oder Handelsgesellschaften, die in der Hauptsache die Förderung oder Sicherung bestimmter wirtschaftlicher Interessen ihrer Mitglieder in gemeinsamer Selbsthilfe bezweckt.
² Genossenschaften mit einem zum Voraus festgesetzten Grundkapital sind unzulässig.»
Art. 828 OR: Genossenschaft des Obligationenrechts

Das gesetzliche Leitbild der Genossenschaft lässt sich insbesondere mit den Grundkonzeptionen von Aktiengesellschaft und Verein vergleichen. Mit diesen beiden juristischen Personen weist die Genossenschaft gemeinsame Merkmale auf; trotzdem unterscheiden sich die Grundideen und Strukturen dieser Rechtsformen ganz erheblich.

1.1 Abgrenzung zur Aktiengesellschaft

Die Genossenschaft ist wie die Aktiengesellschaft eine mit eigener Rechtspersönlichkeit ausgestattete körperschaftlich organisierte Verbindung einer Vielzahl von natürlichen und/oder juristischen Personen oder Handelsgesellschaften unter einer gemeinsamen Firma. Wesentliche Unterschiede lassen sich vor allem bezüglich folgender Aspekte erkennen:

Genossenschaft		Aktiengesellschaft
Personenbezogenheit – Im Zentrum steht die persönliche Mitwirkung der Gesellschafter (gemeinsame Selbsthilfe). – Es besteht eine grundsätzliche Gleichheit der Genossenschafter (Beispiel: Kopfstimmprinzip).	**Grundstruktur**	Kapitalbezogenheit – Massgebend ist die Kapitaleinlage; auf die Persönlichkeit des Aktionärs kommt es nicht an. – Die Rechte des Aktionärs richten sich nach der Höhe seiner Kapitalbeteiligung.

– Die Genossenschaft verschafft den Mitgliedern direkte wirtschaftliche Vorteile (Beispiel: günstiger Wohnraum). Indirekte materielle Leistungen, beispielsweise in Form von Dividende sind nicht vorgesehen.		– Das Hauptinteresse des Aktionärs richtet sich auf eine möglichst hohe Gewinnausschüttung und eine Wertsteigerung seiner Beteiligung.
In der Annahme, dass die Interessen der Mitglieder in gemeinsamer Selbsthilfe nur bei entsprechender Mitgliederzahl wirkungsvoll gefördert werden können, verlangt das Gesetz mindestens 7 Mitglieder.	**Mindestanzahl Mitglieder**	Das Gesetz enthält keine besonderen Vorschriften. Die Gründung einer AG durch eine einzige Person ist zulässig.
Es gilt das Prinzip der offenen Tür; Ein- und Austritte sind möglich und dürfen nicht übermässig erschwert werden.	**Mitgliederwechsel**	Ein Wechsel in der Mitgliedschaft ist nur durch Veräusserung des Aktienanteils auf eine andere Person möglich. Ein Austrittsrecht gegenüber der Gesellschaft besteht nicht.
– Die Genossenschaft kann ein Grundkapital aufweisen; ein zum Voraus bestimmtes, festes Kapital ist jedoch nicht zulässig (Prinzip der offenen Tür).	**Grundkapital**	– Die AG muss über ein zum Voraus bestimmtes, festes Grundkapital verfügen. – Das Gesetz schreibt einen Mindestbetrag sowie die Mindestliberierung vor.

- Gesetzlich besteht weder ein Minimalkapital noch eine bestimmte Liberierungsvorschrift. - Das Grundkapital kann in Teilsummen zerlegt sein; diese dürfen aber nicht als Wertpapiere ausgestaltet werden.		- Das Aktienkapital ist in den Statuten bestimmt und wird im Handelsregister eingetragen; es ist in Aktien eingeteilt, welche Wertpapiere darstellen.
- Grundsätzlich beschränkt sich die Haftung auf das Gesellschaftsvermögen. - Es besteht die Möglichkeit, in den Statuten eine persönliche (beschränkte oder unbeschränkte) Haftung der Genossenschafter vorzusehen.	Haftung	- Die Haftung beschränkt sich auf das Gesellschaftsvermögen. - Eine persönliche Haftung der Aktionäre ist auch durch Statutenbestimmung nicht zulässig.

1.2 Abgrenzung zum Verein

Mit dem Verein hat die Genossenschaft ihre ausgesprochen personalistische Struktur gemeinsam. Zu Recht werden diese beiden juristischen Personen als demokratischste Verbandsformen des schweizerischen Privatrechts bezeichnet. Die gesetzlichen Leitideen unterscheiden sich namentlich in einer ganz wesentlichen Beziehung: Während der Verein begriffsnotwendig eine ideale Zweckbestimmung aufweist (Art. 60 Abs. 1 ZGB), ist jene der Genossenschaft wirtschaftlicher Natur, nach dem Wortlaut von Art. 828 Abs. 1 OR jedenfalls wenigstens in der Hauptsache (vgl. dazu nachstehend Abschnitt 2.2.1).

1.3 Eignung als Rechtsform und Bedeutung

Die Anzahl der im Handelsregister eingetragenen Genossenschaften ist rückläufig und von 13 590 (im Jahr 2000) auf 11 306 (im Jahr 2008) zurückgegangen. Vor allem in der Landwirtschaft, im Lebensmittelhandel (Konsum- und Einkaufsgenossenschaften) sowie im Wohnungsbau, aber auch im Bankgewerbe (Raiffeisenbanken) und in der Versicherungsbranche (z.B. Krankenkasse) hat diese Rechtsform eine grosse wirtschaftliche Bedeutung.

Die Genossenschaft wird etwa auch als «Unternehmen, das einem Verein gehört» bezeichnet. Bei der Lösung ausgesprochen ökonomischer Aufgaben mag diese Rechtsform daher derjenigen einer Kapitalgesellschaft unterlegen sein. Dagegen zeigt sich die Genossenschaft dann als ideale Rechtsform, wenn es darum geht, unternehmerische Probleme durch Tragung von Mitverantwortung der einzelnen Mitglieder zu lösen.

Bei den meisten Genossenschaften handelt es sich um kleine überblickbare Personenverbindungen, deren Mitglieder sich tatsächlich aktiv und laufend an der gemeinsamen Selbsthilfe zur Verbesserung ihrer wirtschaftlichen Situation beteiligen. Hinlänglich bekannt ist, dass sich einzelne Genossenschaften im Laufe der Zeit zu Grossgenossenschaften mit ausserordentlicher Bedeutung entwickelt haben. Trotzdem entsprechen aber auch diese Genossenschaften durchaus dem gesetzlichen Genossenschaftsleitbild. Angesichts der Tatsache, dass für jede Genossenschaft die Pflicht zur Buchführung nach kaufmännischen Grundsätzen gilt und manche Gesetzesbestimmungen des Aktienrechts auch für Genossenschaften Geltung haben (beispielsweise die Vorschriften über die Revision), hat die Genossenschaftsform auch für Grossgesellschaften weiterhin Berechtigung. Besonders wichtig ist bei diesen Genossenschaften aber ein ausgewogenes Verhältnis zwischen Führung, Kontrolle und Wahrung der Mitgliederinteressen. Damit erhält die Idee von Corporate-Governance (zumindest bei Grossunternehmen) auch für die Rechtsform der Genossenschaft besondere Bedeutung.

1.4 Spezielle Regeln für bestimmte Arten von Genossenschaften

Das Gesetz enthält für einzelne Genossenschaftsarten besondere Vorschriften:

- Genossenschaftsverbände (dies sind Genossenschaften, die aus Genossenschaften bestehen) unterliegen Art. 921 ff. OR.
- Kreditgenossenschaften und konzessionierte Versicherungsgesellschaften haben Sonderregeln für bestimmte Sachverhalte zu beachten (Beispiele: Art. 861 Abs. 1 OR und Art. 877 Abs. 3 OR) oder es wird für sie das Aktienrecht als anwendbar erklärt (Beispiele: Art. 858 Abs. 2 OR und Art. 920 OR).
- Für Genossenschaften, an denen Körperschaften des öffentlichen Rechts (z.B. eine Gemeinde) beteiligt sind und die Aufgaben im Interesse des öffentlichen Gemeinwesens erbringen, stellt Art. 926 OR besondere Regeln auf.

2. Die Entstehung der Genossenschaft

2.1 Formelle Erfordernisse

> « Die Genossenschaft entsteht nach Aufstellung der Statuten und deren Genehmigung in der konstituierenden Versammlung durch Eintragung in das Handelsregister. »
> Art. 830 OR: Erfordernisse im Allgemeinen
>
> « ¹ Bei der Gründung einer Genossenschaft müssen mindestens sieben Mitglieder beteiligt sein.

² Sinkt in der Folge die Zahl der Genossenschafter unter diese Mindestzahl, so sind die Vorschriften des Aktienrechts über Mängel in der Organisation der Gesellschaft entsprechend anwendbar. »
Art. 831 OR: Zahl der Mitglieder

- Der Gesetzgeber hat es ausdrücklich abgelehnt, auch für die Genossenschaft die Einpersonen-Gesellschaft zuzulassen, dies mit der Begründung, der Zweck der gemeinsamen Selbsthilfe setze wesensnotwendig eine Mehrzahl von Personen voraus.

- Für die Mindestzahl der Gründerpersonen gelten **formale Kriterien.** Unerheblich ist also, ob die zukünftigen Genossenschafter auch tatsächliche persönliche Interessen wahrnehmen; die Mitwirkung von Strohpersonen (fiduziarisch tätige Personen) verstösst nicht gegen das Recht. Für den Fall, dass nach der Gründung die Zahl der Genossenschafter unter die Mindestzahl fällt, verweist das Genossenschaftsrecht auf die aktienrechtlichen Vorschriften über Mängel in der Organisation der Gesellschaft (Art. 831 Abs. 1 OR mit Verweis auf Art. 731 b OR).

- Mitglieder können natürliche und/oder juristische Personen, aber auch Handelsgesellschaften (Kollektivgesellschaft, Kommanditgesellschaft), nicht aber einfache Gesellschaften sein. Wie für die AG kommt es auf Nationalität und Wohnsitz der Genossenschafter nicht an.

- Das Entstehungsverfahren der Genossenschaft gleicht jenem der AG, ist jedoch einfacher. Es sind drei Schritte erforderlich: (1) Auf die Ausarbeitung der Statuten hat (2) die konstituierende Versammlung zu folgen; sodann ist (3) der Handelsregistereintrag notwendig.

2.2 Genossenschaftsstatuten

Die Statuten sind nicht nur rechtliche Entstehungsvoraussetzung, sondern bilden darüber hinaus das Grundgesetz der Gesellschaft.

Gleich wie bei der AG unterscheidet man zwischen dem absolut notwendigen und dem bedingt notwendigen Statuteninhalt (vgl. zu den Statuten allgemein sowie zum Statuteninhalt auch 7. Thema, Abschnitt 2.2).

Die Statuten sind **schriftlich** abzufassen (Art. 834 Abs. 1 OR); **eine öffentliche Beurkundung hat nicht stattzufinden.**

2.2.1 Absolut notwendiger Inhalt (Art. 832 OR)

Der zwingend vorgeschriebene Statuteninhalt bezieht sich auf:

- **Firma**
  Es gelten die allgemeinen Grundsätze der Firmenbildung sowie die gleichen Vorschriften wie für die AG; die Bezeichnung «Genossenschaft» ist in jedem Fall beizufügen (Art. 950 OR; vgl. auch 7. Thema, Abschnitt 2.2.2).

- **Sitz der Gesellschaft**
  Der Sitz (Name der politischen Gemeinde) kann innerhalb der Schweiz frei gewählt werden. Wenn die Genossenschaft an ihrem statutarischen Sitz kein Geschäftslokal hat, so muss in das Handelsregister ein Rechtsdomizil (c/o-Adresse) angegeben werden (Art. 117 Abs. 3 HRegV).

- **Genossenschaftszweck**
  Im Gegensatz zu Legaldefinitionen anderer Gesellschaften legt Art. 828 OR den Gesellschaftszweck (Förderung oder Sicherung bestimmter wirtschaftlicher Interessen der Mitglieder) sowie das Mittel zu dessen Erreichung (gemeinsame Selbsthilfe) ausdrücklich fest. Die Formulierung «in der Hauptsache» macht deutlich, dass auch eine andere als eine wirtschaftliche Zwecksetzung, also beispielsweise eine gemeinnützige, zulässig sein soll. Dies wird auch aus Art. 86 HRegV deutlich.

- Allfällige **Verpflichtung der Gesellschafter zu Geld- oder anderen Leistungen** sowie deren Art und Höhe
  Die Genossenschaft kann ihren Mitgliedern aufgrund von Art. 867 OR Leistungspflichten auferlegen (beispielsweise Beitragspflicht, Pflicht zur Benutzung genossenschaftlicher Einrichtungen). Art und Höhe solcher Leistungspflichten sind in den Statuten zu umschreiben. Aufgrund der in der Legaldefinition enthaltenen Anordnung, der Gesellschaftszweck sei in gemeinsamer Selbsthilfe zu erreichen, wird die Statuierung einer Pflicht zu Geld- oder anderen Leistungen für die Genossenschaft die Regel sein. Art. 832 Ziffer 3 OR spricht jedoch von einer «allfälligen» Verpflichtung zu solchen Leistungen. Daraus geht hervor, dass eine Genossenschaft auch ohne ausdrückliche statutarische Leistungsverpflichtung im Sinne dieser Vorschrift gegründet werden kann.

- **Organe für Verwaltung und Revision sowie Art der Ausübung der Vertretung:** Das Gesetz enthält in Art. 894 ff. OR bzw. Art. 906 und 907 OR je eine Regelung betreffend Verwaltung und Revision der Gesellschaft. Solange keine davon abweichende Ordnung geschaffen werden soll, kann in den Statuten auf die gesetzlichen Bestimmungen verwiesen werden. Andernfalls ist die Regelung der Verwaltung und Revision in die Statuten aufzunehmen.

- **Form der Bekanntmachungen**
  Die Statuten müssen festlegen, in welcher Form die Mitteilungen der Gesellschaft erfolgen. Bekanntmachungen, welche im Handelsregister eintragungspflichtige Tatsachen betreffen, müssen zwingend im Schweizerischen Handelsamtsblatt veröffentlicht werden (Art. 931 Abs. 2 OR).

2.2.2 Bedingt notwendiger Inhalt (Art. 833 OR)

Bedingt notwendig bedeutet, dass die Rechtswirksamkeit dieser Festlegungen von deren Verankerung in den Statuten abhängig ist. Zum bedingt notwendigen Statuteninhalt gehören Bestimmungen über

- die Schaffung eines Genossenschaftskapitals durch Anteilscheine
- Sacheinlagen (Gegenstand und Anrechnungsbetrag sowie Person des einlegenden Genossenschafters)
- Sachübernahmen samt der dafür zu leistenden Vergütung und der Person des Eigentümers der zu übernehmenden Vermögenswerte
- den Eintritt in die Genossenschaft und über den Verlust der Mitgliedschaft, soweit diese von der gesetzlichen Ordnung abweichen
- die persönliche Haftung und die Nachschusspflicht der Genossenschafter
- die Organisation, die Vertretung, die Abänderung der Statuten sowie über die Beschlussfassung der Generalversammlung, soweit diese von der gesetzlichen Ordnung abweichen
- Beschränkungen und Erweiterungen in der Ausübung des Stimmrechts
- die Berechnung und die Verwendung des Reinertrages und des Liquidationsüberschusses.

Wegen des Grundsatzes der Gleichbehandlung der Genossenschafter (Art. 854 OR) ist die **Einräumung von Gründervorteilen nicht zulässig.** Im Gegensatz zum Aktienrecht erwähnt daher das Genossenschaftsrecht die Gründervorteile im Rahmen des bedingt notwendigen Statuteninhalts nicht.

2.2.3 Insbesondere: Das Grundkapital der Genossenschaft

- Anordnungen über das Grundkapital der Genossenschaft (auch als Genossenschaftskapital oder Anteilscheinkapital bezeichnet) gehören nicht zum absolut zwingenden Statuteninhalt. **Dies bedeutet, dass die Genossenschaft kein Grundkapital haben muss.**

Bei entsprechender Statutenbestimmung ist die Schaffung eines in Teilsummen zerlegten Grundkapitals jedoch möglich. Dem Grundkapital kommt dann dieselbe Bedeutung zu wie in der AG (vgl. dazu 7. Thema, Abschnitt 3.1.3).

- Das Genossenschaftsrecht enthält (folgerichtig) keine Vorschriften über den Mindestbetrag des Grundkapitals, den Nennwert von Anteilscheinen sowie die Mindestliberierung.
- Für die Liberierung des Grundkapitals durch Sacheinlagen oder Sachübernahmen gelten besondere Verfahrensvorschriften; diese sind jedoch einfacher als jene des Aktienrechts für die entsprechenden Sachverhalte (vgl. sogleich Abschnitt 2.3).
- Art. 828 Abs. 2 OR verbietet die Festsetzung eines Kapitals in zum Voraus bestimmter Höhe. Begründung: Die Höhe des genossenschaftlichen Grundkapitals kann sich durch Eintritte und Austritte von Gesellschaftern laufend ändern.
- Die Kapitalherabsetzung durch Gesellschaftsbeschluss ist gemäss Art. 874 Abs. 2 OR nur unter Anwendung der entsprechenden aktienrechtlichen Vorschriften zulässig (vgl. dazu 7. Thema, Abschnitt 3.8).
- Die Anzeigepflichten bei Überschuldung und Kapitalverlust sind gleich geregelt wie bei der AG (Art. 903 OR; vgl. dazu 7. Thema, Abschnitt 3.5).

2.3 Konstituierende Versammlung

Die konstituierende Versammlung fasst den Gründungsbeschluss der Genossenschaft und hat nach Art. 834 OR folgende Aufgaben:

- Beratung und Genehmigung der Statuten
- Beratung des schriftlichen Berichts, den die Gründer bei der Gründung mittels Sacheinlagen und/oder Sachübernahmen vor-

zulegen haben. Eine Verpflichtung zur besonderen Gründungsprüfung, wie das Gesetz diese für die AG vorsieht (vgl. 7. Thema, Abschnitt 2.7.2), gibt es im Genossenschaftsrecht nicht.

- Bestellung der gesetzlichen sowie allenfalls statutarischen Organe

Für die Beschlussfassung der Gründungsversammlung gelten dieselben Regeln, welche für Beschlüsse der Generalversammlung der Genossenschaft vorgesehen sind (Art. 885 OR und Art. 888 OR; vgl. dazu nachstehend Abschnitt 5.2.4). Die öffentliche Beurkundung der Gründungsversammlung wie bei der AG verlangt das Gesetz für die Genossenschaft nicht.

2.4 Eintragung in das Handelsregister

Die Genossenschaft ist in das Handelsregister jenes Ortes einzutragen, an dem sie ihren Sitz hat (Art. 835 Abs. 1 OR). Die Anmeldung ist von zwei Mitgliedern der Verwaltung oder von einem Mitglied mit Einzelzeichnungsberechtigung vorzunehmen (Art. 15 Abs. 1 lit c HRegV), deren Unterschriften beglaubigt sein müssen. Die Gesellschaft erlangt das Recht der Persönlichkeit erst durch die Eintragung (**konstitutive Wirkung** des Eintrags; Art. 838 Abs. 1 OR).

Wer vor der Eintragung im Namen der Gesellschaft handelt, haftet für die Verpflichtungen persönlich und solidarisch. Gleich wie bei der AG (Art. 645 OR) tritt eine Befreiung dieser persönlichen Haftung ein, wenn die Verpflichtungen innerhalb einer Frist von drei Monaten nach der Eintragung in das Handelsregister von der Genossenschaft übernommen werden (Art. 838 Abs. 2 und 3 OR).

Eine Besonderheit ergibt sich für Genossenschaften, deren Statuten eine persönliche Haftung oder Nachschusspflicht vorsehen. Diese Gesellschaften müssen **dem Handelsregisteramt ein Verzeichnis der**

Genossenschafter einreichen. Dieses wird zwar nicht in das Handelsregister eingetragen, steht jedoch jedermann ohne Interessenachweis zur Einsicht offen (Art. 837 OR).

Praxistipps

- Mit der Anmeldung müssen die Gründer unterschriftlich erklären, dass keine Sacheinlagen und Sachübernahmen getätigt werden, mit Ausnahme derjenigen, die aus den Gründungsunterlagen hervorgehen (Stampa-Erklärung; vgl. dazu auch 7. Thema, Abschnitt 2.7.2).
- Wenn die Genossenschaft nicht über eigene Büros verfügt, ist eine schriftliche Erklärung des Domizilhalters einzureichen, dass er der Genossenschaft an der angegebenen Adresse Domizil gewährt.
- Für den Betrieb einer Bank, Sparkasse und für bestimmte Finanzgeschäfte bedarf es einer Bewilligung der Eidgenössischen Bankenkommission. Eine Genossenschaft mit einem bewilligungspflichtigen Zweck darf ohne Vorliegen dieser Bewilligung nicht in das Handelsregister eingetragen werden.

3. Die Mitgliedschaft bei der Genossenschaft

3.1 Erwerb der Mitgliedschaft

3.1.1 Prinzip der offenen Tür

«[1] In eine Genossenschaft können jederzeit neue Mitglieder aufgenommen werden.
[2] Die Statuten können unter Wahrung des Grundsatzes der nicht geschlossenen Mitgliederzahl die nähern Bestimmungen über den Eintritt treffen; sie dürfen jedoch den Eintritt nicht übermässig erschweren.»
Art. 839 OR: Grundsatz

Art. 839 OR wiederholt den bereits in der Legaldefinition enthaltenen genossenschaftlichen Grundsatz der nicht geschlossenen Zahl von Mitgliederpersonen (Prinzip der offenen Tür). Die Statuten können besondere Beitrittsvoraussetzungen enthalten, als solche kommen sachliche oder persönliche infrage wie beispielsweise Beruf, Wohnsitz, Mieter einer Genossenschaftswohnung, Eigentümer eines Grundstücks (ausdrücklich erwähnt in Art. 850 Abs. 1 OR), Leistung finanzieller Eintrittsbeiträge usw. Eine Aufnahmeverpflichtung besteht ausnahmsweise aufgrund einzelner gesetzlicher Anordnungen (so beispielsweise gemäss dem Kartellgesetz sowie gemäss dem Krankenversicherungsgesetz, das die Versicherer verpflichtet, in ihrem örtlichen Tätigkeitsbereich jede versicherungspflichtige Person aufzunehmen). Abgesehen von solchen Ausnahmen besteht für die Genossenschaft keine gesetzliche Pflicht, Mitglieder aufzunehmen; doch darf der Eintritt durch die Statuten nicht übermässig erschwert oder gar verunmöglicht werden.

3.1.2 Formelle Erfordernisse des Mitgliedschaftserwerbs

§

« [1] Zum Beitritt bedarf es einer schriftlichen Erklärung.
[2] ... »
Art. 840 Abs. 1: Beitrittserklärung

« ...
[4] Bis zur Eintragung der Genossenschaft in das Handelsregister kann die Mitgliedschaft nur durch Unterzeichnung der Statuten begründet werden. »
Art. 834 Abs. 4 OR: Konstituierende Versammlung

- Im Rahmen der Gesellschaftsgründung ist zur Erlangung der Mitgliedschaft die **Unterzeichnung der Statuten** erforderlich. Es wird also nicht automatisch jede Person Genossenschafter, die an der konstituierenden Versammlung teilnimmt.

- Für den späteren Eintritt ist eine **schriftliche Beitrittserklärung** notwendig. Sehen die Genossenschaftsstatuten eine persönliche

Haftung oder eine Nachschusspflicht der Genossenschafter vor, so muss die Beitrittserklärung diese Verpflichtung ausdrücklich enthalten (Art. 840 Abs. 2 OR). Je nach den statutarischen Anordnungen wird der Eintritt durch Abgabe der Beitrittserklärung vollzogen; oder es stellt die Beitrittserklärung einen Antrag an die Genossenschaft dar, der durch den Aufnahmeentscheid des dafür zuständigen Organs (Verwaltung oder Generalversammlung) angenommen wird (Art. 840 Abs. 3 OR).

- Vom Erfordernis einer schriftlichen Beitrittserklärung enthält das Gesetz die folgenden Ausnahmen:
    - Verbindung der Mitgliedschaft mit einem Versicherungsvertrag (Art. 841 OR)
    - Übergang der Mitgliedschaft eines verstorbenen Genossenschafters auf seine Erben aufgrund entsprechender statutarischer Anordnung (Art. 847 Abs. 2 OR)
    - Übergang der mit einem Vertrag verknüpften Mitgliedschaft an den Rechtsnachfolger bei Übertragung des Vertrages aufgrund entsprechender statutarischer Anordnung (Art. 849 Abs. 3 OR)
    - Übergang der mit dem Eigentum an einem Grundstück verbundenen Mitgliedschaft an den Rechtsnachfolger bei Veräusserung des Grundstückes aufgrund entsprechender statutarischer Anordnung (Art. 850 Abs. 2 OR)
    - Abwicklung einer Umstrukturierung nach den Bestimmungen des Fusionsgesetzes

3.1.3 Verbriefung der Mitgliedschaft

«[1] Die Statuten können vorschreiben, dass für den Ausweis der Mitgliedschaft eine Urkunde ausgestellt wird.
[2] Dieser Ausweis kann auch im Anteilschein enthalten sein.»
Art. 852 OR: Ausweis der Mitgliedschaft

« ¹ Bestehen bei einer Genossenschaft Anteilscheine, so hat jeder der Genossenschaft Beitretende mindestens einen Anteilschein zu übernehmen.
² Die Statuten können bestimmen, dass bis zu einer bestimmten Höchstzahl mehrere Anteilscheine erworben werden dürfen.
³ Die Anteilscheine werden auf den Namen des Mitgliedes ausgestellt. Sie können aber nicht als Wertpapiere, sondern nur als Beweisurkunden errichtet werden. »
Art. 853 OR: Genossenschaftsanteile

Das Gesetz sieht die Verbriefung der Mitgliedschaft bei einer Genossenschaft nicht zwingend vor, ermöglicht diese aber durch entsprechende Statutenbestimmung. Aufgrund der Personenbezogenheit der Genossenschaft soll die Übertragung der Mitgliedschaft von einer Person auf die andere nicht möglich sein. Daher verbietet Art. 853 Abs. 3 OR die Verbriefung der Mitgliederrechte in Form von Wertpapieren.

3.2 Beendigung der Mitgliedschaft

3.2.1 Austritt

Gegenstück zum Eintrittsrecht bildet die **Freiheit des Genossenschafters zum Austritt** (Art. 842 Abs. 1 OR). Wie der Eintritt darf auch der Austritt aus der Gesellschaft nicht übermässig erschwert oder verunmöglicht werden (Art. 842 Abs. 3 OR). Nach Gesetz kann jeder Gesellschafter auf Ende des Geschäftsjahres und unter Einhaltung einer einjährigen Kündigungsfrist seinen Austritt erklären, wenn die Statuten keine kürzere Frist oder keinen anderen Austrittszeitpunkt festlegen (Art. 844 OR). Beim Austrittsrecht handelt es sich um ein unentziehbares Gesellschafterrecht, das durch statutarische oder vertragliche Anordnung auf höchstens fünf Jahre ausgeschlossen werden kann (Art. 843 Abs. 1 OR). Aus wichtigen Gründen kann der Austritt aber jederzeit und ohne Einhaltung einer Frist – also auch während einer fünfjährigen Sperrfrist – erklärt werden (Art. 843 Abs. 2 OR).

Bei Übertragung oder Vererbung der Mitgliedschaft (nach Art. 847 Abs. 2 OR, Art. 849 Abs. 3 OR und Art. 850 Abs. 2 OR; vgl. dazu auch Abschnitt 3.2.2) gelten für den Rechtsnachfolger die gleichen Austrittsbedingungen wie für das frühere Mitglied (Art. 851 OR).

Wenn der Genossenschaft durch den Austritt ein erheblicher Schaden erwächst oder deren Fortbestand gefährdet ist, kann mit statutarischer Grundlage dem Austretenden die Bezahlung einer Auslösungssumme auferlegt werden (Art. 842 Abs. 2 OR).

3.2.2 Ausschluss

Aufgrund der personenbezogenen Grundkonzeption des Genossenschaftsrechts ist auch der Mitgliederausschluss vorgesehen.

- Nach Gesetz kann ein Genossenschafter **jederzeit, jedoch nur aus wichtigen Gründen ausgeschlossen** werden (Art. 846 Abs. 2 OR). Als wichtige Gründe gelten solche, aus denen das weitere Zusammenwirken mit dem betreffenden Genossenschafter nicht mehr zumutbar ist.

- Daneben können die Statuten weitere Ausschlussgründe aufführen (Art. 846 Abs. 1 OR). Nach herrschender Lehre darf es sich dabei aber nur um sachliche Gründe handeln, um die Gefährdung des Genossenschaftszwecks zu verhindern.

- Übertragen die Statuten die Kompetenz zur Fassung eines Austrittsentscheids nicht an die Verwaltung, so ist dafür die Generalversammlung zuständig (Art. 846 Abs. 3 OR). Vom ausgeschlossenen Gesellschafter kann – gleich wie vom austretenden Genossenschafter – die Bezahlung einer Auslösungssumme verlangt werden (Art. 846 Abs. 4 mit Verweis auf Art. 842 Abs. 2 OR).

3.2.3 Automatischer Mitgliedschaftsverlust

Das Obligationenrecht erklärt folgende Tatbestände als massgebend für den automatischen, also ohne Austrittserklärung oder Ausschluss erfolgenden Verlust der Mitgliedschaft:

- Tod des Genossenschafters (Art. 847 Abs. 1 OR) bzw. Auflösung, wenn der Genossenschafter eine juristischen Person ist
- Wegfall einer Beamtung oder Anstellung oder eines Vertrags, wenn diese mit der Zugehörigkeit zur Genossenschaft verbunden sind (Art. 848 OR)
- Übertragung von Grundstücken oder wirtschaftlichen Betrieben, mit denen die Zugehörigkeit zur Genossenschaft verbunden ist (Art. 850 OR)

3.3 Anmeldung der Mitgliedschaft beim Handelsregister

Sind die Genossenschafter für die Gesellschaftsschulden unbeschränkt oder beschränkt haftbar oder sind sie zur Leistung von Nachschüssen verpflichtet, so hat die Verwaltung jeden Eintritt und Austritt eines Genossenschafters innerhalb von drei Monaten beim Handelsregisteramt anzumelden (Art. 877 Abs. 1 OR). Es erfolgt zwar keine Eintragung in das Handelsregister; die Mitteilungen und das Verzeichnis stehen jedoch jedermann ohne Interessenachweis zur Einsichtnahme offen (vgl. dazu auch Abschnitt 2.4).

Praxistipp
Die Verwaltung muss mit der Mitteilung über den Eintritt oder den Austritt von Genossenschaftern ein von einem Mitglied der Verwaltung unterzeichnetes, aktualisiertes, vollständiges Verzeichnis aller Genossenschafter einreichen. Die Handelsregisterämter (sie stellen auf ihren Websites Formulare zur Verfügung) bevorzugen die Einrichtung in elektronischer Form. Da es sich um eine Liste handelt,

die nicht angepasst werden darf, muss diese als PDF-Format mit digitaler Signatur (qualifizierte elektronische Signatur; vgl. dazu 4. Thema, Abschnitt 2.3.1 a) übermittelt werden.

4. Die Rechtsstellung der Genossenschafter

4.1 Grundsatz der Rechtsgleichheit

> « Die Genossenschafter stehen in gleichen Rechten und Pflichten, soweit sich aus dem Gesetz nicht eine Ausnahme ergibt. »
> Art. 854 OR: Rechtsgleichheit

Ausfluss der demokratisch-personalistischen Grundstruktur ist der **Grundsatz der gleichen Rechte und Pflichten aller Genossenschafter.** Darin unterscheidet sich die Genossenschaft von den kapitalgesellschaftlich strukturierten Rechtsformen. Gemäss dem Wortlaut von Art. 854 OR (« soweit sich aus dem Gesetz nicht eine Ausnahme ergibt ») handelt es sich beim Gleichheitsgrundsatz um zwingendes Recht. Dies bedeutet, dass es beispielsweise auch statutarisch keine verschiedenen Kategorien von Gesellschaftern mit unterschiedlicher Rechtsstellung geben kann.

Die einzigen Ausnahmen von der Rechtsgleichheit sind jene, die das Gesetz zulässt. Tatsächlich gibt das OR in einzelnen Bestimmungen die Möglichkeit, durch statutarische Anordnung vom Prinzip der absoluten Gleichheit abzurücken, so in Art. 859 OR (Verteilung des Reinertrags an die Genossenschafter), Art. 864 OR (Festlegung des Abfindungsanspruchs bei Ausscheiden des Genossenschafters), Art. 870 OR (beschränkte Haftung bei Genossenschaftsanteilen) und in Art. 871 OR (Nachschusspflicht).

Der Gleichheitsgrundsatz verlangt **nicht absolute Gleichheit** (Kopfprinzip), vielmehr genügt eine **relative Gleichheit** der Mitglieder. Damit dürfen tatsächliche Verschiedenheiten durchaus berücksichtigt werden, sofern dies aufgrund des Genossenschaftszwecks als angemessen erscheint. So ist es zum Beispiel zulässig, für Mitgliederrechte auf die Benutzung der genossenschaftlichen Einrichtungen durch die einzelnen Gesellschafter oder bei Genossenschaften, die viel Kapital benötigen, auf das Mass der Kapitalbeteiligung der Gesellschafter abzustellen.

4.2 Die Rechte des Genossenschafters

4.2.1 Benützung der genossenschaftlichen Einrichtungen

Das wesentlichste Recht des Genossenschafters bezieht sich auf die Möglichkeit, die Einrichtungen der Gesellschaft zu benützen, beispielsweise Waren zu günstigen Bedingungen zu beziehen (Einkaufsgenossenschaft), eine preisgünstige Wohnung zu mieten (Wohnbaugenossenschaft) oder die gemeinsame Infrastruktur in Anspruch zu nehmen (landwirtschaftliche Genossenschaft).

Das Benützungsrecht geht zwar aus dem Gesetzestext nicht explizit hervor. Dieses Recht ergibt sich jedoch einerseits aus der grundlegenden Vorschrift von Art. 828 Abs. 1 OR, wonach die Genossenschaft bestimmte wirtschaftliche Interessen der Mitglieder fördert oder sichert und diesen Zweck durch gemeinsame Selbsthilfe erreicht. Anderseits enthält Art. 855 OR eine indirekte Erwähnung des Benützungsrechts, wenn von Rechten die Rede ist, «die den Genossenschaftern in den Angelegenheiten der Genossenschaft, insbesondere in Bezug auf die Führung der genossenschaftlichen Geschäfte und die Förderung der Genossenschaft zustehen».

4.2.2 Teilnahme an der Generalversammlung und Stimmrecht

Die direkten Mitwirkungsrechte übt der Genossenschafter durch die Teilnahme an der Generalversammlung oder in den vom Gesetz vorgesehenen Fällen durch schriftliche Stimmabgabe (Urabstimmung) aus (Art. 855 OR). Art. 885 OR legt zwingend fest, dass jeder Genossenschafter über eine Stimme verfügt (vgl. dazu nachstehend Abschnitt 5.2.3).

4.2.3 Kontrollrechte

Die Kontrollrechte des Genossenschafters können durch die Statuten oder durch Beschluss eines Genossenschaftsorgans über die gesetzlichen Anordnungen hinaus ausgedehnt, dürfen jedoch weder aufgehoben noch beschränkt werden.

a) **Bekanntgabe der Bilanz**

Die Betriebsrechnung, die Bilanz und der Revisionsbericht sind spätestens zehn Tage vor der darüber entscheidenden Generalversammlung oder der Urabstimmung am Sitz der Gesellschaft zur Einsicht der Genossenschafter aufzulegen. Die Statuten können zudem bestimmen, dass jeder Genossenschafter auf Kosten der Gesellschaft eine Abschrift verlangen kann (Art. 856 OR).

b) **Auskunfterteilung**

Jeder Genossenschafter hat das Recht, die Revisionsstelle auf zweifelhafte Ansätze aufmerksam zu machen und die erforderlichen Aufschlüsse zu verlangen (Art. 875 Abs. 1 OR). Eine direkte Einsichtnahme in die Geschäftsbücher und Korrespondenz ist nur mit ausdrücklicher Ermächtigung der Generalversammlung oder durch Beschluss der Verwaltung sowie unter Wahrung des Geschäftsgeheimnisses gestattet. Gemäss Art. 857 Abs. 3 OR kann der Richter verfügen, dass die Gesellschaft dem Genossenschafter über bestimmte, für die Ausübung des Kontrollrechts erhebliche Tatsachen durch beglaubigte Abschrift aus ihren Geschäftsbüchern oder Korrespondenzen Auskunft zu erteilen hat.

4.2.4 Recht auf den Reinertrag

«¹ Die Berechnung des Reinertrages erfolgt aufgrund der Jahresbilanz, die nach den Vorschriften über die kaufmännische Buchführung zu erstellen ist.
² Kreditgenossenschaften und konzessionierte Versicherungsgenossenschaften stehen unter den für die Aktiengesellschaft geltenden Bilanzvorschriften.»
Art. 858 OR: Feststellung des Reinertrages

«¹ Ein Reinertrag aus dem Betriebe einer Genossenschaft fällt, wenn die Statuten es nicht anders bestimmen, in seinem ganzen Umfange in das Genossenschaftsvermögen.
² Ist eine Verteilung des Reinertrages unter die Genossenschafter vorgesehen, so erfolgt sie, soweit die Statuten es nicht anders bestimmen, nach dem Masse der Benützung der genossenschaftlichen Einrichtungen durch die einzelnen Mitglieder.
³ Bestehen Anteilscheine, so darf die auf sie entfallende Quote des Reinertrages den landesüblichen Zinsfuss für langfristige Darlehen ohne besondere Sicherheiten nicht übersteigen.»
Art. 859 OR: Verteilungsgrundsätze

a) Rechnungslegung der Genossenschaft

Die Rechnungslegung der Genossenschaften hat grundsätzlich nach den Bestimmungen über die kaufmännische Buchführung zu erfolgen; gemeint sind damit die in Art. 957 ff. OR enthaltenen **allgemeinen Vorschriften über die Buchführung** (vgl. dazu 2. Thema, Abschnitt 4). Lediglich Kreditgenossenschaften und konzessionierte Versicherungsgesellschaften haben sich an die strengeren aktienrechtlichen Rechnungslegungsvorschriften zu halten.

Die Anwendung der allgemeinen Buchführungsvorschriften bedeutet für die Genossenschaft beispielsweise, dass die Jahresrechnung lediglich aus der Bilanz und der Erfolgsrechnung besteht, also weder ein Anhang noch ein Jahresbericht zu erstellen ist.

b) Berechnung und Verteilung des Reinertrags

Der Reinertrag unterscheidet sich in zweifacher Hinsicht ganz entscheidend vom Gewinn einer Kapitalgesellschaft:

- **bezüglich dessen Höhe**
  Die Kapitalgesellschaft soll einen möglichst grossen Gewinn erzielen. In der Genossenschaft ist es anders: Die Gesellschafter erwarten laufende Leistungen der Genossenschaft an sie und nicht die Erwirtschaftung eines möglichst hohen Gewinns. Je höher die an die Genossenschafter während des Geschäftsjahres erbrachten Leistungen sind, desto geringer fällt der Reinertrag aus. Wenn also überhaupt ein Reinertrag übrig bleibt, so ist dieser kleiner als dies bei einer Kapitalgesellschaft der Fall wäre.

- **bezüglich dessen Verteilung**
  Während die Kapitalgesellschaft das Ziel der Ausrichtung einer möglichst hohen Dividende an die Gesellschafter hat, fällt nach Art. 859 OR ein Reinertrag der Genossenschaft in seinem ganzen Umfang in das Genossenschaftsvermögen, falls die Statuten es nicht anders bestimmen. Wenn eine Verteilung vorgesehen ist, so erfolgt sie – wiederum ohne anderslautende Statutenvorschrift – nach dem Masse der Benützung der genossenschaftlichen Einrichtungen durch die einzelnen Mitglieder. Und wenn Anteilscheine bestehen, so ist die Dividendenhöhe beschränkt, denn die Dividende darf den landesüblichen Zinssatz für langfristige Darlehen ohne besondere Sicherheiten nicht übersteigen.

c) Reservenbildung

Da Genossenschaften in der Regel nicht den Vorschriften über die aktienrechtliche Rechnungslegung unterliegen und das Gesetz davon ausgeht, dass der Reinertrag im Unternehmen belassen wird, gelten für sie auch die diesbezüglichen Vorschriften über die Reservenbildung nicht. Das Genossenschaftsrecht enthält aber einzelne spezielle Bestimmungen über Reserven:

- **Gesetzliche Reserven** (Art. 860 Abs. 1 OR): Wenn der Reinertrag nicht in das Genossenschaftsvermögen fällt, sondern anders verwendet (also zum Beispiel ausgeschüttet) wird, so sind gesetzliche Reserven zu bilden. Es gelten dann ähnliche Regeln wie für die Aktiengesellschaft (vgl. 7. Thema, Abschnitte 3.4 und 4.4.2).

- **Statutarische Reserven** (Art. 860 Abs. 2 und Art. 862 OR): Die Statuten können sowohl eine über das im Gesetz verlangte Minimum hinausgehende Bildung gesetzlicher Reserven als auch die Schaffung von Reserven für Wohlfahrtseinrichtungen für Arbeitnehmende der Gesellschaft vorsehen.

- **Weitere Reserven** (Art. 863 Abs. 2 OR): Auch die Bildung anderer offener sowie stiller Reserven ist zulässig. Mit Rücksicht auf das dauernde Gedeihen des Unternehmens kann die Generalversammlung auch Reserveanlagen beschliessen, die im Gesetz oder in den Statuten nicht vorgesehen sind oder über deren Anforderungen hinausgehen.

Praxistipps
- Alle Dividenden und geldwerten Leistungen von Genossenschaften sind von den Gesellschaftern als Privatpersonen als Einkommen zu versteuern, soweit sie keine Rückzahlung bestehender Kapitalanteile darstellen. Die Dividenden und geldwerten Leistungen unterliegen auch der Verrechnungssteuer.

- Während des Geschäftsjahres an die Genossenschafter erbrachte Leistungen gelten für die Gesellschaft in der Regel nicht als geschäftsmässig begründeter Aufwand. Daher werden diese steuerlich aufgerechnet.

4.2.5 Recht auf Austritt

Der Genossenschafter hat in aller Regel kein Recht, seine Mitgliedschaft auf eine andere Person zu übertragen. Diese Möglichkeit wird auch dadurch behindert, dass allfällige Anteilscheine nicht als Wertpapiere ausgestaltet sein dürfen. Quasi zur Kompensation steht dem Gesellschafter dafür ein Austrittsrecht zu (vgl. dazu Abschnitt 3.2.1).

4.2.6 Klagerechte

Die Klagerechte beziehen sich entsprechend dem Aktienrecht (vgl. 7. Thema, Abschnitt 5.4.4) auf die Anfechtung von Beschlüssen der Generalversammlung (Art. 891 OR) sowie das Anheben der Verantwortlichkeitsklage gegen die mit der Verwaltung, Geschäftsführung, Revision oder Liquidation befassten Personen (Art. 916 ff. OR).

Die Auflösungsklage aus wichtigen Gründen stellt das Genossenschaftsrecht hingegen nicht zur Verfügung; an deren Stelle verfügen die Genossenschafter jedoch über das Austrittsrecht.

4.2.7 Statutarische Rechte

Die Gesellschaftsstatuten können den Genossenschaftern weitere mit dem Gesellschaftszweck zusammenhängende Rechte einräumen. Namentlich erwähnt das Gesetz

- das **Recht auf Abfindung bei Austritt oder Ausschluss**
  Nach Art. 864 OR können die Statuten bestimmen, ob und wel-

che Ansprüche an das Genossenschaftsvermögen einem ausscheidenden Gesellschafter oder dessen Erben zustehen. Ohne eine solche Bestimmung stehen dem ausscheidenden Gesellschafter bzw. seinen Erben keine Abfindungsansprüche zu (Art. 865 OR).

- das **Recht auf Anteil am Liquidationsergebnis**
Die Statuten können vorsehen, dass und wie ein allfälliges Liquidationsergebnis an die Genossenschafter verteilt wird. Enthalten die Statuten darüber keine Bestimmung, so darf der Liquidationsüberschuss nicht an die Gesellschafter verteilt, sondern muss zu genossenschaftlichen Zwecken oder zur Förderung gemeinnütziger Bestrebungen verwendet werden (Art. 913 Abs. 3 und 4 OR).

4.3 Die Pflichten des Genossenschafters

4.3.1 Treuepflicht als gesetzliche Pflicht

§ «Die Genossenschafter sind verpflichtet, die Interessen der Genossenschaft in guten Treuen zu wahren.»
Art. 866 OR: Treuepflicht

Das OR überbindet dem Genossenschafter einzig eine nicht vermögensmässige Pflicht, nämlich die Treuepflicht (während das Aktienrecht für Aktionäre als einzige Pflicht die vermögensmässige Liberierungspflicht enthält). Die Treuepflicht ist die logische Konsequenz aus der Grundstruktur der Genossenschaft, welche ein persönliches Zusammenwirken der Mitglieder durch gemeinsame Selbsthilfe verlangt. **Der Inhalt der Treuepflicht richtet sich jeweils nach Art und Zweck der Genossenschaft.** Er beurteilt sich damit nicht für alle Genossenschaften gleich: Bei kleinen Gesellschaften mit einer persönlichen Bindung der Genossenschafter ist die Treuepflicht von ungleich grösserer Bedeutung als bei Grossgenossenschaften (wie beispielsweise Coop und Migros).

4.3.2 Beitrags- und Leistungspflicht als statutarische Pflicht

Das Gesetz gibt der Genossenschaft verschiedene Möglichkeiten zur Bestimmung von Geldleistungen. Es gilt dafür der Grundsatz von Art. 867 OR, wonach die Statuten die Beitrags- und Leistungspflichten der Genossenschafter regeln müssen:

- Da die Genossenschaft nicht zwingend über ein Grundkapital verfügen muss, können die Statuten die Leistung von Mitgliederbeiträgen (beispielsweise in Form von Jahresbeiträgen) vorsehen.
- Die Statuten können die Pflicht zur Leistung eines Eintrittsbetrags festschreiben (Art. 839 Abs. 2 OR).
- Bestehen Anteilscheine, so hat nach Art. 853 OR jeder Gesellschafter mindestens einen Anteilschein zu übernehmen und den Betrag dafür zu leisten.
- Art. 842 Abs. 2 OR ermöglicht eine Statutenbestimmung, wonach ein austretender Gesellschafter zur Leistung einer angemessenen Auslösungssumme verpflichtet werden kann.

4.3.3 Persönliche Haftung als statutarische Pflicht

> «Für die Verbindlichkeiten der Genossenschaft haftet das Genossenschaftsvermögen. Es haftet ausschliesslich, sofern die Statuten nichts anderes bestimmen.»
> Art. 868 OR: Haftung der Genossenschaft

Die dispositive Vorschrift von Art. 868 OR stellt eine **Vermutung zugunsten der beschränkten Haftung der Genossenschaft** auf. Das Gesetz erklärt das Genossenschaftsvermögen als Haftungssubs-trat. Dieses ist vom Genossenschaftskapital zu unterscheiden, falls ein solches überhaupt besteht (vgl. 7. Thema zum Unterschied zwischen Gesellschaftsvermögen und Gesellschaftskapital, Abschnitt 3.1.3).

a) Ausgestaltung der persönlichen Haftung des Genossenschafters

Die Haftung des Genossenschafters setzt eine entsprechende Statutenbestimmung voraus und kann verschieden ausgestaltet sein. Aufgrund der Gesetzessystematik (Überschrift «Haftung» vor Art. 868 OR sowie Einordnung der Art. 869 bis 871 OR) kann es sich um eine **unbeschränkte Haftung** oder eine **beschränkte Haftung** oder aber auch um eine **Nachschusspflicht** handeln. Zu beachten sind folgende generelle gesetzliche Anordnungen:

- Statutarische Anordnungen sind dann ungültig, wenn diese die Haftung oder die Nachschusspflicht auf bestimmte Zeit oder auf besondere Verbindlichkeiten oder auf einzelne Gruppen von Mitgliedern beschränken (Art. 872 OR).

- Die Herabsetzung bisheriger statutarischer Haftungs- oder Nachschussverpflichtungen der Genossenschafter kann nur auf dem Wege der Statutenrevision vorgenommen werden. Dazu bedarf es einer Mehrheit von zwei Dritteln der an der Generalversammlung oder im Rahmen der Urabstimmung abgegebenen Stimmen (Art. 874 Abs. 1 OR sowie Art. 888 Abs. 2 OR).

- Beschlüsse über die Einführung oder die Vermehrung der persönlichen Haftung oder der Nachschusspflicht der Genossenschafter bedürfen der Zustimmung von drei Vierteln sämtlicher Genossenschafter. Solche Beschlüsse sind überdies nicht verbindlich für Genossenschafter, die nicht zugestimmt haben, wenn diese binnen drei Monaten seit der Veröffentlichung des Beschlusses den Austritt erklären (Art. 889 Abs. 1 und 2 OR).

- **Unbeschränkte Haftung**

§ «[1] Die Statuten können (...) die Bestimmung aufstellen, dass nach dem Genossenschaftsvermögen die Genossenschafter persönlich unbeschränkt haften.
[2] In diesem Falle haften, soweit die Gläubiger im Genossenschaftskonkurs zu Verlust kommen, die Genossenschafter für alle Verbindlichkeiten der Genossenschaft solidarisch mit ihrem ganzen Vermögen. (...)»
Art. 869 OR: Unbeschränkte Haftung der Genossenschafter

Unbeschränkte Haftung bedeutet für die Genossenschafter, dass sie für die Verbindlichkeiten der Gesellschaft mit ihrem gesamten Vermögen einzustehen haben. Zwischen den Genossenschaftern besteht **Solidarität**, falls die Statuten dies nicht anders regeln.

Bei der persönlichen Haftung der Genossenschafter steht die Gläubigersicherung im Vordergrund. Voraussetzung für die Haftung ist daher, dass die Gläubiger im Konkurs der Genossenschaft zu Verlust gekommen sind; ist diese Voraussetzung erfüllt, können die Gläubiger direkt auf die Genossenschafter greifen.

- **Beschränkte Haftung**

«[1] Die Statuten können (…) die Bestimmung aufstellen, dass die Genossenschafter über die Mitgliederbeiträge und Genossenschaftsanteile hinaus für die Verbindlichkeiten der Genossenschaft nach dem Genossenschaftsvermögen persönlich, jedoch nur bis zu einem bestimmten Betrage haften.
[2] Wenn Genossenschaftsanteile bestehen, ist der Haftungsbetrag für die einzelnen Genossenschafter nach dem Betrag ihrer Genossenschaftsanteile zu bestimmen.
[3] …»
Art. 870 Abs. 1 und 2 OR: Beschränkte Haftung der Genossenschafter

Art. 870 OR ermöglicht eine statutarische Bestimmung, wonach die Genossenschafter für die Genossenschaftsverbindlichkeiten einer ziffernmässig beschränkten persönlichen Haftung unterliegen. Hat die Genossenschaft kein Grundkapital, so ist in den Statuten ein bestimmter Betrag als Haftungssumme festzuschreiben. Dieser kann entweder individuell (Beispiel: 10'000 Franken pro Genossenschafter) oder kollektiv (Beispiel: Gesamtbetrag 100 000 Franken für alle Genossenschafter) bestimmt sein. Wenn Genossenschaftsanteile bestehen, richtet sich der Haftungsbetrag des einzelnen Genossenschafters gemäss zwingender Anordnung in Art. 870 Abs. 2 OR nach dem Betrag seiner Genossenschaftsanteile.

- **Nachschusspflicht**

§ «¹Die Statuten können die Genossenschafter anstelle oder neben der Haftung zur Leistung von Nachschüssen verpflichten, die jedoch nur zur Deckung von Bilanzverlusten dienen dürfen.
²Die Nachschusspflicht kann unbeschränkt sein, sie kann aber auch auf bestimmte Beträge oder im Verhältnis zu den Mitgliederbeiträgen oder den Genossenschaftsanteilen beschränkt werden.
³Enthalten die Statuten keine Bestimmungen über die Verteilung der Nachschüsse auf die einzelnen Genossenschafter, so richtet sich diese nach dem Betrag der Genossenschaftsanteile oder, wenn solche nicht bestehen, nach Köpfen.
⁴...»
Art. 871 Abs. 1 bis 3 OR: Nachschusspflicht

Neben oder anstelle einer persönlichen Haftung kann die Genossenschaft in ihren Statuten auch eine Nachschusspflicht für ihre Mitglieder vorsehen. Im Gegensatz zur persönlichen Haftung, bei der die Gläubiger direkt auf die Genossenschafterpersonen greifen können, handelt es sich bei der statutarischen Nachschusspflicht um eine **Verpflichtung des Gesellschafters der Genossenschaft gegenüber**. Zweck der Nachschüsse ist nicht in erster Linie der (externe) Gläubigerschutz, sondern insbesondere der (interne) Schutz der Genossenschaft im Falle von Bilanzverlusten.

Nach dem Wortlaut von Art. 871 OR kommt eine Nachschusspflicht in unbeschränktem oder in beschränktem Umfang infrage; die Statuten haben eine ausdrückliche Anordnung darüber zu enthalten. Eine beschränkte Nachschusspflicht kann auf einen bestimmten Betrag festgesetzt sein oder sich auf das Verhältnis zu den Mitgliederbeiträgen oder den Genossenschaftsanteilen beziehen.

b) Beginn und Ende der persönlichen Haftung

- Die persönliche Haftung setzt die rechtsgültige Mitgliedschaft des Genossenschafters in der Gesellschaft voraus.

- Wer in eine Genossenschaft mit persönlicher Haftung oder mit Nachschusspflicht eintritt, haftet gleich wie die anderen Genossenschafter auch für die vor seinem Eintritt entstandenen Verbindlichkeiten der Gesellschaft. Eine anderslautende Statutenbestimmung oder Vereinbarung unter den Genossenschaftern hat Dritten gegenüber keine Wirkung (Art. 875 OR). Damit haben also beispielsweise Bestimmungen oder Vereinbarungen, wonach im Konkursfall dem später eingetretenen Genossenschafter gegenüber den früheren Genossenschaftern ein Rückgriffsrecht zusteht, zwar keine Rechtswirksamkeit gegenüber Dritten, wohl jedoch interne Wirkung unter den Genossenschaftern.
- Die persönliche Haftung des Gesellschafters, der aus der Genossenschaft ausscheidet, dauert für die vor seinem Ausscheiden entstandenen Verbindlichkeiten weiter. Der ausgeschiedene Gesellschafter (bzw. seine Erben) können jedoch nur dann belangt werden, sofern die Gesellschaft innerhalb eines Jahres oder einer statutarisch festgesetzten längeren Frist seit der Eintragung des Ausscheidens in das Handelsregister in Konkurs gerät (Art. 876 Abs. 1 und 2 OR).

c) **Transparenz der persönlichen Haftung**

Genossenschaften, deren Statuten eine persönliche Haftung oder Nachschusspflicht vorsehen, müssen dem Handelsregisteramt ein Verzeichnis der Genossenschafter einreichen (Art. 837 OR). In gleichem Sinne hat die Verwaltung auch jeden Eintritt und Austritt eines Genossenschafters beim Handelsregisteramt anzumelden (Art. 877 Abs. 1 OR; vgl. dazu auch Abschnitt 3.3).

Das Mitgliederverzeichnis wird nicht in das Handelsregister eingetragen; es hat deklaratorische Bedeutung. Dadurch, dass es jedermann ohne Interessenachweis zur Einsicht offensteht, wird die notwendige Transparenz geschaffen. Diese ist für Aussenstehende sowohl im

Haftungsfall von Bedeutung als auch dann, wenn sie mit der Genossenschaft in Rechtsverkehr treten und beispielsweise ihr Risiko im Falle einer Kreditgewährung abschätzen wollen.

5. Die Organisation der Genossenschaft

5.1 Gesetzliche Organe

Die Genossenschaft hat zwingend drei Organe:
- Generalversammlung (GV; Art. 879–893 OR)
- Verwaltung (Art. 894–905 OR)
- Revisionsstelle (Art. 906–908 OR)

Während sich die Zusammensetzung der Generalversammlung aufgrund der Mitgliedschaft in der Genossenschaft ergibt (Art. 879 Abs. 1 bezeichnet die GV als Versammlung der Genossenschafter), sind die Organe für die Verwaltung und die Revision besonders zu bestimmen. Das Genossenschaftsrecht basiert auf dem **Prinzip der Drittorganschaft,** denn gleich wie in der Aktiengesellschaft haben die Gesellschafter der Genossenschaft weder das gesetzliche Recht noch die gesetzliche Pflicht zur Übernahme aktiver Funktionen in der Gesellschaftsführung (vgl. zu den Organen allgemein sowie zur Drittorganschaft auch 7. Thema, Abschnitt 6). Bestimmungen über die Organe der Verwaltung und der Revision sowie die Art der Ausübung der Vertretung gehören bei der Genossenschaft zum zwingenden Statuteninhalt (Art. 832 Ziffer 4 OR; vgl. Abschnitt 2.2.1).

Für den Fall, dass Mängel in der Organisation der Gesellschaft bestehen, verweist Art. 908 OR auf die aktienrechtlichen Vorschriften (vgl. Art. 731 b OR sowie 7. Thema, Abschnitt 6.1.2).

5.2 Die Generalversammlung

Die Generalversammlung ist das oberste Organ der Gesellschaft (vgl. zur Bedeutung dieser in Art. 879 Abs. 1 enthaltenen Anordnung 7. Thema, Abschnitt 6.2.1).

Grundsätzlich geht das Gesetz auch bei der Genossenschaft von der Unmittelbarkeit der GV aus. Dies bedeutet, dass die Beschlüsse im Rahmen einer **Präsenzveranstaltung** (physische Anwesenheit der Genossenschafter) gefasst werden. Gesetzliche Besonderheiten des Genossenschaftsrechts betreffen Gesellschaften, die mehr als 300 Mitglieder zählen oder bei denen die Mehrheit der Mitglieder aus Genossenschaften besteht. Für diese Genossenschaften sieht das Gesetz zwei Möglichkeiten vor:

- **Urabstimmung (Art. 880 OR)**
  Die Statuten können bestimmen, dass die Befugnisse der GV ganz oder teilweise durch schriftliche Stimmabgabe der Genossenschafter ausgeübt werden. Diese Form der Willensbildung birgt zwar gewisse Gefahren gegenüber der Beschlussfassung nach vorheriger Aussprache. Sie kann jedoch bei Grossgenossenschaften sinnvoll sein, da sie möglicherweise die Organisation vereinfacht und dazu beiträgt, dass die Willensbildung breiter abgestützt werden kann als dies bei einer schlecht besuchten Präsenzversammlung möglich wäre.

- **Delegiertenversammlung (Art. 892 OR)**
  Die Statuten können die Befugnisse der GV ganz oder zum Teil einer Delegiertenversammlung übertragen. Die Zusammensetzung, Wahlart und Einberufung der Delegiertenversammlung sind durch die Statuten zu regeln. Die Wahl der Delegierten wird sich insbesondere unterscheiden, je nachdem ob es sich um eine Genossenschaft mit mehr als 300 Mitgliedern oder um eine Genossenschaft handelt, deren Mitglieder mehrheitlich wiederum Genossenschaften sind. Bei Letzteren vertreten die Delegierten die einzelnen Mitgliedsgenossenschaften.

5.2.1 Befugnisse

Der GV stehen nach Art. 879 Abs. 2 OR folgende Befugnisse zu; diese dürfen unter Beachtung des Vorbehalts in Art. 893 OR nicht auf ein anderes Organ übertragbaren werden:

- Festsetzung und Änderung der Statuten: Eine öffentliche Beurkundung ist, wie bereits erwähnt, nicht vorgesehen; für die Rechtswirksamkeit des entsprechenden GV-Beschlusses ist jedoch die Eintragung im Handelsregister notwendig (Art. 835 Abs. 4 OR).
- Wahl der Verwaltung und der Revisionsstelle
- Abnahme der Betriebsrechnung und der Bilanz und gegebenenfalls Beschlussfassung über die Reinertragsverteilung (Dividende und Tantieme)
- Entlastung der Verwaltung (vgl. zur Bedeutung des Entlastungsbeschlusses 7. Thema, Abschnitt 6.2.2)
- Beschlussfassung über Gegenstände, die der GV durch das Gesetz oder die Statuten vorbehalten sind. Durch das Gesetz wird die Beschlussfassung insbesondere über folgende Gegenstände der GV zugeordnet:
  - Abberufung von Verwaltung und Revisionsstelle (Art. 890 Abs. 1 OR)
  - Ausschliessung eines Genossenschafters, wenn die Statuten dieses Recht nicht der Verwaltung übertragen (Art. 846 Abs. 3 OR)
  - Einsichtnahme in die Geschäftsbücher und Korrespondenzen (Art. 857 Abs. 2 OR)
  - Reserveeinlagen (Art. 863 Abs. 2 OR)
  - Auflösung der Gesellschaft (Art. 911 Ziffer 2 OR)
  - Verteilung des Vermögens der aufgelösten Gesellschaft, wenn die Statuten dies nicht anders ordnen (Art. 913 Abs. 5 OR)
  - Fusion, Spaltung und Umwandlung (nach Fusionsgesetz; vgl. 3. Thema)

5.2.2 Einberufung

- **Zuständig** für die Einberufung ist die Verwaltung oder ein anderes nach den Statuten dazu befugtes Organ, nötigenfalls die Revisionsstelle (Art. 881 Abs. 1 OR). Anders als im Aktienrecht schreibt das Genossenschaftsrecht die Durchführung mindestens einer jährlichen Generalversammlung nicht vor. Da die Gesellschaft jedoch der Buchführungspflicht unterliegt (vgl. Abschnitt 4.2.4) und die Abnahme von Betriebsrechnung und Bilanz in den Kompetenzbereich der GV gehört (vgl. Abschnitt 5.2.1), ist die Durchführung einer jährlichen Versammlung erforderlich; allerdings fehlt in den allgemeinen Buchführungsbestimmungen die Angabe des Zeitpunkts, bis wann diese stattzufinden hat (vgl. dazu auch 2. Thema, Abschnitt 4.4.3).

- Die **Pflicht zur Einberufung** der Generalversammlung kann sich ergeben aufgrund
    - einer statutarischen Bestimmung
    - eines GV-Beschlusses, der den Termin der nächsten Versammlung festlegt
    - des Verlangens von 10% der Genossenschafter bzw. von drei Genossenschaftern, wenn die Gesellschaft weniger als 30 Mitglieder umfasst (Art. 881 Abs.[2] OR)
    - einer gesetzlichen Anordnung, beispielsweise wenn die Hälfte des Genossenschaftskapitals nicht mehr gedeckt ist (Art. 903 Abs. 3 OR).

- Die **Form der Einberufung** ergibt sich aus der entsprechenden Statutenbestimmung (Art. 832 Ziffer 5 OR); die gesetzliche Einberufungsfrist beträgt mindestens fünf Tage vor dem Versammlungstermin (Art. 882 OR).

- Bei der Einberufung sind die **Verhandlungsgegenstände** bekannt zu geben, bei Abänderung der Statuten der wesentliche Inhalt der vorgeschlagenen Änderungen. Über Gegenstände, die nicht ordentlich angekündigt sind, können keine Beschlüsse gefasst werden (Art. 883 OR).

- Gleich wie in der AG sieht auch das Genossenschaftsrecht die Durchführung einer **Universalversammlung** vor (Art. 884 OR; vgl. dazu 7. Thema, Abschnitt 6.2.3 a).

5.2.3 Stimmrecht und Vertretung

« Jeder Genossenschafter hat in der Generalversammlung oder in der Urabstimmung eine Stimme. »
Art. 885 OR: Stimmrecht

« ¹ Bei der Ausübung seines Stimmrechts in der Generalversammlung kann sich ein Genossenschafter durch einen andern Genossenschafter vertreten lassen, doch kann kein Bevollmächtigter mehr als einen Genossenschafter vertreten.
² Bei Genossenschaften mit mehr als 1000 Mitgliedern können die Statuten vorsehen, dass jeder Genossenschafter mehr als einen, höchstens aber neun andere Genossenschafter vertreten darf.
³ Den Statuten bleibt vorbehalten, die Vertretung durch einen handlungsfähigen Familienangehörigen zulässig zu erklären. »
Art. 886 OR: Vertretung

- Wie bereits dargelegt, bemisst sich die Stimmkraft in der Genossenschaft nicht nach dem Mass der Kapitalbeteiligung, sondern aufgrund der personalistischen Gesellschaftsstruktur nach Köpfen. Ausgehend vom Grundsatz der Gleichbehandlung der Mitglieder (Art. 854 OR) hat somit **jeder Genossenschafter eine Stimme**. Art. 887 OR (Ausschliessung vom Stimmrecht) enthält eine Ausnahme: Bei Beschlüssen über die Entlastung der Verwaltung haben Personen, die in irgendeiner Weise an der Geschäftsführung teilgenommen haben, kein Stimmrecht. Eine Besonderheit ergibt sich für Grossgenossenschaften, für welche nach Art. 892 OR die Möglichkeit der Willensbildung in einer Delegiertenversammlung besteht; die Statuten können in diesem Fall das Stimmrecht anders ordnen.

- Eine gegenüber der AG ebenfalls andere Regelung erfährt das Stellvertretungsrecht in der Genossenschaftsversammlung. Während sich der Aktionär in der GV grundsätzlich durch jeden beliebigen Dritten vertreten lassen kann (die Zulässigkeit der Stellvertretung entspricht dem Wesen der AG als von den Personen der Beteiligten weitgehend unabhängige Kapitalgesellschaft), ist die **Vertretung im Genossenschaftsrecht in zweifacher Hinsicht stark eingeschränkt.** Einmal bezüglich der Person des Vertreters: So kann sich ein Genossenschafter nur durch einen anderen Genossenschafter vertreten lassen, ausser die Statuten lassen die Vertretung durch einen handlungsfähigen Familienangehörigen zu. Und zweitens bezogen auf den Umfang der Vertretung: Kein Mitglied darf mehr als einen Genossenschafter vertreten (womit niemand in der GV über mehr als zwei Stimmen verfügen kann). Ausnahmen hievon können die Statuten nur dann vorsehen, wenn eine Genossenschaft mehr als 1000 Mitglieder aufweist. Zu erwähnen bleibt, dass sich die Regelung von Art. 886 OR aufgrund der ausdrücklichen Formulierung in Absatz[1] nur auf die Vertretung bei der Stimmabgabe in der Generalversammlung bezieht, nicht jedoch auf die Delegiertenversammlung und schon gar nicht auf die schriftliche Stimmabgabe, bei der sich eine Vertretung überhaupt erübrigt.

5.2.4 Beschlussfassung

« [1] Die Generalversammlung fasst ihre Beschlüsse und vollzieht ihre Wahlen, soweit das Gesetz oder die Statuten es nicht anders bestimmen, mit absoluter Mehrheit der abgegebenen Stimmen. Dasselbe gilt für Beschlüsse und Wahlen, die auf dem Wege der Urabstimmung vorgenommen werden.
[2] Für die Auflösung der Genossenschaft sowie für die Abänderung der Statuten bedarf es einer Mehrheit von zwei Dritteln der abgegebenen Stimmen. Die Statuten können die Bedingungen für diese Beschlüsse noch erschweren. »
Art. 888 OR: Beschlussfassung im Allgemeinen

«¹ Beschlüsse über die Einführung oder die Vermehrung der persönlichen Haftung oder der Nachschusspflicht der Genossenschafter bedürfen der Zustimmung von drei Vierteln sämtlicher Genossenschafter.
² Solche Beschlüsse sind für Genossenschafter, die nicht zugestimmt haben, nicht verbindlich, wenn sie binnen drei Monaten seit der Veröffentlichung des Beschlusses den Austritt erklären. Dieser Austritt ist wirksam auf den Zeitpunkt des Inkrafttretens des Beschlusses.
³ ... »
Art. 889 Abs. 1 und 2 OR: Beschlussfassung bei Erhöhung der Leistungen der Genossenschafter

- Allgemeines Beschlussquorum von Generalversammlung und Urabstimmung ist das **absolute Mehr** (Hälfte plus eine Stimme). Massgebend sind die **abgegebenen Stimmen;** Stimmenthaltungen und leere Stimmen gelten nicht als abgegeben und werden für die Ermittlung der absoluten Mehrheit nicht berücksichtigt. Die Statuten können andere Beschlussquoren festlegen.
- Das Gesetz setzt für die Beschlussfassung namentlich in folgenden Fällen höhere Anforderungen fest:
    (1) Die Auflösung der Genossenschaft sowie die Abänderung der Statuten können nur mit einer Mehrheit von zwei Dritteln der abgegebenen Stimmen beschlossen werden.
    (2) Für den Beschluss über die Einführung oder Vermehrung der persönlichen Haftung oder der Nachschusspflicht der Genossenschafter ist sogar der Zustimmung von drei Vierteln sämtlicher Genossenschafter (nicht: der abgegebenen Stimmen!) notwendig.
    (3) Für einen Fusionsbeschluss gelten die Bestimmunen des Fusionsgesetzes (vgl. Art. 18 FusG sowie 3. Thema).
- Analog zum Aktienrecht können von der Generalversammlung oder der Urabstimmung gefasste Beschlüsse, die gegen das Gesetz oder die Statuten verstossen, mit Klage gegen die Genossenschaft angefochten werden. Die Formulierung in Art. 891 OR stimmt

im Wesentlichen mit den betreffenden aktienrechtlichen Vorschriften (Art. 706 und 706 a OR) überein.

5.3 Die Verwaltung

5.3.1 Bestellung

Nach Art. 894 Abs. 1 OR muss die Verwaltung aus mindestens drei (handlungsfähigen, natürlichen) Personen bestehen, also zwingend (und im Unterschied zum Aktienrecht) als **Kollegialbehörde** ausgestaltet sein. Die Verwaltungsmitglieder müssen **in ihrer Mehrheit Genossenschafter** sein (Art. 894 Abs. 1 OR). Obligationenrechtlich Vorschriften betreffend Nationalität und Wohnsitz gibt es nicht (mehr).

Wahlorgan ist die Generalversammlung (Art. 879 Abs. 2 OR). Die Wahl erfolgt auf eine maximale Amtsdauer von höchstens vier Jahren; Wiederwahl ist ohne anderslautende Statutenbestimmung zulässig (Art. 896 Abs. 1 OR).

5.3.2 Pflichten im Allgemeinen

« [1] Die Verwaltung hat die Geschäfte der Genossenschaft mit aller Sorgfalt zu leiten und die genossenschaftliche Aufgabe mit besten Kräften zu fördern.
[2] Sie ist insbesondere verpflichtet:
1. die Geschäfte der Generalversammlung vorzubereiten und deren Beschlüsse auszuführen;
2. die mit der Geschäftsführung und Vertretung Beauftragten im Hinblick auf die Beobachtung der Gesetze, der Statuten und allfälliger Reglemente zu überwachen und sich über den Geschäftsgang unterrichten zu lassen.
[3] Die Verwaltung ist dafür verantwortlich, dass ihre Protokolle und diejenigen der Generalversammlung, die notwendigen Geschäftsbücher sowie das Genossenschafterverzeichnis regelmässig geführt werden, dass die Betriebsrechnung und die Jahresbilanz nach den gesetzlichen Vorschriften aufgestellt und der Re-

visionsstelle zur Prüfung unterbreitet und die vorgeschriebenen Anzeigen an das Handelsregisteramt über Eintritt und Austritt der Genossenschafter gemacht werden.»
Art. 902 OR: Pflichten der Verwaltung

Die Verwaltung ist das oberste genossenschaftliche **Leitungsorgan**; sie übt gesellschaftsintern Geschäftsführungsbefugnisse und gesellschaftsextern die Vertretung der Gesellschaft aus. Das Gesetz unterstellt die Verwaltung der Sorgfalts- und Treuepflicht und führt einzelne Pflichten der Verwaltung auf; genannt werden insbesondere die Vorbereitung und Ausführung der Beschlüsse der Generalversammlung sowie Informations- und Überwachungspflichten. Daneben überträgt Art. 903 OR der Verwaltung besondere Anzeigepflichten im Falle der Überschuldung und bei Kapitalverlust (vgl. dazu auch Abschnitt 2.2.3).

Die Aufgaben der genossenschaftlichen Verwaltung sind ähnlich umschrieben wie jene des aktienrechtlichen Verwaltungsrats (vgl. dazu 7. Thema, Abschnitt 6.3). Jedoch besteht ein wesentlicher Unterschied zum Aktienrecht: Im Genossenschaftsrecht fehlt eine Art. 716 Abs. 1 OR entsprechende Kompetenzvermutung zugunsten des Exekutivorgans. Auch wenn dadurch der Umkehrschluss der Kompetenzvermutung zugunsten der Generalversammlung nicht zulässig ist, macht das diesbezügliche Schweigen des Gesetzgebers die gegenüber der Aktionärsversammlung stärkere Stellung der GV der Genossenschaft deutlich.

Das Gesetz regelt die **interne Organisation der Verwaltung** nicht besonders, weshalb für dieses Kollegialorgan die Selbstorganisation gilt. Sinnvoll sind entsprechende statutarische Regelungen. Die herrschende Lehre vertritt die Ansicht, dass angesichts der Ähnlichkeit der Kompetenzen von Genossenschaftsverwaltung und AG-Verwaltungsrat für die Beschlussfassung in der Verwaltung die aktienrechtlichen Regelungen zur Anwendung gelangen sollen: Dies bedeutet, dass jedes Mitglied eine Stimme hat, Beschlüsse mit der Mehrheit der abgegebenen Stimmen gefasst werden, Zirkulationsbeschlüsse zulässig sind und über die Verwaltungstätigkeit Protokoll zu führen ist (vgl. dazu 7. Thema, Abschnitt 6.3.4).

5.3.3 Delegation der Geschäftsführung

Aufgrund von Art. 897 und 898 OR ist die Delegation von Geschäftsführungsaufgaben in verschiedener Hinsicht zulässig, wobei materielle Grenzen der Delegierbarkeit anders als im Aktienrecht (vgl. dort Art. 716 a Abs. 1 OR) nicht bestehen:

- Einmal können die Statuten Pflichten und Befugnisse der Verwaltung an von dieser gewählte Verwaltungsausschüsse übertragen.
- Sodann können die Statuten die Generalversammlung oder die Verwaltung ermächtigen, die Geschäftsführung oder einzelne Zweige derselben sowie die Vertretung an eine oder mehrere Personen, Geschäftsführer oder Direktoren zu übertragen, die nicht Mitglieder der Genossenschaft zu sein brauchen.

Erfolgt eine Delegation von Geschäftsführungskompetenzen, dann erlangt die in Art. 902 Abs. 2 Ziffer 2 OR enthaltene Überwachungspflicht der Verwaltung eine besondere Bedeutung.

Die Verwaltung kann die von ihr bestellten Ausschüsse, Geschäftsführer und Direktoren sowie andere Bevollmächtigte jederzeit abberufen. Und die von der Generalversammlung bestellten Bevollmächtigten und Beauftragten können von der Verwaltung unter sofortiger Einberufung einer Generalversammlung jederzeit in ihren Funktionen eingestellt werden (Art. 905 Abs. 1 und 2 OR).

Praxistipp
Gemäss Genossenschaftsrecht ist bei der Delegation von Verwaltungsaufgaben die Schaffung eines Organisationsreglements nicht

zwingend vorgeschrieben. Es ist jedoch zu empfehlen, die geschaffenen Verwaltungsausschüsse sowie Inhalt und Umfang der an sie oder andere Personen delegierten Aufgaben in einem Reglement festzuhalten.

5.3.4 Vertretung der Genossenschaft

Die Ermächtigung der zur Vertretung befugten Personen (Mitglieder der Verwaltung, Geschäftsführung oder Direktoren) bezieht sich auf alle Rechtshandlungen, die der Genossenschaftszweck mit sich bringen kann. Bezüglich der Beschränkungen des Vertretungsrechts kann auf die entsprechenden Bestimmungen über die Aktiengesellschaft verwiesen werden (Art. 718 a OR; vgl. dazu 7. Thema, Abschnitt 6.3.3 d).

Eine Besonderheit ergibt sich (gleich wie bei der AG und der GmbH) für Verträge zwischen der Gesellschaft und jener Person, welche die Gesellschaft vertritt: Wird die Genossenschaft beim Abschluss eines Vertrags durch diejenige Person vertreten, mit der sie den Vertrag abschliesst, so muss der Vertrag schriftlich abgefasst werden. Dieses Erfordernis gilt nicht für Verträge des laufenden Geschäfts, bei denen die Leistung der Gesellschaft den Wert von 1000 Franken nicht übersteigt (Art. 899 a OR mit gleicher Formulierung wie Art. 718 b OR sowie Verweis in Art. 814 Abs. 4 OR).

Die zur Vertretung der Genossenschaft befugten Personen sind in das Handelsregister eintragen zu lassen unter Vorlegung einer beglaubigten Abschrift des Beschlusses über deren Ermächtigung. Sie haben ihre Unterschrift beim Handelsregisteramt zu zeichnen oder die Zeichnung in beglaubigter Form einzureichen (Art. 901 OR). Zu beachten ist: Auch die Genossenschaft muss durch eine Person vertreten werden können, die Wohnsitz in der Schweiz hat. Dieses Erfordernis kann durch ein Mitglied der Verwaltung, einen Geschäftsführer oder einen Direktor erfüllt werden (Art. 898 Abs. 2 OR).

5.4 Die Revisionsstelle

« ¹ Für die Revisionsstelle sind die Vorschriften des Aktienrechts entsprechend anwendbar.

2 Eine ordentliche Revision der Jahresrechnung durch eine Revisionsstelle können verlangen:

1. 10 Prozent der Genossenschafter;
2. Genossenschafter, die zusammen mindestens 10 Prozent des Anteilscheinkapitals vertreten;
3. Genossenschafter, die einer persönlichen Haftung oder einer Nachschusspflicht unterliegen. »

Art. 906 OR: Revisionsstelle im Allgemeinen

Das am 1. Januar 2008 in Kraft getretene neue Revisionsrecht schafft für alle der Revisionspflicht unterliegenden Rechtsformen grundsätzlich einheitliche Regeln, die gesetzestechnisch im Aktienrecht (Art. 727 ff. OR) aufgeführt sind (vgl. dazu 7. Thema, Abschnitt 6.4). Das Genossenschaftsrecht verweist ausdrücklich darauf.

- **Wesentliche, auch für die Genossenschaft geltende Anordnungen**
    - Die Gesellschaft hat grundsätzlich eine Revisionsstelle zu bestimmen; diese ist im Handelsregister einzutragen.
    - Unter den bestimmten Voraussetzungen kann eine eingeschränkte Revision erfolgen oder Verzicht auf die Revision erklärt werden.
    - Die Revisionsstelle muss die festgelegten Anforderungen betreffend Fachkompetenz sowie Unabhängigkeit erfüllen.
    - Die Aufgaben der Revisionsstelle (Prüfungsumfang, Prüfungsschärfe, Anforderungen an den Revisionsbericht, Anwesenheitspflicht an der GV, Anzeigepflichten) ergeben sich aufgrund der für die betreffende Genossenschaft zur Anwendung gelangenden Revisionsart.

- **Besonderheiten des Genossenschaftsrechts**
    - Art. 906 Abs. 2 OR ermöglicht es, dass die Genossenschafter unter bestimmten Bedingungen eine ordentliche Revision verlangen können.
    - Bei Genossenschaften mit persönlicher Haftung oder Nachschusspflicht der Genossenschafter hat die Revisionsstelle festzustellen, ob das Genossenschaftsverzeichnis korrekt geführt wird. Verfügt die Genossenschaft über keine Revisionsstelle, so muss die Verwaltung das Genossenschaftsverzeichnis durch einen zugelassenen Revisor prüfen lassen.
    - Die aktienrechtlichen Revisionsvorschriften gelten für die Genossenschaften seit 1. Januar 2008. Damit ist nach Art. 7 ÜBest GmbH-Revision die genossenschaftliche Jahresrechnung des Geschäftsjahres, das am 1. Januar 2008 oder später begonnen hat, erstmals nach den neuen Vorschriften zu revidieren.

5.5 Verantwortlichkeit der Organe

Die Verantwortlichkeit der Organpersonen ist ähnlich geregelt wie im Aktienrecht (Art. 916 ff. OR; vgl. dazu 7. Thema, Abschnitt 6.5).

6. Die Beendigung der Genossenschaft

Art. 911 OR führt folgende **Auflösungsgründe** an:
- Statutarische Sachverhalte (wie beispielsweise eine Begrenzung der Dauer der Gesellschaft)
- Beschluss der Generalversammlung (der eine qualifizierte Mehrheit von zwei Dritteln der abgegebenen Stimmen verlangt; Art. 888 Abs. 2 OR)
- Konkurseröffnung
- Vom Gesetz vorgesehene Fälle (wozu die Auflösung wegen Mängeln in der Organisation gemäss Art. 831 Abs. 2 OR, die Auflösung wegen Verfolgung unsittlicher oder widerrechtlicher Zwecke nach Art. 57 ZGB sowie die Auflösung nach Art. 155 HRegV gehören, wenn keine verwertbaren Aktiven vorhanden sind und kein Interesse an der Aufrechterhaltung der Genossenschaft besteht)

Besonders zu erwähnen sind die **Auflösungstatbestände nach Fusionsgesetz** (Fusion, Spaltung und Umwandlung; vgl. zu den Transaktionen der Umstrukturierung und zum Fusionsgesetz 3. Thema). Eine Auflösungsklage aus wichtigen Gründen, wie diese im Aktien- sowie im GmbH-Recht vorgesehen sind, gibt es, wie bereits ausgeführt, bei der Genossenschaft nicht.

Für die Liquidation erklärt Art. 913 Abs. 1 OR grundsätzlich die aktienrechtlichen Bestimmungen für anwendbar (Art. 739 ff. OR; vgl. dazu 7. Thema, Abschnitt 9.2). Eine Besonderheit ergibt sich für die Verteilung des Liquidationsüberschusses (Art. 913 Abs. 4 OR sowie Abschnitt 4.2.7).

7. Literaturhinweise

- *Honsell H./Vogt N.P./Watter R. (Herausgeber),*
  Basler Kommentar zum Schweizerischen Privatrecht,
  Obligationenrecht II, Art. 530–1186 OR (Basel 2008)
- *Knecht M./Koch J.,* Handelsregisterliche Eintragungen,
  Ein Leitfaden zur AG, GmbH, Genossenschaft und Stiftung
  (Zürich/Basel/Genf 2008)
- *Meier-Hayoz A./Forstmoser P.,* Schweizerisches Gesellschaftsrecht mit neuem Recht der GmbH, der Revision und der kollektiven Kapitalanlagen (Bern 2007)
- *Mäusli-Allenspach P./Oertli M.,* Das schweizerische Steuerrecht, Ein Grundriss mit Beispielen (Bern 2008)
- *Purtschert R. (Herausgeber),*
  Das Genossenschaftswesen in der Schweiz (Bern 2005)

Anhang
Hinweis auf Musterdokumente

Die Kunst der Formulierung von Verträgen und anderen rechtlich relevanten Dokumenten besteht darin, einerseits die zwingenden rechtlichen Bestimmungen zu beachten und anderseits die für den Einzelfall ideale Regelungsdichte zu bestimmen. Letzteres hat damit zu tun, dass unser Recht zahlreiche dispositive Vorschriften enthält, die nur dann zur Geltung gelangen, wenn die Parteien keine abweichende Anordnung treffen. An sich ist es nicht nötig, die zwingende Rechtsordnung in einen Vertragstext aufzunehmen; die Wiederholung des geltenden Rechts kann jedoch zur Transparenz und dazu beitragen, den Beteiligten die übernommenen Rechte und/oder Pflichten ausreichend bewusst zu machen.

Zahlreiche Veröffentlichungen enthalten Muster, Vorlagen und ausformulierte Beispiele für die verschiedensten rechtlich relevanten Schriftstücke wie beispielsweise Gesellschaftsverträge und Statuten, Aktionärs- bzw. Gesellschafterbindungsverträge, Beschlüsse von General- bzw. Gesellschafterversammlungen, Öffentliche Urkunden, Fusionsverträge, aber auch Verträge auf Arbeitsleistung und andere. Nachfolgend eine kleine Auswahl solcher Publikationen:

- *Gwelessiani M.,* Praxiskommentar zur Handelsregisterverordnung (Zürich/Basel/Genf 2008)
- *Handschin L./Truniger C.,* Die neue GmbH (Zürich/Basel/Genf 2006)
- *Knecht M./Koch J.,* Handelsregisterliche Eintragungen, Ein Leitfaden zur AG, GmbH, Genossenschaft und Stiftung (Zürich 2008)
- *Münch P./Böhringer P./Kasper S./Probst F. (Herausgeber),* Schweizer Vertrags-Handbuch. Musterverträge für die Praxis;

mit CD-ROM (Basel 2007)
- *Notariatsinspektorat des Kantons Zürich (Herausgeber)*, Textvorlagen notarieller Urkunden zum Gesellschaftsrecht. Aktiengesellschaft und GmbH unter Berücksichtigung des Fusionsgesetzes (Zürich 2008)
- *Streiff U./Pellegrini B./von Kaenel A.*, Vertragsvorlagen. Eine Sammlung kommentierter Vertragsmuster für die Praxis (Zürich/Basel/Genf 2008)
- Websites der kantonalen Handelsregisterämter (Wegweiser unter *www.zefix.ch*)
- *www.vertragsservice.weka.ch* (Vertragsvorlagen und teilweise kostenlose Arbeitshilfen, gleichzeitig Vorlagen, Musterbriefe und Checklisten in verschiedenen Business-Portalen, beispielsweise für Personalfragen, den Finanzbereich und die Administration; WEKA Verlag AG (Zürich)

Auch wenn die Vertragsmuster und die Beispiele eine enorme Arbeitserleichterung bedeuten, sollte man diese auf keinen Fall einfach übernehmen. Vielmehr muss in jedem Einzelfall abgewogen werden, ob die in der Vorlage formulierte Regelung den konkreten Bedürfnissen der Beteiligten und dem unternehmerischen Vorhaben entspricht. Vor allem in komplexeren Situationen sollte von vornherein ein Jurist mit der Vertragsausarbeitung betraut werden. Empfehlenswert ist jedenfalls, ein allenfalls aufgrund eines Musters selber erstelltes Dokument einer Fachperson zur Begutachtung zu unterbreiten.

Anhang
Informationsquellen und Adressen

Allgemein

Internet und Inhalt der Website
www.admin.ch – Informationen über Exekutive und Legislative des Bundes mit breitem Linkangebot – Aktuelle Fassungen aller Bundesgesetze und Verordnungen unter: Bundesgesetze → Systematische Sammlung
www.ch.ch – Orientierung über die Verwaltungsstellen von Bund, Kantonen und Gemeinden – Antwort auf alle administrativen Fragen des täglichen Lebens für Private – Informationen für Unternehmen (mit den Rubriken Gründen, Führen sowie Umstrukturieren und Einstellen) – Direkte Verbindung mit den verantwortlichen Amtsstellen
www.seco.admin.ch Website des Staatssekretariats für Wirtschaft mit Informationen, Statistiken und Links zu den Themen – Wirtschaftslage – Wirtschaftspolitik – Arbeit – Aussenwirtschaft – Standortförderung und verschiedener anderer Bereiche
www.bger.ch Volltextsuche in der amtlichen Sammlung des Bundesgerichts (BGE)

Handelsregister und Institut für geistiges Eigentum

Internet und Inhalt der Website	Post und Telefon
www.bj.admin.ch unter der Rubrik Handelsregister: Auskünfte zum Eintrag von Firmen sowie Link zum Schweizerischen Handelsamtsblatt www.zefix.admin.ch – zentraler Firmenindex der im Handelsregister eingetragenen Unternehmen – Links zu allen kantonalen Handelsregisterämtern	Eidgenössisches Amt für das Handelsregister Bundesrain 20 3003 Bern Tel. 031 322 41 96
www.ige.ch Auskünfte, Vorgehen bei Anmeldungen, Gebührentarif sowie Hinweise auf Informationsdienstleistungen und Schulungen	Eidgenössisches Institut für Geistiges Eigentum Stauffacherstrasse 65 3003 Bern Tel. 031 377 77 77

Steuern

Internet und Inhalt der Website	Post und Telefon
www.estv.admin.ch Dokumentationen, Informationen, Formulare und Auskünfte über – Mehrwertsteuer – Direkte Bundessteuer – Verrechnungssteuer – Stempelabgaben – EU-Zinsbesteuerung und weitere steuerrechtliche Themen	Eidgenössische Steuerverwaltung Administration und Information Eigerstrasse 65 3003 Bern Tel. 031 322 71 48 Hauptabteilung Mehrwertsteuer Schwarztorstrasse 50 3003 Bern Tel. 031 322 21 11

www.steuerkonferenz.ch – Website mit Aktualitäten aus dem Bereich Steuern – Informationen, Formulare und Wegleitung zum neuen Lohnausweis – Links zu Institutionen im Steuerwesen und zu den Websites des Bundes und der Kantone – Links zu Fachzeitschriften zum Thema Steuern	–

Sozialversicherungen

Internet und Inhalt der Website	Post und Telefon
www.bsv.admin.ch Informationen, Statistiken und Publikationen zu allen Sozialversicherungen	Bundesamt für Sozialversicherung Effingerstrasse 20 3003 Bern Tel. 031 322 90 11
www.bag.admin.ch Informationen, Statistiken und Publikationen zu Kranken- und Unfallversicherungen	Bundesamt für Gesundheit 3003 Bern Tel. 031 322 21 11
www.sozialversicherungen.admin.ch Vollzugsinformationen zu allen Sozialversicherungen (wie Rundschreiben, Wegleitungen und Weisungen)	–
www.ahv.ch Gesetze, Merkblätter, Formulare, Leitfaden usw. zu AHV/IV/EO	–
www.suva.ch Informationen und Broschüren zur Unfallversicherung	Schweizerische Unfallversicherungsanstalt Fluhmattstrasse 1 6002 Luzern Tel. 041 419 51 11 Hotline 0848 820 820

www.aeis.ch Auskünfte zum BVG-Beitritt bei den drei Zweigstellen Lausanne, Manno und Zürich mit Adressen	Stiftung Auffangeinrichtung BVG Birmensdorferstrasse 83 Postfach 8003 Zürich Tel. 041 799 75 75

Verbände

Internet und Inhalt der Webseite	Post und Telefon
www.economiesuisse.ch - Verband von rund 30 000 Unternehmen mit etwa 1,5 Millionen Beschäftigten - Informationen zur Schweizer Wirtschaft, wie zum Beispiel zu Finanzen, Steuern, Corporate Governance, Personenfreizügigkeit usw.	economiesuisse Verband der Schweizer Unternehmen Hegibachstrasse 47 8032 Zürich Tel. 044 421 35 35
www.sgv-usam.ch Dachorganisation der KMU mit allgemeinen Informationen sowie Adressliste der kantonalen Gewerbeverbände	Schweizerischer Gewerbeverband SGV Schwarztorstrasse 26 3001 Bern Tel. 031 380 14 14
www.stv-usf.ch Mitgliederverzeichnis und Honorarempfehlungen des Verbandes mit rund 1500 kleineren und mittleren Treuhandunternehmen	Schweizerischer Treuhänder-Verband Schwarztorstrasse 26 3001 Bern Tel. 031 382 10 85
www.treuhand-kammer.ch Mitgliederverzeichnis und Honorarempfehlungen von rund 900 grösseren und mittleren Treuhandunternehmen	Treuhand-Kammer Limmatquai 120 8001 Zürich Tel. 044 267 75 75
www.anwaelte-schweiz.ch Adressenvermittlung von auf bestimmte Fachgebiete spezialisierten Anwälten und kantonalen Anwaltsverbänden	Schweizerischer Anwaltsverband Marktgasse 4 3001 Bern Tel. 031 313 06 06

Unternehmensgründung

Internet und Inhalt der Website	Post und Telefon
www.bewilligungen.kmuinfo.ch – Informationen über Bewilligungen und reglementierte Berufe – Links zu den zuständigen Auskunfts- und Bewilligungsstellen	–
www.bfm.admin.ch – Voraussetzungen und Verfahren für die Unternehmensgründung durch ausländische Staatsangehörige mit oder ohne Aufenthalt in der Schweiz – Kontaktadressen der kantonalen Migrationsbehörden	Bundesamt für Migration Quellenweg 6 3003 Bern Tel. 031 325 11 11
www.kmuadmin.ch Online-Angebot der Bundesverwaltung (virtueller Gründungsschalter) zur Vornahme praktisch aller notwendigen Anmeldungen neuer Unternehmen	–
www.kmu.admin.ch Gründerportal des Eidgenössischen Volkswirtschaftsdepartements mit Informationen über praktisch alle Themen der Unternehmensgründung	–
www.gruenden.ch Gründungsplattform des Kantons Zürich mit Informationen, Mustern und Vorlagen, Literaturtipps, Ansprechpartnern und vielen Links (auch für Personen ausserhalb des Kantons Zürich geeignet)	–
www.stiftung-kmu.ch – Stiftung zur Förderung des unternehmerischen Nachwuchses – Website mit verschiedenen Publikationen zur Unternehmensgründung	Stiftung KMU Schweiz Schwarztorstrasse 26 3001 Bern Tel. 031 380 14 36

Stichwortverzeichnis

A

- Abfindung des Gesellschafters 547 f., 575
- Abschreibungen 388
- absolut notwendiger Statuteninhalt 330 ff. (Aktiengesellschaft), 496 ff. (GmbH), 558 (Genossenschaft)
- absolute Mehrheit 436, 535 ff., 588
- Absorptionsfusion 172
- Abspaltung 182
- AHV/IV/EO 156 ff., 228 ff.
- AHV-Ausgleichskasse 159 f., 229
- Aktien 348 ff., 357
- Aktienarten 351 ff.
- Aktiengesellschaft 40, 321 ff.
- Aktienkapital 345 ff.
- Aktienzeichnung 338
- Aktionärsbindungsvertrag 403 f.
- Aktionärspflichten 401 ff.
- Aktionärsrechte 404 ff.
- Allgemeine Reserve 359
- andere Finanzanlagen 387
- Anerkennung der Selbstständigkeit 211 ff.
- Anfechtbarkeit von GV-Beschlüssen 437 f.
- Anfechtungsklage 204, 437 f.
- Anforderungen an die Revisionsstelle 460 ff.
- Anhang 379 ff.
- Annexion 172
- Anstalt 40
- Anteil am Liquidationsergebnis 423, 575
- Arbeitslosenversicherung 154, 231
- asymmetrische Auf- oder Abspaltung 183
- Aufbewahrungspflicht 129 f.
- Aufgaben der Geschäftsführung GmbH 538 f.
- Aufgaben der Revisionsstelle 457 ff.
- Aufgaben des VR 442 ff.
- Auflösung 269 ff. (einfache Gesellschaft), 297 f. (Kollektivgesellschaft), 308 f. (Kommanditgesellschaft), 482 ff. (AG), 545 ff. (GmbH), 595 (Genossenschaft)
- Auflösung wegen Mängeln in der Organisation 545, 595
- Auflösungsklage 483
- Aufnahme neuer Gesellschafter 263
- Aufnahmeentscheid 564
- Aufspaltung 182
- Aufwertung von Gründungstücken und Beteiligungen 384 f.
- Aufwertungsreserve 359 f., 385
- Auskunft und Einsicht 410
- Auskunftsrecht 410, 521, 572
- ausländische Staatsangehörige 67 ff.
- Ausscheiden aus wichtigen Gründen 525
- Ausscheiden von Gesellschaftern 298 ff. (Kollektivgesellschaft), 512 und 546 ff. (GmbH), 521 (Genossenschaft)
- Ausschluss von Gesellschaftern 521 (GmbH), 567 (Genossenschaft)
- Aussenverhältnis 51

- ausserordentliche Generalversammlung 433
- Austritt aus der Gesellschaft 520 und 546 f. (GmbH), 566 und 575 (Genossenschaft)
- Austrittsrecht 525

B

- Bauzinse 334, 423
- bedingt notwendiger Statuteninhalt 333 ff. (AG), 498 ff. (GmbH), 559 f. (Genossenschaft)
- bedingte Kapitalerhöhung 366 ff.
- Beendigung des Einzelunternehmens 246 ff.
- Befugnisse der Generalversammlung 430 ff. (AG), 584 f. (Genossenschaft)
- Beitrags- und Leistungspflicht des Genossenschafters 577
- Beitragsleistung des Gesellschafters (in der einfachen Gesellschaft) 256 f.
- Beitrittserklärung 564
- Bekanntgabe der Bilanz 572
- Bekanntgabe des Geschäftsberichts 410
- berufliche Vorsorge 156 ff.
- Berufshaftpflicht-Versicherung 163
- Beschlussreserven 361
- beschränkte Haftung 308, 578 f.
- Beteiligungen 387
- Betriebsbuchhaltung 118
- Betriebshaftpflicht-Versicherung 162 f.
- Betriebsrechnung 120 f.
- Betriebsunterbrechungs-Versicherung 164
- Betriebsversicherungen 162 ff.
- Bewertungsvorschriften 384 ff.
- Bezugsrecht 368, 421 ff., 517

- Bilanz 120 f., 377 f., 572
- Bilanzgewinn 378
- Bilanzklarheit 125
- Bilanzkontinuität 125
- Bilanzvorsicht 125 f.
- Bilanzwahrheit 124 f.
- börsenkotierte Gesellschaften 381 f.
- börsenkotierte Namenaktien 417 ff.
- Buchführung 225 ff. (Einzelunternehmen), 288 (Personengesellschaften)
- Buchführungspflicht 98, 119 f.
- Buchführungstechnik 126 ff.
- Business Plan 70 f.

C

- Corporate Governance 448 ff., 555

D

- Décharge des Verwaltungsrats 431
- deklaratorische Wirkung 75, 286
- Delegation der Geschäftsführung 442 f. (Verwaltungsrat AG), 591 (Verwaltung Genossenschaft)
- Delegiertenversammlung 584
- Depotbestätigung 406, 435
- Depotvertretung 407, 408
- derivativer Erwerb der Mitgliedschaft 400
- Direkte Bundessteuer 238 ff.
- Dispo-Aktien 419
- Dividende 419 ff., 517
- Domain 116 f.
- Domizilhalter 330
- Drittorganschaft 427, 583
- Durchführung der GV AG 434 f.

E

- Editionspflicht 130
- Eidgenössisches Amt für das Handelsregister 79, 85
- Einberufung der Generalversammlung 433 f. (AG), 585 f. (Genossenschaft)
- Einfache Gesellschaft 40, 52, 251 ff.
- eingeschränkte Revision 452 ff., 542
- Einkommen aus selbstständiger Erwerbstätigkeit 240 ff.
- Einkommenssteuer 238 ff.
- Einschränkungen der Vertretungsmacht 92 f.
- Einsichtsrecht 521
- Einstimmigkeitsprinzip 258
- Eintragungspflicht 213
- Eintragungswirkungen 216 f.
- Einzelunternehmen 42, 207 ff.
- Einzelvertretung 406
- Emissionsabgabe 237, 480
- Emissionsprospekt 368
- Enseigne 111
- Entlastung des Verwaltungsrats 431
- Entlastungsbeschluss 466
- Erfolgsrechnung 120 f., 377
- Erhöhung des Aktienkapitals 365 ff.
- Ermessensreserven 390
- Errichtungsakt 339 (AG), 502 (GmbH)
- Erwerbstätige aus Drittstaaten 69
- Erwerbstätige aus EU-/EFTA-Staaten 68 f.

F

- Fabrikationsgewerbe 37
- Fachkompetenz der Revisionsstelle 461
- FER-Richtlinien 133 f.
- Filialvollmacht 93
- Finanzbuchhaltung 118
- Firma 98 ff., 284 f.
- Firmenausschliesslichkeit 102 ff.
- Firmengebrauchspflicht 99
- Firmenklarheit 101 f.
- Firmenrecherche 107 f.
- Firmenschutz 96, 108 ff.
- Firmenunübertragbarkeit 105
- Firmenwahrheit 101 f.
- Form der Abtretung von Stammanteilen 524
- freie Berufe 37
- fremdenpolizeiliche Vorschriften 67 ff.
- full audit 452 ff.
- Fusion 171 ff.
- Fusion 179 (Kapitalgesellschaften), 311 ff. (Personengesellschaften)
- Fusionsbericht 176, 180, 313
- Fusionsbeschluss 178, 313
- Fusionsbilanz 176
- Fusionsgesetz 167 ff., 483, 545, 565, 588, 595
- Fusionsprüfung 176, 180, 313
- Fusionsverfahren 175 ff.
- Fusionsvertrag 176, 312
- Fusionsvertrag 312

G

- gemeinsame Selbsthilfe 552, 559
- Gemischte Firma 100
- genehmigte Kapitalerhöhung 366 ff.
- Generalversammlung 405 f. und 430 ff. (AG), 583 ff. (Genossenschaft)
- Genossenschaft 40, 551 ff.
- Genossenschaftsverbände 556

- Genussschein 354, 357
- Gesamthandgemeinschaft 287 f., 305
- Geschäftsaufwand (und Privataufwand) 242 ff.
- Geschäftsbericht 375, 410
- Geschäftsfirmen 98 ff.
- Geschäftsführung 88 ff., 259 ff. (einfache Gesellschaft), 304 (Kommanditgesellschaft), 536 ff. (GmbH)
- Geschäftsvermögen 244
- Gesellschaft mit beschränkter Haftung 40, 487 ff.
- Gesellschafterbindungsvertrag 530
- Gesellschafterversammlung 532 ff.
- Gesellschaftsbegriff 44 ff.
- Gesellschaftsbeschlüsse (in der einfachen Gesellschaft) 258
- Gesellschaftsvermögen 347 f., 508
- Gesellschaftsvertrag 254 f. (einfache Gesellschaft), 282 f. (Personengesellschaften)
- gesetzliche Organe 428 (AG), 531 (GmbH), 582 (Genossenschaft)
- Gesetzliche Reserven 358 ff., 421, 574
- gesetzliche Vinkulierung 415, 523
- Gewinnsteuer 237, 469
- Gewinnverwendung 431
- gewöhnliche Stellvertretung 88
- Gleichbehandlung der Aktionäre 399
- Gleichbehandlung der Gesellschafter 516 f.
- Gleichheit der Genossenschafter 552
- GmbH 487 ff.
- GmbH-Revision 491 ff.
- Grossgenossenschaften 555

- Gründervorteile 341, 560
- Grundkapital Genossenschaft 560 f.
- Gründungshaftung 465
- Gründungsprüfung 341 f.
- Gründungsversammlung 339
- Gründungsvorgang 327 f.
- Güterrecht und Einzelunternehmen 223 ff.

H

- Haftung 222 ff. (Einzelunternehmen), 268 ff. (einfache Gesellschaft), 295 ff. (Kollektivgesellschaft), 307 f. (Kommanditgesellschaft)
- Haftung für Forderungen aus Arbeitsvertrag 190
- Haftung für Verwaltung, Geschäftsführung und Liquidation 463 ff.
- Handelsgewerbe 37
- Handelsrecht 38
- Handelsregister 73 ff.
- Handlungsbevollmächtigter 92
- Handlungsfähigkeit 48, 65
- Holdinggesellschaft 394
- Holdingprivileg 474

I

- Identifikationsfunktion 75
- Indossament 351
- Inhaberaktien 351
- Inhalt der Eintragungen (im Handelsregister) 215
- Innenverhältnis 51
- innerer Wert 350
- International Financial Reporting Standards (IFRS) 135
- Internet Domain Name 116 f.
- Internet-GV 433
- Inventar 120

- Investmentgesellschaft 40, 52

J

- Jahresbericht 382 f.
- Jahresrechnung 377 ff.
- Juristische Person 40, 52, 55, 159

K

- Kaduzierung 402
- kapitalbezogene Rechtsform 57 f., 323
- Kapitaleinlage des Einzelunternehmers 220
- Kapitalerhöhung 366 ff. (AG), 511 (GmbH)
- Kapitalerhöhungsbericht 368 f.
- Kapitalherabsetzung 372 ff. (AG), 512 (GmbH)
- Kapitalschutz 364
- Kapitalsteuer 237, 475
- Kapitalverlust 362 f., 513
- Kartellrecht 170 f.
- kaufmännische Buchführung 118 ff.
- kaufmännische Stellvertretung 88
- kaufmännisches Unternehmen 35 ff., 59 f.
- Klagerechte 413, 520, 575
- kleine und mittlere Unternehmen 169, 178, 188, 196, 311
- Kollegialbehörde 589
- Kollektivgesellschaft 40, 52, 277 ff.
- Kollektiv-Taggeldversicherung 231
- Kollektivvollmacht 93
- Kombinationsfusion 172, 175
- Kommanditeinlage 305
- Kommanditgesellschaft 40, 52, 277 ff.
- Kommanditgesellschaft für kollektive Kapitalanlagen 40, 52
- Kommanditsumme 305
- Konkurrenzverbot 262 f. (einfache Gesellschaft), 292 f. (Kollektivgesellschaft), 526 f. und 541 (GmbH)
- Konkurs/Konkursbetreibung 83, 97
- Konsolidierung 395 ff.
- Konstituierende Versammlung 561
- Konstituierungsfunktion 74
- konstitutive Wirkung 75, 96, 504
- Konsultation der Arbeitnehmenden 181, 190, 202
- Kontenrahmen 128
- Kontrollrechte 409 ff. (AG), 571 (Genossenschaft)
- Konzernbegriff 393 f.
- Konzernrechnung 383, 395 ff.
- Konzessionierte Versicherungsgenossenschaften 556
- Kopfprinzip 257
- Körperschaft 40, 47 ff., 50 f., 55, 323
- Krankenversicherung 155
- Kreditgenossenschaften 556

L

- Leistungspflichten des Genossenschafters 559
- Liberierung 338, 345 f., 401, 502, 526
- Liquidation 272 f. (einfache Gesellschaft), 301 f. (Kollektivgesellschaft), 308 f. (Kommanditgesellschaft), 484 f. (AG), 546 (GmbH), 595 (Genossenschaft)
- Liquidationsergebnis 517, 575

M

- Marke 111 ff.
- Markenrecht 115

- Markenschutz 113 ff.
- Massenvertretung 406
- Mehrwertsteuer 137 ff., 237, 475
- Mitgliedschaft 398 ff. (AG), 514 ff. (GmbH), 563 ff. (Genossenschaft)
- Motorfahrzeug-Haftpflichtversicherung 163

N

- Nachschusspflicht 494 und 527 ff. (GmbH), 579 f. (Genossenschaft)
- Namenaktien 351
- Namensschutz 109
- Nebenleistungspflichten 529 f.
- Nennwert 349
- Nennwert der Aktien 349
- Neugründung des Einzelunternehmens 210 ff.
- nicht börsenkotierte Namenaktien 416 f.
- nicht wirtschaftlicher Zweck 58 ff.
- Nichtigkeit von GV-Beschlüssen 438 f.
- Nominalwert 331

O

- Oberaufsicht über die Geschäftsführung 444
- Oberleitung der Gesellschaft 443
- offene Reserven 358
- Offenlegung der Dokumente 177 (Fusion), 187 (Spaltung), 195 (Umwandlung)
- Offenlegungsfunktion 74, 383
- Offenlegungspflicht 131 f.
- öffentlich-rechtliche Voraussetzungen der Unternehmensgründung 65 ff., 211, 280
- Opting-down 455

- Opting-out 454 f.
- Opting-up 454
- Optionsanleihe 370
- ordentliche Kapitalerhöhung 366 ff.
- ordentliche Revision 452 ff., 542
- Organbegriff 427 f.
- Organe 48 f.
- Organisation 426 ff. (AG), 531 ff. (GmbH), 582 ff. (Genossenschaft)
- Organisation des Verwaltungsrats 446 ff.
- Organisationsreglement 443
- Organvertretung 407 f.
- originärer Erwerb der Mitgliedschaft 400

P

- Paritätstheorie 531
- partiarisches Darlehen 221
- Partizipant 424 ff.
- Partizipationskapital 354 ff.
- Partizipationsschein 357
- Pauschalbesteuerung 145
- Pensionskasse 156 ff., 160, 229 f.
- personenbezogene Gesellschaft 57 f.
- Personenfirma 100
- Personengesellschaften 278
- persönliche Haftung 180, 189, 577 ff.
- Phantasiefirma 100
- Präsenzveranstaltung 583
- primäre Haftung 268
- Prinzip der historischen Kosten 384
- Prinzip der offenen Türe 553, 563
- Privataufwand (und Geschäftsaufwand) 242 ff.
- private Rechnungslegungsbestimmungen 132 ff.

- private Vorsorge 156 ff.
- Privatvermögen 244
- Prokura (Prokurist) 91
- Prozentvinkulierung 418
- Prüfungsbestätigung 372
- Prüfungshaftung 205
- Prüfungsumfang und Prüfungsschärfe 457 ff.
- Publizitätsfunktion 85 f., 95 f.

Q
- qualifizierte Gründung 340 ff.
- qualifizierte Mehrheit 436, 536

R
- Rechnungslegung 374 ff. (AG), 514 (GmbH), 572 ff. (Genossenschaft)
- Recht auf Abfindung 575
- Recht auf Anteil am Liquidationsergebnis 517
- Recht auf Austritt 575
- Recht auf Dividende 419 ff., 517
- Recht auf Reinertrag 572 ff.
- Recht auf Übertragung 414 ff. (Aktien), 522 ff. (Stammanteile)
- Recht zur Geschäftsführung 519
- Rechte des Genossenschafters 570 ff.
- Rechtsdomizil 330
- Rechtseinheiten 39 f.
- Rechtsgemeinschaft 40, 50 f., 52
- Rechtsgleichheit im Genossenschaftsrecht 569 f.
- Rechtspersönlichkeit 48
- Rechtsschutz (im Handelsregisterwesen) 83 ff.
- Rechtssubjekt 48
- Rechtsträgerschaft 53
- Registersperre 84
- Reinertrag Genossenschaft 572 ff.
- relative Mehrheit 436

- Reserve für eigene Aktien 359
- Reserven 357 ff. (AG), 513 (GmbH), 574 (Genossenschaft)
- Reservenauflösung 392
- Reservenbildung 391
- Review 452 ff.
- Revisionsarten 452 ff.
- Revisionsbericht Revision 459
- Revisionshaftung 465
- Revisionsstelle 451 ff. (AG), 495 und 542 (GmbH), 593 f. (Genossenschaft)
- Richtlinie betreffend Information zur Corporate Governance 450
- Risikobeurteilung 380
- Risikomanagement 148 ff.
- Rückstellungen 389

S
- Sacheinlagen 340
- Sachfirma 100
- Sachübernahmen 341
- Sachversicherungen 163 f.
- Saldosteuersatz 144
- Sanierung 512
- Sanierungsfusion 174, 179
- Schutz des Stammkapitals 509
- Schutz von Gläubigern und Arbeitnehmenden 179, 188, 196
- Schutzfunktion 74
- Selbstorganschaft 519, 536
- Selbstveranlagungssteuer 141
- Selbstvorsorge 230 f.
- Sicherstellung der Forderungen 180, 188 f., 202
- Singularsukzession 198
- soft law 132
- solidarische Haftung 201, 268, 296, 308, 467, 579
- Sonderprüfung 411 ff., 521
- Sorgfalts- und Treuepflicht 414, 541

- Sorgfaltspflicht des Gesellschafters (der einfachen Gesellschaft) 261 f.
- Sozialversicherungen 152 ff., 227 ff. (Einzelunternehmen), 309 ff. (Personengesellschaften), 481 f. (AG), 545 (GmbH)
- Spaltung 181 ff.
- Spaltungsbericht 186, 188
- Spaltungsbeschluss 187
- Spaltungsbilanz 185
- Spaltungsplan 185
- Spaltungsprüfung 186, 188
- Spaltungsverfahren 184 ff.
- Spaltungsvertrag 185
- staatliche Vorsorge 156 ff.
- Stammanteile 510
- Stammkapital 509 ff.
- Stampa-Erklärung 343
- statutarische Reserven 360, 421, 574
- statutarische Vinkulierung 415 ff., 523
- Statuten 328ff. (AG), 496 ff. (GmbH), 557 ff. (Genossenschaftsstatuten)
- Stellung des Kommanditärs 304 ff.
- Stellung des Komplementärs 303
- Stellvertretung 88
- Stempelabgaben (auch: Stempelsteuer) 237, 480
- Steuerarten 234
- Steuerausscheidung 245
- Steuerbares Einkommen 239
- Steuern 232 ff. (Einzelunternehmen), 309 ff. (Personengesellschaften), 468 ff. (AG), 543 f. (GmbH)
- Steuerobjekt 234
- Steuersubjekt 234
- Stiftung 40, 55 ff.
- stille Gesellschaft 222, 273 ff., 306
- stille Reserven 358, 362, 388 ff.
- Stimmrecht 409 (AG), 518 (GmbH), 586 ff. (Genossenschaft)
- Stimmrechtsaktien 352
- Stimmrechtsvertretung 407
- subsidiäre Haftung 189, 296, 307
- Substanzwert 350
- Substanzwert 350
- Swiss Code of Best Practice for Corporate Governance 449
- Swiss GAAP FER 133 f.
- symmetrische Auf- oder Abspaltung 183
- System des Registerzwangs 340

T

- Tantiemen 421
- Treuepflicht 526 f., 576 f.
- Treuhändervinkulierung 418

U

- Übergang der Arbeitsverhältnisse 181, 190, 202
- Überkapitalisierung 512
- Überschuldung 362 f., 513
- Übertragung von Stammanteilen 522 ff.
- Umsatzabgabe 237, 480
- Umstrukturierung von Personengesellschaften 311 ff.
- Umstrukturierungshaftung 205
- Umstrukturierungsrecht 167 ff.
- Umwandlung 191 ff., 247 ff., 314 ff.
- Umwandlungsbericht 194
- Umwandlungsbeschluss 195
- Umwandlungsbilanz 194
- Umwandlungsplan 194
- Umwandlungsprüfung 195
- Umwandlungsverfahren 193 ff.

- Unabhängigkeit der Revisionsstelle 462
- unbeschränkte Haftung 222, 268, 296, 308, 578
- Unfallversicherung 154, 160, 231
- Universalsukzession 198
- Universalversammlung 434, 586
- Unterbilanz 362 f.
- Unternehmen (Begriff) 33 ff.
- Unternehmensgründung durch ausländische Staatsangehörige 67 ff., 211, 280
- unternehmenspolitische Reserven 390
- Unternehmenszusammenschluss 170
- Unterzeichnung der Statuten 564
- unübertragbare Aufgaben des Verwaltungsrats 443 ff.
- Urabstimmung 583 f.
- US GAAP 135 f.

V

- Verantwortlichkeit der Organe 463 ff. (AG), 543 (GmbH), 594 (Genossenschaft)
- Verdeckte Gewinnausschüttung 471 f.
- Verein 40
- Verkehrswert 350
- Verlustverrechnung 244
- Vermögensstandsgewinn 244
- Vermögenssteuer 238 ff.
- Vermögensübertragung 197 ff., 319 (Personengesellschaft)
- Verrechnungssteuer 237, 476 ff.
- Versicherungen 150 ff.
- Versicherungsvertrag 161 ff.
- Vertretung 88 f., 266 ff. (einfache Gesellschaft), 293 ff. (Kollektivgesellschaft), 306 (Kommanditgesellschaft), 445 (AG), 539 ff. (GmbH), 586 ff. (Genossenschaft)
- Vertretung des Aktionärs 406 ff.
- Vertretungsbefugnis 89 ff.
- Vertretungsberechtigung 89 ff.
- Vertretungsmacht 89 ff.
- Verwaltung 589 ff.
- Verwaltungsrat 439 ff.
- Verzeichnis der Genossenschafter 562, 568, 581
- Verzicht auf die Revision 452 ff., 542
- Vetorecht 519 f.
- Vinkulierung 414, 523
- Vorwegzeichnungsrecht 423
- Vorzugsaktien 352 f.

W

- Wandelanleihe 370
- Wertberichtigungen 389
- Wertschriften 387
- Wettbewerbsfreiheit 65
- Wettbewerbsrecht 109
- Willkürreserven 390
- wirklicher Wert 350
- wirtschaftlicher Zweck 58 f.
- Wirtschaftsfreiheit 65 ff.

Z

- Zeichnung 368
- Zeichnung GmbH 501
- zivilrechtliche Voraussetzungen der Unternehmensgründung 65, 210
- Zusammensetzung des Verwaltungsrats 439 f.
- Zwangsreserven 390

Tobler Info

Joëlle Kuntz
Schweizer Geschichte – **einmal anders**

aus dem Französischen übersetzt von Josef Winiger
272 Seiten, gebunden, 4-farbig mit 60 Abbildungen,
CHF 25.–, € 17.–, **ISBN 978-3-85612-174-7**

Geistreich, originell und spannend erzählt die Autorin die Geschichte der Schweiz. Sie zeigt, wie das Land an Selbstverständnis gewonnen, politische Kulturen und Prosperität geschaffen hat, was ihm eine unverwechselbare Identität verleiht. Dieses hübsche, reich bebilderte Bändchen macht Spass zum lesen und verschenken.

« *Dies ist ein Buch für Neugierige.*
Sie werden auf ihre Kosten kommen. »
Prof. Dr. Peter von Matt

Silvano Moeckli
Das politische System der Schweiz verstehen
Wie es funktioniert – Wer partizipiert – Was resultiert

168 Seiten, CHF 38.–, € 24.–,
ISBN 978-3-85612-168-6

Der Autor zeigt wie der Staat organisiert ist, was er kostet, was er leistet, wie Entscheidungsprozesse ablaufen und wer darauf wie Einfluss nimmt.

- klar strukturiert
- zahlreiche Abbildungen, Tabellen und Merksätze
- geschichtlicher und internationaler Vergleich

« *Die tief verankerte direkte Demokratie ist auf allen Ebenen unseres föderalen Gemeinwesens ohne informierte und engagierte Menschen nicht denkbar.* »
Aus dem Vorwort von
Bundesrätin Micheline Calmy-Rey

Bestellen Sie jetzt gleich!
www.tobler-verlag.ch